HISTÓRIA DA GRAMÁTICA NO BRASIL

Dados Internacionais de Catalogação na Publicação (CIP)
(Câmara Brasileira do Livro, SP, Brasil)

Cavaliere, Ricardo

História da gramática no Brasil : séculos XVI a XIX / Ricardo Cavaliere. – Petrópolis, RJ : Vozes, 2022.

ISBN 978-65-5713-634-8

1. Educação – História 2. Gramática 3. Linguística I. Título.

22-118617   CDD-415

Índices para catálogo sistemático:
1. Gramática : Linguística   415
Eliete Marques da Silva – Bibliotecária – CRB-8/9380

RICARDO CAVALIERE

HISTÓRIA DA GRAMÁTICA NO BRASIL

SÉCULOS XVI A XIX

Petrópolis

© 2022, Editora Vozes Ltda.
Rua Frei Luís, 100
25689-900 Petrópolis, RJ
www.vozes.com.br
Brasil

Todos os direitos reservados. Nenhuma parte desta obra poderá ser reproduzida ou transmitida por qualquer forma e/ou quaisquer meios (eletrônico ou mecânico, incluindo fotocópia e gravação) ou arquivada em qualquer sistema ou banco de dados sem permissão escrita da editora.

CONSELHO EDITORIAL

Diretor
Gilberto Gonçalves Garcia

Editores
Aline dos Santos Carneiro
Edrian Josué Pasini
Marilac Loraine Oleniki
Welder Lancieri Marchini

Conselheiros
Elói Dionísio Piva
Francisco Morás
Ludovico Garmus
Teobaldo Heidemann
Volney J. Berkenbrock

Secretário executivo
Leonardo A.R.T. dos Santos

Diagramação: Sheilandre Desenv. Gráfico
Revisão gráfica: Nilton Braz da Rocha / Fernando Sergio Olivetti da Rocha
Capa: WM design

ISBN 978-65-5713-634-8

Este livro foi composto e impresso pela Editora Vozes Ltda.

Ao querido amigo e mestre Evanildo Bechara,
voz presente em cada página deste livro.

A Marcus Vinicius Quiroga (*in memoriam*),
amigo dileto, que tão cedo despediu-se de nosso convívio.

Sumário

Introdução, 11

1 Conjuntura linguística do Brasil Colônia, 17

    1.1 As línguas europeias, 20

    1.2 A língua geral como língua veicular, 23

    1.3 As línguas africanas, 28

    1.4 Contato linguístico no ambiente social da Colônia, 33

2 Produção linguística no período embrionário, 36

    2.1 O humanismo jesuítico nos tempos da *Ratio Studiorum*, 36

    2.2 Herança educacional da Companhia de Jesus no Brasil, 40

    2.3 A gramatização de línguas como instrumento da evangelização, 45

    2.4 Panorama educacional dos Seiscentos, 50

    2.5 A reforma pombalina no contexto da educação brasileira, 52

    2.6 Vocabulários e gramáticas: a produção linguística, 55

        2.6.1 Os textos lexicográficos, 55

        2.6.2 Duas palavras sobre os catecismos, 60

        2.6.3 As artes de gramática e seu papel precursor na descrição de línguas indígenas, 63

        2.6.4 Principais autores e obras, 69

3 Conjuntura educacional dos Oitocentos, 119

    3.1 Os anos joaninos, 119

    3.2 Crise institucional e produção linguística, 125

3.3 O clima conturbado do Primeiro Império, 129

3.4 Educação e formação linguística, 132

3.5 Esplendor e prestígio do Colégio Pedro II, 140

3.6 Desenvolvimento do ensino privado, 146

3.7 Ação estatal na reforma da educação linguística, 151

3.8 O incipiente ensino superior dos Oitocentos, 155

4 O ideário linguístico da gramática racionalista, 160

4.1 Fundamentos doutrinários, 160

4.2 A linguística racionalista aporta o Brasil, 168

4.3 Fontes doutrinárias da gramática racionalista no Brasil, 181

 4.3.1 Étienne de Condillac (1714-1780), 181

 4.3.2 Charles Pinot Duclos (1704-1772), Antônio Pereira de Figueiredo (1725-1797) e Jerônimo Soares Barbosa (1737-1816), 183

 4.3.3 François Noël (1755-1841) e Charles-Pierre Chapsal (1788-1858), 185

4.4 Definição de gramática no período racionalista, 188

4.5 Produção bibliográfica do período racionalista, 190

4.6 Crescimento dos estudos provinciais, 217

5 Autores e obras representativos do período racionalista, 225

5.1 Antônio de Morais Silva (1757?-1824), 225

5.2 Inácio Felizardo Fortes (?-1858), 236

5.3 Frei Caneca (1779-1825), 243

5.4 Antônio da Costa Duarte (?-?), 254

5.5 Filipe Benício Conduru (1818-1878), 266

5.6 Salvador Henrique de Albuquerque (1813-1880), 275

5.7 Antônio Álvares Pereira Coruja (1806-1889), 278

5.8 Francisco Sotero dos Reis (1800-1871), 287

5.9 Duas palavras sobre a obra gramatical de Sotero dos Reis, 292

5.10 Antônio Estêvão da Costa e Cunha (1839-1912), 296

5.11 Brício Cardoso (1844-1924), 304

5.12 José de Noronha Massa (1822-1890), 311

5.13 Augusto Freire da Silva (1836-1917), 314

5.14 José Alexandre Passos (1808-1878), 323

5.15 Charles Grivet (1815-1876), 327

5.16 Ernesto Carneiro Ribeiro (1839-1920), 333

6 Vulgarização do livro como fonte de saber, 351

6.1 Os projetos de vulgarização da ciência, 357

7 Primeiras linhas sobre o português do Brasil, 361

7.1 A obra de José Jorge Paranhos da Silva (1839-1895), 361

7.2 A questão do dialeto brasileiro, 368

7.3 As questões da partícula *se* e da colocação pronominal, 375

7.4 A letra libertária de José de Alencar, 381

7.5 Os brasileirismos nas gramáticas, 387

7.6 A contribuição de Batista Caetano, 390

8 A onda purista aponta no horizonte, 395

9 Gramáticas da puerícia: produção linguística para a infância, 407

10 Uma nova ordem paradigmática: a gramática científica, 419

10.1 Fundamentos doutrinários: evolucionismo e historicismo, 419

10.2 Entre linguistas e filólogos, 424

10.3 O esplendor do cientificismo no cenário intelectual brasileiro, 434

10.4 Modernidade, progresso e bem-estar, 438

10.5 A gramática científica e seus parâmetros, 443

10.6 O passo decisivo de Júlio Ribeiro, 446

10.7 Crônica histórica da gramática científica pela pena de Maximino Maciel, 459

10.8 Um novo conceito de gramática, 466

10.9 O perfil finalístico da gramática científica, 467

10.10 O necessário tom normativo, 471

10.11 A sinopse gramatical, 475

11 Fontes doutrinárias da gramática científica brasileira, 479

    11.1 Fontes inglesas, 484

    11.2 A glotologia alemã, 487

    11.3 A influência francesa, 495

    11.4 Outros nomes de grande relevo, 506

12 Produção filológico-gramatical do fim de século, 509

    12.1 Publicações difusoras do cientificismo, 509

    12.2 Autores representativos da gramática científica, 511

        12.2.1 Hemetério José dos Santos (1853?-1939), 512

        12.2.2 Júlio Ribeiro (1845-1990), 524

        12.2.3 Alfredo Gomes (1859-1924), 539

        12.2.4 Manuel Pacheco da Silva Júnior (1842-1899), 544

        12.2.5 Fausto Barreto (1852-1915), 552

        12.2.6 João Ribeiro (1860-1934), 555

        12.2.7 José Ventura Bôscoli (1855-1919), 566

        12.2.8 Maximino Maciel (1865-1923), 573

Referências, 581

Índice onomástico, 643

Introdução

Este livro é o resultado de vários anos de pesquisa intensa sobre a produção e difusão dos estudos linguísticos no Brasil, com natural ênfase nos textos dedicados ao estudo da língua portuguesa. Moveu-nos o desejo de oferecer ao público interessado um trabalho de referência no tocante às ideias que serviram de amparo para o desenvolvimento da produção gramatical brasileira desde sua origem, no contexto das gramáticas missionárias, até o final do século XX, quando o próprio conceito de gramática sofre sensível modificação quanto à matéria de que se ocupa e seu escopo como obra descritiva e pedagógica. Evidentemente, um lapso temporal tão longo, em que tanto se fez no campo dos estudos linguísticos, não poderia ser integralmente tratado em páginas reduzidas, razão por que o projeto divide-se em dois volumes. O primeiro deles, que ora vem a lume, cuida de três períodos constantes em uma proposta de periodização dos estudos linguísticos brasileiros que já publicamos há 20 anos (Cavaliere, 2002): o *período embrionário*, que vai das origens até 1806, com a publicação do *Epítome da gramática da língua portuguesa* (1806), de Antônio de Morais Silva (1757?-1824); o *período racionalista*, que vai de 1806 a 1881, ano em que vem a lume a *Gramática portuguesa* (1881), de Júlio Ribeiro (1845-1890) e a fase fundadora do *período científico*, que se estende até a segunda década do século XX.

Já o segundo volume, que pretendemos enviar ao prelo em breve tempo, cuidará da produção gramatical no século XX, perpassando a fase legatária do *período científico*, que termina com a publicação dos *Princípios de linguística geral*, de Joaquim Mattoso Câmara Jr. em 1941, e todo o amplo segmento do *período linguístico* em suas duas fases: a *estruturalista*, que se estende até a publicação da *Nova gramática do português contemporâneo* (1985), de Celso Ferreira da Cunha (1917-1989) e Luís Lindley Cintra (1925-1991), e a *diversificada*, que parte deste momento histórico até o fim do século. Trata-se de uma proposta que vem recebendo boa acolhida dos especialistas, sem demérito de outras que expressam visões distintas sobre o percurso dos estudos linguísticos no Brasil. Como se percebe, este projeto em dois volumes não contempla a gramaticografia do século XXI, dado que ao historiógrafo impõe-se o necessário distanciamento cronológico que garanta mínima neutralidade epistemológica, não obstante saibamos ser impossível obedecer inteiramente a esse princípio basilar.

Muito se tem escrito neste início de século sobre a história dos estudos linguísticos no Brasil, fruto dos vários grupos de pesquisa cujo trabalho qualificado vem contribuindo para melhor entendimento das forças axiológicas que traçaram o rumo dos estudos sobre a língua no Brasil. Cuida-se aqui da aplicação dos princípios norteadores da historiografia da linguística à análise dos textos escritos sobre a linguagem humana, tanto os que ocupam posição canônica quanto os de posição marginal, bem como os de diferentes tonalidades e papéis dinâmicos, conforme a classificação que nos oferece Pierre Swiggers (2013). Os fundamentos dessa historiografia, que se pode denominar "koerniana", dada a preciosa contribuição do linguista Konrad Koerner (1932-2022) para sua edificação e disseminação no meio acadêmico, pauta-se na avaliação crítica da produção intelectual sobre a língua no decurso do tempo à luz de sua contextualização sociopolítica, artística, filosófica e científica. Em outros termos, cuida-se de uma leitura do texto em face de sua episteme e dos pressupostos teóricos que lhe servem de inspiração. Neste trabalho, na medida de nossa possibilidade e nas limitações de nossa competência, procuramos tratar a produção gramatical brasileira em conformidade com esses princípios, sem descurar da informação objetiva e não menos relevante sobre dados biobibliográficos.

Por sinal, a informação biobibliográfica constitui verdadeiro desafio para o pesquisador, dadas as precárias fontes de informação e a dificuldade de acesso às já existentes. Servimo-nos não só das obras biográficas disponíveis, como também de informação pontual obtida em jornais, revistas e almanaques, muitos deles digitalizados no excelente projeto da Hemeroteca Digital da Biblioteca Nacional do Rio de Janeiro. No entanto, o que já se escreveu sobre a vida dos gramáticos brasileiros, não obstante o denodado esforço de investigadores interessados no tema, ainda é pouco diante do volume expressivo de dados inconsistentes ou mesmo desconhecidos. Decerto que dispõe hoje o Brasil de importantes bibliotecas com acervo precioso sobre a produção linguística dos séculos passados, mormente o século XIX, em que se inicia a gramatização do português no Brasil, entre elas a já citada Biblioteca Nacional do Rio de Janeiro e o Real Gabinete Português de Leitura, sem contar acervos particulares como a Biblioteca Brasiliana Guita e

José Mindlin, hoje sob responsabilidade da Universidade de São Paulo, e a coleção Evanildo Bechara, que recentemente se incorporou ao Real Gabinete Português de Leitura. A perspectiva é de que o fomento à pesquisa possibilite a descoberta de documentação ainda ocultada pelo manto da história, de tal sorte que os dados se enriqueçam no futuro.

Considerando tratar-se de uma história da gramática no Brasil – aqui tomada em sentido lato, de tal sorte que abarque outros tipos de produção linguística distintos do gênero textual "gramática" –, um dos desafios enfrentados diz respeito à definição de "texto linguístico brasileiro". Pode-se seguir um critério *ratione loci*, que considere brasileiro o texto publicado dentro das fronteiras nacionais, independentemente de sua autoria. Neste caso, textos aqui publicados por linguistas estrangeiros também seriam considerados nacionais, conforme ocorre com a *Nova gramática analítica da língua portuguesa* (1881), do suíço Charles Adrian Grivet (1816-1876). O outro caminho segue o critério *ratione auctoris*, com atribuição de nacionalidade brasileira a textos que tenham sido escritos por linguistas ou filólogos brasileiros, publicados no Brasil ou no estrangeiro. Nesse caso, considera-se texto brasileiro, por exemplo, o *Epítome da gramática da língua portuguesa*, de Antônio de Morais Silva (1757?-1824), publicado em Lisboa. Outras questões menores se avolumam, como a das gramáticas com edição binacional, caso da *Gramática analítica da língua portuguesa* (1831), de Francisco Solano Constâncio (1777-1846), saída a lume no Rio de Janeiro e em Paris. Julgamos conveniente manter a solução adotada há 20 anos (Cavaliere, 2002), em que os dois critérios convergem, de tal sorte que se considerem brasileiros tanto os textos publicados no Brasil, de autoria brasileira ou estrangeira, quanto os textos publicados no estrangeiro de autoria brasileira.

Este trabalho ressente-se de maior referência a dois campos relevantes da produção gramatical brasileira: o das gramáticas de línguas estrangeiras, tão presentes nos bancos escolares já a partir da segunda metade do século XIX, e o das gramáticas de línguas clássicas, que cumpriram papel decisivo no ensino linguístico dos Oitocentos, não obstante tenham-se diminuído em número como resultado das sucessivas reformas do ensino que preteriram a presença do latim e do grego nas salas de aula brasileiras. O lapso se deve à maior dificuldade para colher informação fidedigna acerca dos fatores conjunturais que propiciaram a publicação dessas obras no Brasil, sobretudo as de línguas clássicas. Remeto, assim, o leitor interessado nesses temas aos textos historiográficos que a eles se dedicam, muitos deles citados ao longo das páginas que se seguem.

Se a investigação das ideias linguísticas em dada época impõe necessária consideração de sua episteme, resulta inversamente reconhecer que a própria reconstrução histórica do clima intelectual passa necessariamente pela análise dos textos que se escreveram sobre a linguagem humana. O entendimento das teorias que dão amparo ao pensamento linguístico de dada época descortina os princípios filosóficos e as forças axiológicas nela vigentes. Esse é um escopo de que não se afastam as páginas deste livro, na busca de melhor entendimento da formação da sociedade brasileira mediante estudo crítico dos textos que produziu sobre a língua que fala. Levemos em consideração que uma gramática serve ao propósito da educação e, nesse intuito, cumpre um papel que não é propriamente delineado pelo gramático, senão pelas diretrizes ideológicas com que a sociedade concebe a educação, seu escopo e seus princípios.

Aos que se aventuram a opinar sobre textos linguísticos do passado impõem-se procedimentos que conduzam a uma avalição justa do que se fez, mediante avaliação desses trabalhos no contexto de seu clima intelectual. A desconsideração desse princípio leva a que, por exemplo, se reúnam sob o manto da "gramática tradicional" um sem-número de textos de natureza distinta, como se fossem moldados na mesma forma, com os mesmos propósitos e dotados de igual fundamentação. Para além dessa avaliação indevida, não raramente se atribuem falhas à dita tradição devido ao fato de refletirem as ideias de seu tempo. Exemplifique-se com o propalado normativismo exagerado das gramáticas publicadas na primeira metade do século XX segundo um juízo anacrônico de norma linguística. Seriam essas gramáticas excessivamente normativas em seu tempo?

Um propósito suplementar deste livro, assim, busca reparar esse juízo inidôneo sobre a produção gramatical brasileira, ao menos no sentido de avaliar os textos do passado não apenas no tocante a seus defeitos, senão também a suas conquistas e a sua contribuição para a construção do pensamento linguístico. Nesse intuito, o mais possível fiéis à neutralidade epistemológica, as páginas seguintes buscam fundamentar os conceitos que agasalham em fontes documentais. Embora os fatos do passado estejam alicerçados pela pluralidade de testemunhos e, portanto, integrem o que se costuma designar por "verdade histórica", seus elementos constitutivos, a natureza dos sujeitos envolvidos e até mesmo as delicadas relações de causalidade que lhes são inerentes passam pelos testemunhos não como a expressão monolítica da verdade, mas como um prisma de verdades. Numa dimensão historiográfica, a interpretação do historiógrafo impõe ao fato histórico o fado da constante mutação, porque, em termos definitivos, o que sabemos do passado não é uma história dos fatos, mas o que o discurso polifônico nos diz sobre eles. Eis por que o olhar historiográfico sobre o que se disse acerca do fato histórico conduz-nos ao que Le Goff rotulou como a "história da história" (1996, p. 12).

Decerto que uma obra de fôlego, não obstante decorra do esforço do autor, é, na realidade, resultado de um trabalho conjunto. Isso porque as conclusões, convicções e mesmo o entendimento dos fatos vão-se consolidando com o tempo, à medida que avança o diálogo nos encontros acadêmicos, conversas e debates, nesse incessante processo de formulação e reformulação das ideias. Deixo, pois, nestas linhas meus agradecimentos aos inúmeros colegas que acompanham minha pesquisa e dela participam direta ou indiretamente mediante juízo crítico e preciosas sugestões, sobretudo aos companheiros do GT de Historiografia da Linguística da Anpoll, bem como aos historiógrafos da Universidade de Trás-os-Montes e Alto Douro, da Universidade do Porto e da Universidade de Évora. Um agradecimento em especial relevo a José Carlos de Azeredo, companheiro e orientador de tantas jornadas, e a Edila Vianna, pelo apoio e estímulo. Uma palavra saudosa e minha gratidão para Leonor Lopes Fávero, recentemente falecida, em cujas lições tanto aprendi e aprendo ainda, mediante releitura necessária de seus escritos. Uma palavra agradecida à Editora Vozes, fiel a sua tradição de fomento ao saber científico e aos valores culturais. Evidentemente, os equívocos que se encontrarem neste livro são de inteira responsabilidade do autor.

Ricardo Cavaliere

1
Conjuntura linguística do Brasil Colônia[1]

A busca de informação sobre o cenário linguístico da Colônia nos séculos XVI e XVII constitui-se ainda em tarefa desafiadora para o investigador sobretudo em face de dois óbices que se impõe ultrapassar: a escassez de fontes documentais em matéria especificamente linguística e a inépcia de que nos ressentimos para analisar as até aqui identificadas. Hão de louvar-se os ingentes esforços de grupos de pesquisa dedicados à investigação da história da língua no Brasil[2], cujos frutos têm-se revelado em inúmeras pesquisas recentes, mas, infelizmente, revelam-se ainda incipientes as informações de que se poderiam servir os pesquisadores para uma melhor compreensão da formação sociolinguística do país.

Com efeito, os óbices referidos ganham maior vulto se considerarmos, entre as fontes já identificadas, inúmeros documentos que se mantêm intocados em arquivos estrangeiros, sobretudo espanhóis, portugueses, franceses, ingleses, alemães e austríacos, conforme já nos alertava João Fernando de Almeida Prado (1898-1987) há cerca de 70 anos (Prado, 1948, p. 14). Exemplo desse fato está no Arquivo Geral das Índias, sediado na cidade de Sevilha, cujo acervo constituiu-se na principal fonte de que se serviu Afonso d'Escragnolle Taunay (1876-1958) para publicar a documentação sobre as bandeiras paulistas nos anais do Museu Paulista (cf. Camargo, 1948, p. 23).

---

1. Servimo-nos, neste item, de muitas informações presentes em Cavaliere (2007).

2. Citem-se, necessariamente, o Projeto para a História do Português Brasileiro (PHPB), que oferece *corpora* manuscritos dos séculos XVIII ao século XX, e o Programa para a História da Língua Portuguesa (Prohpor), cujo banco de texto inclui testemunhos do século XVII.

No tocante especificamente à investigação linguística, citem-se, entre os documentos mais valiosos como fontes de pesquisa, os inventários e testamentos do século XVI, publicados parcialmente pelo Departamento do Arquivo do Estado de São Paulo, as cartas jesuíticas, mormente as publicadas pelo Padre Serafim Leite, tirante a conhecida controvérsia sobre a fidedignidade de suas informações, as atas das sessões camerais, de cuja publicação concernente à Vila de São Paulo temos notícia mediante documento publicado em 1915 pelo Arquivo Municipal de São Paulo, além das confissões registradas nos autos do Santo Ofício, a maioria pertencente à Torre do Tombo em Portugal, não obstante tenhamos no Brasil alguns microfilmes desses documentos em arquivos privados (cf. Quirino, 1966)[3]. Isso tudo naturalmente se alia aos relatos dos cronistas que se dedicaram a noticiar os fatos ocorridos no Novo Mundo, tais como Fernão Cardim (1540-1625), Pero de Magalhães Gandavo (1540-1580), Hans Staden (1525-1576), Jean de Léry (1536-1613), André Thevet (1516-1590) e outros[4].

A análise do contato linguístico em dado contexto social hoje dispõe de teoria e metodologia próprias[5], que se aplicam, sobretudo, numa perspectiva contemporânea, em que o objeto de investigação é a sociedade em que vivemos. No plano histórico, em que as fontes de informação ainda carecem de melhor tratamento, a estratégia de abordagem do tema deve servir-se de prudente cautela, de tal modo que se evite a especulação sobre existência de fatos não documentados. Para entendermos o comportamento das línguas que entraram em contato no Brasil quinhentista – bem como os efeitos dessa interação linguística no devir do cenário multilíngue que caracterizaria o Brasil nos séculos seguintes – podemos servir-nos de perspectivas distintas de análise, tais como, por exemplo, a da análise psicológica em contexto de comunicação intergrupal[6] ou a da dimensão antropológica do contato linguístico, em que se avaliam efeitos de caráter cultural[7], entre outras abordagens. Julgamos adequado atribuir relevância maior a um in-

---

3. Sabe-se, a respeito desses documentos, que o Santo Ofício instalou-se na Bahia desde 1579 (cf. Camargo, 1948, p. 16).

4. A pesquisa atinente aos séculos XVIII e XIX goza de maior número de fontes documentais, razão por que projeta resultados mais auspiciosos. Cite-se, por exemplo, a investigação da epistolografia familiar no âmbito do Projeto História do Português Brasileiro.

5. Cf., a respeito, Weinreich (1953), Thomason e Kaufmann (1988) e Todd (1990).

6. Cf. especialmente Hamers (1987).

7. Cf. Véronique (1996).

dicador confiável: a trilha dos movimentos populacionais – sejam os imigratórios, sejam os de migração interna –, os quais nos oferecem maior segurança documental no tratamento dos fatos históricos atinentes à situação linguística brasileira no período colonial[8].

Para se avaliar o cenário linguístico brasileiro no século XVI convém igualmente analisar os ambientes de comunicação que surgiram nos incipientes núcleos sociais que caracterizam esse período da História do Brasil. Neste intuito, devem-se levar em conta os dados demográficos do Brasil quinhentista, ainda que precários, não só os que nos legaram Pero de Magalhães Gandavo (1540-1580) em seu *Tratado da terra do Brasil* (2008), Fernão Cardim (1540-1625) em sua *Narrativa epistolar* (1925), José de Anchieta (1534-1597) em suas *Informações* de 1585 (1933) e Francisco Suárez (1548-1617) nas *Coisas notáveis do Brasil* (1966, p. 11), bem como os dados suplementares já levantados na documentação histórica[9], os quais nos remetem à conclusão de que o português era falado por pequena parte da população brasileira nos primórdios da colonização.

A conclusão a que nos conduzem essas fontes firma convicção acerca de um ambiente multilíngue em processo de expansão a partir da ocupação administrativa da Colônia em 1534. Surge, assim, uma sociedade caracterizada pela diversidade tanto no plano cultural quanto no plano linguístico, em que interagem línguas europeias como o português, o holandês, o espanhol e o francês; línguas africanas, como o quimbundo, o umbundo e o quicongo; línguas crioulas de base portuguesa e línguas da população autóctone, tanto as denominadas línguas gerais, faladas nas regiões costeira e amazônica, quanto as línguas travadas, restritas ao território não ocupado inicialmente pelo explorador europeu. Saliente-se que pouco se pode especular sobre a situação linguística do território ocupado no período pré-colonial, em que a atividade econômica já se iniciava com a construção de engenhos de cana, o primeiro deles construído por Peor Capico (?-?) em 1516. A intensa movimentação comercial ao longo da costa atlântica por cerca de três décadas pôs em contato diferentes línguas europeias com línguas indígenas, um ambiente propício para o surgimento de *pidgins* que, não obstante, tiveram curta existência sociolinguística.

---

8. Um painel diversificado das estratégias para análise do contato linguístico é oferecido por Goelb, Nelde, Starý e Wölck (1996).

9. Sobre a história da demografia brasileira no período colonial, cf. Carrara (2014).

1.1 As línguas europeias

Uma das falsas afirmações que de pronto se devem refutar a respeito da transplantação da língua portuguesa para o Novo Mundo diz respeito a sua predominância em face de outras línguas europeias nos primeiros tempos. A rigor, a progressiva predominância de falantes de português que chegavam à terra promissora só viria a ocorrer a partir de 1532, com a fundação de São Vicente. Até então, a Coroa portuguesa voltava as atenções para a expansão comercial no Oriente e pouco cuidava das terras americanas. Para chegar-se a uma caracterização fidedigna das variáveis linguísticas do português que aportou nas terras brasileiras, cumpre inicialmente analisar a procedência geográfica desses falantes. As informações que nos chegam pela documentação disponível, conforme nos relata Serafim da Silva Neto (1917-1960) em minuciosa análise dos fatos[10], dão conta de um fluxo migratório heterogêneo, sem que se possa sequer falar em predominância quanto à procedência geográfica dessas pessoas. Há, portanto, gente do Minho, do Algarve, da região dialetal de Lisboa, enfim, falantes dotados de expressiva variação linguística, seja no plano fonético, seja no plano gramatical.

Não será de duvidar que o rico panorama dialetal português hodierno – que na proposta de Luís Lindley Cintra (1925-1991) classifica-se em quatro grandes grupos: dialetos transmontanos e alto-minhotos, dialetos baixo-minhotos-durienses-beirões (esses ao Norte), dialetos do centro litoral e dialetos do centro interior e do Sul[11] – fosse menos complexo na virada do século XV, já que a própria ocupação do solo em Portugal, a par de outros fatores etnográficos, como o progressivo distanciamento sulino das bases galego-portuguesas, não terá acelerado a diferenciação diatópica. Sabemos que, pelo menos até o final do século XIV, a área que vai do Douro ao Mar Cantábrico, não obstante dotada de expressiva unidade linguística, era obviamente caracterizada por variações diatópicas e diastráticas (cf. Maia, 1986, p. 891), que decerto foram aprofundando-se com o processo de mudança do português europeu. Assim, considerando-se o fluxo migratório de portugueses a partir da segunda metade do século XVI, haveremos de admitir que mais de uma variante diatópica do português europeu instalou-se na Colônia.

Caso o português se houvesse sedimentado como língua de cultura logo no primeiro século da colonização, possivelmente semelhante diversidade se tivesse preservado em derivas distintas de cada vertente em solo brasileiro. Contudo,

---

10. Cf. Silva Neto (1949).
11. Cf., a respeito, Cintra (1971).

o fato de o português ter-se mantido recluso a certas faixas mais elevadas do estrato social – aliado a outro fato, talvez mais importante, de que os falantes de português das classes mais baixas ajustavam-se sem reservas ao uso da língua franca costeira – levou a uma mitigação dessas diferenças linguísticas.

Ao tratar a questão, Serafim da Silva Neto remete-nos a uma avaliação dual. Fala-nos de uma deriva bastante conservadora e uma deriva a que condições sociais imprimem velocidade inesperada. No primeiro caso, temos a convergência dos vários falares lusos a partir do século XVI, que fluíram numa deriva comum e lenta. No segundo caso, apoiado nas teses de Uriel Weinreich (1926-1967), admite que a situação de miséria e sujeição dos que aprenderam o português como segunda língua ocasionou um "gatilho" para que a língua mudasse mais rapidamente. Assim, defende a hipótese de que fatos fonéticos como o da iotização e a queda do *s* no português popular do Brasil não são devidos a qualquer substrato ou adstrato, mas à aceleração da deriva pelos aloglotas que vieram para o Novo Mundo. No tocante especificamente aos séculos XVI e XVII, a sensação é de uma presença debilitada do português em setores restritos da administração da Coroa e possivelmente nas rodas das famílias mais abastadas, dentro do seio social elevado dos incipientes núcleos urbanos. Decerto que, em língua escrita, era senão a única e francamente predominante no cotidiano das atividades administrativas, comerciais, epistolares etc., fato que se manteve inclusive no período da União Ibérica.

Cumpre lembrar, conforme nos informa Solidônio Leite Filho (1867-1930), que os judeus, por terem participado da criação da engenharia náutica lusitana[12], estiveram presentes no Brasil para fins comerciais desde o primeiro ano do Descobrimento. Nessa empreitada, vieram a criar um consórcio de cristãos novos, liderado por Fernão de Loronha (1470-1540) e dedicado especificamente ao comércio de pau-brasil. Segundo Leite Filho, "durante as três décadas primmitivas, os especuladores israelitas cultivaram o trafico de Santa Cruz. Correram as costas brasileiras, monopolisaram o commercio do pau brasil, fundaram feitorias, alçaram fortalezas" (1938, p. 24).

Cumpre indagar: Em que língua se fazia o comércio entre os mercadores judeus e índios aculturados, senhores de engenho, comerciantes das pequenas vilas etc.? A navegação entre as províncias do Prata e as cidades brasileiras busca intensificar o comércio de marmelada, trigo, carnes, chapéus de feltro entre outros produtos. Criou-se uma linha comercial crônica entre o

---

12. Um deles, chamado Abraham Zacuto (1450-1522), chegou a ser alçado ao cargo de conselheiro de Dom Manoel em questões náuticas.

Rio de Janeiro e Buenos Aires, que no alvorecer do século XVII já se havia tornado "um dos grandes emporios comerciais da America hespanhola" (Leite Filho, 1938, p. 39). Havia brasileiros no Rio da Prata em contato constante com vários vilarejos no Brasil, aliados a estivadores hispano-americanos e negros. O fulgor desse comércio só cedeu espaço no século XVII, com o descobrimento das minas de ouro. Surge, então, magnificamente a Colônia de Sacramento como centro comercial, por onde inclusive saíam o ouro e os diamantes sonegados à Corte portuguesa.

Esse ambiente linguístico, em que a língua geral costeira mantinha regular contato com o castelhano, o holandês, o português, o francês, entre outras línguas modernas, terá construído o cenário propício para surgimento de uma língua franca do comércio, sobretudo em face do volumoso movimento de contrabando, que atraía a cobiça de corsários de todas as nacionalidades, de cuja existência, hoje, não se tem qualquer notícia. Nada nos conduz à convicção ou pelo menos à hipótese plausível sobre a existência desse *pidgin* comercial brasílico. No entanto, acomodados no agradável aposento das ilações, havemos de admitir que tenha efetivamente habitado a boca desses comerciantes e contribuído largamente para que o trânsito de especiarias se processasse eficientemente tanto para as rotas europeias quanto para as rotas sulinas. Fora do mundo comercial, duas línguas europeias em especial fincaram-se em presença mais relevante no Brasil quinhentista: o castelhano e o francês. Do castelhano, bastaria referirmo-nos aos jovens padres jesuítas hispânicos, que eram muitos e, embora versados em língua brasílica, jamais deixariam de comunicar-se entre si pela língua materna. Já o francês, como sabemos, habitou maciçamente a costa do sudeste brasileiro a partir da segunda metade do século XVI: à chegada de Nicolas Durand de Villegagnon (1510-1571), em 1555, seguiu-se uma comitiva de franceses em 1556, em que estava Jean de Léry (1536-1613) com vários artesãos proficientes em seus ofícios, conforme o próprio Villegagnon requisitara às autoridades eclesiásticas de Genebra.

Cumpre, ademais, notar que inúmeros intérpretes normandos aportavam nas terras do Cone Sul, de tal sorte que vários deles ali fincaram-se definitivamente, inclusive constituindo famílias com mulheres índias. Jean de Léry traça interessante comentário sobre alguns desses intérpretes, identificando-os como homens que se "tinham salvado de um navio que naufragara e haviam ficado entre os selvagens, vivendo amasiados sem temor a Deus, alguns com filhos já de quatro a cinco anos de idade" (1967, p. 83). Muitos normandos, por outro lado, como de resto vários franceses e ingleses em geral, optaram pela fuga para o Novo Mundo em face da perseguição sofrida pelos reformistas na França e na Bretanha. No relato de Léry, destaca-se a informação de que um tal Nicolau Carmeau (?-?), que partira a bordo do navio Rosée, com cartas expedidas por Villegagnon para João Calvino (1509-1564), encarregara-se também de trazer da França homens, mulheres e meninos para fomentar novos assentamentos na região então conquistada aos portugueses (Léry, 1967, p. 82).

1.2 A língua geral como língua veicular

Dentre as poucas certezas de que hoje desfrutamos acerca da presença de línguas indígenas no primeiro século da colonização portuguesa, destaca-se a de que o processo de comunicação linguística entre nativos e europeus tornou-se significativamente facilitado em face da predominância de uma única língua ao longo de largo território costeiro. Os documentos históricos que nos trazem notícia sobre os índios e suas línguas não são poucos, não obstante sempre se ressintam de maior acuidade na referência aos aspectos gramaticais dos sistemas linguísticos aqui encontrados pelos europeus, o que afinal seria de esperar, já que os autores desses relatos não tinham formação específica para semelhante tarefa.

As informações, em termos genéricos, estão na *Carta* de Pero Vaz de Caminha (1450-1500), no *Diário* de navegação de Pero Lopes de Sousa (1497-1539), que goza de preciosa edição preparada por Eugênio de Castro (1940 [1927]), em documentos pouco explorados, como o relato sobre os índios carijós de Santa Catarina, feito entre 1503 e 1505 por Binot Paulmier de Gonneville (?-?) em sua *Campagne du Navire l'Espoir de Honfleur*, texto publicado em Paris apenas em 1869[13]. Aliem-se a tais documentos a *Carta* de Luiz Ramirez sobre os índios tupinambás, publicada pelo Instituto Histórico-Geográfico Brasileiro em 1852[14], além dos muitos relatos de viagem que nos legaram desbravadores e cientistas europeus, tais como o de Antonio Pigafeta (1491-1534), publicado parcialmente em português por J.F. de Almeida Prado em seu *Primeiros Povoadores do Brasil* (1939), o de Alvar Nunes Cabeza de Vaca (1490-1560) sobre os índios do Sul do Brasil (cf. Baldus, 1948), a par de outros textos mais conhecidos, como os dos já citados Hans Staden e Jean de Léry.

---

13. Sobre a viagem de Paulmier de Gonneville ao Brasil, cf. Moisés (1992).
14. Utilizamos aqui a edição eletrônica de 2007.

Uma primeira questão acerca dessa "língua mais falada na costa do Brasil", tal como a denominou José de Anchieta (1534-1597), diz respeito ao conceito de língua geral, que até hoje não goza de opinião pacífica. Por sinal, pode-se falar em "línguas gerais", visto que há indícios de que mais de uma língua indígena serviu como língua franca desde o início da colonização, considerando-se a política de ocupação da terra encetada não apenas pelos portugueses, na faixa litorânea, como também de exploradores espanhóis, holandeses e ingleses na região amazônica, a qual "redundou na desestruturação econômica, social e cultural das populações autóctones, em especial das que viviam no litoral ou em sua proximidade" (Faraco, 2016, p. 121). Em seus enriquecedores estudos sobre os primeiros quatro séculos de nossa vida colonial, Capistrano de Abreu enfatiza o fato de que havia à época do Descobrimento dois grupos de tribos conexas, o primeiro deles falante da língua geral, assim chamada "por sua área de distribuição". A denominação *língua geral* é, em princípio, atribuída a um fator geográfico, já que havia predominância dessa língua em uma extensíssima área que se foi conquistando em face do constante fluxo migratório que caracterizava as nações indígenas. Registram-se as mudanças de ares dos carijós ou guaranis, que partiram da Cananeia e Paranapanema em direção ao Sul e ao Oeste; os tupiniquins, estabelecidos no Tietê, no Jequitinhonha e em vasta área da Bahia, os tupinambás, que do Rio de Janeiro espalharam-se a um e outro lado do baixo São Francisco, até chegar ao Rio Grande do Norte, Maranhão e Pará (Abreu, 1998). No segundo grupo, encontravam-se as denominadas línguas travadas, mais distintas entre si e com as quais o europeu pouco manteve contato comunicativo, tais como a da nação jê, representada por índios aimorés e botocudos, na região costeira, índios cariris e caraíbas, presentes na bacia amazônica, além dos maipures, guaicurus etc.

Sobre edificar um conceito de língua geral de ordem territorial, não de ordem étnica, a tese de Abreu não estabelece relação de causa e efeito entre o deflagrar da colonização e o aparecimento dessa língua, já que, a rigor, sua disseminação pelo vasto território da Colônia deveu-se, na verdade, ao nomadismo indígena. Alguns eméritos tupinólogos, de certo modo, corroboram essa visão, por entenderem que a língua geral brasileira teria resultado da expansão do tupinambá – também denominado tupi antigo e língua brasílica – da costa paulista para toda a costa brasileira (Rodrigues, 1994), dela discrepando apenas quanto ao momento inicial da difusão, que teria ocorrido após o processo de colonização. Trata-se de opinião que conflita com outras, igualmente respeitáveis, que correlacionam a expansão da língua geral à estratégia de unificação linguística da Colônia encetada pelos portugueses a partir da segunda metade do século XVI. Com efeito, vem crescendo em adesão a tese de que a prevalência da língua geral teria decorrido de um projeto político português para ocupação da terra, ou seja, num "esforço da Coroa Portuguesa para efetivar a conquista do novo território" (Rosa, 2003, p. 133). Segundo esse entendimento, o tupinambá que fluía como língua majoritária na região costeira teria sido deliberadamente usado como língua franca pelos colonizadores como uma estratégia para facilitar a comunicação com os índios e submetê-los às normas de trabalho forçado sob o jugo do homem branco (cf. Barros et alii, 1996).

Nessa linha de raciocínio, admite-se que o tupinambá, originalmente falado em restrita região costeira, acabou por transformar-se em língua geral devido ao fato de os portugueses não só o terem adotado como segunda língua, como também o terem imposto "a povos indígenas de outras famílias linguísticas, criando, nos dois casos, uma situação de bilinguismo, cuja extensão precisa ser melhor avaliada" (Freire, 2003). Teríamos, pois, no corpo dessa hipótese, uma língua geral resultante da estratégia estatal de ocupação e exploração da terra conquistada, sem dúvida eivada de meritório planejamento na busca de mais eficiente comunicação entre o europeu e o autóctone nas relações de trabalho compulsório a que esses últimos se sujeitaram durante largo período de nossa história colonial. A tese, entretanto, esbarra em informações que conduzem para outro entendimento. A rigor, as providências tomadas pela Corte ao longo de todo o século XVI, após a frustrada repartição do território em capitanias hereditárias e a instituição pouco convincente dos governos gerais, resumiam-se à defesa da terra contra invasões recorrentes, desde as articuladas com grande amparo logístico, como foi a ocupação francesa no Rio de Janeiro, até as meras incursões de corsários e comerciantes interesseiros no escambo de mercadorias com destino para a Europa ou mesmo para os mercados do Sul americano.

Acatando-se a hipótese da imposição do tupinambá como língua geral, haver-se-á de admitir que o panorama linguístico da terra conquistada, cuja massa populacional não falaria a língua do conquistador ao longo de pelo menos dois séculos e meio, deveu-se a essa política orquestrada de ocupação, que optou pela via mais eficaz da absorção sem reservas da língua do homem subjugado. Tal hipótese, por outro lado, ofuscaria a tese tantas vezes esposada em textos de antropologia brasileira quanto à natural maleabilidade do português aventureiro, que se adaptava instintivamente aos novos ares, inclusive do ponto de vista linguístico, independentemente de bem-articulados projetos de ocupação territorial patrocinados pelo Estado[15]. Cumpre, entretanto, advertir que, por vezes, o que parece aos olhos distanciados pelo tempo uma eficaz estratégia política, resultante da ação estatal, na verdade tenha sido apenas uma solução *ad hoc*, encetada pela iniciativa dos colonos para criar mecanismos eficazes de comunicação linguística. Em outras palavras, nada há que nos assegure ter sido a eventual "escolha" do tupinambá como língua franca colonial um ato de Estado. A rigor, o sangue que nutria os músculos europeus em terras brasileiras tinha hemácias econômicas, comerciais, pujantes nas rotas de pau-brasil, algodão e açúcar. Isso, ressalte-se, numa terra cujos primitivos habitantes eram exímios comerciantes. A respeito, vale lembrar essa informação de Jean de Léry (1967, p. 56):

> [...] antes de se separarem de nós os homens, principalmente dois ou três velhos que pareciam os mais notáveis da freguesia, afirmaram que em suas terras se encontrava o melhor Pau-Brasil da região e prometeram ajudar-nos a cortar e carregar a madeira, e ainda a nos fornecer víveres, e todo esforço fizeram para persuadir-nos a carregarmos o nosso navio.

Assim, em vez do suposto – embora plausível – incentivo da Coroa à disseminação da língua geral como estratégia de ocupação do território brasileiro, talvez melhor se explique o fato como uma natural atitude do homem comum, interessado em obter resultado eficaz no trato comercial cotidiano.

Outra avaliação que ainda se busca fazer acerca da língua geral costeira diz respeito às suas origens. Parece pacificar-se a tese de que essa língua expandiu-se para o Norte e, menos intensamente, para o Noroeste, em movimentos migratórios, originária do tupinambá falado no Sul, de que resultou o contato com outras línguas do mesmo tronco nas regiões ocupadas. Uma forte corrente acadêmica, preponderantemente formada por tupinólogos ou linguistas mais vinculados ao estudo descritivo das língua indígenas, entende ser essa língua, mesmo após o processo de grande expansão geográfica, o tupi puro, ou tupi antigo, que se distingue não só das demais (e múltiplas) línguas indígenas faladas em regiões mais interioranas – a que genericamente se costuma designar como línguas travadas, faladas pelos tapuias – como também do nheengatu, uma vertente do próprio tupinambá que, posteriormente, se estabeleceu ao Norte, como fruto do contato linguístico na região amazônica. Sobre a formação e características do nheengatu, inclusive sua presença atual entre as línguas indígenas do Brasil, registram-se vários textos

---

15. Nessa linha, saliente-se o conhecido antagonismo entre o "trabalhador" e o "aventureiro" de que nos fala Holanda (1963).

de sólida investigação científica (cf. Rodrigues, 1994; Schmidt-Riese, 2003; Freire, 2003).

Frederico Edelweiss (1895-1976), cuja devoção aos estudos indígenas se expressa em obra extensa e qualificada, chega a referir-se ao nheengatu como "uma pobre ruína da soberba estrutura do idioma tupi nos séculos XVI e XVII" (1987, p. 38). O desalento de Edelweiss justifica-se pela firme convicção que o acompanhou quanto à pureza do denominado tupi costeiro. Com efeito, nas palavras de Edelweiss, "o tupi dos séculos XVI e XVII é o verdadeiro tupi para quem quiser, não fantasiar, mas estudá-lo metodicamente, porque é o único fixado diretamente entre os Tupis e possui literatura da época, embora limitada" (1987, p. 38). A posição de Edelweiss não é solitária, já que outros pesquisadores contemporâneos aliam-se a essa tese. O emérito filólogo e tupinólogo Aryon Rodrigues (1925-2014) é decisivo ao asseverar que "las dos gramáticas coloniales del tupinambá [refere-se às gramáticas de Anchieta e de Figueira] describen, en la medida que les fue posible a sus autores, la lengua que realmente hablaban los índios" (1997, p. 396). Funda-se Rodrigues na constatação de que os fatos fonológicos e gramaticais nesses textos coincidem quase que integralmente, a par de igualmente corresponderem ao que descrevem Alonso de *Aragona* (1585-1629) e Antonio Ruiz de Montoya (1585-1652) sobre o guarani no século XVII[16]. Ademais, alega Rodrigues que os fatos linguísticos descritos nas gramáticas de Anchieta e de Figueira correspondem aos que se apresentam atualmente nas línguas tupi-guaranis.

A questão está não propriamente em verificar as coincidências de descrição nas gramáticas missionárias, mas em atestar a viabilidade de que correspondam ao tupinambá efetivamente falado pelos nativos. Com efeito, o tupi do século XVI, tal como o conhecem os especialistas, é o descrito por falantes de línguas românicas que não dispunham de suficiente rigor teórico e metodológico para preservar o *corpus* descrito, ou seja, é fruto de uma interpretação laica da língua descrita. Conforme o próprio Aryon Rodrigues assinala, Anchieta e Figueira exerceram seu mister com acuidade, porém "en la medida que les fue posible". Decerto terá sido esse o motivo que levou Joaquim Mattoso Câmara Jr. (1904-1970) a asseverar judiciosamente que "o Tupi que as primeiras exposições dos europeus nos fornecem não é exatamente aquele que os indígenas exatamente falavam: é uma sistematização simplificada, feita para se proceder a propaganda religiosa dentro do ambiente indígena" (1979, p. 101). Será lícito admitir, em suma, que o sentimento

---

16. Para melhor informação, cf. Ruiz Montoya (1640) e De Aragona (1979).

de superioridade cultural dos que se dedicaram ao trabalho de redigir as gramáticas conferia-lhes uma certa obrigação de "disciplinar" a língua indígena, à luz da gramática latina. Com isso, o missionário linguista interferia nas estruturas da língua descrita num ideal de aperfeiçoamento, fato que indubitavelmente prejudicou a "observação sincera e serena dos fatos lingüísticos" (1979, p. 102). Ademais, o tupi descrito pelos missionários jesuítas é o que servia de língua comum nos aldeamentos, que já a partir da segunda metade do século XVI, conforme nos garantem os documentos históricos, eram ocupados por gente de etnia vária – índios, mestiços, negros, brancos –, cada qual dotada de sistemas linguísticos igualmente diversificados.

1.3 As línguas africanas

A importação de escravos africanos para solo brasileiro, como se sabe, decorre da necessidade de mão de obra para o desenvolvimento dos projetos agroindustriais que os primeiros colonos portugueses buscaram implantar pouco antes do limiar da primeira metade do século XVI. A tese tantas vezes reiterada de que o recurso ao homem africano para formação desse contingente tenha resultado de prévia e frustrada tentativa de escravizar os naturais da terra não coaduna com as informações documentais de que dispomos, sobretudo as que revelam sempre ter havido intensa dificuldade dos colonizadores no trato com os índios, que se dividiam em tribos rivais, por vezes oponentes entre si dentro de um mesmo grupo étnico[17]. Tal fato, aliado à já bem-sucedida experiência de exploração da mão de obra africana desde as décadas finais do século XV, em que negros cativos foram enviados para a Europa pelo comércio escravagista, impõe que se acate como mais provável a opção original de que também no Novo Mundo dever-se-ia recorrer a essa mesma força de trabalho. A conhecida delonga na organização dos núcleos de exploração agrícola em engenhos próximos aos povoados que se iam criando na nova terra deve debitar-se, a rigor, a certa inércia da Coroa portuguesa na implantação de um projeto administrativo da Colônia, que, por fim, só se implementou incipientemente com a implantação das capitanias hereditárias entre 1534 e 1536.

O grande tráfico de escravos para o Brasil iniciou pouco menos de 50 anos após o Descobrimento por iniciativa de particulares que enviavam seus navios para a África, a fim de comprar a mão de obra de que tanto se carecia para o desenvolvimento da agroindústria colonial, sobretudo a de cana-de-

---

17. Uma análise documental deste fato pode encontrar-se em Ribeiro (1983) e Melatti (1993).

-açúcar e algodão. O relato sobre documentos que autorizaram esse fluxo de importação, que perdurou por cerca de dois séculos, dá notícia de um alvará assinado por Dom João III a 20 de março de 1549, que facilitou o resgate de escravos africanos da Guiné e da Ilha de São Tomé, limitados a 120 para cada senhor de engenho (cf. Rodrigues, 1945). Não obstante, a autorização foi na prática ampliada a ponto de se importarem escravos de todas as regiões litorâneas da África Ocidental e mesmo de regiões interioranas. Há, entretanto, quem atribua a oficialização do tráfico de escravos a um alvará editado a 29 de março de 1559, quando era regente Dona Catarina de Áustria, no qual fazia saber que os senhores de engenho do Brasil podiam resgatar até 120 escravos, pagando apenas um terço de direitos atinentes (cf. Goulart, 1949, p. 106)[18]. A rigor, o que interessa sobremaneira acerca dessa autorização consiste na difusa procedência dos africanos que aportaram o Brasil a partir da segunda metade do século XVI, tendo em vista não só a correspondente variedade de línguas que consigo traziam, como também as variantes dialetais de uma língua em especial.

A documentação disponível acusa a chegada ao Brasil, ainda no século XVI, de negros pertencentes a três povos litorâneos de etnia banto: o bacongo, que reunia falantes do quicongo; o ambundo, que falava o quimbundo; e o povo ovibundo, com falantes do umbundo (cf. Castro, 2001, p. 34). Ressalte-se que outros povos de etnia banto aqui chegaram ao longo do processo de importação de negros, mas teriam sido esses três segmentos os que se destacam em terras brasileiras em face da superioridade numérica e do contato direto mais estreito com o colonizador português. A par das línguas do tronco banto, outras da família kwa, originárias do Oeste africano, também lograram chegar ao solo da Colônia brasileira a partir do final do século XVII, caso das línguas do grupo ewe, ou apenas no século XIX, situação do iorubá ou nagô, proveniente da Nigéria (cf. Castro, 2001, p. 34). Esses dados revelam que, no tocante ao primeiro século da Colônia, a contribuição linguística africana se deve majoritariamente às línguas do tronco banto, fato que explica o motivo de tais línguas haverem contribuído mais proficuamente no léxico do português brasileiro.

Em seu estudo sobre a presença negra no Brasil, Raimundo Nina Rodrigues (1862-1906) defende a tese de que a área linguística da Bahia estava dominada pelo iorubá, ficando a influência das línguas banto mais claramente perceptível nas demais faixas territoriais ocupadas no decorrer do período colonial (1945, p. 30). Destarte, seria de esperar um contato linguístico

---

18. Cf. também Conrad (1985).

distinto, no tocante à natureza da língua africana, entre a Bahia e os demais polos de aldeamentos e cidades tanto do Sul quanto do Nordeste brasileiro. Semelhante tese sofreu vigorosa crítica na pena da africanista Yeda Pessoa de Castro, que em uma conferência proferida no I Congresso Nacional de Sócio e Etnolinguística da Universidade Federal da Paraíba e do Círculo Linguístico do Rio de Janeiro, em agosto de 1978, advertiu que a hipótese de Nina Rodrigues não levava em conta o fato de a contribuição iorubá só se haver concretizado na última fase do tráfico, além de haver-se concentrado maciçamente na cidade de Salvador. Possivelmente, a usual denominação de Salvador como Bahia tenha levado à ilação equivocada de Nina Rodrigues. De qualquer forma, cuida-se aqui de verificar, no influxo das línguas africanas que efetivamente compuseram o panorama linguístico da Colônia, que as bases de interação com outras línguas não podem ser consideradas as mesmas seja no tempo, seja no espaço.

No tocante ao contato linguístico africano dentro das senzalas, leiam-se as valiosas informações que nos confere Castro (1980, p. 16):

> Possivelmente, nos dois primeiros séculos, o quicongo e o quimbundo, seguidas pelo umbundo, foram as línguas numericamente predominantes na maioria das senzalas ou as de maior prestígio sociológico. Primeiro, devido ao volume do tráfico na foz do Rio Congo durante o século XVI [...]. Segundo porque o quicongo e o quimbundo são mais próximas entre si do que com o umbundo, de introdução mais tardia. Terceiro, por ter sido, presumivelmente, uma ou outra, a língua dos primeiros escravos ladinos, os que, logo cedo, aprenderam a falar português, e a quem era entregue a disciplina nas senzalas.

Como se percebe, o cenário linguístico das senzalas era multifacetado, não obstante se constituísse de sistemas linguísticos de grande parentesco. Fato é que esse contato crônico poderá ter fomentado um processo de crioulização, cuja existência infelizmente não goza de comprovação documental[19], de que teria resultado uma língua franca africana das senzalas. Por sinal, o contato forçado de falantes de línguas distintas por vezes se erigia antes mesmo de os cativos chegarem ao Brasil, já que, ainda em solo africano, ficavam meses a fio à espera de que se completasse a carga do navio; essa mesma situação criava condições para o contato desses falantes de línguas africanas com o português usado pelos "negreiros" e "pombeiros", agentes do tráfico responsáveis pelo recrutamento de homens em solo africano. Por tal motivo,

---

19. Conhecidos, entretanto, são os relatos das línguas faladas em Helvécia (cf. Ferreira, 1969) e na região do Cafundó (Vogt & Fry, 1996), possíveis remanescentes de crioulos no Brasil.

"para muitos escravos originários de Angola, o multilinguismo encontrado no Brasil, resultante do convívio de línguas africanas e português, não será inédito" (Petter, 2005, p. 201).

Há de considerar-se, igualmente, a situação das línguas africanas em falantes bilíngues, mais especificamente na boca dos crioulos, assim denominados os negros que nasciam em solo americano. Eram crianças que *grosso modo* além da língua materna também falavam a língua dominante no trato social, que uns especulam seria o português, mas, a nosso ver, mais provavelmente terá sido esse tupi costeiro modificado pelo contato linguístico, que a literatura especializada vem denominando língua geral. Essa vertente de uso da língua materna em falantes bilíngues decerto terá contribuído, no seio das senzalas, para o surgimento da língua franca das senzalas. Observe-se, por necessário, que os falantes bilíngues eram dotados de grande prestígio social em face de sua extremada funcionalidade num ambiente laboral em que os que dão ordens não falam as línguas dos que obedecem. Esses intérpretes adquirem o respeito e a confiança dos primeiros em face da dependência a que se sujeitavam os capatazes no trato diário com os escravos; já os segundos naturalmente se deixavam seduzir pelos privilégios que os denominados "ladinos" gozavam nas tarefas ordinárias do dia a dia. A relevância linguística do fato reside em que, como se sabe, as camadas de falantes mais prestigiadas tendem a impor modalidades de usos linguísticos próprios, que se disseminam no grupo como um sinal verbal desse prestígio. Assim, em se acatando a premissa de que os crioulos bilíngues tenham contribuído para a modificação das línguas africanas nas senzalas, haver-se-á de admitir que tais alterações tenham sido efetivamente consolidadas na constituição de um falar africano idiossincrático em solo brasileiro.

Algumas premissas devem ser consideradas. Hoje já não se desconfia da tese de que os núcleos de produção industrial no século XVI agasalhavam forte contingente de cativos africanos falantes de línguas distintas, embora pertencentes ao mesmo tronco. Como também se acata sem reservas a tese de que ainda nesse século o contato dessas línguas com a língua geral litorânea era ordinário, isto é, frequente no trato social diário. Uma questão, entretanto, que ainda está por resolver-se diz respeito à língua falada pelos descendentes de cativos[20] a partir da primeira geração de brasileiros ditos crioulos pelos historiadores, isto é, escravos de etnia negra nascidos em solo americano. As informações documentais dão conta de que a presença de mulheres africanas

---

20. Costuma-se designar por cativo o prisioneiro e por escravo o nascido prisioneiro.

nas primeiras levas de importação de cativos era praticamente nula, o que dificulta deveras quaisquer ilações sobre o número de crioulos nas senzalas do século XVI. Por sinal, a presença de mulheres no tráfico foi efetivamente reduzida ao longo de todo o período colonial, visto que os traficantes optavam por homens jovens e vigorosos, prontos para o trabalho braçal.

Outro fator que nos faz especular sobre uma população muito pequena de jovens crioulos até pelo menos o limiar do século XVII diz respeito ao expressivo índice de mortalidade infantil, sobretudo de natimortos, por sinal um índice dramático que não distinguia etnias (cf. Faria, 1996, p. 301). Assim, a possibilidade de um grupo de bilíngues que dominasse língua africana e língua geral nos aldeamentos do século XVI pode ser acatada com ênfase, embora sua importância no tocante ao devir linguístico revele-se bastante restrita, já que os indivíduos que eventualmente desenvolveram esta habilidade dual não seriam suficientemente numerosos para provocar influência no processo de mudança da língua predominante.

Outro fator deve adicionar-se a esse já complexo cenário para que possamos ao menos aproximar-nos da teia de vertentes linguísticas africanas no século XVI. Cuida-se aqui de negros ladinos falantes de crioulos de base portuguesa surgidos na África, em face da progressiva ocupação lusitana de vastas áreas ao longo da costa ocidental africana. Costumam-se classificar os crioulos de base portuguesa segundo um critério predominantemente geográfico, que se disseminou na área da crioulística desde os pioneiros estudos de Adolfo Coelho no século XIX. Na África, formaram-se crioulos no território da Alta Guiné – Cabo Verde, Guiné-Bissau e Casamansa – e no território do Golfo da Guiné – São Tomé, Príncipe e Ano Bom. A política escravagista do colonizador americano não se distinguiu da implementada pelo europeu no tocante à importação de braços para o trabalho forçado na Europa ainda no século XV, de tal sorte que, como estratégia de maior eficácia na comunicação com os cativos, impunha-se a importação de significativo contingente de falantes de crioulo, que serviriam como intérpretes e ajudantes de ordem no núcleo das senzalas.

Considerando o natural prestígio dos falantes de língua crioula no seio das senzalas e nos campos de trabalho forçado, não será temerário admitir que muitos traços gramaticais desses sistemas linguísticos simplificados tenham atuado na deriva das línguas africanas faladas em solo americano, como uma espécie de ingrediente especial para o surgimento da já referida língua das senzalas.

1.4 Contato linguístico no ambiente social da Colônia

Esta referência às línguas predominantes em solo brasileiro nos séculos XVI e XVII permite-nos especular como se processou o contato linguístico nos poucos núcleos sociais edificados nesse período de nossa história. A hipótese de que esse contato tenha-se firmado em parâmetros homogêneos ao longo de todo o território ocupado não resiste às evidências que nos legou o projeto colonizador português. Com razão assevera Luiz Felipe de Alencastro (2000, p. 20), acerca do contexto geográfico e econômico da Colônia:

> [A colonização] configura uma realidade aterritorial, sul-atlântica, a qual faz flagrante o anacronismo do procedimento que consiste em transpor o espaço nacional contemporâneo aos mapas coloniais para tirar conclusões sobre a Terra de Santa Cruz. Isso porque as correntes marinhas e os sistemas de ventos dissociavam a costa norte do território do miolo negreiro do Brasil.

A criação do Estado do Grão-Pará e Maranhão em 1621 expressa-se em dissensão não meramente política, mas econômico-social, com as naturais implicações de ordem linguística. A distância cultural entre o Grão-Pará e o Brasil é flagrante nos depoimentos do Padre Antônio Vieira (1608-1697), residente em São Luís, que em uma de suas *Cartas* assevera que mais facilmente se ia da Índia a Portugal do que dessa missão ao Brasil. A dificuldade de estabelecer rotas na costa brasileira estende-se até pelo menos meados do século XVII, a julgar pela iniciativa de Antônio Raposo Tavares (1598-1658) que, no retorno a São Paulo de sua extraordinária viagem terrestre à Amazônia, opta por fazer uma baldeação em Lisboa para chegar a Santos. Por sinal, essa era a regra de missionários que saíam da Bahia com destino ao Maranhão e ao Pará (cf. Alencastro, 2000, p. 59).

Disso se há de admitir que o Brasil quinhentista formou ilhas culturais no entorno dos primeiros aldeamentos e povoados, posteriormente cidades com administração pública incipiente, em cujo seio construíam-se ambientes distintos para interação de línguas. O contato direto entre índios e negros, por exemplo, se verifica na iniciativa da Corte, ao final do século XVI, no sentido de arrebanhar índios mansos (mais tratáveis) para controlar as insurreições negras. Os índios eram fixados nas divisas das zonas de povoamento para impedir a fuga dos escravos e inibir a criação de mocambos. A iniciativa deveu-se a uma sugestão feita por Pero Rodrigues, provincial dos jesuítas no Brasil, conhecido pela experiência com o trato direto com os escravos na África e no Brasil (Alencastro, 2000, p. 68). Semelhante contato, entretanto, só se processa pertinentemente nas áreas em que o elemento negro inicialmente se instalou, isto é, na faixa litorânea que espraia de Salvador em direção ao Rio de Janeiro e ao Nordeste.

Já o contato linguístico do homem português com o indígena se expressa desde o Descobrimento, com maior força a partir da fundação de São Vicente. Após aportarem na costa brasileira e se assenhorarem da faixa litorânea antes ocupada por tupis, os colonos passam a envolver-se com os povos jês, de índole guerreira mais acirrada, de tal sorte que vários núcleos colonizadores são atacados desde os primeiros anos da Colônia na Paraíba e em Pernambuco por potiguares, na Bahia por aimorés e no Rio de Janeiro por tamoios.

As crises reincidentes com os índios levam a uma política de pacificação que tinha por objetivo não só facilitar a vida dos colonos que fincavam residência definitiva em solo americano como também recrudescer as forças de resistência da Corte às investidas cada vez maiores de corsários e conquistadores europeus. No governo de Tomé de Sousa sai uma determinação de que se proíbam a captura de índios e o ingresso de colonos ao interior das capitanias, atos aliados a leis inibidoras do tráfico indígena, que a rigor não surtiram qualquer efeito prático (cf. Alencastro, 2000, p. 123). Mas na perspectiva linguística o movimento é relevante, pois propicia o implante de aldeamentos em vários pontos da Colônia, criando o ambiente social da interação.

Por sinal, os relatos de que dispomos sobre língua e política de conquista territorial dão conta que a natural tendência para interação de aloglotas por vezes é deliberadamente abortada pelos que detêm o controle desse processo por considerarem que o fator linguístico pode elevar-se como óbice para que a captura não se efetive ou mesmo se frustre rapidamente. Um relato do Padre Antônio Vieira sobre a expedição de Raposo Tavares na Amazônia é elucidativa. Afirma Vieira que a bandeira de Tavares teria desistido de cativar indígenas do Centro-Oeste cujas línguas desconheciam: "As línguas são totalmente diversas, e elas foram só as que os defenderam dos homens de S. Paulo" (Vieira, 1925, p. 414). Os relatos nos dão conta de homens que desciam à condição animal, inclusive negando-se a falar, apenas para fugir da captura. Trata-se aqui de uma ruptura deliberada das fases evolutivas – **movimento>interação>comunhão>comunicação** – a que se refere Hildo Couto ao tratar, em qualificado texto, sobre os aspectos etnográficos e sociais do contato linguístico entre aloglotas. No caso, a via natural que desembocaria na **comunicação** foi cortada no momento preliminar da **interação** em face de fatores meramente circunstanciais (Couto, 2003, p. 255).

Uma situação de contato linguístico assimétrico confere sentido à sedimentação das variantes diatópicas brasileiras desde os primeiros passos da

Colônia. O intercurso das línguas africanas com o tupinambá costeiro já aqui referido, pujante no ambiente das senzalas ao longo de pelo menos um século, costurou-se, sobretudo, na Bahia, em Pernambuco e no Rio de Janeiro, mas não foi relevante na região paulista, em que a incursão de negros demorou a consolidar-se. Ao que parece, o africano só foi introduzido em São Paulo nos últimos anos dos Quinhentos, conforme concluiu Florestan Fernandes em suas investigações sobre testamentos do século XVI, cujos termos traçam pouquíssima referência a legados com negros. Algumas cartas testamentárias, entretanto – diga-se necessariamente –, dão notícia de famílias formadas por negros e índios ao menos nos fins do século (cf. Fernandes, 1948, p. 21). Fato é que, em São Paulo, o contato das línguas africanas com a língua geral não terá sido tão íntimo quanto no cenário do Rio de Janeiro e da Bahia.

As evidências do contato linguístico assimétrico não ficam por aqui. Em áreas portuárias, onde a produção de especiarias visava à exportação, a proporção de africanos nas escravarias foi sempre superior, se comparada com a das regiões mais distantes do litoral. Esta proporção também estava condicionada à natureza da atividade econômica: maior nos engenhos e sítios de cana e menor nas unidades com gado e alimento: "na Bahia, a média oscilou entre 60% e 70% de africanos na população escrava (os demais eram crioulos, ou seja, nascidos no Brasil), durante todo o período colonial. Em outros lugares, distantes dos mercados negreiros, a proporção foi bem menor" (Faria, 1996, p. 294).

No tocante ao processo de surgimento do denominado português popular brasileiro, que só se manifestaria bem mais tarde, a rigor a partir da segunda metade do século XVIII, cuida-se de fato linguístico em franco debate, com ênfase na hipótese de sua gênese no processo de aquisição linguística irregular do português por falantes aloglotas. Com efeito, a interação linguística dos primeiros tempos não situava o português como língua-alvo no processo de aquisição linguística por falantes adultos, já que ainda não gozava de prestígio justificável[21].

---

21. Sobre a hipótese de transmissão linguística irregular na formação do português popular brasileiro, cf. Lucchesi (2003) e Santos (2015).

2
Produção linguística no período embrionário

2.1 O humanismo jesuítico nos tempos da *Ratio Studiorum*

Nos primórdios do século XVI havia consenso em Portugal acerca da necessidade de uma reforma universitária que atendesse aos novos tempos. Aparentemente, conforme nos informa Nascimento (2000, p. 39), o movimento das grandes navegações e a empresa dos descobrimentos absorveram as atenções da administração reinol, de que resultou restarem em segundo plano as mudanças urgentes que se impunham no meio acadêmico. A rigor, o cenário europeu, de modo geral, era preocupante na seara educacional, visto que a flagrante necessidade de reformas esbarrava em uma "mentalidade esclerosada e ultrapassada", conforme assinala Diogo de Gouveia, o Velho (1471-1557), em carta enviada a Dom João III em 1528 e "na qual se regozija com a apreensão dos *Colloquia* de Erasmo por então decretada em França" (Nascimento, 2000, p. 40). Pode-se afirmar que as desconfianças desabonadoras da atividade acadêmica chegavam a ponto de sugerir uma indesejável e inevitável estagnação no preparo intelectual das novas gerações.

O desprestígio da universidade em Portugal levara muitos estudantes a diplomar-se em instituições estrangeiras, ainda que cursassem os primeiros anos na terra natal, situação que se foi paulatinamente modificando com a criação de colégios eclesiásticos a partir da quarta década do século XVI, entre eles o Colégio de São Tomás (1539), o Colégio de São Pedro (1540), o Colégio do Espírito Santo (1541) entre outros. Será, pois, nesta conjuntura desfavorável ao progresso científico e humanístico que Portugal acolherá os primeiros jesuítas, em princípio destinados às missões evangelizadoras nas terras descobertas, estratégia da Coroa que decerto foi bem-sucedida em face do rigoroso perfil da Companhia, pautado na disciplina, na erudição e no denodado pendor para o trabalho. Os jesuítas ingressam no meio acadêmico português inicialmente em Lisboa, para mais tarde servirem-se de um colégio em Coimbra junto à universidade.

Na construção de um projeto curricular que bem servisse aos propósitos do Colégio das Artes, mormente no tocante à formação dos jesuítas, destaca-se a figura do Padre Pedro João Perpinhão (1530-1566)[22], cujo opúsculo *De ratione liberorum instituendorum litteris graecis et latinis* fundamenta a *Ratio Studiorum* na programação das instituições de ensino. Surge, assim, um método pedagógico típico do Humanismo Inaciano implementado em vários colégios portugueses, sobretudo em Évora, cidade que se destacava como grande centro cultural, e em Coimbra. Alguns dos mais notáveis nomes do magistério jesuítico transitaram entre essas duas cidades no mister pedagógico, entre eles o próprio Pedro João Perpinhão, além de Manuel Álvares (1580-1617)[23] e Luís de Molina (1535-1600). Por sinal, coube a Perpinhão o privilégio de proferir a oração de abertura do Colégio de Coimbra (cf. Soares, 2010, p. 323).

A importância de Perpinhão para a gênese da *Ratio Studiorum* é definitiva e se espraia para todos os cantos do mundo em que o método pedagógico foi implementado no curso de largo tempo até o Iluminismo. Saliente-se, em especial, o conteúdo de sua carta ao italiano Francisco Adorno (1531-1586), datada de 20 de janeiro de 1565, em cujo apenso consta o *De ratione...*, subdividido em nove capítulos. Nessa obra, Perpinhão traça o projeto pedagógico que deveria ser implementado no Colégio de Coimbra, aí incluídos os critérios para a escolha dos mestres: qualidades intelectuais e morais, capacidade hermenêutica, bom texto oral e escrito, além da vocação pedagógica. Entre suas orientações para o ensino gramatical, Perpinhão salienta a importância da escolha da obra que servirá ao estudo regular dos alunos, cujas características devem evitar a prolixidade, a referência a detalhismos e regras impertinentes, sem descurar no rigor da apresentação da língua latina. Empenha-se, igualmente, Perpinhão com aspectos da didática e das estratégias de ensino, que visam à elaboração de exercícios que estimulem a reflexão e o conhecimento ortográfico (Nascimento, 2000, p. 54):

---

22. Sobre os dados biográficos de Pedro Perpinhão, cf. Toipa (2009 e 2011).

23. Não se confunda com o humanista Manuel Álvares (1526-1583), autor da prestigiada *De institutione grammatica libri tres* (1572).

> Entre outros exercícios, contam-se as *repetitiones* que têm por objetivo verificar e aferir conhecimentos, sobre elas o mestre formula conselhos e adverte sobre as vantagens de alguns modelos de exercícios (sintagmas compostos para as declinações; pequenas frases com estruturas simples): o objetivo não é apenas mecanizar paradigmas, mas interiorizar construções de língua, de tal modo que se ganhem predisposições para outros níveis de aprendizagem, nomeadamente a expressão correcta de acordo com a norma, apenas por imitação. A insistência sobre a gradatividade faz-se depois de acompanhar de indicações que induzem uma técnica de imersão em que o aluno se deixa conduzir pelo próprio ritmo de aprendizagem.

O programa de Perpinhão, portanto, enfatiza os estudos humanísticos e o cultivo das línguas clássicas, nomeadamente o latim e o grego, consideradas imprescindíveis para a formação intelectual que favorecesse a aquisição de conhecimento, ou seja, eram a porta que abria para o saber filosófico e científico. Não se estranhem, pois, as longas linhas dedicadas ao ensino do latim no *De ratione*, cuja gramática havia de ocupar "vários anos e todo o tempo possível" (cf. Toipa, 2009, p. 56). Sua indicação da *De arte rhetorica, libri tres, ex Aristotele, Cicerone, Quintiliano praecipue deprompti*, composta pelo jesuíta Cipriano Soares (1524-1593), pode atribuir-se a certo pendor corporativo, já que Perpinhão a ele se refere como "homem de nossa Companhia". Estão, portanto, traçadas na proposta de Perpinhão as diretrizes que viriam a edificar o texto da *Ratio Studiorum*, obra que se notabilizou como um verdadeiro *vade mecum* do ensino jesuítico em todas as partes do mundo em que a Companhia de Jesus atuou na missão evangelizadora.

Uma avaliação dos primeiros anos da atividade educacional no Brasil impõe necessariamente a avaliação do ensino nos colégios jesuíticos, o que implica analisar a relevância da *Ratio* nesse programa pedagógico em que as classes de alunos eram significativamente heterogêneas. Saliente-se que esse texto de 1599 servia aos propósitos de centenas de escolas jesuítas na Europa, na Ásia e no Novo Mundo, ou seja, suas diretrizes eram impostas a discentes de distintas origens culturais, fato que aparentemente não evitou o sucesso de sua implementação ao longo de aproximadamente 150 anos de vigência do ensino jesuítico. O que se percebe, pois, é uma ação homogeneizadora em que a estratégia pedagógica partia do princípio do universalismo do espírito humano, ou seja, não importavam a origem étnica e os valores culturais do educando, já que todos por concepção eram submetidos a um mesmo processo de formação intelectual que desconsiderava tais diferenças.

Por outro lado, evidencia-se que a aplicação das regras insculpidas na *Ratio* não poderia ser implementada à risca em todos os lugares, já que as condições de infraestrutura e de logística evidentemente não eram as mesmas em todas as missões em que a Companhia desenvolvia sua atividade evangelizadora. Disso resulta, por exemplo, verificar-se a extrema dificuldade de se nomearem docentes em regiões cujo projeto colonial não ia além da exploração da terra, sem uma política de sustentabilidade e progresso social em implementação. A despeito dessas dificuldades, alguns pilares da educação humanística, tais como o ensino do latim, mantiveram-se imperativos desde os primeiros tempos evangelizadores no século XVI, para consolidarem-se no transcurso de todo o século seguinte. O latim era a língua das escrituras e a expressão oral da fé, seu cultivo servia à causa da religião e da ciência, já que era a língua mais gramatizada no cenário da produção linguística dos Quinhentos.

No Brasil, os primeiros colégios jesuíticos não descuraram do ensino do latim, que, para além de seu valor como língua da fé e do saber, servia "como instrumento de integração à cultura eclesiástica e acadêmica europeia" (Kaltner, 2016, p. 47). Se se queria formar espíritos europeus em corpos americanos, o caminho era o da língua da Igreja. O próprio José de Anchieta (1534-1597) enfatiza o ensino da gramática como atividade ordinária e relevante em suas cartas, ciente da importância do domínio da leitura na língua de Cícero como instrumento de formação intelectual e religiosa. No mais, o cultivo do latim servia indiretamente para a própria atividade de gramatização das línguas autóctones, no sentido de que o domínio da estrutura sintática, dos padrões morfológicos e fonológicos daquela servia de parâmetro para semelhante entendimento e descrição destas. Isso apesar de, em certa medida, haver relativa inovação na tarefa de gramatização das línguas indígenas, visto que seu distanciamento do latim evidenciava flagrantemente, conforme ressalta Batista (2005, p. 126):

> Em algumas passagens das descrições realizadas pelos jesuítas para o tupi antigo e o quiriri, no entanto, não se observou uma mera transferência do instrumental descritivo utilizado para a descrição do latim, por causa de aspectos particulares das línguas indígenas. Entre esses aspectos podem ser citadas a incorporação nominal e verbal, a topicalização de adjuntos e a expressão do tempo nos nomes. Essa constatação possibilita nuançar a presença de métodos descritivos próprios à língua latina, já que, mesmo seguindo uma espécie de guia a partir da metalinguagem e formas de descrição do latim, os jesuítas em alguns momentos souberam abrir mão do referencial conhecido, possibilitando, assim, o registro de características gramaticais particulares das línguas indígenas.

2.2 Herança educacional da Companhia de Jesus no Brasil

A Companhia de Jesus ainda estava no alvorecer de sua existência quando os primeiros padres aportaram o Novo Mundo. No Brasil, a ordem inaciana criou raízes a partir de 1549 com a chegada da comitiva de Tomé de Sousa (1503-1579), primeiro governador-geral da Colônia. De início, cuidaram os jesuítas de elidir do meio social incipiente algumas práticas degradantes aos olhos europeus que vinham sendo toleradas pela política colonial portuguesa, entre elas o desterro dos índios, quando não a escravidão, a ignorância dos jovens e o canibalismo. Nas palavras laudatórias de Serafim Leite (1890-1969), "enquanto o Governador tratava da fundação de Salvador e da posse da terra, os Jesuítas cuidavam da conquista dos espíritos" (1937, p. 15). A estratégia, assim, era de investir nas crianças e nos jovens adultos, já que neles havia a esperança da conversão. Por esta época, já a partir de 1550, chegaram ao Brasil os primeiros meninos órfãos, cuja interação com as crianças índias revelou-se naturalmente bem-sucedida. A fácil e rápida aquisição de uma língua segunda logo tornou os órfãos excelentes intérpretes, fato que se deve necessariamente aliar a uma sensível influência do português nas gerações de jovens falantes da "língua brasílica".

O trabalho de conversão dos jovens índios incluía uma estimulante interação cultural, em que jogos e canções de ambas as culturas faziam parte do cotidiano de atividades lúdicas. Se de um lado os índios cantavam peças musicais trazidas do Velho Mundo, de outro os meninos portugueses animavam-se cantando em língua geral e cortavam o cabelo segundo a moda da terra. A chegada dos meninos órfãos, de início, provocou certa expectativa quanto a sua eficácia na interação social com as crianças índias, dado o possível embate cultural que poderia surgir entre eles. A ausência de preconceitos e, sobretudo, a facilidade de adaptação à cultura do outro, tornaram-se fatores decisivos para o sucesso da importação dos meninos órfãos, já que para eles não havia índios em face de europeus, havia apenas seres humanos em contato com outros seres humanos. Alguns desses órfãos viriam a ser padres proficientes em seu mister, como se exemplifica na figura de João Pereira (?-?), que, segundo Serafim Leite, "foi na expedição de 1574 a descobrir minas, até ao rio de S. Francisco, sendo o elemento de concórdia e o salvador da expedição" (1937, p. 41).

A estratégia jesuítica, entretanto, não evitou episódios de conflito, tais como o dos padres Pedro Sardinha (1496-1556) e Manuel da Nóbrega (1517-1570), o primeiro receoso de que a excessiva adaptação da cultura europeia aos hábitos indígenas levasse ao fracasso da missão como um todo. Infelizmente para o desafortunado Pedro Sardinha, o hábito da antropofagia não foi erradicado de imediato, por sinal uma tarefa que afinal se conseguiu levar a cabo ao menos no tocante às tribos que mantinham relações amistosas com os portugueses. O estímulo à monogamia, por seu turno, uma imposição dos valores morais cristãos, obteve-se com a substituição de tendas coletivas por tendas menores em que vivesse apenas o casal, com a promessa de um campo exclusivo para cultivo de alimentos. Neste aspecto, a ação dos jesuítas esbarrou no malfadado projeto colonizador da Coroa que não previu a necessidade de enviar mulheres para a terra ocupada, de tal sorte que inúmeras eram as relações íntimas entre colonos brancos e índias que vivam sob os cuidados do marido e, a rigor, lhes serviam de criada. Não era, por sinal, incomum que esses homens abandonassem as índias após certo tempo de vida em comum, fato que muito requereu dos padres jesuítas no sentido de restabelecer a ordem moral familiar, com respeito aos sacramentos e observância da fidelidade conjugal. Evidente que a missão, nesta seara, revelou-se mais difícil do que a própria conversão do índio à fé católica, de tal sorte que a figura da índia abandonada e rejeitada por ambas as culturas em confronto constitui uma das tragédias mais pungentes da história da colonização do Brasil.

Mas é dessas famílias incipientes, constituídas pelo homem português e pela mulher índia, que surge a fonte mais produtiva de uma língua de contato, agora não mais o tupi genuíno, o tupinambá costeiro, senão um tupi enriquecido no léxico, adulterado na fonética e resultante da transmissão linguística irregular em que o português figura como língua de substrato. Essa é a língua que as gerações de mestiços mamelucos viriam a usar a partir do berço e que ainda hoje é objeto de inúmeros estudos sobre a formação linguística do Brasil. Com efeito, ainda não se chegou a consenso acerca da natureza linguística desse código que se foi modificando à medida que a sociedade brasileira se formava a partir dos precários aldeamentos fundados ao longo da costa, do Sudeste ao Nordeste. Parece improvável que os registros que dela se fizeram em vocabulários e gramáticas a partir da segunda metade do século XVI não tenham levado em conta as consequências desse contato entre o português e o tupi, sem falar na possível ocorrência de um contato linguístico mais abrangente, dada a presença de outras línguas europeias em solo brasileiro no processo de construção social da Colônia.

Saliente-se, necessariamente, que os estudos já realizados sobre as relações interpessoais entre o europeu e o indígena nos primeiros anos da colonização, aí incluída a questão linguística, via de regra desconsideram as cartas jesuíticas como fonte documental, fato que, sem dúvida, muito prejudica o melhor entendimento da situação social deste Brasil ocupado e incipiente em suas bases culturais. Conforme adverte José Bessa (1994, p. 7):

> As Cartas, além de revelarem fatos e conhecimentos de múltipla ordem, são antes de tudo importantes para o alicerçamento ou reforço do conhecimento referente à Língua Portuguesa do século XVI, bem como para o vislumbramento das atividades lingüísticas desenvolvidas, em quase vinte anos, pelos Jesuítas. Elas nos dão conta das múltiplas atividades jesuíticas, tais como a construção de casas e de igrejas, a fundação de colégios e seminários, das cerimônias religiosas, da seleção, entre descendentes de portugueses e entre índios, de membros para a Companhia de Jesus, da admissão de noviços, da vinda de Irmãos de Portugal para o Brasil, da ordenação sacerdotal no Brasil de Irmãos vindos do reino e de Irmãos aqui formados, de perigosas andanças nas selvas. Dão conta, em suma, da origem e da formação da sociedade brasileira.

O grande movimento colonizador da América do Sul, no plano educacional, deve ser estudado a partir da formação intelectual dos missionários na Europa, visto que, por não existirem projetos estatais na seara da educação, toda atividade concernente implementava-se segundo os parâmetros concebidos pelas ordens religiosas. No século XVI, deu-se impulso a um treinamento expressivo de padres franciscanos, dominicanos, augustinianos e jesuítas nos países da Europa cristã com o objetivo de serem encaminhados para o Novo Mundo. Esse projeto de formação humanística dos missionários, em alguns casos, completava-se no próprio território ocupado, na hipótese de a política colonizadora haver avançado no sentido de conferir-lhe sustentabilidade. Esse é o caso da ocupação hispânica do México e do Peru, que já contavam com escolas e oficinas tipográficas no século XVI (1540, no México e 1580, no Peru)[24]. A metodologia de trabalho desses jovens gramáticos, em sua quase totalidade neófitos na tarefa de gramatizar as denominadas línguas exóticas, previa a anotação de pequenos vocabulários, a tradução de textos religiosos até que chegasse ao nível de maior complexidade exigido para a produção de uma arte de gramática.

A atividade intelectual nesta área linguística, naturalmente, erigia-se sob o princípio ordinário do compartilhamento do saber que caracterizava as ordens religiosas, de tal sorte que os primeiros trabalhos eram expandidos em obras posteriores. A situação linguística dos territórios ocupados poderia fortuitamente facilitar a empreitada encetada pelos homens devotados ao mister de descrever dada língua com propósito doutrinador, nomeadamente

---

24. Cf., a respeito, Breva-Claramonte (2007, p. 237).

a predominância de uma única língua ao longo de vasto território. Este é o caso do nahuatl, que se falava em larga zona territorial da Nova Espanha, fato que muito facilitou o trabalho dos freis franciscanos, entre eles Andrés de Olmos (1491-1570), autor da *Gramática da língua nahuatl ou mexicana* (1875 [1547]). Também se aplica à língua geral costeira no Brasil, pertencente ao tronco tupi, que era falada em amplo território desde o Sudeste até o Nordeste. Cumpre observar que a preocupação dos franciscanos ia além da mera descrição linguística, para chegar ao próprio aprimoramento da tarefa de gramatizar línguas tão desconhecidas. Na *Epistola nuncupatoria*, oferecida nas primeiras páginas de sua gramática (1875, p. 3-5) e dirigida ao Frei Martín de Hojacastro (1515-1557), Olmos adverte que seu texto poderia interessar tanto aos aprendizes quanto aos gramáticos que o quisessem aprimorar, tarefa que efetivamente viria a ser implementada por Horácio Carochi (1579-1662) no século seguinte, mormente na área da descrição fonética (cf. Breva-Claramonte, 2007, p. 238).

No Brasil, evidencia-se a presença dos jesuítas na execução de um projeto de educação humanística pautada em bases renascentistas, cujo escopo era a globalização do cristianismo. Entretanto, não se pode desconsiderar a presença de outras ordens religiosas com igual objetivo em solo brasileiro, conforme se testemunha pela atividade pastoral dos franciscanos em Mbiaça (Laguna) entre 1538 e 1548, bem como em Recife, Igaraçu e Vitória, onde ergueram conventos entre os anos de 1585 a 1591[25]. Refira-se, ainda, à presença de beneditinos em Salvador, no Rio de Janeiro e em São Paulo, onde ergueram mosteiros entre 1582 e 1598, e de irmãos carmelitas, também presentes em Olinda, Salvador, Angra dos Reis, Santos, Rio de Janeiro e São Paulo, onde ergueram conventos entre 1583 e 1594. Fato é que até 1549, quando chegam os jesuítas, muitos sacerdotes de vária ordem religiosa aportaram ao Brasil, mormente em Porto Seguro e em Santa Catarina, sem que lograssem desenvolver um trabalho efetivo de conversão dos índios à fé cristã. Segundo Serafim Leite, um deles morreu afogado no Rio de Frade (daí o nome do rio), ao passo que outros foram mortos pelos índios. Entre esses religiosos, havia sacerdotes seculares de vida pregressa duvidosa que não conseguiam aprender a língua dos nativos e pouco ou nada contribuíram para uma efetiva transmissão da palavra de Deus (1937, p. 13):

> Esta gente ia para o Brasil ou por ser indesejável em Portugal ou por motivos de interêsse imediato, como os próprios colonos. Nestas con-

---

25. Cf., a respeito, Costa (2011, p. 1-2) e Kaltner (2016, p. 51).

dições, não se elevavam acima dêles. Sem defesa espiritual suficiente, enredavam-se, em geral, nos meandros da mancebia. Esvaía-se o zêlo; anulava-se o prestígio, e faziam mais mal do que bem com o exemplo de uma vida livre e interesseira, em desacôrdo com a própria vocação.

Percebe-se, assim, que a preponderância da atividade jesuítica não se pode confundir com dominância ou exclusividade, hipótese que se construiu, decerto, como resultado a maior produção de textos – gramáticas, catecismos e vocabulários – pelos inacianos. Sobre o fato, complementa Kaltner (2016, p. 51):

> Além da ação missionária da Societas Iesu no Brasil do século XVI, cuja ordem pontífice fora fundada no ano de 1534, com finalidade de levar o cristianismo aos confins do globo, outras ordens participaram do projeto de colonização da América Portuguesa, como os Franciscanos. Estes empreenderam uma missão no litoral de Santa Catarina, na localidade de Laguna, conhecida por Mbiaça, entre 1538 e 1548, com povoados carijós [...]; a Ordo Fratrum Minorum ergueu conventos em Recife e Olinda em 1585, em Igaraçu em 1588, na Paraíba em 1589, e em Vitória em 1591. Já os Beneditinos ergueram mosteiros em Salvador em 1582, no Rio de Janeiro em 1590, tendo chegado a São Paulo em 1598. Os Carmelitas, por sua vez, ergueram conventos em Olinda em 1583, em Salvador em 1586, em Santos em 1589, no Rio de Janeiro em 1590, em Angra dos Reis em 1593, em São Paulo em 1594, o que marcava outro aspecto multicultural do projeto missionário.

Durante todo o período colonial, o sistema educacional brasileiro – esforçando-nos aqui para usar semelhante denominação – tinha escopo bifurcado, em que os índios e os mestiços desafortunados eram instruídos nos limites de sua conversão ou iniciação religiosa, ao passo que os filhos de colonos, sobretudo de latifundiários, eram beneficiados por um programa de formação humanística baseada no *Trivium* e no *Quadrivium*. A rigor, como de resto acontece nos programas educacionais até os dias atuais, as pretensões programáticas não se efetivavam senão nos primeiros pontos, de sorte que o amplo conteúdo do *Quadrivium* era desconsiderado na maioria das classes, em que as aulas limitavam-se aos rudimentos da gramática e da arte de contar. Os mais afortunados, que chegavam aos cursos superiores, eram introduzidos nos conceitos básicos da teologia e da filosofia. No plano metodológico, conforme assinalam Wehling e Wehling, "o método pedagógico utilizado seguia as normas do Colégio de Évora de 1563, e da *Ratio Studiorum*, manual pedagógico jesuíta do final do século XVI" (2012, p. 287).

2.3 A gramatização de línguas como instrumento da evangelização

A estratégia da educação humanística pela via linguística havia de privilegiar o estudo do latim, língua dos textos sagrados, dos textos científicos e da liturgia religiosa. O ensino do latim construía uma ponte entre a ignorância e os fundamentos da cosmologia como disciplina. Era o instrumento para a formação do espírito em bases humanistas, "instrumento de integração à cultura eclesiástica e acadêmica europeia ultramarina, de tradição ibérica" (Kaltner, 2016, p. 47). Não se há de esquecer o escopo maior do processo de colonização, resumido na ocupação e possessão territorial, um projeto de ampliação dos domínios do Velho Mundo sobre o Novo Mundo, cujos frutos, em plano pragmático, incluíam o enriquecimento econômico dos estados europeus e a afirmação de sua soberania em escala global. Nesse contexto, a dominação religiosa, mediante estratégias de difusão da doutrina cristã, figura como uma das faces do projeto colonizador para cuja implementação a Igreja e o Estado congregam esforços.

Considerando que a gramatização das línguas faladas nos territórios ocupados constitui uma das mais relevantes tarefas desse amplo e ambicioso projeto, pode-se levantar uma inter-relação entre língua e territorialidade que está subjacente na própria concepção de "língua companheira do Império". No ambiente intelectual dos Quinhentos, não obstante a língua fosse estudada em face de sua oralidade, a letra elevava-se como elemento de expressiva significação semiótica, pois, bem além de representar os sons da língua, impunha-se como elemento de representação em qualquer língua. A correlação necessária entre letra e som, que se verifica, por exemplo, no prólogo da *Gramatica castellana* (1909 [1492]), de Antônio de Nebrija (1441-1522), acatava-se como fato atinente a todas as línguas, razão por que os gramáticos missionários, tão logo tomavam ciência de uma língua autóctone, nela identificavam a mesma vinculação entre letra e som existente no latim ou mesmo em uma língua vernácula gramatizada[26]. Os seguidores de Nebrija, ao perceberem que falantes dessas línguas exóticas pronunciavam sons linguísticos que o sistema gráfico não previa, ou não pronunciavam sons vinculados a determinadas letras, viam no fato uma falha ou imperfeição de quem não

---

[26]. A implementação da escrita em línguas ágrafas constituía, ademais, um ato alinhado à Ideologia das Letras renascentista, que conferia ao texto escrito a primazia do saber. A fronteira entre barbárie e civilização podia traçar-se entre povos de línguas ágrafas e povos de línguas gráficas. Para os jesuítas, a inscrição das línguas exóticas no rol das que se podiam expressar pelo alfabeto implicava a inclusão dos respectivos povos no mundo civilizado.

temia a Deus ou não se submetia ao Rei: "The common concern with identifying the missing letters indicates that celebrating the invention of writing and finding its origin is no longer an issue. The new preoccupations suggest that the letter has been promoted to an ontological dimension which atributes to it a clear priority over the voice" (Mignolo, 1992, p. 189)[27].

Sem demérito dessas conclusões, a tese não parece consolidar-se ao menos no tocante à *Arte de gramática da língua mais usada na costa do Brasil* (1990 [1595]), de José de Anchieta, já que em seu texto o jesuíta se apoia no sistema ortográfico latino, mas relativiza a correspondência necessária entre som e letra. Se, de um lado, abre o capítulo I com a célebre afirmação "Nesta lingoa do Braſil não há f, l, s, z, r dobrado, nem muta cum liquida" (1990 [1595], p. I), de outro adverte que a correspondência desejada, a rigor, não se expressará nos textos que se escreverem em língua geral, fato que os aprendizes deverão relevar em face da natural variação de pronúncias que a língua sofre ao longo do vasto território em que é falada, abrindo, inclusive, oportunidade para que o sistema ortográfico consuetudinário seja usado de maneira distinta (1990 [1595], p. 9):

> Isto das letras, orthographia, pronunciação, & accento, seruira pera saberem pronunciar, o que acharem escrito, os que começão aprender: mas como a lingoa do Brasil não está em escrito, senão no continuo vso do falar, o mesmo vso, & viua voz ensinaram melhor as muitas variedades que tem, porque no escreuer, & accentuar cada hum farâ como lhe melhor parecer.

A palavra de ordem proferida pelos jesuítas era "catequese", que já em sua etimologia implica o sentido de pregação. Portanto, para os jesuítas, o labor só se implementava no texto, e o texto só se justificava na língua dos naturais da terra. Nesse sentido, como faz observar Martins, "a catequese, tanto a religiosa, no sentido restrito da palavra, quanto a intelectual, na acepção mais larga, era, e não podia deixar de ser, uma aventura da palavra e do pensamento: o mundo novo era um mistério estranho e teria de ser necessariamente lingüística a chave para sua decifração" (1992, p. 49). A estratégia de ocupação intelectual da terra passava pela fundação de colégios, que no plano imagístico resumiam-se em fortalezas do saber escolástico temidas

---

27. "A preocupação ordinária com a identificação das letras ausentes revela que a celebração da invenção da escrita e a busca de suas origens já não é um problema. As novas questões sugerem que a letra foi elevada a uma dimensão ontológica que lhe atribui clara preponderância sobre o som linguístico". Mignolo exemplifica o fato com o jesuíta Horácio Carochi (1586-1666), que, em sua *Arte de la lengua mexicana* (1645), adverte que a língua mexicana ressente-se da falta de sete letras, ressaltando a necessidade de que elas sejam pronunciadas mesmo assim (1992, p. 190).

pela ignorância generalizada de uma cultura que se importava, no tocante aos naturais da terra, e pela ignorância cosmológica por parte dos súditos do reino invasor. No curso da colonização religiosa implementada pelos jesuítas, não poucos educandários foram criados, tais como o Colégio dos Meninos de Jesus, na Bahia, fundado por Manuel da Nóbrega; o Colégio do Espírito Santo, fundado por Afonso Brás (1524-1610), o Colégio do Pará, o Colégio de Pernambuco, o Colégio de Porto Seguro, o Colégio do Rio de Janeiro. Nas palavras de Serafim Leite, "onde existia uma casa de Jesuítas logo se erguiam uma igreja e uma escola: pão de espírito completo!" (1937, p. 24), uma síntese da estratégia de aculturação religiosa pelo saber escolástico. Saliente-se que alguns colégios não se limitavam ao ensino elementar, tais como o do Rio de Janeiro e o de Pernambuco, em que havia aulas de Humanidades, e o da Bahia, que chegou a oferecer cursos de Teologia Dogmática, Teologia Moral e Artes (filosofia): "O século XVI terminava, até, com um Curso de Artes, florescente e numeroso. Tinham-se matriculado nêle, em 1598, quarenta estudantes" (Leite, 1937, p. 25).

Cuide-se, ademais, da conveniência da ação civilizatória jesuítica em prol da política colonial da Coroa portuguesa, que decerto teria de desdobrar-se em ações bem mais complexas do que a mera ocupação extrativista da terra para assegurar sua posse. A parceria com índios de etnia tupinambá, expressiva no Rio e na Bahia, conferia à Coroa um contingente numeroso de aliados na defesa da costa brasileira contra invasores, um trunfo que em poucas situações de conflito deixou de beneficiar os portugueses, haja vista a união dos índios tamoios com as forças invasoras de Nicolas Durand de Villegagnon (1510-1571) no frustrado empreendimento da França Antártica. Assim, a política educacional jesuítica servia subsidiariamente como política administrativa da Colônia, conforme adverte Serafim Leite, citando Manuel da Nóbrega (1937, p. 40):

> Este movimento escolar era útil evidentemente para a instrução considerada em geral, mas não só para isso. Os Jesuítas nada tinham de mestres anónimos e indiferentes. Eram sobretudo educadores. O movimento escolar que assim se iniciava havia de ser vantajoso para a catequese e também "para o sossego da terra e proveito da república".

Nesses templos do saber, o ensino linguístico ocupava-se do latim, para a formação cultural em bases europeias, e da língua geral costeira, como instrumento evangelizador indispensável na formação dos irmãos catequistas. Neste sentido, o currículo dos colégios criados por jesuítas no Brasil, embora procurasse espelhar-se no modelo das instituições europeias análogas, tinha escopo delas distinto, já que, enquanto "em Coimbra o Real Colégio formava quadros para o ingresso na Universidade de Coimbra e para a administração do reino, já na Bahia, o *Collegio* de Salvador preparava padres para atuarem como missionários na Colônia, a fim de expandir a possessão da terra" (Kaltner, 2016, p. 54).

Como instituição social, o colégio jesuíta do período colonial ia bem além de seus propósitos pedagógicos, já que os padres que integravam a congregação eram partícipes de atividades extensionistas, ministravam o sacramento, organizavam festas, atuavam espiritualmente nos hospitais, nas cadeias, a par de sua ordinária presença nas igrejas para as atividades litúrgicas e sacramentais. Celebrar a missa em latim, ouvir a confissão em língua geral, servir-se da alternância de códigos (*code-switching*) em línguas românicas, em face do interlocutor ou do próprio ato de fala, esse era o provável cotidiano linguístico de um padre inaciano integrante dos colégios mais prestigiados. Não obstante a precaríssima situação de muitos colégios situados em regiões inóspitas – leia-se o testemunho de Anchieta em sua Carta de Piratininga –, algumas instituições foram aquinhoadas pelo apoio financeiro da Coroa, entre elas os colégios de Salvador, do Rio de Janeiro e de Recife. Segundo Franzen (2000, p. 223), havia em alguns educandários uma mudança de nível pedagógico, de tal sorte que passavam de educandários elementares a colégios de ensino superior. Exemplo documentalmente comprovado está no Colégio dos Meninos de Jesus, fundado em Salvador por Manuel da Nóbrega, que foi elevado a colégio canônico em 1556 com o nome de Colégio de Jesus, sem que, entretanto, perdesse seu cunho pedagógico essencial de ensinar a leitura e a redação mediante aulas da gramática latina. Sobre este educandário, informa-nos Fernão Cardim (1540-1625) em uma de suas cartas (1847, p. 10-11):

> Os padres tem aqui collegio novo e quasi acabado, é uma quadra formosa com boa Capella, livraria, e alguns tres cubículos, os mais delles tem as janelJas para oitia r; o edifício é todo de pedra, e cal d'ostra, que é tão boa como a de pedra de Portugal. Os cubiculos são grandes, os portaes de pedra, as portas d'angelim forradas de cedro; das janellas descobrimos grande parte da Bahia, e vemos os cardumes dos peixes e baleas andar saltando n'agoa, os navios estarem tão perto que quasi ficam á falla [...]
>
> O Collegio tem três mil cruzados de renda, e algumas terras adonde fazem os mantimentos; residem nelle de ordinário sessenta; sustentam--se bem dos mantimentos, carnes e pescados da terra, nunca falta um copinho de vinho de Portugal, sem o qual se_nâo sustenta bem a natu-

> reza por a terra ser deleixada, e os mantimentos fracos; vestem e calçam como em Portugal, estão bem empregados a uma lição de theologia, outra de casos, um curso d'artes, duas classes de humanidade, escola de lêr e escrever, confissão, e prégar em nossa igreja, sé, &c. outros empregam-se na conversão dos indios, e todos procuram a perfeição com grande cuidado, e serve-se Nosso Senhor muito deste collegio ao que será honra e gloria.

Como se percebe, o ensino do latim[28] constituía atividade imperativa no *curriculum* escolar, razão por que se impunha a importação de material didático para o desenvolvimento das atividades pedagógicas nos colégios mais avançados. A pesquisa vem revelando que as *Introductiones latinae* (1999 [1481]), de Antônio de Nebrija[29], teriam sido escolhidas como texto básico para as aulas de gramática, sobretudo pelos missionários hispânicos. Há possibilidade, porém, de que a *De institutione grammatica libri tres* (1572), de Manuel Álvares (1526-1583), tenha sido o texto linguístico escolhido pelos irmãos portugueses não apenas para apoio nas aulas de gramática, como também na fundamentação teórica de que se serviam os jesuítas para descrever as línguas ameríndias. Em um de seus preciosos estudos sobre a linguística missionária no Brasil, Zwartjes (2002) procura respostas para a preferência de Álvares, em detrimento de Nebrija, ou mesmo de Johannes Despauperius (1480-1520) como fonte linguística dos jesuítas que atuavam em solo brasileiro.

Segundo Leite, o primeiro discípulo dos jesuítas foi um "índio principal, que aprendeu o ABC todo em dois dias" (1937, p. 23), mas esse aluno era uma exceção, já que o corpo discente desses educandários primitivos era constituído dos filhos dos colonos e dos índios cujas tribos mantinham contato com as missões. Além dos filhos dos colonos, a eles juntaram-se posteriormente os órfãos portugueses que foram enviados para solo brasileiro no processo de ocupação da terra. O Colégio da Bahia registrou em 1557 a presença de capelães da Sé como estudantes de latim, que, aparentemente, abandonaram os estudos em face de um fato pouco esclarecido: Diogo Álvares, o Caramuru (1475-1557), falecido no mesmo ano de 1557, teria deixado como legado para o colégio metade de sua sesmaria, o que foi malrecebido pelo vigário de

---

28. Nos testemunhos epistolares, os jesuítas usam o termo "gramática" para referir-se ao latim, obviamente em face do caráter monocrático da língua de Cícero no contexto intelectual até pelo menos o século XVII.

29. Sobre as *Introductiones* de Nebrija, cf. especialmente os estudos de Rico (1981), Mignolo (1992), Esparza Torres (1995) e Fernandes (2006).

Salvador[30]. Disso teria resultado o abandono dos estudantes da Sé e o próprio fechamento do curso, que viria a ser reaberto em 1564 por ordem de Catarina de Áustria em missiva endereçada a Mem de Sá e à Câmara da Bahia. Segundo Leite (1937, p. 23), alguns estudantes portugueses vieram matricular-se no curso do Colégio da Bahia, mas a clientela era majoritariamente constituída de meninos índios, conforme desejava Manuel da Nóbrega, de tal sorte que ainda em 1557 foram admitidos 20, entre 10 e 11 anos de idade. Consta que alguns deles, os mais bem preparados, foram enviados para Coimbra a fim de aprimorarem os estudos.

Os progressos do Colégio da Bahia fizeram-se sentir na formação de párocos, professores, escritores e capitães, entre eles Bento Teixeira (1561-1618), autor da *Prosopopeia*. Casos como o de Bento Teixeira dão conta de que o Colégio, ainda que raramente, lograva formar os denominados "grandes letrados", isto é, os que conseguiam valer-se do conhecimento mais profundo em matéria humanística e linguística para o exercício de uma profissão elevada. Bento Teixeira, cristão novo, chegou a exercer o cargo de mestre-escola na Capitania de Pernambuco e lá estava no exercício desse ofício quando da primeira visitação inquisitorial do Santo Ofício entre 1591 e 1595. No processo que o levou à prisão por crime de judaísmo, depuseram outros egressos do Colégio da Bahia, entre eles Manuel do Couto (?-?), Calixto da Mota (1564-1599) e Paulo Serrão (?-?), colegas de Bento Teixeira nas aulas de latim, teologia e artes[31].

Saliente-se que um dos objetivos mais caros aos jesuítas com respeito à fundação de colégios na Colônia era o de aumentar os quadros da própria Companhia, um fator de excelência curricular e rigorosa avaliação dos discentes, tendo em vista a notória disciplina moral e intelectual dos inacianos.

2.4 Panorama educacional dos Seiscentos

Um cenário de estagnação ideológica na seara da educação caracteriza o Brasil em todo o século XVII, muito em face das dificuldades que as sucessivas crises político-institucionais impuseram para o desenvolvimento sustentável da Colônia. Faltava investimento, formação de capital humano, urbanização, enfim, passava-se por um período em que o futuro não se pro-

---

30. Tratava-se, provavelmente do Padre Luís Dias, que substituía o vigário Manoel Lourenço, então em viagem ao Reino (Bibliotheca Nacional, 1937, p. 226).
31. Sobre o fato, cf. Ribeiro (2006).

gramava. Não obstante o sistema educacional europeu se alimentasse das ideias renovadoras de João Amós Comênio (1592-1670), no âmbito da imensa Colônia portuguesa d'além-mar as mesmas diretrizes pedagógicas propostas pelo Padre Manuel da Nóbrega no século XVI mantinham inabaláveis no decurso de todo o século seguinte, soberanas em seu mister de aculturar o indígena à luz do humanismo cristão.

O tom crítico dessas reflexões não quer – nem poderia – apontar culpados. A rigor, as circunstâncias da instabilidade política no controle da Colônia, que ficou sob tutela da União Ibérica até 1640, impediam o investimento necessário para que se implementasse um projeto de crescimento urbano e social, sobretudo mediante formação de uma população imigrante que visse no território ocupado algo mais do que um motivo para, senão enriquecer, ao menos ganhar a vida. Assim, se havia nos grandes centros do Velho Mundo o desejo irmanado de construir um sistema educacional em que o saber cosmológico se oferecesse a todos os cidadãos – na linha da denominada pansofia de Comênio (1592-1670) –, no âmbito da Colônia brasileira nada ia além da antiga pedagogia missionária, em que a formação religiosa era o escopo de toda a atividade pedagógica nas escolas. Em outros termos, do ponto de vista educacional, a administração reinol não via na Colônia uma extensão sociopolítica do Reino, senão um item patrimonial que lhe servia como fonte de insumos para expansão econômica e comercial.

Decerto que as dificuldades para a mera manutenção da posse do território brasileiro ao longo de todo o século XVII foram imensas e monopolizaram os esforços da Coroa portuguesa em sua atenção à terra conquistada. O projeto das capitanias hereditárias, que engenhosamente buscava estender à iniciativa privada as funções administrativas na área fiscal, mediante centralização do recolhimento de tributos, não cumpriu o projeto conforme previsto, de que resultava expressiva perda de divisas pelo contrabando e pela sonegação tributária. Em um cenário de tamanha dificuldade para gerenciamento da Colônia, decerto que não eram muitas as preocupações com um sistema educacional frutífero, que viesse a trazer desenvolvimento social à terra conquistada. Como implementar um projeto educacional pautado na parêmia "ensinar tudo a todos" em um lugar que sequer conhecia a imprensa? Eis por que as ideias pedagógicas seiscentistas, estampadas na *Didática magna* (2006 [1649]) de Comênio e pautadas no princípio da educação universal – princípio edificado sobre o tripé *eruditio*, *politia* e *religio* – no Brasil ofuscaram-se diante da onipresença do ensino humanista jesuítico até pelo menos metade do século XVIII, quando os acontecimentos da era pombalina puseram fim ao controle inaciano da educação no Brasil.

2.5 A reforma pombalina no contexto da educação brasileira

Os dois séculos de domínio jesuítico deixaram marcas indeléveis no fazer educacional brasileiro, o principal deles, possivelmente, a estreita vinculação entre educação e religião. Inicialmente restrita ao catolicismo, semelhante identidade de propósitos, educar e professar, viria mais tarde a expandir-se para outras ordens religiosas que se inscreviam no seio da sociedade brasileira, conforme se atesta na fundação de educandários protestantes a partir das últimas décadas do século XIX. Decerto que, até a metade dos Oitocentos, a presença de educadores protestantes no Brasil, sobretudo metodistas, era restrita à iniciativa particular deste ou aquele indivíduo que fazia da atividade de ensino um ganha-pão adicional à sua atividade ordinária. Ainda hoje, no Brasil, é expressiva a participação de ordens religiosas – mormente católicas, metodistas e presbiterianas – no sistema educacional e em todos os níveis de ensino, decerto uma herança cultural que remonta aos primórdios da relação educação-religião em solo brasileiro.

Em meados do século XVIII, o Brasil vivia um especial momento de pujança econômica, sobretudo em face da lucrativa atividade extrativista no campo da mineração, mormente pedras preciosas. A lógica econômica do mercantilismo colonial era a de locupletar-se ao máximo em menor tempo possível, uma estratégia que implicava a abertura de várias frentes de trabalho simultaneamente, a fim de se explorarem os veios de minério mais acessíveis para extração. O deslocamento de mão de obra escrava, neste momento da história do Brasil, transformou decisivamente as características da língua portuguesa, mormente no léxico e na fonética, dada a intensa interação entre falantes de quimbundo, quicongo, português e língua geral no ambiente das minas. Os falantes de línguas africanas, numerosíssimos, viriam a interagir linguisticamente entre si a ponto de criarem um hipotético crioulo das minas, conforme informa Yeda Pessoa de Castro (1980). Será, por sinal, essa pujante mão de obra escrava que desestimulará a Coroa a investir em tecnologia mais sofisticada, já que o investimento revela-se pouco vantajoso diante da farta produção que a Colônia oferecia aos cofres públicos, tirante o descaminho que naturalmente grassava pelas vias inóspitas que conduziam a matéria-prima para o litoral através da mata atlântica.

O ritmo frenético da produção mineral, a que se aliava uma atividade agrícola igualmente rica e lucrativa, não dava margens para o labor jesuítico em prol das almas desafortunadas, um risco potencial para o enriquecimento da Coroa. Nesse contexto, a intervenção de Sebastião José de Carvalho e

Melo (1699-1782), o Marquês de Pombal, na ordem administrativa brasileira provoca os conflitos de interesse que culminariam com o confisco patrimonial dos jesuítas e sua decorrente expulsão da Colônia. A estratégia pombalina visava a criar condições seguras para o incremento da atividade econômica num território majoritariamente habitado por índios e mestiços, sem contar com a imensa população negra que sustentava a economia colonial com a mão de obra escrava. Pombal era homem de formação notarial, hábil articulador dos interesses governamentais, de tal sorte que sua ação intervencionista camuflou-se da legalidade dos decretos e dispositivos legais, tais como a edição da Lei de Liberdade dos Gentios, em 1755, além da criação da Companhia Geral de Comércio do Grão-Pará e Maranhão pelo Alvará Régio de 7 de junho de 1755. Com semelhantes iniciativas, a que se alia a edição do Diretório dos Índios em 1757, a política administrativa da Coroa desarticula a relação entre jesuítas e índios, estes agora elevados à condição de súditos emancipados e investidos de direitos civis, inclusive na esfera patrimonial.

Cria-se, pois, um cenário em que a presença dos jesuítas no Brasil se inviabiliza, com decorrente interrupção de sua secular atividade pedagógica. A visão estatizante de Pombal planejava um sistema educacional para o Brasil que estivesse sob controle do Reino e propiciasse maior inscrição da Colônia nas sendas do Iluminismo sem descurar da autoridade real. O objetivo era de preparar homens capazes de assumir postos de comando sob a tutela reinol, como formação técnica em várias áreas do saber, o que confrontava com a antiga proposta de formação humanista que os jesuítas vinham implementando no decurso de sua longa presença em solo colonial. O projeto pombalino era ambicioso e inconsequente, visto que não previu os efeitos devastadores do fechamento dos colégios jesuítas em uma sociedade que durante três séculos só conheceu o sistema educacional implementado pelos inacianos. As lacunas que se criaram não puderam ser preenchidas em tempo hábil, dadas as dificuldades de se transferirem tecnologia educacional e pessoal qualificado para a Colônia. A rigor, os efeitos imediatos da reforma educacional de Pombal impuseram largo lapso a partir da edição do Alvará Régio de 28 de junho de 1759, em que se declara a extinção dos colégios religiosos e se criam as classes de aulas régias de latim, grego, filosofia e retórica em substituição ao antigo conteúdo programático elaborado pelos jesuítas. A situação caótica viria a ser mitigada a partir de 1767 com a criação da Real Mesa Censória, cujas funções estenderam-se, alguns anos depois, ao controle da administração educacional da Colônia. Já em 1772, algumas providências mais efetivas para levantamento de fundos na área da educação, entre elas a criação do subsídio literário, viabilizaram a compra de material didático, o pagamento dos salários dos professores e construção de escolas destinadas ao ensino básico.

O percurso do humanismo erudito ao pragmatismo foi mais longo e penoso do que supunham as ideias pombalinas, calcadas no cartesianismo que a revolução científica trouxera para os países ibéricos. O combate à influência tradicional dos jesuítas, se era difícil em Portugal, revela-se inglório na Colônia, de tal sorte que o panorama pós-Diretório assemelhava-se ao de um território livre dos homens mas confinado às ideias. As teses do humanismo escolástico, voltado para a filosofia transcendental e em busca do saber espiritual persistia na concepção de mundo entre os que habitavam o Novo Mundo, herdeiros de um legado bissecular da Companhia de Jesus. O combate ao aristotelismo já se fazia sentir desde 1730, visto como um entrave ao progresso, à formação de homens que fazem, em vez de homens que pensam, a que os jesuítas responderam com a edição de um edital em 7 de maio de 1746 que proibia o estudo de doutrinadores como René Descartes (1596-1650), Pierre Gassenti (1592-1655) e Isaac Newton (1643-1727), filósofos considerados hereges (cf. Braga, 1892, p. 19).

Coincidentemente, nesse mesmo ano de 1746 vinha a lume o *Verdadeiro método de estudar* (1746), de Luís Antônio Verney (1713-1792), pertencente à Congregação dos Oratorianos, um texto que não se alinhava explicitamente ao racionalismo cartesiano, mas punha por terra os fundamentos do humanismo escolástico jesuítico e serviria de inspiração para as reformas pombalinas na área da educação. Essa nova visão mais pragmática do mundo transferiu-se, naturalmente para o Brasil, mas ali não haveria de germinar no mundo das ideias, já que não havia solo fértil para tanto. Na realidade, o saber dito científico que o Século das Luzes propunha serviu à Colônia para alertá-la de seu papel como sujeito das relações comerciais, de seu papel protagonista no campo da agroindústria, de tal sorte que, no balanço geral, passaram a conviver em plano axiológico o tradicionalismo do humanismo jesuítico, como ideal de formação intelectual, com a revolução pragmática do cientificismo cartesiano, um meio de ingressar definitivamente no jogo das contendas econômicas do mundo civilizado (cf. Costa, 1967, p. 48).

Especificamente quanto ao conteúdo curricular, a reforma de Pombal previa disciplinas avulsas, sem disposição em planejamento seriado, ministradas por professores nem sempre capacitados para o mister. O panorama só não era de caos em face da permanência de colégios e seminários dirigidos por ordens religiosas distintas dos jesuítas, tais como franciscanos e carmelitas. Mas sua atuação não dava conta da necessidade premente de formar pessoas capazes para o exercício de atividades importantes no mundo econômico, sem contar que seu projeto curricular era muito semelhante ao dos jesuítas, com ênfase no ensino de línguas clássicas e formação teológica. Disciplinas voltadas para as ciências físicas e biológicas, por exemplo, que traziam novos ares para as salas de aula da Corte, eram, a rigor, pontos isolados em aulas avulsas dentro do cenário de desorganização da Colônia, já que a atividade docente não seguia na prática um projeto único e impositivo a todos. A rigor, o desejo de formar no Brasil uma geração de cidadãos ilustres, capazes de atuar como representantes eficazes para desempenho das funções administrativas parece ter esbarrado na incapacidade de prover recursos para efetiva mudança no panorama educacional.

2.6 Vocabulários e gramáticas: a produção linguística

2.6.1 Os textos lexicográficos

Ainda está por precisar, no tocante à tradição manuscrita, a datação dos primeiros textos lexicográficos escritos no Brasil, não sendo improvável que o trabalho inaugural nessa seara seja anterior à *Arte de gramática da língua mais falada no Brasil* (1595), escrita por José de Anchieta. A probabilidade de que um vocabulário de língua geral seja efetivamente o primeiro texto linguístico produzido no Brasil revela-se, por assim dizer, mais óbvia, dada sua menor complexidade se comparada com a tarefa de descrição de uma língua. No entanto, considerando que a datação provável do manuscrito autógrafo da *Arte* de Anchieta remonta aos primeiros anos do jesuíta no Brasil, a hipótese de que esse texto linguístico-descritivo seja efetivamente precursor não se pode desconsiderar.

Chega a oito o número de vocabulários que se escreveram sobre língua geral no curso dos dois primeiros séculos da colonização, alguns deles ainda em fase de investigação sobre autoria e a datação (cf. Dietrich, 2014, p. 596):

a) *Caderno da língua* ou vocabulário português-tupi, de Frei João de Arronches (1739). O manuscrito pertence à Biblioteca do Museu Paulista.

b) *Dicionário da língua geral do Brasil* que se fala em todas as vilas, lugares e aldeias deste vastíssimo Estado (1771), cujo manuscrito pertence à Biblioteca Geral da Universidade de Coimbra[32].

c) *Dicionário português-língua geral* (1756), de autoria anônima, cujo manuscrito está na Biblioteca Municipal de Trier.

---

32. Sobre este texto, cf. Barros e Lessa (2004).

d) *Dicionário português-brasiliano e brasiliano-português* (1795), editado por Plínio Airosa.

e) *Prosódia de língua* (s.d.), manuscrito pertencente à Academia de Ciências de Lisboa.

f) *Vocabulário da língua Brasil* (s.d.), cujo manuscrito pertence à Biblioteca Nacional de Lisboa.

g) *Dicionário de verbos, Zeitwörter, português – tupi austral – Deutsch* (1867), de Karl Friedrich Philipp von Martius.

h) *Vocabulário na língua brasílica* (s.d.), de Leonardo do Vale, editado por Plínio Airosa.

Nesta relação sente-se a falta do texto *O nome das partes do corpo humano pela língua do Brasil* (Ayrosa, 1937), escrito pelo Padre Pero de Castilho e publicado por Plínio Airosa em 1937, ao qual se fará referência específica adiante. Decerto que não se há de confundi-lo com o texto *Prosódia de língua*, referido acima na letra (e), identificado por Barros (s.d.) como um códice que "apresenta conteúdo textual variado: dicionário português-língua geral (fol. 2-84r), lista de termos de partes do corpo (84r-85r), canções religiosas em tupi (101-109) e narrativas rimadas com temas profanos (89-99r)". Percebe-se a ausência, na listagem que colhemos em Dietrich, do *Vocabulário elementar da língua geral brasílica*, de José Joaquim Machado de Oliveira (1790-1867), certamente devido ao fato de haver sido escrito pela segunda década do século XIX e publicado apenas em 1936, não obstante na referida lista esteja o *Dicionário de verbos* de Karl von Martius (1794-1868), publicado apenas em 1867. A ressalva justifica-se devido à possibilidade de que esse trabalho se tenha inspirado em léxicos de língua geral já publicados anteriormente[33].

Quanto ao *Dicionário português-brasiliano e brasiliano português*, referido acima na letra (d), muita controvérsia ainda se lhe atribui, a começar pela autoria, que para uns tantos ainda resta anônima, ao passo que para outros seria presumivelmente do padre basco João de Azpilcueta Navarro (1522?-1557)[34]. Aventa-se também a hipótese de que a parte brasiliana-português desse texto lexical, que foi reproduzida no anexo da *Poranduba maranhense* (1891, p. 187), tenha sido escrita por um certo Frei Onofre, conforme atesta seu autor Francisco de Nossa Senhora dos Prazeres (1790-1852)[35].

---

33. Sobre o *Vocabulário* de Oliveira, cf. Leite (2013).
34. Cf., a respeito, Martins (1992, p. 57).
35. Denominação religiosa do franciscano Francisco Fernandes Pereira. Sobre o autor, cf. Avila-Pires (1992).

O manuscrito do *Dicionário português-brasiliano e brasiliano-português* pertence ao acervo da Biblioteca Nacional do Rio de Janeiro. Sua primeira edição data de 1795, por Frei José Mariano da Conceição Veloso (1742-1811), vindo a ser reeditado sem os devidos créditos em vários vocabulários de língua geral, inclusive o de Gonçalves Dias (1823-1864), publicado em 1858. Entre os textos referidos, o *Dicionário de Trier*, sem dúvida, vem merecendo maior atenção dos especialistas. No tocante a sua autoria, alguns indícios extratextuais vêm projetando foco de luz mais intensa, tais como o fato de ter sido escrito na Missão de Piraguiri, no Xingu, e de estar arquivado na Biblioteca Municipal de Trier, Alemanha. Segundo Arenz (s.d.), esses indícios permitem designar os padres Anton Meisterburg (1719-1799), Lorenz Kaulen (1716-1780) e Anselm Eckart (1721-1809) como possíveis autores do *Dicionário*, já que participaram da missão no Xingu e eram originários da Renânia, região oeste da Alemanha em que se situa a cidade de Trier. A hipótese tende a corroborar-se, conforme nos informa Monserrat (s.d.), pelas evidências de que o autor ou autores do manuscrito eram falantes da língua alemã, fato que "transparece tanto na escrita do português como na da língua geral e até mesmo na do latim (muitas vezes empregado para traduzir algo do português)".

Um primeiro problema que a pesquisa histórica há de enfrentar diz respeito à caracterização destes trabalhos como textos linguísticos brasileiros, segundo o critério que vimos aplicando para atribuir nacionalidade a um texto linguístico, qual seja o de ter autoria brasileira ou ter autoria estrangeira e ter sido escrito em território brasileiro. Nesse mister, surge a missão imprescindível de determinação da autoria e do lugar do texto, tarefa que, como sabemos, não se afigura fácil em todos os casos. O texto referido na letra (h), por exemplo, não goza de opinião pacífica quanto à autoria, que é atribuída ora a Leonardo do Vale (1536-1591), ora a José de Anchieta, ou mesmo aos dois em parceria. Não se duvida, entretanto, de sua produção em terras brasileiras, ainda no século XVI, razão por que não se poderá igualmente duvidar de sua nacionalidade brasileira. Também se pode chegar à mesma conclusão no tocante aos textos das letras (a) e (b). No tocante especificamente aos trabalhos referidos nas letras (c), (e) e (f), valemo-nos aqui das informações autorizadas fornecidas por Barros et alii (s.d.), que os situam na década dos anos 50 do século XVIII, provavelmente escritos por jesuítas da Europa Central chegados na Amazônia entre 1750 e 1753, a quem os índios denominavam *tapuitinga*[36].

---

36. De *tapui* (bárbaro) e *tinga* (branco).

Cuide-se, por necessário, do novel cenário político imposto pela Administração da Colônia pela metade do século XVIII, em que o uso da língua geral começou a sofrer intensa restrição no corpo da sociedade brasileira em favor do maior emprego da língua portuguesa como instrumento veicular, inclusive no tocante à catequese. O interesse na produção de um léxico de língua geral, àquela altura, revela que ainda pela metade do século XVIII seu uso, ao menos nos aldeamentos mais distantes, era expressivo[37]. Ademais, a necessidade de que se produzissem três novos trabalhos lexicográficos pela metade dos Setecentos faz inferir que os manuais de que se dispunha já não cumpriam o fim pretendido, muito provavelmente em face da mudança linguística que se operava no âmbito do léxico da língua geral. Uma causa alternativa diz respeito à variante linguística presente no manuscrito de Trier, atinente à língua geral amazônica, especificamente falada na região dos rios Xingu e Madeira, portanto distinta da língua geral que se espraiou na costa do Sudeste e que teria, por assim dizer, servido de *corpus* para a elaboração dos léxicos mais antigos.

A elaboração de léxicos em língua geral, como se sabe, tinha o objetivo de auxiliar os padres na interação linguística com os índios, não apenas nas tarefas pedagógicas atinentes à catequese, como também no cotidiano da vida, mormente na infraestrutura administrativa e na logística para criação e desenvolvimento dos aldeamentos. Os vocabulários ordinariamente eram bilíngues em língua geral-português, dado que a Colônia sempre esteve sob administração lusitana, mesmo no período da União Ibérica[38]. Tal fato não oferecia óbices aos padres e irmãos de nacionalidade espanhola ou italiana que atuavam nas missões em terras brasileiras, visto que todos, em tese, eram bem versados nas línguas românicas em geral.

Por outro lado, a investigação do conteúdo desses léxicos revela clara preferência por palavras designativas da flora e da fauna. Outras áreas semânticas, entretanto, eram objeto de interesse, sempre no intuito de instruir os que não conheciam o léxico básico da língua geral atinente às atividades ordinárias da Companhia. Palavras designativas de acidentes geográficos,

---

37. Uma das provas desse fato percebe-se na manifestação de Pacheco da Silva Júnior (1842-1899), em texto publicado no *Museu Recreativo* cerca de um século depois, em que assevera: "O nosso governo devia crear uma commissão com o único fim de estudar a lingua geral, e – a expensas suas – mandar os seus membros aos varios lugares onde ainda se encontram esses selvagens para com elles entrar em communicação" (1876, p. 135).

38. O período da ocupação holandesa em Pernambuco e na Bahia não parece ter relevância para a mudança deste quadro linguístico.

referentes ao clima e à anatomia humana também são objeto de interesse na produção desses trabalhos, que, em certa medida, podem ser entendidos como textos de natureza didática. Por sinal, em sua complexidade, trata-se de trabalhos que, vistos em conjunto, constituem um cânon da lexicografia brasileira do período colonial, razão por que, nesse aspecto, a investigação historiográfica impõe uma análise em sua serialidade (cf. Swiggers, 2013, p. 41), ou seja, no circuito dos textos de igual natureza produzidos no mesmo período, de tal sorte que se chegue a um interesse linguístico determinado na construção dos vocabulários.

Cuide-se, ainda no âmbito dos textos lexicais, da denominada lexicografia implícita, assim entendida como o conjunto de textos narrativos de viagens e estadias que indiretamente contribuem para o enriquecimento do saber lexical de uma dada língua. Exemplos desses textos encontram-se nos *Tratados da terra e gente do Brasil* (1925)[39], de Fernão Cardim (1548?-1625)[40], obra que, embora não tivesse o propósito de registrar itens lexicais das línguas autóctones brasileiras, efetivamente atinge semelhante escopo, dada a profícua descrição e consequente denominação da fauna e da flora. Conforme nos informam Gonçalves e Murakawa (2009), o texto de Cardim oferece um repertório precioso de termos portugueses originados da língua geral, ordinariamente usados no cotidiano da interação linguística nos primeiros anos da colonização, de que resulta constituir-se em obra de efetivo caráter lexicográfico.

Não se discute sobre a fidedignidade das informações linguísticas de Cardim, mercê de sua familiaridade com a teoria vigente acerca da natureza das línguas, a par de seu longo e intenso contato com as línguas faladas na costa brasileira. Ademais, havemos de conferir credibilidade às informações de Cardim em face de sua boa formação cosmológica, o que evidentemente incluía conhecimento ainda que perfunctório sobre as categorias gramaticais e a própria concepção de língua. Saliente-se que Cardim, além de, naturalmente, haver estudado latim, era formado em Teologia, Retórica e Filosofia. Enriqueceu-se, ainda, com o estudo do grego, embora não se saiba em que medida dominava a língua helênica, fato que, decerto, não nos permite qualificá-lo como um neófito em questões linguísticas.

---

39. Os textos de Fernão Cardim foram traduzidos para o inglês ainda em 1625 na coleção *Purchas his Pilgrimes*, "embora sob o anonimato e submetido ao título *A treatise of Brazil written by a Portugal which has long lived there*.

40. Esta é a data de nascimento mais provável, visto que, ao se apresentar à mesa do Santo Ofício em 1591, Cardim declarou ter 43 anos "pouco mais ou menos".

A chegada de Cardim ao Brasil, como integrante da tripulação de Cristóvão de Gouveia (1542-1622) em maio de 1583, seria o marco inicial de uma longa permanência, até o ano de 1625, quando faleceu no exercício do cargo de reitor do Colégio da Bahia. Em suas andanças pelo território colonizado e, então, acessível aos missionários, percorreu as províncias da Bahia, Porto Seguro, Pernambuco, Espírito Santo, Rio de Janeiro e São Vicente, sempre em companhia do Padre Cristóvão de Gouveia (1542-1622). Durante certo período, foi investido de cargo eclesiástico em Roma, onde permaneceu por três anos. Seu aprisionamento por corsários ingleses em 1601, quando iniciava sua viagem de retorno ao Brasil, terá sido a causa de seus manuscritos haverem caído nas mãos do clérigo Samuel Purchas (1577?-1626), que os traduziria para o inglês e, mais tarde, em 1625, os publicaria sob autoria anônima, em sua coleção *Purchas his Pilgrimes*, com o título *A treatise of Brazil written by a Portugal which has long lived there* (cf. Taunay, s.d., p. 113). Finalmente liberto, voltou ao Brasil em 1604, para exercer o cargo de Provincial da Companhia de Jesus até 1609, quando assumiu a reitoria do Colégio da Bahia.

2.6.2 Duas palavras sobre os catecismos

Não obstante constituam fonte riquíssima para a investigação histórica, sobretudo quanto às diretrizes e estratégicas de evangelização dos jesuítas nos primeiros tempos do Brasil, os catecismos decerto não podem figurar como *corpus* de pesquisa ou referência em um trabalho que cuida da história da gramática, ou mesmo da produção linguística *lato sensu*, visto que não tinham escopo metalinguístico. Em outros termos, não são textos linguísticos no sentido de tratarem da língua como objeto, senão textos de escopo distinto, com caráter pedagógico, a bem da verdade, mas não o da pedagogia linguística.

Alguma ligação entre os catecismos e o tratamento imposto às línguas autóctones, entretanto, havemos de observar e necessariamente referir. Ainda se hão de definir as consequências que a elaboração dos catecismos provocou no que hoje se entende por língua geral, sobretudo no sentido de que sua arquitetura linguística pautada na gramática latina pode ter desfigurado a natureza da língua em que são escritos. Com efeito, na redação dos catecismos, seus autores operam com categorias gramaticais e regras morfossintáticas que não existem na língua geral, especificamente no tupinambá paulista que se disseminou pela área costeira do Sudeste ao Nordeste. Tal fato pode fundamentar a tese de que a língua geral da costa não é propriamente a língua dos índios, senão uma língua modificada pelos jesuítas para poder implementar a interação social e a própria produção dos catecismos. Conforme adverte Agnolin, "a criação dessa 'língua geral da costa' será realizada através de dois aparatos externos à cultura (linguística) de que os missionários se utilizam: a estrutura gramatical latina e os modelos de discurso usados nos catecismos ibéricos" (2007, p. 21).

Alguns fatos de que a linguística atual já não duvida devem ser considerados quanto a essa suposta ação uniformizadora (talvez simplificadora) dos catecismos no plano linguístico. Tome-se, por exemplo, a evidência de que uma língua falada sofre variação em todos os planos linguísticos – fonético, lexical, gramatical –, tendo em vista sua manifestação diatópica. Assim, é evidente que a língua dos catecismos utilizava uma variável arbitrada, à luz da política linguística implementada pela Companhia, já que tais textos eram reproduzidos em cópias numerosas que se usavam de Norte a Sul. Por outro lado, a atribuição de valores semânticos próprios da civilização europeia a palavras da língua geral vai bem além da mera *descrição linguística*, para invadir a seara da *criação linguística*, com evidente transferência cultural.

Uma questão, por sinal, desafia os que se debruçam sobre o conceito de língua geral no Brasil Colônia, bem como a definição de sua área de manifestação como língua veicular. A denominada língua geral paulista migrou da região de Piratininga para o Norte mediante um movimento populacional costeiro que perdurou mesmo na fase das entradas e bandeiras do século XVIII. A afirmação, entretanto, não é pacífica entre os tupinólogos, haja vista a posição de Aryon Rodrigues (1925-2014), que sequer admite a presença de uma língua geral veicular na região linguística do Rio de Janeiro e do Espírito Santo. Na concepção de Rodrigues, o termo língua geral deve atribuir-se a uma dada vertente da língua indígena (no caso do Brasil, pertencente ao tronco tupi) que manteve contato com a língua europeia, basicamente o português. Desse contato, formaram-se famílias de índias com portugueses, de tal sorte que a língua geral tornou-se a língua veicular no seio dessas famílias e língua materna de mestiços. Veio a impor-se, em maior escala, como língua franca dos aldeamentos, razão por que os índios ditos aculturados ou dominados também dela se serviam na comunicação cotidiana. Destarte, na visão de Rodrigues[41], o Brasil registrou uma língua geral paulista, decorrente do contato entre índios e portugueses em Piratininga, e uma língua geral amazônica, resultante do contato no Pará e no Amazonas.

---

41. Para um aprofundamento das teses de Rodrigues, cf. Lagorio e Freire (2014).

Por tal motivo, Rodrigues denega a presença de uma língua geral na costa brasileira do Rio de Janeiro ao Piauí, dentre outros motivos, em face da intensa guerra travada entre índios e portugueses no século XVI e parte do século XVII, fato que teria inibido a formação de famílias mestiças e consequentemente o surgimento de uma língua de contato (1996, p. 11):

> O resultado desses e outros acontecimentos foi a rapidíssima redução da população indígena, à qual se contrapôs uma maciça importação de escravos africanos e a continuada imigração de portugueses. Ainda que possa ter-se iniciado em algum ponto um processo de miscigenação semelhante ao de São Paulo, este terá sido em pouco tempo superado pela rápida mudança nas proporções demográficas entre índios e não-índios. Daí o predomínio da língua portuguesa por toda a extensa área costeira central, sem que aí tenha havido as condições sociolinguísticas para o desenvolvimento de uma língua geral.

Deixamos de entrar no mérito dessas considerações, que entregamos a mãos especializadas e mais competentes. Entretanto, não deixa de surpreender essa avaliação do contato entre índios e europeus na região do Rio de Janeiro – e mesmo do Espírito Santo e da Bahia –, supostamente mitigado a ponto de influenciar na formação de famílias mestiças e impedir o surgimento de uma língua geral costeira acima de São Paulo. A história da fundação do Rio de Janeiro em 1565 revela decerto um ambiente de intenso conflito entre os portugueses e os índios tamoios, sobretudo por sua associação aos franceses que compunham a armada da França Antártica (1555-1560), mas também revela um ambiente de concórdia e mesmo companheirismo entre os portugueses e tribos indígenas carijós. O processo de encurtamento dos sertões no Rio de Janeiro fez-se mediante construção de aldeamentos frequentes em que a formação de famílias mestiças revela-se inevitável. Com efeito, as aldeias de São Francisco Xavier de Itaguaí, administrada pelos jesuítas, e de Mangaratiba, sob domínio da Coroa, surgem após o processo de catequese dos carijós e funcionaram como sítios de resistência à tentativa de ocupação da terra por invasores europeus. Saliente-se, ademais, a intensa interação linguística que se edifica nas missões, sobretudo na catequese, em que o Colégio do Rio de Janeiro exerce papel fundamental. Portanto, o ambiente favorável ao surgimento de uma língua geral costeira na região do Rio de Janeiro, ao menos por esse enfoque socioantropológico, não teria sido distinto em sua essência do que se verificou em São Paulo.

Saliente-se, ainda, que outros tupinólogos de larguíssima experiência admitem que, ao lado do denominado tupi puro, tenha havido uma língua geral costeira de base tupi no prolongamento da costa brasileira entre São

Paulo e o Maranhão, fruto do intenso processo de interação linguística que se estabeleceu na edificação de aldeamentos e consequente interação sociolinguística em ambiente multilíngue. Nesse sentido, adverte o Padre Frederico Edelweiss (1895-1976) em seus estudos sobre o tupi (1969, p. 30):

> Em fins do século dezessete, pois, o *tupi* genuíno em uso entre as tribos tupis legítimas, e, a *língua-geral*, um tupi já sensivelmente alterado na bôca dos alienígenas e mestiços.
>
> Êsse tupi transformado deve ter-se desenvolvido ao longo de tôda a nossa costa entre a população ádvena e mestiça, enquanto ali houvesse os núcleos dos índios tupis indispensáveis à sua preservação. Ao Leste essa fase não ultrapassou um século, pelo extermínio e fuga da maioria das tribos de língua brasílica.

2.6.3 *As artes de gramática e seu papel precursor na descrição de línguas indígenas*

A pesquisa linguístico-historiográfica tem dedicado renovado interesse sobre as gramáticas de línguas indígenas produzidas no âmbito da denominada linguística missionária. Esse olhar mais atento aos textos linguísticos dedicados à descrição de línguas indígenas ou "selvagens" vem contribuindo sobremaneira para a maior compreensão da atividade intelectual dos que se dedicaram à gramatização de línguas no âmbito das missões. Não se duvide de que o considerável desdém com que se cuidava desses textos – a que podemos eufemisticamente caracterizar como "atitude negligente" (cf. Zwartjes, 2011, p. 2) – resultou ao longo dos tempos de sua mera desconsideração como obras que pudessem contribuir para o entendimento da produção e difusão do saber linguístico. Eram entendidos, por assim dizer, como manuais de línguas exóticas cujo propósito específico era o de instruir os padres missionários em sua tarefa evangelizadora dos habitantes das terras conquistadas.

Estes são os principais motivos por que, no tocante aos textos gramaticais dedicados à descrição de línguas indígenas brasileiras, somente a partir da segunda metade do século XX se passa a empenhar maior esforço de investigação sobre suas bases e fundamentos. Ressalte-se, por necessário, que a lacuna que se percebe neste campo pode-se também atribuir ao pouco interesse que os historiadores, de modo geral, atribuem à análise dos fatos linguísticos, se comparados com os fatos políticos, religiosos e mesmo artísticos. Disso resulta um diálogo apenas incipiente entre os que se dedicam à história da civilização brasileira com os que se ocupam não só da história da língua no Brasil como também da história do pensamento linguístico brasileiro.

A pesquisa tem identificado poucas gramáticas missionárias de línguas indígenas escritas no Brasil no decurso dos séculos XVI e XVII. A rigor, podem-se hoje atestar tão somente três textos gramaticais, todos escritos por jesuítas: a *Arte de gramática da língua mais usada na costa do Brasil* (1990 [1595]), de José de Anchieta, a *Arte da língua brasílica* (s.d.), de Luís Figueira (1574-1643), estas duas sobre a língua geral costeira ou tupinambá, e a *Arte de gramática da língua brasílica da Nação Kiriri* (1699), escrita pelo Padre Luís Vicêncio Mamiani (1652-1730). Acrescente-se uma quarta gramática, esta sobre a língua falada pelos índios maromimin de São Paulo, escrita em coautoria por Manuel Viegas (?-?) e José de Anchieta, cujo paradeiro resta desconhecido e deve tomar-se como perdida (cf. Zwartjes, 2002, p. 23; Barros, 1995, p. 8), além de um quinto trabalho, de autoria anônima, intitulado *Gramática da língua geral do Brasil com um dicionário dos vocábulos mais usuais para a inteligência da dita língua* (1750)[42]. Acrescente-se, no tocante a uma língua africana, a *Arte da língua de Angola, oferecida à Virgem Senhora Nossa do Rosário, Mãe e Senhora dos mesmos Pretos* (1697), do inaciano Pedro Dias, que descreve, segundo opinião majoritária, uma vertente do quimbundo transplantada para o Brasil.

Uma visão panorâmica sobre a produção gramatical no Brasil no âmbito da linguística missionária revela haver ocorrido na Colônia portuguesa da América um processo semelhante ao que caracterizava a atividade dos jesuítas em outros territórios ocupados pelo invasor europeu. A redação de vocabulários e gramáticas constituía o principal projeto de gramatização das línguas com o propósito imediato de servir como instrumentos pedagógicos para ensino das línguas e de contribuir para a conversão do natural da terra aos dogmas do cristianismo, sem qualquer propósito científico que buscasse o mero entendimento dessas línguas ou mesmo expressassem um ideal nacionalista (cf. Altman, 1999). Trata-se de um fato interessante no plano da difusão do saber linguístico, já que o propósito pragmático dos textos gramaticais raramente dava ensejo ao compartilhamento de informações sobre aspectos idiossincráticos das línguas descritas. Decerto que, em certa medida, as gramáticas também serviam de fonte para o estudo sistêmico dessas línguas, mormente se mais resistentes à usual descrição à luz da gramática latina, de que resultava troca de informação sobre aspectos peculiares que vinculassem algumas das línguas estudadas (Zwartjes, 2011, p. 9):

---

42. Uma versão digitalizada deste texto encontra-se em https://digitalis-dsp.uc.pt/bg3/UCBG-Ms-69/UCBG-Ms-69_item1/index.html.

> Although missionary linguists usually did not communicate their findings to their readers in a systematic way – passing on knowledge on linguistic typology was not the main objective of linguistic studies in this early period – it is evident that at least some of them were interested in describing typologically exotic features, being real *aficionados*. The missionaries often paid a great deal of attention to the exotic features of the languages they studied, and if they recognised any of comparable features in the other languages they were familiar with, they noted this down[43].

Nota-se que as primeiras gramáticas de missionários jesuítas produzidas no cenário colonial dos Quinhentos foram objeto de crítica severa e injusta, sobretudo em estudos que desconsideraram a episteme ou clima intelectual (*climate of opinion*)[44] em cujo cenário tais textos linguísticos foram concebidos. Segundo nos relata Breva-Claramonte (2007, p. 236), Wilhelm von Humboldt (1767-1865) considerava os missionários incapazes de investigar línguas cuja estrutura gramatical lhes era absolutamente desconhecida, razão por que utilizavam indevidamente as regras da gramática de Nebrija ou de qualquer outro "hispânico pedante"[45]. Evidente que só se poderão entender as motivações e limitações dos gramáticos missionários na justa medida de sua formação linguística, levando-se em conta o pano de fundo político e religioso a que pertenciam e no qual se formaram.

Escrever uma gramática implica servir-se de uma teoria linguística, este é o fundamento da gramatização: teorizar precede gramatizar. O século XVI conhece o processo de gramatização dos vernáculos como resultante da atividade teórica que se aperfeiçoara no Medievo, mormente a concepção dos universais linguísticos, conceitos de natureza generalista que encontraram no sistema modista um modelo eficiente para descrever a estrutura da linguagem humana. Os jesuítas formavam-se com esta concepção de língua, de cunho universal, fato que se comprovava empiricamente na onipresença do

---

43. "Embora os linguistas missionários usualmente não compartilhassem suas descobertas com os leitores de modo sistemático – a transferência de saber sobre a tipologia das línguas não era o principal objetivo dos estudos linguísticos neste período – é evidente que alguns deles, pelo menos, estavam interessados em descrever a tipologia de fatos considerados exóticos, sendo verdadeiros *aficionados*. Os missionários frequentemente prestavam bastante atenção aos fatos exóticos das línguas que estudavam, e se reconheciam tais fatos em outras línguas com que tinham familiaridade, sempre os registravam."

44. Sobre o conceito de episteme e *climate of opinion* nos estudos historiográficos, cf., respectivamente, Foucault (2002) e Koerner (2014).

45. A citação é extraída do texto *Versuch einer Analyse der Mexicanischen Sprache*, incluso em Humboldt (1905, 4, p. 237-238).

latim como *lingua mater*, a língua que está em todas as línguas e que serve de modelo para que se entenda o funcionamento de qualquer língua. Os vernaculistas dos Quinhentos também se serviram dos tratados teóricos, ou especulativos, em que o latim figurava como única língua de referência e nos quais se indagava sobre os modos de significar na complexidade da atividade discursiva.

A universalidade em plano abstrato reflete a essencialidade das ideias e, neste aspecto, distingue-se do significado empírico ou referente às particularidades expressas pelas palavras diretamente vinculadas às coisas, de clara iconicidade, conforme lemos em Beccari (2017, p. 175):

> Por exemplo, nas frases "Sócrates é sábio" e "Sócrates é sabedoria" o que os termos "sábio" e "sabedoria" teriam em comum? Duns Scotus responde que tanto "sábio" quanto "sabedoria" fazem referência essencialmente à mesma qualidade universal, porém, "sabedoria" significa essa qualidade em si mesma. De fato, um simples teste de substituição de "sábio" por "sabedoria", nessas frases, demonstra que esses termos não são intercambiáveis. Como explicar a diferença de significado entre esses dois termos? Scotus responde essa pergunta com o uso de uma distinção que é importante para o entendimento da sintaxe modista: o que distingue "sábio" de "sabedoria" não é seu significado essencial ou universal – o mesmo para os dois termos –, mas as maneiras diferentes por meio das quais esses dois termos representam aspectos distintos dessa realidade essencial. Duns Scotus e os modistas chamam essas maneiras diferentes de modos de significar (*modi significandi*). Assim, enquanto "sabedoria" significa a qualidade "possuir a sabedoria" de maneira absoluta, sem levar em conta sua inerência em qualquer "sábio" particular, "sábio" significa que uma substância singular, Sócrates, participa da qualidade "possuir a sabedoria". Por conseguinte, de acordo com essa distinção, "sábio" significa o aspecto concreto da qualidade acidental "possuir a sabedoria" e "sabedoria" faz referência ao aspecto total, real e independente dessa qualidade – aquilo que a filosofia da Idade Média chama de universal.

Nesta perspectiva, os jesuítas missionários, na atividade de gramatização das línguas indígenas, desconsideravam a hipótese de que tais línguas pudessem expressar conceitos que não se ajustassem à "realidade essencial" no plano universal das línguas[46], o que decerto não influía apenas na malograda descrição de línguas analíticas pelo modelo da sintaxe sintética, mas

---

46. Disto resulta, por exemplo, a indignação de Gandavo ao perceber que a língua geral costeira não expressava os conceitos essenciais de "fé", "lei" e "rei" (1576, cap. 10, p. 33v.).

sobretudo na deturpada correlação semântica dos valores morais e religiosos das palavras do tupi com os expressos pelas palavras latinas. Esse método de trabalho, por assim dizer, foi exatamente o que norteou os vernaculistas do século XVI, com a diferença de que, embora fossem homens religiosos, não faziam da religião seu ofício. Em outros termos, a concepção de universal linguístico nos vernaculistas situava-se no plano filosófico, ao passo que, para os jesuítas, tudo resumia-se à vontade de Deus[47], tanto no plano dos universais linguísticos quanto no plano das particularidades ou idiossincrasias que cada língua expressava (Rosa, 1997, p. 108):

> Como religiosos, para eles a explicação última estava em Deus. Face a tantas línguas tão diversas, esses homens da Igreja trataram a faculdade da linguagem como um dom divino [...]. Não é difícil compreender, por conseguinte, por que, em passagens várias das obras que nos legaram, esses missionários reafirmaram a beleza e as possibilidades expressivas dessas línguas. Por outro lado, a diversidade lingüística foi tomada como punição, que somente seria definitivamente revertida com a vinda de Cristo. O trabalho missionário, como aponta Eco (1993, p. 351), tinha o poder de, ao menos temporariamente, suspender os efeitos da ira divina: na qualidade de Apóstolos, poderiam fazer chegar ao gentio a palavra de Deus, ao permitir que os povos a converter ouvissem "falar em seu próprio idioma" (Ap. 2,4). Afinal, "havia hũa sô lingua quando a razão era mais unida", afirmava o jesuíta e gramático português Amaro de Reboredo (1619, fol. b4v).

Em outros termos, a descoberta das "línguas exóticas" e suas características gramaticais destoantes do modelo latino não constituía motivação suficiente para que se suplantasse a hipótese da língua universal e, mais especificamente no seio da crença cristã, na unicidade das línguas pela vontade de Deus. Vivia-se sob o estigma da Torre de Babel, uma provação que o homem temente já não queria experimentar e que fora suplantada pela fé e adoração suprema. Ainda em órbita laica, o fundamento da língua como expressão una dos conceitos universais esteava-se na experiência linguística dos povos conquistadores europeus, cujos vernáculos mantinham relativa familiaridade ao menos no plano fônico. Ao depararem com as línguas do Novo Mundo, os jesuítas optavam por descrevê-las à luz de seu contraste com as línguas europeias, mormente as línguas românicas (cf. Anchieta, 1595, p. 1):

---

47. Observe-se que os oito franciscanos que aportaram no Brasil em 1500, sob tutela de Frei Henrique Soares de Coimbra (1465-1532), pregaram o Evangelho em português, certos de que a palavra de Deus suplantava as diferenças linguísticas. Na verdade, pode-se considerar a crença divina, neste caso, como uma justificação do desinteresse dos franciscanos pela atividade intelectual e científica.

> Nesta lingoa do Brafil não há f, l, s, z, rr dobrado nem muta com liquida, vt cra, pra, &c. Em lugar do s in principio, ou médio dictionis ferue, ç com zeura, ut *Açô, çatâ*.

Sobre a interferência do sistema das línguas europeias, em especial as românicas, na descrição da língua geral proposta por Anchieta, pode-se admitir, ademais dessa concepção sobre a universalidade da língua, o propósito de criar uma língua franca de base tupi, de tal sorte que servisse à comunicação entre europeus e índios e, consequentemente, facilitasse o trabalho das missões. Essa é a hipótese levantada por Câmara Jr. (1965), que chega a denominar a língua descrita por Anchieta como "tupi jesuítico". Em verdade, Câmara Jr. não afirma haver corrupção ou adulteração da língua geral costeira na *Arte* de Anchieta, senão uma "sistematização simplificada, feita para se proceder à propaganda religiosa dentro do ambiente indígena" (1977, p. 101). Saliente-se que as desconfianças quanto à fidedignidade das gramáticas missionárias resultavam de um pressuposto inequívoco na concepção de intelectuais não iniciados em questões linguísticas, conforme se lê em Latham, para quem a descrição de uma língua ameríndia à luz do latim não tinha o menor cabimento[48]. Por seu turno, o naturalista João Barbosa Rodrigues (1842-1909), que gozava de grande prestígio científico na sede da Corte, afirma (1888, p. 74): "trato do abanheenga ou língua matriz, comparado com o que nos deixaram os jesuitas, mostrando que fieis não foram eles na conservação dessa língua".

As desconfianças desses linguistas, obviamente, não escaparam às devidas contra-argumentações. A hipótese de Câmara Jr., por exemplo, é vigorosamente objetada por tupinólogos e especialistas na obra de Anchieta[49], não propriamente no tocante ao propósito de tornar a língua geral uma língua franca, mas no sentido de haver na *Arte* uma simplificação indevida da língua falada pelos índios. Segundo Leite (2003), o confronto das estruturas linguísticas presentes na gramática de Anchieta com as línguas indígenas contemporâneas conduz à conclusão de que o jesuíta foi fiel, em termos genéricos, à língua descrita, razão por que não se há de cogitar em uma deturpação conveniente para a criação de uma língua franca nas páginas da *Arte*.

---

48. Nas palavras de Latham, [the Jesuit missionaries] gave us a very compendious grammar or *Arte*; a grammar or *Arte* in which the principles of the ordinary Latin Grammar of Europe were applied to forms of speech to which they are wholly unsuited (1862, p. 478).

49. Cf., a respeito, Rodrigues (1997), Leite (2003, 2005) e Rosa (1995).

2.6.4 Principais autores e obras

2.6.4.1 José de Anchieta (1534-1597)

Uma premissa de que não se pode afastar é a de que só se pode falar em descrição linguística em face de um propósito específico. Com efeito, a História da Linguística vem demonstrando que o interesse do homem pelo estudo e ensino da língua está intimamente vinculado a metas de desenvolvimento social e humanístico, para não nos referirmos aqui a escopos de caráter ideológico e religioso, tais como a difusão de uma doutrina e cooptação de novos partícipes. Em outros termos, não se fala em investigação linguística *per se*, desprovida de um dado propósito externo, senão de uma tarefa medial que busca o escopo bem determinado de sua realização. Não se quer saber a origem da faculdade da fala ou mesmo como a língua funciona apenas pelo prazer do conhecimento, senão pelo desiderato de se abstrair proveito desse saber em benefício da humanidade. No entanto, e a rigor, nos tempos atuais essa é uma premissa que foge à percepção do investigador, tão imerso no labor do estudo profundo e tão comprometido com teses e princípios que seu cotidiano de trabalho intenso, imerso na busca do conhecimento científico, mantém-no desapercebido do escopo primacial de seu labor, que é o bem comum.

Portanto, para entendermos por que um indivíduo do século XVI, transferido de um continente secular para o Novo Mundo, resolve estudar uma língua desconhecida de todos e produzir gramáticas de seu funcionamento, havemos de verificar, antes de tudo, o seu propósito. Não um propósito de concepção lata, de amplidão ilimitada, como, por exemplo, a busca do saber ou o inconformismo com a ignorância, que decerto é um dos traços mais expressivos da natureza humana. Referimo-nos aqui a um propósito específico, bem-delimitado, um desidério que pode mesmo tornar-se obsessivo a ponto de condenar nosso investigador imaginário a uma espécie de escravidão ou vassalagem que lhe foge à percepção dos sentidos. O que se quer, enfim, é estudar, descrever e ensinar uma língua como uma missão, um compromisso claro e objetivo que se inscreve em um projeto de civilização criado por mentes dominantes. É nessa perspectiva que se devem investigar os primeiros frutos da atividade linguística no Brasil quinhentista, no projeto encetado pela Companhia de Jesus em prol da difusão doutrinária do catolicismo, cujos frutos se expressam em textos sobre a língua geral da terra, predominante em larga faixa territorial no litoral atlântico, que se consolidaria como língua veicular até pelo menos os últimos decênios do século XVIII.

É nessa concepção das coisas que devemos interpretar a figura de José de Anchieta (1534-1597) no cenário dos Quinhentos, em especial no tocante a sua atividade intelectual na área linguística. Difícil falar sobre uma figura de tamanha envergadura histórica sem se deixar levar pela paixão, pela avaliação deturpada das hipérboles favoráveis ou desfavoráveis, já que a dimensão de sua obra, decerto, não se pode até hoje mensurar. Eis o motivo por que um Sílvio Romero (1851-1914), por exemplo, caracteriza-o como "um quase indígena das Canárias, um apaixonado, um histérico, que, até certo ponto, se abrasileirou" (1980, p. 351). São palavras escritas com a pena do ufanismo, que busca conferir excelência às primeiras manifestações literárias no Brasil. Com o respeito que se deve conferir a toda visão honesta dos fatos históricos, difícil acatar em reservas que o jovem jesuíta, chegado ao Brasil aos 20 anos de idade, tenha aqui ficado *ex voluntate*, mercê de seu amor à terra e a seus habitantes, razão por que "nunca mais lhe passou pela mente voltar para a Europa" (Romero, 1980, p. 351). Não se duvide totalmente dessa hipótese, mas o rigor da pesquisa revela que outras motivações teriam mantido Anchieta em terras brasílicas, com ou sem sua anuência, entre elas – a toda evidência – o sentido maior da missão evangelizadora que se impregnava no espírito jesuítico como uma verdadeira razão de existir. Isso, decerto, tem uma dimensão axiológica que vai bem além do amor à terra e da afeição aos silvícolas, conforme quer a biografia romanceada do primeiro linguista que atuou no Brasil.

A vida de Anchieta, conforme atesta Carvalho e Silva (2000, p. 1001), foi inicialmente relatada por dois de seus colegas jesuítas que estiveram no Brasil: Quirício Caxa (1538-1599), e Pero Rodrigues (1542-1628), para, posteriormente, ser objeto de um terceiro texto biográfico escrito por Simão de Vasconcelos (1596-1671)[50]. Segundo nos informa Murillo Moutinho (?-2002), em sua *Bibliografia* (1999), trazida a lume em comemoração ao quarto centenário de morte de Anchieta, o trabalho de Quirício Caxa, um opúsculo intitulado *Breve relação da vida e da morte do padre José de Anchieta*, foi publicado em 1597, ano da morte de Anchieta. O texto de Pero Rodrigues, intitulado *Vida do padre José de Anchieta*, foi publicado entre 1605 e 1609, ao passo que a biografia escrita por Simão de Vasconcelos, *Vida do venerável padre José de Anchieta*, viria a ser publicada em 1672.

---

50. Cf., a respeito, Ruckstadter e Toledo (2008).

Nascido na Ilha de Tenerife, uma das Ilhas Canárias, no ano provável de 1534, José de Anchieta aprendeu a ler e a escrever ainda no seio familiar, de origem nobre, no qual já se iniciou no estudo do latim[51]. Em companhia do irmão mais velho, foi enviado para o Colégio das Artes, em Coimbra, e aos 17 anos de idade foi admitido na ordem da Companhia de Jesus, onde prestou os votos de fidelidade e de castidade indispensáveis ao exercício das missões de que seria investido. Segundo alguns de seus biógrafos (Rodrigues, 1897, p. 4), Anchieta passou largo tempo de sua estada em Coimbra sob o jugo de uma doença grave ainda hoje desconhecida, razão por que seus superiores decidiram enviá-lo para a terra recém-ocupada, nos primórdios da colonização, cujo clima era mais temperado, sem os rigores das baixas temperaturas do inverno. Essas informações, contudo, não se confirmam pacificamente, já que outras vozes (cf. Abreu, 1933) atribuem o encaminhamento de Anchieta para o Novo Mundo em face da necessidade de sangue novo nos trabalhos com os índios. Com efeito, conforme nos relata Capistrano de Abreu (1853-1927), na cidade da Bahia, atual Salvador, trabalhavam apenas o Padre Salvador Rodrigues (1515-1553), cuja saúde estava extremamente debilitada, e o Padre Vicente Rijo Rodrigues (1528-1600), que chegara com os primeiros jesuítas em 1549. Identificado por Serafim Leite (1965, p. 133) como o primeiro mestre-escola do Brasil, Vicente Rodrigues ocupava-se mais com as tarefas logísticas do que com a missão doutrinadora, razão por que urgia a presença de novos padres em terras brasileiras para que se desse seguimento à tarefa de doutrinação dos índios.

Os primeiros anos de Anchieta no Brasil foram de dificílima adaptação que aos poucos logrou obter a ponto de atuar até mesmo na tarefa de desbravamento da terra e fundação de aldeamentos. Nesse mister, o Apóstolo do Brasil contribuiu decisivamente para o estabelecimento da infraestrutura indispensável à execução das atividades evangelizadoras da Companhia. Desembarcou na Baía de Todos os Santos em 1553, como integrante da comitiva de Duarte da Costa (1505-1560) e, após três meses, foi enviado para São Vicente, onde trabalhou com o Padre Manuel da Nóbrega (1517-1570)[52]

---

51. Segundo Abreu (1933, p. 12), o basco era a língua de família de Anchieta e esse teria sido o fato de seu fácil aprendizado da língua geral indígena, que tem estrutura congênere. Com efeito, as línguas tupi são aglutinantes, à semelhança do basco, mas este fato não é conclusivo para corroborar a afirmação de Abreu. O próprio Anchieta advoga essa tese ao referir-se à facilidade com que o Padre João de Aspicueta Navarro aprendeu a língua dos índios, "que, ao que parece, se conforma com a biscainha" (Abreu, 1933, p. 13).

52. Sobre o Padre Manuel da Nóbrega, cf. a excelente edição de sua obra completa, organizada por Paulo Roberto Pereira (Nóbrega, 2017).

não só na seara evangelizadora como também na construção das bases administrativas para criação dos primeiros povoados. Chegou a ser raptado por índios tamoios, experiência extremamente dolorosa que, segundo seus biógrafos, motivou-o a escrever o *Poema da Virgem* em agradecimento pela preservação da vida. Segundo Celso Vieira (1878-1954), Anchieta manteve intenso contato com os índios durante os dias que passou em Salvador, a ponto de imediatamente começar a aprender os rudimentos da língua geral costeira que mais tarde descreveria em sua *Arte*. Também por essa época, Anchieta ocupou-se de instruir os índios com o alfabeto, o português, o latim e o castelhano (Vieira, 1945, p. 59), de que decorreria a necessária produção de material didático, ainda que rudimentar. Se as informações de Vieira efetivamente procederem – saliente-se que não há referência documental a respeito –, situar-se-á, neste momento da história do Brasil, a produção do primeiro texto linguístico com propósito pedagógico.

A atividade de Anchieta em seus primeiros meses no Brasil está intimamente vinculada à figura do Padre Leonardo Nunes (1509-1554)[53] – denominado pelos índios abarebebê, "padre voador", devido à presteza com que circulava pelas aldeias –, ao qual coube a incumbência de conduzir o jovem jesuíta pelos aldeamentos do Sudeste. Com efeito, sabe-se que o Apóstolo do Brasil esteve presente no ato de fundação do povoado de São Paulo de Piratininga, em 1554, ao lado de mais 11 padres jesuítas, ocasião em que também iniciou a construção de um colégio destinado à catequese dos índios que viviam na região do Paranapiacaba. Segundo o próprio Anchieta, a primeira missa em terras paulistanas ocorreu a 25 de janeiro de 1554, celebrada em "pauperrima e estreitissima casinha [...] no dia da Conversão do Apostolo São Paulo e, por isso, a ele dedicámos a nossa casa" (Academia, 1933, p. 38). As condições de intensa miserabilidade dessa construção tornavam a convivência quase insuportável em seu interior, de que resultava serem ministradas ao relento as aulas de gramática e religião, apesar do frio intenso. A atividade pedagógica era um dos ofícios prioritários de Anchieta, conforme comprovam suas diligências no sentido de que fossem transferidos para a escola de Piratininga os alunos, filhos de índios, que frequentavam o seminário de São Vicente. Estes meninos, que chegaram a Piratininga já iniciados no catecismo, em leitura do latim e em canto, cedo tornaram-se auxiliares

---

[53]. São de Leonardo Nunes duas das *Cartas avulsas* publicadas pela Academia Brasileira de Letras (1931). O padre jesuíta morreu desafortunadamente no naufrágio da nave que o levaria de volta a Portugal.

na catequese, mormente na execução de música sacra e assessoramento dos padres nos ofícios litúrgicos (Vieira, 1945, p. 87).

As notícias que nos chegaram sobre a atuação de Anchieta na escola de São Paulo dão conta de sua preocupação com o ensino linguístico, razão por que jamais descurou das longas horas dedicadas às aulas de gramática latina. Segundo o Padre Simão de Vasconcelos (1597-1671), Anchieta teve como discípulos em Piratininga 12 irmãos inacianos: Pedro Correia (?-1554), Manuel de Chaves (1514-1590), Gregório Serrão (?-?), Alfonso Braz (?-?), Diego Jacome (1565-?), Leonardo do Vale (1536-1591), Gaspar Lourenço (1529-1581), Vicente Rodrigues (1528-1600), Braz Lourenço (1525-?), Juan Gonçalves (?-?), Antônio Blasques (?-?) e Manuel de Paiva (1508-1584), a quem se juntaram os seminaristas de São Vicente, jovens índios de ambos os sexos e mestiços filhos de colonos (Vasconcellos, 1672, p. 40-46). Esta foi, de acordo com a documentação disponível, a segunda classe de gramática latina que teve o Brasil, visto que a primeira já se havia organizado na Bahia, logo após a chegada de Anchieta ao Novo Mundo. Cumpre salientar que, em não havendo textos impressos de gramática para distribuição entre os alunos, Anchieta obrigou-se da preparação do material didático e de sua reprodução em tantas cópias quanto necessárias para cada discípulo, tarefa que bem reflete o denodado empenho com que o jovem jesuíta desempenhou sua missão pedagógica.

Anchieta era fluente em quatro línguas, pelo menos: espanhol, português, latim e língua geral brasílica, ou tupinambá paulista, do tronco tupi. Sua bibliografia inclui obras poéticas, narrativas, peças teatrais, entre elas *De gestis Mendi de Saa*, impressa em Coimbra em 1563, a *Arte de gramática da língua mais usada na costa do Brasil*, impressa em Coimbra no ano de 1595, de cuja primeira edição restam sete exemplares, dois deles pertencentes ao acervo da Biblioteca Nacional do Rio de Janeiro, o *Poema da bem-aventurada Virgem Maria Mãe de Deus*, *Diálogo da fé* e peças teatrais, além de extensa literatura epistolográfica[54].

José Anchieta faleceu no dia 9 de junho de 1597, aos 63 anos, na aldeia de Reritigbá, situada a cerca de 90 quilômetros de Vitória, Espírito Santo, para onde seu corpo foi conduzido pelos índios da aldeia. No dia 3 de abril de 2014, o Papa Francisco assinou o decreto de sua canonização, dando termo a um processo que perdurou por mais de 400 anos.

---

54. Para acesso à vasta bibliografia de Anchieta, cf. Ministério (1997).

2.6.4.2 A *Arte* de Anchieta: concepção, difusão e edição

A *Arte de gramática da língua mais usada na costa do Brasil* (1595), escrita por José de Anchieta nos primeiros anos de sua estada em solo brasileiro, constitui-se, até onde nos permite concluir a pesquisa hodierna, no texto inaugural da história da gramática no Brasil[55]. Sua relevância é ainda objeto de avaliação nos estudos historiográficos, mormente no campo da linguística missionária, já que, a par de seu caráter precursor, revela um aprofundado interesse pela descrição de línguas indígenas no contexto brasileiro dos Quinhentos e resume-se em testemunho documental da estratégia inaciana implementada na conversão do índio e difusão da fé católica. A *Arte* de Anchieta, assim, resume-se em um exemplo da política colonial que se implementou em toda a América do Sul, em que os interesses da Igreja aliavam-se ao ânimo possessório dos estados europeus no projeto exponencial de ampliação de domínio territorial e da submissão religiosa.

A *Arte* foi publicada em 1595, dois anos antes da morte do autor, ao que tudo indica após ampla reformulação e inúmeras correções sofridas ao longo dos mais de 30 anos em que os manuscritos circularam no território brasileiro então ocupado pelas missões. Imagina-se que Anchieta a tenha finalizado entre 1555 e 1560 (cf. Zwartjes, 2002, p. 23; Rodrigues, 1997, p. 373), hipótese que a torna contemporânea da primeira gramática do nahuatl (1547), escrita por Andrés de Olmos (1480-1568), da primeira gramática do tarasco, publicada por Maturino Gilberti (1498-1585) em 1558 e da gramática do quechua publicada em Valladolid por Domingo de Santo Tomás (1499-1570) em 1560 (cf. Zwartjes, 2002, p. 23).

Algumas considerações devem ser traçadas sobre o labor descritivo de Anchieta, inclusive no tocante às variantes linguísticas que registra em sua gramática[56]. Na opinião de Aryon Rodrigues (1925-2014), em excelente estudo sobre a *Arte* de Anchieta (1997), o padre jesuíta provavelmente não se adstringiu à variante do tupinambá falado em São Paulo ou em São Vicente, sendo provável que também se tenha referido à vertente que se usava na região da Bahia. Destaca Rodrigues que a pronúncia registrada por Anchieta é a dos tupinambás, com preservação das consoantes finais dos verbos afirmativos. Assim, pode-se crer que, embora tenha aprendido inicialmente a variante da língua geral costeira falada na região de São Vicente e Piratinin-

---

55. Sobre a gramática de Anchieta, cf. Bechara (2000), Cavaliere (2000), Leite (2000), Assunção e Fonseca (2005), Kaltner e Santos (2021).
56. Cf., necessariamente, Bechara (2000).

ga, de cuja percepção resultou a primeira versão de sua gramática, Anchieta decerto levou em conta as variantes linguísticas que se manifestavam ao longo da costa brasileira, de que resultou o expressivo título *Arte da língua mais usada na costa do Brasil* (Rodrigues, 1997, p. 373). Outros aspectos, segundo Rodrigues, conferem singularidade à gramática de Anchieta em face de suas congêneres no século XVI, entre eles o estilo enxuto que resulta na ausência de prólogo, de palavras prévias que discorram sobre o escopo da obra, e mesmo sobre sua experiência pessoal no contato com a língua descrita. Também se deve destacar a falta de referência a outros gramáticos ou obras, fato que reforça o estilo lacônico e extremamente objetivo, típico de um texto de cunho eminentemente didático.

O texto da *Arte*, por outro lado, revela emprego simultâneo de línguas distintas, "que consiste en entremediar frecuentemente el portugués con el latín, diciendo en éste lo que podría haber dicho en aquél, no raras veces empezando una oración en un idioma y acabándola en el otro, o entrelazando expresiones de ambos" (Rodrigues, 1997, p. 375). Muito se há de especular sobre este hábito de Anchieta, que se pode atribuir a mero capricho estilístico, não obstante também se possa dele inferir uma proposital provocação do leitor aprendiz que, sendo discípulo da língua indígena, não se olvidasse da *lingua mater*. Alguns exemplos desse comportamento linguístico na *Arte* foram recolhidos por Rodrigues: "Dei minhas cousas, alij, quam patri meo", "*et in tertia persona cum articulo* se perde o, *yo, eleganter*". Leve-se em conta, por outro lado, o princípio da universalidade linguística no latim, que, em certa medida, impunha o emprego da língua de Cícero no entremeio da descrição da língua indígena de caráter exótico.

A análise dos depoimentos contemporâneos à primeira edição da *Arte* não logra esclarecer se há nela uma língua verdadeiramente "geral", no sentido de ser a mais usada por todos os habitantes da terra, ou uma língua geral usada apenas nas aldeias indígenas. Confrontem-se, por exemplo, dois testemunhos: o do Padre Antônio Pires (1490-1565), que em comentário sobre a ordem do Padre Luiz da Grã (1523-1609) de que todos aprendessem a língua pela leitura da *Arte* de Anchieta, revela a vergonha que lhe causava estar há tanto tempo no Brasil e ainda não ter aprendido a tal língua[57], fato que deixa entrever ser ela a mais ordinária na boca do povo; e o do Padre Quirício Caxa (1538-1599), primeiro biógrafo de Anchieta, que lhe atribui o mérito de haver aprendido a língua dos índios e dela haver escrito uma gramática no

---

57. Conhecida a afirmação de Antônio Pires: "A mim me envergonha que doze anos que cá ando e não sei nada" (Leite, 1956, p. 310).

intuito de ajudar os "naturais, que por falta de obreiros padeciam muitas necessidades espirituais" (Cardoso, 1990, p. 310), fato esse que remete a uma língua mais restrita aos autóctones.

Pode-se aventar, hoje, uma série de hipóteses sobre a natureza linguística do sistema descrito por Anchieta nas páginas da *Arte* que, dado o estado da pesquisa, devem ser igualmente respeitadas, uma vez que são todas dotadas de um *minimum* de plausibilidade científica. Destarte, relacionam-se ao menos cinco vertentes genéricas: a) uma língua pura, sem traços de contato com quaisquer outras, não obstante dotada de variantes diatópicas bem-definidas ao longo da costa brasileira; b) um *pidgin* emergente do contato entre os índios e os primeiros colonos portugueses; c) um crioulo de base tupi, oriundo do contato entre essa língua e a vertente do português que se falava no Brasil no século XVI; d) um anticrioulo decorrente da impregnação de vocábulos e traços fonológicos do português no tupi; e) uma língua autóctone (o tupi) dotada de traços superstráticos do português. Outras hipóteses menos plausíveis, não obstante fundadas em fatos históricos, podem-se somar a essa, como a de um crioulo em que se integraram traços do tupi, do holandês, do português e línguas africanas, tendo em vista a miscigenação étnica do ambiente geocultural em que se falava a língua descrita por Anchieta.

O *pidgin*, hoje, tem sido entendido como uma espécie de jargão, sem estrutura sintática ou morfológica, que se apoia, no ato de enunciação, em elementos extralinguísticos, como o gesto, a pantomima e a referência icônica. Do ponto de vista social, o *pidgin* não advém de contato cultural prévio, razão por que seu uso fica adstrito a situações muito especiais, em que as pessoas não interagem como grupo social típico, porém em uma única atividade em que a comunicação verbal, embora necessária, não funciona como meio de transmissão de cultura. Este é o caso da atividade comercial dos portos, bem como o primeiro contato entre falantes de línguas diferentes que têm obrigatoriamente de se entender em benefício mútuo. Via de regra, o *pidgin* geralmente passa por um período de estabilização, e posterior expansão, momento em que já é dotado de estruturas sentenciais, com gradativa transição do modo de comunicação pragmático para o sintático, além de agora ser usado sob normas sociais estabelecidas, ainda que precariamente (cf. Mühlhäusler, 1986). Duas evidências linguísticas do *pidgin* expandido são a presença de sílabas do tipo CV e a absoluta ausência de morfologia derivacional ou flexional. Em termos genéricos, admite-se hoje a ocorrência de um *pidgin* quando convergem fatores externos e internos bem-definidos: a) contato linguístico entre dois ou mais falantes de línguas diferentes (situação de bilinguismo ou multilinguismo); b) surgimento de um código dotado de elementos verbais sem gramática e esteado em práticas pragmáticas; c) uso do código de comunicação sem interesse de transmissão de cultura.

Esses elementos típicos encaminham-nos à conclusão de que a língua descrita por Anchieta certamente não é um *pidgin*, seja em face dos fatores externos ou internos. Dentre os fatores externos, não resta dúvida de que, à época da chegada de Anchieta ao Brasil, o contato cultural entre índios e brancos era já intenso há pelo menos três décadas, não sendo raras as famílias constituídas por mestiços. Quanto à face interna, verifica-se que as páginas da *Arte* descrevem um sistema, ainda que simplificado, com regras derivacionais e sintáticas bem-definidas.

Tome-se, agora, a hipótese de uma língua crioula. Sabe-se que o crioulo é uma língua de contato naturalmente advinda de um *pidgin*, portanto resultante da transmissão linguística irregular, isto é, entre falantes adultos aloglotas. Do ponto de vista interno, é dotado de uma gramática bastante simplificada e, do ponto de vista externo, caracteriza-se por ter sido transmitido às novas gerações como língua materna. Curiosamente, nem todos concordam quanto à hipótese de que o crioulo venha obrigatoriamente do *pidgin* estendido, como a princípio se pode supor. São expressivos os exemplos de crioulos, na literatura linguística, advindos diretamente do jargão inicial (cf. Romaine, 1988). O crioulo, na verdade, pode ocorrer em qualquer fase do *continuum* que vai do jargão até o *pidgin* estabilizado ou estendido. Mantém quase todas as características linguísticas do *pidgin*, exceto por já ser dotado de regras sentenciais. As características gramaticais do crioulo, portanto *lato sensu*, implicam a ausência de flexão e derivação, a ordem SVO canônica, embora sejam citados casos de antecipações sintáticas, uso de artigos, uso de orações adjetivas mediante repetição de certos termos, dupla negação e os chamados verbos seriais, dispostos de tal modo que o segundo da série funcione como espécie de preposição.

A hipótese de estar um crioulo de base tupi nas páginas da *Arte* de Anchieta é extremamente controversa e, portanto, considerável, não obstante as evidências mais fortes não abonem semelhante probabilidade. Verifica-se, decerto, que alguns fatos morfológicos ordinários nas línguas crioulas lá estão presentes. É o caso da dupla negação verbal, com os morfemas *nd* e *i* – *ajuká*, "eu mato"; *ndajukái*, "eu não mato" –, a ausência de flexão pessoal no verbo – *Ajuká*, "eu mato"; *Erejuká*, "tu matas"; *Ojuká*, "ele mata" etc., e a acumulação de categorias gramaticais em um só elemento – os pronomes pessoais funcionam como pronomes possessivos quando antecedem nomes. Ainda assim nada se encontra no sistema linguístico descrito que ao menos denuncie uma imisção com a gramática da língua portuguesa, que, no máximo, haverá contribuído na área da pronúncia e dos empréstimos lexicais. Ademais, vale sempre recordar que os elementos sistêmicos do crioulo acima referidos também se encontram em línguas naturais modernas, como se observa no inglês e no português popular do Brasil – que denunciam um sistema morfológico verbal extremamente simplificado –, e mesmo no francês, em que a distinção morfológica de número nominal restringe-se ordinariamente à grafia.

A dificuldade de acatar-se a tese de um crioulo de base tupi, entretanto, está, do ponto de vista interno, na presença farta de preposições e na relativa variação flexional nos verbos. Ademais, nos crioulos percebe-se, embora nem sempre com facilidade, as fronteiras da língua lexificadora, que contribui com o vocabulário, e da língua gramaticalizadora, ou seja, a que contribui com marcas categóricas indispensáveis. Do ponto de vista externo, não se pode assegurar que os brasileiros da metade do século XVI integrassem uma ou mais gerações de falantes que receberam um crioulo como língua transmitida. A análise dos documentos revela uma situação típica de bilinguismo – talvez multilinguismo, em áreas restritas – em que as crianças mestiças ordinariamente falavam a língua do pai e da mãe, com predominância da primeira. De acordo com Serafim Leite, o Padre Manuel da Nóbrega (1517-1570), em carta datada de 10 de abril de 1549 – época em que provavelmente nenhum padre ou irmão ainda sabia a língua tupi – relata que o Irmão Vicente Rodrigues (1528-1600) ensinava a doutrina aos meninos mestiços que "falando o tupi das mães, não desconheciam inteiramente o português dos pais" (1956, p. 64). As evidências trazidas até aqui, entretanto, não são conclusivas para afastar a hipótese de um crioulo nas páginas da *Arte* de Anchieta.

O anticrioulo, conforme observa Hildo Couto (1996), surge do contato entre duas línguas apenas, fato que o afasta da possível situação multilíngue dos crioulos. Opõe-se ao crioulo no sentido de que não advém de um *pidgin*, com gramática distinta das gramáticas das línguas originais, porém de mera contribuição lexical e fonológica da língua do povo dominado, que acata a gramática da língua do mais prestigiado. Assemelha-se, ao menos do ponto de vista essencialmente linguístico, ao conceito de substrato; do ponto de vista sociolinguístico, difere desse conceito, pois no anticrioulo a língua do povo dominado é ordinariamente exógena. No caso do português e do tupi, a hipótese do anticrioulo há de afastar-se de plano em face dessa feição externa, já que a ocorrência revela submissão da língua do povo dominador, o que daria cabimento propriamente a um superstrato, não a um substrato. Uma vertente análoga – distinta das já referidas e absolutamente relevante para nosso estudo – é a que se costuma denominar "situações pidgnizantes", caso em que os itens lexicais (também incluiria estruturas fonológicas) de uma língua aliam-se à gramática simplificada de outra língua, a "língua-alvo". Aqui não se pode falar propriamente em língua de contato, porém em mera deturpação da gramática da língua-alvo em face desse contato.

Ponto mais controverso reside na hipótese de estar na *Arte* de Anchieta o denominado tupi puro, exatamente como o falavam os autóctones antes da ocupação branca da terra. Não são poucos os especialistas brasileiros que acolhem fervorosamente essa hipótese. A principal evidência estaria na análise comparada entre a estrutura morfofonêmica do tupi tal como se manifesta nas línguas indígenas atualmente faladas no Brasil e aquela presente na língua descrita por Anchieta. Há, sem dúvida, intensa similaridade, não só quanto aos traços fonêmicos como também quanto às estruturas silábicas, fato não pouco expressivo se considerarmos o longo decurso cronológico que se abre entre as duas manifestações comparadas[58].

A probabilidade, entretanto, de que esta protolíngua ainda não tivesse entrado em contato com outras línguas na metade do século XVI não se coaduna com as evidências documentais. Com efeito, aceitar que a *Arte* "representa a sistematização do legítimo tupi falado pelos grupos indígenas do litoral brasileiro, nos primórdios da colonização, antes de se tornar a língua geral falada pelos colonizadores e seus descendentes" (Drumond, 1990, p. 8), como querem Carlos Drumond (?-?) e Frederico Edelweiss (1895-1976), ou mesmo que ali não haja sequer uma espécie de língua de contato, já que os jesuítas a aprenderam em aldeamentos indígenas fechados, implica necessária desconsideração de inúmeras evidências de caráter sociolinguístico que remetem para outro caminho. De início, o próprio título da obra denota não só a ocorrência na época de mais de um sistema linguístico em uso, como também – e principalmente – a evidência de que o sistema ali descrito era o de uso majoritário na costa brasileira. Essa constatação, aliada ao quadro da etnia populacional no Brasil quinhentista nessa área geográfica, conduz-nos a uma maioria de falantes de língua geral, de origem extremamente variada.

Com efeito, ao longo do litoral brasileiro, havia grande diversidade étnica caracterizada por influência indígena, branca (majoritariamente portuguesa, mas em certas regiões também holandesa e francesa) e mesmo negra, conforme adverte Frederico Edelweiss, com base em informação de Fernão Cardim: "[...] por 1585, já eram poucos os índios sobreviventes em volta de

---

58. Um excelente estudo nessa linha foi apresentado pela Professora Yonne Leite no Congresso Internacional Brasil – 500 Anos de Língua Portuguesa, realizado em 1999 na Universidade do Estado do Rio de Janeiro, o qual infelizmente não consta nos anais do referido encontro acadêmico.

Pernambuco, enquanto para 2.000 vizinhos havia perto de 2.000 escravos africanos" (1969, p. 24). Verifica-se, pois, que o foco de atuação dos missionários na disseminação da doutrina católica, que impunha o uso e ensino da língua da terra, eram os aldeamentos em que o contato inicial já se consolidara, não as tribos retiradas para o interior. Uma informação do Padre Serafim Leite, em comentário a notícias enviadas por Manuel da Nóbrega à Corte, reforça essa tese da proximidade entre as aldeias e as paróquias (1956, p. 64):

> Mas a notícia fundamental é de 1551, já depois da chegada à Baía dos meninos órfãos, os mamelucos e os filhos dos índios, que começavam a fugir de suas aldeias para os padres e "cantam todos uma missa cada dia e ocupam-se noutras coisas semelhantes: agora se ordenam cantares nesta língua, os quais cantam os mamelucos pelas aldeias com os outros.

Ratificam a hipótese vários documentos do século XVII que fazem menção ao labor catequista apenas em comunidades litorâneas no século anterior, quando o contato populacional ainda não havia desfigurado o quadro de etnias inicial. O Padre Luís Vicêncio Mamiani (1652-1730), em seu *Catecismo* (1698), assevera que a preocupação dos jesuítas em levar a doutrina para o interior só se manifesta com maior interesse – e ao que tudo indica sem eficácia – após a progressiva diminuição das populações indígenas no extenso litoral entre o Maranhão e a Bahia, em face da mortalidade expressiva ou da definitiva incorporação à cultura imposta pelo branco (1698, p. 1):

> Ha mais de vinte & cinco annos, que os Religiosos da Compannia desta Provincia do Brasil desejosos de dilatar, conforme o proprio Inftituto, as conquistas da Fè na Gentilidade Brasilica não satisfeitos do que tinhão obrado com os Indios marítimos da lingua geral, penetrárão os Certões interiores deste Brafil, para reduzir ao rebanho de Christo também os Indios bravos, & Tapuyas; & os primeiros que tiverão essa forte forão os da Naçaõ, a que vulgarmente chamamos dos Kiriris.

Frederico Edelweiss, um dos grandes defensores da hipótese de haver nas páginas de Anchieta o tupi puro, fornece indícios inequívocos do contato linguístico nos aldeamentos, ao menos entre brancos e índios, durante largo período antecedente à primeira edição da *Arte*, em 1595. Afirma o eminente tupinólogo que "só depois de quarenta anos de estudos e convivência diária com os índios, de repetidos confrontos e retoques das notas dos mais capazes, eles se atreveram a dar à estampa as suas primícias em língua tupi" (1969, p. 41).

De semelhante assertiva, havemos de abstrair, por necessárias, as seguintes conclusões: a) o texto final da *Arte*, publicado em 1595, não era o dos manuscritos da metade do século XVI, época em que já havia contato etnolinguístico nos aldeamentos, porém uma versão aperfeiçoada (sem que se saiba a exata natureza desse aperfeiçoamento) ao longo aproximadamente 45 anos; b) a versão final da gramática, que resultaria em sua *editio princeps*, já conta com interferências bastante prováveis de outros autores, em grau de corrupção ou deturpação insabido.

Fato de considerável relevância diz respeito às variações diatópicas atestadas pelo próprio Anchieta no texto da *Arte*, em nota ao capítulo I, que transcrevemos em versão atualizada (1990, p. 149):

> Há alguma diferença na pronunciação, e o uso das diversas partes do Brasil será o melhor mestre. Porque desde os Pitiguares do Paraíba do Norte até os Tamoios do Rio de Janeiro pronunciam inteiros os verbos acabados em consoantes, como: *A-pâb*, eu me acabo; *a-sém*, eu saio; á-pén, eu me quebro; *a-iúr*, eu venho. Mas os tupis de São Vicente, que são além do Rio de Janeiro, nunca pronunciam a última consoante do verbo afirmativo, como: *apá* em vez de *apáb*, *asê* em vez de *asém* [...].

Segundo o Padre Armando Cardoso (1906-2002), semelhantes divergências diatópicas haver-se-iam de justificar pela maior proximidade do tupi de São Vicente com o guarani do Paraguai. Nada obsta, entretanto, a que semelhantes divergências se devam ao contato do tupi com outras línguas em solo brasileiro, considerando-se a já aqui referida imisção etnolinguística no século XVI.

Acrescente-se que um fator de caráter metodológico impede que seja aceita sem reservas a hipótese de que a língua descrita por Anchieta não refletisse ao menos certa influência fonética do português. Isso porque os jesuítas não estudavam a língua como foco de pesquisa, mas como meio de comunicação com fins pedagógicos, de sorte que seus primeiros contatos com os índios, ainda que esses não tivessem mantido vínculo prévio com os colonos que se instalaram na costa desde o Descobrimento, certamente se deram sem preocupação de interferências linguísticas. Portanto, as primeiras estruturas da língua nativa que Anchieta, em carta de 1555 aos irmãos enfermos de Coimbra (1984, p. 87-88), declara ter entendido a ponto de tê-la por *Arte* não eram as de um sistema descrito por um cientista que ingressou em determinado espaço geolinguístico preocupado em apenas ouvir e anotar fatos fonológicos, morfológicos ou sintáticos, porém a de um interlocutor interessado em manter contato com a população nativa, de que decorre óbvia interação linguística.

Há, por outro lado, certas evidências da influência do português na língua geral já na segunda metade do século XVI. Um documento citado por Teodoro Sampaio (infelizmente não identificado) e datado de 1592, portanto contemporâneo da primeira edição da *Arte*, consigna a pronúncia de *Yby-tantã* modificada para *Ubutâtã* (1928, p. 85), fato que sugere uma mudança de *Yby* para *Ubu*, com posterior deglutinação do *u* por influência do artigo português *o*: *Ubutâtã* > *butantan*. Diga-se o mesmo de *ybytú* (Yby+tu, "vento", "nuvem"), que resultou em *bitu* ou *butu* por igual fenômeno de deglutinação. A palavra *butu* é registrada no mesmo documento com a pronúncia *votu*, em que ressalta a degeneração *b>v* típica da deriva do português. Esse fato, aliado à convicção de que os jesuítas atuavam em aldeias cujos índios mantinham contato frequente com os europeus, sugere que a língua descrita por Anchieta na *Arte* é o tupi modificado em níveis lexical e fonológico em face desse contato.

Fernão Cardim atesta a facilidade com que as pessoas aprendiam a língua geral quando em contato direto com os índios na segunda metade do século XVI (1925, p. 201):

> Em toda esta provincia ha muitas e varias nações de differentes línguas, porem uma é a principal que comprehende algumas dez nações de Indios: estes vivem na costa do mar, e em uma grande corda do sertão, porém são todos estes de uma só lingua ainda que em algumas palavras discrepão e esta é a que entendem os Portuguezes; é fácil, e elegante, e suave, e copiosa, a difficuldade della está em ter muitas composições; porem dos Portuguezes, quasi todos os que vêm do Reino e estão cá de assento e communicação com os Indios a sabem em breve tempo, e os filhos dos Portuguezes cá nascidos a sabem melhor que os Portuguezes, assim homens como mulheres, principalmente na Capitania de São Vicente, e com estas dez nações de Indios têm os Padres communicação por lhes saberem a lingua, e serem mais domésticos e bem inclinados [...]

De igual relevância reveste-se um depoimento do próprio Anchieta em suas *Cartas*, segundo o qual uma grande escola, em que se falava o português e a língua nativa, estava em funcionamento em 1555, fato que evidencia o contato entre o português e o tupi (1984, p. 39): "Nesta aldeia [Piratininga], cento e trinta de todo sexo e idade foram chamados para o catecismo, os quais são todos os dias instruídos na doutrina, repetindo as orações em português e na sua própria língua". E, em outra passagem (1984, p. 72): "Esses índios, entre quem estamos agora, nos dão seus filhos para que os doutrinemos e por a manhã, depois da lição, dizem ladainha na igreja e à tarde a salve; aprendem a lição em português e em sua própria língua".

Todos esses fatos reforçam a hipótese de que a língua descrita por Anchieta é o tupinambá corrompido por superstrato português. Não se afirme, entretanto, com segurança ser essa língua a mesma língua geral que mais tarde, com o progressivo extermínio da população indígena, viria reinar no século XVII, já que nessa última outras influências, como as de línguas africanas e mesmo crioulos africanos, viriam mudar substancialmente o quadro linguístico da Colônia. Anchieta dá conta, em seus relatos, de que outros padres já presentes no Brasil à época de sua chegada se expressavam muito bem em língua geral. Entre eles, cite-se o Irmão Pedro Correia, "grande sabedor da lingua dos Indios, que nos trouxe valioso auxílio para a conversão dos infiéis, não só pela muita autoridade, que tem entre eles, como pelo exatissimo conhecimento da lingua" (Academia, 1933, p. 38), e o Padre João de Azpilcueta Navarro (1522-1577).

Sobre o processo de redação da *Arte*[59] ainda se hão de tirar conclusões definitivas. Informa-nos Simão de Vasconcelos (1597-1671) que, no ambiente das aulas que ministrou em Piratininga, Anchieta era a um tempo professor e aluno, pois ensinava o latim, tanto em texto escrito quanto falado, mas ouvia e aprendia a língua dos índios, que, conforme já aqui reiteradamente referido, a literatura linguística veio a denominar "língua geral", dada sua ampla e generalizada presença como língua veicular nos aldeamentos costeiros desde São Paulo até o Nordeste. A pena de Vasconcelos dá-nos conta do processo de redação da *Arte* e de um vocabulário (1672, p. 25):

> No mesmo tempo era Mestre. & era discipolo; E os mesmos lhe ferviam de discipolos, & Mestres; porque, na mesma classe falando latim, alcançou da fala dos que o ouuiam a mor parte da lingoa do Brasil, que breuemente perfeiçoou, com tal excellencia, que pode reproduzir aquelle idioma barbaro, a modo, & regras grammaticais, compondo arte dellas, tam perfeitas que aprouada dos mais famosos lingoas, foy dada â impressam, & tem servido de guia, & mestra daquella faculdade aos que depois vieram: E della há liçam particular em alguns Collegios da Prouincia Alem da arte, fez tambem Vocabulario da mesma lingoa[60].

Sabe-se que a *Arte,* desde 1560, foi considerada uma leitura obrigatória por tantos jesuítas quantos se destinassem ao solo brasileiro, dela constando inclusive uma versão revista pelo Padre Luiz da Grã (1523-1609), reitor do

---

59. Uma versão digitalizada da primeira edição, que pertence ao acervo da Biblioteca Nacional do Rio de Janeiro, pode ser obtida em http://objdigital.bn.br/acervo_digital/div_obrasraras/or812098/or812098.html#page/5/mode/1up

60. Para maior conforto na leitura, substituímos o f longo desusado pela letra s.

Colégio da Companhia de Jesus na Bahia de 1554 a 1556 e de 1574 a 1575, cuja notabilidade incluía seu conhecimento profundo da língua geral falada pelos indígenas[61]. No ordenamento de 1560, Luiz de Grã teria determinado que a cada dia se dedicasse uma hora de estudo da língua brasílica, conhecida como "grego". A respeito, refere Afrânio Peixoto (1876-1947) ao testemunho do Padre João de Mello, que assim se manifesta sobre a leitura da *Arte* de Anchieta (Peixoto, 1933, p. 22):

> Logo que o Padre aqui chegou, ordenou que em casa se lesse a arte da lingua brasílica, que compôs o irmão Joseph; o mesmo Padre é o mestre e está tão exercitado e instruído nela que leva a vantagem nas cousas da arte aos mesmos lingoas. Desta lição nem reitor, nem pregador, nem uma outra pessoa é isenta. Vai a cousa tão deveras que ha quem diga que dentro de um ano se obriga, desocupado, falar a língua: nem eu com ser dos mais inhabeis perco a esperança de sabê-lo.

Na *Carta* de Piratininga, Anchieta dá conta das condições extremamente insalubres a que se sujeitavam os padres, reunidos mais de 20 em uma casinha feita de barro e paus, coberta de palha, com 14 passos de comprimento e 10 de largura, onde situavam-se a escola, a enfermaria, o dormitório, o refeitório, a cozinha e a despensa. Na esteira desse comentário, Anchieta aduz que, devido ao pouco espaço, muitas vezes os padres davam no campo a lição de gramática aos meninos que frequentavam a escola. Essa notícia conduz-nos à indagação sobre que língua que era objeto dessas aulas gramaticais, visto que não se faz qualquer menção a respeito. Já na Carta de São Vicente, o jesuíta mais uma vez se refere ao ensino de gramática "em três classes diferentes" (Academia, 1933, p. 63) sem especificar que língua era objeto das aulas. A hipótese mais plausível é a de que se tratava de aulas de latim, mas não se pode descartar a hipótese de que fossem aulas de português, por ser a língua da Administração da Colônia, além de ser a língua em que estava escrita a bibliografia bíblica disponível para a catequese. Daí resulta a possibilidade de que a gramática do português fosse ensinada nas escolas dos primeiros povoamentos como estratégia inicial de conversão do índio para a doutrina da fé cristã.

Observe-se que na Carta de São Vicente, datada de 1554, Anchieta revela que ainda se iniciava no aprendizado da língua geral e já se ocupava de coligi-la em uma arte, com a advertência: "quanto á lingua eu estou adiantado, ainda que é mui pouco, pera o que soubera se me não ocupara em ler gramática".

---

61. Sobre Luiz de Grã, cf. Bueno (2006).

Em seguida, informa: "todavia tenho coligido toda a maneira dela por arte, e pera mim tenho entendido quasi todo seu modo; não o ponho em arte porque não ha cá a quem aproveite; só eu me aproveito dela e aproveitar-se-ão os que de lá vierem e souberem gramática" (Academia, 1933, p. 64). Em outras palavras, Anchieta informa estar estudando a língua geral, mas seu progresso não é o que teria atingido se não se ocupasse também de "ler gramática", uma clara alusão ao preparo de que se valia em gramática latina para poder dar conta da descrição da língua geral. Esta leitura corrobora-se na afirmação de Anchieta de que só aproveitarão a leitura de sua *Arte* os que "souberem gramática", já que a base teórica de que o jesuíta se vale é a do latim.

2.6.4.3 Pero de Castilho (1572-?)

Nascido no Espírito Santo[62] em 1572, o Padre Pero de Castilho foi admitido na Companhia de Jesus em 1587, com apenas 15 anos de idade. Castilho estudou gramática durante quatro anos e teologia moral por tempo indeterminado. Pelo ano de 1606, Castilho já era sacerdote e prestou os últimos votos de coadjutor espiritual. Atuou como padre superior em várias aldeias, entre elas a Aldeia de São João Batista, que ficava próximo ao Colégio da Bahia. Leite nos deixa a informação de que o Padre Pero de Castilho ocupava-se com frequência expressiva das incursões nas áreas interioranas mais inóspitas, havendo registro de uma no Rio Grande, em 1613, e outra no sertão baiano em 1621. De sua primeira incursão, autorizada pelo Alvará de 1596, que permitia apenas a entrada dos jesuítas no sertão, legou-nos um relatório de viagem, datado de 10 de maio de 1614, intitulado *Relação da missão do Rio Grande: 1613-1614*.

Pero de Castilho foi um dos mais atuantes jesuítas no magistério das denominadas escolas de ler, escrever e contar, cuja organização se atribui a Vicente Rodrigues (1528-1600). A multiplicação dessas escolas pelo território ocupado da Colônia impôs uma atividade itinerante aos padres que se ocupavam do ensino, razão por que eram os que mais se deslocavam entre aldeamentos e povoamentos distantes. Castilho, cuja proficiência na língua da terra

---

62. Em carta enviada a Félix Pacheco (1879-1935), datada de 28 de janeiro de 1934, Serafim Leite exclama: "E agora alviçaras! Pela bôa nova, tambem inedita, que dou a V. Ex. Pela nota adjunta verá que Pero de Castilho é brasileiro, natural do Espirito Santo. Isto quase que é sensacional; falando á maneira jornalistica, pois até agora os grandes tupinologos eram todos de fora do Brasil, e, apparece-nos agora um – e dos maiores – nascido cá (Pacheco, 1935, p. 26).

era reconhecida por todos, muito se desempenhou não só nessa tarefa docente como também nas confissões de índios nos lugares em que não se dispunha de intérpretes. Segundo Leite (1935, p. 27), o jesuíta brasileiro era proficiente em língua geral, cujo domínio encantava a todos em face da fluência em texto oral. Sabe-se que vivia em 1621 no Colégio de Pernambuco, com boa saúde, desconhecido ainda o ano de sua morte.

2.6.4.4 O vocabulário de anatomia de Pero de Castilho

Coube a Plínio Airosa publicar em tintas definitivas os *Nomes das partes do corpo humano pela língua do Brasil* (Ayrosa, 1937), um vocabulário escrito por Pero de Castilho, cuja primeira edição remonta ao ano de 1613. A edição baseia-se em um documento pertencente à *Brasiliana* de Félix Pacheco, que se encontra encadernado juntamente com o *Vocabulário português-tupi* de autoria anônima. Em sua concepção, os *Nomes das partes do corpo humano* compõem-se de 25 páginas, das quais 16 contêm os nomes das partes do corpo humano em língua geral traduzidos para o português, ao passo que os outros restantes são registrados em português e traduzidos para a língua geral. O propósito da obra era o de auxiliar os padres nas tarefas ordinárias com os índios, mormente nas confissões, descartado, assim, qualquer intuito específico no mister da medicina. Um fato importante quanto ao texto de Castilho diz respeito ao registro gráfico dos termos em tupi, que decerto reproduz sua percepção auditiva da pronúncia dos índios e, consequentemente, poderá apresentar inadequações lexicais.

A edição de Airosa baseia-se no manuscrito datado de 1613. Uma questão preliminar enfrentada pelo editor diz respeito à autenticidade do documento e sua natureza autoral: um autógrafo ou um apógrafo? Em sua análise, Airosa observa que alguns termos portugueses aparecem escritos diferentemente ao longo do texto, fato que, a seu juízo, afasta a possibilidade de que seja manuscrito de pessoa culta. Portanto, as conclusões são de que o documento de 1613 não saiu do punho de Pero de Castilho, já que a toda evidência teria o padre jesuíta usado de um único sistema ortográfico para grafar os termos registrados. Em outras palavras, as conclusões levam a crer que Pero de Castilho escreveu os *Nomes do corpo humano* em 1613 quando exercia suas funções no Nordeste do Brasil e, dada sua utilíssima aplicação no cotidiano da interação linguística com os índios, o trabalho foi copiado em várias regiões da Colônia, vindo a sobreviver o manuscrito apócrifo que serviu de testemunho para sua edição em letra de forma.

Por outro lado, há possibilidade de que o trabalho de Pero de Castilho tenha sido incorporado à *Crestomatia da língua brasílica* (1859) juntamente com um vocabulário copiado por Ernesto Ferreira França (1804-1872), deputado por Pernambuco, visto que há sensível coincidência entre esta compilação lexical e o texto que se encontra na *Brasiliana* de Félix Pacheco. Com efeito, conforme adverte Airosa, "numerosas frases do Vocabulario de Ferreira França repetem-se integralmente no Vocabulario da Brasiliana, e todos os defeitos apontados no texto que temos em mão repetem-se tambem na relação dos Nomes dos Membros do Corpo Humano, da Chrestomahia" (1937, p. 15). Disso conclui-se que os textos presentes na *Brasiliana* de Félix Pacheco e na *Crestomatia* de Ferreira França são na realidade o mesmo trabalho produzido por Pero de Castilho.

2.6.4.5 Leonardo do Vale (1538?-1591)

Pouca informação resta-nos hoje sobre a atuação de Leonardo do Vale no âmbito das missões, tendo em vista que seu nome não alçou à dimensão que se confere hoje a outros jesuítas, tais como Manuel da Nóbrega e José de Anchieta. Valemo-nos aqui das linhas biográficas que lhe dedica Serafim Leite (1957, p. 86-92), inclusive com referência a duas cartas de sua autoria em que se revelam traços importantes de sua atuação sobretudo como língua nos primeiros tempos do Brasil colonial. Leonardo do Vale nasceu em Bragança, região de Trás-os-Montes, provavelmente em 1538. Ainda muito jovem, foi enviado para o Brasil, havendo-se estabelecido em São Vicente, onde foi recebido pelo Padre Leonardo Nunes no ano de 1553. Ao que consta, seus primeiros registros no Brasil fizeram-se com o nome de Antônio do Vale ou Antônio Gonçalves, ou mesmo Antônio Gonçalves do Vale, já que o nome Leonardo do Vale não aparece em nenhuma carta nem catálogo antes de 7 de abril de 1560.

A hipótese mais viável é de que, ao deslocar-se para a Bahia em 1556, sob a tutela de Manuel da Nóbrega, o jesuíta se crismaria Leonardo do Vale para que se evitasse confusão com uma série de outros Antônios que já integravam a Companhia por aquelas bandas. O nome de Leonardo do Vale ganha notoriedade a partir de uma carta do Provincial Marçal Beliarte (?-?) em que se dá notícia de que Vale é o autor do *Vocabulário na língua brasílica*. Com efeito, considerando sua intensa circulação entre as províncias de São Vicente e da Bahia no decurso de seus préstimos à Companhia, Leonardo do Vale sempre se destacou pela atividade pedagógica nas escolas, em que demonstrava seu profundo conhecimento da língua geral como professor.

Segundo Leite (1958, p. 89), as aulas do Colégio da Bahia terminavam antes da chegada do verão, mas mesmo nessa época havia turmas avulsas que se dedicavam ao estudo gramatical e à aprendizagem da doutrina, atividade que deve ter incentivado Leonardo do Vale a compor seu *Vocabulário* como atividade complementar. Consta ainda haver composto uma *Doutrina na língua do Brasil*, de que hoje não se tem notícia. Todas as referências a Leonardo do Vale o situam como um jesuíta de envergadura intelectual superior à da maioria de seus colegas de ofício, muito em face de sua intensa e produtiva atividade linguística, razão por que se deve hoje situá-lo no mesmo plano de Anchieta no tocante a essa seara específica. Faleceu em 1591 em São Paulo de Piratininga, conforme noticiou o Provincial Marçal Beliarte, que o qualificou "eloquentíssimo como Túlio" (Leite, 1958, p. 90).

2.6.4.6 O *Vocabulário* de Leonardo do Vale

A pesquisa historiográfica ainda não firmou convicção quanto ao primeiro texto lexical escrito em terras brasileiras, ou sequer quanto a sua autoria. O que se disse e estudou até aqui confere esse cunho precursor ao *Vocabulário na língua brasílica* (1938) de Leonardo do Vale, mas infelizmente não há comprovação inequívoca do fato, já que as fontes documentais dão conta de vários léxicos escritos por padres dedicados às missões nos aldeamentos cujos manuscritos perderam-se nas incursões que se faziam em terras distantes. A própria *Arte* de Anchieta percorreu longes terras, decerto em cópias multiplicadas, fato que também se verifica com respeito aos pequenos vocabulários ou listas de termos essenciais para a atividade cotidiana da catequese. A esse respeito, adverte Leite (1937, p. 66):

> Exaltando a unidade da Língua Geral (tupi-guarani), desde o "famoso Rio das Amazonas" aos Carijós, grande vantagem para a catequese, diz Pero Rodrigues, notando os instrumentos de trabalho de que dispunham; "por onde a Arte desta língua (a Arte de Gramática, de Anchieta) e as práticas e doutrinas que nela andam escritas servem também os Padres da Companhia que andam no Perú para ensinar os Índios do Tucumã, do Rio da Prata e doutras terras que confinam com o Brasil".
> Os Padres do Brasil chegaram a Tucumã em 1587 e ao Paraguai em 1588. Dêstes escritos tiveram, sem dúvida, conhecimento Barzana e Ruiz de Montoya, em cujos nomes andam os primeiros dicionários impressos. Outros os conheceriam no século XVIII, depois da extinção dos Jesuítas ... Existirá hoje algum exemplar do Vocabulário dos primeiros Padres Jesuítas do Brasil?

Na trilha de suas indagações, Leite recorda uma referência de Couto de Magalhães (1837-1898) aos primeiros livros sobre língua geral em que inclui um *Vocabulário da língua tupi* tal qual era falada em São Paulo no século XVI, cuja autoria seria de Anchieta. Arremata Magalhães (1935, p. 320) que a edição deste léxico estaria esgotada, razão por que teria providenciado uma cópia em manuscrito a fim de reimprimi-lo. No rol de especulações sobre a informação de Couto de Magalhães, cabe a Serafim Leite indagar sobre a natureza deste manuscrito: "Será apenas um glossário das palavras usadas por Anchieta nos seus diversos escritos tupis?" (1937, p. 66).

O véu de dúvidas sobre a autoria do *Vocabulário na língua brasílica* serviu para que inicialmente fosse atribuída a José de Anchieta. Assim o fez Simão de Vasconcelos, ao assegurar que Anchieta "alem da arte, fez tambem Vocabulario da meſma lingoa" (1672, p. 25), fato que posteriormente verificou-se inverídico – muito provavelmente por dedução equivocada de Vasconcelos – já que a documentação hodierna, sobretudo o conjunto das cartas jesuíticas, atesta que o vocabulário é da lavra de Leonardo do Vale. Com efeito, informa-nos Serafim Leite (1890-1969) que o estudo do tupi, como é genericamente referida a língua geral indígena, começou com a chegada dos jesuítas em 1549 em todos os lugares por onde se instalaram, sendo que os principais centros desse estudo foram as capitanias de São Vicente e da Bahia. Entre os padres que mais se envolveram com a questão linguística, deve citar-se, na Bahia, o basco João de Azpilcueta Navarro (1522-1557), ao passo que, em São Vicente, atuaram decisivamente alguns padres versados em várias línguas, entre eles Pedro Correia (?-?), Antônio de Araújo (1516-1568), Manuel de Chaves (?-?), Leonardo do Vale e Gaspar Lourenço (1535-?), aos quais se juntou, posteriormente, José de Anchieta. O projeto de gramatização da língua geral previu uma trilogia necessária que efetivamente veio a produzir-se: um catecismo, obviamente necessário para a missão da catequese; uma arte de gramática, que viesse a dispor sobre o funcionamento da língua e servisse de material didático; e um vocabulário, essencial para o registro do léxico da língua autóctone.

Segundo nos informa Leite (1948, p. 125), o coordenador do projeto foi o Padre Manuel da Nóbrega, que distribuiu as tarefas entre os colegas de ofício que mais se mostravam habilitados. Assim, encarregou Anchieta da elaboração da *Arte*, ao passo que a Pedro Correia e a Antônio de Araújo conferiu a tarefa de redigir um catecismo. Quanto ao vocabulário, inicialmente, atribuiu a cada um a tarefa de organizar listas de palavras para seu uso, de tal sorte que a princípio todos participaram. Posteriormente, Nóbrega percebeu que Leonardo do Vale mais se distinguia nessa tarefa, razão por que conferiu-lhe a organização final do vocabulário da língua brasílica[63], que, decerto, foi modificado por várias mãos no decurso de seu uso nas escolas jesuíticas.

A história da primeira edição do *Vocabulário* merece ser recuperada. O primeiro documento que lhe traça menção é de 1585, em que se solicita permissão para a publicação da *Doutrina cristã* (1566)[64], texto do Padre Marcos Jorge (1524-1571) que Leonardo do Vale adaptara à língua tupi, e o *Dicionário da língua brasílica*, considerado muito útil a quem pretendia aprender a língua dos índios (Leite, 1937, p. 63)[65]. Em maio de 1592 reuniu-se na Bahia a Quarta Congregação dos Jesuítas do Brasil, presentes Marçal Beliarte, provincial, Luiz da Grã (1523-1609), antigo provincial, Inácio de Tolosa (1533-1611), reitor do Rio de Janeiro, Quirício Caxa (1538-1599), procurador da província e Pero Rodrigues (1542-1628), que lá estava de passagem em sua viagem para Angola (cf. Leite, 1948), além de José de Anchieta, então superior do Espírito Santo, Luís da Fonseca (?-?), de passagem, Francisco Soares (?-?), Pero de Toledo (1549-?), reitor de Pernambuco, Fernão Cardim (1540-1625), reitor da Bahia e Vicente Gonçalves (?-?) superior de Ilhéus. A junta organizou os postulados que se enviariam ao Padre Geral para obtenção de licença, dentre os quais destacamos o Postulado n. 10 (Leite, 1948, p. 128):

> Ut Indorum conversioni per idoneos ministros consulatur, petit Congregatio facultatem ut typis liceat excudere Lexicon idiomate Brasiliensi, Artem atque Doctrinam Christianam eodem sermone conscriptam[66].

A resposta (Leite, 1948, p. 128):

> Ad 10 m Rp.: Probamus quod petitur. Et jam ordinatum est ut imprimantur.

Verifica-se que no Postulado n. 10 não se citam os autores de cada obra, obviamente entendidas como fruto do trabalho coletivo. Como posteriormente, na *editio princeps* de 1595 atribuiu-se à *Arte* a autoria de Anchieta,

---

63. Uma edição do vocabulário, preparada por Plínio Airosa (1895-1961) encontra-se em Vale (1938).

64. Conforme nos informa Santos (2016, p. 150), a *Doutrina cristã* tornar-se-ia o mais popular catecismo jamais publicado em Portugal, tendo sido traduzido em breve tempo para várias línguas europeias e não europeias, tais como o congolês, o aramaico (Ethiopia), o concani, o malabar tamul, o japonês e o chinês.

65. Nesta referência, Leite opta pelo título *Dicionário da língua brasílica* em vez de *Dicionário na língua brasílica*.

66. Trad. de Serafim Leite: "A fim de haver ministros idôneos na conversão dos índios, a Congregação pede licença para imprimir o *Vocabulário da língua brasílica*, a *Arte* e a *Doutrina cristã* escrita na mesma língua".

seus primeiros biógrafos julgaram que o *Vocabulário* também fosse de sua lavra, um equívoco que perdurou por vários anos em inúmeras referências bibliográficas. Com efeito, conforme conclui Leite (1948, p. 128), as grandes línguas do Brasil entre 1549 e 1572 organizaram listas de palavras da língua geral, entre eles, decerto, Anchieta. No entanto, o *Vocabulário* que foi enviado para publicação não era o que se fizera a várias mãos, senão o organizado por Leonardo do Vale. Este o motivo pelo qual o Padre Quirício Caxa, que participara da congregação na Bahia, não incluiu o *Vocabulário* entre as obras de Anchieta em sua obra biográfica[67].

A autoria de Vale, adite-se, é corroborada pelo Padre Marçal Beliarte, que, ao enviar a Roma os termos do Postulado n. 10, faz juntar um resumo histórico de 1591, ano em que falecera o Padre Leonardo do Vale, a quem atribui a antonomásia de "príncipe dos línguas do Brasil": falava a língua geral com tanta perfeição que chegava a impressionar os próprios índios. Em arremate, afirma: "Composuit vero illius Linguae optimum, copiosum et valde utile *Vocabularium* ex quo facile est addiscere"[68]. Enfim, são evidências que chegam a convencer um cético Serafim Leite, que se curva à autoria de Leonardo do Vale, ainda que com alguma reserva, ao menos no tocante a certa coautoria (1937, p. 69):

> Quer dizer, no estado actual dos nossos conhecimentos históricos, aquêle *Vocabulário da Língua Brasílica*, obra certamente dos Padres Jesuítas, tem que se filiar em Leonardo do Vale, sem excluir, é claro, prováveis remodelações e aperfeiçoamento ulteriores, inclusive do próprio Anchieta.

Diferentemente do que aconteceu com a *Arte* de Anchieta, o *Vocabulário* não logrou iniciar-se na tradição impressa senão após três séculos e meio pelas mãos competentes de Plínio Airosa. Sua trajetória através dos tempos revela um sem-número de cópias ao longo de pelo menos um século, todas desaparecidas, com exceção de um testemunho datado de 1621 (no fim do manuscrito, informa-se o ano de 1622), que foi preservado pelo Padre Antônio Rodrigues (?-?)[69]. Cativo dos holandeses durante a ocupação da Bahia,

---

67. No entanto, assim se expressa a pena autorizada de Plínio Airosa: "não pensamos, por isso, seja fácil e justo atribuir-se, a um homem apenas, a autoria dessa obra que, com grandes probabilidades, é produto da cooperação de muitos. A hipótese da coautoria de Anchieta não nos parece desprezível, mesmo depois das notáveis pesquisas do Padre Serafim Leite (1952, p. 10).

68. Trad. de Serafim Leite: "Compôs ó ótimo, copioso e utilíssimo *Vocabulário* daquela língua com o qual é fácil aprender" (1948, p. 128).

69. Não confundir com seu homônimo Antônio Rodrigues (1516?-1568), um dos fundadores da cidade de São Paulo.

Rodrigues foi enviado para a Holanda em 1624, provavelmente levando consigo o manuscrito preservado, já que foi redescoberto em 1928 em poder dos livreiros Maggs Bros, de Londres. Restituído ao Brasil, por iniciativa de Félix Pacheco (1879-1935), veio finalmente a traduzir-se em letra de forma na edição de Airosa.

2.6.4.7 João de Arronches

João de Arronches (?-?) foi um franciscano capucho da Província de Piedade, atuante entre 1755 e 1759 no Estado do Grão-Pará e Maranhão. Consta haver trabalhado intensamente perante a Junta das Missões, órgão da justiça colonial, de cunho religioso, que se ocupava primacialmente de processos em que se discutia a dos índios. Há notícia de um requerimento de 1744, apresentado à Junta por João de Arronches, em que declarava ter sido procurado por um índio que não mais se dispunha a manter contato com autoridades coloniais, senão com os freis da Piedade. Na petição, Arronches requer à Junta permissão para organizar um descimento[70] que encontrasse outros índios em igual situação para trazê-los ao seio dos aldeamentos.

2.4.6.8 O *Caderno da língua*

Incluído entre os textos antigos publicados por Plínio Airosa, o *Caderno da língua* (1937 [1739]) consta entre os trabalhos sobre língua geral – tupi antigo, na visão de tupinólogos como Frederico Edelweiss – menos referidos na literatura de obras missionárias. A primeira dúvida que paira sobre o *Caderno* diz respeito a sua autoria. Airosa assevera que o trabalho seria uma cópia resumida do *Dicionário português-brasiliano e brasiliano-português*, de um certo Frei Onofre, também editado por Airosa e publicado na Revista do Museu Paulista (1934). Diga-se, necessariamente, que o editor do *Dicionário português-brasiliano* estuda detalhadamente o manuscrito da obra, pertencente à Biblioteca Nacional do Rio de Janeiro, inclusive para concluir que a autoria não se pode definir por identificação direta, senão por informação de um irmão de Ordem do referido Frei Onofre, chamado Francisco Nossa Senhora dos Prazeres Maranhão, autor da *Poranduba maranhense* (1891).

---

70. Expedição organizada pelos religiosos em busca de índios isolados a fim de acomodá-los nos aldeamentos e introduzi-los na doutrina da fé.

Algumas opiniões dão conta de que Maranhão, na verdade, teria redigido a segunda parte da obra, brasiliano-português, e de que Airosa indevidamente a ele também teria atribuído a autoria da primeira parte sem qualquer fundamento histórico. A crítica veemente ao trabalho de Airosa parte da pena de Edelweiss (1969, p. 124), que o acusa de insipiência em língua tupi e consequente má avaliação do texto escrito por Onofre. Adverte Edelweiss que a língua descrita no *Dicionário português-brasiliano* nunca foi falada por legítima tribo tupi, senão por índios aculturados e provenientes de várias etnias do Maranhão e do Pará nos primeiros anos dos Setecentos. Por outro lado, Edelweiss é igualmente taxativo ao asseverar que o texto do *Caderno da língua* não pode ser o mesmo do *Dicionário português-brasiliano* (1969, p. 135):

> É fácil destacarmos e mesmo seriarmos os verbetes, que inegavelmente são originais e não podem ter sido extraídos do *Dpb*. Por motivos vários. Além disso, são bem visíveis determinadas diferenças dialetais entre o *Dpb*. e o *Cl*.
> Vejamos alguns deles colhidos tão somente na letra A.
> 1. – Muitos dos verbetes arrolados no *Cl*. não figuram no *Dpb*. ou não lhe correspondem à tradução. Por exemplo:

Abóbora	alfinete,
abotoar,	aparato,
aconselhar-se,	aperto (aflição),
acontecimento,	hábito de frade,
afeminar,	perigo,
agouro,	Sono,
alarve,	etc. etc.

A citação serve para comprovar, nas palavras de Edelweiss, que o texto do *Caderno da língua* não pode ser mera cópia do *Dicionário português-brasiliano*, razão por que sua autoria atribuída ao referido Frei Onofre revela-se inconsistente do ponto de vista historiográfico. Por outro lado, esse exemplar da linguística missionária brasileira, com seus 3.881 verbetes, traz singular origem em uma pena franciscana, fato que, em certa medida, expressa maior presença dos missionários de outras ordens religiosas no cenário colonial dos Setecentos bem antes da implantação da reforma administrativa pombalina que viria a expulsar os inacianos do território brasileiro.

2.6.4.9 Luís Figueira (1574-1643)

Luís Figueira nasceu em Almodôvar, no Alentejo, em 1574[71]. Completou seus estudos na Universidade de Évora, vindo a integrar a Companhia de Jesus em 22 de janeiro de 1592. Chegou já como missionário ao Brasil em 1602 para integrar a missão que se instalava na região da Bahia, onde escreveu a Carta bienal de 1602 e 1603 e ocupou o cargo de ministro do Colégio dos Jesuítas por um ano. Mais tarde viria a expandir sua presença na Colônia até o Maranhão, passando por Pernambuco e Ceará. Segundo Serafim Leite, Figueira enfrentou dificuldades para aprender a língua geral indígena, à dessemelhança da maioria de seus colegas, já que cerca de cinco anos após sua chegada dela sabia "apenas alguma coisa" (1940, p. 22). Com a chegada ao Ceará no próprio ano de 1607, seu desempenho na língua dos nativos já era bom, fato que muito facilitou sua obstinada empresa de ligar o território dominado pelos portugueses com as capitanias do norte, então sob ocupação francesa. Consolidar a integração do Maranhão ao território da Colônia tornou-se sua principal e bem-sucedida missão.

Com efeito, conforme informa Figueira em sua *Relação da Missão do Maranhão* (Leite, 1940, p. 105-158), o processo de integração do amplo território que se situava ao norte de Pernambuco implicou denodo e mesmo suplício de muitos que compunham as missões, entre eles o próprio Figueira. Na *Relação*, o jesuíta alentejano traça um painel minucioso da paisagem, flora e fauna, bem como da cultura dos índios, considerando que "o sertão he mui grãde e tem infinidade de gentio" (1940, p. 108). Destaca-se a inóspita Serra dos Corvos, em que os missionários enfrentaram toda sorte de dificuldades em face do solo lamacento e acidentado, além da proliferada presença de animais peçonhentos, como cobras e aranhas caranguejeiras. Em referência pontual ao Rio Amazonas[72], Figueira faz menção às ilhas existentes no leito do rio, habitadas pelas amazonas, mulheres que não admitem homens em suas terras senão para coabitar e preservar a linhagem. Após, "logo os lação fora e depois parindo filhos machos os comem e cõservão as femeas" (1940, p. 108). Informa-nos Figueira que as amazonas, à semelhança dos demais índios, falavam a mesma língua comum do Brasil, fato relevante quanto à descrição das línguas gerais amazônica e costeira, que aos ouvidos de Figueira reduziam-se no mesmo sistema linguístico.

---

71. Trata-se do provável ano de nascimento, conforme nos informa Leite (1940, p. 22).
72. *Almazonas*, nas palavras de Figueira.

A morte do Padre Francisco da Costa Pinto (1552-1608), vítima de uma emboscada dos índios cararijus, abalou o ânimo dos missionários e do próprio Luís Figueira, sobretudo por perceberem que as tribos que ocupavam a região do norte agiam sob influência dos franceses, que, nas palavras de Figueira, convenciam os índios que os sacerdotes jesuítas eram feiticeiros[73]. Não obstante as vicissitudes de sua empreitada, Figueira logrou fundar algumas aldeias, entre elas a Aldeia de São Lourenço, no Ceará, em 10 de agosto de 1608. Mais tarde, transferiu-se pelo mar para o Rio Grande do Norte e Pernambuco, onde fundou outras aldeias, de que resultaram 55 criadas e habitadas por índios convertidos ao catolicismo. Delas, cerca de 28 mantiveram-se sob administração jesuítica até a época pombalina, quando foram definitivamente entregues à administração da Coroa. As demais, ao longo desse tempo, foram entregues à administração de carmelitas, capuchos e até mercenários (Leite, 1940, p. 35).

Figueira ocupou cargos relevantes no âmbito das instituições jesuíticas do século XVII. Em 1610, assumiu o posto de prefeito dos estudos no Colégio de Pernambuco, do qual foi nomeado reitor em 1612. Em 1619, atua como superior da Aldeia de Nossa Senhora da Escada, mas, dois anos depois, retorna ao Colégio de Pernambuco para a função de mestre de noviços. Com sua ida para o Maranhão em 1622, como conselheiro do capitão-mor Antônio Moniz Barreiros (?-1643), Figueira cumpriu papel atuante na criação do Estado do Maranhão, que tinha *status* soberano, portanto independente do Brasil. Nessa função, Figueira enfrentou reiteradamente o interesse dos colonos, que se opunham à defesa dos interesses dos índios comumente abraçada pelos jesuítas. Também a chegada dos franciscanos em 1614 constituiu entrave à missão de Figueira, já que, por ordem real, a administração dos índios passaria à tutela "temporal" dos frades. Disso resultou o recolhimento dos jesuítas às obrigações eminentemente religiosas, tais como a pregação e o sacramento, além do ensino.

Coube a Figueira a fundação da Igreja de Nossa Senhora da Luz, em São Luiz, além de uma escola destinada à educação dos filhos dos portugueses. Anos mais tarde, Figueira mantinha relacionamento próximo com as autoridades do Reino, sobretudo como personagem importante na luta contra os

---

73. Corrobora essa informação o relato do franciscano Claude d'Abeville, não obstante justifique a morte de Costa Pinto pelo fato de os índios terem sido enganados pelo jesuíta: "Il leur donnoit à entendre & les fait croire, foit par charme, foit par piperie, qu'il n'estoit pas homme né de pere, ne de mere comme les autres, ains qu'il estoit sorti de la bouche de Dieu le Pere, lequel l'auoit enuoyé de Ciel icy bas pour leur venir annoncé sa parole" (1614, p. 78).

holandeses que ocupavam Pernambuco e parte da Bahia. Em 1639, percorreu vários colégios em Portugal na expectativa de conquistar novos membros para a missão no Maranhão, havendo logrado contar com 14 inacianos novatos. Na verdade, a atuação de Figueira na construção dos pilares educacionais no Maranhão pode medir-se com o surgimento de Antônio Vieira (1608-1697) como prócer das letras e da retórica.

2.6.4.10 A Arte da língua brasílica de Luís Figueira

Supõe-se que Luís Figueira tenha terminado a redação de sua *Arte* em 1619, época em que atuava como superior na Aldeia de Nossa Senhora da Escada. Observe-se que consta na primeira edição o ano de aprovação em 1620. Embora não traga o ano de impressão, esta primeira edição é fixada em 1621, já que ordinariamente imprimiam-se as obras após cerca de um ano de sua aprovação. Há entre alguns pesquisadores a convicção de que a publicação da *Arte* de Luís Figueira está intimamente vinculada à luta da Coroa Ibérica pela conquista das terras do Maranhão, que implicou inúmeros combates contra os franceses desde sua chegada em 1612 à Ilha de São Luís. A estratégia das forças ibéricas pela posse da terra passava pela necessária cooptação dos índios, uma aliança que só se poderia obter mediante uso fluente de uma língua comum a todos os ocupantes da região. Nesse intuito, recorreu-se à ajuda dos padres jesuítas, que, para além de manter relacionamento amistoso e frequente com os índios, eram iniciados na língua geral costeira, falada ao longo de larga faixa do Sudeste ao Nordeste brasileiro.

Eis por que mesmo os índios que falavam outras línguas do tronco tupi eram incentivados a comunicar-se em língua geral, uma necessária tarefa dentro do projeto colonialista da Coroa Ibérica. Nesse intuito, vários religiosos, mormente jesuítas, foram enviados para o Maranhão, de que resultou a necessidade de manuais linguísticos que servissem ao ensino da língua geral não só a esses missionários, como também à população de índios aloglotas que se dispusessem a unir forças para combater invasores e defender a soberania ibérica da terra. Nesse cenário, surge a *Arte* de Figueira como um manual didático de grande utilidade, dada sua clareza e objetividade na descrição linguística.

Em seu quadro sinótico, a *Arte* parte da descrição dos sons que integram o sistema fônico da língua geral, naturalmente mediante referência às letras do alfabeto latino. Eis por que, ao tratar da ausência de fricativas alveolares, por exemplo, Figueira adverte não haver na língua *s* ou *z*. Pelo mesmo motivo Figueira informa que "não se usa *rr* dobrado, ou aspero" (s.d., p. 11). No plano morfológico, Figueira atesta a ausência de flexão de número e de caso, com a ressalva de que "a mesma voz serve em ambos os numeros, e em todos os casos" (s.d., p. 13). Em aditamento, numa interessante estratégia didática, Figueira faz notar que em língua geral não há casos à semelhança do que ocorre em português, ou seja, predomina a sintaxe analítica típica das línguas românicas em que a regência cumpre o papel de atribuição de funções sintáticas. Não obstante, Figueira não evita a referência ao nominativo, ao genitivo e demais casos latinos, dado o princípio de descrição pautado na gramática da língua de Cícero. A rigor, o uso desses metatermos na *Arte* de Figueira constitui uma referência não ao caso, senão à função sintática. A parte final da *Arte* é dedicada às regras de construção sintática, em total de sete, sendo que a sétima se subdivide em mais cinco.

2.6.4.11 Luís Vicêncio Mamiani (1652-1730)

Ludovico Vicenzio Mamiani della Rovere[74] nasceu em Pésaro no dia 20 de janeiro de 1652. Entrou na Companhia de Jesus aos 16 anos, em 10 de abril de 1668. Catorze anos depois, foi designado para o Brasil, partindo de Lisboa com destino à Bahia. De início, sua participação na Colônia visava a juntar-se aos padres da missão do Maranhão, mas não há registro de sua efetiva presença nessa região do Nordeste brasileiro. Por outro lado, há expressiva referência a sua participação na conversão dos índios na Aldeia do Geru, também denominada Aldeia Kiriri, localizada ao sul da Capitania de Sergipe del Rey, localizada entre os rios São Francisco e Real. Considerando a relativa proximidade entre a região onde se situava a Aldeia do Geru e o Maranhão, não se há de duvidar que Mamiani se tenha fixado em Sergipe a meio-caminho de seu destino original.

Há registros de ocupação de Sergipe a partir de 1575, com a fundação de alguns aldeamentos relevantes, entre eles São Tomé, hoje cidade de Santa Luzia, Santo Inácio e São Paulo. Atuaram decisivamente na ocupação dessas terras o padre português Gaspar Lourenço (1535-?), natural de Vila Real, Trás-os-Montes, tido como primeiro jesuíta a trabalhar no contato com os índios da terra, e o irmão João Salônio (?-?). Com o avanço da colonização na Capitania de Sergipe, implementada por Cristóvão de Barros (?-?) a partir de 1590, a Coroa optou por doar sesmarias à Companhia de Jesus com o

---

74. A documentação disponível registra Luiz Vicente, Ludovico Vicenzo, Luiz Vicente, Luiz Vicêncio não sendo rara a mescla desses compostos.

evidente propósito de aprofundar o sentimento de obediência dos índios à autoridade administrativa pela palavra da catequese. A conversão e decorrente colaboração dos índios kiriri na região era conveniente para os interesses de Portugal, já que o segmento de terra na parte mais oriental do Nordeste era constantemente invadido por corsários interessados no fluxo de mercadoria nativa para os reinos europeus. A documentação linguística hoje revela sensível distinção entre a língua falada pelos índios kiriri e a língua geral costeira que se estendia desde o Sudeste, fato que se observa pelo confronto linguístico-descritivo das gramáticas de Anchieta e Mamiani.

Com efeito, o grupo étnico-linguístico formado pelos kiriri, cujos domínios estendiam-se do Rio Paraguassu ao Rio Itapicuru, falava língua inscrita no tronco tupi, mas tinha regras sintáticas e vocabulário sensivelmente distintos da língua geral costeira[75], razão por que sua descrição cativou o interesse de Mamiani a ponto de nela escrever um catecismo (1698) e dela uma gramática (1699).

A presença dos inacianos em Sergipe consolida-se com o tempo, a ponto de haverem adquirido terras e propriedades latifundiárias. Documenta-se, a respeito, a aquisição de um sítio de curral de gado denominado Ilha pela quantia de 500 mil réis, localizado na região do Rio Piagui, que pertencia à Ordem Carmelita, um negócio celebrado em 16 de janeiro de 1683. Representaram as partes o Prior do Convento de Nossa Senhora do Monte do Carmo, Frei Jorge Leitão (?-?), e o Procurador do Colégio da Bahia, Padre Paulo Carneiro (?-?) (cf. Biblioteca Nacional, 1944, p. 104-112). A ocupação de terras visava a conferir sustentabilidade às atividades da Companhia, mormente na lavoura de cana-de-açúcar e na pecuária. A tradição cultural enraizada no imaginário popular de Sergipe dá conta de um suposto tesouro guardado pelos jesuítas nas terras ocupadas, em que não faltavam ouro, prata e pedras preciosas resultantes do extrativismo mineral.

A atividade missionária dos jesuítas na região impunha uma comunicação mais eficaz com os índios da nação kiriri, razão do interesse na descrição de sua língua em uma *Arte* que servisse de manual didático para os padres que se iam juntando ao grupo no decurso do tempo. A aldeia de Geru logo transformou-se no polo irradiador das atividades missionárias, inclusive com a fundação da Igreja de Nossa Senhora do Socorro por iniciativa do próprio Luís Mamiani. Os dados de que dispomos dão conta da dificuldade deste

---

75. Aryon Rodrigues (1942) oferece um estudo que cuida das especificidades do vocabulário na língua kiriri. No plano sociolinguístico, é do mesmo autor um estudo sobre as relações de parentesco entre os kiriri (1948).

jesuíta italiano para adaptar-se aos ares do Nordeste brasileiro, fato que o moveu a solicitar remoção para Roma em 1701, com breve estada em Lisboa. Os pouco dados biográficos dão conta de que ocupou o cargo de procurador na Cidade Eterna, onde morreu em 8 de março de 1730.

2.6.4.12 A gramática da língua kiriri

Embora seja reconhecida como texto de referência na descrição da língua kiriri, a *Arte de grammatica da lingua brasilica da naçam kiriri* (1699), de Luís Vicêncio Mamiani não foi o primeiro texto descritivo dessa língua indígena, já que o jesuíta italiano pautou-se em um trabalho anterior produzido pelo também jesuíta João de Barros (?-?), português nascido em Lisboa. Serafim Leite vai além para afirmar que tanto a gramática quanto o catecismo não são obras criadas por Mamiani, senão por seu colega, de quem copiou os trabalhos originais com uma adaptação para impressão final (1945, p. 326).

Uma segunda edição da *Arte* de Mamiani foi publicada em 1877, com apresentação de Ramiz Galvão[76] e um preciosíssimo estudo introdutório de Batista Caetano (1826-1882), leitura obrigatória para quantos se dediquem ao estudo das línguas indígenas e sua feição no Brasil do século XVII. Por sinal, Caetano traça nesse instigante texto, em que discorre com proficiência sobre as relações entre o kiriri e a língua geral (a que denomina abañeênga), um cenário nítido da insegurança que caracterizava o estudo histórico das línguas indígenas brasileiras no século XIX, "uma embrulhada tal, que apenas se póde comparar com o que se ouve em certos circulos do Rio de Janeiro, onde ao mesmo tempo, na conversação em portuguez, vai uma phrase em inglês, outra em italiano, um pedaço em hispanhol ou allemão, e tudo isso mais ou menos alinhavado de gallicismos" (Nogueira, 1877, p. XI). Esta segunda edição da *Arte* inspira-se no clima etnolinguístico da segunda metade do século XIX, em que o estudo das raças e das línguas buscava dar sentido à própria origem do homem no âmbito das ciências naturais.

---

76. Benjamin Franklin Ramiz Galvão (1846-1938) foi médico e filólogo helenista, havendo inclusive atuado como professor de Língua Grega no Colégio Pedro II. Exerceu também o magistério de química orgânica, zoologia e botânica na Escola de Medicina do Rio de Janeiro. Foi o segundo ocupante da cadeira 12 da Academia Brasileira de Letras. Homem de grande influência no período monárquico, manteve contato íntimo com a Família Imperial, a ponto de exercer a função de preceptor dos netos de Pedro II. Foi no cargo de bibliotecário-chefe da Biblioteca Nacional que Ramiz Galvão concedeu apoio para a publicação da *Arte* de Mamiani em um período de grande interesse pelas questões indígenas.

Por sinal, terá sido esse mesmo ânimo que motivara Hans Conon von der Gabelentz (1807-1874)[77] a traduzir para o alemão e publicar uma versão da *Arte* como parte da coleção Beitrage zur Sprachenkunde (1852). Apesar da proximidade das datas da edição alemã e da segunda edição brasileira, não há conexão entre elas, já que, nas próprias palavras de Ramiz Galvão, a tradução de Gabelentz não era satisfatória, havendo inclusive suprimido as páginas iniciais da *Arte*, em que se atestam as licenças necessárias para publicação (Galvão, 1877, p. vi):

> Mas esta versão [alemã] está longe de satisfazer aos exigentes amadores, que sem dúvida preferirão o texto original do auctor, e aos proprios sabios que lhe-podem notar boa copia de alterações e omissões. O Sr. Gabelentz, como quasi todos os traductores, não poucas vezes illudiu as difficuldades de sua empreza adulterando o texto; quando não pode traduzir, riscou. A reimpressão que ora se publica é pelo contrario fidelíssima; não modificamos sinão a parte material da obra, gryphando todos os vocabulos kiriris para mais sobressairem no texto, e dispondo os exemplos á maneira de vocabulario para maior facilidade de estudo.

Em sua primeira edição[78], o texto de Mamiani apresenta aspecto gráfico compatível com o padrão das publicações do século XVII, em que as referências necessárias de autorização real são expressas na folha de rosto, a par do brasão jesuítico com o cristograma e a cruz sobre um girassol. Por curiosidade, a palavra *nação* consta com dupla grafia na própria folha de rosto – *naçam* e *nação* – fato que pode levar a especulações sobre possível composição por mais de um tipógrafo.

O livro saiu com a chancela de Miguel Deslandes (?-1703), francês que se transferiu para Portugal em 1669, tornando-se logo depois, em 1687, impressor oficial da Coroa em sucessão à família van Craesbeeck, que por sete décadas dominara o ramo tipográfico em Portugal (cf. Santos, 2017). Era casado com a filha de João da Costa (?-?), também livreiro e editor, de quem herdou a tipografia que lhe serviria para o exercício profissional. Deslandes auferiu grande prestígio em face da inventiva utilização de floreios, vinhetas e gravuras em cobre nas folhas de rosto de suas publicações. Após seu falecimento, a oficina ficou sob cuidados do filho Valentin de Acosta Deslandes (?-?). A marca mais característica do trabalho de Deslandes está no intenso uso de adornos floreados, inclusive no capítulo inicial das obras, como ocor-

---

77. Não confundir com o linguista Georg von der Gabelentz (1840-1893).

78. Uma versão digitalizada desta primeira edição encontra-se em https://digital.bbm.usp.br/handle/bbm/7692

re no caso da *Arte* e do *Catecismo* de Mamiani. Destaque-se, neste aspecto, o ornamento fitomórfico com dois pelicanos nas laterais e um pelicano ao centro, em clara simbologia ao Papado. Como bem observa Santos (2017, p. 14) "o pelicano desaparecia no verão e renascia no inverno, promovendo as analogias com a fênix e a ressurreição, e, também, o amor materno, já que a ave alimenta seus filhotes com o próprio sangue, ao dilacerar o seu peito".

No plano dos elementos pré-textuais, a *Arte* de Mamiani inicia-se com um prefácio intitulado *Ao leitor*, no qual o jesuíta se adianta em expor as dificuldades enfrentadas para a realização de tarefa tão ingente quanto a de descrever a gramática de uma língua indígena, sobretudo considerando sua idade avançada. Nesse intuito, Mamiani remete o leitor à figura de São Jerônimo (347-420) e sua árdua tarefa de revisar os evangelhos em latim, bem como ao próprio Inácio de Loyola, que, tendo começado o estudo do latim na adiantada idade de 33 anos, fez-se "instrumento da gloria de Deos na conversaõ das almas" (1699, p. II v). Alinhando-se ao propósito maior da própria Companhia, Mamiani salienta ao leitor que seu intuito é exatamente o de salvar almas, razão de sua obstinada tarefa de aprender uma língua totalmente distinta das línguas românicas para dela produzir uma arte com suas regras. O intuito, conforme já aqui observado, era de facilitar o aprendizado da língua por parte dos padres que atuavam nas missões na Aldeia do Geru e localidades vizinhas onde o kiriri era falado (1699, p. III):

> Conhecendo pois a necessidade que tem a Naçaõ dos Kiriris nesta Provincia do Brasil de sogeitos que tenhaõ noticia da sua língua para tratar de suas almas, naõ julguey tempo perdido, nem occupaçaõ escusada, antes muito necessaria, formar hũa Arte com suas regras, & preceitos para se aprender mais facilmente. He verdade q' como os naturaes della vem sem regras, & sem ley, & delles se naõ póde alcáçar regra algũa de raiz, não parecia taõ facil poder acertar sem Mestre. Mas cõtudo procurei cõ o exercicio de algũs annos da mesma lingua, & com o eftudo particular della, tirar os fũdamentos, & regras mais certas, para q cõ ellas se formasse hũa Arte fácil, & clara, quanto bastasse para os nossos Miffionarios das Aldeas dos Kiriris aprẽderẽ a língua[79].

Na sequência dos elementos pré-textuais, a *Arte* estampa os pareceres necessários para permissão de publicação, mediante requisição do Padre Alexandre de Gusmão (1629-1724), Provincial do Brasil, o primeiro exarado pelo Padre João Mateus Faleto (?-?), o segundo do Padre José Coelho (?-?), ambos conhecedores da língua kiriri em face do longo convívio que manti-

---

79. Na citação, substituiu-se o ∫ longo pelo s curto para leitura mais cômoda do texto.

veram com os índios por quase 20 anos. Arremata-se o conjunto de textos autorizadores com uma licença do Santo Ofício e outra do Paço sob condição de que a forma impressa do texto seja mais uma vez submetida à apreciação antes de circular.

No tocante à disposição orgânica da matéria linguística, a *Arte* situa inicialmente uma Primeira Parte em que o autor discorre sobre ortografia, pronunciação, declinação dos nomes e declinação dos verbos. A coocorrência de matéria tão díspar, do ponto de vista linguístico, bem caracteriza um texto de propósito eminentemente didático, em que o autor reserva-se a tratar de temas essenciais para assegurar ao aluno competência em língua oral. Dispensável lembrar que sob a rubrica *ortografia*, a matéria linguística é na realidade fonética, já que Mamiani parte da representação gráfica dos sons em português para descrever o sistema de sons em kiriri. Em outros termos, ao referir-se às "letras que se usão na língua, & da Pronunciação" (1877, p. 1), Mamiani dá conta dos fonemas e sua pronúncia. No tocante à morfologia nominal, Mamiani refere-se às categorias de gênero, número e caso para advertir que, na verdade, são inexistentes em kiriri, fato que decerto haveria de provocar extremada surpresa em uma época de conceitos universais sobre a natureza das línguas. No plano sintático, percebe-se a perspectiva de descrição do kiriri à luz da gramática latina, mas aqui o autor atesta a ausência de casos e a atribuição de funções sintáticas pela posição e pela regência do termo, fato que, de certa forma, revela postura precursora que evita enquadrar a todo custo a língua descrita no modelo do latim.

Neste diapasão, é recorrente na *Arte* de Mamiani uma postura que busca dar conta dos fatos linguísticos que se verificam ordinariamente no conceito universalista do latim, fato compreensível do ponto de vista de sua contextualização paradigmática. Numa perspectiva didática, cuida dos fatos gramaticais que estão na competência dos alunos, todos estudantes do latim. Suas conclusões, entretanto, não raro atestam que um fato linguístico que se haveria de esperar, como declinações nominais e tempos verbais, tendo em vista seu caráter universal, na verdade não existe, ou seja, Mamiani não subjuga a língua à teoria, senão a teoria à língua. Eis por que, ao cuidar das declinações dos nomes e dos tempos verbais, Mamiani curva-se às evidências de uma língua com gramática inusitada a seus olhos, mas não abre mão da metalinguagem que o saber linguístico de seu tempo impõe (1877, p. 10):

> Os nomes, & verbos nesta lingua não tem diversidade alguma entre si na terminação dos casos, & tempos; porque os nomes servem com a mesma voz a todos os casos, como dissemos, & os verbos todos com a mesma terminação gèral fórmão os tempos particulares. Porem, tem

algũa variedade entre si assim os nomes como os verbos em alguns artigos, ou particular, que se ajuntão diversamente, & servem aos nomes de pronomes possessivos Meus, Tuus, Suus, & aos verbos de pronomes substãtivos Ego, Tu, Ille. A diversidade destes artigos He o fundamento de dividirmos os nomes, & verbos em diversas Declinações [...]

Chamo Declinações, não porque sejão declinações dos casos nos nomes, ou de tempos, & modos nos verbos, mas porque são quasi declinações dos pronomes, ou possessivos, ou substantivos, compostos comm os mesmos nomes, & verbos pelas três pessos em ambos os numeros, singular, & plural: & pela mesma razão, & por ser regra geral que abraça tãbem os verbos, se põem juntas as declinações dos nomes com as dos verbos.

2.6.4.13 Pedro Dias (1622-1700)

Pedro Dias nasceu na Vila de Gouveia, Portugal, em 1622, e morreu na Bahia em 1700. Os poucos dados biográficos de que se dispõe indicam haver chegado ao Brasil ainda na primeira infância, e que, já ao final da adolescência, em 1641, matriculou-se no Colégio Rio de Janeiro. Segundo nos informa Serafim Leite (1947), Pedro Dias foi superior da Casa de Porto Seguro, reitor do Colégio de Santos e do Real Colégio de Olinda. Atuou também como representante dos proprietários de engenhos perante a administração da Coroa. O tom necessariamente elogioso de Leite em sua referência aos jesuítas do período colonial traça um perfil de Dias como homem culto, versado em direito civil, direito canônico e em medicina, a par de caridoso e dedicado ao amparo dos escravos no apogeu da importação de negros no Brasil. Com efeito, o perfil de Pedro Dias, na letra de Serafim Leite, não deixa dúvida quanto a seu caráter filantropo e sua incomum comiseração pelas condições subumanas a que se submetiam os provenientes de Angola (1949, VIII, p. 199):

> Assinalou-se como homem de extremosa caridade para com os pobres e pretos da África, a cujo serviço colocou os seus conhecimentos médicos e os curava pelas próprias mãos e com remédios por ele mesmo manipulados. Levado por este amor aos escravos, e para mais facilmente os tratar, aprendeu a língua de Angola (não se diz quando, mas já a sabia em 1663) e escreveu uma *Gramática* para que outros a aprendessem. Quando faleceu na Baía, a 25 de janeiro de 1700, os negros correram em multidão à Igreja do Colégio, pedindo a honra de o conduzir à Sepultura o Governador Geral do Brasil, D. João de Lencastro, e seu filho D. Rodrigo de Lencastro com outros. O nome do P. Pedro Dias inscreveu-se no *Menológio*, como o "S. Pedro Claver do Brasil".

A comparação entre Pedro Dias e Pedro Claver (1580-1654) parece inevitável, dada a identidade que os vincula na missão evangelizadora das comunidades de escravos negros respectivamente no Brasil e na Colômbia. Entre os cargos exercidos por Dias, destaca-se o de reitor do Colégio de Olinda durante seis anos, onde estava por ocasião do surto de febre amarela, ou mal da bicha, que provocou mortes incontáveis no âmbito das missões. Em carta ao Padre Tirso Gonzales, datada de 6 de agosto de 1694, Dias assevera haver concluído sua *Arte*, cujo propósito seria o de amparar os angolanos em sua necessidade espiritual (cf. Leite, 1949, p. 201). A rigor, o texto da gramática servia para instruir os padres na língua africana, de tal sorte que pudessem exercer o ofício com maior eficácia. Para maior fidelidade à língua descrita, Dias submeteu o texto da *Arte* à revisão do Padre Miguel Cardoso (?-?), natural de Angola, cujo conhecimento do quimbundo decerto contribuiu para o aperfeiçoamento da obra.

2.6.4.14 A *Arte da língua de Angola*

Denominada por Bonvini como "um real acontecimento linguístico" (2008, p. 15), a *Arte da língua de Angola, oferecida a Virgem Senhora Nossa do Rosário, Mãe e Senhora dos mesmos Pretos* (1697) tem merecido renovados estudos dos especialistas em gramáticas de missionários, sobretudo por ter como objeto uma língua africana falada no Brasil[80]. Uma indagação inicial diz respeito a sua conveniência ou oportunidade no cenário da interação linguística colonial. Se admitirmos que a língua veicular no Brasil dos Setecentos era a língua geral indígena costeira e, ademais, admitindo-se que o interesse das missões jesuíticas recaía, sobretudo, nas populações indígenas, que motivação teria o jesuíta Pedro Dias para produzir um texto de tamanha dificuldade? Outra questão que circunda o trabalho de Dias refere-se à natureza da língua descrita, a que denomina "língua de Angola", um designativo para as distintas línguas africanas que se falavam no território da Colônia: será o quimbundu ou um tipo de crioulo de base quimbundo resultante do contato linguístico na força de trabalho escravo? Há, ainda, uma certa hesitação designativa quanto ao próprio termo quimbundo, que pode referir-se a um grupo de línguas de mesmo tronco, a par da língua específica que ingressou em larga escala no processo de importação de escravos no Brasil. Teríamos, pois, um grupo quimbundo, em que se inscrevem várias línguas – sama, bo-

---

80. Há larga produção científica sobre a *Arte* de Pedro Dias. Cf., a respeito, Bonvini (2008, 2009), Batista (2002, 2004), Levi (2009), Zwartjes (2011), Rosa (2010, 2011, 2013) e Fernandes (2015).

lo, songo, shinji, mbangala, o kibala-ngaoya e o minungo – ou um quimbundo *stricto senso* como suas variantes dialetais em território africano (cf. Angenot et alii, 2011, p. 232).

A pesquisa histórica sobre a atuação dos jesuítas em território angolano revela haverem escolhido o quimbundo-kahenda para a tarefa de evangelização. Angenot et alli (2011, p. 233) defendem a tese de que Pedro Dias baseou-se no catecismo do Padre Francisco Pacconio (1589-1641), redigido em um dialeto angolano falado na Missão de Cahenda no Concelho de Ambaca, de que inclusive teria retirado os exemplos das regras gramaticais descritas[81]. Saliente-se, ainda, que a gramática de Dias, provavelmente concluída três anos antes de sua publicação, é obra abonada pelo jesuíta Miguel Cardoso (1659-1721), originário de Angola e falante da língua (cf. Angenot, 2011, p. 236; Fernandes, 2015, p. 55). Por sinal, três trabalhos escritos por jesuítas sobre o quimbundo tomaram por base a variante cahendense: o *Gentio de Angola suficientemente instruído nos mistérios de nossa Santa Fé* (1642), escrito pelo Padre Francisco Pacconio e Antonio do Couto (1614-1666), a *A Arte da língua de Angola*, de Pedro Dias e o cântico religioso *O Mukunji*, texto anônimo que oferece uma provável versão do nascimento e da morte de Jesus do latim para o mbaka-kahenda[82].

As razões de uma gramática do quimbundu no Brasil do século XVII ainda desafiam os historiógrafos. Leite refere-se a uma carta de Pedro Dias ao Padre Geral Tirso Gonzales (1624-1705), datada de 3 de agosto de 1694, em que o inaciano radicado no Brasil diz haver-se movido pela necessidade espiritual em que se encontravam os angolanos[83]. Sua obra, assim, visava a facilitar a comunicação dos colegas do ofício que trabalhavam com os escravos: "Estão à espera dela muitos novos e até velhos, que trabalham com estes miserabilíssimos e ignorantíssimos homens, e não se acha nenhuma Gramática desta língua, nem no Brasil nem no Reino de Angola" (Leite, 1947, p. 10). Sabe-se que a população escrava que aportava o Brasil falava várias línguas distintas, de que decorreu uma provável pidginização dessas línguas no ambiente das senzalas e nas regiões de trabalhos forçado, tais como os campos de cana e algodão e as minas de extração mineral. No entanto, não se pode, em princípio, falar em língua franca africana no Brasil, dado que, na

---

81. Sobre as primeiras descrições de línguas africanas em português, cf. Fernandes (2015).

82. Cf., a respeito, Chatelain (2018 [1888]).

83. Na mesma carta, Pedro Dias revela a intenção de escrever um vocabulário português-angolano, de que já não se tem notícia.

hipótese, teria sido uma língua com alcance social muito mais amplo, a rigor uma língua veicular.

Segundo Carlota Rosa, Pedro Dias certamente visitou escravos em fazendas e engenhos no interior de Pernambuco durante o surto de febre amarela, região propícia para existência de uma língua franca, "mas certamente não foi isso que Dias descreveu" (2011, p. 142). Trabalha-se, pois, com a hipótese de que os jesuítas tinham interesse em aprender a língua falada pelos escravos negros para com eles melhor comunicar-se e convertê-los à fé católica. Considerando-se a diversidade linguística da população negra que se instalara no Brasil, a escolha do quimbundo fizera-se "simplesmente porque, já em Angola, pelo menos desde o início do século XVII, os mesmos jesuítas, por razões pragmáticas óbvias, tinham optado por catequizar em uma única variante linguística o conjunto bastante diversificado de comunidades que compartilhavam [...] dialetos presumidos do kimbundu" (Angenot et alii, 2011, p. 333).

Não se desconsidere, entretanto, a hipótese, ainda que remota, de que o quimbundo funcionasse como língua franca no ambiente do comércio de especiarias entre a Colônia e várias nações europeias, em que falantes dessa língua africana não só trabalhavam na região dos portos, como também nas próprias embarcações que singravam os mares no Atlântico Sul. Mais difícil, decerto, é justificar o interesse da Companhia de Jesus em publicar uma gramática dessa língua por esse motivo, considerando-se as dificuldades intensas de semelhante empreendimento e até mesmo os expressivos custos editoriais decorrentes. Nas palavras de Yeda Pessoa de Castro, Pedro Dias teria escrito sua *Arte* para uso dos jesuítas como instrumento de doutrinação dos escravos que se encontravam em Salvador e não falavam o português. Ainda segundo Castro, muitos desses escravos não falavam o quimbundo como língua nativa, já que "poderiam ter sido embarcados em Luanda, mas trazidos de várias regiões da atual Angola" (2011, p. 4).

A *Arte* de Pedro Dias saiu a lume pelo selo de Miguel Deslandes, assim como as demais obras missionárias publicadas em Portugal no século XVII. Em sua folha de rosto, como de costume, consta uma variante do brasão jesuítico e a informação necessária de que o texto recebera as autorizações de praxe. Com efeito, o trabalho de Dias passara pelo crivo dos padres Antônio Cardoso (?-?)[84] e Francisco de Lima (?-?)[85], vinculados ao Colégio da Bahia,

---

[84]. Não confundir com o já referido Miguel Cardoso, que se ocupou da revisão linguística da *Arte*.
[85]. Não se desconsidere a hipótese de tratar-se do carmelita português Francisco de Lima (1629-1704), que em 1696 exercia a função de bispo de Pernambuco.

a mando do Provincial Alexandre de Gusmão. As licenças saem, respectivamente, em 13 e 14 de junho de 1696, cerca de dois anos após a conclusão da obra e um ano antes de sua efetiva publicação em Lisboa. Curiosamente, a chancela de Gusmão tem data anterior a 7 de junho de 1696, fato que só se pode justificar por lapso tipográfico. Já o *imprimatur* do Santo Ofício, uma sequência de quatro pareceres, o primeiro exarado pelo Padre Francisco de Santa Maria (1653-1713), expede-se finalmente a 6 de agosto de 1697, ao qual se segue a licença da Coroa após três dias. Em sua concepção orgânica, a obra de Pedro Dias parece pautar-se na gramática latina de Manuel Álvares, que "estava tão difundida que Dias pôde apresentar as regras de sua gramática apenas parcialmente" (Rosa, 2011, p. 143).

Seguindo o modelo das gramáticas missionárias congêneres, as primeiras páginas cuidam da pronúncia das letras em plano contrastivo com o latim. A ressalva sobre a pronúncia da nasal alveolar em início de palavra é imediatamente oferecida na primeira página, decerto por sua singularidade para os falantes de línguas românicas. A rigor, a tarefa de Dias, assim como a dos demais gramáticos que trabalhavam com línguas ágrafas, é precisamente a de descrever o sistema fonológico do quimbundo valendo-se do conhecimento que o leitor tinha sobre o papel fonorrepresentativo do alfabeto latino. No plano morfológico, Dias confere especial atenção ao emprego de partículas, tanto em função adjetiva quanto em função possessiva, essas últimas em posição medial entre dois substantivos: *Ana a Manino*, "*filho de Manuel*". No plano morfossintático, a referência à sintaxe sintética do latim não vai além de um pano de fundo para atestar-se a sintaxe analítica do quimbundo, fato ordinário à época não só em gramáticas missionárias, senão também em textos gramaticais de línguas vernáculas europeias. Eis por que, referindo-se aos nominativos, Dias adverte que "naõ tem esta lingua declinações, nem casos" (1697, p. 4)[86].

O sistema pronominal é descrito perfunctoriamente, numa abordagem enxuta e muito informativa, mas que, aparentemente, deveria requerer redobrado esforço do mestre em sala de aula. Por sinal, a obra de Dias dificilmente dispensaria o mestre, por mais iniciado que fosse o aluno em questões linguísticas, dada essa concepção reducionista. O mesmo projeto apresenta-se na descrição da flexão verbal, com especial referência aos morfemas temporais e mesmo a casos de enálage, tais como o uso frequente do pretérito perfeito pelo presente: "frequentemente usaõ deste primeiro preterito por

---

86. Também aqui, e nas citações subsequentes, substituímos o *s* longo pelo breve para maior conforto na leitura.

presente do Indicativo, principalmente na primeira pessoa" (1697, p. 13). Por sinal, como sói acontecer, as páginas dedicadas ao verbo são mais numerosas e requerem especial atenção na leitura, dados os inúmeros detalhes sobre morfologia flexional e seus valores semânticos.

No capítulo dedicado à sintaxe, a estratégia pedagógica de seguir *pari passu* a estrutura do latim dada a evidente distinção entre os dois modelos de construção frasal: "Tratamos sómente das regras geraes, que pertencem a todas as linguas, & que se podem acomodar à dos Ambundos, deixando as especiaes da lingua Latina" (1697, p. 33). Com efeito, a preocupação de Dias na parte sintática praticamente se restringe à concordância do verbo com o sujeito e ao emprego de verbos copulativos. Decerto que o autor não descura dos elementos conectivos, traçando um breve painel de seu uso ao fim da obra. Como bem salientam os especialistas na leitura da *Arte* de Pedro Dias, sua concepção é extremamente sintética, de que se infere tratar-se de um manual cuja utilidade fica condicionada a uma efetiva aplicação em sala de aula. Pode-se, por outro lado, especular sobre essa característica da *Arte* em decorrência do pouco interesse editorial que despertava no último quartel dos Seiscentos, um fator decisivo para que fosse concebida em perspectiva minimalista.

2.6.4.15 Antônio da Costa Peixoto (?-?)

Não são muitos os dados biográficos de Antônio da Costa Peixoto(?-?), um português natural do concelho de Felgueiras, região entre Douro e Minho, que se radicou em Vila Rica, atual Ouro Preto, Minas Gerais, nas primeiras décadas do século XVIII. Ao que tudo indica, Costa Peixoto integrou o fluxo de aventureiros atraídos pelo Eldorado brasileiro, lugar de riqueza e abundância de recursos naturais que encantava o imaginário europeu. Segundo Yeda Pessoa de Castro, Costa Peixoto inscrevia-se neste perfil sonhador e ambicioso dos que mais tarde viriam a ser denominados "brasileiros" em Portugal, agora de volta à terra natal "com as burras cheias" (2014, s.num.):

> Presumivelmente, essa condição rendeu-lhe a possibilidade de tornar-se um "branco ladino", ou seja, aprendeu a falar a língua dos pretos, e, como ele próprio confessa, "com curiosidade, trabalho e desvelo", o que talvez lhe tenha custado dez anos para redigir o segundo caderno. Nesse, terminou por retratar, através do que as palavras descrevem, usos e costumes da vida cotidiana, conflitos entre senhores e escravos, atividades profissionais e comerciais, incluindo a exploração da mulher negra escravizada em prostíbulos que se constituíram na região àquela época.

Antônio da Costa Peixoto foge ao perfil dos homens europeus que ordinariamente se dedicavam à descrição de línguas exóticas. Era laico e não fazia de seu mister linguístico um propósito doutrinador. Fernandes (2012, p. 33) assevera que "a formação escolar de Peixoto não deverá ter sido longa, pois, embora escrevesse razoavelmente para a época, não era um especialista na língua portuguesa". Costa Peixoto acreditava que o conhecimento da língua dos escravos tornaria os feitores e senhores de minas mais tolerantes em face de seus hábitos e valores morais. Em outras palavras, o autor da *Obra nova da língua geral de mina* estava convencido de que as desavenças tão frequentes entre escravos e colonos, de que resultava índice insuportável de violência, deviam-se sobretudo à dificuldade de comunicação erigida pelas barreiras linguísticas. Em sua visão, o conhecimento da língua dos escravos, ainda que rudimentar, poderia aplacar conflitos no cenário pungente das minas (Peixoto, *apud* Fernandes, 2012, p. 31):

> Pois hé serto e áfirmo, que se todos os senhores de escravos, e hinda os que os naõ tem, souvecem esta lingoage naõ sucederiaõ tantos Imsultos, ruhinas, estragos, roubos, mortes e, final mente cazos atrozes; como muitos mizeraveis tem experimentado: de que me parece de alguã sorte se poderiaõ evitar alguns destes des comsertos, se ouvece maior curuzidade. e menos preguisa, nos moradores, e ábitantes deste payzes.

A língua presente nos manuscritos de Costa Peixoto denomina-se mina-jeje, termo oriundo do tráfico de negros africanos para identificar negros que pertenciam a vários povos e falavam diversas línguas do grupo eve-fon da família nigero-congolesa[87]. A presença de falantes de jeje não se circunscreve à região das minas, conforme se poderia supor em face de sua denominação, já que há registros de sua presença em Pernambuco, no Maranhão e na Bahia[88].

2.6.4.16 Os *Apontamentos da língua geral de Mina* e a *Obra nova da língua geral de Mina*

O texto *Alguns apontamentos da língua Mina com as palavras portuguesas correspondentes* (1731), constituído de 13 fólios, é o primeiro dos dois manuscritos legados por Antônio da Costa Peixoto a respeito da língua falada pelos escravos negros da região de Minas Gerais, oriundos, em sua

---

[87]. Segundo Fernandes (2012, p. 30), "a designação de língua Mina deve-se ao nome atribuído aos escravos provenientes da região do Golfo da Guiné".
[88]. Indispensável, para aprofundamento da pesquisa neste tema, a leitura de Castro (2001).

maioria, do Golfo da Guiné. O segundo texto sobre o tema, do mesmo autor, intitula-se *Obra nova de língua geral de mina*, um opúsculo escrito em 1741 na localidade de São Bartolomeu, em Vila Rica, atual Ouro Preto[89]. Segundo Fernandes, este trabalho de 42 páginas "é o desenvolvimento do primeiro, tem uma caligrafia muito cuidada e foi impresso duas vezes, no século XX, em 1944 e em 1945, sob a coordenação do bibliotecário-arquivista Luís Silveira" (1912-2000) (2012, p. 30). Trata-se, a rigor, de um registro histórico da língua que servia de comunicação entre os escravos entre si e com as pessoas diretamente ligadas ao trabalho braçal no ambiente das minas. Sua importância eleva-se na medida em que se possa estabelecer uma conexão entre fatos lexicais e gramaticais ali presentes com aspectos do português brasileiro, ou seja, há efetiva relevância de seu estudo no âmbito da pesquisa diacrônica da língua falada no Brasil. Fernandes (2012, p. 41) exemplifica com o lexema "chingar" (atual *xingar*), que consta nos manuscritos de Peixoto e não encontra registro nos vocabulários do português dos Seiscentos e Setecentos.

Outro fato registrado por Fernandes, citando Alkmin (2001) e Souza e Lucchesi (2004), reside na dupla negação com o mesmo advérbio ou com advérbios diferentes, um suposto brasileirismo que teria origem na língua descrita por Peixoto, não obstante aqui as conclusões encontrem óbices relevantes, já que o fenômeno da dupla negação, inclusive com advérbios distintos, constitui fato frequente no âmbito das línguas românicas[90]. Um fato de cunho sociolinguístico que circunda a edição da *Obra nova*, atestado por Fernandes (2012, p. 37), diz respeito ao vocabulário censurado, não só pelo próprio Peixoto, como também por seu editor Luís Silveira. As 899 palavras registradas na obra de Peixoto dão conta de aspectos da interação social cotidiana entre escravos e proprietários, situações domésticas, doenças, partes do corpo humano, bebida, fauna, flora, prática sexual etc. (cf. Castro, 2002, p. 151-185). Muitas delas se omitiram na edição de 1944 sobretudo em face de sua "licenciosidade" ou "escabrosidade".

Enfim, estes pequenos exemplares que registram uma língua africana no Brasil Oitocentista conduzem a pesquisa para diversos caminhos da história do Brasil, não apenas no campo linguístico, senão na ampla seara da edificação étnica, social e cultural do povo brasileiro. Algumas das indagações que se fizeram a respeito da *Arte da língua de Angola*, de Pedro Dias, devem ratificar-se aqui no tocante aos manuscritos de Peixoto: Que interesse terá conduzido uma pessoa a registrar uma língua falada por escravos em re-

---

89. Uma renovada edição desse texto foi preparada por Castro (2002).
90. Cf., a respeito, Leão (2008).

gião remota e inóspita da geografia brasileira? Há de considerar-se a extrema dificuldade de implementar-se uma logística comercial, com intenso movimento de venda de especiarias diversas em um ambiente de interação social multilíngue. Daí pode supor-se uma estratégia de política linguística estatal voltada para a otimização das relações interpessoais no contexto da atividade comercial, bem como da atividade extrativista das minas, fato que já vinha há mais de um século caracterizando a atividade agrícola no âmbito das fazendas e engenhos. Portanto, conhecer a língua dos escravos era um ativo econômico valioso que extrapolava as fronteiras brasileiras, a rigor dizia respeito ao intenso tráfico de escravos provenientes da África e a necessidade de aculturá-los à feição europeia como parte da logística de qualificação da mão de obra. Como informa Lima (2018, p. 44):

> Em 1700, João de Lencastre, governador-geral do Brasil, demonstrava estar preocupado com a "doutrina dos negros da Costa da Mina", pelo motivo de "se ignorar a diversidade de suas línguas, assim naquela Ilha [de São Tomé] como nesta cidade [Salvador, Bahia]". A ilha era um entreposto comercial de africanos originados de diferentes regiões, e o tráfico com a Costa da Mina se intensificara desde o final do século XVII com o início da mineração. O governador arquiteta um plano para enfrentar esse problema, envolvendo o arcebispo, párocos e moradores, para que estes "os façam doutrinar e catequisar pelos intérpretes". Envolvendo a Junta das Missões e os próprios "senhores dos negros", a proposta distribuía tarefas e responsabilidades entre os agentes coloniais. O bispo de São Tomé deveria se esforçar para catequizar os africanos antes de embarcarem para a Bahia. A doutrinação daqueles vindos diretamente da Costa da Mina empregaria "negros forros práticos na sua mesma língua", que aprenderiam o ofício de catequistas com os padres jesuítas do Colégio da Bahia. A Fazenda Real deveria adquirir escravos, escolhendo aqueles que pudessem "dar conta de si neste ministério".

Portanto, um texto linguístico da língua mina, ainda que na forma de um breve vocabulário, decerto contribuiria nesta empreitada, para além de servir de apoio no cotidiano da interação social no âmbito das próprias minas de pedras preciosas, alvo da cobiça estatal e razão de vida para milhares de aloglotas que convergiam de toda parte do mundo para o Eldorado brasileiro.

2.6.4.17 Alguns léxicos de língua geral anônimos

Em um substancioso estudo sobre o conceito de língua geral e sua aplicação na análise dos léxicos conhecidos nessa área da produção linguístico-missionária, Dietrich (2014) traça referência a textos que ora se encontram em fase inicial de análise. Em especial, dá conta da recente descoberta de um dicionário anônimo de língua geral amazônica em 2012 por Jean-Claude Muller – indo-europeísta e ex-diretor da Biblioteca Nacional de Luxemburgo – na Biblioteca Municipal de Trier, Alemanha. Observe-se que a identificação desse léxico como texto linguístico brasileiro[91] revela-se, atualmente, deveras temerária, já que não se pode assegurar que tenha sido sequer escrito no Brasil. Conhecido tão somente como *Dicionário de Trier*, o manuscrito tem 65 fólios (130 páginas de duas colunas), sendo que as 48 primeiras páginas oferecem um vocabulário português-língua geral amazônica e as páginas 48 a 65 um vocabulário língua geral amazônica-português.

A hipótese de que o *Dicionário de Trier* seja um texto linguístico escrito no Brasil é defendida por Dietrich, que revela haver fortes indicadores de sua autoria e do caminho percorrido pelo documento até chegar à Biblioteca Municipal de Trier (2014, p. 598-599):

> Discutem-se atualmente os problemas da autoria do manuscrito, do lugar da sua confecção, das suas fontes e de como o manuscrito pode chegar, em sua forma impecável, até a biblioteca municipal de Trier, na qual foi integrado em 1799. Vários indícios contidos no texto dão a entender que o manuscrito foi escrito na missão jesuítica de Piraguiri, no baixo Xingu, pouco antes de 1756. E, efectivamente, a arquidiocese de Trier/Treveris mantinha várias missões naquela região na primeira metade do século XVIII. Um dos possíveis autores do manuscrito é o padre Anton Meisterburg, de Trier. Nascido em 1719, entrou na ordem dos jesuítas em 1737, tendo sido enviado para o Maranhão em 1750 e atuado como missionário nas missões de Aricará e Piraguiri no baixo Xingu, assim como em Santa Cruz de Abacaxis, no rio Madeira.

A hipótese mais acatada seria de que o Padre Anton Meisterburg (1719-1799), que pertencia à missão e fora deportado para Lisboa em 1757 para, posteriormente, voltar à terra natal em 1777, teria levado consigo o manuscrito, que, afinal, restou guardado na biblioteca de Trier. Nas palavras de Arenz (s.d.), conforme já aqui referido, são três os possíveis autores do *Dicionário de Trier*: Anton Meisterburg (1719-1799), Lorenz Kaulen (1716-1780) e Anselm Eckart (1721-1809). Os três foram perseguidos pela política anti-inaciana de Pombal, que se agravava devido ao fato de serem padres alemães, por quem Pombal tinha profunda antipatia. Seus bens foram confiscados, de que se presume ter-lhes sido devolvido o manuscrito por ocasião da deportação, fato decisivo para que fosse preservado.

---

91. Sobre definição de texto linguístico brasileiro, cf. Cavaliere (2002).

Um segundo texto anônimo sobre língua geral amazônica intitulado *Prosódia*, é uma das fontes do *Dicionário de Trier*, portanto um texto que o antecede na produção linguística sobre língua geral dos Setecentos. Foi assim batizado devido à presença da breve referência "pequena prosódia da língua" deixada pelo autor na página 1. O manuscrito reúne cerca de 5.480 verbetes em páginas duplas de duas colunas, uma relação de palavras sobre partes do corpo, a par de relatos da atividade dos jesuítas no cotidiano das missões. Na análise de Dietrich, o autor da *Prosódia* demonstra mais segurança com a língua portuguesa e às vezes "parece apresentar alguns rasgos de hispanismo (por exemplo, *calidade*, p. 60, *crianza*, p. 60, *tirar devasa* em lugar de *tirar devassa*, p. 80), mas é muito seguro na língua geral" (2014, p. 601). Portanto, a autoria da *Prosódia* muito seguramente não pode confundir-se com a do *Dicionário de Trier*. A hipótese de que seja um texto escrito por jesuíta falante do português, por seu turno, esbarra não só nos hispanismos aqui referidos, bem como no fato de haver muitos erros de grafia nas palavras portuguesas.

Atribui-se a Anselm Eckart a autoria do *Vocabulário da língua-Brasil*, o terceiro dos textos anônimos a que nos vimos referindo. As evidências dessa autoria estão nas informações que dá em seu dicionário, bem como em sua obra *Zusätze*, de 1785, e em fatos peculiares referentes aos nomes das aves[92]. Também o confronto da caligrafia do *Vocabulário* com textos autógrafos de Eckart parecem atestar definitivamente a autoria do missionário alemão. Os originais estão sob a guarda da Biblioteca Nacional de Lisboa (cod. 343), constando de um caderno de 172 páginas, em cujas margens há muitos aditamentos. Sobre este importante documento da linguística missionária escrito no Brasil, sabe-se que se trata de obra mais acabada, escrita em melhores condições se comparada à *Prosódia* e ao *Dicionário de Trier*.

2.6.4.18 Mathias Rodrigues Portela (?-?) e o *Cartapácio de sílaba*

A pesquisa histórica conhece um único exemplar da produção linguística no Brasil dos Setecentos no âmbito das primeiras letras. Trata-se do *Cartapácio de sílaba e figuras* (1738), opúsculo assinado por Mathias Rodrigues Portela, não obstante tenha autoria discutível até a presente data. Trata-se de um manual que cuida dos princípios elementares da versificação em latim acomodados ao estudo igualmente basilar dos sons linguísticos, a que se

---

92. Sobre esta evidência, Dietrich remete o leitor ao trabalho de Papavero e Barros (2013).

seguem noções objetivas de morfologia, sintaxe e construção do texto, segmento que inclui noções de estilística em prosa e verso. É, sem dúvida, um texto propedêutico do latim, cujos objetivos parecem destiná-lo ao uso em sala de aula, como material de apoio ao mestre. Tem 122 páginas em que os capítulos se sucedem em ordem idiossincrática, decerto à feição da estratégia didática do autor. A prosódia latina, a rigor, situa-se como pano de fundo para tratamento de toda a matéria gramatical, de que se justifica, certamente, o título do livro.

A folha de rosto traz, em ortografia da época, o título *Cartapacio de syllaba, e figuras, conforme a ordem dos mais Cartapacios de Grammatica, ordenado para melhor commodo dos Eſtudantes deſta faculdade nos Pateos da Companhia de Jesu*, e *dado à luz por* Mathias Rodrigues Portella, *estudante dos mesmos pateos na Cidade da Paraíba do Norte no Braſil*. Estes elementos da folha de rosto vêm dando margem a interpretações controversas sobre a autoria do opúsculo e sua destinação. Parece-nos claro o propósito de que esse trabalho servisse de manual para estudo do latim e do vernáculo no Colégio da Paraíba, bastando para tanto confrontar as informações em *ordenado para melhor commodo dos Eſtudantes deſta faculdade nos Pateos da Companhia de Jesu* e *estudante dos mesmos pateos na Cidade da Paraíba*.

Sabe-se que os jesuítas denominavam pátios às salas de aula, ou seja, em seu frontispício o livrinho revela-se um manual didático de uso permanente no cotidiano do estudante. Sua destinação é exclusiva para o Colégio da Paraíba, não se pode atestar hoje se o *Cartapácio* terá sido usado em colégios de outras províncias brasileiras, ou mesmo em Portugal, onde foi impresso, mas, decerto, seu propósito era o de circunscrever-se ao ensino no Colégio da Paraíba. Por outro lado, custa a crer que a Companhia de Jesus viesse a investir em uma publicação dessa natureza, em pleno século XVIII, para servir tão somente a uma de suas unidades educacionais no Brasil, de que decorre inferir que, após algum tempo de uso ainda em manuscrito, o *Cartapácio* tenha sua utilidade e eficácia ratificadas, razão por que resolveu-se pô-lo em letra de forma para ser estendido a outros colégios da Ordem, mantendo-se, por motivo desconhecido, a referência ao Colégio da Paraíba na folha de rosto.

No tocante à autoria, muitos advogam a tese de que Mathias Rodrigues Portela atuou apenas como escriba ou copista. Sobre o tema, aduz Rubens Borba de Moraes (1899-1986) em seu conhecido relato do Brasil colonial (1969, p. 315):

> Este livro foi escrito por Inácio Leão de Sá, natural de Macacu (Rio de Janeiro), onde nasceu em 1709. Foi professor de latim nos colégios dos Jesuítas. Depois da expulsão dos padres da Companhia de Jesus foi

para a Itália. Ainda vivia em Pésaro, em 1780. Barbosa Machado dá o padre Matias Rodrigues Portela como autor deste cartapácio, entretanto, na página de título, está bem claramente dito que o livro foi "dado à luz" por ele e não que ele seja o autor. Serafim Leite, corrigindo o engano, diz que o Pe. Portela era aluno de Inácio Leão de Sá. Nada mais se sabe sobre o "editor" do cartapácio. É provável que tivesse nascido no Brasil. Esta gramática latina foi usada nos "patios da Companhia de Jesus" em forma de manuscrito até que o estudante da Paraíba, Matias Rodrigues Portela resolveu mandá-la imprimir "para melhor comodidade".

As razões de Borba de Moraes não se podem acatar sem restrições. Não resta dúvida de que Mathias Portela era subordinado ao Padre Inácio Leão de Sá (1709-1789), mas nada nos permite inferir que a expressão "dado à luz" no título da obra denuncie autoria outra senão a do próprio Portela. Com efeito, o autor tinha conhecimento suficiente do latim para compor uma obra propedêutica, fato que se corrobora com os poucos dados biográficos de que hoje se dispõe. Informa-nos, a respeito, Pereira da Costa (1952-1953, p. 81):

> Por provisão de 15 de março de 1721, expedida em virtude de reclamação da câmara da vila do Recife, foi restabelecido o curso de filosofia que os padres jesuítas mantinham no seu colégio do Recife, mandado fechar pelo governador Manuel de Sousa Tavares. Por esse tempo havia também um curso de filosofia no colégio de Olinda. Por provisão de 21 de maio de 1722 foi ordenado ao governador do Rio de Janeiro que se informasse a respeito da representação da câmara, queixando-se de terem os religiosos beneditinos transferido os estudos de filosofia e teologia daquela cidade para a de Olinda. Carta régia de 14 de dezembro de 1728, mandando que a câmara de Goiana desse da sua renda 50$000 anuais aos religiosos carmelitas para abrirem um curso público de latim no seu convento, ali estabelecido. Nessa época, talvez, professou um curso de latinidade nos pátios do colégio dos jesuítas da Vila do Recife o estudante, depois padre, Matias Rodrigues Portela, onde, defendendo conclusões, recebeu o grau de mestre em Artes. Escreveu ele, então, na regência daquela cadeira um livro didático sob o título de *Cartapácio de sílaba, e figuras conforme a ordem dos mais cartapácios de gramática ordenado para melhor cômodo dos estudantes desta faculdade* nos pátios da Companhia de Jesus, impresso em Lisboa em 1738. Pátio, entre os jesuítas, eram as salas das suas aulas de latim e belas-letras, como define Morais, vindo daí a adoção do termo em outras instituições, e assim ainda hoje vulgarmente se designar, nomeadamente, o Liceu de Coimbra, em Portugal, segundo Caldas Aulete: Freqüentar o pátio. O Padre Rodrigues Portela era brasileiro, nascido na cidade da Paraíba, e fez o seu curso superior no colégio do Recife, onde se ordenou, e recebeu aquela graduação de mestre em artes. Em reunião do capítulo da ordem franciscana de 8 de dezembro de 1743, foi nomeado

> o primeiro mestre de gramática latina para instrução dos filhos dos moradores da vila de Serinhaém, atendendo assim os prelados daquela ordem às representações a respeito da respectiva câmara e pessoas principais da localidade. Em 1751 mantinham os jesuítas no seu Colégio do Recife classes e estudos de gramática e filosofia e o estabelecimento gozava, por especial graça régia, do privilégio de conferir aos estudantes, no fim do curso, o grau de bacharel, gozando assim dos mesmos foros da universidade de Coimbra.

Essas informações, extraídas dos *Anais pernambucanos*, revelam que Mathias Portela chegou à condição de padre e, mais ainda, obteve o título de mestre em Artes. O testemunho, ademais, ratifica a alta qualificação dos alunos formados no Colégio do Recife e informa que Mathias Portela professara um curso de latinidade nos pátios do Colégio dos Jesuítas em Recife, de cujas aulas resultara o *Cartapácio de sílaba*. Que motivos haverá para retirar-lhe o mérito de haver escrito o *Cartapácio*? Ao que tudo indica, juízos como o de Borba de Moraes e outros, entre eles Pedro Calmon (1902-1985), cujo prefácio a uma edição da *Gramática* de Frei Caneca faz breve menção ao *Cartapácio*, decorrem da opinião abalizada de um Serafim Leite (1890-1969), que não hesita em atribuir ao Padre Leão de Sá a autoria do opúsculo em face da simples atestação de que Mathias Portela era seu discípulo. No entanto, o mesmo Serafim Leite (1943, p. XXIII) atribui a Mathias Portela a autoria de outras obras: a *Historia Provinciae Maranoniensis Societatis Iesu* e a *Vita venerabilis Gabrielis Malagridae*, dois textos relevantes para o levantamento da atividade dos jesuítas no Brasil e que bem demonstram a capacidade intelectual de Portela.

Em seu conteúdo, a pequena contribuição de Mathias Portela revela-se uma cartilha que a um tempo serve à descrição tanto dos sons latinos quanto dos portugueses, já que a sequência de conceitos fonéticos – vogais, consoantes, semivogais etc. – faz-se mediante exemplificação com versos em latim e sua respectiva tradução para o português. Pode-se dizer, assim, que se trata de uma cartilha a um tempo latina e vernácula, embora uma leitura mais restritiva de suas páginas a caracterize apenas como um breviário de fonética latina, com uma parte final destinada a rudimentos da morfologia, da sintaxe e da estilística.

Decerto que alguns fatos fonéticos referidos no *Cartapácio* dizem respeito apenas ao latim, caso da noção de tempo silábico (diríamos, hoje, quantidade silábica[93]). No entanto, muitas dessas noções pertinentes exclusivamen-

---

93. O próprio autor usa o metatermo *quantidade* na obra: "Das ultimas humas tem a quantidade conforme a poſtura" (1738, p. 41).

te ao latim acabam por ser úteis para o estudo diacrônico do português, caso, por exemplo, do alongamento necessário de vogais antecedentes a grupos de *muta cum liquida*: "Se a vogal, que fica atraz da Muta, e Liquida, he de ſua natureza longa, nunca ſe fará breve, como *Matris, Fratris, Acris, Salubris, Aratrum, Lavacrum,* &c. e outros nomes, que, ſe derivaõ de ſupinos, que tem a penultima longa" (1738, p. 13). Ademais, alguns conceitos de gramática normativa, tais como os de barbarismo e solecismo, serviam para aplicação tanto em latim quanto em português.

Nas páginas finais, o opúsculo de Mathias Portela envereda pelo tratamento do texto, mormente no tocante a qualidades indispensáveis como a clareza e a objetividade. Um capítulo intitulado *Aprendiz da sintaxe figurada* é inteiramente dedicado à construção do texto e suas qualidades básicas: emendada, clara e ornada. A exploração desses temas se faz pelo inverso, ou seja, o autor cuida dos vícios de redação que impedem seja atingido o ideal de uma construção textual qualificada. Daí tratar das formas antitéticas: bárbaras, obscuras e "inornadas" (1738, p. 87):

> Atèqui temos tratado de tudo que a Arte nos ensina tocante a Poeia; mas como assim nesta, como na prosa se encontraõ a cada passo algumas cousas, que poderaõ cõfundir ao q́ naõ tiver noticia da Syntaxe figurada; poremos aqui o que diz cada regra, cujos versos se pòdem estudar pela Arte por ficarem os preceitos mais firmes na memoria. Diz pois a primeira regra da Syntaxe figurada, que a Oraçaõ deve ter tres virtudes, e evitar os tres vicios oppostos; porque deve ser *Emendada, Clara,* e *Ornada*; e naõ *Barbara, Escura,* e *Inornada*[94].

Em estreita vinculação com a referência aos arcaísmos, que em sua visão obscurecem o sentido do texto, e à necessária observação do uso linguístico autorizado, Portela adverte (1738, p. 95):

> Naõ basta, que a Oraçaõ esteja certa para estar boa, tambem há de ser clara. As palavras muy desusadas, e apartadas do comum sentido, escurecem a Oraçaõ, como *Oppido* por *valde* para significar muito. Averruncare, Apartar, por Avertere. Porque ainda que significaõ isto, naõ se usaõ comumente nos Authores.

No tocante especificamente à "oração inornada", parece evidenciar-se o desejo de um texto adequado ao propósito, mediante uso de termos e construções que assegurem estilo aceitável: "Para que a Oraçaõ seja ornada, ſe

---

94. Adequando a metalinguagem, *correta, clara* e *com estilo* e não *errada, obscura* e *sem estilo*. Na citação, substituímos o *s* longo pelo breve, para maior conforto na leitura.

haõ de fugir os vícios, que a fazem inornada. *Cacophaton* he hum dito obsceno, e mal soante; v.g. quando se põem huma, ou mais palavras, que na pronuncia se pareçaõ com palavras indecentes, ainda que signifiquem outra cousa" (1738, p. 97). Nesse mesmo diapasão, Portela refere-se à aliteração, ao pleonasmo, à sinalefa como exemplos de vícios inibidores do bom estilo, não obstante faça a ressalva: "Se acharmos alguma cousa nos Authores graves, principalmente nos Poetas, que nos pareça viciosa, ou superflua, naõ a devemos condenar. Pois algumas vezes o põem para exprimir mais o que affirmaõ, ut *Hiſce oculis egomet vidi. Vocemque his auribus hausi*. E a necessidade do verbo, o costume, ou a mesma autoridade os desculpa, ut Tu autem abes longe gentium" (1738, p. 98). Portanto, um exemplo explícito de que a norma é a da língua literária[95], e se a língua literária a viola, dão-se as licenças que só à língua literária se há de dar. É, por assim dizer, o princípio básico do normativismo gramatical fundado no uso da língua literária.

Em suas derradeiras linhas, o *Cartapácio* oferece uma breve nota sobre as declinações latinas, fato que mais ainda o caracteriza como manual propedêutico, a par de uma nota sobre o modo como os romanos referiam-se aos dias da semana, um trecho de caráter histórico-cultural em certa medida dissonante do espírito geral da obra. Como, evidentemente, tudo que consta em um livro tem lá seu fundamento, há de admitir-se alguma utilidade nesse segmento final no sentido de introduzir os alunos na cultura romana mediante estudo do vocabulário atinente à contagem do tempo na antiga Roma.

---

95. Os exemplos latinos são, respectivamente, de Terêncio (*Adelfos*) e Virgílio (*Eneida*).

3
Conjuntura educacional dos Oitocentos

3.1 Os anos joaninos

O amadurecimento de uma nova ordem política no Brasil, decorrente da transferência da Corte para o Novo Mundo, viria inevitavelmente a modificar o panorama institucional, incluindo-se aí as forças de caráter religioso e de vocação artística, de tal sorte que o território, ainda subjugado como Colônia, já produzia flagrantes evidências de construção de uma sociedade autônoma e identificada pelos elementos culturais de toda ordem que passaram a interagir a partir de 1808. O ideal de independência, que fluíra pelos movimentos frustrados do século anterior, encontrava óbice não apenas no jugo imperialista da Coroa portuguesa, mais interessada em preservar as fontes de exploração e extração dos recursos que a *terra brasilis* fornecia, mas também pela incipiente ordem política revolucionária, que, sem visar propriamente à construção de uma sociedade mais justa e equânime, a rigor pugnava pelo liberalismo burguês em sucessivos movimentos emancipatórios.

Nas palavras de Dias Tavares (1959, p. 30), que se debruçou na interpretação do Movimento de 1798 na Bahia, havia um clima obstinado de chegar-se à independência em que outros valores sociais que já podiam reivindicar-se, tais como a extinção da escravidão, a liberdade comercial e a isonomia de direitos entre os cidadãos, figuravam em segundo plano. Assim, os gritos pela independência que ecoaram no decurso das últimas décadas setecentistas visavam prioritariamente a combater o jugo da opressão, de que decorre, nas palavras de Wilson Martins (1977, p. 3), um "destino anideológico" no processo de independência que iniciara com o movimento da Inconfidência.

Há, por assim dizer, uma busca de nacionalidade que olha para os problemas da terra, sem se ater aos princípios do nacionalismo, em que o combate pela liberdade ofusca a luta pela construção de uma sociedade mais justa, promotora do progresso e fomentadora de melhor qualidade de vida. Ironicamente, parte desse desiderato viria a consolidar-se por iniciativa da própria Coroa logo no início do século seguinte, ainda que por vias fortuitas, com a escolha do Brasil como refúgio e sua posterior elevação a membro do Reino Unido. A partida para o Rio de Janeiro, onde ficaria a Família Real "até à paz geral", deflagrou um processo de enriquecimento cultural e consolidação político-institucional que o Brasil não desfrutara por todo o período da colonização.

Basta, para tanto, observar que ainda na escala em Salvador, em 28 de janeiro de 1808, assinou-se o Decreto de Abertura dos Portos às Nações Amigas, que visava à ampliação das rotas comerciais com os países aliados de Portugal e dera fim ao Pacto Colonial. Em abril do mesmo ano, o Príncipe Regente autoriza a criação de indústrias no Brasil, e, em maio, funda a Impressão Régia[96], cujos primeiros prelos e tipos foram trazidos para o Brasil por Antônio de Araújo de Azevedo, o Conde da Barca (1754-1817). No mesmo ano, funda-se o Banco do Brasil[97], para depósito do erário real e intermediação financeira dos contratos da Fazenda Real. No plano educacional, ainda em abril de 1808, cria-se a Escola Anatômica, Cirúrgica e Médica do Rio de Janeiro[98], sendo que, antes ainda, logo à chegada a Salvador, fora criada a Escola de Cirurgia da Bahia, proposta pelo médico José Correia Picanço (1745-1823), cirurgião-mor do Reino, que ficou encarregado da escolha de seus professores. Após cerca de dois anos do desembarque, funda-se a Academia Real Militar[99], sucedânea da antiga Real Academia de Artilharia, Fortificação e Desenho do Rio de Janeiro, uma das pouquíssimas iniciativas que Maria I tomara em prol da educação na Colônia no século XVIII.

É ainda em 1810 que o Príncipe Regente baixa um decreto para construção do prédio da Real Biblioteca, hoje Biblioteca Nacional, a fim de acomodar o acervo de livros, manuscritos, mapas, estampas e moedas, estimado em cerca de 60 mil peças, que finalmente chegava de Portugal. Inicialmente instalado o Hospital da Ordem Terceira do Carmo, na Rua Direita, atual Rua

---

96. Decreto de 13 de maio de 1808.
97. Alvará de 12 de outubro de 1808.
98. Decreto de 2 de abril de 1808. Cf., a respeito, Bomtempo (1964) e Dicionário (s.d.).
99. Carta Régia de 4 de dezembro de 1810. Na antiga sede da Academia, hoje, está instalado o Museu Histórico Nacional do Rio de Janeiro.

Primeiro de Março do Rio de Janeiro, a biblioteca manteve-se inicialmente acessível apenas para leitores e pesquisadores autorizados pela Coroa, vindo a tornar-se pública em 1814. Cerca de quatro décadas depois, em 1858, a biblioteca foi transferida para o novo prédio situado na região do Passeio Público, cujas dependências, hoje, abrigam a Escola de Música da Universidade Federal do Rio de Janeiro. O atual prédio da Biblioteca Nacional, situado na Avenida Central, hoje Avenida Rio Branco, região da Cinelândia, foi construído a partir de 1905, para ser finalmente inaugurado em 1910, durante o governo de Rodrigues Alves (1848-1919).

O rápido e intenso enriquecimento cultural da nova sede da Coroa viria a consolidar-se a partir de 1815, com a elevação do Brasil a Reino Unido a Portugal e Algarves, um ato político que, "além de assegurar a administração tranquila, permitia que se forjassem planos imperialistas na direção do Prata e mesmo se reavivassem sonhos de uma amplitude continental" (Cunha, 1962, p. 148). Os ares tornavam-se mais leves na Europa, com restauração paulatina da estabilidade política, mas a perspectiva de retorno não se vislumbrava para logo, de tal sorte que os planos de enriquecimento sociocultural da agora ex-Colônia tornavam-se imperativos para o futuro da Casa de Bragança em solo americano.

É esse o espírito progressista que inspirou o Conde da Barca, homem de espírito científico e empreendedor, a convidar intelectuais e artistas para compor o grupo que viria a compor a Escola Real das Ciências, Artes e Ofícios. Essa imigração de talentos, que a história registra como Missão Francesa, contou com nomes que viriam a revolucionar o panorama artístico e tecnológico brasileiro, tais como o pintor Nicolas-Antoine Taunay (1755-1830), o escultor Auguste-Marie Taunay (1768-1824), o pintor Jean-Baptiste Debret (1768-1848), o arquiteto Auguste-Henri-Victor Grandjean de Montigny (1756-1850), responsável pelo projeto da Escola Real das Ciências, Artes e Ofícios, o gravurista Charles Simon Pradier (1786-1848), a par de vários outros nomes relevantes, entre eles Joachim Lebreton (1760-1819), que se exilara da França após a Restauração Bourbon. Saliente-se que, embora "francesa", a missão contava com o pianista austríaco Sigismund von Neukomm (1778-1858), que difundiu a música erudita no Brasil, sobretudo a obra de Mozart, tendo atuado inclusive como professor de Música do jovem príncipe Pedro[100].

---

100. Sobre a Missão Francesa, cf. especialmente Taunay (1956 [1912]), Pedrosa (1998) e Bandeira et alii (2003).

O período joanino, pois, viria a criar as condições necessárias para que o brasileiro, afinal, se dispusesse a dizer sobre a língua que falava[101]. A veia nacionalista, que já se manifestava desde os derradeiros anos dos Setencentos e agora alimentava o espírito de altivez que a condição de Reino fazia aflorar, dava oportunidade para que tempero do ufanismo aprimorasse o gosto pelas questões linguísticas, afinal a língua já não era um valor importado, senão um símbolo da nova nação. Como bem assinala Wilson Martins: "não surpreende que seja esse o momento em que realmente tomam corpo na literatura as manifestações do que Machado de Assis iria chamar, em 1872, o 'instinto de nacionalidade', para concluir judiciosamente que "o caminho da nacionalidade real passa pela nacionalidade do vocabulário" (1977, p. 5). Com efeito, no plano da literatura, as vozes nacionalistas ecoam mais numerosas e sonoras, cientes de que "um escritor da nacionalidade estabelecente precisa verbalizá-la primeiro a fim de poder transformá-la em realidade" (Martins, 1977, p. 5). É um tempo em que poetas árcades de última hora, movidos mais pelo entusiasmo do que pelo talento, contribuem para a criação de uma terra idílica, de uma "sensibilidade brasileira", como se lê nestes versos de Vilela Barbosa (1769-1846) em seu *A primavera* (1819, p. 3):

>Lá onde em tuas margens, patrio Rio,
>Que do primeiro mez tomaste o nome,
>Pasce a sidérea Cabra o verde esmalte,
>E de teus crystaes bebe a agua pura.

Essa "sensibilidade", na feliz expressão de Wilson Martins, já aflorara antes, nos versos de Domingos Caldas Barbosa (1738-1800). Sua condição de mestiço, filho de um colono português com uma escrava, aliada ao espírito efusivo e ao talento musical – conhecido como autor de modinhas e lundus –, dele fez uma presença brasileira em solo europeu tão expressiva que arrancou de Francisco Adolfo de Varnhagen (1816-1878) as seguintes palavras: "Nos aristocráticos sermões das Caldas, nos cansados banhos de mar, nos pitorescos passeios de Cintra, em Bellas, em Queluz, em Bemfica, sociedade onde não se achava o fulo Caldas com sua viola não se julgava completa" (1946, p. 89). Nas palavras de Ferdinand Wolf (1796-1866), Caldas Barbosa "fut admis dans la haute Société de Lisbonne, où il si rendit si agréable par son talent d'improvisation et par ses chansons (cantigas) qu'il chantai et s'acompagnant de une viole, qu'alcune fête ne se donnait sans le *cantor de viola*, comme on l'appelait" (1863, p. 77).

---

101. Sobre a produção intelectual brasileira no período colonial pré-joanino, cf. Moraes (1969).

Notável em Caldas Barbosa, não obstante a duvidosa qualidade literária de seus versos, a presença de brasileirismos em sua obra, fato que desvia o olhar nacionalista emergente nos Setecentos para a maneira de falar o português fora da Europa. O fato de a obra de Caldas Barbosa beirar o burlesco e a sátira, fato que lhe dava uma certa feição cômica perante a alta sociedade portuguesa, não escamoteia o valor expressivo da presença de itens lexicais próprios do falar brasileiro em uma obra literária da época:

>Meu Xarapim já não posso
>Aturar mais tanta arenga,
>O meu gênio deu à casca
>Metido nesta moenga.
>
>Amor comigo é tirano
>Mostra-me um modo bem cru,
>Tem-me mexido as entranhas
>Que estou todo feito angu
>
>Se visse meu coração
>Por força havia de ter dó
>Porque o Amor o tem posto
>Mais mole que quingombó
>
>Tem nhanhá certo nhonhó,
>Não temo que me desbanque
>Porque eu sou calda de açúcar
>E ele apenas mel do tanque[102].

Itens lexicais tipicamente brasileiros em lundus parecem não comprometer a integridade idiomática do português como um símbolo pátrio do reino; fica-se aqui no plano do exotismo, quiçá da pilhéria, em que os ouvidos europeus recebiam aquelas palavras provenientes da Colônia como expressão ficcional. Mas a semente plantada por Caldas Barbosa, ainda que tardiamente, viria a vicejar com a nova conjuntura política que os acontecimentos de 1808 deflagraram, já que o contato da ordem linguística dominante viria a necessariamente interagir com o exotismo de um vocabulário e uma maneira de dizer que antes só habitavam o imaginário. A vida no Brasil se enriquece com a transferência da Corte, mas os traços de brasilidade que passaram a integrar esta nova ordem institucional foram decisivos para a edificação de um novo Estado. O antigo sonho de construir na América um imenso Portu-

---

102. Extraído de Rennó (2005).

gal logo se desvaneceria perante um contexto político, econômico e cultural como alma própria, de que resultou a emancipação de 1816 e mais tarde a autonomia de 1822.

No ambiente dessa nova ordem cultural está sua relação com a língua. Como judiciosamente adverte Martins (1977, p. 28), "a segunda edição da Viola de Lereno [de Caldas Barbosa] e o *Epítome da Gramática da Língua Portuguesa*, de Antônio de Morais Silva (1757?-1824), ambos em 1806, propõem, neste quadro frívolo ou extemporâneo das letras elementares, a nota 'integrante' e abrasileirante, estabelecendo a cabeça de ponte, se não a ponte, para a encruzilhada decisiva de 1808". Decerto, não se pode desconsiderar a instigante referência de Morais Silva como "natural do Rio de Janeiro" na folha de rosto do *Epítome*, uma vinculação que não apenas enraíza o autor na terra em que nasceu, mas também identifica a obra com o inventário cultural que essa terra produziu.

Tal fato, por sinal, é observado com clarividência por Telmo Verdelho, que, ao analisar o panorama institucional em que surge o *Dicionário da língua portuguesa* compilado por Antônio de Morais Silva, caracteriza a virada do século XVIII para o século XIX como um momento decisivo em que "intensifica-se no Brasil o processo de transumância e de autonomia da língua, acrescentando ao português o estatuto de língua internacional e garantindo-lhe um futuro dinâmico, criativo e plural" (2003, p. 474). E é nesse diapasão que Manuel de Oliveira Lima (1867-1928) afirma, no usual tom elogioso à administração do Príncipe Regente, que a transferência da Corte veio a impulsionar uma transformação que faria renovar costumes, atribuir nova dinâmica às relações sociais, reequilibrar as ações comerciais, reposicionar a influência do clero, tudo isto em um contexto de ampla reconfiguração sociolinguística em que um português cada vez mais brasileiro, sensivelmente menos lusitano, habitava a boca do falante comum. Especificamente quanto ao clero, por exemplo, afirma que "encontravam-se pois aos poucos annos menos imoralidade e mais respeito na função religiosa, menos combatividade e mais disciplina entre os fieis, talvez mesmo no espirito menos superstição e mais conceito evangelico" (1908, p. 202). Já no tocante à nova ordem social, Oliveira Lima atesta o surgimento de um "efeito salutar sobre os habitos domesticos, mais se relaxando a reclusão feminina" (1908, p. 202).

Este quadro geral, em que eclode um sentimento de nacionalidade cada vez mais intenso na virada do século, não poderia deixar de produzir uma mente brasileira disposta a dizer sobre a língua portuguesa, dizer no sentido de descrevê-la, ou, mais ousadamente ainda, um brasileiro que se sentisse suficientemente autorizado para descrever o uso do português em letra de forma. Um dos produtos dessa episteme intelectual, em que brasileiros infiltravam-se nas camadas letradas de Portugal, criando um diálogo necessário entre posições axiológicas não raro divergentes, é exatamente o *Epítome da gramática da língua portuguesa* (1806), de Antônio de Morais Silva, obra a que se pode atribuir o início da gramatização do português pela pena de um brasileiro.

3.2 Crise institucional e produção linguística

A tese não raramente repetida de que a produção intelectual e os avanços científicos tomam novos rumos em momentos de instabilidade institucional e conflitos sociais, parece ajustar-se ao Brasil oitocentista em mais de uma oportunidade[103]. No tocante ao período joanino, há de reconhecer-se no ano de 1817 um momento especialmente significativo para a construção de uma sociedade mais intelectualizada no Brasil, engajada em questões de cunho político e sedenta do néctar nacionalista que vinha adoçando o discurso pró--independência desde os últimos decênios dos Setecentos.

Nas palavras de Wilson Martins (1977, p. 63), dois fatos marcam esse "ano significativo" como um divisor de águas no panorama sociopolítico, os quais, julgamos, terão nítida influência na retomada de um projeto de descrição da língua portuguesa por cérebros brasileiros: a publicação da *Corografia brasílica* (1817), pelo Padre Manuel Aires de Casal (1754-1821), e a Revolução Republicana de Pernambuco. O texto de Casal, embora se distancie dos propósitos de descrição linguística, é-nos particularmente caro por sua dimensão nos esforços que então se reuniam para a construção de um país inscrito no mundo científico. Nesse sentido, a obra de Casal representa um sopro de ânimo para que brasileiros formados por um incipiente projeto educacional em nível superior viessem a dizer em letra de forma sobre o conhecimento humano em várias áreas do saber, entre elas a dos estudos linguísticos. As críticas que se fazem à *Corografia*, entre elas a de José Veríssimo (1857-1916) e Caio Prado Júnior (1907-1990), que diminuem seu valor informativo e desprezam uma excessiva nomenclatura geográfica que geraria defeitos de concepção e método em gerações futuras, parecem não levar em consideração o valor do texto de Casal como um marco da produção intelectual em terras ainda estéreis de pensamento crítico sobre a cosmologia. Conforme bem assinala Martins (1977, p. 65):

---

103. Cf., a respeito, Cavaliere (2015¹).

> Não deixa de surpreender que Aires de Casal seja responsabilizado pelas insuficiências dos seus sucessores, acusação que, a ser válida, serviria para condenar todos os livros pioneiros e que, a ser legítima, faria com que deixassem de ser escritos, o que é uma concepção pelo menos estranha da vida intelectual e da história científica.

Ainda na esteira de Wilson Martins notamos que o movimento pernambucano tinha íntima ligação com o clero, de que resultou a conhecida expressão "revolução de padres" cunhada por Manuel de Oliveira Lima (1867-1928). Pode-se dizer, a rigor, que a organização do levante que, embora efêmero, produziria efeitos na Confederação do Equador em 1824, havia sido urdida intramuros no Seminário de Olinda, a que pertencia Frei Caneca (1779-1825) e o próprio Francisco Muniz Tavares (1793-1876), que viria a publicar a *História da Revolução de Pernambuco em 1817* (2017 [1840]), o primeiro relato em tom historiográfico que se fez sobre o movimento republicano. Um elemento necessário para que se possa entender as forças que deram gênese aos fatos de Recife diz respeito à íntima relação que se criava entre a Igreja e a Maçonaria, dois púlpitos de pregação ideológica com intensa penetração nas almas das classes menos favorecidas e subjugadas por um padrão de vida extremamente baixo.

Cabe lembrar, por necessário, que o fundamento usado pela Inquisição para abrir o processo investigatório contra vários jovens estudantes de Coimbra, entre eles Morais Silva, pautava-se no comportamento libertino dos acusados, com a agravante da disseminação do deísmo nos corredores acadêmicos. Não se pode afastar a hipótese de que muitos desses jovens expressassem simpatia pelo movimento maçônico, então em clara emergência[104], de que resulta, igualmente, admitir como possível, senão provável, a ligação de Morais Silva com a maçonaria já em seus anos discentes na Universidade de Coimbra. Pode-se, assim, supor um contato pessoal de Frei Caneca com Antônio de Morais Silva nos encontros que urdiram a Revolução Pernambucana, seja pela identidade intelectual expressa no interesse por questões linguísticas, seja pela convergência ideológica que então aproximava católicos e maçons na construção da nação brasileira. Note-se, ainda, que as condições essenciais para que semelhante contato pessoal tenha ocorrido estavam presentes: Morais viveu em Pernambuco durante todo o período pré-revolucionário, sendo certo, inclusive, que chegou a integrar o Conselho de Estado instituído dois dias após o golpe de 6 de março, conforme nos informa Mourão (2009, p. 20):

---

104. Sobre o movimento maçônico em Portugal, cf. Dias (1986).

> Criou-se, naquele mesmo dia, um Conselho de Estado, para o qual foram designados o Ouvidor de Olinda, Antônio Carlos Ribeiro de Andrada Machado e Silva; o Capitão-Mor da vila de Santo Antônio do Recife, já então famoso dicionarista, Antônio de Moraes e Silva; o Doutor Manoel José Pereira Caldas; o rico comerciante Gervásio Pires Ferreira e o Deão de Olinda, na ocasião a maior autoridade eclesiástica da Província, Bernardo Luis Ferreira Portugal.

Quanto a Caneca, não se tem notícia de sua participação na administração do novo Estado, sequer se pode afirmar que tenha participado de sua urdidura, mas, decerto, desfrutava íntimo contato com as personagens que fomentavam o levante no seio da sociedade pernambucana. Como assevera Mello (2001, p. 15), "sua presença só se detecta nas últimas semanas de existência do regime, ao acompanhar o exército republicano que marchava para o sul da província a enfrentar as tropas do Conde de Arcos". O destino dos revoltosos escolheu rumos distintos para Morais Silva e Caneca, mas, no plano historiográfico da linguística brasileira, é expressiva a vinculação desses dois gramáticos, sobretudo se considerarmos os respectivos trabalhos dedicados ao estudo da língua, em que se busca uma renovada descrição do português à luz dos principais preceitos do racionalismo setecentista. Por outro lado, a história linguística parece ter sido mais generosa com Morais do que com Caneca, considerada a lamentável omissão do nome do padre pernambucano nas breves páginas que até hoje se dedicam à história da gramatização do português no Brasil.

Decerto que no rol de insatisfações de que se ressentiam os referidos intelectuais provincianos, não só os pernambucanos, mas também os de outras províncias dotadas de expressiva representação no campo das letras, tais como o Maranhão, São Paulo e São Pedro do Rio Grande do Sul, incluía-se a impossibilidade de produzir obras científicas e artísticas em face do rígido controle da Administração do Império, fato que em muito frustrava a expectativa dos que já viviam semelhante restrição à época do Reino Unido e alimentavam maior abertura à iniciativa editorial com a nova ordem institucional de 1822. Observe-se que já em 1821 veio a lume *O conciliador do Maranhão*, dirigido pelo português Antônio Marques da Costa Soares (1764-1837), inicialmente em publicação manuscrita, depois impressa, com efêmera circulação até 1823 (Frias, 2001). Já no Rio Grande do Sul, o primeiro jornal impresso só nasceria em 1827 (Barreto, 1986), fato que bem expressa as dificuldades enfrentadas para se instalar um parque editorial no Brasil ao longo do Primeiro Reinado.

O fato, entretanto, não inibiu a iniciativa isolada de homens dedicados ao estudo linguístico, de que decorre um legado que vai além dos trabalhos de Morais Silva e Frei Caneca neste momento da história gramatical brasileira. Cabe, aqui, ressalvar um equívoco de Sacramento Blake que vem provocando consequências indesejáveis em plano historiográfico. Com efeito, o autor do *Dicionário biobibliográfico* (1900, p. 59) atribui a Manuel José de Freitas Mascarenhas (?-?), cujo cognome era Manuel Dendê Bus, presbítero, cônego e vigário baiano, também professor de Lógica, Inglês, Francês e Latim[105], a autoria de uma *Nova gramática portuguesa, dedicada à felicidade e aumento da nação portuguesa, seleta dos melhores autores*, cuja primeira edição remontaria a 1910. Acolhidas essas informações, haveríamos de reconhecer a *Nova gramática* como o primeiro texto gramatical escrito por brasileiro e publicado no Brasil. Na sequência dos equívocos, Sacramento informa que essa obra teria sido objeto de uma edição em Liverpool no ano de 1812. Além da *Nova gramática*, Sacramento Blake atribui ao mesmo Dendê Bus a autoria de um outro livro, o *Compêndio da gramática inglesa e portuguesa para uso da mocidade adiantada nas primeiras letras*, publicado no Brasil pela Impressão Régia em 1820. Na verdade, Sacramento confundiu os nomes de Manuel José de Freitas, vulgo Manuel Dendê Bus, com o de Manuel de Freitas Brasileiro (?-?), verdadeiro autor dos livros referidos, sendo que a suposta edição de 1910, a rigor, não existe. Na verdade, o *Compêndio* de 1820 é uma reedição rebatizada da *Nova gramática* publicada em Liverpool em 1812[106].

Importa referir aqui a Inácio Felizardo Fortes (?-1858), presbítero secular radicado na cidade de Cabo Frio, Rio de Janeiro, e autor da *Arte de gramática portuguesa* (1816), primeiro texto gramatical da lavra de um brasileiro publicado no Brasil. Ainda não se tem uma noção exata da motivação desse religioso para produzir um texto gramatical em período tão conturbado da sociopolítica brasileira, em que os temas estudantis decerto não estavam na ordem do dia. Acrescente-se que, por determinação da Coroa, a Impressão Régia já publicara a *Arte da gramática da língua portuguesa* (1812), de Antônio José dos Reis Lobato (1721?-1804), que decerto haveria de ser o texto

---

105. Segundo consta, Mascarenhas alterou seu nome para Manuel Dendê Bus em face do espírito nacionalista vigente nos anos pré-Independência: *dendê* é o fruto típico da Bahia e *Bus* era o nome de uma das nações indígenas do Maranhão (Magalhães Jr., 1974, p. 40).

106. O Real Gabinete Português de Leitura do Rio de Janeiro tem um exemplar da edição de Liverpool. Perfeitamente escusável o equívoco de Blake, que trabalhava com pouquíssimas referências documentais e, naturalmente, deixou-se trair pela semelhança dos nomes. Manuel Dendê Bus foi padre, vigário, professor de Gramática e Latim, e um nome de grande importância nos movimentos de independência da Bahia, mas não há notícia de que tenha escrito uma gramática.

gramatical dominante nas aulas de gramática. Qual seria, pois, o público consumidor de uma gramática escrita por brasileiro neste momento histórico e que expectativa teria o autor quanto à recepção a seu texto? Essas são questões que merecerão mais linhas em momento próprio, nos comentários aos principais nomes e obras do período racionalista.

3.3 O clima conturbado do Primeiro Império

Uma visão panorâmica dos fatos políticos dos Oitocentos que geraram grande repercussão para a vida cultural do Brasil – criando, por assim dizer, o ambiente favorável para que os naturais da terra se interessassem em escrever textos linguísticos descritivos e normativos – bem mais normativos do que descritivos, saliente-se – revela estarem em órbita de dois eixos ou pilares fundamentais: a transferência da Corte para o Novo Mundo em 1808 e a Independência em 1822. Esses atos integram a construção das bases culturais e, sobretudo, educacionais mínimas e necessárias para a formação de mentes linguísticas no seio da sociedade brasileira, de que resultou, conforme já aqui referido, lenta e progressiva disseminação do ensino básico, que funcionou como expressivo alimento do espírito nacionalista com a nova ordem institucional do Império.

As precárias condições urbanísticas do Rio de Janeiro são registradas até pelo menos o final da década de 1860, não obstante, por esta época, já se pudesse conferir à cidade certo avanço no campo intelectual, sobretudo na área das Humanidades, em que despontava o Colégio Pedro II como centro de excelência na formação de cérebros e polo fomentador de movimentos ideológicos vanguardistas. Verdade é que, no aspecto geral da sede da Corte Imperial, muito ainda havia por avançar no plano urbanístico, dada a tradição de ruas estreitas, a falta de uma rede de esgoto expandida, assim como o precário fornecimento de água, que se fazia ainda pelo aqueduto de Santa Teresa. Nesse cenário, destacava-se, pela importância empresarial e mesmo social, a Rua do Ouvidor, que durante décadas destacou-se como veia comercial em que estavam sediadas praticamente todas as livrarias e tipografias – como, por exemplo, o sebo Casa do Livro Azul – a par de haver-se notabilizado como ponto de encontro de intelectuais, escritores e pensadores de ocasião, reunidos nas confeitarias de ares parisienses que se vinham inaugurando a partir da metade do século. Segundo Joaquim Manuel de Macedo (1820-1882), "a Rua do Ouvidor, a mais passeada e concorrida, e mais leviana; indiscreta, bisbilhoteira, esbanjadora, fútil, noveleira, poliglota e enciclopédica de todas as ruas da cidade do Rio de Janeiro, fala, ocupa-se de tudo" (2005, p. 9). E, antecipando os festejos do centenário da principal rua carioca, evocava Macedo (2005, p. 60):

> Preparai-vos, ó modistas, floristas, fotografistas, dentistas, quinquilharistas, confeitarias, charutarias, livrarias, perfumarias, sapatarias, rouparias, alfaiates, hotéis, espelheiros, ourivesarias, fábricas de instrumentos ópticos, acústicos, cirúrgicos, elétricos e as de luvas, e as de postiços, e de fundas, de indústria, comércio e artes, e as de lamparinas, luminárias, faróis, e os focos de luz e de civilização, e vulcões de idéias que são as gazetas diárias, e os armazéns de secos e molhados representantes legítimos da filosofia materialista, e a democrata, popularíssima e abençoada *carne-seca* no princípio da rua, e no fim Notre Dame de Paris, a fada misteriosa de três entradas e saídas e com labirintos, tentações e magias no vasto seio – preparai-vos todos para a festa deslumbrante do centenário da rua do Ouvidor!...

Com efeito, era na Rua do Ouvidor, que se situavam a Livraria de Barbosa e Irmão, a Livraria de Mongie, a par das francesas mais famosas: Firmin Didot, Cremière, Garnier, e Villeneuve[107]. Enfim, não se pode negar que o cenário sociocultural do Rio de Janeiro, que já não ia muito além de um desalentado marasmo até pouco antes da chegada da Família Real no início do século, pouco avançou no plano urbanístico no decurso das décadas seguintes, visto que as forças de desenvolvimento social sucumbiam à quase absoluta falta de investimento estatal. Ateste-se que o descaso administrativo ia bem além das questões urbanísticas, herança de uma política de colonização predatória, como se pode provar com a iniciativa de fundação de escolas no Brasil até a Independência, fato que, conforme já aqui referido, constituía raríssimo ato de Estado. Também aqui já fizemos observar que motivação não faltava para que se conferisse maior zelo à Colônia pelo fim do século XVIII, se considerarmos não serem tão escassos os brasileiros de reconhecido talento científico ou artístico, tais como Antônio de Morais Silva, Antônio Pereira Sousa Caldas (1762-1814), o clérigo José Joaquim da Cunha Azeredo Coutinho (1742-1821), o matemático Francisco Vilela Barbosa, o Marquês de Paranaguá (1769-1846), o químico Manuel Jacinto Nogueira da Gama, Barão de Baependi (1765-1847), o botânico José Mariano da Conceição Veloso (1742-1811), o zoólogo baiano Alexandre Rodrigues Ferreira (1756-1815), o mineralogista João da Silva Feijó (1760-1824), um dos introdutores das ciências naturais no Brasil, entre outros, a par dos co-

---

107. Sobre o perfil e relevância da Rua do Ouvidor no começo do século XIX, cf. Lustosa (2004, p. 189-209) e Machado (2014, p. 111).

nhecidos nomes literários: Inácio José de Alvarenga Peixoto (1742-1792), Cláudio Manuel da Costa (1729-1789), Santa Rita Durão (1722-1784) e Basílio da Gama (1740-1795).

O talento brasileiro, entretanto, era ainda esculpido em terras lusitanas, dado o pouquíssimo, quase nulo, investimento da sede do Reino no desenvolvimento cultural da Colônia. Ademais, como afirma Tobias Monteiro (1866-1952), a "imensidade do território brasileiro era o maior dos obstáculos à realização da independência" (1972, p. 797), o que equivale à constatação de que a imensidão brasileira elevava-se como o maior desafio que se opunha à criação de uma verdadeira nação, com autonomia e condições para prover desenvolvimento econômico, social e cultural a todas as suas distantes províncias.

A tese de Tobias Monteiro, portanto, explica havermos demorado tanto, cerca de 40 anos a partir da Independência, para atingir uma vida intelectual em dimensão nacional. A dificuldade das comunicações internas limitava o comércio de cada uma das circunscrições – anteriormente ligadas a Lisboa – a trocas com as províncias mais próximas e criava virtualmente quatro grupos territoriais regionais: Amazonas e Piauí; Ceará e Alagoas; Espírito Santo e o extremo Sul, ficando Sergipe e Bahia uma espécie de zona intermediária (Monteiro, 1972, p. 797).

É comum afirmar-se que o Brasil sempre esteve atrás das demais colônias americanas até o limiar do século XIX, seja no progresso socioeconômico, seja na construção de bases culturais que dessem oportunidade ao surgimento de uma vida intelectual medianamente produtiva. Não obstante se possa assegurar que o ritmo de desenvolvimento brasileiro não seguiu o mesmo compasso da maioria das Colônias hispânicas, igualmente se impõe admitir que o atraso econômico da Colônia portuguesa era menor do que nossa crítica costuma fabricar. Basta dizer que a construção naval brasileira, incentivada desde o século XVI pelo governo de Francisco de Souza (1540-1611), culminaria no ano de 1770 com a fundação do Arsenal da Marinha, responsável durante mais de um século pela construção de numerosas e imponentes embarcações. Mesmo considerando a evidente vocação agropecuária da economia brasileira, não se podem olvidar esforços pontuais de industrialização da Colônia no início do século XIX, de que são exemplos as investidas na indústria têxtil no Pará e em Minas Gerais, além dos primeiros passos de uma indústria siderúrgica na região de Araçoiaba da Serra, em São Paulo, com a fundação, em 1811, da Real Fábrica de Ferro de São João de Ipanema.

3.4 Educação e formação linguística

Quando em 1808 passaram a funcionar os dois primeiros prelos e oito caixas de tipos que compunham a Impressão Régia, fundada por Dom João VI, as gráficas mexicanas já contavam com largo catálogo de obras científicas publicadas ao longo do século XVIII em todos os campos do saber. Advirta-se ainda que o ritmo de produção intelectual impressa não chegou a entusiasmar até a Independência: entre 1808 e 1822 a Impressão Régia deu a público 1.154 impressos, dentre obras científicas e literárias e, sobretudo, publicações da administração reinol, estagnada numa média de 82 volumes por ano (cf. Camargo & Moraes, 1993). Entre os textos mais importantes, citem-se os *Elementos de geometria* e o *Tratado de trigonometria*, de Adrien-Marie Legendre (1752-1833), o *Ensaio sobre a crítica* e os *Ensaios morais*, de Alexander Pope (1688-1744), a par de obras literárias brasileiras, como *Marília de Dirceu*, de Tomás Antônio Gonzaga (1744-1810) e *O Uraguai*, de José Basílio da Gama (1740-1795). Destaque-se, por nosso especial interesse, o já aqui comentado *Compêndio da gramática inglesa e portuguesa*, de Manuel José de Freitas, vindo a lume em 1820, que, segundo o autor, visava a facilitar a comunicação entre ingleses e portugueses nas crescentes relações comerciais que o início do século XIX testemunhava.

Já se fez referência nestas linhas à falta de investimento, público ou privado, fato que reduzia os estabelecimentos de ensino a algumas unidades providas por ordens religiosas – que, por sinal, perderam amparo a partir do Primeiro Reinado – ou sob tutela provincial. A inexistência de educação superior impunha aos mais abastados a via única das universidades europeias, mormente a Universidade de Coimbra, santuário das pretensões intelectuais na oligarquia colonial. Basta verificar, para corroborarmos a tese, a biografia de nossos setecentistas mais ilustres: Cláudio Manuel da Costa (1729-1789) foi filho de portugueses abastados que o matricularam na escola jesuítica do Rio de Janeiro e posteriormente o enviaram a Coimbra para bacharelar-se em Direito; igual trajetória traça a vida de Santa Rita Durão (1722-1784), doutor em filosofia e Teologia em Coimbra, de Tomás Antônio Gonzaga, também laureado em Coimbra na área do direito natural, de Manuel Inácio da Silva Alvarenga (1749-1814), entre outros.

Reforça-se, pois, a constatação de que a formação de cérebros em terras brasileiras só se consolidaria a partir da segunda década do período imperial, quando o país já contava com escolas de bom nível e algumas faculdades em áreas de conhecimento mais prestigiadas, como o direito e a medicina. Dessa nova ordem, beneficiam-se nomes como Álvares de Azevedo (1831-1852), formado em Direito em São Paulo, Laurindo Rabelo (1826-1864), médico bacharelado na Bahia e Joaquim Manuel de Macedo (1820-1882), formado médico no Rio de Janeiro (cf. Bosi, 1970).

Por outro lado, o conturbado cenário político do Rio de Janeiro nos primeiros anos pós-Independência coincidia, conforme já aqui observado, com uma estrutura social falimentar, possivelmente fruto do desinteresse secular por investimentos na Colônia. Disso resulta, igualmente, uma inexpressiva vida cultural carioca até pelo menos o terceiro decênio do século XIX, não obstante se devam ressaltar algumas iniciativas pontuais de investimento na área da cultura, como a inauguração do Real Teatro de São João em 12 de outubro de 1813, a Criação da Biblioteca Nacional no Rio de Janeiro em 1814 e a chegada da Missão Francesa ao Brasil, com a fundação da Academia de Belas Artes, em 1816.

Em linha antagônica ao marasmo que estagnava o desenvolvimento brasileiro, já nos primeiros anos da Independência anotam-se atos administrativos de sensível interesse pelo crescimento cultural da Corte: a criação do Arquivo Público – na verdade, uma revitalização do Arquivo Público criado por Dom João VI em 1808 –, a fundação do Seminário das Educandas em 1825, que logo passaria à responsabilidade da Província de São Paulo, e o aumento do número de livrarias, como desdobramento da livraria de Saturnino da Veiga. Em 1826, o incremento artístico-cultural toma impulso definitivo com a fundação da British Subscription Library, a inauguração do Teatro São Pedro de Alcântara e a Fundação do Museu e Gabinete de História.

Não se há de negar, entretanto, que a incipiente infraestrutura da Corte, dir-se-ia até mesmo deteriorada no tocante às bases das relações institucionais, teria conferido às províncias melhores condições para desenvolvimento de trabalhos individuais no tocante à língua e à didática do português em nível elementar. A criação de escolas, uma natural consequência do processo de desenvolvimento intelectual do novo Império, tomou rumo mais profícuo em algumas capitais provinciais, já que, a rigor, o grande ato institucional nesse sentido em terras cariocas só viria a concretizar-se em 1837, com o surgimento do Imperial Colégio de Pedro II, na verdade uma modernização do antigo e assistencial Seminário de São Joaquim que fora criado em 1739[108].

No plano educacional, os primeiros anos imperiais revelam a instabilidade de uma nação que buscava trazer mais justiça social em um ambiente

---

108. Cf. o Decreto de 2 de dezembro de 1837 disponível em http://www.cp2.g12.br/images/comu nicacao/2015/historia_cp2/colleccao_leis_1837_parte2.66-68.pdf

caótico, herdeiro da política reinol inepta para a edificação de um sistema educativo eficiente, que desse conta ao menos da parcela da população que buscava instruir-se e contribuir para o enriquecimento cultural brasileiro. A almejada ampliação da oferta de vagas em instituições de ensino público compõe o ideário de Pedro I quando da instalação da Assembleia Constituinte de 1823. Em seu pronunciamento, o Imperador dá conta de suas preocupações e ressalta algumas providências cumpridas (cf. Martins, 1977, p. 139):

> Tenho promovido os estudos públicos quanto é possível, porém necessita-se para isto de uma legislação particular. Fez-se o seguinte: comprou-se para o engrandecimento da biblioteca pública uma grande coleção de livros dos de melhor escolha; aumentou-se o número de escolas, e algum tanto o ordenado de seus mestres, permitindo-se além disto haver um sem-número delas particulares; conhecendo a vantagem do ensino mútuo também fiz abrir uma escola pelo método Lancasteriano.

As palavras do Imperador traçam juízo, em suas poucas linhas, a fatos relevantes do panorama educacional no Primeiro Império. O primeiro deles diz respeito ao número de escolas públicas e privadas, sem dúvida insuficiente para dar conta da demanda que a sociedade brasileira exigia ao respirar os ares ufanistas da independência recente. A falência estatal na área da educação poderia contribuir decisivamente para uma crescente onda de insatisfação popular, tudo que o Imperador não desejava em seus já conturbados anos de regência. Outra informação a destacar reside na implantação do método lancasteriano, importado da Inglaterra, cujo propósito era multiplicar os agentes de instrução no ambiente escolar, o que, em decorrência, propiciaria maior número de educandos instruídos. Pelo método então inovador, o professor se dedicava especialmente aos alunos mais capacitados, de tal sorte que esses viessem a atuar como mestres ou auxiliares de ensino para seus colegas, divididos em pequenos grupos. Com isso, multiplicava o número de mestres e, obviamente, o número de discentes beneficiados pela atividade pedagógica.

As bases do método Lancaster já tinham sido objeto de candente defesa por parte de Hipólito José da Costa (1774-1823), que, ainda em 1816, publicara alguns artigos no *Correio brasiliense*, enaltecendo a eficácia de seus resultados não só na Inglaterra como também em vários países europeus. O prestigiado jornalista adota a tese de que cabe à administração pública ocupar-se da tarefa de instruir o povo, inclusive proporcionando as condições legais para que parte do tempo do cidadão fosse dedicada à instrução pessoal (1816, p. 348):

> O problema, pois, que há para resolver he; como se poderá generalizar uma boa educaçaõ elementar, sem grandes despesas do Governo, e sem que se tire ás classes trabalhadoras o tempo, que he necessario que empreguem, nos differentes ramos de suas respectivas occupaçoens?

Em seguida, conclui (1816, p. 348):

> Os systemas de educação, que se inventáram na Inglaterra, e que tem obtido melhoramentos sucessivos, saõ destinados a pre-encher (sic) aquellas vistas; he por isto que intentamos propôllos como exemplo digno de immitar-se em Portugal, e no Brazil, aonde (sic) a necessidade da educaçaõ elementar he taõ manifesta, que naõ julgamos carecer de demonstraçaõ.

Impregnado pelas ideias liberais que habitavam a ideologia da Independência, por sinal significativamente presente na Carta de 1824, o clima da Assembleia Constituinte foi tão propício aos projetos vultosos que chegou a produzir a criação de duas universidades, conforme nos informa Martins (1977, p. 140-141), uma em São Paulo e outra em Olinda, províncias escolhidas por poderem acolher, respectivamente, os cidadãos residentes mais ao sul e mais ao norte do país. As intensas discussões sobre o tema, aliadas a toda sorte de interesse político, punham em suspeição não só a escolha das províncias como também os critérios para designação dos reitores. Fato é que, nas idas e vindas do projeto, sua sanção naufragou com a própria dissolução da Constituinte promovida por Pedro I na "noite da agonia".

Verdade é que a constituição de uma ordem educacional eficiente o bastante para fomentar o saber e incentivar a eclosão do talento intelectual brasileiro, sem dúvida, capitulava sob uma frenagem que não se sabe bem fosse resultante do já aqui referido desinteresse da Corte ou mesmo de uma deliberada política obscurantista, em que cismas ideológicos inibiam a ex-Colônia na tentativa de caminhar com passos próprios. As evidências desse atraso são flagrantes: bastaria dizer que em 1821, quando a Argentina comemorava a fundação da Universidade de Buenos Aires, o Brasil ainda se valia predominantemente de mestres autônomos para prover ensino básico às elites sociais.

A construção de um sistema educacional, assim, sofreu o entrave que impôs ao país uma marcha a passos lentos na busca de melhor atender aos interesses do cidadão, e, por extensão, do Estado. A percepção de que o nível educacional do povo era condição essencial ao desenvolvimento econômico de uma nação emergente não faltava sequer às mentes mais reacionárias da conjuntura política do Primeiro Império, contudo o clima de profunda instabilidade institucional não dava chances à implementação de políticas efetivas neste sentido. Acrescente-se que não havia por parte do governo imperial boa vontade para incentivar a atuação da Igreja na área da educação, pois o pensamento monárquico era o de combater o mais possível a intromissão das ordens religiosas em assuntos de Estado. Por sinal, o movimento de opinião contra as ordens religiosas gerou conflitos que viriam a atingir duramente o exercício da atividade clerical no Rio de Janeiro, já que, conforme nos informa Martins, "foi suficientemente forte para determinar, a partir de 1824, o fechamento de numerosos conventos" (1977, p. 149). Na verdade, as farpas que se trocavam entre a Igreja e a Casa de Bragança no Brasil provocaram rixas que se estenderam pelos dois períodos imperiais, a ponto de uma circular publicada em 19 de maio de 1855, assinada pelo ministro da Justiça de Pedro II, José Tomás Nabuco de Araújo (1813-1878), haver cassado as permissões para entrada de noviços em todos os conventos do Império (Silva, 2016, p. 339)[109].

Verifica-se, pois, que a iniciativa de criação de estabelecimentos de ensino ficava restrita ao poder público e à iniciativa privada de caráter laico, com significativa expansão a partir da Lei Educacional de 15 de outubro de 1827, cujo artigo 1º dispõe que "em todas as cidades, vilas e lugares mais populosos, haverão (sic) as escolas de primeiras letras que forem necessárias" (Brasil, 1827). A publicação da Lei de 15 de outubro viria pouco mais de um mês após a edição da Lei de 11 de agosto de 1827, que criara os cursos superiores de ciências jurídicas e sociais, um em São Paulo e outro em Olinda, conforme fora planejado no corpo das discussões sobre o tema na Assembleia Constituinte de 1823. Com a progressiva descentralização da responsabilidade pela prestação de provimento na educação, que viria a consolidar-se em 1834, as províncias passaram a cuidar e mesmo legislar sobre matéria de ensino primário e médio, reservando-se ao governo do Império a exclusividade de promover e regulamentar o ensino superior. Esta ordem conjuntural levou à fundação da primeira escola normal do país, em 1835, na cidade de Niterói, a que se seguiram outras escolas normais destinadas a melhor preparar o docente: a da Bahia, em 1836, a do Ceará em 1845 e a de São Paulo em 1846. No Maranhão, funda-se em 1838 o Liceu Maranhense, que viria a tornar-se símbolo de excelência educacional ao lado do Colégio Pedro II.

Cumpre observar que, já no século XIX, o interesse na escola básica não era propriamente de formar o cidadão apto para a vida social, mas de preparar o indivíduo para acesso ao ensino superior. Esta, pois, é uma mazela secular que aflige a sociedade brasileira, responsável por seu baixo padrão

---

109. Cf. também Barbosa (1945, p. 279).

cultural e sua deficitária formação profissional. Pior ainda notar que o erro cedo foi diagnosticado, mas as poucas palavras lúcidas sobre o assunto navegavam solitárias em águas revoltas, ambiciosas por diplomas e graus de bacharelato. Acrescente-se que, no entender de muitos, a inanição intelectual que assolava o ensino básico decorria exatamente das medidas descentralizadoras implementadas pela administração do Império, conforme se abstrai da posição assumida por Miguel do Sacramento Lopes Gama (1791-1852), o "Padre Carapuceiro", em palavras proferidas no ano de 1846 no Parlamento Nacional, as quais aqui lemos pela letra de Moacyr (1936, p. 380):

> Um dos males da instrução pública é que o Brasil ainda está no século 18. O Ato Adicional, nesta parte, fez grande dano, por haver dado às províncias o que devia, no seu entender, ser dado à União. Uma nação dividida em Assembleias Provinciais, cada uma das quais manda ensinar o que lhe parece, não pode ter identidade de sentimentos. Já houve uma que mandou por lei que, nas escolas primárias, se desse a ler aos meninos as "Palavras de uma Crente", de Lamenais... Uma nação neste estado não sei o que se possa fazer a respeito de instrução pública.

Em aditamento, Lopes Gama dispara contra a omissão do governo a respeito dos programas de ensino linguístico (Moacyr, 1936, p. 381):

> Ensinei 23 anos a Retórica, segundo me mandaram ensinar, porque havia um programa: ensinei verdadeiramente um caruncoso latim do tempo de Quintiliano, de maneira que a arte oratória tão importante, principalmente no nosso sistema político, é ensinada ainda hoje, segundo os preceitos oratórios da época de Quintiliano; de maneira que, saindo das aulas poderão moços dizer como é que, em latim, se diziam as coisas, mas como se devem dizer em português não sabem seguramente. Esta cadeira devia ser substituída por outra retórica ou de eloquência portuguesa, mas a língua portuguesa é coisa que se aprende nas novelas francesas! Um moço tendo um livrinho francês, doiradinho, sabe perfeitamente o português! Mas, em verdade, como pode falar ou escrever capazmente o português, em uma língua, quem ignora a sua elocução? Quem não lhe conhece a índole, o caráter, os recursos, as graças, as belezas próprias?

Na mesma sessão do Parlamento de 1846, toma a palavra um certo Sousa Martins, ao que tudo indica Francisco de Sousa Martins (1805-1857)[110], ma-

---

110. Blake (1895, p. 132) afirma que Francisco de Sousa Martins formou-se na Escola Militar e, posteriormente, emigrou para Coimbra, onde tentou cursar Teologia. Teve de abandonar o curso devido a intensa perseguição do governo de Dom Miguel I, que o fez voltar a Olinda, onde cursou Ciências Jurídicas e Sociais.

gistrado e político natural do Piauí (Oeiras), para igualmente atribuir ao mau ensino básico a situação de calamidade intelectual que grassava os cursos jurídicos. O depoimento de Sousa Martins, claramente favorável ao ensino enciclopédico que então se implementava na Europa no intuito de conferir ao educando os fundamentos da cosmologia – no sentido de saber sobre o universo –, revela que os estudantes chegavam aos bancos de ensino superior sem a bagagem necessária para seguir regularmente os estudos pautados em leitura de textos mais complexos, que exigia um mínimo de capacitação linguística. Na perspectiva desse ensino enciclopédico, ressente-se o piauiense da ausência de inúmeras disciplinas que percorreria praticamente todos os campos da ciência, com uma crítica pautada na comparação entre a situação do ensino básico no Brasil e o das escolas europeias. Assim se refere Moacyr (1936, p. 382) sobre a intervenção de Sousa Martins:

> O Sr. Sousa Martins pensa que sem uma reforma geral dos estudos do país, não se poderá fazer uma reforma dos cursos jurídicos. É necessário reformas nos estudos superior, secundário e mesmo primário. Tudo que existe a este respeito não satisfaz as ideias do século em que nos achamos. O mal dos estudos de Direito está menos na exiguidade do curso, que na deficiência dos cursos preparatórios. Precisamos de colégios, de liceus regularmente estabelecidos como existem na Europa. Nas nossas aulas preparatórias ensinam-se em geral muito mal as matérias apontadas na lei; há outras, porém, de que mesmo não se faz menção. As matemáticas são mal ensinadas: mal se ensina a Aritmética e não passam de perfeita ilusão as noções de Geometria; de Álgebra nada se aprende; o mesmo de Cálculo; nada de Química, de Física, de Ciências Naturais; nada dos princípios de Astronomia. Todas estas disciplinas são estudadas nas aulas preparatórias da Europa.

As providências mais efetivas no tocante ao ensino público secundário, que estão intimamente vinculadas à publicação de material didático, ocorrem já pelos meados da segunda década imperial, a rigor em pleno Segundo Império. Exemplo maior está na referida conversão do Seminário de São Joaquim em colégio de instrução secundária, o Imperial Colégio de Pedro II, cujo ementário original incluía as disciplinas Língua Latina, Língua Grega, Língua Francesa e Língua Inglesa, Retórica e os princípios elementares de geografia, história, filosofia, zoologia, mineralogia, botânica, química, física, aritmética, álgebra, geometria e astronomia (Moacyr, 1936, p. 276). Pode-se afirmar que a iniciativa privada participou tardiamente do sistema educacional brasileiro por motivos que se pode aqui especular, entre eles as injunções típicas de um regime monárquico que, embora constitucionalmente moderador, no varejo da vida cotidiana tinha a face absolutista das permissões e do esmerado controle político.

Os relatórios dos presidentes da Província de São Paulo constituem uma fonte documental confiável para traçar um perfil do ensino básico público no Império (cf. Isaú, 2006). A análise dos relatórios revela que a instrução primária e os socorros públicos figuravam entre as principais dificuldades da província por anos a fio. Os relatórios informam que em 1827 havia 65 escolas primárias, das quais apenas 28 providas; em 1832, o número elevou-se para 74, frequentadas por 1.134 meninos e 107 meninas. Em São Paulo, os estabelecimentos dedicados à educação primária eram poucos, se considerarmos a população em idade escolar a partir do fim da primeira década imperial, entre os quais dê-se destaque ao Seminário das Educandas, mais tarde rebatizado como Seminário da Glória, uma escola pública que visava a amparar meninas de baixíssima renda cujo destino era o magistério público ou particular. Os cursos do Seminário incluíam leitura, caligrafia, as quatro operações aritméticas, português, princípios de moral e religião católica, arte, culinária, bordado, engomado, música e dança (Isaú, 2006, p. 77).

Outros estabelecimentos públicos paulistas dos primeiros tempos imperiais foram o Seminário de Educandos de Santana e o Seminário de Itu, ambos dedicados ao amparo de infantes desvalidos. A presença do poder público no campo da educação de crianças ainda predominava, embora os relatórios já registrem 35 escolas particulares, frequentadas por 837 alunos, no ano de 1835. O perfil desses educandários pouco mudou no decurso das décadas seguintes, com pouca participação da iniciativa privada e extrema dificuldade do governo provincial para dar conta da demanda crescente a cada ano. Exemplo de educandário bem-sucedido na iniciativa privada paulistana, até hoje em plena atividade, é o Instituto Dona Ana Rosa, fundado com apoio da Associação Protetora da Infância Desvalida, então dirigido por Francisco Antônio de Souza Queiroz (1806-1891). A instituição recebera parte do legado testamental da Senhora Ana Rosa de Araújo Galvão (1786-1860), razão da denominação em sua homenagem. Cabe ainda referência ao Liceu de Artes e Ofícios, à Escola Normal de São Paulo, destinada a moças vocacionadas para o magistério e a Companhia de Aprendizes Marinheiros de Santos, criada em 1868, que teve dificuldades para arregimentar alunos em face do desinteresse da população pelos ofícios náuticos[111].

---

111. Uma informação mais detalhada do ensino básico na Província de São Paulo encontra-se em Isaú (2006).

O exponencial crescimento demográfico do Rio de Janeiro justificava-se por ser a sede da Corte e destino desejado por quantos se quisessem aventurar na busca de ascensão social, mormente brasileiros interioranos que a cada ano fluíam para as terras cariocas em busca de oportunidade. Esse é um fator de agravamento das condições de salubridade e educação que caracteriza o Rio oitocentista por praticamente todo o devir do século. No plano legislativo, a criação de estabelecimentos profissionalizantes e escolas normais já se assegurava na Constituição de 1824, mas seus objetivos não se cumpriram como previsto na letra constitucional. A rigor, a Carta de 1824 garantia educação para todos, com exceção da população escrava, incentivava a criação de escolas públicas e previa subvenção para a fundação de escolas privadas, mas os princípios constitucionais nessa seara eram, praticamente, letra morta diante do quadro socioeconômico do Império. Basta dizer que o Censo de 1872 estimava a população brasileira em 10 milhões de pessoas, das quais cerca de 19% do sexo masculino e 11% do sexo feminino eram alfabetizadas.

As vicissitudes de uma nação ainda por consolidar-se, em permanente convulsão institucional, que assistia à abdicação de um rei de dois tronos, hesitante quanto a seus próprios rumos, haveriam de deixar marcas profundas o bastante para estagnar quase totalmente os projetos de formação educacional do povo. Até 1931, ressalte-se, não havia obrigatoriedade de cursar a escola em nível secundário e mesmo o ensino primário era privilégio de poucos em um país de 80% de analfabetos. Surpreendentemente, seria ainda nesta década dos anos 1830 que o antigo Seminário de São Joaquim viria a ser transformado em um colégio de humanidades, de ousadas pretensões, cujo escopo seria o de suprir a formação de cérebros brasileiros em todas as áreas do saber cosmológico. Destarte, o Imperial Colégio de Pedro II, oficializado pelo Decreto de 2 de dezembro de 1837 e fruto do caráter empreendedor de Bernardo Pereira de Vasconcelos (1795-1850), emergia como uma alentada tentativa de conferir ao Brasil meios de construir uma sociedade cidadã e apta para dar conta dos desafios que o país enfrentaria com capital humano próprio. Nas províncias, entretanto, o progresso na rede de ensino era pouco mais de sofrível, haja vista a permanência do hábito de formação básica em ambiente familiar, com preceptores e professores-tutores até pelo menos a metade do século.

3.5 Esplendor e prestígio do Colégio Pedro II

O ano de 1837 deixou marcas relevantes na história política brasileira com a renúncia de Diogo Antônio Feijó (1784-1843) e sua substituição interina pelo Senador Pedro de Araújo Lima (1793-1870). A composição do novo ministério trazia à cena nomes como Maciel Monteiro Calmon (1804-1868), Joaquim José Rodrigues Torres (1802-1872) e Bernardo Pereira de Vasconcelos (1795-1850), que respondia pela pasta da Justiça. Coube a esse último trazer a ideia de reformulação do Seminário de São Joaquim, dada sua flagrante decadência e quase inoperância, de tal sorte que o Império desse mostras de ação efetiva na seara da educação básica. Optou-se pela fundação do novo colégio na data de aniversário do jovem imperador, que completaria 12 anos de idade no dia 12 de dezembro de 1837. Logo após o ano-novo, a 31 de janeiro de 1838, publicava-se o decreto de aprovação dos estatutos do colégio, providência a que logo seguiu-se o projeto de reforma do Seminário de São Joaquim contratado ao arquiteto Auguste Grandjean de Montigny (1776-1850).

A receita do novo colégio advinha de dotações do Tesouro imperial, da renda advinda de seu patrimônio e da contribuição anual compulsória dos alunos, tanto os internos quanto os externos, paga trimestralmente, cujo valor era estabelecido pelo ministro do Império. Nessa contribuição incluía-se a consignação para livros, vestuários, estudos e remédios, em caso de enfermidade, "em fim para todas as precisões do ensino e educação do Alumno" (Decreto, 1838)[112]. O controle estatal sobre as diretrizes e protocolos do colégio chegava ao ponto de determinar a qualidade da fazenda com que se faziam o enxoval dos alunos ingressantes, assim composto: uma casaca de pano verde ordinário, com botões amarelos, quatro jaquetas de duraque preto, cinco coletes de fustão, dois coletes de sarja escura, quatro pares de calças de brim cru, duas ditas de brim branco, uma dita de pano preto, um chapéu e um boné, seis ceroulas de pano de linho, doze camisas também de linho, quatro lençóis e quatro toalhas de mão de linho, dois guardanapos de mesa, doze lenços, duas gravatas de seda preta, duas ditas de morcelina branca, desesseis pares de meias de algodão, suspensórios, ligas, escovas, e pentes, dois pares de sapatos grossos, e um de botins.

Interessante observar que o estatuto de 1838 não prevê a modalidade de admissão de alunos, apenas estipula alguns pré-requisitos: ter entre 8 e 12 anos, saber ler, escrever, e contar as quatro primeiras operações de aritmética, apresentar atestado de bom procedimento emitido por professores, ou diretores das escolas que houvessem frequentado e, no caso de aluno interno, ter tido bexigas naturais, ou vacinadas. A ausência de seleção do corpo discente mediante critérios estatutários claramente estabelecidos era, decerto,

---

112. Cf. íntegra do decreto em http://legis.senado.leg.br/norma/561182/publicacao/15635716

conveniente para os interesses políticos do governo do Império, embora não se possa atestar documentalmente que as vagas do Colégio Pedro II tenham servido de barganha para projetos políticos ou favorecimentos de qualquer natureza. Com efeito, não se pode permitir que o imaginário das ilações se sobreponha ao rigor das fontes históricas, não obstante seja legítimo especular o motivo por que um texto tão detalhado em regras e procedimentos tenha olvidado tema necessário como o da seleção dos alunos que comporiam o corpo discente do educandário.

A política de vencimentos dos professores seguia uma regra de produtividade não declarada, já que a décima parte dos valores auferidos mediante contribuição dos alunos era destinada à complementação salarial dos docentes em proporção do número de seus alunos. No entanto, fato que bem revela o descompasso entre as disciplinas no ideário pedagógico dos Oitocentos, os mestres que ministravam aulas de filosofia, matemática, retórica e ciências naturais entravam no rateio pelo dobro dos alunos que frequentavam suas aulas. Também se saliente que o fornecimento da alimentação era gratuito apenas para funcionários e alunos, sem distinção dos alimentos oferecidos. O reitor, o vice-reitor e os professores pagavam os alimentos mediante desconto em seus vencimentos.

A nomeação dos docentes fez-se, inicialmente, mediante escolha do governo, preferencialmente entre os empregados do colégio considerados habilitados. Decerto que havia nas nomeações a aferição não apenas do saber científico dos docentes em suas respectivas áreas de conhecimento, senão seu alinhamento às diretrizes morais previstas no estatuto, uma forma de assegurar o controle estatal sobre a formação ideológica do alunado. Nesse sentido, o § 1º do art. 13 do regulamento determina expressamente caber aos professores "não só ensinar a seus Alumnos as Letras, e as Sciencias, na parte que lhes competir, como tambem, quando se offerecer occasião, lembrar-lhes seus deveres para com Deus, para com seus Pais, Patria, e Governo". Cuida-se aqui, como se percebe, de uma formulação pedagógica pautada no respeito à autoridade que se deve observar em cada momento da prática de ensino. Entre os primeiros docentes do colégio figuraram Joaquim Caetano da Silva (1810-1873), jovem médico formado na França, na cadeira de retórica e gramática nacional; Justiniano José da Rocha (1812-1862), advogado carioca, nas cadeiras de geografia, história antiga e romana; Emílio Joaquim da Silva Maia (1808-1859), formado em Filosofia na Universidade de Coimbra, na cadeira de ciências naturais; o poeta Domingos José Gonçalves de Magalhães (1811-1882), na cadeira de desenho; e Januário da Silva Arvelos (1790-1844), cadeira de música (cf. Dória, 1997, p. 30-31).

A primeira mudança nos estatutos ocorre em 1841, sob orientação de Antônio Carlos Ribeiro de Andrada Machado e Silva (1773-1845), um dos que compunham o denominado "Gabinete da Maioridade", em que se implementam alterações curriculares significativas na distribuição de carga horária às disciplinas e inclusão da cadeira de alemão, fato inusitado já que, até então, o inglês e o francês eram as únicas línguas estrangeiras inscritas na grade curricular. Os alunos passam a receber o título de bacharel em letras por ocasião da formatura, por sinal uma outorga que se manteve por largo tempo ao longo do século seguinte. Entre os mais laureados, já no ano de 1867, cite-se Carlos de Laet (1847-1927), que viria a ocupar a cadeira de língua portuguesa logo após a formatura. Também se deve ao Colégio Pedro II a implementação da seleção de docentes mediante concurso público em que se exigia a defesa de tese. O prestígio do educandário decerto atraía o interesse de quantos se dispusessem a exercer o magistério, mormente em um ambiente socioeconômico de dificuldades expressivas na área do magistério. Vários foram os certames até o final do século com defesa de teses que se consagraram na literatura linguística brasileira, entre elas o trabalho *Temas e raízes*, de Fausto Barreto (1852-1915). Por sinal, coube ao mesmo Fausto Barreto promover a histórica reforma no programa de língua vernácula que o colégio adotaria em 1887, na qual que se implementava o método de análise pautado nos princípios da linguística histórico-comparativa.

Cumpre salientar que a criação do Pedro II não seguiu curso pacífico como seria de esperar, já que a crise na educação brasileira pela década de 1830 dividia as opiniões acerca da conveniência de um estabelecimento de ensino de cunho genérico, voltado para as humanidades. Alguns senadores do Império, entre eles Nicolau Pereira de Campos Vergueiro (1778/1859), que ocupara a Regência Trina em 1831, manifestaram-se radicalmente contra a criação do educandário, sob argumentos vários: os custos do empreendimento não seriam suportados pelo Tesouro, havia desvio de finalidade na ocupação do antigo prédio do Seminário de São Joaquim e a grade curricular, com cinco aulas diárias, era demasiadamente penosa para os alunos. As críticas, com efeito, centravam-se no projeto pedagógico do colégio, já que muitos senadores consideravam prioritário um ensino pragmático, voltado para a formação técnica na indústria.

As críticas, a rigor, tropeçavam em seus próprios argumentos, já que o antigo Seminário de São Joaquim preparava jovens para a vida eclesiástica, portanto com perfil teleológico bem distinto das exigências que a modernidade requeria. Em uma manifestação no Senado, em 17 de setembro de 1838, quando o ano letivo inaugural do colégio já estava por terminar, o ministro do Império Bernardo Pereira de Vasconcelos (1785-1850) procurava ainda justificar a criação do novo estabelecimento de ensino em um tom pragmático que realçava sua vocação para a ciência e o progresso[113]:

> No Collegio de Pedro II há huma differença, e he que os Estatutos deste Collegio não tiverão a ousadia de transtornar a marcha da natureza, ensinando aos meninos a pelas artes aprenderem as sciencias, mas sim a pelas sciencias aprenderem as artes, na idade em que já não tem lugar a falta de raciocinio. No Collegio de Pedro II há todos os estudos necessarios ao desenvolvimento das faculdades mais importantes e mais nobres da mocidade, como são os conhecimentos mathematicos, physicos e chimicos, que também se applicão ás artes [...]

E, em linha argumentativa mais ferina, Vasconcelos aponta para a garantia de excelência do Colégio Pedro II por contar com mestres que recebiam salários do Tesouro, portanto não dependiam da aceitação de suas aulas pelos alunos das escolas particulares, fato que lhes conferia maior autonomia e mesmo honestidade no exercício de seu mister:

> O Professor Publico he pago, quer tenha poucos discipulos, quer muitos; e he nisto precisamente que está a garantia do ensino das materias que convêm ao paiz.
> O Professor particular, ao contrário, procura espreitar a tendencia do maior numero, boa ou má, legongeia-a, despreza o ensino das matérias porque não vê sympathias, quer sejam necessarias quer não, porque se assim não fizer não terá a sua escola suficientes alumnos. Há pois huma razão de differença mui consideravel; e é por isso que o Governo deve, ainda para os estudos secundarios que não precisa do favor do Thesouro, ter collegios pagos pelos cofres publicos, para que srivão de modelo, e de correctovo aos abusos que podem ter as escolas particulares. O resultado destes Collegios ou fará dentro de pouco tempo desapparecer os outros Collegios mal formados, ou obrigará aos seus Professores a cingirem-se ao plano e regulamento dos Collegios publicos.

Eram proféticas as palavras de Bernardo de Vasconcelos, visto que a influência do Colégio Pedro II, decerto, espraiou-se rapidamente pelas províncias, de tal sorte que sua grade curricular tornou-se modelo para os demais educandários de ensino secundário, inclusive os da rede privada. O quadro de alunos matriculados no colégio em 1870[114] revela um número relativa-

---

113. Cf. em *Correio Official*, edição de 22 de setembro de 1838, p. 272.
114. Cf. em Relatório da Repartição dos Negócios do Império, http://memoria.bn.br/DocReader/DocReader.aspx?bib=720968&pesq=%22escolas%20particulares%22&pasta=ano%20187&hf=memoria.bn.br&pagfis=8896

mente pequeno de alunos matriculados, embora oriundos de dez províncias distintas, sendo dois deles oriundos da França:

N. 10.

Mappa estatistico do movimento das matriculas dos alumnos do Externato do Imperial Collegio de Pedro Segundo no anno lectivo de 1870.

[tabela com colunas: SETIMO ANNO, SEXTO ANNO, QUINTO ANNO, QUARTO ANNO, TERCEIRO ANNO, SEGUNDO ANNO, PRIMEIRO ANNO, subdivididas em Contribuintes e Gratuitos (Meio-pensionistas e Externos), e TOTAL]

Naturalidade dos alumnos.

[tabela com colunas: Rio de Janeiro, Maranhão, Piauhy, Ceará, Pernambuco, Bahia, S. Paulo, Santa Catharina, Rio Grande do Sul, Minas Geraes, França, TOTAL]

Houve 3 avulsos sómente: 1 na aula de Latim, 1 na de Geographia, e 1 nas de Portuguez e Latim do 3.º anno.

Externato do Imperial Collegio de Pedro Segundo, em 10 de Fevereiro de 1871.—Mestre em Artes *José Manoel Garcia*, Secretario.

Confere.—O Secretario, Bacharel *Theophilo das Neves Leão*.

Quadro: Alunos matriculados no Colégio Pedro II em 1870
Fonte: Ministério do Império do Brasil, Relatório da Repartição dos Negócios do Império.

No tocante especificamente ao ensino linguístico, os primeiros tempos traziam ainda o hábito pedagógico de chegar ao vernáculo pela via das línguas clássicas, de tal sorte que os fundamentos da gramática constituíam assunto das aulas de latim, sobretudo, e em algumas classes de grego. Pode-se dizer que até o final da década de 1850 não existia propriamente uma disciplina intitulada Língua Portuguesa, senão classes de retórica e poética[115], mais tarde classes de Literatura e Leitura, cujo mister incluía os fundamentos da teoria gramatical em curso. Com a inclusão da disciplina Língua Portuguesa nos exames preparatórios, a partir da década de 1860, as classes dessa disciplina específica começaram a crescer nos educandários, fato que veio a privilegiar a gramática como texto didático básico e essencial em sala de aula, de que decorre uma expressiva série de publicações que não mais encontraria óbices até o final do século.

A questão, entretanto, reveste-se de maior complexidade. Cedo criou-se no corpo docente do Colégio Pedro II a crença de que ao mestre haver-se-ia de conferir a liberdade necessária para organizar e ministrar suas aulas, incluído neste mister o aparato teórico e a bibliografia básica. Com isso, vários foram as gramáticas que, no correr dos anos, vieram a ser adotadas no "colégio padrão", com a consequente obtenção de prestígio que as fazia vicejar em salas de aulas das províncias mais distantes. Não era incomum, portanto, que se encontrasse a expressão "adotada no Colégio Pedro II" na folha de rosto de várias gramáticas, sobretudo as escritas por professores da casa, tais como Alfredo Gomes (1859-1924), João Ribeiro (1860-1934) e Hemetério dos Santos (1853-1939). Os compêndios prestigiados de gramáticos estranhos à Corte, caso de Júlio Ribeiro (1845-1890) e Augusto Freire da Silva (1836-1917), tinham penetração mais restrita, não obstante fossem obras comercialmente exitosas no âmbito de suas províncias[116].

3.6 Desenvolvimento do ensino privado

Os primórdios das escolas particulares no Brasil revelam a importação do modelo de instituições de ensino voltadas para as primeiras letras que foram criadas por João VI no âmbito do exército português. O objetivo era primacialmente o de alfabetizar a tropa, embora as atividades dessas escolas pudessem estender-se para a instrução do educando em disciplinas básicas. As diretrizes desse projeto foram estabelecidas nas *Instruções para os Professores das Escolas de Primeiras Letras dos Corpos de Linha do Exército*, de 29 de outubro de 1816, que incluíam aulas de ortografia, pontuação, frases e até etimologia (cf. Casulo, 2009). Em 1822, publicam-se as instruções do método de ensino mútuo nas escolas militares de primeiras letras, elaboradas

---

115. Sobre a Retórica e a Poética como "disciplinas clássicas dos discursos", cf. Acízelo de Souza (1999, p. 5-16).

116. Para uma consulta aos programas do Colégio Pedro II, cf. Vechia e Lorenz (1998).

pelo Capitão João Crisóstomo de Couto e Melo, cuja aplicação no Brasil foi imediata, não obstante visasse especialmente à educação de meninos. Com efeito, registra-se no número 100 do periódico baiano *Idade d'Ouro do Brazil*, saído em 13 de dezembro de 1822, a notícia trazida por um certo Lázaro Martins da Costa nos seguintes termos (p. 4):

> Pondo-se em concurso a Cadeira Regia de Primeiras letras da Freguesia de S. Pedro Velho desta Cidade fui eu hum dos Oppositores que pelos meus exames tive a honra merecer ser provido na dita Cadeira tomando posse della no 1º de Agosto, e pondo em pratica o novo methodo de pronunciação e leitura da linguagem Portugueza para o uso das Escolas particulares do Exercito offerecido a ElRei o Senhor D João VI pelo Director da Ecika Geral o Bacharel Formado João Chrisostomo do Couto e Mello relativamente a nomenclatura do alfabeto Portuguez.

A predominância de escolas particulares militares, ao que parece, estendeu-se até o final da primeira década imperial, com paulatino decréscimo em face de estabelecimentos religiosos e laicos que vieram a ser fundados já no Segundo Império. Em 1828, o Relatório Anual do Ministério da Guerra registra que "em alguns Corpos de Artilheria existem Escolas particulares de Mathematicas, e Sciencias Militares", tanto na sede da Corte quanto em algumas províncias, dando conta de que as da Corte poderiam ser extintas dada a atividade pedagógica da Academia Militar. Em carta enviada ao redator do periódico mineiro *O Universal* e publicada na edição de 25 de março de 1827, o Deputado Francisco Pereira de Santa Apolônia (?-1831), vinculado à Província de Minas Gerais, destaca o compromisso do Império com a instrução primária e gratuita, por força do art. 179 da Constituição, de que resultaria um plano de ampliação das vagas no âmbito das províncias mediante recursos do Subsídio Literário, um imposto da época pombalina que ainda vigia nos verdes anos imperiais no Brasil.

O plano de Santa Apolônia previa a criação de 23 escolas de primeiras letras com duas aulas de estudo mútuo, 17 classes de Gramática Latina, uma aula de Retórica e Poética e uma aula de Lógica. Por outro lado, previam-se 170 escolas de ler, escrever e contar, no âmbito da instrução particular, que servissem a 2.968 discípulos. O plano de Apolônia, portanto, erigia-se em um esforço conjunto do Estado e das famílias que pudessem contribuir financeiramente. Observe-se que o corpo docente desses estabelecimentos seria formado sobretudo por membros da Igreja, por sinal o próprio Santa Apolônia era cônego, para além de suas atividades legislativas. À época, já funcionava em Minas Gerais o Colégio da Serra e o Seminário de Mariana, que viriam a ser beneficiados com os recursos levantados. No total, segundo informa Santa Apolônia em sua carta ao *Universal*, contavam-se 180 escolas particulares, com 3.043 alunos, e 54 escolas públicas, com 1.345, fato que bem denunciava a urgência de implementação do projeto.

Em 1831, o fiscal do Município de Ouro Preto faz cientificar a Câmara Municipal da situação das escolas em funcionamento, em que se contaram 24 aulas, das quais 7 eram públicas e 17 particulares, com um total de 589 alunos de ambos os sexos. A orientação pedagógica era a do método Lancaster, considerado eficaz na multiplicação de instrutores laicos no ambiente da sala de aula. A década de 1830 em Minas Gerais, decerto, vê multiplicarem-se os estabelecimentos particulares com destaque para o já tradicional Seminário de Mariana, o Colégio do Caraça e o de Congonhas do Campo. No plano legislativo, criam-se as condições para ampliação da oferta de aulas em estabelecimentos públicos e privados, respeitadas algumas exigências, tais como a oferta de aulas para meninas (incluídas as disciplinas de primeiro grau e as de ortografia, prosódia e noções gerais dos deveres morais, religiosos e domésticos), a criação de escolas públicas em que se ensinem as aplicações da aritmética ao comércio, a geometria plana, o desenho linear e a agrimensura, ao menos uma escola normal para a instrução primária e a fundação de escolas particulares independentemente de licença do governo, desde que seus professores sejam habilitados. Um dispositivo peculiar determinava que apenas pessoas livres frequentassem as escolas públicas, de que se infere permitir-se a educação de escravos em escolas particulares[117]. Impunha-se, igualmente, a obrigatoriedade da educação básica, ainda que mediante ensino domiciliar.

A situação, entretanto, não era a mesma em todas as províncias, já que o investimento em educação privada não era equivalente. Em sua edição de 14 de março de 1831, o *Observador Constitucional* registra um depoimento de Cândido José d'Araújo Viana (1793-1875), o Marquês de Sapucaí, então presidente do Maranhão, em que dá conta dos parcos investimentos na seara da educação (p. 4):

---

117. Cf. em *Correio Official*, 20.10.1835, p. 380. Sobre o fato, adverte Lopes (2012, p. 30): "nas escolas particulares de São Paulo escravos eram admitidos, mas não nas públicas. A mesma exclusão aconteceria nas escolas públicas mineiras, de acordo com a legislação ainda vigente (Lei n. 13 de 1835). Contudo, no caso de Minas, pelo Artigo 11 da Lei n. 1064, de 4 de outubro de 1860, que determinava livre o ensino de instrução primária em casas particulares que estivessem distantes das povoações, qualquer pessoa de ambos os sexos, sem distinção de idade, estado, classe ou condição, poderia 'concorrer' a esse ensino. Em relação à Bahia, a exemplo da Corte, aos escravos também era negada a instrução pública".

> De vinte e sete Escollas publicas de primeiras Lettras para um e outro sexo, onze estão providas em Professores, e Professoras examinados na forma da Lei respectiva, sete são occupadas pelos antigos Professores, e nove estão vagas. Na primeira classe se comprehendem as trez Escollas de primeiras Lettras para meninas, estabelecidas nesta Cidade, em duas das quaes é seguido o methodo do Ensino Mutuo, que tambem deverá adoptar-se na terceira conforme a Lei; sendo porem bastante, á face do numero de alumnos, duas Escolas desse ensino, com tanto que tenhão a necessaria capacidade, talvez seja conveniente a supressão da terceira. Estas Escolas, e as particulares são frequentadas por mil cento e vinte e trez meninos, duzentas e trinta e seis meninas: destas cabem á Cidade 215, e daquelles 568.

O Rio de Janeiro, em 1836, contava com 18 escolas públicas e 21 escolas particulares, duas delas para ensino mútuo, números que atestam estar a província em situação desconfortável em face das demais, sobretudo em face do crescente número de jovens em idade escolar. Já em 1838, a Assembleia Legislativa acusava a existência de 21 escolas públicas, das quais duas destinadas a meninas, ao passo que pelo menos 48 estavam sob a administração privada, frequentadas por 514 meninos e 95 meninas. O crescente número de alunos na década seguinte, inclusive do sexo feminino, levou o governo a baixar novas normas com diretrizes mais rígidas no âmbito do ensino privado. A reforma da instrução primária de 1847 reserva um capítulo para as escolas de meninas, não obstante só se refira às instituições públicas, com corpo docente necessariamente composto por mulheres, preferivelmente as formadas em cursos normais. O cargo de diretor das escolas, com função fiscalizadora de todos os estabelecimentos de ensino, reservava-se aos profissionais do sexo masculino que compunham o corpo docente dos liceus provinciais.

A maior rigidez legislativa, agora, impunha aos interessados em abrir um estabelecimento particular a exigência de autorização do presidente da província, cuja expedição condicionava-se à apresentação de numerosa documentação: folha corrida da antecedentes emitido pela paróquia de sua residência, atestado de moralidade exarado pelo pároco, juiz de paz ou autoridade equivalente, comprovação de ter mais de 21 anos, programa de estudos e regimento da escola e prova de capacidade intelectual em exame público perante comissão nomeada pelo presidente da província. As novas exigências, entretanto, não parecem ter inibido o espírito empreendedor dos interessados em investir na seara da educação, visto que o número de estabelecimentos de ensino particulares aumentaria significativamente a partir da segunda metade do século. O Almanaque da Província de São Paulo registra a criação de colégios de meninos pelos professores Carlos Knüpell (?-?), Isidoro Pereira (?-?) e João Benteley (?-?); a fundação de colégios de meninas pelas professoras Adelaide Luiza de Molina (?-?), Honorata Maria da Conceição (?-?), Joana Alexandrina de Carvalho (?-?), Manoela Pereira (?-?) e Maria do Carmo Abranches (?-?). Entre as novas escolas particulares, destacam-se a Escola Alemã, de Adolfo Krauss (?-?), a Escola Alemã de Henriqueta Passig (?-?), a Deutsch Schule de Frederico Kling (?-?) e a escola A Americana, fundada pelo pastor presbiteriano George Whitehill Chamberlain (1839-1902) e destinada a ambos os sexos.

No Rio de Janeiro, a fundação de colégios de meninos e de meninas registra sensível crescimento, conferindo à iniciativa privada maior presença no cenário da educação básica. Surgem o Colégio Fernandes, o Colégio de Meninas de Madame Grivet, o Colégio Alemão de Madame Meyer, o Colégio Nacional, o Colégio da Perfeita Educação, o Colégio de Santa Clara entre tantos outros. O Almanaque da Província de São Paulo referente ao ano de 1883 registra a matrícula de 8.788 alunos em escolas públicas primárias em 1878 e de 9.232 em 1882; a matrícula de alunas cresceu de 5.540 em 1878 para 5.583 em 1882. São números que bem demonstram a modesta expansão da rede de ensino público em uma das mais importantes províncias do país. Esse quadro abria oportunidade para crescimento do setor privado, com ênfase nos estabelecimentos voltados para o ensino industrial. Na sede da Corte, desponta o Liceu de Artes e Ofícios como estabelecimento modelo voltado para o ensino profissional e inserção do alunado no mercado de trabalho.

Um papel relevante na educação da Corte exerceu o Liceu Literário Português, fundado em 10 de setembro de 1868 por um grupo de portugueses sob liderança de José João Martins de Pinho (1848-1900). A instituição, nascida de uma dissidência no antigo Retiro Literário Português, viria a tornar-se uma das pioneiras na oferta de aulas noturnas para adultos[118], nomeadamente imigrantes portugueses que necessitavam de qualificação para o trabalho no Novo Mundo. Em sua edição de 26 de julho de 1875, o periódico *O Globo* registra (p. 1):

> O Exm. Sr. Barão de Weldick, consul de Portugal, visitou ante-hontem as aulas nocturnas gratuitas do Licêo Litterario Portuguez, demorando-se até as 8 ½ horas da noite. S. Ex., vendo os valiosos serviços que o Lycêo esta prestando a instrucção popular, prometteu auxiliar quanto coubesse

---

118. Cf. *Jornal do Comércio*, edição de 21 de julho de 1881, p. 2.

em suas forças a tão benemerita instituição, em cujos cursos nocturnos estão matriculados mais de 300 alumnos de diversas nacionalidades, e há uma frequencia regular de 120 a 150 por noite.

A relevância das atividades desenvolvidas pelo Liceu no segmento da educação de adultos viria a inspirar um movimento público em prol de sua subsistência em 1882. Passando por período de grave crise econômica, o Liceu mal conseguia manter em funcionamento suas atividades básicas, sob risco de cerrar suas portas. A situação levou um grupo de amigos do Liceu a organizar em 5 de junho um grande concerto no Novo Cassino Fluminense, com a presença do Imperador e da Imperatriz, "em benefício das aulas nocturnas gratuitas do Lycêo Litterario Portuguez". Outro vultoso espetáculo musical viria a ser organizado por Artur Napoleão (1843-1925) e Leopoldo Miguez (1852-1902) no dia 10 de setembro, também com a presença do Imperador e no mesmo Novo Cassino Fluminense. O sucesso do movimento foi decisivo para que o Liceu fizesse publicar nas páginas do *Jornal do Comércio*, em 27 de agosto seguinte, a reabertura das aulas noturnas e o retorno de suas atividades ordinárias.

Inscrito no mesmo projeto de educação para o trabalho que deu vida ao Liceu de Artes e Ofícios, o Liceu Literário ofereceu cursos profissionalizantes na área de desenho arquitetônico, desenho linear e geométrico, desenho de ornato e figura, cosmografia e meteorologia, astronomia e arte náutica, cujas aulas foram parcialmente frequentadas pelo Imperador. Já pelo final do século, em 1891, o Liceu cria o Instituto Isabel de Pinho, cujas atividades desenvolvem-se na oferta de aulas diurnas gratuitas de instrução primária e doméstica para o sexo feminino.

3.7 Ação estatal na reforma da educação linguística

A opinião geral, em matéria de ensino, era de que o país vivia em ambiente caótico ainda pela metade dos anos de 1860. Era época em que se buscava, mesmo que em leves pinceladas, um projeto de industrialização do país, a requerer a formação de cérebros inovadores e aptos para dar conta de um futuro que a singular produção agrícola não suportaria sustentar. Significativos, a respeito, os artigos publicados por nomes como Manoel José Pereira Frazão (1836-1917), Joaquim José Menezes Vieira (1848-1897) e José Veríssimo (1857-1916) nas páginas da *Revista Pedagógica*, ao longo de três décadas, em que denunciam o atraso da educação brasileira e clamam por um projeto de cunho nacional que inclua as peculiaridades provinciais em um eixo norteador unitário. Nesse sentido, a par do ensino científico, buscava-se uma escola que também orientasse quanto aos hábitos de higiene, normas de trato e convivência social e preservação da saúde física e mental. A questão disciplinar, uma das mais complexas no cenário da sala de aula, passava por grande discussão nas páginas pedagógicas, em que a velha ordem autoritarista da punição exemplar e da exigência de silêncio reverencial cedia *pari passu* a uma estratégia de disciplina participativa, em que o interesse pela aula funcionasse como instrumento de integração do aluno às práticas pedagógicas.

Em uma de suas *Cartas* publicadas no *Constitucional* em 1863, mais tarde reunidas no volume *Cartas do professor da roça* (1864), Manoel José Pereira Frazão, que à época exercia a função de professor de Matemática do Colégio Barão de Tautphœus, localizado na cidade de Campos dos Goitacazes, dá conta do ambiente caótico em que se encontravam os exames preparatórios. Uma de suas queixas diz respeito à falta de transparência nos resultados dos exames, já que os colégios não se preocupavam com a divulgação dos erros cometidos pelos candidatos reprovados "afim de se avaliar a justiça com que julgaram as commissões examinadoras" (1864, p. 7). Na verdade, Frazão busca chamar a atenção para as consequências psicológicas da reprovação imotivada, fato que levava muitos alunos ao desânimo e mesmo abandono dos estudos. Na esteira de suas palavras duras e gravosas, Frazão não hesita em denominar as bancas examinadoras de "tribunais da instrução pública", em que se promovia uma roda de loteria.

No tocante à matéria linguística, Frazão condena a inclusão da língua francesa em detrimento da língua portuguesa entre as disciplinas ministradas. Segundo suas palavras, "pretendendo imitar o regulamento francez, e encontrando a exigência da lingua franceza com exclusão da portugueza, impuzeram a lingua franceza, excluíram a portugueza" (1864, p. 16). E arremata:

> É tão proverbial esse abandono da lingua, por ser officialmente acoroçoado, que um pai, ao levar seu filho ao collegio, recommenda que se não gaste o tempo com o estudo de portuguez, *que todos sabem;* que estude o francez e o latim; porque lhe disseram que a grammatica portugueza estuda-se na latina!

Na verdade, a crítica era apenas em parte improcedente, já que, embora alguns exames não falassem especificamente em língua portuguesa, decerto que incluíam áreas conexas, como a retórica e a poética. Na visão normativista de Frazão, compatível com o contexto intelectual de seu tempo, o examinando deveria dominar a língua dos clássicos, presente no exemplário das gramáticas mais prestigiadas pela década dos anos de 1860, tais como a de Sotero dos Reis (1800-1871), Jerônimo Soares Barbosa (1737-1816) e Solano Constâncio (1777-1846). São críticas que, a bem da verdade, renovam-se em um lamento crônico quanto ao mau uso da língua pátria, fato que perduraria por largo tempo no século seguinte até que a onda antinormativista ao fim dos Novecentos viesse a abrandar. A rigor, sempre se lamentou a má formação linguística do alunado, a despeito de sempre aparecerem escritores notáveis, íntimos do bom uso do português falado e escrito. Em certa medida, os lamentos de Frazão devem ser interpretados em dimensão mais ampla, que põe em xeque a própria relevância dos estudos humanísticos em uma época de esplendor tecnológico que revolucionava a vida social em matéria de transporte, conforto, informação, entre outros benefícios da "modernidade": "E' que no espirito do povo existe a idéa errônea de que o estudo de humanidades só serve para se adquirir direito á matricula, e não tem a menor utilidade real!" (1864, p. 24).

Certo é que, já a partir da década dos anos de 1870, a disciplina língua portuguesa começa a habitar os programas dos exames preparatórios, seja em complementação ou substituição à retórica. Segundo Razzini (2000), contribuiu bastante para a ampliação do mercado em língua portuguesa o fato de os cursos jurídicos e os seminários terem incluído a retórica e a poética entre as disciplinas em seus exames vestibulares. Com a instituição da língua portuguesa como disciplina, sua relevância cresceu a ponto de ser considerada em pouco tempo uma das denominadas cadeiras essenciais do ensino, ao lado da matemática. No Colégio Pedro II, por exemplo, a carga horária da disciplina língua portuguesa cresceu paulatinamente, antes restrita ao primeiro ano do Curso de Humanidades, agora ampliada para os dois primeiros anos, com aulas específicas de gramática, leitura e redação. O espírito cientificista que invade a gramaticografia brasileira a partir dos anos de 1880 transforma radicalmente a natureza da aula de língua vernácula, agora mais atenta ao sistema linguístico do que a seu uso em texto escrito, de tal sorte que, no plano pedagógico, se ingressa numa fase analitista, em que a denominada gramática filosófica, mais atenta ao fenômeno da língua como organização das ideias na arquitetura da razão e preocupada com a prescrição ortográfica e prosódica, abre espaço para a gramática descritiva ou expositiva, em que os fatos da sintaxe e da morfologia se sobrelevam como pontos de maior relevância.

Uma das estratégias de que a política de governo se vale para estimular o cumprimento de normas gerais na área do ensino é a de regulamentar as diretrizes dos concursos, sejam os de ingresso de alunos nas escolas oficiais, sejam os que selecionam funcionários da administração pública. No Segundo Império, surge uma regulamentação mais rígida entre 1886 e 1887, portanto às portas da República, em que as normas gerais e os conteúdos programáticos de língua portuguesa são estabelecidos pelo Decreto n. 9.649, de 2 de outubro de 1886 e pelo Aviso n. 974, de 17 de março de 1887. Nesses documentos, dispõe-se pela primeira vez que o exame de língua portuguesa precederá a qualquer outro no âmbito dos concursos em geral, fato relevante no que diz respeito à exigência do domínio da norma linguística para o exercício de funções administrativas, bem como para a o exercício da cidadania em termos genéricos.

Ainda nos termos dessa renovada legislação atinente aos exames de proficiência em língua vernácula, os concursos devem prever prova escrita e prova oral, essa última constante de análise fonética, etimológica e sintática de um trecho escolhido pela comissão avaliadora entre os seguintes autores: Camões, *Os Lusíadas*, Barão de Lucena, *História do Padre Francisco Xavier*, Frei Luís de Sousa, *A vida do arcebispo*, Gabriel de Castro, *A Ulisseia*, Santa Rita Durão, *O Caramuru*, Padre Teodoro de Almeida, *O feliz independente*, João Francisco Lisboa, *A vida do Padre Antônio Vieira*, Barão de Piranapiacaba, *A camoneana*. Interessante notar que, nos termos da legislação, um examinador deve ocupar-se especificamente da aferição do saber lexical, nomeadamente o sentido das palavras no texto, ao passo que outro se dedica à aferição do saber gramatical. Não surpreendentemente, as regras dos exames preparatórios impõem conhecimento de teoria gramatical pura, em que se afere saber teórico e metalinguístico, inclusive a distinção entre "gramática geral", "gramática histórica ou comparativa" e "gramática descritiva ou expositiva". Os textos do decreto e do aviso são detalhadíssimos quanto ao rol de pontos que podem ser cobrados do candidato, desde os fundamentos da fonologia, passando pela ortografia, até chegar-se aos vícios de linguagem e ao estilo, ou seja, todo o conteúdo de uma gramática padrão do fim de século.

Não se pode aqui deixar de mencionar uma passagem de Júlio Ribeiro, em comentário às diretrizes dessas normas, avaliadas como "um programma organizado scientificamente, sobre as bases largas, solidas, da sciencia da linguagem" (s.d. [1887], p. 92). E arremata (p. 93), em incontida jactância:

> Si foramos vaidoso, era esta a hora de rejubilar: o programa de Portuguez, bem como os de todas as outras linguas que se ensinam officialmente no Brasil, está de accordo exacto, perfeito com os principios da grammatica scientifica, que, em 1881, tivemos a ousadia de arrojar á publicidade.

Verdade que, em arremate a esses arroubos autoelogiosos, Ribeiro reconhece que, já pelos finais dos anos de 1880, época das reformas e regulamentações na área do ensino, o país contava com várias obras nacionais e estrangeiras de igual pendor. Entre os que cita estão Pacheco da Silva Júnior (1842-1899), com sua *Gramática histórica*, Adolfo Coelho (1847-1919), José Leite de Vasconcelos (1858-1941), João Ribeiro (1860-1934), Fausto Barreto (1852-1915) e Lameira de Andrade (?-1897). Por outro lado, as novas diretrizes agora estabelecidas para os exames de língua portuguesa dão oportunidade para atingir com certo sarcasmo a figura de Augusto Freire da Silva (1836-1917), cuja *Gramática* então figurava como texto oficial do curso anexo à Faculdade de Direito de São Paulo (Ribeiro, s.d. [1887], p. 94):

> Serio conflito se nos antolha entre o referido actual programma e a Grammatica portuguesa official do curso anexo á Academia de Direito. Admittindo principios immutaveis e geraes da palavra pronunciada ou escripta em todas as linguas; dividendo a grammatica em *Etymologia*, *Syntaxe*, *Prosodia* e *Orthographia*; reppelindo como innovação impropria a denominação scientifica *Morphologia*; reproduzindo em edicções successivas, com uma obstinação lamentavel, doutrinas e ensinamentos caducos, o auctor da grammatica official, o illustre cathedratico de Portuguez vai de vês em serios embaraços.

3.8 O incipiente ensino superior dos Oitocentos

Referimo-nos em outro momento aos primeiros institutos de ensino superior no Brasil, logo após a chegada da Família Real ao Rio de Janeiro. Ainda em 1808, criaram-se duas escolas de cirurgia e anatomia, em Salvador e no Rio de Janeiro, e a Academia da Guarda Marinha, também no Rio de Janeiro. O espírito empreendedor de João VI, decerto estimulado pela perspectiva de permanência prolongada em solo colonial, deu oportunidade para a fundação de uma escola de agricultura em 1814 e da Escola Real de Ciências, Artes e Ofícios, essa na corrente cultural trazida pela Missão Francesa. O programa dessa instituição, implantado por Joaquim Lebreton (1760-1819) à luz do currículo da Academia Francesa, previa aulas de desenho, pintura, escultura, gravuras, a par de um curso integral de arquitetura. Após um início promissor, o projeto de educação superior estagnou, muito em face dos sucessivos períodos de crise institucional que pontilharam a administração do Reino Unido, e, posteriormente, do Império, de que resultava uma atenção quase exclusiva para a preservação do poder, em detrimento de uma política desenvolvimentista na seara da educação. A rigor, em um novo país emancipado, que tinha a maioria de seus cidadãos analfabetos, julgava-se despiciendo pensar em escolas superiores, sobretudo considerando-se que a elite econômica dos primeiros tempos imperiais ainda tinha os olhos voltados para a tradição secular de Coimbra.

A rigor, o período que parte da Independência e chega ao ocaso do Império quase nada produz em termos de ensino superior no Brasil, que viria a ter uma universidade somente no século seguinte. Pelo final dos Oitocentos, o país contava com 24 estabelecimentos de ensino superior, com cerca de 10 mil alunos matriculados, na realidade escolas de ensino profissional nas áreas mais prestigiadas da formação escolar. Ainda na primeira década imperial, institui-se a criação de dois cursos de ciências jurídicas e sociais no Brasil, um em São Paulo e outro em Olinda. A escolha da área jurídica estava em consonância com um projeto de nação burocratizada, fincada nos pilares cartoriais e necessitada de cérebros que compusessem lides na seara do patrimônio privado e da política econômica. A urgência de mão de obra nesse mister espelha-se no fato de serem aceitos alunos a partir dos 15 anos de idade, não obstante os requisitos para ingresso fossem raros na população letrada: aprovação em testes de gramática latina, filosofia moral e racional, retórica, língua francesa e geometria.

O programa do Curso de Ciências Jurídicas e sociais era extenso e, em certa medida, pretensioso, decerto moldado nos congêneres europeus (Brasil, 1827):

> Art. 1º – Crear-se-ão dous Cursos de sciencias jurídicas e sociais, um na cidade de S. Paulo, e outro na de Olinda, e nelles no espaço de cinco annos, e em nove cadeiras, se ensinarão as matérias seguintes:
> 1º ANNO
> 1ª Cadeira. Direito natural, publico, Analyse de Constituição do Império, Direito das gentes, e diplomacia.
> 2º ANNO
> 1ª Cadeira. Continuação das materias do anno antecedente.
> 2ª Cadeira. Direito publico ecclesiastico.
> 3º ANNO
> 1ª Cadeira. Direito patrio civil.
> 2ª Cadeira. Direito patrio criminal com a theoria do processo criminal.
> 4º ANNO
> 1ª Cadeira. Continuação do direito patrio civil.
> 2ª Cadeira. Direito mercantil e maritimo.
> 5º ANNO
> 1ª Cadeira. Economia política.
> 2ª Cadeira. Theoria e pratica do processo adoptado pelas leis do Império.

O decreto trazia algumas regras atinentes ao uso de material bibliográfico. Em havendo compêndios publicados, ficaria ao alvedrio dos lentes escolhê-los e, não os havendo, poderiam produzi-los, "com tanto que as doutrinas estejam de accordo com o systema jurado pela nação", um interessante eufemismo para controle do pensamento doutrinário. De todo modo, o decreto previa a publicação do material didático às expensas do governo, "competindo aos seus autores o privilegio exclusivo da obra, por dez anos". As condições de trabalho, por seu turno, eram muito boas no cenário econômico dos anos de 1820, já que os lentes titulares, ditos proprietários, tinham salário equivalente ao dos desembargadores das relações, gozavam das mesmas honras e podiam aposentar-se com proventos integrais após 20 anos de serviço. Interessante observar que, embora sede do Império, o Rio de Janeiro só contaria com uma Faculdade de Direito em 1882 com a fundação da Faculdade Livre de Ciências Jurídicas e Sociais do Rio de Janeiro. Logo em seguida, em 1891, em plena República, surge a Faculdade Livre de Direito do Rio de Janeiro, de tendência ideológica distinta de sua congênere anterior. As duas escolas viriam a unificar-se no século XX no âmbito da Universidade do Brasil. Por esta época, registre-se, a Lei n. 186, de 13 de agosto de 1898, cria a Academia de Direito de Goiás, que, após ter sido fechada por breve período, voltaria a formar bacharéis no início do século XX.

A Faculdade de Direito de Olinda instalou-se em 1828 nas dependências do Mosteiro de São Bento e, anos mais tarde, em 1854, veio a transferir-se para Recife, capital da Província de Pernambuco, onde formou alunos que viriam a participar ativamente da história política brasileira, entre eles Augusto Teixeira de Freitas (1816-1883), Tobias Barreto (1839-1889), José Maria da Silva Paranhos Júnior (1845-1912), o Barão do Rio Branco, Joaquim Nabuco (1849-1910), Sílvio Romero (1851-1914). Clóvis Bevilaqua (1859-1944), os futuros presidentes da República Epitácio Pessoa (1865-1942) e Nilo Peçanha (1867-1924), Aníbal Bruno (1890-1976) e Francisco Pontes de Miranda (1892-1979).

O curso de São Paulo, por sua vez, ocupou o Convento de São Francisco, prédio erguido no século XVII, situado no atual Largo de São Francisco. Desde sua inauguração, a denominada Academia de Direito, depois intitulada Faculdade de Direito, contava com uma preciosa biblioteca aberta ao público em geral. Sua presença na história republicana é decisiva para a formação do pensamento crítico brasileiro, não só na área jurídica, senão em todos os segmentos da vida pública, como comprovam os fatos ligados à resistência acadêmica por ocasião do Golpe de 1964. Viria a ser, a primeira escola superior a integrar a Universidade de São Paulo, por ocasião de sua criação em 1934, e de seus bancos escolares sairiam 12 presidentes da República: Prudente de Morais (1841-1902), Manuel de Campos Sales (1841-1913), Francisco Rodrigues Alves (1848-1919), Afonso Pena (1847-1909), Venceslau Brás (1868-1966), Delfim Moreira (1868-1920), Washington Luís (1869-1957), Júlio Prestes (1882-1946), José Linhares (1886-1957), Nereu Ramos (1888-1958), Jânio Quadros (1917-1992) e Fernando Henrique Cardoso.

No campo da engenharia, a precursora Academia Real Militar, criada por Dom João VI em 1810, viria a consolidar-se por décadas como escola formadora de arquitetos e engenheiros, até transformar-se em 1858 na Escola Militar da Corte, sucessora da Academia Real Militar. A rigor, pode-se afirmar que o ensino superior de engenharia e carreiras afins restou confinado às instituições militares, tendo em vista seu vínculo tradicional na organização estatal lusitana. Com a edição do Decreto n. 5.529, de 17 de janeiro de 1874, os engenheiros passaram a ser formados por instituições civis, de que resultou o surgimento da Escola Politécnica, a primeira escola de engenharia brasileira desvinculada dos círculos castrenses. Entre os educandários de iniciativa privada, mencione-se necessariamente a Escola de Engenharia Mackenzie de São Paulo, fundada em 1896, cuja primeira turma, com sete alunos matriculados, teve apenas dois concluintes.

Na seara da medicina, o século XIX não testemunhou avanço equiparável ao das ciências jurídicas. O que se observa é uma alteração de denominações da Escola de Cirurgia da Bahia, criada no ano da transferência da Corte de Maria I (1808), que passou a Academia Médico-Cirúrgica da Bahia em 1816, Faculdade de Medicina da Bahia em 1832 e Faculdade de Medicina e Farmácia da Bahia em 1891, com efetiva ampliação de seus cursos para formação de enfermeiros e farmacêuticos. Uma iniciativa pontual viria a criar em Ouro Preto a Faculdade de Farmácia (1839) e a Escola de Minas, dedicada aos estudos avançados em mineralogia, fundada em 1876 pelo mineralogista francês Claude Henri Gorceix (1842-1919). O governo do Império, marcado pelas duras lições da Guerra do Paraguai, passou a dar renovada atenção à produção mineral brasileira, sobretudo para desenvolvimento de uma indústria bélica mais eficaz. Os incentivos à criação de uma escola mineralógica na região de Ouro Preto revelavam-se, decerto, a melhor e mais óbvia solução para semelhante deficiência do Estado. Já pelo fim do século, outras instituições viriam a ser fundadas, neste pontilhado de iniciativas isoladas que bem expressa a ausência de um projeto plurianual de expansão do ensino superior no Brasil.

Alguns desses novos empreendimentos partiram da iniciativa privada já no período republicano. Cite-se a Escola Livre de Farmácia e Química Industrial de Porto Alegre (1897), que passaria a denominar-se Faculdade de Medicina e Farmácia de Porto Alegre (1898). Sua origem está na União Farmacêutica de Porto Alegre, criada em 1894 por farmacêuticos e comerciantes droguistas e seu futuro reservaria a criação da Faculdade de Medicina e Farmácia de Porto Alegre, cujo primeiro diretor foi Protásio Antônio Alves (1859-1933). Entre as atividades acadêmicas da nova faculdade oferecia-se um curso de parto, marco da política público-sanitária da medicina no Brasil. Segundo Weber (1999), a Faculdade de Medicina e Farmácia sustentou-se inicialmente com doações e renda auferida em quermesses e subscrições particulares.

O que se percebe é que, a partir da segunda metade do século XIX, mormente na década dos anos de 1870, o Brasil passa a respirar uma nova atmosfera em que se vislumbra a possibilidade de industrializar o país. Nas palavras de Caio Prado Júnior (1907-1990), "a indústria brasileira terá o seu primeiro surto apreciável a partir do último decênio do Império" (1945, p. 170), fato que naturalmente incentivava a criação de novos cursos superiores ou técnicos de cunho profissionalizante. O alvo eram as atividades que constituíam a base da economia nacional, pautada na diversificada agroindústria, na pecuária e na mineralogia, ou seja, em *commodities* que servissem aos grandes centros europeus, cujo parque industrial desenvolvia-se em ritmo acelerado.

4
O ideário linguístico da gramática racionalista

4.1 Fundamentos doutrinários

No prólogo de seu *Método gramatical para todas as línguas* (2007 [1619]), Amaro de Roboredo (1580 [1585]-post 1653) refere-se à "metáfora racional" de que os falantes do português e do espanhol se dão conta quando comparam as propriedades dessas línguas com as da língua latina. E a causa, nas palavras do gramático português, "he, que os Latinos erão homẽs, com os quaes concordamos na racionalidade, que encaminha o entendimento, & lingua, a declarar, o que sentimos: & ainda que as palavras sejão diverſas, assi cada hũa per si, como muitas juntas na razão da frase, com tudo a união racional delas em todos he a mesma" (2007 [1610], p. 16)[119]. Essas são palavras que precedem em meio século as teses consagradas na *Grammaire de Port-Royal* (1803 [1660]), cuja referência hoje se consolidou como marco da denominada gramática filosófica ou racionalista[120]. Ainda citando Roboredo, de suas palavras pode-se extrair o próprio sentido da gramática como arte, ou produto da inteligência humana, que cuida da descrição não propriamente da língua, senão da arquitetura do raciocínio expressa na língua, "porque a Grammatica depende da razão, que a natureza vai pelo tempo descobrindo aos bõs ingenhos, que sobre ella trabalhão" (2007 [1619], p. 17).

O vínculo epistemológico entre língua e razão tornar-se-ia mais evidente aos olhos dos filósofos da linguagem na segunda metade do século XVII,

---

119. Optamos pelo *s* breve na citação para maior conforto da leitura.

120. As gramáticas deste modelo costumam variar no título: filosófica, racional, geral, razoável ou analítica.

época em que as questões de linguagem afloraram com ênfase no conturbado ambiente em que se opunham o empirismo de John Locke (1632-1704) e o racionalismo de René Descartes (1596-1650). Há uma tendência de situar-se o surgimento do pensamento racionalista com a publicação em 1637 do *Discours de la méthode*, cuja influência imediatamente se disseminou no seio do Iluminismo francês e em pouco tempo consolidou-se como um modo de pensar que se deveria aplicar a todas as áreas da formulação científica. Em certa medida, as bases filosóficas da *Grammaire de Port-Royal*, um texto linguístico que sucede ao *Discours* em pouco mais de 20 anos, podem-se fincar no pensamento de Descartes, não obstante alguns estudos históricos sobre os fundamentos filosóficos da *Grammaire* atribuam-lhe inspiração racionalista de textos anteriores ao *Discours*. Nas palavras de Donzé, em seu conhecido estudo sobre a *Grammaire*, bem antes da publicação do trabalho de Descartes já circulava nos meios intelectuais "un fort courant rationaliste qui donna une orientation plus philosophique" (1967, p. 25). Significativo é notar que as referências de Donzé remontam, entre outras obras, à *Minerva* (1587), de Franciscus Sanctius, à *Grammatica philosophica* (1628), de Scioppius, à *De arte grammatica libri VII* (1635), de Vossius, e à *Philosophiae rationalis pars prima continens grammaticalium libros tres* (1638), de Tommaso Campanella, mas sequer uma linha traça a respeito do *Método gramatical* de Roboredo, igualmente predecessor de Descartes.

Portanto, a usual referência à linguística do século XVII como "linguística cartesiana" deve ser acatada com reservas, sobretudo se consideramos que o *Discours* de Descartes não é um trabalho que se ocupe primacialmente de questões linguísticas. Haverá, neste fato, um forte componente epistemológico que situa o campo da filosofia como norteador do pensamento de uma época, por sinal ratificador da célebre afirmação de Antoine Meillet "chaque siècle a la grammaire de sa philosophie" (1921, p. VIII). O que se constata, afinal, é que Descartes apenas rascunha alguma referência à fenomenologia da linguagem no *Discours*, especialmente no capítulo 5, em que se refere à inexistência da faculdade da linguagem entre os animais e afirma que, se o homem é dotado dessa faculdade, deve-o à primazia da razão. A questão que persiste diz respeito às fontes de Antoine Arnauld (1612-1694) e Claude Lancelot (1615-1695), se limitadas à filosofia de Descartes ou ampliadas pelas obras linguísticas que já cuidavam da natureza da língua como expressão da razão, embora pareça evidenciar-se que, no plano metodológico – partir do mais simples e mais geral para o mais complexo e detalhado –, a influência de Descartes seja indiscutível.

Os estudos que se multiplicaram ao longo do tempo sobre a *Grammaire* concluem que se trata de uma tentativa de exposição da gramática universal, fato que, por sinal, fica bem evidente no próprio subtítulo da obra – "les raisons de ce qui est commun á toutes les langues, & des principales différences qui s'yrencontrent" –, de que decorre uma especulação sobre os propósitos do uso da linguagem pelo homem. Verifica-se que sua abordagem linguística espelha-se na estrutura das formas de pensar, que, por seu turno, pauta-se nas três operações principais do espírito, de acordo com "todos os filósofos": conceber, julgar, raciocinar (1660, p. 17). Conceber nada mais é do que um simples olhar de nosso espírito sobre as coisas do mundo, julgar implica avaliar a natureza das coisas mediante identificação de seus atributos, se são "desta ou daquela forma", cujo resultado no plano linguístico é a estrutura básica da proposição: *sujeito, cópula* e *atributo*. Em outros termos, o sujeito linguístico corresponde à primeira operação mental, que é a de *conceber*, ao passo que a cópula corresponde à segunda operação, *julgar* ou formular um *juízo*, "qu'on peut dire estre proprement l'action de nostre esprit, & la maniere dont nous pensons" (1803 [1600], p. 29)[121].

Uma herança do pensamento linguístico que permearia a produção gramatical em textos vernáculos por mais de dois séculos e, em certa medida, mantém-se até os dias atuais como referência, situa-se nessa concepção da proposição – ou da oração, também cláusula etc. – na tríade sujeito-verbo--atributo. Outro legado que se consolida a partir de Port-Royal é a distinção (não oposição) entre gramática geral e gramática particular, que se tornou, por assim dizer, uma referência obrigatória em toda descrição de língua vernácula a partir dos Setecentos e viria a renovar-se, em outros parâmetros, na distinção que mais tarde se faria entre linguística geral ou glotologia e filologia das línguas vernáculas. O fato de os autores da *Grammaire* não haverem abandonado o modelo secular da gramática clássica, mediante identificação de classes de palavras e seu papel no discurso, inclusive com a manutenção da metalinguagem respectiva, dão o toque de continuidade no pensamento linguístico racionalista, fato inevitável do ponto de vista epistemológico, não obstante seus fundamentos sigam perspectiva distinta. A *Grammaire* distingue palavras que significam os objetos concebidos pelo pensamento e palavras que significam a maneira como os concebemos: as primeiras denominadas nomes, artigos, pronomes, particípios, preposições e advérbios e as segundas, verbos, conjunções e interjeições (1803 [1660],

---

121. Tradução: "que se pode propriamente conceber como a ação de nosso espírito e a maneira como pensamos".

p. 30). Esse traço de continuidade clássica no plano maior da descontinuidade racionalista levou Ian Michael a afirmar temerariamente que "the Port-Royal grammar as a whole is only the traditional grammar of Latin generalised enough to accommodate French, with some reference to other modern languages" (1970, p. 168)[122].

Cuide-se, a esse respeito, que o próprio Antoine Arnauld (1612-1694) adverte na *Logique* que as regras de raciocínio linguístico foram tomadas a Aristóteles (384 a.C.-322 a.C.), sendo o método devido a Descartes (1596-1650) e Pascal (1623-1662). Não se pode subestimar a presença das teses de Port-Royal na gramatização dos vernáculos a partir dos Setecentos, com força renovada no Século das Luzes. Com efeito, a *Grammaire* foi aclamada pela crítica de seu tempo e traduzida para todas as línguas europeias, dada sua perfeita inscrição no clima intelectual de sua época. Concebe a língua como fruto da lógica racional, do esplendor do raciocínio, atributo exclusivo do homem, portanto um cântico de louvor à ontologia humana. Diga-se, ademais, que essa visão logicista da língua, que distingue bem a realidade fática e o mundo imagístico que reside no espírito, criou linhas de raciocínio linguístico precursores, tais como a distinção entre o que existe no plano da materialidade e sua correspondência no plano ideológico. Em sua *Logique* (1878 [1622], p. viii), assim se expressam Antoine Arnauld e Pierre Nicole:

> Quand on considere un objet en lui-même et dans son propre être, sans porter la vue de l'esprit à ce qu'il peut représenter, l'idée qu'on en a est une idée de chose, comme l'idée de la terre, du soleil; mais quand on ne regarde u certain objet que comme en représentant un autre, l'idée qu'on en a est une idée de signe, et ce premier objet s'appelle signe. C'est ainsi qu'on regarde d'ordinaire les cartes et les tableaux. Ainsi le signe enferme deux idées, l'une de la chose qui represente, l'autre de la chose représentée; et sa nature consiste à exciter la seconde par la première[123].

---

122. Tradução: "a gramática de Port-Royal, como um todo, é apenas a tradicional gramática latina suficientemente generalizada para acomodar o francês, com alguma referência a outras línguas modernas".

123. Tradução: "Quando consideramos um objeto em si mesmo e em seu próprio ser, sem considerar a visão do espírito acerca do que ele pode representar, a ideia que dele temos é de uma coisa, como a ideia da terra, do sol. Mas quando olhamos um determinado objeto como representação de outro, a ideia que temos dele é de um signo, e esse primeiro objeto é chamado de signo. É assim que costumamos interpretar ordinariamente os mapas e tabelas. Assim, o signo encerra duas ideias: uma da coisa representante, outra da coisa representada; e sua natureza consiste em fazer significar a segunda pela primeira".

Alia-se a esse conceito de signo uma formulação semântica acerca da complexidade dos itens lexicais, de suas partes integrantes e respectiva identificação pelo processo de abstração. Nessa linha de raciocínio, a abstração proporciona o entendimento das coisas que estão no mundo em face de sua complexidade de composição, em que as partes são observáveis e concebidas como elementos individuais da integralidade, conforme se observa, por exemplo, em organismos como o corpo humano. Assim, por analogia, o espírito humano pode conceber as partes de uma palavra em sua individualidade, sem considerar necessariamente as outras. Também pela abstração pode-se chegar a um modo ou valor das coisas sem que necessariamente pensemos em sua substância, assim como se pode avançar na abstração a ponto de se identificarem diversos atributos para a mesma coisa sem que a percepção de uns implique a de outros. Esses são processos de abstração que conferem ao espírito a capacidade de conceber as coisas e formular ideias que se compreendem tanto em sua singularidade quanto em sua universalidade. Outra dimensão se deve atribuir à relação entre som e ideia no modelo racionalista. O liame entre som e ideia é arbitrário, com a ressalva de que a ideia precede o som. A rigor, a cadeia sonora é interpretada como uma face material da palavra que se deve estudar por necessidade, já que dela não se pode prescindir. O que se conclui, enfim, é que o som é inerente à língua, não propriamente à palavra como entidade individual.

Em suma, o aparato doutrinário da gramática racionalista, também denominada *gramática filosófica* ou *gramática razoada*, partia de uma concepção da língua como fruto da capacidade humana de erigir o raciocínio lógico, razão por que se supunha natural aplicar à descrição do fenômeno linguístico as leis que regulavam a arquitetura do raciocínio. Essa abordagem, conforme já referido, elevava-se da premissa de que, se o homem detém a primazia da formulação racional e se semelhante atributo era comum aos homens em geral, então haver-se-ia de compreender a língua – fruto da razão – igualmente dotada de elementos universais. Conforme acentua Robins, no momento em que as línguas vernáculas passaram a merecer a atenção dos linguistas no mesmo patamar das línguas clássicas, surgiu o problema de conceituar os universais linguísticos, já que, até então, os antigos estudiosos não se tinham ocupado dessa questão por considerarem que o latim descrito por Prisciano era a expressão universal de todas as línguas (1967, p. 126)[124]. A rigor, a gramática filosófica – que em princípio equivale à expressão *gramática ge-*

---

124. Cf. também Bolgar (1973), Arens (1976).

ral nos compêndios do modelo racionalista – busca reconhecer na língua os princípios genéricos que estão na concepção da razão humana.

Não sem fundamento, pois, a metalinguagem gramatical faz eclodir esse paralelo em termos como *juízo* para expressar o conteúdo semântico da frase, *substantivo* para expressar a palavra através do conteúdo ontológico das coisas e *atributo* para expressar o valor dos adjetivos. A concepção do verbo *ser* como uma palavra que encerra a substância de toda e qualquer ação humana – daí *verbo substantivo* – consolida essa aplicação dos universais da razão humana à caracterização ontológica da língua. Ainda pautada no princípio de que a língua é uma faculdade da razão humana, a gramática racionalista traz para a seara linguística conceitos que originalmente se aplicavam no entendimento do raciocínio e das relações lógicas estabelecidas na construção do pensamento. Um deles, fundamental, é o conceito de *ideia*, assim entendido como uma imagem que se fixa no organismo humano através dos sentidos. Segundo os gramáticos racionalistas, os objetos que circundam o homem no cotidiano de sua existência firmam uma imagem representativa de todos os atributos que os caracterizam, de que decorre construírem-se, na mente humana, conceitos ou concepções imagísticas desses objetos, isto é, *ideias conceituais* (cf. Burggraff, 1863, p. 1).

Conforme ressaltamos alguns parágrafos atrás, esta noção de *ideia* remete necessariamente à de *abstração*, no sentido de que a imagem que se constrói na mente humana não se confunde com a coisa imaginada ou conceitualmente elaborada, já que se está aqui no plano imanente do raciocínio[125]. Em outros termos, na proposta racionalista, o mundo que conhecemos não é o mundo das coisas no plano fático, mas o mundo das construções imagísticas que fazemos dessas coisas, razão por que, ao estabelecermos relação entre os objetos, na realidade estamos relacionando entre si essas imagens conceituais, que são, por assim dizer, estratégias do raciocínio e da concepção lógica do mundo de que são dotados todos os homens. Para valer-se dessa faculdade, recorre o homem a atributos que lhe são característicos, tais como a percepção, a memória, a atenção e a imaginação (Burggraff, 1863, p. 1).

A presença dessas ideias na mente humana, ou no *espírito humano*, resulta em um mecanismo de relações que as vincula, normalmente uma comparação que lhes identifica semelhanças e dessemelhanças ou lhes atribuem relação de causa e efeito, relação de temporalidade entre tantas outras. Na

---

125. Em certa medida, pode-se estabelecer uma analogia entre a relação *ideia-coisa imaginada*, no âmbito da gramática racionalista, com a relação *significante-objeto* na conceituação do signo saussureano.

concepção racionalista, as relações entre ideias conferem ao homem a faculdade do conhecimento das coisas, ou seja, cuida-se de um processo mental em que a realidade fática é transferida imagisticamente para o espírito, de que decorre a criação do conhecimento ou ciência do mundo. Alguns metatermos inerentes a esse processo cognitivo se encontram com expressiva frequência nas páginas das gramáticas racionalistas, entre eles a noção de *juízo* e *proposição*. O primeiro resume-se na denominação que a lógica confere ao conhecimento na mente humana, ao passo que o segundo é a expressão do juízo no plano linguístico.

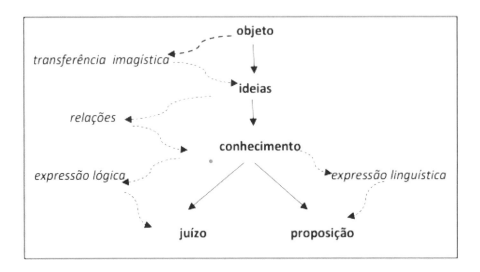

Quadro: Conceito dos metatermos *juízo* e *proposição* na gramática racionalista

Em outra dimensão, ao cuidarem da língua como atributo do homem, os gramáticos racionalistas se valem de um aparato teórico que serve originalmente ao estudo da razão humana, de que decorre, naturalmente, o uso de terminologia atinente à filosofia, em especial no âmbito da lógica. Aqui reside alguma dificuldade quanto ao tratamento da metalinguagem na leitura dos textos gramaticais antigos[126], pois a dimensão conceitual que certos metatermos detêm nesses textos pode diferir significativamente da que hoje se lhes atribui. Vejamos o exemplo abaixo extraído de Reis (1871 [1866], p. 33):

"O viajante, *que*, ou o *qual*, ou a *quem*, procuras, não existe nesta cidade, a *que*, ou á *qual*, ainda não chegou".

---

126. Sobre o adequado tratamento da metalinguagem no estudo historiográfico, cf. Koerner (1995) e Bartlett (1984).

> Neste exemplo, *que*, *o qual*, exprimem uma relação de pessoa; a *que*, á *qual*, de cousa; mas, a *quem*, uma relação só de pessôa.

Observe-se que, ao descrever a ligação sintática entre os termos que se vinculam pelos pronomes relativos *que* e *quem*, Reis salienta que o uso de um e outro pronome submete-se a uma *relação* que não se expressa propriamente no plano linguístico, senão no plano conceitual: "relação de pessoa" e "relação de coisa". Em outras palavras, a justificação que o gramático encontra para o uso desse ou daquele pronome não se constrói no plano estritamente linguístico, mas sim no plano ideativo. Comparemos com o que diz um gramático do século XX (Melo, 1970, p. 276), que cuida do tema em perspectiva estritamente linguística:

> *Que* é relativo fundamental, que pode ser substituído por *o qual* (*a qual, os quais, as quais*), desde que o antecedente seja substantivo [...] *Quem*, na língua atual, só se emprega com referência a pessoa ou coisa personificada, e pode vir preposicionado, de acordo com a função que desempenha.

Aqui, o emprego de *que* e *quem* depende do valor semântico do antecedente – substantivo que expressa coisa ou substantivo que expressa pessoa –, ou seja, trata-se de uma descrição que não ultrapassa o plano sintático-semântico da gramática, bem diferente da proposta racionalista, que remete o fato sintático ao plano abstrato das relações ideativas.

Não obstante admita a existência de línguas particulares, que se caracterizam por ter regras de construção frasal próprias, representativas das diversas nações[127], a premissa do modelo racionalista é de que todas as línguas conhecidas são dotadas de universais linguísticos: a existência necessária de vogais e consoantes, tempos e modos verbais, relações sintáticas subjetivas e predicativas, classes gramaticais comuns, tais como o nome, o verbo, a preposição e o advérbio etc. Em decorrência, a par de uma gramática particular, há uma gramática geral, que cuida de leis gerais[128] que dizem respeito à natureza própria do homem, do fato de todos os homens serem dotados dos órgãos produtores de sons e da mesma inteligência que estabelece relações entre ideias. Em outras palavras, se a arquitetura mental para produção do

---

127. Leia-se: "L'emsemble des mots, avec toutes leurs formes, dont se sert une nation pour exprimer ses connaissances, est ce qui constitue as *langue particulière*" (Burggraff, 1863, p. 4).

128. Sobre o conceito de leis na gramática racionalista, cf. especialmente Ricken (1978). Convém advertir que o termo *lei*, aqui, não assume o sentido que viria a ter no âmbito da escola neogramática, de caráter evolucionista.

conhecimento e elaboração do juízo é a mesma em todos os homens, então, naturalmente, a construção das proposições haverá de seguir os mesmos princípios em todas as línguas, conforme se lê na seguinte passagem do maranhense Antônio da Costa Duarte (1877 [1829], p. 7):

> Na formação de seus pensamentos é uniforme, unico, e immutavel o procedimento do espirito humano; pois que todo o homem, de qualquer Nação que seja, pensa porque tem idéas, e comparando-as aprende as relações que entre ellas há: mas como entre as operações de nosso espirito e a Linguagem articulada, por meio da qual se exprimem, ha uma intima conexão e correspondencia; é forçoso que esta mesma imutabilidade se comunique ás linguas de todos os Povos.

No Brasil, decerto, os parâmetros da gramática filosófica foram extremamente atenuados pela pouca perspectiva doutrinária da maioria de nossos gramáticos, mais interessados em criar manuais normativos com regras do bem-dizer do que dissertar sobre a natureza da linguagem humana. Uma ordem linguística que só seria descaracterizada ao final dos Oitocentos, com o advento da denominada *gramática científica*, calcada nos princípios da análise do fato gramatical. A primeira atitude em face dessa constatação é a de condenar o obscurantismo desses brasileiros, aparentemente carentes de visão científica suficiente para aplicar no gigante emergente das Américas as novas teses sobre estudo da língua que eclodiam no Velho Mundo. A análise sócio-histórica do Primeiro Império, entretanto, conduz-nos para outras conclusões, já que a edição de livros, de modo geral, cumpria papel mais pragmático, voltado para o ensino em nível elementar, de que resultaram obras de pouca reflexão e muita informação.

4.2 A linguística racionalista aporta o Brasil

A convulsão política que o primeiro decênio do século XIX testemunhou no Brasil mantém íntima vinculação com o surgimento incipiente de uma *intelligentsia* brasileira em que os cérebros mais afortunados deixavam de aventurar-se necessariamente para o exterior, irmanando-se agora com uma força intelectual estrangeira que a nova nação importava sob os auspícios dos anos joaninos. Nas palavras de Wilson Martins (1977, p. 63):

> [...] o Brasil enceta, efetivamente, a partir de 1808, a atividade orgânica que o transforma, de "país independente", em "país independente de Portugal". Aqui, a abstração jurídica da federação cede lugar à realidade sociológica e política da nação. Esse metamorfismo imenso dura 23 anos, com seu clímax mental em 1817, o clímax político em 1822 e a cristalização final em 1831.

A nova ordem cultural surgida com a necessidade de civilizar a Colônia trouxe, no âmbito dos estudos linguísticos, cérebros que não se conformavam em descrever o português apenas para fins didáticos, empenhados que eram na interpretação da linguagem humana em sua perspectiva ontológica. É com esse propósito que, acompanhando a transferência da Corte, Silvestre Pinheiro Ferreira (1769-1846) chega ao Novo Mundo e aqui planta as sementes do iluminismo filosófico que viria a servir de base ideológica na construção do sistema educacional joanino, em especial no tocante às atividades pedagógicas do Real Seminário de São Joaquim, do qual foi o primeiro professor de Filosofia (Segismundo, 1993, p. 53). Dono de invejável cultura humanística, com vasta e profunda leitura, Pinheiro Ferreira tinha desde cedo uma vida programada para a atividade eclesiástica, havendo, nesse intuito, ingressado na congregação do Oratório em 1783 para formar-se em Humanidades. Segundo Inocêncio Francisco da Silva (1810-1876), seu confronto ideológico com Teodoro de Almeida (1722-1804), um "verdadeiro luminar das sciencias physico-mathematicas no seu tempo" (1862, p. 259), atribuiu-lhe má reputação no meio intelectual, mormente pela petulância do embate com pensadores mais velhos e respeitados, fato que o levou a sair da congregação e abandonar de vez o projeto de vida eclesiástica.

No período em que atuou como professor de Filosofia racional e moral no Colégio das Artes da Universidade de Coimbra, Pinheiro Ferreira conquistou grande prestígio, fato que lhe impôs, em contrapartida, maior combate dos inimigos e dissidentes, inclusive mediante uma duvidosa acusação de conspirar contra o Estado e professar ideias jacobinas. Para evitar a prisão iminente, viveu como exilado de 1797 a 1802 em Londres e em Paris, onde, por convite de Antônio de Araújo e Azevedo, o Conde da Barca (1754-1817), assumiu o cargo de secretário da embaixada portuguesa. Repatriado, Silvestre Pinheiro volta a Portugal em 1802, onde exerceu cargos públicos atinentes às relações estrangeiras, para finalmente deslocar-se para o Rio de Janeiro, no fluxo da transferência da Corte, em 1810[129].

A passagem deste humanista de escol por terras brasileiras decerto conferiu um viés de refinada erudição ao então emergente grupo social que construía as bases da inteligência nacional, consoante o projeto de edificação de uma nação intelectualmente rica e europeizada. Sua permanência no Brasil

---

129. Sobre Silvestre Pinheiro Ferreira, cf. Pereira (1974), Barbosa (1981), Paim (1997 [1967]), Wehling (2010), Duran (2015).

até o ano de 1821 assemelha-se a um feixe de luz intensa que viria a iluminar mentes ansiosas por temas vinculados à filosofia, à teoria política do Estado, às teses da lógica iluminista, ao estudo da cosmologia, entre outros assuntos de caráter enciclopédico. Consideradas as dificuldades de deslocamento para vencer as distâncias continentais do Brasil, dificilmente se poderá encontrar alguma evidência de contato intelectual entre Pinheiro Ferreira e os brasileiros que já se dedicavam aos estudos linguísticos na região Nordeste, em especial Antônio de Morais Silva e Frei Caneca (1779-1825), razão por que seria temerário afirmar que teriam esses últimos sido influenciados, de alguma forma, pelas ideias filosóficas que o intelectual português exporia no curso de *Preleções filosóficas sobre a teoria do discurso e da linguagem, a estética, a diceósina e a cosmologia* (1813), ministrado no Real Seminário de São Joaquim e publicadas nas páginas da *Gazeta* do Rio de Janeiro.

Fato é que, pela pena de Silvestre Pinheiro Ferreira, chegam ao Brasil os princípios da gramática racionalista em plano teórico. Com efeito, as teses de Antoine Arnauld (1612-1694) e Claude Lancelot (1615-1695), Étienne de Condillac (1714-1780), James Harris (1709-1780), entre outros, já habitavam as páginas do *Epítome* de Morais Silva, mas apenas como base de descrição linguística[130]. No plano teorético, da difusão do ideário racionalista sobre a concepção ontológica da linguagem, somente com Pinheiro Ferreira haveríamos de trilhar os primeiros passos, a formar as primeiras mentes, a fundar as bases de um pensamento linguístico que viria a possibilitar, alguns decênios mais tarde, a edificação de uma gramaticografia verdadeiramente brasileira.

Não se pense, entretanto, que a contribuição de Pinheiro Ferreira tenha-se restringido à formulação teórica. Ao contrário, o filósofo português tinha afeição à descrição do vernáculo e buscava, em certa medida, difundir o conhecimento sobre a língua nos meios de comunicação que começaram a vicejar na nova nação que surgia com o Reino Unido. Cite-se, necessariamente, o periódico *O Patriota*, um dos primeiros projetos acolhidos pela Impressão Régia que contava com o beneplácito da Coroa, ainda que deixasse transparecer o espírito pró-independência que os movimentos político-revolucionários desde final do século XVIII ainda mantinham vivo. O título sugestivo, aliado a uma proposta editorial voltada para a difusão do saber científico em

---

[130]. Morais cita expressamente Arnauld e Lancelot, assim como Condillac, ao tratar, por exemplo, da omissão do artigo em construções de sujeito indefinido (1824, p. 11).

terras brasileiras, dava a nota ufanista que a epígrafe do número inaugural, um extrato de Antônio Ferreira (1528-1569), ratifica: "Eu desta glória só fico contente, / Que a minha terra amei, e a minha gente".

A rigor, antes de ser um veículo formador de opinião e conscientização da realidade brasileira, o periódico, que tinha a tutela de Manuel Ferreira de Araújo Guimarães (1777-1838)[131], servia à propaganda do desenvolvimento da nova nação, pautado no culto à ciência e ao modernismo tecnológico. As estratégias de manobra da opinião pública pautavam-se em vincular o progresso ao saber na busca do bem-estar social. Nesse sentido, as páginas de *O Patriota* desdobravam-se em textos curtos e informativos sobre artes, literatura, política, história, medicina, matemática, química, botânica, mineralogia, navegação, entre outros temas, sem falar nas exposições das contas mercantis, por vezes fastidiosas, dos balanços em expressivos cifrões, tudo, enfim, integrante de um ambiente progressista em que se buscava acolher o absolutismo monárquico.

No número inaugural de *O Patriota*, trazido a lume em janeiro de 1813, lê-se uma carta de Silvestre Pinheiro Ferreira que se pode atestar como o primeiro documento inédito sobre a língua portuguesa publicado no Brasil[132]. Um breve comentário sobre a natureza da sílaba integra essa brevíssima intervenção, motivada, pelo que nos informa o autor, por uma querela surgida em uma sociedade literária a que pertencia[133]. Evidentemente, as portas das raras publicações da Impressão Régia estavam abertas para Silvestre Ferreira, bastando verificar que, neste mesmo ano de 1813, o filósofo português publica na Impressão Régia seis de suas 30 *Preleções filosóficas* (1970 [1813]), um conjunto de aulas de filosofia e temas variados das humanidades por ele ministradas no Real Seminário de São Joaquim. Segundo Camargo e Morais, "as aulas tiveram início em 16 abr. de 1813, e eram dadas às segundas, quartas e sextas-feiras, às 5 horas da tarde, ao preço de 'meia dobla por mez'" (1993, p. 124).

---

131. Manuel Araújo era, a rigor, um entusiasta das causas castrenses – foi professor da Academia Militar e chegou ao posto de coronel – além de cultivar o saber empírico das coisas. Para melhor compreensão de seu perfil, cf. Carolino (2012).

132. O *Cartapácio de sílaba* (1738), por Matias Rodrigues Portela, não cuida primacialmente da língua portuguesa. Ademais, embora escrito na Paraíba, foi publicado em Lisboa. Já a edição da gramática de Reis Lobato, saída em 1812 pela Impressão Régia, não é inédita.

133. Os biógrafos de Silvestre Ferreira não indicam a que sociedade literária pertencia o grande intelectual português.

O texto em apreço, que julgamos interessante aqui reproduzir (Ferreira, 1813, p. 94), assim comenta o fato linguístico da sílaba:

> Senhor Redactor.
> Em huma questão grammatical que se moveo em huma Sociedade Litteraria, em que eu me achava, perguntou-se-me o que era *Syllaba*. Respondi na maneira seguinte:
> Chama-se *Syllaba* o concurso de qualquer *vogal* ou *diphthongo* com a sua *figurativa* e consoantes que se seguem até á figurativa de outra vogal ou diphthongo em huma mesma palavra simples.
> Diphthongo chama-se o concurso de huma vogal de meio tom com outra de tom inteiro:
> Exemplos Contrastes
>
> | | |
> |---|---|
> | Pàe | Esvaece |
> | Raiva | Rainha |
> | Páo | Càhôs |
> | Pàulo | Pâûl |
> | Lácteâ | Sopéà |
> | Peixe | Thrêicio |
> | Déos | Endêôsar |
> | Céo | Mèùdo |
> | Méu | Copiá |
> | Còpiâ | Riô |
> | Sorrio | Aproprìô |
> | Pròprio | Lisbòi |
> | Taboâ | Côelho |
> | Sóes | Dôìa |
> | Cóiro | Pùi |
> | Aguâ | |
>
> Chama-se *Figurativa* a muda que precede huma vogal, ou só ou com huma liquida. As mudas ou são simples [b, c, d, f, ch, g, j, k, m, p, q, s, t, v, x, z]; ou compostas [bs, cs, ct, cz, dj, ps, pt, sb, sc, sch, sd, sf, sg, sk, sp, sm, sn, sq, st.]
> Como estas definições poderão ser úteis; ou por exactas ou por fazerem despertar em alguém a lembrança de outras melhores, tomo a liberdade de lhas dirigir, para que lhes queira dar hum lugar no seu Periodico, se julgar que não são indignas dessa honra.
> Sou com toda a estimação
> Seu muito attento venerador.
>
> S. P. F.

A *Carta* de Pinheiro Ferreira é um convite à investigação linguística[134]. Verifica-se flagrantemente sua intenção de reproduzir o mais fielmente possível as nuanças prosódicas de sua pronúncia mediante emprego abundante dos sinais diacríticos. Por sinal, a pronúncia de "cóiro", "méu", entre outras, conduz a uma vertente prosódica que talvez não se pudesse identificar no padrão lusitano da época. Algumas marcações sugerem erro tipográfico, caso de "copiá", talvez por "copía". No plano metalinguístico, o emprego de *figurativa* para designar consoantes que estão no ataque da sílaba nem sempre goza desse sentido, embora constitua um metatermo de frequente emprego nas gramáticas setecentistas[135]. Ainda digna de nota a definição de semivogal como vogal de "meio tom", em face da vogal de "tom inteiro", fato que lhe confere traço vocálico, não consonantal, como seria de esperar em uma descrição de tradição latina. Ressalte-se ainda a definição de sílaba pela fronteira consonantal, uma visão distinta da que usualmente a tipifica pela presença da vogal como base silábica, como, por exemplo encontramos no *Epítome*, de Morais Silva (1831 [1789], p. III) : "A sillaba é a pronúncia de uma vogal só ou combinada, e precedida de consoantes, ou também de qualquer ditongo; sendo proferidas a vogal, ou o ditongo em uma só emissão, ou impulso da voz, e formando uma palavra, como *a, de, lei, hui, são*; ou parte de uma palavra, v.g. *á-ba, á-gua, a-dro, tem-plo, es-cri-tura, scé-ptro*".

A contribuição precursora de Pinheiro Ferreira para a introdução dos conceitos gramaticais da escola racionalista no Brasil ganharia um pouco mais de espaço no número 4 de *O Patriota* (1813², p. 21), em que faz publicar mais uma carta ao redator, intitulada *Gramática filosófica*, agora com uma renovada definição de sílaba, em que desponta seu caráter vocálico: "Chama-se *Sillaba* cada huma das vogaes de huma palavra simples, com a sua figurativa e addicionaes (havendo-as)". No plano sintático, Pinheiro Ferreira define verbos ativos e passivos (por vozes ativa e passiva), avançando em rudimentos da regência verbal para distinguir os verbos transeuntes dos verbos intranseuntes e dos verbos neutros:

> 10. Se o facto, que o verbo exprime, se considera como rasão de outro facto; chama-se o verbo *activo*.
> 11. E chama-se *transeunte*, se o efeito, de que esse facto he razão, se verifica em outro sujeito. Exemplo: *Cortei*.

---

134. Uma interessante análise da *Carta* encontra-se em Augusto (2015, p. 15-68).

135. Em Figueiredo (1799, p. 82) e em Lancelot (1814, p. 95), encontra-se o uso de "figurativa" para designar a última letra do radical do infinitivo.

12. Mas, se se verifica no mesmo sujeito; chama-se *intranseunte*. Exemplo: *Cubro-me*.

13. Porém, se o facto, que o verbo exprime, se considera, como efeito; chama-se o verbo *passivo*. Exemplo: *Fui ferido*.

14. Quando não se considera, nem como razão, nem como efeito; mas como hum simples estado do sujeito; chama-se o verbo *neutro*. Exemplos: *Anda; Dormia*.

Outra passagem digna de referência nesta nota gramatical de Pinheiro Ferreira diz respeito à definição de substantivo, de cunho sintático, em flagrante desacordo com a tradição semanticista da gramática latina: "As palavras, de que se usa para designar o agente da significação de algum verbo; chamão-se *Substantivos*" (1813², p. 26). Observe-se que, aqui, o substantivo não tem a função canônica de designar os seres, senão de designar o agente da significação do verbo", um equivalente funcional do sujeito de voz ativa. Estas linhas inaugurais na história da gramatização do português no Brasil viriam a complementar-se ainda no ano de 1813, também com a pena de Silvestre Pinheiro Ferreira, no corpo de suas *Preleções*. É nesta obra magnificente, de grande repercussão na formação intelectual das novas gerações, que se expõem em inúmeras referências os princípios da gramática racionalista que as teses iluministas haviam disseminado acerca da linguagem humana.

Não se sabe quanto tempo durou o curso ministrado por Pinheiro Ferreira, mas temos notícia de que se iniciara em 26 de abril de 1813, conforme aviso estampado no número 30 da *Gazeta do Rio de Janeiro*, em 14 de abril de 1813[136]. Segundo Paim (1970, p. 7), entretanto, as *Preleções* devem ter saído a lume bem depois do início do curso, apenas em agosto do mesmo ano. O *Correio Brasiliense* registra o aparecimento das oito preleções iniciais em 1814 e, em agosto de 1816, "consigna o aparecimento da nona à vigésima preleções" (Paim, 1970, p. 7-8), fato que talvez indique o prolongamento do curso até o referido ano de 1816, um momento de intenso conflito bélico, em órbita nacional, com a Revolução Pernambucana.

É árdua a tarefa de descrever e interpretar a circulação do saber linguístico por esta época, já que o Brasil ainda se mantinha internamente ilhado, dadas as severas dificuldades de deslocamento por terra entre as regiões e,

---

136. No aviso da *Gazeta*, diz-se: "No dia 26 do corrente começará na Sala do Real Collegio de S. Joaquim hum Curso de Prelecções Philozophicas, que terão por objeto; 1º A Theoria do *Discurso*, e da *Linguagem*: em que se exporão os princípios da *Logica*, da Grammatica geral, e da Rhetorica" (1813, página de Avisos).

mesmo em seu interior, entre cidades da mesma província. Disso resulta ser improvável, por exemplo, o contato pessoal entre um Pinheiro Ferreira, que cuidava de temas gramaticais na capital da Corte, e um Inácio Felizardo Fortes (?-1858), radicado no município de Cabo Frio, que teve sua *Arte de gramática portuguesa* (1816) igualmente publicada pela Impressão Régia. Mas o contato intelectual pela leitura das incipientes páginas gramaticais então escritas pode considerar-se bastante provável, considerando-se o pouco que se publicava oficialmente com o carimbo oficial da Impressão Régia.

De qualquer forma, até onde nos conduz a documentação disponível, coube a Pinheiro Ferreira disseminar, em seu curso no Seminário de São Joaquim, as teses lógico-filosóficas sobre a concepção da linguagem humana, sob o manto iluminista que pregava o Estado liberal e a autonomia das instituições representativas no plano político, conforme se lê insistentemente no seio de suas *Preleções*. Nessa seara, percebe-se que Pinheiro Ferreira cumpriu mais um papel precursor, como se atesta nestas linhas de Barreto (1976, p. 11):

> Encontramos nos seus diversos livros a preocupação de construir uma teoria política que, antes da Independência do Brasil em 1822, servisse de fonte inspiradora para a reforma das instituições da monarquia luso-brasileira e, depois da separação do Brasil de Portugal, constituísse o modelo para a organização política de ambos os países.

Por outro lado, compreende-se que Pinheiro Ferreira tenha incluído as questões linguísticas no seio de suas extensas digressões sobre filosofia e ciência política, já que, em consonância com a arquitetura lógica para entendimento das coisas, nada se poderia saber ou conhecer senão pela palavra. Daí ser a palavra a fonte do conhecimento e, numa esfera ontológica mais elevada, o próprio conhecimento corporificado. Como judiciosamente se lê nessas linhas de Pinheiro Ferreira (1970 [1813], p. 33-34):

> Os Filósofos, que hoje respeitamos como Mestres, assentam suas doutrinas sobre a base de que a teórica do raciocínio e do discurso é inseparável da teórica da linguagem; e que não podendo ser inteligente aquêle que não é inteligível, a abundância, a exatidão e a clareza das idéias em tôda e qualquer Ciência, Arte, Profissão ou Trato humano está em rigorosa proporção com a abundância, exatidão e clareza da Linguagem ou Nomenclatura própria da matéria de que se trata, e do uso que dela sabe fazer a pessoa que dela se serve.

E, para concluir (1970 [1813], p. 34):

> [...] as regras que ensinam a conhecer os vícios e a arte de bem falar são as mesmas que constituem a arte de bem discorrer, e de raciocinar com acerto; assim, a Lógica, a Gramática Universal e a Retórica vêm tôdas três a não ser mais do que uma única e mesma Arte.

À luz desses pressupostos, lembremo-nos aqui da concepção de gramática em Destutt de Tracy (1754-1836): "La grammaire est, dit-on, la science des signes. J'en conviens. Mais j'aimerais mieux que l'on dit, et sur-tout que l'on eût dit, de tout temps, qu'elle est la continuation de la science des idées" (1803, p. 1)[137]. A *arte* de que nos fala Pinheiro Ferreira dá cabimento ao linguístico e ao ideológico, no sentido de que a própria existência das coisas só se possibilita em sua edificação mental e tal construção só se expressa na estruturação do texto. Eis por que, pautada nesse princípio de que a língua é uma faculdade da razão humana, a gramática racionalista trata o fenômeno linguístico mediante aparato teórico que originalmente se aplicava para o entendimento do raciocínio e das relações lógicas estabelecidas na construção do pensamento. Um deles, fundamental, é o conceito de ideia, assim entendido como uma imagem que se fixa no organismo humano através dos sentidos. Segundo os gramáticos racionalistas, os objetos que circundam o homem no cotidiano de sua existência firmam uma imagem representativa de todos os atributos que os caracterizam, de que decorre construírem-se, na mente humana, conceitos ou concepções imagísticas desses objetos, isto é, ideias conceituais (cf. Burggraff, 1863, p. 1).

Esta noção de *ideia* remete necessariamente à de abstração, no sentido de que a imagem que se constrói na mente humana não se confunde com a coisa imaginada ou conceitualmente elaborada, já que se está aqui no plano imanente do raciocínio[138]. Em outros termos, na proposta racionalista, o mundo que o homem conhece não é o mundo das coisas no plano fático, mas o mundo das construções imagísticas que se faz dessas coisas, razão por que, ao estabelecer relação entre os objetos, na realidade o homem relaciona entre si essas imagens conceituais, que são, por assim dizer, estratégias do raciocínio e da concepção lógica do mundo. Para valer-se dessa faculdade, recorre

---

137. Tradução: "A gramática, diz-se, é a ciência dos signos. Concordo. Mas eu preferiria que disséssemos, e, sobretudo, tivéssemos dito desde sempre, que é a continuação da ciência das ideias".

138. Em certa medida, pode-se estabelecer uma analogia entre a relação *ideia-coisa imaginada*, no âmbito da gramática racionalista, com a relação *significante-objeto* na conceituação do signo saussureano.

o homem a atributos que lhe são característicos, tais como a percepção, a memória, a atenção e a imaginação (Burggraff, 1863, p. 1).

A presença dessas ideias na mente humana, ou no *espírito humano*, resulta em um mecanismo de relações[139] que as vincula, normalmente uma comparação que lhes identifica semelhanças e dessemelhanças ou lhes atribui relação de causa e efeito, relação de temporalidade entre tantas outras. Na concepção racionalista, as relações entre ideias conferem ao homem a faculdade do conhecimento das coisas, cuida-se de um processo mental em que a realidade fática é transferida imagisticamente para o espírito, de que decorre a criação do conhecimento ou ciência do mundo. Alguns metatermos inerentes a esse processo cognitivo se encontram com expressiva frequência nas páginas das gramáticas racionalistas, entre eles a noção de *juízo* e *proposição*. O primeiro resume-se na denominação que a lógica confere ao conhecimento na mente humana, ao passo que o segundo é a expressão do juízo no plano linguístico.

Essas noções decerto estavam no horizonte de retrospecção dos gramáticos brasileiros do limiar de século, tais como Morais Silva, Frei Caneca e Inácio Felizardo Fortes, mas muito provavelmente não integravam o conhecimento linguístico da novel geração de intelectuais interessados na vinculação língua-pensamento, uma das obsessões da linguística racionalista. Daí a importância das *Preleções* de Pinheiro Ferreira, a rigor a via inaugural e efetiva de disseminação das ideias linguístico-filosóficas no Brasil, mormente considerando-se seu caráter pedagógico para um público ansioso por abeberar-se dos avanços que a civilização europeia trazia para as terras deste lado do Atlântico.

Evidencia-se, na visão linguística de Pinheiro Ferreira, uma concepção de proposição conforme a arquitetura ideológica racionalista, não obstante levemente tendente para o aspecto mental, fato que a faz aproximar-se do conceito de juízo. Com efeito, a proposição em Pinheiro Ferreira não se adstringe ao plano textual, porém invade o plano das ideias, da formulação do juízo, razão por que, por exemplo, não hesita o filósofo português em reconhecer o axioma como um tipo de proposição. Evidente que o conteúdo

---

139. Burggraff adverte que, na gramática do francês, é comum usarem-se os termos *relation* e *rapport* indistintamente, embora considere ser mais conveniente reservar o termo *relation* para a comparação entre dois objetos do ponto de vista em que ela efetivamente se faz e *rapport* para o resultado da comparação. Exemplificando, Burggraff observa que na frase "être assis sur le bord d'une fontaine", a preposição *sur* assinala uma *relation* de vínculo e um *rapport* de superioridade (1863, p. 3-4).

e a forma caracterizam a proposição em sua integralidade, mas, do ponto de vista linguístico-descrito, haver-se-ia de distingui-los entre si exatamente pelo fato de a forma estar na órbita da proposição e o conteúdo estar na órbita do juízo. Esse fato aqui atestado revela caráter mais filosófico do que linguístico na visão de língua em Pinheiro Ferreira, de que decorre, se nos permitirmos aqui uma leve especulação, a sua absoluta desconsideração de sua obra, como fonte doutrinária, pelos gramáticos brasileiros oitocentistas.

Um exemplo mais palpável dessa imiscuição de juízo e proposição em Pinheiro Ferreira está na crítica que formula a Étienne de Condillac (1714-1780) em face da seguinte assertiva colhida ao filósofo francês: "as definições nada nos ensinam além do que a observação nos mostrara". Aqui, temos uma clara concepção da língua como veículo, não como formulação, razão por que as definições, como um tipo ou gênero de proposição, não instruem, apenas conduzem. Não foi assim que entendeu Pinheiro Ferreira, como se abstrai desta repreminda (1970 [1813], p. 82):

> Admira que um tão grande Filósofo não advertisse que este seu argumento contra as definições é inteiramente aplicável contra o raciocínio e até contra as palavras: porque também delas podemos dizer, que ou ensinam o mesmo, que a observação já nos tinha mostrado e então são inúteis: ou nos ensinam outra coisa, e nesse caso nada nos ensinam senão entidades absolutamente imaginárias e quiméricas.

Não é incomum nos filósofos desaperceber-se das fronteiras entre o linguístico e o ideológico, exceto entre os que mais avançaram na concepção de língua dentro do paradigma racionalista, como é o caso de Étienne de Condillac[140]. Um outro passo de Pinheiro Ferreira, que nos induz a nele reconhecer certa incapacidade de enxergar língua e razão em planos autônomos, está nesta opinião sobre o significado de *categoria* em Aristóteles (1970 [1813], p. 90):

> [...] as nossas idéias distribuem-se no nosso espírito em classes, ordens, etc. segundo as afinidades das suas semelhanças, independentemente da nossa imaginação e arbítrio [...]. Ora essas classes, ordens, etc. independentes da vontade do homem, resultantes da analogia efetiva das idéias, que temos dos objetos, é o que Aristóteles chama muito acertadamente categorias [...].

A questão está em que, na melhor interpretação do significado de categoria em Aristóteles, a expressão linguística está na gênese conceitual. Seguin-

---

140. Por necessário, lembre-se que Condillac está na epígrafe do *Epítome* de Morais Silva.

do aqui os passos de Émile Benveniste (1902-1976), podemos afirmar que as categorias ontológicas em Aristóteles são na realidade categorias de língua. Em outras palavras, os predicados aparentemente descobertos nas coisas emanam da língua e passam às coisas em face da necessidade imperiosa de se usar a língua para expressar o pensamento. Eis por que, no tocante, por exemplo, à categoria dos atributos, Benveniste afirma que Aristóteles "pensava definir os atributos dos adjetivos; não apresenta senão seres lingüísticos: é a língua que, graças às suas próprias categorias, permite reconhecê-las e especificá-las" (1988, p. 71).

Não são poucas as incursões linguísticas de Pinheiro Ferreira ao longo de suas *Preleções*, sempre num tom crítico, não apenas descritivo, próprio de quem ajusta o texto em termos peremptórios. Muitas dessas incursões têm surpreendente teor vanguardista, tais como a visão diacrônica da mudança linguística em fluxo contínuo, que reconhece em línguas atuais um estado contemporâneo de línguas antigas. Isso é o que deixa transparecer sua afirmação, acerca das línguas românicas, de que, em face de "sua comum origem, se poderiam tomar coletivamente como uma só língua" (1970 [1813], p. 105). Por outro lado, uma surpreendente visão estrutural da palavra no plano diacrônico, decerto colhida à leitura dos linguistas comparativistas, revela-se em especial na Preleção 12, ocupada na definição de raiz, radical, raiz primária, raiz secundária, bem como na análise morfológica que faz reconhecer o fenômeno da derivação como processo de criação lexical e, em seus domínios, a relação que os derivados "cognominados" mantêm entre si. Encontram-se ainda, nessa linha diacrônica de análise morfológica, termos como *próstese*, *epêntese*, *síncope*, *metátese* etc., reveladores de uma leitura que não desprezou os então recentes estudos sobre parentesco de línguas e mudança linguística em face de processos fonológicos.

Em outra dimensão crítica da contribuição de Pinheiro Ferreira para a arquitetura do pensamento linguístico no Brasil, cabe advertir que sua postura ordinária implica um necessário filtro de deontologia linguística, bem à feição do normativismo que entendia a língua dos sábios como a expressão material da ciência. O conhecimento da cosmologia implica a faculdade de traduzi-la em palavras e torná-la objeto do desenvolvimento intelectual, do progresso científico. Nesse diapasão, saber e expressar o saber são competências que se vinculam tão intimamente que de nada serviria uma sem a outra. Assim, expressar o saber pelo discurso significa dominar as leis discursivas, o modelo de uso linguístico que a autoridade científica corrobora, convalida, a norma de um "dizer estabelecido", acatado como premissa para que sirva de veículo de ideias e concepções. Como assevera o filósofo português em sua primeira *Preleção*: "Todo homem, qualquer que seja o seu estado e profissão, precisa de saber discorrer com acerto e falar com correção" (1970 [1813], p. 32). O que se lê nessas linhas é um ultimato: sem o atributo fundamental da correção linguística não se convalidam conceitos científicos ou filosóficos, portanto, instrua-se e cultive-se o modelo autorizado de uso linguístico.

Ora, não foi outra senão essa linha de tratamento pedagógico que os primeiros compêndios brasileiros sobre língua vernácula viriam a defender já pelas primeiras décadas do Império, fato que nada tem de excepcional, visto que o compromisso inafastável com o comportamento linguístico-deontológico está no projeto da gramática racionalista que nos legou o Século das Luzes. Cuida-se aqui de uma concepção de norma padrão como comportamento natural de quem se aventure a dizer cientificamente sobre as coisas. E, por ser exigível, é constantemente cobrada, lembrada, conforme se lê nestas palavras que Machado de Assis (1839-1908) publicaria aos 33 anos de idade no *Novo mundo*[141] (Assis, 1973, p. 801):

> Entre os muitos méritos dos nossos livros nem sempre figura o da pureza da linguagem. Não é raro ver intercalado em bom estilo os solecismos da linguagem comum, defeito grave, a que se junta o da excessiva influência da língua francesa. Este ponto é objeto de divergência entre os nossos escritores. Divergência digo, porque, se alguns caem naqueles defeitos por ignorância ou preguiça, outros há que os adotam por princípio, ou antes por uma exageração de princípio. Não há dúvida que as línguas se aumentam e alteram com o tempo e as necessidades dos usos e costumes. Querer que a nossa pare no século de quinhentos, é um erro igual ao de afirmar que a sua transplantação para a América não lhe inseriu riquezas novas. A este respeito a influência do povo é decisiva. Há, portanto, certos modos de dizer, locuções novas, que de força entram no domínio do estilo e ganham direito de cidade. Mas se isto é um fato incontestável, e se é verdadeiro o princípio que dele se deduz, não me parece aceitável a opinião que admite todas as alterações da linguagem, ainda aquelas que destroem as leis da sintaxe e a essencial pureza do idioma. A influência popular tem um limite; e o escritor não está obrigado a receber e dar curso a tudo o que o abuso, o capricho e a moda inventam e fazem correr. Pelo contrário, ele exerce também uma

---

141. O *Novo mundo* foi um periódico publicado em língua portuguesa, na cidade de Nova York, entre 1870 e 1879. Foi idealizado pelo jornalista José Carlos Rodrigues (1844-1923), que também era o seu editor-redator. À semelhança do pioneiro *Correio braziliense*, editado em Londres por Hipólito José da Costa Furtado de Mendonça (1774-1823) entre junho de 1808 e dezembro de 1822, o *Novo mundo* visava a dar visibilidade ao Brasil no exterior, embora, a rigor, seu público leitor fosse quase exclusivamente formado por brasileiros.

grande parte de influência a este respeito, depurando a linguagem do povo e aperfeiçoando-lhe a razão.

4.3 Fontes doutrinárias da gramática racionalista no Brasil

4.3.1 *Étienne de Condillac (1714-1780)*

Vimos que as ideias racionalistas ingressaram no seio da sociedade brasileira já pelos primeiros anos da Corte de Maria I no Novo Mundo, trazidas pela voz de Silvestre Pinheiro Ferreira. No âmbito das gramáticas, as fontes doutrinárias são as de que o gramático dispunha para fundamentar seu trabalho descritivo, razão por que tanto podiam remeter aos nomes mais relevantes do Iluminismo, fundadores de paradigma, quanto vernaculistas franceses e portugueses de escol, cuja obra consolidara-se na literatura linguística da época. A pesquisa historiográfica, nesta seara, oferece óbices intransponíveis, visto que a referência bibliográfica não era comum nos textos gramaticais. Deve-se aqui lembrar, por outro lado, que, até o fim da primeira metade do século XIX, o acesso dos intelectuais brasileiros à bibliografia estrangeira era muito restrito, visto que as editoras europeias não tinham representação sequer na sede da Corte. Cuida-se aqui de uma situação que se buscava atenuar com a importação de obras científicas por iniciativa própria, providência a que, obviamente, se opunham óbices financeiros. As bibliotecas, por seu turno, não eram muitas, não obstante as de maior vulto, tais como a Biblioteca Nacional do Rio de Janeiro, dispusessem das principais obras do Iluminismo francês. A partir da década dos anos de 1860 o acesso aos livros estrangeiros parece ter-se facilitado bastante, a julgar, por exemplo, pela referência que os gramáticos do fim de século fizeram a nomes fundamentais da linguística evolucionista.

Entre os filósofos mais proeminentes, destaca-se a presença do Abade Étienne de Condillac, um ideólogo do empirismo que via na linguagem uma forma de se chegar ao conhecimento. A busca do conhecimento, se encetada pela linguagem, requer um padrão linguístico perfeito, compatível com o rigor do saber científico, de que resulta uma concepção de norma linguística rígida e exemplar. Condillac não fez da linguagem humana um objeto de investigação, a rigor usava conceitos sobre organização ideativa das frases no discurso como fundamento para seus conceitos sobre a produção do conhecimento e os sentidos humanos. Embora infenso à metafísica que deu amparo às teses de Port-Royal, Condillac auferiu grande prestígio entre gramáticos racionalistas, dada sua obsessão pela educação como caminho do progresso humanístico.

As ideias de Condillac sobre educação e construção do saber mediante aprimoramento das sensações constituiu-se em objeto de reflexão por vários de seus contemporâneos, ledores de sua obra, como Denis Diderot (1713-1784), Jean le Rond d'Alembert (1717-1783), Jean-Jacques Rousseau (1712-1778) e mesmo em Adam Smith (1723-1790), que considerava a lógica linguística imersa nas gramáticas a melhor maneira de chegar-se à própria lógica do raciocínio humano. Por tal motivo, os princípios da gramática que residem no tomo primeiro do *Cours d'étude pour l'intruction du Prince de Parme* (1780) tornaram-se parâmetro de descrição em vernaculistas de outras línguas. Neles, eleva-se a necessidade do método analítico, "les langues considérées comme autant de méthodes analytiques" (1780, p. 6)[142], conforme anuncia o próprio título do capítulo 6. Estará aqui, possivelmente, a fonte de que emanaram tantos textos gramaticais ditos "analíticos" no decurso do século XIX, não obstante o método nem sempre se verifique em suas páginas.

Na gramaticografia brasileira do português, a referência direta a Condillac inicia-se com a epígrafe ao *Epítome da gramática da língua portuguesa* (1806), de Antônio de Morais Silva, um segmento do capítulo 21 do *Cours d'étude*, que o gramático brasileiro recolhe à edição de 1780:

> Nous avons compliqué nôtre Grammaire, parce que nous l'avons voulu faire d'après les Grammaires Latines. Nous ne la simplifierons, qu'autant que nous rappellerons les expressions aux élémens du discours.

A citação de Morais está fragmentada e, portanto, não esclarece o princípio norteador do pensamento de Condillac atribuído ao epítome. Na verdade, uma afirmação do tipo "nous avons compliqué nôtre grammaire" não se coaduna com qualquer obra que pretenda ter escopo pedagógico, de tal sorte que o efeito da epígrafe no *Epítome* é efetivamente distinto do pretendido. No original de Condillac, o segmento citado é a parte final de uma pequena digressão sobre o emprego de expressões como *en riant, en passant* (1775, p. 175):

> Quelques grammairiens voient un gérondif dans cette expression, *en riant, en passant*. Il serait plus exact de dire que nous n'avons point de gérondif. Si une langue n'avait, pour tout verbe, que le verbe être, la grammaire en serait fort simple. Mais combien ne la compliquerait-on pas, si on voulait trouver, dans cette langue, des verbes substantifs, adjectifs, actifs, passifs, neutres, déponens, réfléchis, reciproques, impersonnels, des participes, des gérondifs, des supins, etc. C'est ainsi que

---

142. Tradução: "as línguas consideradas mediante métodos analíticos".

> nous avons compliqué notre grammaire, parce que nous l'avons voulu faire d'aprés les grammaires latines. Nous ne la simplifierons, qu'autant que nous rappellerons les expressions aux élémens du discours.

Verifica-se, pois, que a "notre grammaire" da observação de Condillac é a gramática que se vinha produzindo até então, pautada na complexidade da descrição do verbo, em consonância com a gramática latina, não a gramática que ele pretendia escrever. No contexto limitado da epígrafe, o sentido fica ambíguo e, portanto, pode levar a mal entendimento de seu propósito. A referência de Morais Silva a Condillac estende-se para a análise do sentido essencial do verbo como palavra que faz a afirmação, escudando-se na tradição de Port-Royal e na palavra de James Harris (1709-1780), de que o verbo é o signo da existência. Morais Silva serve-se de uma objeção a essa ideia oposta por Condillac – se o verbo só afirmasse nunca poderíamos fazer proposições negativas – para fundamentar a tese racionalista, inclusive valendo-se da referência a um obscuro inglês Young[143] que se utiliza do exemplo *I was undone, I was unmaned* ("eu fiquei não homem") para interpretar o sentido de frases negativas como "Não fiquei homem".

4.3.2 Charles Pinot Duclos (1704-1772), Antônio Pereira de Figueiredo (1725-1797) e Jerônimo Soares Barbosa (1737-1816)

Outro nome de referência pontual no meio linguístico brasileiro é o do francês Charles Pinot Duclos (1704-1772), um dos colaboradores da *Encyclopédie ou Dictionnaire raisonné des sciences, des arts et des métiers* e membro da Academia Francesa. Seu nome surge em uma epígrafe do *Breve compêndio*, de Frei Caneca, cujo teor, de cunho pedagógico, remete em certa medida ao empiricismo que norteou parte dos artífices do Iluminismo francês: "Poucas regras e muita reflexão com uso mui frequente, eis a maneira das artes aprender com perfeição" (1972, p. II). Caneca também se escuda na retidão moral em Duclos para fomentar o espírito de dedicação e afeição ao estudo que deve acompanhar pela vida inteira os que se dedicam ao fomento do saber.

Antônio Pereira de Figueiredo (1725-1797) serve de inspiração a Inácio Felizardo Fortes para a elaboração de sua *Arte de gramática*, sendo esse, a ri-

---

143. Provavelmente Robert Young (1822-1888), orientalista escocês que publicou obras sobre verbos em línguas clássicas.

gor, o único trabalho linguístico brasileiro sobre língua vernácula que remete à obra do célebre latinista português. A presença de Pereira de Figueiredo em Felizardo Fortes chega ao ponto de toda a parte dedicada à etimologia constituir-se de uma adaptação do *Novo Método da Gramática Latina* publicado pelo oratoriano português: "Segui, por isso, o mais que me foi possível, as mesmas definições, e regras, e até os mesmos exemplos do Padre Pereira. O tratado da etimologia he quase todo o mesmo [...] A syntaxe he quase toda a mesma do padre Pereira" (1816, p. VI-VII). A referência ao nome de Antônio José dos Reis Lobato não se verifica com a frequência que se poderia esperar. Inácio Felizardo Fortes cita a *Arte* de Lobato para condenar sua opção por fixar a regra do plural de palavras terminadas em *l* nos casos em que a vogal final é tônica (*longa*, segundo a metalinguagem de Fortes) e não pelas que terminam em vogal tônica, que figuram em menor número. Antônio da Costa Duarte (?-?), por seu turno, refere-se a Lobato ao discorrer sobre a natureza sintática do verbo *haver* como impessoal.

Costa Duarte contesta a descrição proposta por Solano Constâncio quanto à pronúncia de vogais finais, especificamente o *u* e o *o* finais átonos, que Constâncio denomina vogais surdas. Constâncio assevera que a vogal *u*, nessa localização silábica não se confunde com *o* quanto à pronúncia por ser "mais agudo", opinião que Costa Duarte refuta, dada a evidente homofonia dos dois grafemas – fato que a fonologia contemporânea vem denominando "alçamento vocálico". É comum em Costa Duarte e em Filipe Conduru (1818-1878) a referência a "alguns gramáticos", sobretudo quando se propõe a contradizer certa tese linguística.

Não resta dúvida de que cabe a Jerônimo Soares Barbosa o mérito de haver-se estabelecido nos meios linguísticos brasileiros como vernaculista português de maior prestígio. Homem de ideias controversas, cuja obra tem produzido reiterados estudos historiográficos[144], Soares Barbosa serviu de inspiração praticamente singular a Frei Caneca na elaboração de seu *Breve compêndio de gramática portuguesa*, mormente no tocante à renovada visão do sistema ortográfico, em que se buscava simplificação maior de grafemas e afastamento das regras rígidas de cunho etimológico. Também será na obra de Soares Barbosa que Frei Caneca se inspirará para a redigir uma versão brasileira das *Tábuas sinóticas do sistema retórico*, de Marco Fábio Quintiliano.

---

144. Cf., entre outros trabalhos, Ranauro (2005, 2015), Coelho (2014), Coelho e Kemmler (2017), Oliveira (2015).

4.3.3 François Noël (1755-1841) e Charles-Pierre Chapsal (1787-1858)

Os vernaculistas franceses Jean-François-Joseph-Michel Noël (1755-1841) e Charles-Pierre Chapsal (1787-1858) decerto constituíram fonte de consulta dos gramáticos brasileiros como representantes da tradição racionalista europeia. Noël foi um humanista francês, nascido em Saint-Germain-em-Laye, que se matriculou como aluno e mais tarde viria a tornar-se professor no Collège Louis-le-Grand. Também atuou no jornalismo, em especial no jornal *La Chronique*, a par de haver cumprido várias missões como diplomata. Sua diversificada atuação profissional levou-o um cargo de comissário geral de polícia na cidade de Lyon, a que se seguiu uma nomeação como inspetor geral da instrução pública em 1802. É autor de extensa obra linguística e história literária, entre elas as *Leçons françaises de littérature et de morale*, saída a lume em 1804, as *Leçons latines anciennes*, de 1808, e as *Leçons latines modernes*, de 1818. Sua *Nouvelle grammaire française* (1822), escrita em coautoria com Charles-Pierre Chapsal, obteve grande aceitação em sua época, embora taxada de excessivamente normativa, de cunho arbitrário e incompatível com o gênio da língua francesa.

Já Chapsal, por seu turno, tem um perfil mais intimamente ligado aos assuntos linguísticos, não obstante, como a totalidade dos intelectuais de seu tempo, transitasse por mais de uma seara científica. Foi um dos membros fundadores da Société de Géographie de Paris em 1821. Dedicou-se ao ensino e à publicação de textos descritivos do francês e exerceu a docência de língua vernácula no Collège Louis-le-Grand em companhia de seu estimado colega François Noël. Entre os títulos de sua extensa bibliografia, praticamente todos escritos em coautoria com Noël, merecem citação o *Nouveau traité des participes suivi d'exercises progressifs*, que publicou em 1829, as *Leçons d'analyse gramatical, contenant 1º des préceptes sur l'art d'analyser. 2º des exercises et des sujets d'analyse grammaticale*, um trabalho de 1829, a par da já aqui referida *Nouvelle grammaire française* (1822).

A referência ao nome dos dois especialistas franceses nem sempre revela acatamento de suas ideias linguísticas, sendo certo que, pelo menos em uma delas, a crítica depreciativa seja veemente: trata-se da objeção que lhes faz Charles Grivet (1815-1876) quanto à conhecida tese do verbo substantivo, uma das bandeiras teóricas mais acatada pelo modelo racionalista, segundo a qual não há nem pode haver pensamento em que constem menos de três ideias. Assim, conclui-se que não há nem pode haver proposição em que constem menos de três termos, os quais, mesmo ocultos ou "disfarçados", coexistem virtualmente: sujeito, verbo e atributo. No corpo dessa premissa fundamental, só há em todas as línguas uma palavra que merece a denominação de verbo, a palavra que exprime a existência: *ser*, verbo substantivo. Nas construções em que o atributo não aparece explicitamente, como em "O homem fala uma língua", a figura do atributo supõe-se inscrita na expressão verbal, "O homem é falante", razão por que em tais construções o verbo é adjetivo ou atributivo. Essa tese, que, como já observado, é acatada sem reservas pela concepção metafísica da gramática filosófica, reside naturalmente nos textos vernáculos do francês e do português que ingressaram no cenário linguístico brasileiro dos Oitocentos, com expressivo acatamento da maioria dos gramáticos que publicaram seus trabalhos até o último quartel do século.

Grivet atribui à influência de Noël e Chapsal a disseminação da tese do substantivismo entre os brasileiros (1881, p. 227):

> Sahida, há cerca de quarenta annos, do cerebro dos dous gramáticos francezes Noël e Chapsal, ella [teoria do verbo substantivo] teve a dita de se acreditar rapidamente, não só no paiz de sua origem, mas ainda, e talvez com maior enthusiasmo, naquelles onde a mesma procedência costuma dispensar, em innovações de ensino, toda e qualquer verificação de proficiência, respondendo ella preventivamente por si só a todas as objecções. Graças a tão invejavel privilegio, ella veiu a dominar soberanamente na Grammatica portugueza; e hoje não ha, neste assumpto, autor que deixe de lhe fazer a devida continência, embora nem todos pareção igualmente convencidos de sua desmarcada efficacia.

Nesse passo, Grivet demonstra evidente equívoco histórico, já que, antes da própria publicação da obra dos gramáticos franceses, a tese do substantivismo circundava os meios intelectuais brasileiros. A rigor, a tríade sujeito-verbo-atributo e sua consequente teoria do verbo substantivo está nos fundamentos da gramática racionalista, que remontam à própria *Grammaire de Port-Royal* e se consolidaram como fato indiscutível na descrição dos vernáculos ao longo de todo o período subsequente até o fim do século XIX. Portanto, a ira de Grivet contra os franceses Noël e Chapsal decerto terá outras razões que somente a pesquisa historiográfica mais aprofundada poderá descortinar. A objeção do gramático suíço à tese do verbo substantivo pauta-se em estruturas de verbo impessoal em português, que prescindem do sujeito e, consequentemente, desconstituem a presença obrigatória de um atributo (1881, p. 228):

> Ora, que quer em summa essa grammatica philosophica com a sua theoria do verbo substantivo? Ella quer quatro cousas:
> 1ª Que não haja proposição sem tres termos;

2ª Que não haja facto sem sujeito;

3ª Que não haja verbo attributivo que não seja resoluvel em verbo substantivo;

4ª Que não haja, fora do verbo substantivo, verbo sem attributo, nem haja para um tal verbo, outro attributo senão o que delle se extrahe.

Tudo isso se poderia arguir de falso com uma unica palavra: CHOVE, que constitue uma proposição clara, e clarissima.

1º Pois não tem tres termos, tem um só;

2º Pois não tem sujeito, nem por sombras;

3º Pois não se deixa resolver em verbo substantivo;

4º Pois não tem predicado, nem em si, nem fóra de si.

A contra-argumentação de Grivet revela sua inscrição, ainda que não doutrinária, às teses do analitismo que concebia a língua como organismo autônomo, independente das regras que atuam na organização mental das ideias. Em outros termos, trata-se de estudar a língua em si mesma, não como efeito da articulação das ideias. Esse é um fator que atribui à obra de Grivet um papel transitório, entre a ordem racionalista e a ordem científica.

As figuras de Noël e Chapsal, entretanto, receberam melhor acolhimento na pena de outros gramáticos brasileiros, por sinal sua referência em mais de um trabalho bem revela que se tratava de nomes frequentes nas rodas de discussão linguística no âmbito das escolas e instituições educacionais em que os temas gramaticais se renovavam. Antônio Estêvão da Costa e Cunha (1839-?) cita François Noël entre suas fontes doutrinárias, incluindo-o entre os filólogos de nomeada que inspiraram suas ideias sobre a sintaxe do português. Trata-se, entretanto, de uma referência genérica, em que o gramático brasileiro aparentemente deseja valer-se de um argumento de autoridade para convalidar seu trabalho.

Verifica-se, assim, que as obras escritas sobre a língua portuguesa no Brasil na primeira metade do século XIX seguem o modelo de exposição dos fatos gramaticais sob o ideário da gramática racionalista que se difundiu na Europa até pelo menos o final no século anterior. A fonte imediata dos gramáticos brasileiros no tocante às teses pedagógicas e, sobretudo, quanto à metodologia de tratamento da língua como objeto de descrição, residia em dois textos portugueses de marcante presença no cenário acadêmico brasileiro ao longo de todo esse período: *A gramática filosófica da língua portuguesa* (2004 [1822]), de Jerônimo Soares Barbosa, e a *Arte da gramática da língua portuguesa* (2000 [1770]), de Antônio José dos Reis Lobato. Poder-se-ia incluir entre os textos inspiradores a *Grammatica analítica da lingua portuguesa* (1831), de Francisco Solano Constâncio (1777-1846), que transitou entre os mestres que trabalhavam no ensino de língua vernácula no período[145]. O texto de Soares Barbosa mereceu uma edição fac-similar (Barbosa, 2004 [1822]) do emérito Professor Amadeu Torres (1924-2012), catedrático da Universidade Católica Portuguesa, com fulcro na edição de 1822 e uma edição crítica da pesquisadora Sónia Coelho (2013); já a obra de Reis Lobato é objeto de cuidadosa edição crítica encetada pelas mãos competentes do filólogo Carlos Assunção, docente da Universidade de Trás-os-Montes e Alto Douro, sob os auspícios da Academia de Ciências de Lisboa.

O trabalho de Soares Barbosa, em especial, vem suscitando inúmeros estudos críticos no Brasil da lavra de competentes linguistas como Hilma Ranauro (2015), Edward Lopes (2001), Luiz Carlos Cagliari (2011) e Leonor Lopes Fávero (1996), todos unânimes quanto ao caráter precursor do grande mestre português em questões indigestas, como a da taxionomia lexical e da avaliação das partes do discurso à luz da função exercida pelos termos no corpo da estrutura sintática.

4.4 Definição de gramática no período racionalista

De modo geral, a concepção de gramática no modelo racionalista atende ao fim pragmático como instrumento pedagógico, razão por que suas bases são ordinariamente normativas. Nesse sentido, lemos em Morais Silva que a "grammatica é arte, que ensina a declarar bem os nossos pensamentos, por meyo de palavras" (1824, p. III). Igual propósito lemos em Antônio da Costa Duarte (1829, p. 2):

> Do que temos dicto se vê claramente, que a Grammatica em geral é a Arte de fallar, ler, e escrever correctamente; que o seu objecto são as palavras, e que o seu fim é exprimir e pintar com distinção, clareza, e fidelidade os nossos pensamentos por meio de palavras.

Um interessante viés metalinguístico, que lança mão do termo "leis", pode levar a conclusões equivocadas na definição que nos oferece Manuel Soares da Silva Bezerra (1810-1888) em seu *Compêndio de gramática filosófica* (1861, p. 1): "A Grammatica é a arte que ensina as leis da expressão do pensamento por palavras". A rigor, as leis do pensamento em Bezerra bem se distinguem do significado de leis que a gramática naturalista apregoava em bases neogramáticas. Esteado na lição de Dumarsais (1676-1756), Sotero dos Reis (1800-1871) situa o viés normativo da gramática no âmbito dos

---

145. Cf., a respeito, Molina (2015).

usos mais autorizados (1871 [1866], p. VII): "Grammatica portugueza, pois, é a arte de applicar aos principios immutaveis e geraes da palavra os uzos e idiotismos da lingua portugueza". Mesmo em um Charles Grivet, cuja *Nova gramática* vem a lume no expressivo ano de 1881, portanto contemporânea da *Gramática* de Júlio Ribeiro, notamos este fiel compromisso com o ensino normativo da língua: "Grammatica é a arte de fallar e escrever correctamente: o seu objecto é, portanto, a palavra" (p. 1).

Em regra, os compêndios gramaticais do modelo racionalista ocupam-se de informar ao leitor o conceito hierarquizado de gramática que parte do plano mais amplo e abstrato da "gramática geral" ao plano mais específico da "gramática particular", em que as regras abrangentes da descrição do pensamento ou da razão são aplicadas ao estudo das línguas vernáculas, considerando-se suas idiossincrasias. Esta é uma tarefa de que se ocupam todos os gramáticos, cujo hábito, por sinal, viria a permanecer nos textos do período científico, não obstante as mudanças conceituais impostas à hierarquização. Um exemplo expressivo do pensamento racionalista sobre os domínios da gramática pode encontrar-se em Sotero dos Reis (1871 [1866], p. VI):

> A *Grammatica Geral* é uma sciencia, porque tem por objecto a especulação razoada dos principios immutaveis e geraes da palavra; a *Grammatica Particular* é uma arte, porque respeita á applicação pratica das instituições arbitrarias e usuaes de qualquer lingua aos principios da palavra. A sciencia grammatical é anterior a todas as linguas, porque seus principios são de eterna verdade, e suppõem a possibilidade das linguas: a arte nenhuma certeza poderá dar á pratica, si não fôr esclarecida e dirigida pelas luzes da especulação; a sciencia nenhuma consistencia poderá dar á theoria, si não observar os usos combinados e as differentes praticas, para leval-a por gráos á generalisação de principios. Mas nem por isso é menos razoavel distinguir uma da outra; assignar a cada uma seu objecto proprio; prescever-lhes os respectivos limites, e determinar-lhes a differença[146].

Em Antônio da Costa Duarte (?-?), lemos conceitos análogos, em que "gramática geral" denomina-se "gramática universal", em perfeita sintonia com os princípios imutáveis da língua (1859 [1829], p. 5):

> Sendo porém a Grammatica Universal a Arte, que analysando o pensamento, ensina com que especie de palavras se devem exprimir as idéas e as relações, de que elle póde constar; segue-se que a Grammatica Universal é também immutavel e a mesma em todas as Nações. Mas como

---

146. Sotero dos Reis, a rigor, apenas repete os conceitos de Dumarsais.

estas escolhêrão para signaes de suas idéas vocabulos differentes só no material dos sons, é preciso accomodar aquelles mesmos principios invariaveis á indole de cada Lingua, começando pelo estabelecimento dos preceitos geraes da Linguagem, e applicando os (sic) depois aos usos da que se pretende ensinar: eis aí o que se chama Grammatica Particular.

4.5 Produção bibliográfica do período racionalista

Aqui observaremos que a gramatização do português no Brasil inicia-se pelas mãos do carioca Antônio de Morais Silva, com a publicação em Lisboa de seu *Epítome da gramática da língua portuguesa* (1806), obra que seria republicada no corpo da 2ª edição do *Dicionário da língua portuguesa*, em 1813, e, anos depois, em 1824, mereceria nova publicação sob o título *Gramática portuguesa*. No percurso dos anos joaninos, limita-se o Brasil à oferta de algumas poucas gramáticas, trazidas a lume pela Impressão Régia como incentivo à publicação de obras didáticas. Em termos de língua vernácula, obviamente tratou-se logo de imprimir uma edição brasileira da *Arte da gramática da língua portuguesa* (1812 [1770]), de Antônio José dos Reis Lobato[147].

Demorou quatro anos, após a publicação da *Arte* de Reis Lobato, para que finalmente viesse a público a *Arte de gramática portuguesa* (1816), escrita pelo Padre Inácio Felizardo Fortes, homem, ao que tudo indica, dedicado à causa da educação no cenário conturbado da proclamação do Reino Unido, em que os caminhos da instrução pública e privada ainda se abriam com extrema dificuldade em terras brasileiras. O texto gramatical de Felizardo Fortes tem a primazia, até onde nos conduz a pesquisa, de ter sido o primeiro escrito por brasileiro e publicado no Brasil. O fato reveste-se de especial importância se considerarmos que a atividade gramatical reflete o surgimento de uma episteme em que se identifica língua e nacionalidade. Um brasileiro, afinal, escrevia uma gramática do português em terras brasileiras, agora livres da condição colonial. Portanto, tem-se aqui uma gramática da língua nacional, não obstante o sistema linguístico que nela se descreva não reflita a modalidade do português que então se falava na incipiente classe escolarizada da sociedade brasileira.

---

147. Simão Cardoso (1994, p. 266) refere-se a um texto intitulado *Compêndio ortográfico ou ortografia resumida por um professor da cidade da Bahia*, que teria sido publicado em 1812, sem indicar autoria ou local da publicação. O texto é também referido na bibliografia portuguesa publicada no Jornal de Coimbra (vol. III, 1813, p. 114).

Por essa época, em plena ebulição do movimento separatista pernambucano, toma-se ciência do *Breve compêndio de gramática portuguesa* (1972 [1875]), trabalho escrito por Frei Joaquim do Amor Divino Caneca (1779-1825) e ainda envolto em mistério no tocante à época de sua primeira edição – ou mesmo reprodução informal de manuscritos copiados –, já que o autor, por óbvias razões, não dispunha de meios ou apoio para promover sua publicação em letra de forma. A época provável da elaboração do *Breve compêndio* deve situar-se entre os anos de 1817, quando foi encarcerado, e 1825, quando foi executado junto às muralhas do forte das Cinco Pontas em Recife. Considerando que a obra de Frei Caneca restou inédita por mais de meio século, até ser reunida pelo pernambucano Antônio Joaquim de Melo (?-1873) – que infelizmente não viu o fruto de seu denodado trabalho, publicado dois anos após sua morte[148] –, muitas sombras ainda obscurecem a verdadeira face do *Breve compêndio*, sobretudo no tocante a suas referências à *Gramática filosófica* de Jerônimo Soares Barbosa, conforme adiante se comentará em momento oportuno.

Certo é que não se pode desconsiderar a possibilidade de que os vários decênios em que os manuscritos de Frei Caneca permaneceram inéditos tenham permitido a intromissão de terceiros em suas páginas. Nas palavras de Melo, o *Breve compêndio* teria sido escrito na prisão, durante o período em que Caneca ficou agrilhoado na Bahia. O relato romantizado de Melo informa-nos que duas freiras do Convento do Desterro, Rosa e Cândida, apiedando-se dos sentenciados, subjugados a extremada miséria, pediram permissão ao Conde dos Arcos para dividirem com os pobres famintos a porção de pão que lhes tocava. Com prova de gratidão, Caneca escreveu uma gramática para auxiliar as freiras, ou uma delas, na instrução da língua portuguesa, "recomendando-lhe, que lesse tão somente della até onde lhe ia marcado, e nada mais, e lhe participasse o que não entendesse, e as duvidas que lhe occorressem" (1875, p. 14). É o texto dessa gramática que Melo publica no segundo volume das obras completas, em companhia do *Tratado de eloquência*, outro texto linguístico de Caneca. A questão que persiste está na falta de informação quanto aos manuscritos de Frei Caneca, já que seu editor não esclarece como os conseguiu e que fim lhes deu, muito menos que tratamento filológico lhes conferiu.

---

148. A edição de *A província*, de 10 de dezembro de 1873, traz uma longa nota em louvor a Antônio Joaquim de Melo, em que se exalta seu labor como biógrafo de grandes brasileiros, inclusive de Frei Caneca, "as quaes, com pesar o dizemos, ainda não foram impressas, e só Deus sabe quando o serão" (1873, p. 1). Felizmente, após dois anos, o trabalho de Melo foi, enfim, publicado.

Em termos de bibliografia linguística, o Primeiro Reinado quase nada produziu. Com efeito, as condições inóspitas em que se encontrava a sede da Corte no primeiro decênio imperial, tanto no plano político quanto no plano social, parecem ter inibido a iniciativa de estudiosos brasileiros no tocante à publicação de obras linguísticas. Não terá sido, portanto, casual que grande volume de textos gramaticais sobre o português para uso em sala de aula tenha vindo a lume tão somente a partir do final da primeira década da Independência, no seio das províncias, mormente as do Norte e Nordeste; a rigor, o foco das atenções filológicas passa a figurar no cenário da Corte somente a partir da segunda metade dos Oitocentos. São trabalhos moldados por um sentimento não de posse sobre a língua, que na verdade ainda era entendida como um traço de identidade lusitano, inclusive mediante ostensivo ensino da norma gramatical predominante nos textos literários portugueses, mas de capacitação para dizer sobre a língua, no sentido de que assim se expressava uma nova civilização consciente e ciosa dos valores culturais importados da Europa por uma sociedade emergente e intelectualmente necessitada de afirmação.

Não obstante a Corte Imperial tenha fixado sede no Rio de Janeiro, verifica-se que os centros fomentadores de vida intelectual, em particular no tocante aos estudos humanísticos e especialmente linguísticos, desenvolveram-se nas províncias, sobretudo as do Norte e Nordeste[149]. Sobre o fato, podem-se trazer à mesa de discussão algumas evidências de caráter social, cuja avaliação decerto contribuirá para explicar essa inexpressiva participação do Rio de Janeiro na construção da vida intelectual brasileira nos primórdios da instalação da Corte no Brasil. Não são poucos os depoimentos – leiam-se, sobretudo, a *Segunda viagem* (1974), de Augustin de Saint-Hilaire (1779-1853) e a *História do Brasil* (1837), de João Armitage (1807-1856) – de que o Rio de Janeiro, no início do século XIX, gozava de má reputação. Jacques Arago (1790-1855), em seu *Souvenirs d'un aveugle* (1839), descreve a cidade como local de cinismo e depravação, ao passo que João Armitage considera a moral da Corte como tudo de mais baixo. Diz Horace Say (1794-1860), que chegou ao Rio em 1815, onde atuou no setor de comércio por 25 anos: "Le prince don Pédre, jeune, sans expérience, n'ayant reçu qu'une éducation fort incomplète, et s'étant abandonné de bonne heure à tous le désordres

---

149. Em sua tese sobre a gramaticografia do século XIX, Polachini assevera que "há predomínio da produção [gramatical] no Rio de Janeiro, que tem um número muito maior de obras publicadas e também uma maior diversidade de autores ao longo de todo o século" (2018, p. 111). No tocante aos quatro primeiros decênios, a nosso ver, essa predominância se deve ao fato de o Rio de Janeiro ser a capital do Império, não a sua proeminência como centro irradiador de produção linguística.

d'une cour corrompue, avait peu de moyens dans les mains pour se saisir du pouvoir" (1839, p. 74)[150].

Descontados os exageros, não se pode negar que o cenário sociocultural do Rio de Janeiro já não ia muito além de um desalentado marasmo até pouco antes da chegada da família real no início do século XIX, visto que as forças de desenvolvimento social sucumbiam à quase absoluta falta de investimento estatal. Basta atestar que a fundação de escolas no Brasil até a Independência constituía raríssimo ato de Estado. No fim do século XVIII, como sabemos, não eram tão escassos os brasileiros de reconhecido talento científico ou artístico, bastando aqui lembrar os nomes de Antônio de Morais Silva, do poeta Antônio Pereira de Sousa Caldas (1762-1814), do sacerdote e escritor José Joaquim da Cunha Azeredo Coutinho (1742-1821), do jornalista e publicista Hipólito da Costa (1774-1823), do matemático Francisco Vilela Barbosa (1769-1846), de Manuel Jacinto Nogueira da Gama (1765-1847), do sacerdote e botânico José Mariano da Conceição Veloso (1742-1811), do zoólogo Alexandre Rodrigues Ferreira (1756-1815), do mineralogista João da Silva Feijó (1760-1824), entre outros, a par dos conhecidos nomes literários: Inácio José de Alvarenga Peixoto (1742-1792), Cláudio Manuel da Costa (1729-1789), Frei José de Santa Rita Durão (1722-1784), José Basílio da Gama (1740-1795), entre outros igualmente relevantes.

Por outro lado, a constituição de uma ordem educacional eficiente o bastante para fomentar o saber e incentivar a eclosão do talento intelectual brasileiro sem dúvida capitulava sob uma frenagem que resultara do já aqui referido desinteresse da Corte portuguesa ou mesmo de uma deliberada política obscurantista, que inibisse a Colônia na tentativa de caminhar com passos próprios. As evidências desse atraso são flagrantes: bastaria dizer que em 1821, quando a Argentina comemorava a fundação da Universidade de Buenos Aires, o Brasil ainda se valia predominantemente de mestres autônomos para prover ensino básico às elites sociais.

O caldeirão político que se tornou a sede do Primeiro Império não dava margem para a produção intelectual. Respirava-se tão somente o ar revolto do vendaval que assolava uma nação à busca de identidade em um cenário sociocultural extremamente diversificado, dada, entre outros fatores, a pluralidade étnica de sua gente. Aparentemente, reforçava-se a sensação de que, em matéria linguística, se algo haveria de fazer-se, seria decerto no seio das

---

150. O príncipe Dom Pedro, jovem, inexperiente, tendo recebido apenas uma educação muito incompleta e tendo sido abandonado cedo a todas as desordens de uma corte corrupta, tinha poucos meios para assumir o poder.

províncias, e assim efetivamente o foi. Não obstante, alguns textos gramaticais começaram a vir a lume na sede da Corte, mormente pela iniciativa de religiosos católicos envolvidos com o ensino do vernáculo no sistema educacional emergente, seja em estabelecimentos públicos ou privados. Assim é que, cerca de um ano após a Independência, sairia no Rio de Janeiro uma *Breve explicação sobre a gramática* (1823?), um opúsculo escrito pelo Padre William Paul Tilbury (?-1862), de nacionalidade inglesa[151], conhecido no Brasil como Guilherme Paulo Tilbury. Segundo Gomes (2015), Tilbury chegou a exercer o cargo de capelão da Corte e ministrou aulas de inglês a Pedro I; sua carreira como professor da língua de Shakespeare parece ter sido exitosa, visto que seu nome consta no *Almanak imperial* (1829, p. 188) como membro do corpo docente do Seminário Episcopal de São José.

Imbuído de radical combate à diversidade religiosa no Brasil, Tilbury escreveu um *Antídoto católico contra o veneno metodista* (1838), texto publicado por iniciativa de seu companheiro de ministério Padre Luís Gonçalves dos Santos (1767-1844), o "Padre Perereca". Segundo nota comercial publicada no *Diário mercantil*, a *Breve explicação* de Tilbury visava às pessoas "que esquecidas dos estudos da sua mocidade, querem ainda aplicar-se ao estudo das linguas vivas, ou mortas" (1825, p. 1). Há dúvida quanto ao ano de publicação dessa obra, a que infelizmente não tivemos acesso, já que, enquanto Blake (1895, p. 197) a registra no ano de 1823, sua propaganda comercial, como vimos, data de 1825.

Conhecemos uma terceira edição do *Epítome da língua portuguesa*[152], de Morais Silva, agora rebatizado como *Gramática portuguesa*, trazido a lume pela Tipografia de Manuel Joaquim da Silva Porto (?-?) em 1824, ano de falecimento do autor. Trata-se de uma edição enxuta, sem prefácio ou apresentação, que muito provavelmente se deve a uma homenagem que se visava fazer a Morais Silva nos estertores da vida. Silva Porto era um dos poucos livreiros que se estabeleceram no Rio de Janeiro a partir da chegada de João VI, havendo-se associado, já ao fim da segunda década do século, a Pedro Antônio de Campos Belos, não obstante o nome desse último não conste na referida reedição do *Epítome*. Segundo Hallewell (2012, p. 126), Silva Porto chegou a ser o segundo livreiro mais importante do Rio de Janeiro e o primeiro a ter uma oficina tipográfica própria. Era, além de livreiro, poeta e tradutor da *Fédre*, de Racine, portanto homem de veia intelectual apurada

---

151. Uma nota na *Malagueta*, edição de 25 de novembro de 1828, atribui-lhe a nacionalidade irlandesa.

152. A primeira data de 1806 e a segunda introduz a 2ª edição do Dicionário, em 1813.

(Hallewell, 2012, p. 124). Por aí já se justifica uma ligação mais próxima de Silva Porto com os assuntos linguísticos, fato que talvez tenha contribuído para que tomasse a iniciativa de republicar o *Epítome*.

Quanto à alteração do título da obra, nada se pode dizer sem o risco de mero palpite. Muito provavelmente, o substantivo *epítome* já não gozasse de apelo editorial pela terceira década do século no Brasil, embora tenha tido amplo emprego na bibliografia espanhola, por exemplo, ao longo de todo o século (cf. Esparza Torres & Niederehe, 2015, p. 843-844). Este é um fato relevante se considerarmos que a publicação de obras gramaticais, já pelos anos de 1820, buscava ganhar boa repercussão perante o escasso público leitor, sobretudo estudantes secundaristas e alguns intelectuais dedicados ao jornalismo. Por outro lado, o substantivo *gramática* gozava de grande prestígio editorial, já que expressava um gênero textual conhecido de todos e de grande tradição no corpo da sociedade instruída[153]. Refira-se, ainda, a uma edição do *Epítome* para crianças, em forma de diálogos, aos cuidados da Tipografia C. Debreuil & Comp. O opúsculo foi lançado em Porto Alegre em 1832 e no Rio de Janeiro em 1836 e seu uso nas salas de aula não auferiu grande aceitação, ao que consta[154].

Cite-se aqui, por necessário, no tocante às publicações sobre o léxico do português brasileiro, já pela metade do Primeiro Império, o célebre texto *Les différences que le dialecte brésilien pourrait présenter, comparé à la langue du Portugal,* de Domingos Borges de Barros, o Visconde de Pedra Branca (1779-1855), inserto na *Introduction à l'Atlas ethnographique du globe* (Balbi, 1826). Borges de Barros, baiano de nascimento, teve expressiva vida pública, considerado um dos brasileiros mais eruditos de seu tempo, mercê de sua atuação na Europa como diplomata e publicista. Após terminar os estudos primários na Bahia, Borges de Barros foi enviado para Portugal, havendo-se matriculado, em 1792, no Colégio dos Nobres. Posteriormente, ingressou na Universidade de Coimbra, onde licenciou-se em filosofia a 6 de julho de 1804[155]. Após alguns anos em Lisboa, onde se dedicou aos estudos literários e à tradução de obras clássicas, Borges de Barros deslocou-se para Paris, onde ficou sob custódia do governo quando da ocupação de Portugal por Napoleão Bonaparte.

---

153. Por sinal, *gramática* é um termo que até hoje ganha a simpatia dos editores, haja vista recentes gramáticas publicadas no Brasil que, a rigor, mais se assemelham a manuais de teoria linguística.

154. Há exemplares das duas edições na Biblioteca Nacional do Rio de Janeiro, conforme se atesta em Corrêa (2009, p. 136).

155. Seu período em Portugal rendeu-lhe um processo perante o Tribunal do Santo Ofício, entre 1795 e 1798, sob acusação de "proposições heréticas" (cf. Processo, 2009).

Com o retorno à terra natal, em 1811[156], Borges de Barros teve de conviver com a desconfiança da administração reinol, sobretudo em face das atividades políticas de seu irmão, José Borges de Barros (?-?), envolvido na Conjuração Baiana e ligado à Casa Maçônica. Consta, inclusive, que José Borges de Barros tentara introduzir moeda falsa em Portugal nos idos de 1803 (Barata, 2006, p. 155). A desconfiança quanto aos princípios ideológicos e a suas intenções na atividade política pavimentou com pedras irregulares o caminho de Domingos Borges de Barros na sociedade ilustrada brasileira, razão por que muito lhe custou chegar à carreira diplomática e à representação pública no Brasil e em Portugal. Sobre Borges de Barros, assim se manifesta Rodolfo Garcia (1873-1949) em breve referência biográfica (19--):

> Em 1821 foi eleito deputado às Cortes de Lisboa assinando a constituição portuguesa, quando já proclamada no Brasil a independencia. Retirando a França (1823), foi aí investido das funções de Ministro do Brasil junto ao governo de Luiz XVIII (1826). Em 1829 ajudaria prestimosamente o casamento de D. Pedro I com a Imperatriz Amelia. Só tornou ao Brasil em 33, para tomar posse de senador pela Bahia, para que fora eleito e escolhido em 26. Tornou a Europa, vindo depois a Bahia, onde em 55 faleceu na Bahia em suas terras de engenho.

Interessante notar que as referências feitas pela *Introduction* à língua autóctone no Brasil não se limitam à contribuição de Borges de Barros. Lá se lê, por exemplo (Balbi, 1826, p. 36):

> Le nom de Tupi est aujourd'hui inconnu aux Brésiliens; paraît n'avoir jamais été employé qu'en sobriquet injurieux donné aux Indiens de la côte par leurs ennemis de l'intérieur [...] Les Indiens convertis qui demeurent dans les provinces maritimes du Brésil donnent le nom de Caboclos ou Tapouyas aux autres Indiens qui parlent encore leur langue et qui mènent une vie sauvage[157].

---

156. Este dado biográfico revela que Domingos Borges de Barros estava no Brasil quando do lançamento de seu *Diccionario portatil portuguez-francez e francez-portuguez* (1812) em Paris. Segundo Verdelho (2011, p. 39), o dicionário de Borges de Barros foi objeto de dura crítica por Solano Constâncio (1777-1846), "obra cheia de erros e sumamente incompleta". Ainda segundo Verdelho, uma notação manuscrita na contracapa de um exemplar pertencente à Bibliothèque Cantonale du Canton de Vaud, informa que Borges de Barros teria composto o *Diccionario portatil* em coautoria com José Francisco Correa da Serra, o Abade Correa da Serra (1750-1823).

157. Tradução: "O nome Tupi é desconhecido para os brasileiros hoje; parece nunca ter sido usado a não ser no apelido ofensivo dado aos índios do litoral por seus inimigos do interior [...]. Os índios convertidos que vivem nas províncias marítimas do Brasil dão aos demais o nome de caboclos ou tapuias aos outros índios que ainda falam sua língua e levam uma vida selvagem".

Em outro momento, Balbi revela boa informação sobre a resistência dos substratos linguísticos no processo de colonização americana, com especial referência à supremacia da língua geral sobre o português e mesmo sobre as línguas africanas nos anos coloniais (Balbi, 1826, p. 26):

> Les Espagnols et les Portugais ont donné leur langue à une foule de nations américaines qui, par ce changement, ont cessé d'exister; quelques autres aussi dans l'Amérique du Nord ont oublié la leur pour ne parler que le français ou l'anglais; et un court laps de temps suffit aux nombreux Africains que l'infâme commerce de chair humaine a transportés en Amérique pour les transformer ici en Anglais, en Français, et en Danois, là en Espagnols, en Portugais et en Hollandais. D'un autre côté, nous voyons selon Azara et des auteurs portugais, les pâtres espagnols du Paraguay et plusieurs Portugais de San Paulo oublier leur langue pour ne parler que le guarani[158].

No tocante especificamente à contribuição de Domingos Borges de Barros ao estudo do léxico contrastivo do português em Portugal e no Brasil, a *Introduction* oferece uma lista de oito substantivos que sofreram alteração semântica no Brasil e outra lista em que se arrolam 50 substantivos desconhecidos em Portugal, oriundos da língua geral, ou arcaísmos pertencentes ao léxico do português quinhentista. As listas, interessante notar, são precedidas de um interessante juízo sobre a alentada distinção prosódica que atribui um estilo mais ameno e melodioso à variante brasileira (Balbi, 1826, p. 173):

> L'âpreté dans la prononciation a accompagné l'arrogance des expressions, et se conserve encore aujourd'hui en héritage; cette langue, transportée au Brésil, se ressent de la douceur du climat et du caractere de ses habitants; elle a gagné pour l'emploi et pour les expressions de sentimens tendres, et, tout en conservant son énergie, elle a plus d'aménité. On peut s'en convaincre en lisant les poésies de Gonzaga, J.-B. da Gama (nous ajouterons de M. le baron de Pedra-Branca), et de plusieurs autres écrivains brésiliens. A cette première différence, qui embrasse la généralité de l'idiome brésilien, il faut encore ajouter celle des mots qui ont changé tout-à-fait d'acception, ainsi que celle de plusieurs autres expressions qui n'existent point dans la langue portugaise, et qui ont été

---

158. Tradução: "Os espanhóis e os portugueses deram sua língua a uma série de nações americanas que, por causa dessa mudança, deixaram de existir; algumas outras também na América do Norte se esqueceram da sua língua por falarem apenas francês ou inglês; e levará pouco tempo para que os muitos africanos que o infame comércio de carne humana transportou para a América transformem-se aqui em ingleses, franceses e dinamarqueses, ali em espanhóis, portugueses e holandeses. Por outro lado, segundo Azara e autores portugueses, vemos os pastores espanhóis do Paraguai e vários portugueses de São Paulo se esquecendo da língua para falar apenas o guarani".

empruntées aux indigènes, ou qui ont été importées au Brésil par les habitans des différentes colonies portugaises d'outre-mer[159].

A lista preparada por Domingos Borges de Barros merece ser aqui reproduzida em face de seu inegável valor histórico (Balbi, 1826, p. 173-175):

Nous allons en donner quelques exemples dans le tableau suivant.

NOMS QUI ONT CHANGÉ DE SIGNIFICATION

Mots	Signification en Portugal	Signification au Brésil
Faceira	Grosse mâchoire	Coquette
Arrumamento	Action d'arrranger	Parade
Babados	Bavé	Jabot, falbadas
Tope	Entrave	Cocarde, bouquet de fleurs
Chacota	Chanson grivoise	Moquerie
Cecia	Action de grasseyer	Minaudière
Capoeira	Cage à poules	Broussailles
Sotaõ	Souterrain	Mansardes

NOMS EN USAGE AU BRÈSIL ET INCONNUS EN PORTUGAL

Mots	Signification
Pabulo	Fat, suffisant
Capéta	Lutin
Quindins	Minauderies, petits soins
Jaiá	Demoiselle
Chibio	Polisson, vaurien
Balaio	Espèce de panier

159. Tradução: "A dureza na pronúncia acompanhou a arrogância das expressões, e ainda hoje é preservada por herança; essa língua, transportada para o Brasil, sente a suavidade do clima e o caráter de seus habitantes; ela aperfeiçoou-se pelo emprego de expressões de ternura e, mesmo conservando suas energias, tem mais amenidade. Pode-se convencer disso lendo os poemas de Gonzaga, J.-B. da Gama (acrescentaremos de M. le Barão de Pedra-Branca), e de vários outros escritores brasileiros. A esta primeira diferença, que abarca a generalidade do idioma brasileiro, devemos acrescentar também a das palavras que mudaram completamente de sentido, bem como a de várias outras expressões que não existem na língua portuguesa e foram emprestadas aos nativos, ou que foram importadas para o Brasil pelos habitantes das várias colônias portuguesas no ultramar".

Quitûtes	Ragouts, fricots
Batuque	Danse des nègres
Tapera	Terrein abandonné
Capim	Gazon
Coivara	Action de brûler des broussailles
Fadista Findinga	Fille publique
Charquear	Préparer la viande sèche
Cuchillar	Sommeiller
Munheca	Le poignet
Chingar	Passer des sobriquets
Cangote	Le chignon
Calunda	Magnétisme, de vapeurs
Muxingueiro	Celui qui est charge de fouetter les esclaves
Presinganga	Ponton, prison
Carpina	Charpentier de bâtiment
Caçula	Cadet d'une famille
Dondon	Vaudeville
Fadú	Bouderie
Fuxicar	Chiffonner
Farofa	Ostentation ridicule
Mocotó	Pieds de boeuf
Mungangas	Grimaces
Muxoxo	Action de faire la moue
Boquinha	Petit baiser
Mi deixe	Noli me tangere
Mulambo	Guenille
Mascate	Marchand forais
Mascaterar	Faire le marchand forain
Mandinga	Fétiche
Muquiar	Boucaner
Muquem	L'endroit où l'on boucane
Muxiba	Des peaux de viande maigre
Nanica	Naine
Nuello	Sans plumes
Quitanda	Marché de vivres
Pequira	Criquet

Pimpaò	Ferrailleur, crâne
Sipoada	Coup de badine
Saracutear	Tournailler
Trapiche	Magasin au bord de l'eau
Chacra	Maison de campagne
Rossa	Maison de campagne ou ferme
Senzàla	Case à nègres

Farto material terão os lexicólogos para explorar nessas poucas linhas que nos legou a pena de Domingos Borges de Barros, inclusive no tocante à alteração semântica de muitos dos termos referidos. De destacar as formas *Mi deixe* e *Chacra*, que denunciam, já no início do século XIX, um fato sintático e outro prosódico reconhecidos como brasileirismos: a tendência para a próclise pronominal na cabeça da oração e a síncope da vogal postônica interna em palavras proparoxítonas.

Cuide-se aqui da ressalva feita nas *Additions a l'introduction* (1826, p. 387) que nos dão ciência de uma pesquisa mais aprofundada de Borges de Barros sobre o léxico do português do Brasil, com vistas a uma publicação maior que, infelizmente, não foi levada a cabo:

> M. le baron de Pedra-Branca, qui a eu la bonté de nous fournir l'article relatif au portugais parlé au Brésil, nous observe dans une note, que les mots brésiliens contenus dans as liste ne sont que les premiers qui se sont offerts à ses yeux, dans une nombreuse collection qu'il a faite depuis quelque temps, et qui en compte déjà un millier. M. le baron veut enlaire la base d'un intéressant travail, qu'il prépare sur ce sujet[160].

Uma década pautada pela instabilidade institucional, fruto de uma articulação política malsucedida, aliada à infância de uma nação que ainda lutava pela soberania – sem contar sua ainda discutível legitimidade para produzir textos gramaticais –, não teria muito a oferecer no campo da produção linguística. Tem-se notícia, além da já aqui citada reedição do *Epítome* de Morais Silva em 1824, de uma publicação feita dois anos mais tarde, intitulada *Compêndio de ortografia* (1826), por Luís da Silva Alves de Azambuja

---

160. Tradução: "O senhor Barão de Pedra-Branca, que teve a gentileza de nos fornecer o artigo relativo ao português falado no Brasil, observa em nota que as palavras brasileiras contidas na lista são apenas algumas pertencentes a uma grande coleção, que ele reúne há algum tempo, no total de mil palavras. O senhor Barão quer exemplificar as bases de um interessante trabalho que está preparando sobre o assunto".

Susano (1785-1873). Os longos anos de vida propiciaram ao carioca Azambuja Susano experiência e reconhecimento público, que, se não lhe valeram riquezas materiais, tornaram-no benquisto de muitos homens ilustres, entre eles Inocêncio Francisco da Silva (1810-1876)[161]. A bem da verdade, Susano notabilizou-se por ter uma personalidade eclética, fruto de "erudição e cultura notáveis" (cf. Claudio, 1912, p. 139) que lhe propiciava êxito em variada atividade social, fosse no campo político, fosse no campo artístico ou mesmo nos assuntos negociais. Aos 37 anos de idade, consumada a Independência, foi designado secretário da Junta Provisória que governaria a capitania do Rio de Janeiro, cargo rentável que lhe garantiu uma vida confortável, sem ostentações, até a aposentadoria em 1856, como inspetor da Tesouraria Fazendária. Consta também haver exercido o cargo de juiz municipal na Província do Espírito Santo durante o ano de 1837.

Já pelas portas de saída da vida burocrática, Susano enveredou pela atividade literária, com a publicação do romance *O capitão Silvestre e Frei Veloso*, cuja repercussão, decerto, não condiz com sua fama de homem culto e letrado. À produção literária Azambuja Susano contrapôs alguns títulos de temário variado, desde as *Anotações às leis da Fazenda* e o *Código das leis e regulamentos orfanológicos*, até o já aqui citado *Compêndio de ortografia* – que Afonso Cláudio rebatiza como *Sistema nacional de ortografia* (1912, p. 140) –, passando por uma *Aritmética elementar*, cujo uso nas classes do Espírito Santo tornou-se praticamente obrigatório. Na seara linguística, Azambuja Susano também publica um *Compêndio de gramática portuguesa para uso das escolas primárias* (1851), obra integrante do acervo da Biblioteca Nacional do Rio de Janeiro.

Interessante notar a maior produtividade de publicações linguísticas a partir de 1827, não obstante a pesquisa esteja ainda incipiente quanto à fidedignidade de alguns dos textos referidos, bem como de sua autoria. Nesse ano, vem a lume o *Compêndio da gramática da língua portuguesa*[162] escrito por Joaquim de Sousa Ribeiro Pimentel (?-?). Em suas motivações, Pimentel alega que os compêndios então publicados estavam corrompidos por "definições vagas com expressões quase sempre maiores, que parecem feitas de proposito para confundir, e desgostar a mocidade de um estudo tão necessario" (1827, p. 2). As fontes doutrinárias citadas por Pimentel são Charles

---

161. Conforme comprova o verbete exaustivamente informativo sobre Azambuja Suzano em Silva (1860, p. 325).

162. O exemplar que consultamos pertence ao Instituto Ibero-Americano de Berlin e está disponível em https://digital.iai.spk-berlin.de/viewer/image/834823004/13/LOG_0005/

Batteux (1713-1780), Antoine Court de Gébelin (1725-1784), César Chesneau Dumarsais (1676-1756) e Nicolas Beauzée (1717-1789), a par da nítida inspiração colhida em Antônio de Morais Silva (1757-1824). A análise do *Compêndio* de Pimentel, em suas primeiras linhas, revela um texto repetidor das gramáticas racionalistas mais prestigiadas; seu propósito, decerto, era o de auxiliar o docente nas aulas gramaticais à guisa de material didático.

A definição de gramática em Pimentel alinha-se ao espírito normativista da época: "Grammatica portugueza é a Arte de fallar, e escrever rectamente a Lingua Portugueza" (1827, p. 4). Sua descrição das classes lexicais identifica quatro classes de palavras principais: *artigo*, *nome*, *verbo* e *partícula*. Essa é uma nota dissonante em face dos demais textos gramaticais brasileiros do mesmo modelo teórico, já que neles, por influência da gramática latina, não se encontra a figura do artigo como classe autônoma. Por sinal, a presença da gramática latina no texto de Pimentel ratifica-se pela descrição morfossintática dentro do modelo sintético das declinações, um procedimento que, mesmo no âmbito dos textos racionalistas, já se vinha abandonando pelo final da terceira década do século. Em órbita historiográfica, o *Compêndio* de Joaquim de Sousa Ribeiro Pimentel situa-se entre os primeiros trabalhos do gênero escritos no Brasil, razão por que goza de natural relevância como expressão da descrição e do ensino linguístico em sua época.

Um texto gramatical intitulado *Gramática brasileira ou arte de falar, conforme as regras de Manuel Borges Carneiro* (1828), de autor anônimo, é oferecido a público já no final da terceira década dos Oitocentos. O título "gramática brasileira" e o anonimato poderiam sugerir uma feição especial desse texto no cenário político pré-Abdicação, sobretudo levando-se em conta a ainda incerta condição de soberania do Brasil e os acontecimentos políticos que deram vezo à derrocada do Primeiro Império e às Guerras Liberais em Portugal. O título da gramática, sem dúvida, com o adjetivo "brasileira", equivaleria a uma gota de álcool no braseiro institucional que encaminhava o país para a abdicação de Pedro I, fato que poderia corroborar o anonimato da obra, uma estratégia para livrar o autor de qualquer responsabilidade. Decerto que, no momento, o espírito nacionalista exacerbava-se, como sói acontecer em todo momento de crise institucional, de tal sorte que o gentílico no título da obra bem poderia dever-se a esse sentimento de afirmação patriótica, em que a língua portuguesa, afinal, já se identificava como idioma brasileiro.

Advirta-se, ainda, que o texto inspirador da *Gramática brasileira*, a *Gramática, ortografia e aritmética portuguesa, ou arte de falar, escrever e contar* (1820), publicada por Manuel Borges Carneiro (1774-1833), vinha da pena de um herói português, com atuação expressiva nos movimentos liberais que edificaram a Constituição Monárquica de 1822 e prepararam o terreno para o retorno de João VI. Com o retorno do regime absolutista, Borges Carneiro recolheu-se à vida privada, mas, ao que consta, jamais perdeu a aura de herói nacional entre os seus, de que resultava expressiva influência no campo das Humanidades, sobretudo em assuntos jurídicos e políticos.

Uma outra interpretação dos fatos, porém, se impõe. Segundo a historiógrafa Marli Quadros Leite, que se debruçou sobre a análise da *Gramática brasileira* (2015), o escopo da obra anônima não era o de descrever a modalidade do português falado na América. Uma passagem, que se refere à "língua brasileira", em contraste com as línguas portuguesa, latina, italiana e francesa, "faz o leitor pensar que o A. acredita, realmente, na existência de duas línguas diferentes: a brasileira e a portuguesa, embora não estabeleça contrastes entre as duas supostas línguas nem dê pistas das razões que o levam a tal separação. Os assuntos tratados em toda a gramática também não demonstram serem diferentes 'as duas línguas', portuguesa e brasileira" (2015, p. 88). Em suas conclusões, Leite afirma que a *Gramática brasileira* nada mais é do que uma cópia da *Gramática* de Manuel Borges Carneiro.

No tocante à autoria, por seu turno, as conclusões de Leite, escudadas em pesquisa oferecida por Lima (2006), são de que deve ser atribuída a Luís Maria da Silva Pinto, tipógrafo goiano que fez carreira em Ouro Preto e publicou, em 1832, o *Dicionário da língua brasileira*, ao que tudo indica o primeiro dicionário do português escrito e publicado no Brasil[163]. Lima abre a hipótese dessa autoria devido a uma menção que se faz à *Gramática* no texto da *Apresentação* do *Dicionário da língua brasileira*, concluindo que se trata de um "enigma que valeria a pena investigar" (2006, p. 41). O enigma, com efeito, foi desvendado por Leite, que comprova com sólida argumentação – pautada em critérios e evidências meta-historiográficos – ser efetivamente de Luís Maria da Silva Pinto a autoria da *Gramática brasileira*. Fato é que, dada a natureza meramente mimética da obra, cremos que a *Gramática brasileira* de Silva Pinto não mereça mais do que uma referência pontual na crônica dos textos publicados no Brasil oitocentista.

Ainda, em 1828, registram-se dois textos gramaticais que vêm desafiando a pesquisa histórica, já que sua referência não vai além de notas esparsas em catálogos e listas bibliográficas. Um deles intitula-se *Resumo das quatro*

---

[163]. No prólogo, o autor adverte que se trata de um vocabulário que visa a dar conta de palavras "entre nós geralmente adoptadas, e não d'aquellas que proferem os Indios, como se presumira" (Pinto, 1832, p. 1). Sobre essa obra, cf. o estudo de Lima (2006), que traça juízo sobre o propósito do autor e especula sobre o sentido do adjetivo "brasileiro" no título da obra.

partes da gramática portuguesa (1828), escrito por um certo José Joaquim Alencastro (?-?), cuja notícia nos chega pelo relato de Antenor Nascentes (1886-1972) em conhecido artigo sobre gramaticografia brasileira do século XIX (1940). Outro texto ainda desconhecido, vindo a lume no mesmo ano, intitula-se *Gramática razoável da língua portuguesa* (1828), da lavra de Lourenço Trigo de Loureiro (1792-1870), jurista nascido em Viseu, Portugal, que, com a invasão das tropas napoleônicas, interrompeu o Curso de Ciências Jurídicas em Coimbra e veio para o Brasil, provavelmente no ano de 1810, onde conseguiu empregar-se nos correios (cf. Grande Enciclopédia, 1960, p. 494). Loureiro frequentou a primeira turma do curso jurídico de Olinda, vindo a colar grau em 1832. Consta também haver atuado como professor na mesma escola superior a partir de 1840, de onde tornou-se catedrático em 1852. Publicou o hoje clássico *Instituições de direito civil brasileiro* (1851), uma contribuição decisiva para a construção do pensamento jurídico em uma nação ainda institucionalmente hesitante. Faleceu em Recife, em 1870, sem que se saiba muito acerca de sua atividade na área linguística, já que, nesse mister, consta tão somente haver atuado como professor de primeiras letras e de francês no Seminário de São Joaquim logo após sua chegada ao Brasil (cf. Blake, 1899, p. 326).

A terceira década, que se inicia sob o conturbado momento da Abdicação e consequente início da Regência Trina, parece confirmar a tese de que épocas de intensa instabilidade institucional coincidem com avanços expressivos na ciência e nas Humanidades[164]. Com efeito, é a partir desse momento nevrálgico da história política brasileira que os volumes sobre língua vernácula, inspirados no modelo filosófico da gramática racionalista, começam a aparecer em províncias do Nordeste e do Sul, fato que se faz acompanhar do surgimento de textos dedicados à retórica[165]. Nessa onda de novas publicações, a sede do Império, agora sob o manto regencial que resguardava a coroação de Pedro II, passa a produzir bastante, decerto uma consequência da nova ordem social que mobilizava os ânimos, aliada ao crescimento paulatino do sistema de ensino.

Os novos ares cariocas conduzem o conceituado professor e diretor educacional Francisco José das Chagas Soares (?-?) a publicar sua *Arte da*

---

164. Cf., a respeito, Mackintosh (2014) e, especificamente sobre a gramática no Brasil, Cavaliere (2015).

165. A Retórica integra o ementário de disciplinas do Colégio Pedro II antes mesmo da inclusão de Língua Portuguesa. Em Carvalho (1834) situamos o primeiro estudo sobre o tema publicado no Brasil, secundado por Pontes (1860).

gramática portuguesa (1835)[166], um texto eminentemente pedagógico e de caráter superficial, se comparado a obras que lhe são contemporâneas, tais como as dos maranhenses Antônio da Costa Duarte (?-?) e de Filipe Benício Conduru (1818-1878). Chagas Soares, ao que consta, gozava de excelente reputação como docente de língua vernácula, dada sua dedicação à causa do magistério e seu envolvente carisma que cooptava as atenções do alunado para os fatos da língua literária. Na edição de 13 de dezembro de 1829, o *Jornal do Comércio* faz publicar uma carta em que o leitor tece efusivos elogios a Chagas Soares, dado o "assiduo trabalho com que se desvela na educação da Mocidade, o que bem se deixa ver de muitos Paes" (p. 1). Não obstante, o espírito conservador de Chagas Soares impunha-lhe certas críticas pedagógicas, como a que se fazia a sua defesa intransigente das palmatórias[167] em sala de aula, apesar de os castigos físicos terem sido substituídos pelos denominados castigos morais ou lancasterianos[168] desde a publicação da Lei Imperial de 15 de outubro de 1827. O próprio Chagas Soares remete ao periódico liberal Astréa – saliente-se a ironia – uma carta em que responde a tais críticas, especificamente a um severo ataque que lhe impingira o redator de *A tribuna do povo*, em edição de 25 de maio do mesmo ano, desafiando-o a ministrar aulas disciplinadas em sua escola sem o uso da palmatória (1831, p. 2.371):

> Convido a Vmc. Para que, a bem da Mocidade Escolar, venha reger a minha Escola ensinando os meus Discipulos por tempo de trez mezes, se tanto for precizo, a fim de que eu possa depois continuar com o seu exemplo o mesmo ensino sem usar o castigo; isto porém com as seguintes condições. Gratificar eu a Vmc. Com hum premio rasoavel que nós convencionarmos; e Vmc. Conduzir 112 Discipulos, que frequentão a minha Escola. Com a brandura, docilidade e estímulos que Vmc. quer exigir de mim, e dos mais Professores a quem censura; fazendo existir na Escola silencio e sobordinação e aparecendo o progresso que com o castigo se obtem dos mesmos Meninos, e que seus Paes tanto recomendão; aos quais pedirei venia para tão justo fim.

A opinião de Chagas Soares não era solitária, pelo contrário, reinava consente em uma sociedade que ainda resistia, por exemplo, a elidir de vez a

---

166. Esta gramática é referida por Gally (2013) e por Polachini (2018) e se encontra no acervo da Universidade do Porto.

167. A prática perdurou por longo tempo, como comprova sua severa reprovação em Borges (1880). O art. 72 do *Regulamento para a reforma do ensino primário e secundário no Município da Corte* (Brasil, 1854), que dispõe sobre os meios disciplinares, não admite explicitamente as punições físicas, mas refere-se a "outros castigos que excitem o vexame".

168. Sobre o tema, cf. Olivato (2017).

praga da escravidão no cenário das nações civilizadas, portanto convencida de que a punição era o caminho mais curto para o convencimento. Cite-se aqui a opinião de outro conhecido mestre da época, Manuel Olímpio Rodrigues da Costa (?-1891), autor de uma *Gramática portuguesa* (1876), que, em resposta a uma indagação sobre a validez do castigo físico feita pelo periódico *A Instrução Pública*, tece analogia rasteira entre o castigo pedagógico e a sanção penal (1872, p. 104)[169]:

> O castigo é a sancção da lei penal, a lei penal é a medida das offensas dos direitos de uns por outros individuos; quando a lei moral tiver adquirido sua maior força; isto é, quando a liberdade for o poder de somente obrar o bem, de sorte que a orbita dos direitos de cada individuo e de cada classe for claramente definida e tornar-se invulneravel, o homem obrará o bem por amor do bem, as recompensas como os castigos perderão sua razão de ser, e com ellas os códigos que as consignam. Se, porém, no século actual ou no mundo que nos foi destinado essa perfeição é utopia, os castigos como as recompensas são indispensaveis, quer á sociedade, quer á escola, o principio que os autoriza é o mesmo, o que varia é a natureza e o rigor d'esses castigos, porque diversos são os delictos sociaes as faltas escolares, uns tem menos atenuantes que as outras.

Será ainda no Rio de Janeiro que virá a lume o texto de João Alexandre da Silva Paz (?-1841), intitulado *Gramática elementar e metódica da língua portuguesa* (1833?), o qual, segundo Polachini, foi reeditado em 1836 (2018, p. 371), fato que atesta boa aceitação no mercado consumidor de obras linguísticas. Padre vinculado à diocese do Rio de Janeiro, Silva Paz atuou como juiz de fato[170] durante vários anos na década de 1830. Não tivemos acesso a esse texto gramatical, cuja segunda edição parece constar do acervo da biblioteca da Universidade do Porto. Embora Blake ateste o ano de 1833 para a primeira edição, vale ressaltar que o *Diário do Rio de Janeiro*, em edição de abril de 1834 (p. 1), anuncia sua publicação, razão por que ainda pairam dúvidas sobre a verdadeira data da *editio princeps*. Ressalte-se que o mesmo periódico anuncia a publicação da segunda edição da *Gramática elementar* em 9 de novembro de 1836, o que reforçaria a hipótese de que o ano da propaganda, em 1834, seja efetivamente o da publicação da primeira edição. Essas datas, entretanto, nada oferecem de seguro, já que o anúncio da segunda edição, de 1836, foi feito apenas em 1837 no *Jornal do Comércio*

---

169. Saliente-se que a opinião de Rodrigues da Costa mereceu várias cartas de leitores, em sua maioria totalmente favoráveis à punição física nas escolas.

170. Equivalente ao atual jurado no Tribunal do Júri.

(1837, p. 4). Ao que consta, o Padre João Alexandre da Silva Paz, apesar de ter seu nome ventilado entre tantos outros brasileiros ilustres para compor o Senado do Império (cf. O Sete d'Abril, 1838, p. 3), faleceu em má situação financeira, haja vista o anúncio de leilão, dois anos após sua morte, de sua escrava Domingas, então sob posse de seu herdeiro, para pagamento de dívidas (Diário, 1843, p. 4)[171].

Um crescente público consumidor de textos gramaticais, que agora não se restringia às salas de aula – o mercado de prestação de serviço, seja na área jornalística, seja na área jurídica, incentivava a consulta às normas de língua escrita para uso profissional – deu ânimo renovado às editoras da capital da Corte para pôr no mercado novas opções de manuais normativos. Com isso, surge João Idálio Cordeiro (?-?), com sua *Nova gramática da língua portuguesa* (1844), decerto bastante usada no Colégio de Educação Literária e Moral de sua propriedade, situado na Rua do Conde, Rio de Janeiro, a par do cearense Cirilo Dilermando da Silveira (?-?) com o *Compêndio de gramática da língua portuguesa* (1855) e os *Exercícios de análise lexicógrafa ou gramatical e de análise sintática e lógica* (1870) já em fase de distinta perspectiva descritiva, ambos integrantes do acervo da Biblioteca Nacional do Rio de Janeiro. Sobre Cirilo Silveira pouco se sabe, infelizmente, dadas as precárias informações biográficas que se nos oferecem. Segundo Nobre, o gramático nasceu em Icó, Ceará, filho do funcionário da Tesouraria Provincial Manoel Dilermando Paz. Consta que atuou como professor nas províncias do Espírito Santo e do Rio de Janeiro, chegando mesmo a fundar um colégio na interiorana cidade de Valença, Rio de Janeiro. Seu *Compêndio*, informa-nos ainda Nobre, foi adotado pelo Conselho da Instrução Pública, muito provavelmente em 1857[172], em face de um decreto imperial que incluía as disciplinas de Gramática, Leitura, Recitação e Ortografia nos cursos elementares abeberou-se, decerto, o Padre José de Noronha Nápoles Massa (1822-1890), que, em sua conhecida gramática, declara haver-se inspirado em Dilermando Silveira na parte relativa às análises sintática e lexical (cf. Fávero & Molina, 2010). Morreu no Rio de Janeiro em data desconhecida.

Não se duvide de que Cirilo Dilermando tenha enfrentado opositores durante a vida profissional, a julgar por uma resenha redigida oito anos após

---

171. Pinto (1976, p. 2) refere-se à publicação, nesta época, da *Gramática portuguesa* (1835), de J. Rodrigues, texto a que não tivemos acesso.

172. Tambara (2002, p. 37) informa-nos sobre a adoção de uma "Gramática nacional" de Cirilo Dilermando da Silveira pelo Regulamento da Instrução Primária e Secundária do Município da Corte em 1854, ou seja, um ano antes da primeira edição do *Compêndio*. Não há notícia dessa Gramática nacional nos acervos consultados.

a publicação de seus *Exercícios* e assinada por Manuel José Pereira Frazão (1836-1917)[173], prestigiadíssimo professor e especialista em educação, autor das *Postilas de gramática portuguesa* (1874). A resenha de Frazão, publicada na edição de 8 de junho de 1878 da revista *A Escola* (p. 342), condena o uso da expressão "análise lexicógrafa" no título da obra de Dilermando, traçando um confronto com o emprego da expressão "análise lexicológica" que vinha estampada na sinopse da então recentemente publicada *Gramática analítica da língua portuguesa* de Charles Adrian Grivet. Segundo Frazão, Dilermando não tinha a autoridade de Grivet para falar em lexicologia, já que em sua gramática sequer fazia menção a essa área do saber linguístico como disciplina gramatical. Com efeito, Dilermando segue o modelo das antigas gramáticas racionalistas, que cuidam do estudo das classes gramaticais sob o manto da etimologia.

Ademais, salienta Frazão em tom agressivo, lexicografia diz respeito não à gramática, mas ao dicionário, de que resulta concluir que "lexicógrafa" não pode ser um modelo de análise, senão uma mulher que se dedique à redação de dicionários. Com um arremate que resvala a ofensa, em que ridiculariza Dilermando e "suas pretensões a gramático", Frazão demonstra, na realidade, haver procurado um motivo fútil para atingir a probidade intelectual do autor dos *Exercícios*, não só por tratar-se de um fato irrelevante, sem qualquer repercussão da qualidade da obra, como também pelo largo lapso temporal de oito anos entre a publicação dos *Exercícios* e a resenha que os toma por tema. A virulenta referência de Pereira Frazão a Dilermando Silveira pode ter contornos mais nebulosos, já que a imagem pública do gramático cearense sofreu duro golpe em face de uma condenação, em 1858, por crime de falsificação de moeda. Apesar de declarar-se inocente – recebera cédulas falsas de um primo e deu-lhes curso sem notar o delito –, Dilermando Silveira foi considerado culpado, de que resultou uma pena de prisão por quatro anos (cf. *Correio Mercantil*, 22. jul. 1958, p. 2). Após sua libertação, voltou à atividade na seara da educação com a fundação do Colégio Dilermando, situado no Bairro de Botafogo, Rio de Janeiro, mas, não obstante a tentativa de reerguer-se, seu conceito como cidadão estava definitivamente abalado.

Antes da publicação do texto escrito por Cirilo Dilermando da Silveira, o público leitor carioca recebera um trabalho expressivo do gaúcho Antônio Álvares Pereira Coruja (1806-1889), intitulado *Compêndio da ortografia da língua nacional* (1848), obra dotada de grande aceitação em face de sua

---

173. Sobre Pereira Frazão, no cenário da educação pública brasileira dos Oitocentos, cf. Schueler (2005).

praticidade e aplicação em sala de aula[174]. A questão ortográfica, por sinal, que cativaria as atenções e exaltaria os ânimos no período da gramática científica, já dava sinais de instigante polêmica pela metade do século, considerando-se a então absoluta ausência de critérios consensuais na denominada "ortografia usual". O texto de Coruja vinha pôr alguma ordem no caos, fato que lhe garantiu acolhimento por parte dos pareceristas Manuel Joaquim da Silveira (1807-1875) e Joaquim Caetano da Silva (1810-1873), que haviam sido designados pelo Conselheiro José Pedro Dias de Carvalho (1808-1881), ministro e secretário de Estado dos Negócios do Império. Os termos do parecer, entretanto, situam o trabalho de Coruja em nível inferior aos trabalhos dos portugueses Jerônimo Soares Barbosa (1737-1816) e João de Morais Madureira Feijó (1688-1741), considerados próceres em matéria ortográfica no Brasil e em Portugal. Na verdade, Coruja é situado como um seguidor das ideias ortográficas já defendidas pelos especialistas portugueses, conforme se percebe nas seguintes palavras dos pareceristas (1848, p. 5):

> O Padre Madureira, que é de todos os escritores, que se tem occupado com a orthographia da lingua nacional o mais extenso, e muitos outros, estabelecerão princípios luminosos, que bem podem dirigir a quem não quizer errar, e não quizer incorrer também na censura, que faz Jeronymo Soares Barboza na sua excellente grammatica philosophica adoptada pela Academia Real das Sciencias de Lisboa aos que despresão as regras da recta pronunciação, e boa orthographia.
> O compendio de Antonio Alvares Pereira Coruja contêm em resumo os princípios e regras, que estabelecerão esses Auctores, e bem que não seja hum trabalho perfeito, nos parece util para as escolas, por ser escrito com aquella precisão e clareza inseparáveis de uma obra elementar didactica. É este o juizo, que fazemos, sobre o merecimento do referido compendio, que bem pode ser, que não seja exacto; não que da nossa parte faltasse o zelo e boa vontade em nos occupar com todo o esmero e cuidado no desempenho da commissão, com que nos Honrou Sua Magestade o Imperador, mas porque a nossa intelligencia, e illustração não estejão a par da gravidade da matéria.

Essa insistente comparação do trabalho de Coruja com os clássicos de Feijó e Soares Barbosa deixam entrever uma certa reserva com que ainda se aceitavam os trabalhos linguísticos escritos por brasileiros pela quarta década do século. Parece ainda atrelar-se ao tema a premissa de que os antigos ortógrafos portugueses eram mais capacitados para ditar regras linguísticas. Coruja, por sinal, rende homenagens a Feijó no prólogo de seu texto, mas ne-

---

174. Sobre o espírito pedagógico da obra de Coruja, cf. Bastos (2012).

nhuma linha reserva para Soares Barbosa, uma omissão que não pode passar despercebida, considerando-se a consolidada e verdadeiramente expressiva presença do gramático português na construção do ideário linguístico brasileiro dos Oitocentos. Ressalte-se, ainda, que por esta época restavam inéditos os estudos linguísticos de Frei Caneca, justamente os que atribuiriam maior viés reformador às propostas de alteração do sistema ortográfico no Brasil.

A partir da metade do século, multiplicaram-se as publicações sobre língua vernácula, via de regra sob a forma de manuais didáticos com predominante teor normativo. O crescimento correspondente da produção literária romântica contribuiu deveras para o interesse linguístico do cidadão, agora mais atento aos folhetins e seu vocabulário rebuscado, que exigia maiores esforços para compreensão do texto. Por sinal, comprova o interesse crescente no seio de uma sociedade que buscava aprimorar-se mais no mundo das Letras uma edição carioca do *Ensaio sobre alguns sinônimos da língua portuguesa* (1840), que haviam sido publicados em Lisboa pelo Frei Francisco de São Luís Saraiva (1766-1845), o Cardeal Saraiva, no ano de 1821.

Na onda de novos títulos trazidos a lume na sede da Corte, destinados à puerícia, surge o texto *Preliminares de gramática* (1864), por Francisco Alves da Silva Castilho (1819-1915), obra disponível no acervo da Biblioteca Nacional do Rio de Janeiro, cujo teor não diverge dos demais manuais introdutórios para classes iniciais, inclusive mediante recurso ao método de perguntas e respostas para apresentação da matéria gramatical. O texto das *Preliminares* integra outro trabalho, mais abrangente, intitulado *Escola brasileira*, em que o autor propõe uma metodologia mais palatável na apresentação da matéria aos alunos de primeiras letras (1864, p. 1):

> Aqui tendes, senhores, um livrinho que se-vos não apresenta com pretenções a compendio de grammatica, e nem mais é do que um breve compendio de leitura; mas leitura mui apropriada para desenvolver a inteligencia dos meninos e prepara-la para receber a substancia da mesma doutrina que terão de aprender em livros mais completos.

Caberia indagar a quem se dirige o autor com o vocativo "senhores". Uma interpretação mais ousada optaria pela figura dos pais, a quem caberia o dever de prover educação para os filhos. Outra leitura diria que o destinatário são os professores de primeiras letras, responsáveis pela tarefa de adotar o material didático disponível no mercado em suas classes. Considerando o clima intelectual dos anos 60 do século XIX, em que as questões pedagógicas ficavam à ilharga da responsabilidade paterna, será mais plausível a segunda interpretação. Outro detalhe interessante da obra em questão está em sua segunda parte, que o autor intitula "gramática pitoresca", uma forma pretensamente jocosa de tornar os temas básicos da gramática mais palatáveis no dia a dia do estudo. Nesse segmento, Castilho, dirigindo-se diretamente ao leitor infante, em tom paternal, apresenta uma "árvore da ciência", em que a metáfora arbórea – que viria a ser tão repetidamente usada na linguística do século XX – serve ao propósito de materializar visualmente as relações taxionômicas em que as classes gramaticais e sua tipologia dispõem-se sistemicamente.

Na árvore gramatical de Castilho, o tronco representa a palavra em geral e constitui a chave do sistema e os dois galhos a ele ligados representam as palavras variáveis e as palavras invariáveis. Do galho 1 resultam dois ramos, que representam os nomes e os verbos; o ramo dos nomes subdivide-se em quatro outros: artigos, substantivos, adjetivos e pronomes, ao passo que o ramo dos verbos subdivide-se em outros atinentes à classificação dessa classe de palavras (1864, p. 64-67). Castilho remete o leitor a um "mapa pitoresco" da árvore da ciência que infelizmente não aparece nas páginas de sua gramática, muito provavelmente por impossibilidade editorial. Com base em sua descrição, julgamos que a referida árvore assim se apresentaria:

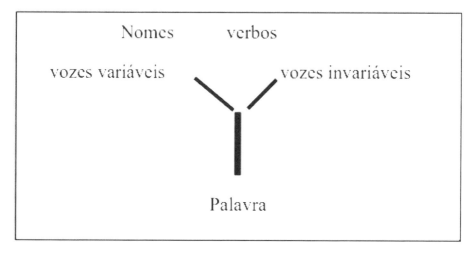

Quadro: Árvore da ciência, de Francisco Alves da Silva Castilho

O interesse historiográfico despertado pela árvore da ciência de Francisco Alves da Silva Castilho diz respeito ao momento em que as teses da linguística evolucionista ingressam no Brasil. Decerto que a metáfora da árvore tem origem na linguística de August Schleicher (1821-1868), especificamente em sua conhecida *Stammbaumtheorie* (1860), cuja disseminação alcançou todos os grandes centros fundadores de paradigmas no século XIX e, naturalmente, os demais centros em que se praticava linguística de recepção, como no Brasil. A questão que nos instiga a curiosidade está em que, no plano bibliográfico, as ideias de Schleicher só viriam a expressar-se entre nós com a publicação da *Gramática portuguesa* (1881), de Júlio Ribeiro (1845-1890), isto é, 17 anos após a publicação das *Preliminares de gramática* de Francisco Alves da Silva Castilho. Em princípio, restaria improvável que Schleicher estivesse no horizonte de retrospecção de Castilho, não só em face dos poucos anos que intermedeiam a publicação do *Die Deutsche Sprache* e as *Preliminares de gramática*, como também, e mais decisivamente, devido à remota possibilidade de que Castilho, como professor de primeiras letras, fosse leitor de obras vanguardistas alemãs na seara da linguística histórica.

As conclusões sensatas, portanto, seriam de que a ideia de descrição arbórea tenha circulado rapidamente nos meios acadêmicos, inclusive nos distantes países em que a novel linguística historicista ainda não havia fincado raízes, mediante comentários e aplicações práticas em sala de aula, inclusive nas classes de línguas estrangeiras, cujos mestres possivelmente tivessem mais contato com as novidades publicadas na desenvolvida Alemanha dos glotólogos. Acatando-se essa hipótese, haver-se-ia de admitir que certos princípios fundamentais da gramática científica, que pontificam no Brasil a partir de Júlio Ribeiro, tais como o da natureza biológica da língua e o determinismo mesológico de sua evolução, já circulavam no discurso informal dos mestres e estudiosos dos anos de 1860, o que faria remontar o momento de descontinuidade paradigmática para esse período da história linguística brasileira.

Ainda sobre Castilho, pouco se sabe desse professor primário de grande prestígio entre os cariocas, inovador nos métodos de ensino e com presença atuante no cenário político-educacional da Corte[175]. Sua biografia, com efeito, resta ainda pouquíssimo conhecida, havendo notícia apenas de haver nascido e residido na Travessa das Saudades, n. 9, Freguesia de Campo Grande, Rio de Janeiro, e haver-se casado com Leopoldina Maria da Conceição em janeiro de 1880[176], de cujo enlace teve um filho que não sobreviveu a dois dias por "fraqueza congenial"[177]. Foi conselheiro da Sociedade Betencourt da

---

175. Sobre Francisco Alves da Silva Castilho, cf. Borges e Teixeira (2021).

176. Cf. em http://memoria.bn.br/DocReader/DocReader.aspx?bib=364568_07&pesq=francisco%20alves%20castilho&pasta=ano%20188

177. Em http://memoria.bn.br/DocReader/DocReader.aspx?bib=103730_02&pesq=francisco%20alves%20castilho&pasta=ano%20188

Silva[178] e tesoureiro do Congresso de Eleitores Artistas[179]. Segundo Pereira (2008, n.p.), seu nome integra um conjunto de professores que apresentavam boa produção intelectual e didática, contribuindo para a construção da cultura do livro escolar no século XIX:

> Preocupados com o próprio estatuto profissional, com as condições materiais do ensino público e os graves problemas do seu tempo, os professores reuniram-se em agremiações, fundando jornais e revistas pedagógicas, através dos quais defenderam a educação e a instrução populares e opinaram sobre os caminhos e os destinos da nação. Por meio da imprensa e da participação nos trabalhos das Conferências Pedagógicas, e, ainda, da elaboração de livros e compêndios didáticos, os mestres não apenas contribuíram para os debates sobre a educação imperial, mas, principalmente, disputaram entre si, idéias, opiniões e propostas políticas para a sua sociedade. Discutiram também, o que consideravam os principais problemas enfrentados à sua época.

Além do afamado *Preliminares*, que, conforme já registrado, constitui um volume em que também se publica a *Escola brasileira*, são da lavra de Castilho o *Método de leitura para o ensino dos meninos e adultos* (1863), *ABC do amor, ou método ameno de ensinar as moças* (1864), o *Método para o ensino rápido e aprazível de ler* (1850), além de outros títulos elencados por Blake (1893, p. 389). No rol de professores exitosos da sede da Corte, cujo mister foi decisivo para o desenvolvimento da instrução pública a partir da metade do século, cumpre também citar o nome de Joaquim Sabino Pinto Ribeiro (1812-1863?), autor do *Compêndio de gramática portuguesa* (1862)[180], a par de outros textos dedicados ao ensino de primeiras letras citados por Blake (1898, p. 237). Segundo a sólida pesquisa de Lopes (2012), a cuja leitura dirigimos o leitor, Pinto Ribeiro cumpriu relevante atuação docente quando da criação de novos educandários de primeiras letras, entre elas a Escola de Primeiras Letras da Imperial Irmandade do Divino Espírito Santo (1865), a Escola de Primeiras Letras da Imperial Quinta da Boa Vista e a Escola Mista da Imperial Quinta da Boa Vista, fundadas em 1868.

Homem de grande vocação pedagógica, Pinto Ribeiro idealizou um programa de ensino pautado em oito classes, nas quais temas tradicionais como

---

178. Cf. em http://memoria.bn.br/DocReader/DocReader.aspx?bib=364568_07&pesq=francisco%20alves%20castilho&pasta=ano%20188

179. Cf. em http://memoria.bn.br/DocReader/DocReader.aspx?bib=178691_01&pesq=francisco%20alves%20castilho&pasta=ano%20188

180. Nascentes (1940) anota o título *Epítome da gramática portuguesa*.

a leitura e recitação de textos literários coordenam-se com a análise lógica, de inequívoca precocidade na década de 1860. Por sinal, surpreende igualmente a presença da morfologia como matéria de estudo na Escola Mista (cf. Lopes, 2012, p. 111), considerando-se tratar de metatermo importado aos estudos biológicos, de rara presença nas gramáticas do Período Racionalista. O panorama da produção linguística brasileira, como sabemos, só mudaria a partir do final da década de 1870, em que despontam nomes inovadores, entre eles Augusto Freire da Silva (1836-1917), Charles Grivet (1815-1876) e Ernesto Carneiro Ribeiro (1839-1920), que se podem situar em momento de transição para a chegada da escola histórico-comparativa, razão por que os títulos que os antecedem cronologicamente talvez sinalizem um rumo nesse sentido. Tal fato só se poderá confirmar mediante pesquisa detalhada de obras vindas a lume no decurso dessa década, entre elas a *Gramática analítica da língua portuguesa ensinada por meio de quadros analíticos* (1869), de Alexandre José de Melo Morais (1816-1882), médico de vasta erudição e extensa bibliografia de cunho enciclopédico, cujos títulos percorrem desde a biologia até a antropologia, passando por temas históricos e linguísticos, a *Gramática analítica e explicativa da língua portuguesa* (1871), de José Ortiz (?-1880) e Cândido Mateus de Faria Pardal (1818-1888)[181], a *Gramática da língua nacional* (1871)[182], de H.C. Taylor (?-?), a *Gramática portuguesa* (1876), de Manuel Olímpio Rodrigues da Costa (?-1891), conhecido professor de Aritmética, Português e Geografia do Ginásio Nacional, e as *Primeiras noções de gramática portuguesa* (1877), de Joaquim José Menezes Vieira (1848-1897). Vieira atuou como professor de linguagem articulada no Instituto Nacional de Surdos-Mudos e hoje é reconhecido como o criador do primeiro curso de jardim de infância para meninos no Colégio Menezes Vieira do Rio de Janeiro, sob inspiração do *kindergarten* de Friedrich Froebel (1782-1852), fundado na Alemanha em 1837[183].

Os promissores anos de 1860, que já davam sinais de maior crescimento da produção intelectual no plano linguístico, propiciaram a publicação

---

181. Polachini igualmente cita desses autores o *Novo sistema de estudar a grammatica portugueza por meio da memoria, inteligencia e analyse, ajudando-se mutuamente*. Há, entretanto, no Planor da Biblioteca Nacional do Rio de Janeiro, informação de que esse texto tem a autoria única de Mateus de Faria Pardal. Há um exemplar na Biblioteca Central da Universidade Federal do Espírito Santo, cujo catálogo confirma a autoria singular de Pardal. Cf. em http://cpbn.bn.gov.br/planor/browse?value=Ortiz,%20Jose&type=author

182. Nascentes (1940) refere-se a esta gramática em edição do Rio de Janeiro, ao passo que Stein (2001) a registra em publicação do Recife.

183. Sobre Menezes Vieira, cf. Bastos (2002) e o blog História da Educação Infantil, disponível em http://biolicenciatura2016.blogspot.com/2013/07/o-primeiro-jardim-de-infancia-no-brasil.html

de alguns volumes didáticos que ficaram, por assim dizer, esquecidos nas prateleiras das obras menos notáveis. Este o caso do trabalho *Nova retórica brasileira* (1860), de Antônio Marciano da Silva Pontes (1836-1901), também autor do *Compêndio de pedagogia para uso dos alunos da Escola Normal* (1881), saído em Niterói pela Tipografia Fluminense (cf. Silva, 2003), bem como o de Filipe Pinto Marques (?-?), cuja *Gramática elementar* (1875) sequer logrou ser adotada em educandário de prestígio. Citem-se também os *Elementos de gramática portuguesa* (1866), do pernambucano Rapozo d'Almeida, cujas páginas estão à espera de mais detida investigação. O espírito analitista que viria a dominar a seara acadêmica do Colégio Pedro II, entre outros educandários, já se pode perceber no trabalho *Guia prática dos estudantes d'análise etymologica* (1868), escrito por J. Araújo (?-?); já o espírito personalista que se fazia presente na atividade profissional de vários docentes – era comum que professores atribuíssem seu nome às escolas que fundavam – revela-se nos volumes *O ensino Praxedes para bem facilitar a instrução* (1861) e *O ensino Praxedes, elementos de falar para corretamente se ler com a melhor pronunciação* (1862), de autoria de José Praxedes Pereira Pacheco (1813-1865), trabalho que traz na folha de rosto a nota de conformidade com os preceitos da Universidade de Coimbra, aprovados pela Real Academia das Ciências de Lisboa e adotados pelas instruções públicas de Portugal e do Brasil. Negociante de secos e molhados, proprietário da Loja China no Rio de Janeiro, Praxedes, ao que consta, mais se notabilizou no campo da horticultura, razão por que era conhecido como o "Patriarca da Horticultura Fluminense" (*Correio da Tarde*, 1849, p. 3).

Nome que vem recebendo menor atenção dos estudos historiográficos, o carioca Raimundo Antônio da Câmara Bitencourt (?-?) ainda está por ser mais bem investigado, fato que se comprova pelas referências biográficas praticamente inexistentes. Sacramento Blake atribui-lhe a profissão de professor do ensino primário na sede da Corte, mas confessa ser "somente o que sei a seu respeito" (1902, p. 106). De sua lavra, destaca-se o *Epítome da gramática filosófica da língua portuguesa*, cujas teses seguem à risca o plano descritivo de Jerônimo Soares Barbosa. Sua concepção de gramática geral e gramática filosófica, no entanto, segue rumos distintos dos trilhados pelo gramático português, já que atribui a essa última os parâmetros de interpretação da língua à luz da filosofia racional e moral. Em regra, os preceitos universais que estão no plano da razão e se aplicam à língua residem no âmbito da gramática geral, não sendo incomum que se atribua à gramática filosófica um papel mais pedagógico. Alguns dos temas mais caros aos gramáticos racionalistas, tais como o da distribuição de palavras em classes e seus problemas, estão na órbita de interesse de Bitencourt, nomeadamente a questão do artigo, que não merece *status* de classe autônoma, e a interjeição, cuja ausência entre as classes é justificada por equivaler a uma proposição. A inclusão do artigo entre os adjetivos, saliente-se, não constitui novidade em Bitencourt, já que assim procedem outros gramáticos de sua geração, tais como Antônio da Costa Duarte, que vê no artigo uma espécie de adjetivo demonstrativo[184].

Em seu *Epítome*, Bitencourt desdobra-se em repisar a tese ortodoxa do verbo substantivo com o exclusivismo do verbo *ser*. Nesse aspecto, suas palavras são severas na avaliação da gramática de Costa Duarte, que estende a noção de verbo substantivo para o verbo *estar*. Trata-se de um momento singular no texto de Bitencourt em que o propósito essencialmente pedagógico e, naturalmente, normativo, abre espaço para uma discussão mais aprofundada da natureza do verbo. Por sinal, sua descrição sintática do verbo – e, por consequência, dos termos da oração – está entre as mais bem desenvolvidas entre os racionalistas brasileiros, com uma metalinguagem objetiva e enxuta. O fato de distinguir-se da proposta de autores mais conceituados no cenário editorial, tais como Francisco Sotero dos Reis (1800-1871) e o próprio Antônio da Costa Duarte, terá impedido que seu *Epítome* (por sinal, um termo já em certo desuso pela segunda metade do século) viesse a ser mais adotado nas salas de aula elementares.

Cabe ainda uma palavra de referência a um gramático cujo nome mais se consolidou no campo da literatura: Laurindo José da Silva Rabelo (1826-1864), patrono da cadeira n. 26 da Academia Brasileira de Letras. De sua lavra temos notícia do *Compêndio de gramática para uso das escolas regimentais do exército,* que deixou inédito e seria publicado apenas em 1869 por iniciativa de sua esposa Adelaide Luísa Cordeiro da Silva Rabelo (?-?). Segundo Moniz (2010), a gramática de Rabelo foi adotada pelo governo do Império, mas não se sabe exatamente se o livro foi efetivamente utilizado no Colégio Pedro II. Homem de formação sólida em mais de uma área do saber, Laurindo Rabelo atuou como médico dos alunos e professor de Gramática Portuguesa, História e Geografia do curso preparatório anexo à Escola Militar da Praia Vermelha no Rio de Janeiro. Consta que suas aulas eram a um tempo polêmicas e exitosas, dada a eloquência com que as ministrava e a repercussão que faziam ecoar até mesmo nos círculos da nobreza. Neste aspecto, informa-nos Moniz (2010, p. 36-37):

---

184. Surpreendentemente, Bitencourt contesta a descrição do artigo proposta por Costa Duarte, não obstante siga de perto os passos do gramático maranhense. Cf., a respeito, Polachini (2018, p. 218).

> Os cronistas não se fartam de narrar que as aulas de Laurindo Rabello seriam verdadeiros espetáculos de oratória, em que se defendiam causas a respeito de fatos históricos controvertidos, como a traição de Calabar, com farta eloquência e paixão, vibrando a platéia de discentes. Eduardo de Sá conta que inclusive o próprio Imperador D. Pedro II teve a atenção captada por duas horas durante uma aula sobre adjetivo ministrada por Laurindo Rabello.

O próprio Moniz (2010, p. 67) adianta-se a dar outra versão do episódio, com base em informação de Alexandre José de Melo Moraes Filho (1844-1919):

> A pedido do Imperador, o General Polidoro, então diretor do referido curso, noticiou-lhe o dia da aula inaugural de Laurindo Rabello. Na data informada, D. Pedro II lá estava adentrando, anunciado pelos clarins, a sala repleta de alunos. O monarca, quiçá notando que a presença tornava o clima tenso, disse: "– *Considere-me aqui como um seu discípulo.*" Laurindo Rabello reagiu, abrindo a gramática numa página aleatória. O tópico sorteado foi o capítulo relativo ao verbo *ser*. E fechando o livro, franzindo a testa, passando a mão aberta no negro bigode, começa:
> – *Ser*, verbo substantivo; sua origem, Deus. Deus não existe, porque tudo que existe teve princípio e há de ter fim; ora, Deus não teve princípio e nem há de ter fim; logo, Deus, é.
> Discorrendo a encantar sobre o belo tema, esgota a hora, aplaudido pelos alunos, cumprimentado pelo excelso assistente.

4.6 Crescimento dos estudos provinciais

O clima intelectual das províncias nordestinas parecia mais propício à produção de obras de melhor conteúdo linguístico, que iam além do mero escopo didático para atingir a interpretação linguística do vernáculo à luz das teses racionalistas. Decerto que a onda de gramáticas elementares, destinadas à sala de aula, também tiveram espaço no meio editorial do Nordeste, cujas dificuldades obviamente multiplicavam-se sobretudo para a distribuição dos exemplares em um sistema educacional ainda embrionário na década de 1820. Algumas províncias sem tradição literária, à época, não deixaram de eleger seus representantes nos círculos intelectuais que cuidavam do estudo linguístico, caso de Alagoas, em que desponta o gramático José Alexandre Passos (1808-1878), funcionário público que exerceu o magistério de língua vernácula em Maceió, a quem se dedicarão algumas linhas adiante. Textos normativos e de cunho meramente didático nascidos na década de 1860 viriam a manter-se em evidência até o início do século seguinte, mesmo após a avalanche teorética da gramática histórico-comparativa, já que os distintos percursos desses modelos seguiram paralelamente nas últimas décadas dos Oitocentos, o novo mais voltado para a investigação, o antigo restrito ao ensino prescritivo em sala de aula.

Um representante da antiga ordem que alçou a nove edições exitosas, não obstante seu teor anacrônico já a partir da terceira edição, é o *Resumo de gramática portuguesa* (1877)[185], da lavra de Abílio César Borges (1824-1891), um médico baiano que se notabilizou na área do ensino da leitura, havendo inclusive exercido o cargo de Diretor da Instrução Pública na Bahia. De sua autoria é também o *Resumo de gramática portuguesa para uso do Colégio Abílio*[186]. Homem empreendedor, foi proprietário do Ginásio Baiano, que funcionou até 1870, e, na sede da Corte, do Colégio Abílio. Foi agraciado pelo Imperador com o título de Barão de Macaúbas, em face de seus relevantes serviços em prol da educação, e detinha os títulos de Cavaleiro da Ordem de Cristo, Comendador da Ordem da Rosa, e da Ordem de São Gregório Magno de Roma (cf. Blake, 1883, p. 3). Entre os textos didáticos que escreveu, vale a consulta a uma série de livros de leitura que, segundo Blake, foram publicados em Paris[187]. Por sinal, de sua autoria também constam em Blake uma *Gramática da língua portuguesa* e uma *Gramática da língua francesa* publicadas na Bahia em 1860 e um epítome de gramática francesa publicado na Antuérpia (cf. Blake, 1883, p. 3).

A 6ª edição do *Resumo de gramática* de Abílio Borges revela a personalidade vaidosa do autor, que faz estampar nas primeiras páginas uma série de pareceres elogiosos, cujo escopo vai bem além da mera legitimação da obra, para enobrecer o trabalho do autor. Na matéria linguística, entretanto, apesar de ser um texto publicado em 1877, quando um Manuel Pacheco da Silva Júnior já encantava o meio linguístico com suas ideias revolucionárias, suas teses ainda se filiam à escola racionalista. Há, decerto, alguma confluência metalinguística nas páginas do *Resumo*, em que o autor aparentemente busca

---

185. Essa gramática tem o mesmo título de outra publicada por José Alexandre Passos, razão por que alguns historiógrafos deixam de atribuí-la a Borges. No entanto, há registro de dois exemplares da 6ª edição publicada em Bruxelas (1877), pertencentes à biblioteca da Universidade da Antuérpia e à biblioteca da Duquesa Ana Amália em Weimar.

186. Há exemplares dessa gramática na biblioteca da Universidade da Antuérpia e na biblioteca da Universidade Diderot, de Lyon.

187. Sobre os livros de leitura de Borges, cf. Souza (2012), que, corrigindo Sacramento Blake, informa terem sido publicados pela Typographia E. Guyot de Bruxelas. Ainda sobre Borges, cf. Zilberman (2012) e Saviani (2012).

conferir um ar de modernidade aos antigos conceitos nelas expostos. É o caso, por exemplo, da sinopse gramatical em *etimologia* ou *lexicologia*[188], *sintaxe, prosódia* e *ortografia*, em que *etimologia* e *lexicologia* são usados como sinônimos apesar de expressarem conceitos distintos em seus respectivos modelos teóricos.

Os textos *Manual prático ou método resumido do ensino* (1832) e *Grammatica portugueza* (1834), publicados na Bahia por Casimiro Ferreira César (?-?), estão hoje entre as páginas obscuras da gramaticografia brasileira, dada a quase impossibilidade de que se encontrem exemplares para consulta. São trabalhos citados sem qualquer rigor bibliográfico por Blake (1893, p. 95), fato que bem denota o pouco interesse que as obras despertaram em sua época. A Biblioteca Nacional do Rio de Janeiro tem em seu acervo a *Gramática eclético-rudimentária da língua portuguesa,* publicada na Bahia, cujo autor, Filipe José Alberto Júnior (?-?), aparentemente exerceu o cargo de instrutor primário no Rio de Janeiro, visto que há registro de sua presença na capital da Corte, inclusive como diretor da Escola Normal do Rio de Janeiro em 1861[189]. Com efeito, registra o Correio da Vitória, em sua edição de 3 de setembro de 1856 (p. 3) que "o habil professor publico Sr. Phillippe José Alberto, a expensas da provincia, foi ao Rio de Janeiro seguir o curso do methodo de leitura repentina que alli abriu no anno p.p. o Sr. Antonio Felliciano de Castilho. De volta á Bahia, foi auctorizado a instituir uma aula para a pratica d'aquelle methodo. E instituiu-a". Aparentemente, o retorno de Alberto Júnior foi temporário, já que os relatórios do Ministério dos Negócios do Império acusam a presença de Alberto Júnior no magistério do Rio de Janeiro ao menos até 1873. Os documentos ainda informam que Alberto Júnior assistiu ao curso de Castilho em companhia de Antônio Gentil Ibirapitanga (1805-?), mais um vernaculista afamado em terras baianas.

Outro nome provincial que gozou de prestígio no torrão natal é o de José Bernardino de Sena, autor das *Lições de gramática portuguesa* (1862). Há registro de que tenha servido como guarda nacional em Pernambuco[190], cargo que, decerto, lhe rendeu dissabores, dado o registro de várias ações penais por rixa e atentado à segurança pública em seu nome. O Almanaque

---

188. Metatermo equivalente a *lexiologia*.

189. Cf., a respeito, http://memoria.bn.br/DocReader/DocReader.aspx?bib=720968&pesq=%22Phi lippe%20Jos%C3%A9%22&pasta=ano%20185&pagfis=9423

190. Cf. notícia do *Diário de Pernambuco* em http://memoria.bn.br/DocReader/DocReader.aspx? bib=029033_04&pesq=%22Jos%C3%A9%20Bernardino%20de%20Senna%22&pasta=ano%20 186&pagfis=3531

Administrativo, Mercantil e Industrial da Bahia de 1862 registra seu nome como proprietário de um pequeno negócio no comércio de miudezas[191]. O trabalho de Senna aparentemente gozou de prestígio fora de Pernambuco, dado o registro de sua venda nos anúncios publicados em periódicos de outras províncias, entre elas o Ceará.

Outros trabalhos de menor repercussão podem ser citados como textos pedagógicos que se utilizaram nas salas de aula provinciais, entre eles os *Elementos de gramática portuguesa* (1863), de Manoel Domingos Carvalho (?-?) e o *Compêndio da gramática portuguesa* (1854), de José Ferreira Santos Cajá (?-?). A rigor, no âmbito das províncias do Nordeste, o primeiro texto gramatical de especial relevância, pelo que indica a pesquisa até aqui desenvolvida, é o *Compêndio da gramática filosófica da língua portuguesa* (1859 [1829]), escrito pelo padre maranhense Antônio da Costa Duarte (?-?) com a finalidade de uso nas classes de língua vernácula que se multiplicavam nas províncias do Nordeste pelo final do Primeiro Império. Esse texto de Costa Duarte, conforme se verá adiante, é dotado de surpreendente teor interpretativo dos fatos gramaticais, havendo-se aperfeiçoado significativamente, no decurso de pelo menos seis edições, em notas de rodapé sempre muito judiciosas e especulativas acerca da natureza do funcionamento do sistema linguístico.

A formação de Costa Duarte, como era a de todos os gramáticos brasileiros da época, pautava-se no formalismo racionalista, que, aplicado à descrição das línguas vernáculas, mais se dedicava às teses filosóficas acerca da natureza da linguagem do que à análise dos mecanismos de que a língua se serve para produzir frases e significados. O estudo dos movimentos intelectuais, em particular na área linguística, remete-nos às províncias do Nordeste neste momento da vida brasileira, de que se infere haver sobretudo no seio da sociedade maranhense, a par da paraense e pernambucana, um interesse incomum pelas Humanidades. Disso resultou uma expressiva presença, não só de gramáticos, bem como de literatos maranhenses no cenário nacional a partir dos anos de 1830, fato que se consolidaria até o cisma linguístico que se instalaria no Brasil com a chegada da gramática científica a partir das três últimas décadas do século.

Na esteira de nomes nordestinos notáveis, seguem-se os de Salvador Henrique de Albuquerque (1813-1880), professor paraibano que fez carreira em Pernambuco e gozou de grande popularidade em face do sucesso editorial de

---

191. Cf. em http://memoria.bn.br/DocReader/DocReader.aspx?bib=706825&pesq=%22Jos%C3%A9%20Bernardino%20de%20Senna%22&pasta=ano%20186&pagfis=3234

seu *Breve compêndio de gramática portuguesa* (1841)[192] e de seus *Rudimentos de grammatica portugueza* (1873), bem como Filipe Benício de Oliveira Conduru (1818-1878), maranhense vinculado ao Liceu, dotado de grande valor docente como um dos incentivadores do emprego do método Lancaster nas salas de língua vernácula e autor da *Gramática elementar da língua portuguesa* (1888 [1840]). Não obstante tenha gozado de grande prestígio em sua época, o nome de Albuquerque obscureceu-se, como, por sinal, aconteceu com quase todos os gramáticos do período racionalista, muito provavelmente em face da proeminente presença de Francisco Sotero dos Reis (1800-1871), lente respeitado do Liceu Maranhense e figura mais representativa do papel do gramático no seio da sociedade ilustrada. Ao lado desses nomes, cite-se o do padre português Jerônimo Emiliano de Andrade (1789-1847), cujos *Elementos de gramática portuguesa* (1865)[193] parecem haver cumprido boa trajetória nas aulas brasileiras de língua vernácula.

Das províncias do Sul, dá-se destaque, sem dúvida, para o Rio Grande, que nos legou ao menos um nome notável, o de Antônio Álvares Pereira Coruja (1806-1889), além de, em menor projeção, Hilário Ribeiro de Andrade e Silva (1847-1886), autor da *Gramática elementar e lições progressivas de composição* (1883 [1911])[194], Manoel dos Passos Figueiroa (?-1849), autor do *Epítome da gramática da língua nacional* (1834), homem dedicado ao jornalismo de vanguarda[195], e Isidoro José Lopes (?-1848), autor do *Compêndio da gramática da língua portuguesa* (1834), texto que cumpriu seu escopo de levar o ensino normativo às salas de aula sul-rio-grandenses do período regencial. Pouco se sabe da vida desse último, que decerto exerceu a docência de língua latina e, provavelmente, de língua vernácula inicialmente na cidade de Rio Grande e, mais tarde, a partir de 1838, na capital Porto Alegre. Consta haver sido convocado pelo Coronel Jacinto Pinto de Araújo Cor-

---

192. Esse texto foi reeditado várias vezes, sendo que a última edição conhecida, de 1858, muda o título para *Compêndio de gramática portuguesa*.

193. A edição de 1865, significativamente modificada, foi publicada em Recife. Um exemplar dessa gramática encontra-se no acervo da Biblioteca Nacional do Rio de Janeiro. Saliente-se que a edição brasileira de gramáticas portuguesas não era incomum, conforme comprovam as da *Gramática filosófica* (1876), de Soares Barbosa – rebatizada como *Compêndio de gramática portuguesa* – da *Gramática nacional elementar* (1868), de Francisco Caldas Aulete (1826-1878) e da *Grammatica analítica* (1831), de Solano Constâncio (1777-1846).

194. Obra premiada pelo júri da Exposição Pedagógica do Rio de Janeiro em 1883. A primeira edição foi publicada em Porto Alegre.

195. Atribui-se a Figueiroa a fundação do jornal *Idade d'Ouro*, juntamente com Maria Josefa Pereira Pinto, mulher de grande atuação feminista na Província do Rio Grande do Sul (cf. Muzart, 2003, p. 229).

reia (?-?), para integrar o batalhão provisório do Rio Grande na Revolução Farroupilha, onde serviu por cerca de dez meses até ser exonerado por ordem do Governador Antero José Ferreira de Brito (1787-1856), razão por que teve de interromper sua atividade docente durante cerca de um ano. Há notícia de ter-se valido de matrículas irregulares em suas aulas, sobretudo de alunos em idade superior à permitida, a fim de atestar assiduidade que justificasse os emolumentos pagos pela província. Foi proprietário da folha *O Comércio*, órgão regional de tema vário que saía às terças e sextas-feiras. O número 39 de *O Imparcial* (1845, p. 3) traz uma nota de seu envolvimento como réu em uma ação judicial, sem que se possa aferir de que crime era acusado.

Mais dois nomes sulistas que a estante dos esquecidos acolhe são os de Luís Kraemer Walter (?-?) e Frederico Ernesto Estrela Villeroy (?-?), ambos referidos por Blake (1899, p. 431 e 1895, p. 156). Estrela Villeroy é citado como segundo cadete do Terceiro Regimento vinculado ao Ministério da Guerra (*Jornal do Comércio*, 1857, p. 1), no qual exercia o cargo de alferes de cavalaria. Por outro lado, a edição n. 74 do *Correio da Tarde* (1861, p. 2), atesta o nome de Frederico Ernesto Estrela Villeroy como o alferes do Terceiro Regimento de Cavalaria, de que resulta supormos erro óbvio ocorrido na edição do *Jornal do Comércio*. O Almanak Militar de 1859 registra o nome de Frederico Ernesto Estrela Villeroy, bem como de seu irmão Augusto Ernesto. De sua autoria registra-se o *Compêndio da gramática portuguesa* (1870), saído a lume em Porto Alegre pela Tipografia Rio-Grandense, não obstante haja informação de que essa obra também tenha sido publicada pela Livraria Editora Rodolfo José Machado.

Segundo Blake (1899, p. 431), Luís Kraemer Walter foi um porto-alegrense filho de alemães que se dedicara à causa da Educação, inclusive com a instituição de um colégio para jovens que foi obrigado a fechar em consequência de "grave moléstia" não informada. Ainda segundo Blake, Kraemer Walter publicou três volumes de um manual didático de gramática (Walter, 1879[1], 1879[2] e 1881), dos quais nenhuma referência pudemos obter para consulta. Consta que esse material didático seguia um ignoto Método Marcet, provavelmente voltado para a distribuição da matéria gramatical em ciclos. Em um relato de memórias da Família Mucker (Sant'Ana, 2004, p. 77), descendentes de alemães radicados no Rio Grande do Sul, o nome de Luís Kraemer Walter aparece como intérprete designado para atuar em um depoimento na Delegacia de Polícia de Porto Alegre em 1873, fato que o caracteriza como pessoa bastante fluente na língua de Goethe. Não será de duvidar que tenha exercido o magistério também nessa área de ensino. Ainda sobre Luís Kraemer Walter, consta haver participado da conhecida agremiação Partenon Literário de Porto Alegre.

Uma nota merece o português Joaquim Frederico Kiappe da Costa Rubim (1831-1866), naturalizado brasileiro, autor de um *Novo método de gramática portuguesa*, publicado no Ceará em 1861[196] e mais tarde republicada no Porto (1880). Os parcos dados biográficos de Rubim dão conta de haver participado da Guerra do Paraguai, onde morreu atingido por um tiro de canhão. O *Novo método* é referido em algumas fontes como manual destinado ao ensino infantil; não há notícia de sua efetiva presença em sala de aula no Brasil, ou mesmo nas aulas particulares por adoção do professor. Nessa mesma década dos anos de 1860 são publicados os textos *Elementos de gramática portuguesa*, de Jorge de Andrade (Recife, 1865) e *Resumo da gramática da língua nacional adequada ao ensino metódico dos principiantes*, de Carlos Hoefer (Porto Alegre, 1863). Na década seguinte, *Gramática elementar e filosófica da língua portuguesa*, de Augusto Carneiro Monteiro da Silva Santos (Recife, 1873), *Compêndio de gramática portuguesa* (Recife, 1875), de Inácio Francisco dos Santos.

Uma palavra especial há de dedicar-se ao prussiano Frederico Adão Carlos Hoefer (1822-?), que obteve naturalização brasileira em 1855 e atuou como professor de Língua Alemã no Liceu Dom Afonso, Rio Grande do Sul, até demitir-se em 1871. Nas palavras de Antenor Nascentes (1886-1972)[197], Hoefer foi o primeiro brasileiro que citou nominalmente Friedrich Diez (1794-1876) em um trabalho filológico intitulado *Por que alterações e transformações passarão as letras da língua latina quando delas se formou a língua portuguesa?* (1869). O trabalho de Hoefer prenuncia um período profícuo de estudos dedicados à investigação diacrônica da língua, conforme se verifica na publicação da *Gramática histórica* (1878) de Manuel Pacheco da Silva Júnior (1842-1899), a par de textos avulsos publicados em periódicos especializados. Da lavra de Hoefer também publicou-se uma *Gramática elementar da língua latina* (1861), cuja recepção foi exitosa nas classes de ensino secundário na Província do Rio Grande do Sul. Antes ainda, Hoefer havia publicado o *Silabário brasileiro* (1858), obra dedicada ao público infantil na seara da alfabetização. Também obteve grande aceitação nas províncias do Sul o *Compêndio de gramática portuguesa* (1863), de Policarpo José Dias da Cruz (?-?), havendo inclusive suplantando a de Antônio Álvares Pereira Coruja (1806-1889) na Província do Paraná[198].

---

196. Esse autor, ao que consta, não mantém parentesco com Brás da Costa Rubim. Sua gramática, referida por Pinto (1976, p. 2), está no acervo da Biblioteca e Museu do Ensino Primário de Lisboa.

197. Cf. Nascentes (2003).

198. Cf., a respeito, Medrado (2018, p. 179).

Em complementação, citem-se ainda: *Gramática da língua portuguesa* (1869), de Melo Morais (?-?); *Gramática geral* (1864), de João da Veiga Murici (?-?); *Compêndio elementar de gramática nacional* (1881), de Joaquim Antônio de Castro Nunes (?-?), texto que, embora publicado na década de 1880, ainda se filia aos cânones da escola racionalista; *Pecúlio analítico gramatical* (1862), de Secundino Mendes Rabelo (?-?); *Compêndio de gramática portuguesa* (1875), do Padre Inácio Santos (?-1885?); *Lições de gramática portuguesa* (1862), de José Bernardino de Sena (?-?); *Gramática portuguesa elementar* (1888), de Alfredo do Nascimento e Silva (?-?)[199].

---

199. Parece improvável tratar-se do mesmo Alfredo do Nascimento e Silva (1866-1951), que viria a tornar-se presidente da Academia Nacional de Medicina.

5

Autores e obras representativos do período racionalista

5.1 Antônio de Morais Silva (1757?-1824)

Antônio de Morais Silva nasceu no Rio de Janeiro no ano de 1757[200], vindo a falecer em Pernambuco a 11 de abril de 1824. Formado em Direito pela Universidade de Coimbra, segundo nos informa Francisco Inocêncio da Silva (1858, p. 209), Morais Silva chegou a introduzir-se na magistratura, carreira que viu prematuramente encerrada em face de uma condenação do Santo Ofício que o fez fugir para a França e, posteriormente, após largo período na Inglaterra, retornar a Portugal. No entanto, na opinião de Sacramento Blake, bibliógrafo brasileiro contemporâneo de Inocêncio da Silva, o autor do *Dicionário bibliográfico português* enganou-se sobre a carreira jurídica de Morais Silva, já que a conhecida fuga para a Inglaterra teria ocorrido antes da colação de grau na Universidade de Coimbra (1883, p. 268)[201]. Consta que durante sua estada na capital inglesa contribuiu para uma revisão do *Dicionário* de Bluteau, que viria a ser publicado em Lisboa no ano de 1789. Aliado ao *Elucidário* de Viterbo, o *Dicionário* de Bluteau serve a Morais Silva como uma das fontes magnas para a elaboração de seu *Dicionário da língua portuguesa* (1789).

---

200. Há dúvida sobre o ano de nascimento de Morais Silva. As poucas notas biográficas residentes em vários estudos apontam o ano de 1755, embora Inocêncio Francisco da Silva (1810-1876) assinale que o lexicógrafo e gramático tenha nascido "provavelmente entre os anos de 1756 e 1758" (1858, p. 209). Sacramento Blake (1827-1903) aponta o ano de 1757 (1883, p. 268-269).

201. Registre-se, entretanto, que os autos do processo no Santo Ofício apresentam Morais Silva como "bacharel formado em leis pella Universidade de Coimbra". Disponível em http://digitarq.arquivos.pt/viewer?id=2301921

Alguns traços do caráter de Morais Silva, ainda jovem, conduzem-nos para inferir uma significativa participação sua em movimentos separatistas de cunho republicano quando de seu retorno ao Brasil. A autodenominação como "pai dos libertinos"[202] decerto em muito contribuiu para que as atenções do Santo Ofício investigassem sua atuação no seio da Universidade de Coimbra, não obstante o conceito de "libertino" fosse o de promotor de um ideário livre da opressão, sem qualquer caráter de perversão moral. No entanto, o conceito que a palavra fazia circular era outro, atinente à devassidão e à irreligião, conforme nos informa Francisco de S. Luiz em seu *Glossário das palavras e frases da língua francesa* (1816). Para Morais, entretanto, o sentido do adjetivo aproximava-se do de "liberto, livre", conforme se observa no verbete *libertino* em seu *Dicionário* (1789, p. 21 do tomo II), embora já a essa época se admitisse um sentido figurado de cunho pejorativo:

> Libertino, adj. Entre os Romanos, o mesmo que liberto. § O que sacudiu o jogo da Revelação, e presume, que a razão só póde guiar com certeza no que respeita a Deos, á vida futura &cc. F. o que é licencioso na vida, neste sentido he moderno.

Não obstante tenha produzido obra de grande importância na área da gramaticologia, sobretudo em face da bem fundamentada base teorética na descrição do vernáculo, Morais Silva não logrou obter boa vontade da crítica filológica brasileira no século XIX, a julgar pelas raríssimas referências de que sua produção gramatical é objeto nas resenhas sobre estudos linguísticos até hoje publicadas. Aparentemente, o sucesso editorial do *Dicionário* terá obscurecido o trabalho que Morais desenvolvera na seara gramatical[203].

Fato é que Maximino Maciel (1866-1923), por exemplo, primeiro filólogo que se preocupou em resenhar os estudos gramaticais brasileiros, sequer traça referência ao nome de Antônio de Morais Silva em seu *Breve retrospecto sobre o ensino da língua portuguesa* (Maciel, 1922 [1894]), preferindo atribuir aos portugueses Bento José de Oliveira (?-?) e Jerônimo Soares Barbosa (1737-1816) as fontes iniciais dos estudos sobre a língua no Brasil. João Ribeiro, por seu turno, estudioso de várias frentes, ao ocupar-se da obra de Morais e de sua importância no desenvolvimento das letras no Brasil, não traça sequer uma linha sobre o *Epítome da gramática da língua portuguesa*.

---

202. Assim informa Antônio da Silva Lisboa, colega de Morais Silva em Coimbra, nos autos do processo que sentenciou o dicionarista à "abjuração de seus heréticos erros em forma, instrução na fé católica, penitências espirituais e pagamento de custas". Disponível em: http://digitarq.arquivos.pt/viewer?id=2301921

203. Sobre a obra lexicográfica de Morais Silva, cf. Nunes e Seligman (2003), Verdelho (2003), Murakawa (2006) e Verdelho e Silvestre (2007).

Suas atenções só se cativam em face do Morais lexicógrafo, a quem, por sinal, qualifica como "um tipo reacionário, emperrado, realista e inimigo de tôdas as idéias novas e liberais do seu tempo" (1961).

O fato de o *Epítome* ter sido escrito em 1802[204] não o desfigura como obra filológica de caráter setecentista. Com efeito, as ideias linguísticas que se manifestam nas páginas dessa obra inaugural da gramatização no Brasil são as que chegaram ao conhecimento de Morais Silva mediante leitura dos textos teoréticos do século XVIII e certamente estavam no centro das discussões de quantos se dedicavam ao estudo sobre a linguagem nesse período. Assim, a proposta de Morais Silva no que tange ao ensino e à descrição do português, não obstante repouse em páginas escritas nos verdores do século XIX, pode ser historiograficamente reconhecida como um produto acadêmico do século XVIII, cujos frutos vicejaram com magnificente pujança no século seguinte, quando efetivamente começa a florescer o pensamento sobre a linguagem no seio da sociedade brasileira.

Cabe, a título de mera observação, aditar que a contraditória questão acerca da nacionalidade de Morais Silva – nascido em terras brasileiras sob domínio de Portugal – não parece ser relevante no tocante ao mérito de seu trabalho[205]. Solução salomônica, por sinal, devemos a Harri Meier (1905-1990), que se refere ao nosso gramático em um estudo publicado no *Boletim de Filologia* como "um grande lexicógrafo luso-brasileiro" (Meier, 1948, p. 396)[206]. Cumpre, entretanto, destacar a iniciativa do próprio autor em fazer estampar na folha de rosto da primeira edição do *Epítome*, como já o fizera na primeira edição do *Dicionário*, o fato de ser "natural do Rio de Janeiro".

Com efeito, a questão da nacionalidade do texto linguístico não se resolve com facilidade, aliás um problema que se pode também observar na seara do texto literário. Mesmo um José Veríssimo (1857-1916), que prima pela exação, aliada à crítica feroz de nossos primeiros poetas, se vale do tempero da controvérsia ao tratar a delicada questão, conforme se observa no confronto dessas opiniões (s.d. [1916], p. 77):

> Verdadeiramente, é do século XIX que podemos datar a existência de uma literatura brasileira, tanto quanto pode existir uma literatura sem língua própria.
>
> [...]

---

204. Não obstante, publicado apenas em1806.

205. Schäfer-Prieß (2019, p. 52) o situa na gramaticografia portuguesa.

206. Também José Borges Neto refere-se a Morais Silva como "gramático português/brasileiro" (2018, p. 204).

> Mas entre o fim do renascimento poético aqui operado (dentro aliás só de si mesmo e sem irradiação notável) pela plêiade mineira e as primeiras manifestações de nosso Romantismo, isto é, entre o último decênio do século XVIII e o terceiro do século XIX, dá-se na poesia brasileira uma paralisação do movimento que parecia prenunciar-lhe a autonomia. Pode mesmo dizer-se que se dá um regresso ao estafado Arcadismo português. Nunca tivera o Brasil tantos poetas, se a esses versejadores se pode atribuir o epíteto. Relativamente aos progressos que já fizéramos, nunca os tivera tão ruins, tão insípidos e incolores.

A passagem de Veríssimo, a rigor, cobre de dúvida a existência de uma literatura brasileira nos Setecentos, não propriamente pela suspeição de ser brasileiro o que se escreveu, senão de ser efetivamente literatura. Fato é que nomes como Francisco de Melo Franco (1757-1823), Antônio Pereira de Sousa Caldas (1762-1814), Francisco Vilela Barbosa (1769-1846), Domingos Borges de Barros (1780-1854), o Visconde de Pedra Branca, José da Silva Lisboa (1756-1835), o Visconde de Cairu, Cláudio Manuel da Costa (1729-1789), Tomás Antônio Gonzaga (1744-1819) eram todos brasileiros nascidos na Colônia, portanto brasileiros de pátria portuguesa[207]. E a todos se lhes reconhece hoje a condição de simplesmente brasileiros. As *Obras poéticas* de Glauceste Satúrnio, pseudônimo de Cláudio Manuel da Costa, que vieram a lume em Coimbra, em 1768, são consideradas hoje o marco precursor do Arcadismo brasileiro. Que diríamos, enfim, de um Tomás Antônio Gonzaga, nascido no Porto em 1744, formado em Direito por Coimbra e publicado em Lisboa, para finalmente sofrer o degredo em Moçambique em face de sua participação no movimento mineiro? É ou não é um poeta brasileiro?

Essas analogias com o texto literário conferem ao *Epítome* de Morais Silva o caráter de texto linguístico brasileiro[208]. Sabe-se que o gramático o

---

207. No período pré-joanino atribuía-se a nacionalidade portuguesa a "todos os vassalos habitantes do Brasil". Em sua mensagem aos "fiéis vassalos do Brasil", datada de 2 de outubro de 1807, o Príncipe Regente assim se expressa: "Fieis vassalos, Habitantes do Brasil, Eu prevejo com estima e satisfação que dignamente sabereis avaliar tão querido e inestimável penhor; Guarda-o, defendei-o com aquela honra e valor que vos são inatos na qualidade de Portugueses". Cf. Varnhagen (1959, p. 33).

208. A discussão a respeito dessa afirmação é, entretanto, bem-vinda e mesmo necessária. Kemmler (2013², p. 153), por exemplo, cita o *Epítome* de Morais Silva em um estudo dedicado à história da gramática em Portugal, sem, entretanto, definir se o considera texto de autor português ou simplesmente publicado em Portugal. Gonçalves (2010, p. 174), por seu turno, também arrola o *Epítome* entre as gramáticas portuguesas das primeiras décadas dos Oitocentos. Por sinal, Kemmler, em outro estudo (2013, p. 62) assevera que "o *Epítome* de Morais seguiu a duas gramáticas publicadas em 1804, nomeadamente à *Gramatica Portugueza ordenada segundo a doutrina dos mais celebres Gramaticos conhecidos, assim nacionaes como estrangeiros* de Manuel Dias de Sousa (1753-1827) e o anônimo *Compendio da Grammatica da Lingua Portugueza*".

publicou em Lisboa[209], contudo também se sabe que o gramático já havia voltado para o Brasil em 1802, quando começou a escrever a obra, de que se atesta nas palavras finais do *Epítome*: "Acabou-se este Epitome da Grammatica Portugueza no Engenho novo da Moribeca em Pernambuco aos 15 de Julho de 1802" (1831 [1789], p. XLII). Informa-nos Sacramento Blake, em seu conhecido verbete sobre Morais Silva, que o gramático, ainda estudante de direito, resolveu fugir para a Inglaterra pouco antes de colar grau, após haver tomado ciência de que seria preso por ordem do Santo Ofício. Sua estada na Inglaterra e depois em Paris é imprecisa, sabendo-se apenas que, retornando a Portugal, casou-se com a filha de um oficial superior do Exército. A transferência do sogro para a Província de Pernambuco, também em ano insabido, mas certamente antes de 1802, teria facilitado a Morais Silva igual mudança de ares, de que resultou uma estada permanente na então Colônia americana até sua morte em 1824.

Ainda a respeito da biografia de Morais Silva tem-se hoje informação segura de sua atuação como juiz de fora na Bahia e, posteriormente, capitão-mor em Pernambuco. Informa-nos Sacramento Blake acerca da eleição de Morais Silva como membro do governo provisório da Revolução Pernambucana de 1817, cargo de que se despiu por não querer tomar partido no levante pró-independência que daria ânimo aos acontecimentos de 1822. Não se duvide de que, no âmbito dos acontecimentos que motivaram a revolta de Pernambuco, Antônio de Morais Silva tenha mantido estreito contato com Frei Caneca (1779-1825), cuja atividade filológica mantém-se até hoje pouco referida em face de seu perfil mais expressivo como ativista político.

Há, sem dúvida, no *Epítome* elementos suficientes para que possamos atribuir-lhe papel precursor nos textos sobre língua portuguesa escritos na virada do século em face da teoria escolhida para a descrição gramatical, embora em outros tantos aspectos sua proposta se inscreva com justeza nos cânones teóricos de seu tempo, de cunho predominantemente racionalista. Diga-o a definição de gramática como a "arte, que ensina a declarar bem os nossos pensamentos, por meyo de palavras A Grammatica Universal ensina os methodos, e princípios de falar communs a todas as línguas [...]. A

---

209. A primeira edição é de 1806, que foi secundada de outra, em 1813, na segunda edição do *Dicionário*. Em 1824, publica-se no Rio de Janeiro, sob autoria de Morais Silva, uma *Gramática portuguesa* (1824), a rigor uma reedição do *Epítome* sem o preâmbulo "Ao leitor benévolo". De observar o fato de que não consta na folha de rosto desta edição a costumeira referência "natural do Rio de Janeiro", que Morais Silva tanto prezava, de que resulta supor tenha sido trazida a lume após sua morte. Uma versão do *Epítome* "em forma de dialogo para uso de meninos" foi lançada em 1832 e 1836, respectivamente, em Porto Alegre e no Rio de Janeiro.

Grammatica particular de qualquer lingua, v.g. da Portugueza, applica os princípios communs de todos os idiomas ao nosso, segundo os usos adoptados pelos que melhor o falão" (1831 [1879], p. III). Observe-se que não há escopo normativo – ao menos predominante – na definição de gramática, senão uma delimitação de seu papel descritivo que visa à exposição do "falar comum a todas as línguas". Saliente-se que, em arremate, como Morais salienta esse caráter descritivo nesta esclarecedora afirmação, em que o objeto da descrição se situa no plano da sentença: "Trata pois a Grammatica das sentenças, (isto é, ensina a fazer proposições, ou sentidos perfeitos) e das diversas partes, de que ellas se compõem" (*Dicionário*, 1831 [1789], p. III).

Cumpre, portanto, certo reparo à opinião difundida de que o *Epítome* constitui-se em texto exageradamente purista. Incorre-se aqui em erro comum na análise de documentos linguísticos que não os lê à luz de seu tempo, fato que pode trazer conclusões indesejáveis sobretudo quanto à relevância de um dado texto no percurso histórico das ideias linguísticas. A rigor, ser purista no cenário político-filosófico do último quartel dos Oitocentos traduzia uma postura cidadã, no sentido de encetar a luta pela autonomia e relevância da língua como elemento do estado nacional. Por tal motivo, algumas posições extremadas, supostamente reacionárias à primeira leitura, haverão de receber tratamento diferenciado à luz dessa interpretação adstrita ao momento de sua gênese, em que as forças filosóficas e intelectuais da época são decisivas para o fomento das bases conceptuais.

A respeito do purismo vigente no pensamento gramatical português dos Oitocentos, diz-nos judiciosamente João Ribeiro (1860-1934) que, enquanto os ares da Independência faziam com que as pessoas no Brasil chegassem ao extremo de adotar apelidos indígenas, "por oposição ao odiado onomástico português", na metrópole, leia-se Lisboa, ao contrário, a veia nacionalista cultivava a pureza da língua como reação conservadora à nova ordem burguesa da França (1979, p. 59):

> Na metrópole [...] fazia-se desordenada guerra contra os estrangeirismos, principalmente contra os galicismos, cada vez mais antipáticos com a Revolução Francesa e a epopéia napoleônica, infensas ao ferrenho conservantismo lusitano: a guerra ao galicismo, a Arcádia literária e todas as formas de exagerado purismo representam a reação que desde os fins do século XVIII implantou a idolatria do "português de lei", que dispõe ainda hoje de alguns soldados fanáticos retardatários.

Decerto, influenciou-se bastante Morais Silva com a generalizada postura lusitana infensa à influência francesa pós-revolucionária, de que resultam palavras como estas, dirigidas aos jovens leitores de sua gramática:

> [...] se basta o estudo de um anno para saberes meyãmente um idioma estrangeiro, quando quizeres saber a lingua patria perfeita e elegantemente, deves estudar toda a vida, e com muita reflexão os autores Clássicos, notando principalmente as analogias peculiares ao genio do nosso idioma (Silva, 1831 [1789], p. II).

Para advertir, após, peremptoriamente:

> E deste modo poderás imitá-los [os autores clássicos], não repetindo sempre servilmente as suas palavras, e frases, e remendando com ellas as tuas composições, como alguns tem feito, mas dizendo coisas novas, sem barbarismos, sem Gallicismos, Italianismos e Anglicismos, como mui vulgarmente se lem, e mais de ordinario nas traducções dos pouco versados nas linguas estrangeiras, e talvez menos ainda na sua (Silva, 1831 [1789], p. II).

Cumpre igualmente observar que o ensino de língua materna na virada do século XVIII, cujos parâmetros, por sinal, vigeram por várias décadas além, defendia, como prática usual, a reprodução de modelos elaborados pelo mestre, de tal sorte que os segredos do discurso escrito fossem observados pela imitação. A rigor, imitar não constituía uma imposição gratuita de modelos com o fito de reproduzir ideias estereotipadas na mente dos discentes, senão um método pedagógico que supunha fazer eclodir o bom desempenho individual do aprendiz mediante reprodução de estruturas frasais construídas pelos autores consagrados.

No que tange às teses teoréticas de que se serve Morais Silva, não se pode negar considerável tom precursor nas páginas do *Epítome*, sobretudo quanto à proposta de descrição das línguas vernáculas, que julgava absolutamente diversa da gramática latina. Morais, decerto, destoa da tendência uníssona que descrevia as línguas românicas sob inspiração da estrutura morfossintática dos casos latinos. Basta dizer que, em Portugal, cerca de 30 anos antes, Antônio José dos Reis Lobato (1721-1804?)[210] ainda se baseava nas ideias de Amaro de Roboredo (?-?)[211] sobre a conveniência de se ensinar o português ou o castelhano pela gramática latina. Já na Alemanha, em 1785, vem a lume a *Nova gramática portuguesa / Neue Portugiesische Grammatik* (1785), de Abraham Meldola (1754-1826), um volume bilíngue absolutamente alinha-

---

210. São hesitantes as referências biográficas de Reis Lobato. Para mais informação a respeito, cf. Assunção (1997).

211. Sobre Amaro de Roboredo, cf. o estudo publicado por Assunção e Fernandes (2007) e a tese de Fernandes (2002).

do com a tradição latina, inclusive no que tange à descrição dos substantivos com base na flexão casual. Vale, por sinal, observar que a própria *Grammaire générale et raisonée de Port Royal* (1754 [1660]), insistentemente citada nos volumes linguísticos dos Setecentos e tantos outros do início do século XIX – inclusive no *Epítome* de Morais Silva–, já denunciava há mais de século que a descrição dos vernáculos com base nos casos latinos era indevida: "Il est vrai que de toutes le Langues il n'y a peut-être que la Grecque & la Latine qui aient proprement des cas dans les noms" (Arnauld & Lancelot, 1754 [1660], p. 73).

Tal fato, entretanto, não evitou que a maioria dos vernaculistas setecentistas e outros tantos oitocentistas ainda se espelhassem na sintaxe latina, em flagrante descompasso com o pensamento linguístico já reinante a partir da segunda metade do século XVIII. Foi, por sinal, sob influência das teses defendidas por Condillac (1715-1789) em obra publicada no final dos Setecentos (Condillac, 1780), para quem descrever a gramática francesa nos moldes da latina constituía grave equívoco de método, que Morais Silva envereda pela opção da sintaxe analítica, com base nas funções determinadas pela regência e pela posição da palavra na frase. Relevante o fato de Morais preocupar-se em citar textualmente as palavras de Condillac a tal respeito: "Nous avons compliqué nôtre Grammaire, parce que nous l'avons voulu faire d'aprés les Grammaires Latines. Nous ne la simplifierons, qu'autant que nous rappelierons les expressions aux éléments du discours" (Silva, 1831 [1789], p. I).

Outro aspecto interessante nas páginas do *Epítome* reside na sinopse gramatical. A tradicional subdivisão da gramática em *etimologia*, *sintaxe*, *ortografia* e *prosódia*, que viria a imperar ainda por vários anos do século XIX na gramaticografia brasileira – basta citar como exemplo a exitosa gramática do filólogo maranhense Francisco Sotero dos Reis (1871 [1866]) –, é preterida em favor de uma apresentação orgânica dos temas com maior destaque para a morfologia e para a sintaxe. A preferência por esta última parte da gramática é deveras saudável e invulgar em compêndios didáticos da época. Assim, opta Morais Silva por uma sinopse binária, em que faz acostar no mesmo plano hierárquico o Livro I (*Das palavras por si sós ou Partes da sentença*) e o Livro II (*Da composição das partes da sentença entre si, ou syntaxe*). No Livro I reúne os fundamentos da lexicologia, aí incluídos a classificação de palavras e o estudo das flexões, ao passo que no Livro II dedica-se ao estudo dos termos da oração, bem como dos mecanismos sintáticos de produção frasal: colocação, regência e concordância.

Os estudos fonológicos estão em uma espécie de preâmbulo, que não recebe título próprio, fato aparentemente significativo no que diz respeito ao pensamento de Morais Silva sobre descrição gramatical. Leve-se em conta, além da evidente intenção de dar início à descrição gramatical no Livro I, que, como vimos, trata de questões morfológicas, o fato de que esta parte preambular não conta com mais de cinco páginas, de que emanam comentários circunstanciais sobre fatos ortoépicos, prosódicos e ortográficos selecionados. Não se trata, pois, de uma exposição sistemática da prosódia, como acontece normalmente nos volumes cunhados sob a inspiração da gramática racionalista, porém uma seleta de juízos sobre pontos considerados relevantes pelo autor para o aprendizado do texto. O fato notável está em que semelhante estrutura sinóptica na descrição gramatical só gozaria da preferência dos filólogos brasileiros muitas décadas depois, na segunda metade do século XIX, em volumes já produzidos sob inspiração da escola germânica histórico-comparativa. No Brasil, destaca-se, nessa linha, a *Gramática portuguesa* (1881), de Júlio Ribeiro (1845-1890), por ser a primeira obra gramatical estruturada na bipartição lexicologia-sintaxe importada dos compêndios vernáculos do inglês, sobretudo os de Charles Mason (1820-1900) e Alexander Bain (1818-1903).

No breve introito sobre matéria fonética, Morais Silva encontra espaço suficiente para emitir juízo bastante consistente acerca de fatos diversos. Arrola tanto as vogais quanto as consoantes como sons elementares, mas assevera que as consoantes por si sós não têm valor efetivo. Segue, pois, a tese da existência condicionada dos sons consonantais, como modificadores das "vozes" ou vogais, entendimento, por sinal, que gozaria de opinião majoritária até meados do século XX, quando a linguística estruturalista renovou o conceito de fonema. Sobre as vogais nasais, ocupa-se em afirmar que são "verdadeiras vogais" (não vogais modificadas por consoante), pois a nasalidade se ouve "sobre as vogais", não após, como acontece, por exemplo, com o *r* em *bárbaro*, que só se ouve após cessar a voz. A percepção acústica de Morais, portanto, embora não fosse suficiente para conferir *status* distintivo às consoantes, ao menos servia-lhe para distinguir verdadeiros sons consonantais de meros traços de nasalidade vocálica representados graficamente por letras consonânticas. À guisa de curiosidade, estudos relativamente recentes sobre vogais nasais portuguesas visam provar justamente o contrário, ou seja, que se trata na realidade de vogais orais seguidas de consoantes nasais[212].

---

212. Cf. a hipótese do arquifonema nasal de Mattoso Câmara Jr. (1977 [1953]), amparado em estudos de Gonçalves Viana (1840-1914) e Oscar Nobiling (1865-1912).

Dentre os temas ortográficos, Morais Silva confere interessantes informações de ordem sociolinguística ao pesquisador, como, por exemplo, a que adverte sobre o uso do dígrafo *ch* como grafema da consoante fricativa palatal /κ/ e da consoante oclusiva velar /Σ/, dando conta de que tal flutuação de uso é própria da "linguagem chula". Assinala ainda o emprego do trema sobre os grupos *gue, gui, que* e *qui* para marcar a pronúncia do *u*, fato pouco comum dentre as preocupações ortográficas da época, além de criticar o uso de uma mesma letra (caso do *c* e do *g*) para representar mais de um som. Na morfologia, a pena do gramático carioca traça um painel objetivo sobre as partes da oração, com especial estudo do artigo, figura por sinal inclusa numa classe mais abrangente, a que denomina *adjetivos articulares*. São oito as classes relacionadas por Morais: *nomes* (ou substantivo), *adjetivo articular*, *adjetivo atributivo*, *verbo*, *advérbio*, *preposição*, *conjunção*, *interjeição*. Sobre esta última, por curiosidade, emite clara referência a seu valor como "palavra-frase", que goza de aceitabilidade até os dias atuais.

Está, entretanto, na classe dos adjetivos articulares a maior originalidade taxionômica de Morais. De início, adverte nosso gramático que os estudiosos, com exceção de Duarte Nunes de Leão, não haviam ainda conseguido explicar satisfatoriamente o papel do artigo nas línguas vernáculas, seja quanto ao emprego ou quanto à omissão deliberada. Partindo do princípio que certas palavras existem na língua para "determinarem a extensão individual, a que se applica um nome comum" (1831 [1789], p. IV), Morais arrola sob a rubrica dos adjetivos articulares todos os termos que usualmente ficam na periferia do núcleo substantivo e não expressam valor semântico externo: o artigo propriamente dito, pronomes adjetivos indefinidos, demonstrativos e possessivos. Em interessante comentário sobre os adjetivos articulares, Morais aduz que um de seus tipos é o artigo simples *o* e *a*, o qual indica que o nome "se toma em toda a extensão dos indivíduos, a que a sua significação e applicavel" (1831 [1789], p. VI). Assim, quando o falante quiser restringir o termo determinado, haverá de limitar a generalização atribuída pelo artigo com outras "circunstâncias", como ocorre na construção "o homem que ontem vimos", em que a oração atua como adjetivo que relativiza a generalização do artigo.

Ainda sobre o artigo, cabe referirmo-nos aqui a dois aspectos preciosos, não só pela inventividade como também pela originalidade. Primeiro, atento à origem comum do artigo definido com o pronome pessoal acusativo, arrola esse último naquela classe, tendo em vista a existência virtual de substantivo elítico sob sua determinação (1831 [1789], p. VII): "Mũitas vezes o artigo parece trazer á memoria o nome antecedente, v.g. viste o cavallo de João?

Vi-o. Mas realmente aqui ha elipse, ou falta do nome cavallo, que facilmente se subentende: o artigo não muda de natureza, nem é pronome como *eu, e tu*". Em ratificação da hipótese, assevera: "No mesmo singular masculino usamos do artigo, quando se refere a uma frase, em que deve subentender se um infinitivo, v.g. 'Que vos prometta os mares, e as areyas não lh'o creáis.' i. é, não lhe creais *o prometter-vos*, ou *o promettimento*"[213]. No que tange ao alentado papel do artigo como elemento atribuidor de gênero, adverte judiciosamente Morais Silva ser inadmissível acatar semelhante hipótese pelo simples fato de que, por incluir-se na classe do adjetivo, o artigo só pode ser usado em concordância se o falante já souber antecipadamente o gênero e o número do nome: "sendo o artigo um adjectivo, quem fala, ou escreve deve saber o genero do nome, a que o artigo precede, para usar delle na variação correspondente ao genero, e numero do nome, como se faz com qualquer outro adjectivo"(1831 [1789], p. I).

Um dado interessante no tocante ao horizonte de retrospecção em Morais Silva diz respeito a sua singular citação de linguistas ingleses, nomeadamente Robert Lowth (1710-1787), professor da Universidade de Oxford e autor da prestigiada *A short introduction to English grammar* (1762), cujas ideias gramaticais, consideradas um marco do prescritivismo na Inglaterra[214], condenavam com veemência a submissão da descrição do inglês à descrição do latim, e Joseph Priestley (1733-1804), um intelectual polígrafo que transitou por áreas discrepantes tais como a química, a medicina, a física, a educação e a ciência política (cf. Straaijer, 2011, p. 1)[215], igualmente autor de um compêndio de caráter acentuadamente normativo (1761).

Essas fontes doutrinárias em Morais Silva bem atestam as marcas de sua formação linguística quando de seu exílio na Inglaterra, a que se aliam fontes de outras procedências, tais como Noël François de Wailly (1724-1801), gramático e lexicógrafo que se notabilizou por propor uma ortografia de base fonética para o francês, autor dos *Principes généraux et particuliers de la langue française* (1780). Todas essas referências no *Epítome* dizem respei-

---

213. O reconhecimento do artigo como determinante de orações adjetivas e adverbiais, como ocorre em frases do tipo *Não sei o que fazes* e *Gostou do quanto o filho se defendeu*, vem sendo acolhido por mais de um gramático já há algum tempo (cf. Bechara, 1999, p. 154). Cf., também, a respeito do artigo neutro do espanhol, Alarcos Llorach (1999, p. 91).

214. Sobre a gramática de Lowth, cf. van Ostade (2011). No prefácio da *A short introduction...*, Lowth afirma em tom pesaroso: "grammar is very much neglected among us: and it is not the difficulty of the language, but on the contrary the simplicity and facility of it, that occasions this neglect" (1799, p. vi).

215. Cf. necessariamente o excelente estudo de Straaijer (2011) sobre a obra de Joseph Priestley.

to à perspectiva com que Morais Silva busca tratar a questão normativa no corpo da obra, conforme assinala: "Ajuntei algũas observações á cerca de frases, e construcções erradas, ou menos seguidas, para que imitando o bom dos livros Classicos, não sigas também os erros, e descuidos, ou o que já hoje se não usa geralmente" (1831 [1789], p. VII). Enfim, o *Epítome* de Morais Silva figura como o marco inaugural da produção linguística brasileira sobre língua vernácula, mas sua relevância como obra inspiradora do pensamento gramatical talvez não se ateste com a mesma convicção, tendo em vista sua modesta repercussão em terras brasileiras se comparada com a que logrou obter em Portugal[216].

5.2 Inácio Felizardo Fortes (?-1858)

Uma palavra especial há de dedicar-se aqui sobre a figura do Padre Inácio Felizardo Fortes (?-1858)[217], já que a história delegou-lhe o privilégio de ser o primeiro brasileiro a publicar uma gramática de língua portuguesa no Brasil, sua *Arte de gramática portuguesa* (1816)[218]. Antes, já um brasileiro, Antônio de Morais Silva, publicara seu *Epítome*, mas em solo português; por outro lado, antes também já se publicara uma gramática em solo brasileiro, porém de autor português: *A arte da gramática da língua portuguesa* (1812 [1770]), de Antônio José dos Reis Lobato. O pioneirismo de Felizardo Fortes é ainda hoje tema que oferece grandes desafios no plano historiográfico, já que, a rigor, não lhe assentava o perfil de intelectual vanguardista na conjuntura intelectual brasileira da segunda década oitocentista. Algumas indagações, decerto, estão ainda por decifrar-se, tais como que motivação teria levado o clérigo a ocupar-se de um texto gramatical em época tão estéril da educação linguística no Brasil, sobretudo levando-se em conta o fato de a própria Impressão Régia ter publicado a prestigiosa *Arte* de Lobato há apenas quatro anos.

Os dados biográficos de Inácio Felizardo Fortes são tão poucos quanto precários. Com efeito, as três referências que se fazem a seu nome – Blake (1895, p. 264-265), Silva (1859, p. 207) e Cabral (1881, p. 123-124) – pouco

---

216. Segundo Schäfer-Prieß (2019), Manuel Pedro Tomás Pinheiro e Aragão (1773-1838), João Crisóstomo do Couto e Melo (1775-1838), Francisco Soares Ferreira (?-?) e até Adrien Balbi (1782-1848), que não tinha familiaridade com os estudos linguísticos, elogiam a gramática de Morais Silva.

217. Não há registro do ano de nascimento de Felizardo Fortes.

218. Agradecemos a Rolf Kemmler a possibilidade de acesso ao texto integral da gramática de Felizardo Fortes.

nos dizem sobre a vida e a formação intelectual do padre fluminense, a não ser pelo fato de ter sido um professor de Língua Latina natural do Rio de Janeiro, embora não se duvide ter nascido em Cabo Frio, cidade a que esteve intimamente ligado ao longo de toda a vida e onde morreu[219]. Nada se sabe sobre sua formação eclesiástica e muito menos sobre seu horizonte de retrospecção, embora se tenha certeza de que exerceu a atividade clerical como presbítero secular, além de ter sido nomeado capelão da Fortaleza de São João, no Rio de Janeiro, em 1813, conforme informação extraída da *Gazeta do Rio*, edição de 9 de outubro de 1813. Sobre Fortes informa-nos, ainda, Cabral (1881, p. 123), haver traduzido a *História do Brasil* de Beauchamp, cuja publicação infelizmente não se consumou. Ainda segundo Cabral, Fortes teria impresso em 1834, pela Tipografia Fluminense de Brito & C., uma *Oração* por ele lida na Igreja Paroquial de Nossa Senhora da Assunção por ocasião do aniversário natalício de Pedro II. Coube igualmente a Fortes a publicação de um opúsculo sobre arte retórica intitulado *Breve exame de pregadores pelo que pertence à arte de retórica* (1818)[220].

Dois documentos desconsiderados pelos biógrafos citados servem para iluminar um pouco mais a figura de Felizardo Fortes. Um deles é a carta-denúncia que o padre enviou ao redator do *Correio do Rio de Janeiro* em 30 de agosto de 1923, valendo-se "dos novos tempos em que qualquer Cidadão, que soffre injustiças, e violentas arbitrariedades, quando as não tenha podido obviar de outra maneira, póde, para desmascarar despotas, e malevolos, fazel-os conhecidos por meio da Imprensa" (*Correio do Rio de Janeiro*, 1823[1]), em que promove um virulento ataque a Serafim Gonçalves Malta (?-?), causídico atuante na Vila Real de Praia Grande, vinculada ao Município de Cabo Frio. Malta atuara como advogado do senhorio de Felizardo Fortes em uma ação de despejo por atraso de pagamento dos aluguéis, fato que motivou o padre a lançar-lhe impropérios como "tão pequeno em estatura, quão grande em presunção de legisperito, mas nisto ainda mais pigmeu" e "filho bastardo de Astréa" (*Correio do Rio de Janeiro*, 1823[1]). O desfecho da ação de despejo foi uma execução portas adentro, inclusive com retirada de móveis e utensílios, que só não se consumou por um detalhe jurídico: no ato de des-

---

219. Por tal motivo, a referência a Felizardo Fortes como "carioca" soa temerária.

220. Sabe-se desse livro por referência de Blake (1895, p. 265) e de Silva (1883, p. 50), a par de uma nota na edição de 21 de novembro de 1818 da *Gazeta do Rio de Janeiro*, mas não se tem notícia de exemplar sobrevivente. Felizardo Fortes informa no subtítulo haver-se inspirado na obra *O pregador instruído nas qualidades necessárias para bem exercer o seu ministério*, publicada em 1791 pelo presbítero secular Miguel Antônio com o selo da Régia Tipográfica da Universidade de Coimbra.

pejo, Malta atuava como oficial executor sem ter procuração para tal função. O teor da carta-denúncia, numa perfunctória análise semântico-lexical, basta para revelar o ânimo beligerante do clérigo, tirante o natural desconforto provocado pela situação vexatória por que passou perante a vizinhança da Vila Real da Praia Grande.

Evidentemente, as cruas acusações de Felizardo Fortes não passaram em branco aos olhos de Serafim Gonçalves Malta, que se adiantou em publicar uma réplica igualmente ofensiva no n. 52 do mesmo periódico, em que desafia Felizardo Fortes – a quem qualifica como "fraco em virtudes" e "incendiário impostor", além de a ele referir-se como padreco de "hediondo e vil caracter" (*Correio do Rio de Janeiro*, 1823²) –, a provar as acusações publicadas, sob pena de responder judicialmente pela injúria perpetrada[221]. Do fato fica a imagem de Felizardo Fortes como um homem que não evitava o confronto e, decerto, afastava-se do estereótipo de um sacerdote conciliador e pregador da bem-aventurança, fato que deve ser levado em conta na análise de seus textos, mormente os de cunho opinativo ou pedagógico. Curiosamente, informa-nos o volume V do periódico *O Brasil* (1944, p. 4) uma série de mudanças nos cargos da delegacia e subdelegacias de Cabo Frio em que consta a designação do Padre Ignacio Felizardo Fortes para o cargo de 1º substituto de delegado de polícia. Observe-se que Fortes antes exercia o cargo de 2º substituto da mesma delegacia, fato que faz supor significativa experiência profissional no campo da administração pública, o que não surpreende se considerarmos sua condição de presbítero secular.

No tocante a sua pouco conhecida *Arte de gramática portuguesa*, decerto trata-se de texto que requer investigação mais acurada, ao menos em face de seu caráter precursor na gramatização do português no Brasil. Um estudo de Kemmler sobre a *Arte* de Fortes (2013¹)[222] projeta as primeiras luzes sobre este texto singular, cujo propósito, antes de descrever o vernáculo, mais se caracteriza como uma preparação do alunado de língua portuguesa para chegar ao estudo do latim. Em suas conclusões, Kemmler acata a informação de Blake (1895, p. 264) e, sobretudo, Cabral (1881, p. 123) de que a *Arte* tenha auferido grande sucesso editorial – ao menos, 14 edições ou reimpressões – embora, surpreendentemente, não seja referida nos trabalhos que a sucederam (Blake, 1895, p. 265):

---

221. Tais fatos terão levado Sacramento Blake a afirmar que Felizardo Fortes atuou como advogado, embora nenhuma prova documental o confirme.
222. Cf., também, Moraes (2015).

> Há varias edições desta grammatica, o que comprova o bom acolhimento que teve. Destas citarei a terceira, mais correcta e augmentada, de 1825; a nona, de 1844, igualmente mais correcta e augmentada; a decima segunda de 1851; a decima terceira de 1855; a decima quarta de 1862, todas do Rio de Janeiro, in-8.º.

Mais surpreendente soa o fato de terem sobrevivido pouquíssimos exemplares dessas 14 edições, a última delas de 1862, época em que a Biblioteca Nacional do Rio de Janeiro já se organizara no sentido de recolher ao acervo as obras científicas e literárias publicadas no Brasil. Pode-se atribuir à *Arte* de Felizardo Fortes uma referência encontrada na edição da *Gazeta do Rio de Janeiro* datada de 1º de fevereiro de 1817 (p. 4), em que se estampa a seguinte nota:

> Sahiu á luz: Arte da Grammatica Portugueza, em methodo breve, fácil, e acomodado ao do Padre Antonio Pereira de Figueiredo: vende-se na loja de Manoel Joaquim na rua da Quitanda na esquina da de S. Pedro; em caza do livreiro Jeronimo Gonçalves Guimarães, rua do Sabão, N. 12; na botica do largo do Capim; e na rua da Pedreira, N. 5, a 640 réis.

A nota, com efeito, embora não indique a autoria da gramática, informa que seu conteúdo é pautado em Antônio Pereira de Figueiredo (1725-1797), citado nominalmente por Felizardo Fortes como sua fonte inspiradora (1816, p. vi):

> [...] resolvi-me a reduzir as [regras] do Padre Antonio Pereira de Figueiredo, hoje seguida nas Aulas de Grammatica Latina destes Reinos; resolvi-me, digo, a fazer delas huma Arte para o uso dos meus Discipulos, e dál-a á luz, tanto para evitar o trabalho das copias manuscriptas, que sempre estão sujeitas a erros, e necessitando de hum novo trabalho de correcção, como para utilidade tambem da mocidade Portugueza, que della se quiser aproveitar. Segui por isso, o mais que me foi possivel, as mesmas definições, e regras, e até os mesmos exemplos do Padre Pereira.

A leitura dessas notas revela que o texto de Felizardo Fortes talvez viesse preencher uma lacuna aberta pela difícil aplicação da *Arte* de Reis Lobato às tarefas em sala de aula. Observe-se que o intuito de escrever uma gramática "para evitar as cópias manuscritas" sugere desconsideração absoluta do que já se vinha oferecendo em letra de forma, razão por que não seria temerário supor em Felizardo Fortes certa ojeriza pelo trabalho de Reis Lobato, ao menos como material didático para suas aulas de língua vernácula. Em seu conteúdo, a *Arte* de Felizardo Fortes revela um certo tom reacionário, em que se concebe o latim como porta de entrada necessária não só para a descrição do vernáculo como também, o que mais surpreende, como língua "por onde começamos a carreira das Sciencias" (1816, p. V), isso em uma época em que os manuais científicos em vernáculo já gozavam de ampla tradição. Basta aqui lembrarmo-nos do depoimento de Hipólito José da Costa (1774-1823)[223] ao Tribunal do Santo Ofício, em que justifica seu interesse no aprendizado de línguas estrangeiras vivas por ser o melhor caminho para instruir-se cientificamente (cf. Moraes, 2010, p. 81):

> What living languages did you learn?
> All those that are most necessary in Europe, either in consequence of the intercourse of the respective nations with us, or on account of the scientific works that have been written in these languages.
> What motives had you for acquiring those languages?
> The wish of placing myself in the situation of learning some sciences, which I could not do without understanding the books written in those languages[224].

A postura de Fortes, decerto, mais convinha para sustentar o ensino do latim numa sociedade emergente como a brasileira, a ponto de o próprio ensino da língua vernácula fazer-se por baldeação com o ensino do latim, conforme a tradição do século XVIII[225]. Nessa linha, Fortes opta por escrever um texto pedagógico sob inspiração do *Novo método da gramática latina*, de Antônio Pereira de Figueiredo, considerada obra de referência "hoje seguida nas Aulas de Grammatica Latina destes Reinos" (1816, p. VI). Mais ainda, sem reservas, Felizardo Fortes afirma: "Segui por isso, o mais que me foi possivel, as mesmas definições, e regras, e até os mesmos exemplos do Padre Pereira" (1816, p. VI). O escopo de fazer do ensino do português uma etapa preparatória para o aprendizado do latim evidencia-se na afirmação de que "tendo hum estudante aprendido os preceitos Grammaticaes da Lingua Portugueza, e passando para a Latina, aprende os preceitos desta em metade" (1816, p. VII-VIII).

---

223. Batizado como Hipólito José da Costa Pereira Furtado de Mendonça.

224. Tradução: – Que línguas vivas você aprendeu?
– Todas as que são mais necessárias na Europa, seja por causa do intercâmbio das respectivas nações conosco, seja por causa dos trabalhos científicos que foram escritos nessas línguas.
– Que motivos você teve para instruir-se nesses idiomas?
– O desejo de me colocar na situação de aprender algumas ciências, o que não poderia fazer sem entender os livros escritos nessas línguas.

225. Fortes refere-se ao Alvará Régio de 30 de setembro de 1770, sobre a ordenação das classes de latinidade, que determina aos mestres de língua latina que cuidem previamente do ensino da língua portuguesa pelo prazo de seis meses, usando o fato histórico como argumento para impor-se o latim como via necessária ao ensino do vernáculo.

O conceito de gramática em Felizardo Fortes tem o usual teor normativo que se espera de um manual de eminente escopo pedagógico: "Grammatica portugueza he uma arte que ensina a fazer sem erros a oração Portugueza" (1816, p. IX). Ressalte-se, entretanto, a expressão "fazer sem erros a oração", em vez do mais usual "escrever corretamente", em que se nota um caráter construcional do uso linguístico. A divisão da matéria gramatical em *ortografia*, *prosódia*, *etimologia* e *sintaxe* é a que ordinariamente habita os textos racionalistas que seguem a tradição de Port-Royal. No caso de Felizardo Fortes, a fonte bibliográfica em que se abeberou, a par da já citada gramática latina de Antônio Pereira de Figueiredo, decerto foi a *Arte* de Antônio José dos Reis Lobato, não só porque era a gramática oficial desde o Alvará Régio de 30 de setembro de 1770 como também por ser a primeira gramática portuguesa publicada no Brasil pela Impressão Régia, portanto facilmente disponível ao leitor brasileiro interessado na matéria.

Ainda no tocante à concepção da gramática como texto descritivo, Felizardo Fortes revela postura menos convencional ao iniciar a obra pela etimologia (termo que a gramática racionalista usa para designar o estudo das classes gramaticais e suas flexões), deixando a prosódia para um plano secundário, sem falar da omissão da ortografia como capítulo específico no corpo da obra (embora citada explicitamente no proêmio do capítulo 1). Essa é uma questão que está por desvendar-se, pois não se pode ainda assegurar que a omissão da ortografia seguia um projeto pedagógico singular ou decorreu de mero lapso na concepção da obra. Ressalte-se, para encaminhamento da discussão, que Felizardo Fortes expressa certa desconsideração da ortografia no prólogo da *Arte*, já que "por mais que qualquer se canse em estudar só a [língua] Portugueza, jamais poderá nem fallal-a, nem escrevêl-a correctamente, por não ter os conhecimentos etimologicos, que só se achão na Latina, *não sendo ainda bastantes as regras da Orthografia para escrever com inteira perfeição* [grifamos]" (1816, p. V).

No âmbito da etimologia, Felizardo Fortes refere-se a nove classes gramaticais; *nome*, subdividido em *substantivo* e *adjetivo*, *pronome*, *particípio*, *artigo*, *verbo*, *advérbio*, *conjunção*, *interjeição* e *preposição*. Cuida-se, como se percebe, de uma compatibilidade entre a tradição latina, que se revela na classe do particípio, e a tradição racionalista, presente na figura do artigo. A interjeição é definida como uma "voz indeclinável" vinculada não a outras palavras da oração, mas diretamente à expressão da razão ou à "paixão do nosso animo" (1816, p. 67). A proposta de apresentação das classes segue o estilo da tipologia lexical seguida das categorias atinentes, de tal sorte que, ao tratar do nome, Fortes naturalmente avança pelas categorias de número e de gênero. A então incipiente teorização para dar conta do gênero resulta em um rol de 15 regras morfológicas em que se vincula gênero gramatical a sexo, muitas delas repletas de exceções e ressalvas.

Já a definição de verbo como "huma voz, com que se significão as acções, e paixões de qualquer sugeito" (1816, p. 25) ratifica o conceito de palavra (voz)[226] em face de seu valor semântico próprio e de sua função como expressão da razão, no sentido de arquitetura do pensamento. Felizardo Fortes abraça a concepção de *verbo neutro*[227], ao lado do *verbo ativo* e do *verbo passivo*, cujo valor semântico implica a noção de intransitividade, isto é, de fato não condizente com a ideia de ação praticada ou sofrida, conforme ocorre em *morrer*. Verifica-se, por sinal, que a descrição do verbo distancia sensivelmente a *Arte* de Felizardo Fortes da *Arte* de Reis Lobato, já que nessa última a definição de verbo não remete à ideia de ação, senão de "afirmação de uma ação"[228], a par de nela não se cogitar dos verbos neutros. Ambos, porém, concordam em que o português é dotado de três conjugações verbais (em *ar*, *er* e *ir*).

Adverte-nos Kemmler de que a definição de advérbio em Felizardo Fortes o aproxima bastante das ideias morfológicas de Reis Lobato, já que em ambos caracteriza-se a referida classe gramatical por ser desprovida de declinação e de significação no seio da frase. Não obstante, "o critério semântico da ausência de um significado próprio, como os exemplos que se seguem imediatamente à definição, devem ser consideradas como inovações do gramático português setecentista" (Kemmler, 2013[1], p. 75). Em outros termos, o advérbio é entendido como uma classe que, desprovida de valor semântico, faz exprimir dado significado em outra (nome ou verbo), tais como o de *afirmação*, *negação*, *tempo*, *lugar* etc., e, nesse aspecto, assemelha-se à conjunção e à preposição, não só por serem igualmente "vozes indeclináveis", como também por constituírem classes de cunho acessório na formulação da frase. Não surpreende, portanto, que as três classes, somadas à interjeição, não mereçam mais do que cinco páginas na *Arte* de Felizardo Fortes.

Duas palavras cabem a respeito do papel da sintaxe em Fortes, definida como "huma parte da grammatica, que ensina a compôr a oração" (1816, p. 10). As 17 páginas dedicadas à sintaxe fazem uma perfunctória referência

---

226. Interessante notar que no âmbito da gramática científica, de que trataremos adiante, o metatermo voz restrinja-se à expressão vocal da língua.

227. Sobre verbo neutro no século XIX, cf. Coelho (1843).

228. Decerto mais próxima da definição de Morais Silva: "Verbo é a palavra com que declaramos o que a alma julga" (1831 [1806], p. XIII).

aos mecanismos de organização das palavras na frase, com sensível ênfase na concordância e na regência. O aspecto estrutural da frase fica restrito a algumas observações, tais como a de mudança de posição dos termos na construção em voz ativa e passiva. A noção de regência, naturalmente, vincula-se ao mecanismo de flexão casual latino. De especial, vale destacar a referência que Fortes traça a respeito da aglutinação da preposição *de* com o artigo definido em português, atribuída à eufonia, de que resultam construções como *Estou em casa do Francisco* por *Estou em casa de Francisco*. Nesse passo, o gramático brasileiro inclui a aglutinação entre os casos análogos ao genitivo latino expresso pela preposição *de*, "que os Grammaticos chamão de possessão" (1816, p. 80). E conclui Fortes: "por causa da eufonia dizemos, v.g., *fezes do oiro*, *fezes da prata*, e não *fezes de o oiro*, *fezes de a prata*, como devêra ser, se fallassemos com todo o rigor grammatico" (1816, p. 80)[229].

5.3 Frei Caneca (1779-1825)

A biografia de Frei Joaquim do Amor Divino Rabelo (1779-1825), conhecido nos anais da história do Brasil como Frei Caneca, situa-o como um dos expoentes do movimento emancipatório em Pernambuco, no século XIX. Nasceu na cidade de Recife, filho do tanoeiro português Domingos da Silva Rabelo e da brasileira Francisca Alexandrina de Siqueira. Sua morte por fuzilamento – segundo uma versão dramática dos fatos, os carrascos ter-se-iam negado a enforcá-lo (cf. Mello, 2004) – ocorreu a 13 de janeiro de 1825, no Forte das Cinco Pontas, em Recife. O apelido Caneca, ao que consta, deveu-se à atividade profissional de seu pai, a quem teria auxiliado em seu mister. Há quem afirme, entretanto (cf. Lima, 2008, p. 132) que o próprio Caneca incorporou a alcunha a seu nome quando de sua iniciação como noviço do Convento do Carmo, em Recife, onde se ordenou em 1801. Não obstante a escolha da carreira eclesiástica, consta que Caneca manteve relacionamento amoroso com uma mulher de nome Marília, com quem teve cinco filhos (cf. Morel, 2000).

Sua projeção histórica, conforme aqui já referido, deve-se à marcante participação no movimento revolucionário de 1917 que visava à emancipação de Pernambuco como nação soberana e cujo pilar ideológico fincou-se

---

229. Aqui, pode-se supor uma restrição normativa da aglutinação tendo em vista que a regência com *de* remonta ao genitivo latino obviamente sem a presença do artigo. Não se afaste, porém, a hipótese de que haja uma comparação normativa entre o português e o espanhol, em que a aglutinação não se realiza.

no terreno fértil do Iluminismo europeu, difusor das ideias abolicionistas e da constituição de estados liberais. Por sinal, a formação intelectual de Caneca, alicerçada nas aulas do Seminário de Olinda, serviu-se dessa fonte impregnada das "diretrizes do reformismo ilustrado luso-brasileiro (Lima, 2008, p. 132), sob a tutela de mestres atuantes em movimentos pró-Independência, tais como, em especial referência, Frei Miguel Joaquim de Almeida Castro, conhecido como Padre Miguelinho (1768-1817). E terá sido, sem dúvida, essa base filosófica de sua formação que o levou a mais tarde, quando de sua participação na Confederação do Equador, a escrever textos de claro teor iluminista, entre eles a *Dissertação sobre o que se deve entender por pátria do cidadão e deveres deste para com a mesma pátria* (1822)[230].

Os ares liberais do iluminismo ilustrado, com efeito, haviam de soprar forte nas terras do Nordeste brasileiro. A Colônia, alçada a Reino Unido a Portugal e Algarves em 1815, nem por isso dava ares de mudança significativa nas províncias mais distantes da sede da Coroa, no Rio de Janeiro. A economia pernambucana era à época inteiramente dependente da mão de obra escrava, já que pautada na produção agrícola primária, fato que criava uma incompatibilidade intransponível entre a antiga concepção das fontes produtoras de riqueza econômica – basicamente, fazendas de engenho, com ênfase na produção de açúcar – e os novéis ideais libertários, que sonhavam com um Brasil republicano, desagrilhoado do absolutismo monárquico português.

Homem de "obra essencialmente litigante" e "atitude tremendamente dramática", conforme aduz Calmon (1972), Frei Caneca legou-nos a imagem do mártir da Independência, do político sensível ao clamor popular por uma nação livre e progressista[231]. Tal fato, decerto, ofuscou-lhe o perfil intelectual que tanto contribuiu para a reflexão e o ensino das Humanidades, conforme se confirma em sua atuação docente em geometria e retórica no Convento do Carmo durante o período em que esteve no cárcere (cf. Bernardes, 1997). Por sinal, estão em sua expressiva bibliografia textos de cunho didático, como o *Tratado de eloquência* e as *Tábuas sinóticas do sistema retórico de Fábio Quintiliano*, ambas incluídas no corpo de suas obras políticas e literárias (Mello, 1875-1876).

---

230. Esse texto, como tantos outros (entre eles o *Breve compêndio de gramática portuguesa*), permaneceu inédito até 1875, quando o Comendador Antônio Joaquim de Mello (1794-1873) reuniu os escritos esparsos de Caneca em dois volumes (Mello, 1875-1876).

231. Sobre a personalidade política de Frei Caneca, cf. especialmente Lima (2008), Bernardes (1997), Mello (2004) e Lyra (1998).

No tocante à obra que aqui nos interessa, o *Breve compêndio de gramática portuguesa*, pouco dela se sabe do ponto de vista histórico. Sua primeira edição também integra a obra completa compilada por Antônio Joaquim de Mello e foi reeditada pela Universidade Federal de Pernambuco em 1972. Nesse mesmo ano, o Colégio Pedro II, do Rio de Janeiro, por iniciativa de seu diretor-geral Vandick Londres da Nóbrega (1918-1982) e em comemoração ao sesquicentenário da Independência, republicou o *Breve compêndio de gramática portuguesa* – na capa e na folha de rosto dessa publicação consta "Gramática portuguesa" – em conjunto com o *Tratado de eloquência* (1972 [1875]). A edição do Colégio Pedro II ressente-se de uma melhor informação no tocante aos critérios filológicos que se lhe aplicaram, mas, ao que parece, trata-se de uma reprodução semidiplomática do texto inaugural de Antônio Joaquim de Mello.

As informações disponíveis ainda nos dizem que o *Breve compêndio* foi escrito durante o período em que Caneca esteve preso no Paço Municipal da Bahia, entre 1817 e 1821, conforme nos informa Calmon (1972). Também Acízelo de Souza (1999, p. 52) acolhe essa versão, com respaldo nas informações prestadas por Mello nas páginas iniciais da edição completa das obras de Caneca (1875, p. 14). Algumas indagações emergem desse relato, a primeira delas concernente à bibliografia de que dispunha Caneca para recorrer às teses teóricas utilizadas na exposição da matéria linguística. Verifica-se como evidente sua adequação aos princípios da gramática racionalista então em voga, fato que se percebe na dupla dimensão (a universal e a particular) com que define o próprio termo gramática: "*Grammatica* é a arte de reduzir á regras os princípios communs a todas as linguas" (1972 [1875], p. 17); "*Grammatica portugueza* é a arte que ensina a fallar, ler e escrever correctamente a língua portuguesa" (1972 [1875], p. 19). Por tal motivo, com razão observa Leonor Fávero que a gramática de Frei Caneca tem um escopo prescritivo que não descuida do aspecto especulativo sobre a natureza da língua (1999, p. 93).

Como, pois, manteve-se Caneca informado sobre as concepções linguísticas de seu tempo ao longo dos cerca de quatro anos encarcerado? Segundo Pedro Calmon, os réus da Revolução Pernambucana permaneceram à espera da morte durante três anos, até que, em 1820, "um carcereiro generoso lhes fez concessões apreciáveis". Diz mais Calmon: "sabemos que [os detentos] tiveram para o seu trabalho papel e tinta, com vários livros (como o de Jerônimo Soares Barbosa), escoados entre os ferros da masmorra" (1972, p. 9). Ficamos, pois, com essas informações, na ausência de outras mais confiáveis, não obstante nos aguce a curiosidade saber a identidade do tal "carcereiro generoso", ao menos para lhe rendermos um preito de gratidão. Por outro lado, acatando-se a informação de Calmon, observa-se que o livro de Soares Barbosa franqueado à consulta de Caneca no cárcere evidentemente não poderia ser a *Gramática*, visto que sua primeira edição (póstuma) somente viria a lume em 1822, sob patrocínio da Academia Real das Ciências de Lisboa.

Uma hipótese que, em certa medida, validaria essa informação de que Caneca escreveu seu texto gramatical no período em que esteve preso conduz-nos a crer que o referido livro de Soares Barbosa que lhe foi entregue pelo bom carcereiro era a *Escola popular* (1776), obra que efetivamente gozava de boa recepção no plano pedagógico de quantos se envolviam em questões linguísticas. Entretanto, a hipótese se esvai na medida em que Caneca, além de não tecer referência à *Escola popular*, oferece especial citação da *Gramática filosófica* nas notas finais do *Breve compêndio* (1972 [1875], p. 72). Tudo isso, enfim, nos conduz à conclusão de que o texto final de Caneca necessariamente sofreu revisão após sua libertação em 1821, quando retornou a Pernambuco. Mais, provavelmente, havemos de admitir a hipótese de que o *Breve compêndio*, na realidade, só foi redigido após o período no cárcere, ficando as informações de Calmon por conta da aura romântica que sempre se atribui à figura do mártir em sua luta pela edificação de um Estado soberano no Brasil[232].

Embora se perceba facilmente o caráter didático do *Breve compêndio* – que se revela, por exemplo, na denominação dos capítulos como "lições" e no próprio subtítulo do volume: "organisado em forma systematica, com adaptação a capacidade dos alumnos" (1972 [1875], p. 16) –, a leitura de suas páginas conduz-nos a uma concepção de obra descritiva, na verdade um elenco de definições teóricas sem qualquer sentido prático, o que tira, em princípio, o caráter de apostila ou manual didático que se lhe vem atribuindo. De qualquer forma, não se descarta a hipótese – deveras admissível – de que Caneca tenha escrito seu texto gramatical na forma de um pequeno manual teórico que embasasse suas aulas de retórica.

Muito há que analisar nesse pequeno volume da gramaticografia brasileira, tarefa que delegamos aos estudos especializados[233]. Sua visão sobre as

---

232. Essa visão heroica e mitificada de Frei Caneca, denominado "um dos mais puros heróis brasileiros" por Nelson Werneck Sodré (1999, p. 93), corrobora-se na versão amplamente difundida e aqui já referida de que, quando de sua execução em 13 de janeiro de 1825, nenhum carrasco aceitara o mister de enforcá-lo, razão por que se optou pelos tiros de espingarda. Sobre esse episódio da história do Brasil, leia-se o relato emotivo de Tobias Monteiro (1939, p. 223).

233. Entre eles, de leitura obrigatória, os excelentes estudos de Fávero (1999) e Pfeiffer (2011).

partes do discurso, que elenca em 11 classes – *nome, artigo, pronome, adjetivo, verbo, particípio, advérbio, nomes de números, preposições, conjunções* e *interjeições* –, dá a dimensão de uma concepção taxionômica a um tempo aproximada – como atesta a presença do particípio – e distanciada – como atesta a presença do artigo e do numeral – da tradição latina que ordinariamente habitava a descrição do vernáculo. Por seu turno, a sinopse gramatical, que se organiza em *etimologia, ortografia, prosódia* e *sintaxe*, inscreve-se no perfil tradicional da gramática racionalista, com uma pequena, porém relevante, alteração na ordem dos assuntos, já que as primeiras lições se ocupam da etimologia, não da prosódia como soía acontecer. A relevância se explica pela maior importância que o autor decerto conferia a um fato do sistema linguístico em face de outro atinente à prescrição da expressão verbal.

Sem dúvida, é no capítulo sobre ortografia, constante na Lição X, que se observa o maior contributo de Caneca em plano pedagógico. Define ortografia como a parte da gramática que "ensina a escrever com perfeição" (1972 [1875], p. 51), fato que não surpreende, na verdade apenas corrobora não só o escopo prescritivo de sua obra como também o próprio conceito de ortografia reinante nos Oitocentos. Digna de nota, entretanto, está a concepção de *caracteres* em Caneca, que inclui as figuras das letras, cuja função é representar o som da língua, e das pausas, caracteres ocupados da representação do silêncio. Em órbita de adequação, as pausas são os sinais de pontuação, conforme os descrevem as gramáticas desde sempre. Essa interpretação dos sinais de pontuação como caracteres ortográficos, em tese, não é novidadeira, já que presente em autores como Soares Barbosa (2004 [1822], p. 41), que assim se posiciona:

> Toda orthografia tem duas partes. A primeira é a união bem ordenada das lettras de qualquer vocábulo correspondente aos sons, e á sua ordem na boa pronunciação do mesmo. A segunda é a separação dos mesmos vocabulos e orações na escriptura continuada, segunda (sic) distincção e subordinação das idéas e sentidos que exprimem. Aquella é objeto da orthographia tomada em sentido mais restricto, e esta é objecto da pontuação.

No plano metalinguístico, convém advertir que Caneca se refere a *cotação, coma, cólon* e *semicólon*, termos que não habitam a gramática de Soares Barbosa, sequer a de Reis Lobato (2000 [1770]), outro texto que lhe era contemporâneo e de grande influência no Brasil[234]. O fato apenas confirma

---

234. Registre-se que a gramática de Reis Lobato foi escolhida para publicação pela Impressão Régia em 1812, portanto gozou de expressiva circulação nos meios intelectuais dos Oitocentos (cf. Camargo & Moraes, 1993).

que Caneca, embora tenha lido Soares Barbosa, não tomou sua obra como base conceptual da *Breve gramática*, como também lança dúvidas de que se tenha abeberado das lições publicadas por Reis Lobato; a rigor, nessa área, Caneca optou por uma nomenclatura mais vinculada à tradição das gramáticas latinas. Um outro traço idiossincrático de Caneca reside na definição de letra como sinais matemáticos combinados (o círculo e a linha reta), que não se pode atribuir, em princípio, a uma fonte bibliográfica específica.

As melhores reflexões ortográficas de Frei Caneca estão nas notas finais do *Breve compêndio*, em que faz desfilar uma série de observações favoráveis ao sistema gráfico fonorrepresentativo. Sabemos que, no início dos Oitocentos, vigia um sistema dito usual, que congregava critérios etimológicos com critérios fonorrepresentativos, sistema esse que se manteve firme até o início do século seguinte, quando se iniciaram as reformas ortográficas novecentistas. Até hoje, a rigor, mantém-se um sistema misto, parcialmente etimológico, em português, como se percebe, por exemplo, no emprego dos dígrafos *ss* e *sc* para a grafia de /s/.

Não sem razão, afirma Caneca que "o alphabeto portuguez é muito imperfeito, visto que para formar umas syllabas tem lettras de mais, e para formar outras faltam-lhes lettras" (1972 [1875], p. 72). De modo geral, sua crítica refere-se ao que hoje denominaríamos ausência de relação biunívoca entre fonema e letra, de tal sorte que uma dada letra pode representar fonemas distintos, assim como dado fonema pode ser representado por grafemas distintos. Esse intrincado problema, que ainda hoje não se conseguiu ultrapassar, já era objeto de análise crítica em Frei Caneca, como se observa na seguinte passagem (1972 [1875], p. 72):

> Si a lletra (sic) *c* tem o natural som de *s*, deve sempre conservar este som em todas as syllabas; e então se fazia desnecessária a lettra *s*.
> Si a lettra *c* tem o som de *k* ou de *q*, devem (sic) conservar sempre este som em todas as syllabas; e então eram desnecessarias as lettras *k*, *q*.
> Si a lettra *c* tem o som de *k* ou de *q*, deve conservar sempre este som em todas as syllabas; e não era preciso usar-se de *ch* para produzir o som daquellas lettras.
> Si as lettras *ch* tem o som de *k* ou de *q*, devem conservar sempre este som; e não mudar outras vezes para o de *x*, porque desse modo estaremos constantemente ignorando quando convém pronunciar algum desses sons, v.g.: a palavra *choro*, escripta com as mesmas lettras, significa *xoro* e *coro*.

Cumpre, ademais, observar que a percepção do papel do sistema ortográfico em Frei Caneca vai além do interesse por um sistema coerente e eficaz, para chegar a seu aspecto funcional. É o que se conclui de sua referência à homografia em *choro*, em que o *ch* representava a consoante oclusiva velar em helenismos e a fricativa palatal em latinismos – "*choro* = conjunto de cantores" e "*choro* = ato de chorar" – um óbice que o sistema ortográfico impunha ao aprendizado da leitura, semelhante, por exemplo, ao que hoje se enfrenta com a ausência de acento diferencial de timbre em *forma* (['foRma] ['fɔRma]), que a reforma ortográfica de 1990 estabelece como de uso opcional.

Decerto que as razões atuais para a eliminação quase total dos diferenciais de timbre se justificam pela leitura da palavra na frase, não da palavra isolada, fato que efetivamente se verifica quando do domínio pleno da leitura. O mesmo, portanto, se poderia afirmar acerca do uso do *ch* para grafar a consoante oclusiva velar ou a consoante fricativa palatal na antiga ortografia, visto que o contexto frasal ocupar-se-ia de distinguir os usos. Nas fases iniciais de alfabetização, entretanto, o óbice ortográfico só não se manifestaria se as primeiras leituras também fossem contextualizadas em frases completas, não em vocábulos formais isolados, estratégia didática que, obviamente, não se utilizava nos verdores do século XIX. Daí considerarem-se inteiramente procedentes as críticas de Frei Caneca.

Em aditamento, a investida contra os dígrafos helênicos, já observada na questão do *ch* oclusivo, estende-se ao emprego do *ph* fricativo labial, em concorrência com *f*: "para formarmos as syllabas *fa*, *fe*, *fi*, *fo*, *fu*, temos a lettra f, e não é preciso usarmos de *ph*" (1972 [1875], p. 72). Aqui estamos diante de um problema que a ortografia portuguesa carregou até 1911, quando da primeira reforma ortográfica dos Novecentos em Portugal, e que se estendeu no Brasil até 1931, ano do primeiro acordo ortográfico binacional[235]. Conclui-se, assim, que a resistência à simplificação do sistema usual, tornando-o menos etimológico, já chegava a pelo menos um século quando da efetiva subtração dos dígrafos helênicos.

Diga-se, por sinal, que algumas das revolucionárias teses ortográficas de Gonçalves Vianna, especificadas inicialmente em texto publicado em parceria com Guilherme de Vasconcelos Abreu (Vianna & Abreu, 1885) a título de explicação da ortografia usada na edição da *Enciclopédia de ciência, arte e literatura – biblioteca de Portugal e Brasil*, já estão presentes no *Breve compêndio* de Frei Caneca, do qual evidentemente os filólogos portugueses não

---

235. Uma resenha histórica dos acordos ortográficos, que já menciona, inclusive, os projetos que resultaram no acordo de 1990, encontra-se em Castro, Duarte e Leiria (1987). Sobre os fundamentos da ortografia portuguesa em ampla dimensão, cf. Gonçalves (2003).

tinham notícia. Leia-se, a respeito, a seguinte passagem de Vianna e Abreu (1885, p. 7):

> São banidos da escrita os símbolos gráficos sem valor. São eles as consoantes dobradas ou grupos de consoantes não proferidas e sem influência na modulação antecedente, nem necessidade por derivação manifesta de outro vocábulo existente em que haja de proferir-se cada uma das consoantes, como é Ejipto de que se deriva ejípcio.
> Exemplos de símbolos sem valor próprio em português:
> th = t. – thermometro = termómetro; ether = éter; thio = tio.
> ph = f. – ethnographia = etnografia; philtro = filtro.
> ch = q (u).- chimica = química; machina = máquina; chimera = quimera.
> ch = c (a, o). – chorographia = corografia; mechanica = mecánica.
> y = i. – lyrio = lírio; physica = física.
> Consoantes dobradas: – agglomerar = aglomerar; prometter = prometer; commum = comum; Philippe = Filipe.
> Grupo de consoantes: – Christo = Cristo; Demosthenes = Demóstenes; Mattheus (que já se escreve, sem razão, Matheus) = Mateus; schola = escola; sciencia = ciência; phthisica = tísica.

Não custa muito notar estarem aí as mesmas teses de Frei Caneca acerca dos dígrafos helênicos, em que se evidencia o desapreço pelo sistema etimológico, em prol de um padrão predominantemente fonorrepresentativo. No tocante às consoantes dobradas, cuja simplificação se impunha pela inutilidade de seu emprego do ponto de vista fonético, já se manifestara Frei Caneca nos seguintes termos (1972 [1875], p. 73):

> Reprovo, finalmente, o uso de duplicar as consoantes, v.g.: *bb* sabbado, *cc* accento, *dd* addição, *gg* aggravo, *ff* affeição, *ll* elle, *mm* grammatica, *nn* anno, *pp* appenso, *ss* assembléa, *ct* objecto, *sc* sciencia, *pt* escripto; porque demora a escripturação e de nada serve a pronunciação. Além disso, si nós fallamos para sermos entendidos, não ha cousa mais miseravel, que fallarmos de modo que ninguem nos entenda; o que assim succederia, si pronunciassemos todas as consoantes duplicadas.

A rigor, Caneca e Vianna e Abreu só discordam, nesse ponto, quanto às letras *m* e *n* dobradas em derivados por prefixação, caso em que os filólogos portugueses optam por manter as duplas para manter a pronúncia nasal dos prefixos. No tocante à notação gráfica das fricativas alveolares, a posição de Caneca parece ser mais simplificadora do que a de Viana e Abreu, dado que, enquanto o brasileiro propõe uma simples relação biunívoca s – /s/ e z – /z/, os portugueses cuidam de desdobramentos em que a desejável simplificação se curva ao peso da tradição. Comparem-se os extratos abaixo:

> Para as syllabas *za*, *ze*, *zi*, *zo*, *zu*, temos a lettra *z*, e não precisamos usar de *s*, em lugar de *z* nos termos compostos, v.g.: desapparecer; e quando na pronunciação de dous termos o s final do primeiro fere naturalmente a vogal inicial do segundo termo, v.g.: meus amigos, onde se percebe a syllaba *za*.
> Para as syllabas *sa*, *se*, *si*, *so*, *su*, temos a lettra *s*, e não precisàmos da lettra *c*. (Caneca, 1972 [1875], p. 73).

> Escrevem-se com *s* as sílabas cuja final é sibilante dura palatal e, esporàdicamente, sibilante dura dental: mas; basta; foste; démos, dêmos; bosques; português, portugueses; etc. A etimolojia, o dialecto transmontano e as línguas conjéneres determinam a grafia *s*.
> Escrevem-se com *s* inicial, ou com *ss* entre vogais, as sílabas em que a sibilante dura é ou dental, ou supra-alveolar, conforme os dialectos: saber, classe, diverso, sessão, conselho, sossêgo, sosségo, etc. Determinação histórica e comparação.
> Escrevem-se com *ç*, ou com *c* (e, i), inicial as sílabas em que a sibilante é dental dura, e só é supra-alveolar nas partes do país onde não há outra sibilante dura inicial: peço, ciência, concelho, poço, doçura, preço, çapato, çarça, cárcere, etc. Determinação histórica e comparação.
> Escrevem-se com *s* entre duas vogais (uma final da sílaba a que pertence a sibilante, outra final da sílaba precedente) as sílabas em que a sibilante é branda dental ou, segundo o dialecto, supra-alveolar: posição, coser (*consuere*), precioso, preso (*prehensum*, cf. prezo), preciso, pêso, péso, etc. Determinação histórica e comparação.
> Escrevem-se com *z* inicial as sílabas em que a sibilante é dental branda em todo o país, à excepção daqueles pontos em que se não profere sibilante inicial senão supra-alveolar: azêdo, azédo, azebre, razão, cozer, prezo (cf. preso), etc. Determinação histórica e comparação.
> Escrevem-se com *z* final os vocábulos que nos seus derivados são escritos com *c* (e, i) correspondente à sibilante final deles. Assim o determina a etimolojia, evidente na derivação, e a pronúncia dialectal.
> Exemplos: infeliz, infelicidade; símplez, símplices, simplicidade; ourívez, ourivezaria; etc. (Viana & Abreu, 1885, p. 8).

As brechas que Vianna e Abreu abrem para evitar uma radical simplificação na representação das fricativas alveolares têm fundamento fonético – caso do uso de *c* e *ç* para as fricativas alveolares desvozeadas (duras) "nas partes do país onde não há outra sibilante dura inicial" –, e, em larga aplicação, fundamento etimológico – caso, por exemplo, do *z* final em palavras derivadas de radicais latinos com *c*. Caneca, por seu turno, chega a levar a simplificação à órbita intervocabular, ao âmbito da fonética sintática, como se percebe em sua exemplificação com a expressão "meus amigos".

Não se cogita aqui de fazer qualquer comparação avaliativa das duas propostas, senão evidenciar o fato historiográfico de que um projeto simplificador da ortografia portuguesa, em bases fonorrepresentativas, surge bem antes das teses atribuídas a Gonçalves Vianna, já que residem nas páginas do *Breve compêndio de gramática portuguesa*, de Frei Caneca. Por sinal, as vozes favoráveis à simplificação que se consolidaria tão somente em 1911, já ecoavam na boca de filólogos como Jerônimo Soares Barbosa (1737-1816), que no capítulo III da *Gramática filosófica*, no qual discorre sobre as "regras próprias da ortografia da pronunciação", assinala (2004 [1822], p. 136):

> As três Sibilantes brandas, a saber, os dois SS entre vogaes, o C sem sedilha antes de *e* e *i*, e o Ç com sedilha ficarão desterrados para sempre da Ortografia da Pronunciação, como Letras inuteis, equivocas, e embarasozas para quem quer escrever serto, e não sabe o Latim. Todas elas serão substituídas pela nosa consoante S, ou o seu som se ousa antes de qualquer das vogaes, ou no meio delas escrevendo-se: Serto, Asêrto, Sino, Asino, Corasão, Asougue, Sumo, em lugar de Cérto, Acerto, Cino, Assigno, Açougue, Çumo.

Na verdade, não se pode dizer que Soares Barbosa defendesse tais mudanças radicais na ortografia portuguesa, pois sua postura descritiva na *Gramática filosófica* é a de apresentar os três sistemas distintos – as regras ortográficas universais, as regras da ortografia usual (de teor etimológico) e as regras da ortografia da pronunciação – sem se comprometer com quaisquer deles, conforme assinala ironicamente: "Eu, para satisfazer a todos, porei primeiro as Regras communs a todas as Orthographias, e depois ás proprias a cada huma dellas [usual e da pronunciação]. Quem quizer poderá escolher" (2004 [1822], p. 114).

No Brasil, decerto, o apreço à ortografia usual sempre se manifestou com ênfase, fato que se comprova com a relutância às mudanças no sistema ortográfico até a reforma binacional de 1931. Sotero dos Reis (1800-1871), um dos nomes mais respeitados e influentes da gramaticografia brasileira do século XIX, bem sintetiza essa posição (1871 [1866], p. 275):

> Os systemas exclusivos de orthographia somente segundo a pronúncia, ou de orthographia puramente etymologica, são irrealisaveis; o primeiro, porque a pronúncia varía, para bem dizer, em cada província, e em cada século; o segundo, porque sería mister escrever as palavras como se achão na língua d'onde são derivadas, ao que se oppõe a fórma e a pronúncia dos termos derivados. Assim, o único systema racional, e o único seguido pelos bons auctores, é o da orthographia mixta, que participa

de um e de outro, e melhor se accomoda ás modificações, por que vai passando a língua de tempos a tempos.

Na verdade, a questão que mais afligia não só o usuário comum da língua como também boa parte dos especialistas vinculava-se às idiossincrasias dos autores literários e, de maneira geral, dos intelectuais que primavam por usar regras ortográficas próprias, muitas vezes sem qualquer fundamento, por mero capricho ou vaidade. Esse fato terá, decerto, incentivado as mentes reformistas a pugnar pelo sistema fonorrepresentativo a partir dos últimos decênios do século XIX. Frei Caneca, enfim, cumpriu missão exemplar no campo da sistematização ortográfica, embora se deva lamentar que suas ideias tenham hibernado por longos decênios sem qualquer referência, fato que, decerto, se deve atribuir ao ineditismo de sua obra até a publicação inaugural em 1875.

De Caneca muito ainda se haveria de dizer, seja no campo da retórica, em que desponta seu *Tratado de eloquência* (1972 [1875]), seja no campo jornalístico, seja na órbita dos estudos filosóficos, para nos adstringirmos aos principais temas. No plano jornalístico, desponta o seu *Tífis pernambucano*, cujo número inaugural sairia em 25 de dezembro de 1823 para uma sobrevida de apenas oito meses. De cunho panfletário e teor crítico acerca da repressão imposta pelas forças imperiais, o periódico decerto contribuiu para acentuar-lhe o perfil revolucionário e configurá-lo como personagem nociva aos interesses do Império, de que resultou sua prisão e posterior execução em 15 de fevereiro de 1825.

As páginas do *Tífis pernambucano* representavam metaforicamente um gueto de resistência contra o absolutismo do Império recém-instituído e uma voz candente contra a escravidão. Como assinala Nelson Werneck Sodré (1999, p. 94):

> [...] o *Tifis pernambucano* apresenta as bases de programa elaborado por intelectuais da província, documento político do maior interesse, destacando, como princípios, a liberdade de imprensa, a admissão livre dos cidadãos às funções públicas e uma referência ao trabalho escravo nestes termos: "Todo homem pode entrar no serviço de outro pelo tempo que quiser, porém não pode vender-se nem ser vendido".

A despeito dos estudos já publicados sobre a atividade linguística de Frei Caneca, esse é um nome que ainda está por merecer a atenção devida, que se deve atribuir aos que contribuíram com especial talento para o desenvolvimento dos estudos de língua vernácula no Brasil.

5.4 Antônio da Costa Duarte (?-?)

O primeiro volume do Brasil imperial dedicado à descrição do português, de caráter descritivo-normativo, é o *Compêndio da gramática portuguesa* (1829), posteriormente *Compêndio da gramática filosófica da língua portuguesa* (1859 [1829]), obra que alçou a expressivas seis edições, inicialmente publicada no Maranhão em 1829 pela lavra do Padre Antônio da Costa Duarte[236]. A folha de rosto da quarta edição, de que nos servimos nesta análise, dá conta de um manual dedicado ao ensino do vernáculo em classes iniciantes, seja para uso específico no Liceu do Maranhão, onde Costa Duarte atuou como professor[237], seja em demais estabelecimentos escolares da província. Não obstante esse propósito pedagógico, que de resto caracterizava todo texto gramatical do período, a obra de Costa Duarte vai bem além dos limites de um manual prescritivo, fato que se revela nitidamente na farta reflexão linguística que o autor oferece em notas e comentários.

Saliente-se que a folha de rosto da primeira edição[238], a par de obviamente não fazer menção ao Liceu do Maranhão, visto que o educandário só seria fundado quase uma década depois, em 24 de julho de 1838, oferece extensa e reverencial dedicatória a Cândido José de Araújo Viana (1793-1875), o Marquês de Sapucaí, à época presidente do Maranhão. Homem de impressionante presença política e jurídica em várias províncias do Império, Araújo Viana decerto contribuiu para que a gramática de Costa Duarte fosse publicada pela Tipografia Nacional, sucedânea da Impressão Régia. Consta, por sinal, nas linhas do agradecimento, que o próprio Araújo Viana teria conferido ao Padre Costa Duarte a tarefa de redigir a gramática, fato relevante, se considerarmos que se tratava de obra, senão inédita, ao menos de rara iniciativa desde a publicação do texto do Padre Inácio Felizardo Fortes em 1816. O fato, em certa medida, também revela a dificuldade que os novéis gramáticos brasileiros então enfrentavam para ver seus textos didáticos em letra de forma, já que ainda imperava pelos idos da primeira década imperial uma certa desconfiança sobre a qualidade intelectual de gramáticas do português escritas por brasileiros.

---

236. Uma versão on-line da 6ª edição foi preparada por Marli Quadros Leite e Arnauld Pelfrêne (2018 [1877]), disponível em http://www.livrosabertos.sibi.usp.br/portaldelivrosUSP/catalog/view/218/198/1020-1 Leia-se, na mesma publicação, o excelente estudo introdutório de Leite, *Anotações sobre o Compendio da grammatica philosophica* (p. 11-33).

237. A folha de rosto da 4ª edição nos dá esta informação. Acreditamos que Costa Duarte tenha sido professor do Liceu Maranhense a partir de 1938, quando o educandário foi fundado.

238. Agradeço à Professora Marli Quadros Leite a gentileza de haver-me cedido o texto da primeira edição.

Sobre o autor, os registros biográficos são quase nenhuns. Em Blake (1883, p. 145) há um brevíssimo registro de seu nome como um presbítero do hábito de São Pedro, nascido no Maranhão no fim do século XVIII. Uma informação adicional, fornecida por Blake, que não se encontra no volume que consultamos, atesta que Costa Duarte dedicara a gramática ao Marquês de Sapucaí, muito provavelmente em face do apoio recebido para publicação do trabalho. O fato reveste-se de especial relevância se considerarmos que a primeira edição do *Compêndio* se dá ainda no Primeiro Império, razão por que, pelo hábito, deveria ter sido dedicado à figura do Imperador. Registre-se que, já ao final da primeira década imperial, Araújo Viana projetava-se como uma figura de imenso prestígio no seio da Corte, fato que decerto lhe conferia poderes para distribuir verbas e benefícios fiscais.

O *Compêndio* de Costa Duarte bem reflete o pensamento linguístico que norteava as rodas intelectuais brasileiras na primeira metade dos Oitocentos. Nas primeiras linhas da *Introdução*, Duarte oferece ao leitor uma síntese da arquitetura racionalista que erigia a concepção de gramática universal como expressão de uma linguagem articulada una, resultante da capacidade igualmente uniforme de articulação mental atinente a todo ser humano, em oposição à gramática particular como aplicação dos preceitos gerais à índole de uma dada língua (1859 [1829], p. 5):

> [...] todo o homem, de qualquer Nação que seja, pensa porque tem Idéas, e comparando-as aprehende as relações que entre ellas há; mas como entre as operações do nosso espirito e a Linguagem articulada, por meio da qual se exprimem, há uma intima conexão e correspondencia; é forçoso que esta mesma imutabilidade se comunique ás linguas de todos os Povos.
>
> Sendo porém a Grammatical Universal a Arte, que analysando o pensamento, ensina com que especie de palavras se devem exprimir as idéas e as relações, de que ele póde constar; segue-se que a Grammatica Universal é também immutavel e a mesma em todas as Nações. Mas como estas escolhêrão para signaes de suas idéas vocabulos diferentes só no material dos sons, é preciso accommodar aquelles mesmo principios invariaveis á indole de cada Lingua, começando pelo estabelecimento dos preceitos geraes, e aplicando os (sic) depois aos usos da que se pretende ensinar: eis aí o que se chama Grammatica Particular.

Em sua estrutura orgânica, o *Compêndio* de Costa Duarte segue à risca o modelo de Port-Royal que subdivide a matéria gramatical em *ortografia*, *ortoepia*, *etimologia* e *sintaxe*. Às duas primeiras partes o autor dedica não mais do que 12 páginas, ficando todo o restante da obra dedicado à descrição da etimologia, que à época cuidava da morfologia em sentido amplo, e da sintaxe. Esse é um fato notável no *Compêndio* de Costa Duarte, pois revela um espírito aguçado do gramático, mais interessado em questões sistêmicas do que em fatos de mero normativismo prescritivo. Não obstante, sua definição de gramática, alinhada aos princípios teleológicos de seu tempo, não deixa dúvidas: "Grammatica Portugueza é a Arte que ensina a falar, ler, e escrever sem erros a Lingua Portugueza" (1859 [1829], p. 7). Por relevante, cumpre observar que a definição de língua em Costa Duarte vai além do sistema linguístico *tout court*, pois implica a complexa interação dos elementos eminentemente linguísticos com outros de natureza extralinguística, a que denomina "linguagem da ação":

> Lingua è todo o systema de signaes que diretamente manifestão o pensamento. Esta definição compreende a linguagem articulada e a linguagem da acção.
> Referindo-nos porém à linguagem articulada, *Lingua é a collecção de vocábulos de que usa qualquer nação*.
> A linguagem da acção consiste nos gestos, movimentos do rosto, e sons inarticulados.

O capítulo sobre ortoepia cuida de uma descrição comentada do sistema fonológico do português, com este e aquele tempero polêmico em face de outras propostas de descrição. Em sua visão das vogais, a que denomina *vozes*, em conformidade com a metalinguagem da época, Costa Duarte refere-se a 14 sons: á, a, é, ê, e, i, ó, ô, u, ã, ẽ, ĩ, õ, ũ, de que se depreende conferir autonomia fonológica às vogais nasais e às vogais abertas e átonas em face, respectivamente, das fechadas e tônicas. Esse é um traço expressivo na descrição fonológica de Duarte, que claramente tem por objeto o som linguístico, não a letra que o representa graficamente. Por sinal, a descrição das átonas *e* e *o* dão conta dos casos de alçamento de pretônicas átonas, que já se atestam na pronúncia corrente dos Oitocentos (1859 [1829], p. 8)[239]:

> Não ha som algum medio entre o *e* surdo e o *i*, entre o *o* e o *u*. Na palavra *Cear* (comer) ouve-se distinctamente o som *i*, mas escreve-se com *e* por causa da derivação. Em *Soar* (fazer som) e *Suar* (ter suor) o som *u* não pode ser mais claro. E se na primeira se escreve *o*, e na segunda *u*, é pela razão já dita.

---

239. Costa Duarte faz dura crítica a um "distincto Grammatico" que assevera haver em português um "u surdo" mais agudo do que um "o surdo", sentenciando: "Ninguém sabe o que è nem *o* surdo, nem *u* surdo" (1859 [1829], p. 8). O distinto gramático é Solano Constâncio, que em sua *Gramática analítica da língua portuguesa*, efetivamente afirma: "Esta vogal [u], ainda quando he surda, sempre tem o som mais agudo que o *o* surdo" (1831, p. 10).

Percebe-se na descrição fonológica de Costa Duarte sensível preocupação com a relação entre a letra e a unidade fônica representada, sobretudo no tocante às consoantes, em que a falta de relação biunívoca letra-som sempre ofereceu dificuldade para o ensino da língua escrita. Por sinal, a clara distinção do papel da letra como elemento gráfico, em face da vogal e da consoante como elementos efetivamente linguísticos, revela-se mais nitidamente na observação que Costa Duarte nos oferece sobre a natureza dos ditongos. Aqui, a percepção de que a forma escrita nem sempre corresponde à forma pronunciada bem expressa sua acuidade descritiva (1859 [1829], p. 10-11):

> Não são Dithongos as syllabas ôa, ôo, ua, como em *Tôa*, *Vôo*, *Equaleo*, porque em cada uma das duas primeiras ha duas syllabas bem distinctas, e na terceira só se percebe o som *u* longo; e não dois sons vogaes, muito embora estejão escriptos; pois o que faz Dithongos é a voz, e não as letras, as quaes muitas vezes não pronunciamos, porque servem não para representar algum som no uso vivo da língua, mas sim a origem e derivação do vocabulo escripto. Pelo contrario, quando lemos, muitas vezes pronunciamos sons que não estão escriptos, como sucede no presente caso em ôa, e ôo, como Tôa, Vôo &, que todos pronunção Toua, Vouo, isto è, duas syllabas, o Dithongo *ou* e uma vogal, embora ordene o uso que se escreva o Dithongo *ou* com a vogal ô, incapaz de o representar, não obstante errada a opinião de alguns Grammaticos.

A presença desse som não escrito entre as vogais de um ditongo já fora objeto de comentário em Morais Silva, para quem o uso da letra *y* justifica-se em formas como *praya*, *correyo*, *viya* e *riyo* para marcar a pronúncia de um som consonantal (1824, p. IX). No plano prosódico, percebe-se sensível influência da gramática latina no tocante à descrição da sílaba, já que Costa Duarte faz menção necessária ao traço da quantidade silábica em caráter contrastivo com o traço acentual. Bem se verifica não haver, no padrão prosódico do português, relevância fonológica que autorize a classificação de sílabas em longas e breves, por sinal um traço que sequer se poderia perceber à época. No entanto, Costa Duarte insiste na referência a este traço prosódico-silábico, chegando a perceber na palavra órgão uma sílaba inicial longa com acento agudo e uma sílaba final igualmente longa com acento grave (1859 [1829], p. 16).

Ressalte-se aqui uma observação interessante, que poderá expressar uma pouco frequente referência ao padrão prosódico brasileiro[240]. Ao comentar a

---

[240]. Costa Duarte adverte que se deve evitar a pronúncia "truxe" por *trouxe* (1859 [1829], p. 19), mais uma referência clara ao padrão prosódico brasileiro.

pronúncia dos verbos da primeira conjugação na primeira pessoa do plural do presente do indicativo e no pretérito perfeito do indicativo, salienta o gramático maranhense (1859 [1829], p. 16):

> *Amamos* primeira pessoa do plural do presente e do preterito do indicativo do verbo Amar (e o mesmo é em todos os da 1ª conjugação) tem a mesma pronunciação no presente e no preterito, assim como a tem os verbos da 2ª e 3ª conjugação [...]. Para dar á segunda syllaba do preterito (*ma*) um som mais agudo, a fim de o distinguir do presente, é necessário violentar o orgão da voz, do que resultaria uma pronunciação dura, affectada, e estranha ao uso da Lingua.

No plano da etimologia, sobressai o traço mais expressivo do *Compêndio* de Costa Duarte: suas valiosas observações doutrinárias em longas notas de rodapé. O gramático maranhense arrola cinco partes elementares do discurso: *nome substantivo*, *nome adjetivo*, *verbo*, *preposição* e *conjunção*. Adverte que a interjeição não é uma parte do discurso elementar, porque equivale a uma oração. Em extenso e bem-fundamentado comentário, fato que ordinariamente se repete nas páginas do *Compêndio*, Costa Duarte justifica essa reduzida taxionomia lexical com as teses do pensamento racionalista mais ortodoxo. Considerando haver na natureza unicamente substâncias, qualidades e relações, também no pensamento só haverá ideias que lhes são correspondentes, ou seja, ideias de substância, qualidade, conveniência, determinação, nexo e ordem. Daí concluir-se que, considerando serem as palavras expressão das ideias, qualquer língua terá necessariamente apenas cinco espécies de palavras: "porisso, com os *Nomes Substantivos* significamos as *substancias*; com os *Adjectivos* as *qualidades*; com o *Verbo Substantivo* as relações de conveniência; com as *Preposições* as de *determinação*; e com as *Conjuncções* as de *nexo* e *ordem*" (1859 [1829], p. 21).

Esta proposta reduzida de apresentação das partes do discurso, ou partes da oração, como prefere o autor, implica uma reunião de classes de palavras distintas do ponto de vista funcional sob a mesma rubrica. Semelhantemente ao que também fizeram Antônio de Morais Silva, Filipe Conduru (1818-1878) e Francisco Sotero dos Reis (1800-1871), Costa Duarte dispõe na mesma classe do adjetivo[241] – mais especificamente, entre os adjetivos determinativos – o *artigo*, o *pronome lato sensu* e o *particípio*. A rigor, o artigo

---

241. Em Costa Duarte, o adjetivo abarca uma ampla gama de tipos morfológicos mediante subdivisões taxionômicas: *adjetivos explicativos*, *adjetivos restritivos* e *adjetivos determinativos*. Estas subclasses, por seu turno, se subdividem em classes inferiores, conforme ocorre com os determinativos, que se subdividem em *artigos*, *demonstrativos* e *determinativos de quantidade*. Por sinal, o

e o pronome só gozariam de concepção morfológica plenamente autônoma no período da gramática científica, quando a descrição taxionômica do português passaria a ser mais detalhada.

Há na arquitetura taxionômica de Costa Duarte uma técnica de inferências quanto ao valor gramatical das palavras que se pode justificar pelo hábito de avaliar a palavra por seu valor designativo, como expressão de uma ideia. Disso decorrem linhas de raciocínio idiossincráticas, pautadas, por vezes, em inferências pouco plausíveis, tais como a que se oferece na interpretação de palavras interrogativas como adjetivos conjuntivos[242]: "Que hei de fazer" corresponde à frase "Dizei-me a coisa que hei de fazer"; "Dize-me, que navios entrárão hoje?" corresponde a "Dize-me o número e o nome dos navios que entrárão hoje" (1859 [1829], p. 35).

No tocante às questões categoriais, como a flexão de gênero e número, Duarte prefere uma posição mais descritiva que doutrinária, fato bem distinto de sua usual tendência para o comentário teórico mais aprofundado. E mesmo na seara da mera descrição, como seria de esperar, suas palavras buscam estabelecer regras – tais como a de formação do plural e do feminino nos substantivos – em que as exceções avultam em indisfarçável frustração pedagógica. Nada afeito às soluções diacrônicas, sua referência aos plurais de palavras em *-ão*, por exemplo, não resultam em nenhum efeito eficaz para que se possa seguir um caminho seguro nesse mister. Um gramático do período científico, decerto, enveredaria pelas sendas da origem da palavra nos acusativos latinos, solução que traria a inconveniência pedagógica de vincular o estudo do vernáculo ao estudo da língua clássica. Mas, afinal, não se há de criticar em Costa Duarte a falência de uma solução que, a rigor, até hoje não se conseguiu atingir na gramaticografia do português.

O que se quer aqui despontar é exatamente esta mudança de postura do autor do *Compêndio* quando o tema é taxionômico ou quando é categorial. Naquele, muita reflexão teórica, neste, mera referência descritiva, em que se avolumam regrinhas pouco confiáveis. Essa constatação bem reflete os ainda incipientes recursos que o modelo racionalista oferecia para o tratamento dos fatos internos do sistema linguístico, tais como os mecanismos de flexão e de criação lexical. A concepção de gênero nos substantivos, conforme se haveria de esperar, estabelece íntima relação com a noção de sexo, ainda que pela via transversa da representação simbólica (1859 [1829], p. 24):

---

artigo também figura entre os determinativos de quantidade, fato que confere extrema complexidade à descrição dessa classe gramatical.

242. Na atual nomenclatura, pronomes relativos.

> São do *Genero masculino* os nomes que significão macho; como *Pedro, Leão*; os que significão *officios e ministerios proprios do homem*, como: *Imperador, Bispo*; os que significão *Deuses falsos, Anjos, Ventos, Montes, Mares, Rios, e Mezes*, porque se personalizão em figura de homem, como: *Jupiter, Lucifer, Norte, Olimpo, Atlantico, Itapucurú, Janeiro* &c.
> São femininos os nomes que significão *femea*, como: *Ignez, Leôa*; os que significão *officios e ministerios proprios da mulher*, como: Imperatriz, Costureira: os que significão as *Deusas falsas*, as *Partes principais da Terra*, as *Sciencias*, e *Artes Liberaes*, as *Virtudes e Paixões*; porque estas cousas se pintão em figura de mulher, como: *Juno, América, Europa, Azia, Africa, Grammatica, Justiça, Soberba*, &c.

O tratamento especialmente atribuído ao verbo no *Compêndio da grammatica philosophica da lingua portuguesa* traz-nos uma ordinária concepção dessa classe gramatical como a "alma" da proposição, em que a ideia de predicação, obviamente ausente na descrição gramatical da época, resta claramente subjacente. Por sinal, no capítulo sobre o verbo, a veia especulativa de Costa Duarte, que se desdobra em comentários ricos e minuciosos, de caráter formal, volta a imperar e mesmo sobrepor-se ao mister descritivo[243]. Define-se o verbo como "a palavra que anima os *termos* da proposição, e por diferentes *modos, tempos,* e *pessoas* exprime a união de um attributo com um sujeito, como: *Deus é justo: O homem não he infallivel: Applico me ao estudo*" (1859 [1829], p. 42).

Evidencia-se, nessas palavras, a noção de verbo substantivo, mais especificamente no tocante à função de exprimir a união de um atributo a um sujeito, de que resulta a insistência do gramático maranhense em caracterizar o verbo nessa perspectiva dual de caráter sintático: animar os termos da proposição e ao mesmo tempo enunciar a relação de conveniência entre um e outro. Não se duvida, porém, de que Duarte se alinhasse ao conceito de verbo em plano "metafísico", como costuma dizer a crítica dos gramáticos científicos, já que em sua visão linguística, o verbo assume o papel essencial de expressar no plano da proposição as relações que se constroem no plano ideológico da arquitetura mental. Em outros termos, o verbo expressa, na proposição, relações que se edificam no plano da razão humana, logo não é propriamente uma palavra dotada de valor relacional, senão um mero instrumento linguístico que se limita a expressar um fato racional (1859 [1829], p. 41):

---

243. Uma prova do amadurecimento de Costa Duarte no decurso das edições do *Compêndio* está exatamente nesta riqueza dos comentários oferecidos em notas de rodapé, praticamente inexistentes na primeira edição.

> A definição do Verbo deve tirar-se de sua natureza. O Verbo é um dos elementos da proposição: esta é um juizo enunciado: juizo é a percepção ou conhecimento da relação de conveniencia, isto é, concordancia, ou discordancia entre duas idéas. Não tem portanto um juizo, mais que dois termos de comparação, isto é, duas idéas, uma das quaes necessariamente é a principal, e a outra de uma propriedade ou modificação, que nosso espirito examina se convem ou não á principal. Conhecida sua conveniencia ou discordancia, o juizo está feito, sem que nelle haja nem afirmação, nem negação alguma. Façamos agora de um juizo uma proposição. Para que uma oração tenha tudo expresso, deve ter um termo que signifique a idéa principal; outro que designe a idéa de uma propriedade ou modificação; e deve ter uma palavra que enuncie o conhecimento da relação entre os dois termos. O primeiro termo é o *sujeito;* o segundo é *o atributo.* Não é evidente que o Verbo é quem exprime a percepção da relação entre os dois termos? Isto é incontestável.

A análise do conceito sintático de verbo em Costa Duarte oferece a oportunidade de caminhar com passos mais seguros pelos princípios das relações sintáticas, que, por sinal, seriam mais claramente explorados pelos gramáticos do período científico, mormente por Júlio Ribeiro. A ideia aqui é de que o verbo não expressa propriamente um vínculo entre o atributo e o sujeito, senão de que enuncia tal relação. Costa Duarte adverte que sem as figuras sintáticas do sujeito e do atributo, o papel relacional do verbo seria nulo, assim como nula seria a própria relação, que, por seu turno, também não se configura sem a existência do verbo. Em última análise, o verbo (entenda-se o verbo substantivo) não é propriamente responsável pela relação sintática de concordância entre atributo e sujeito, mas um elemento da proposição que enuncia semelhante relação, no sentido de que a concordância é um fato sintático que está na dependência da existência tanto do próprio verbo quanto dos dois termos que por ela se vinculam (1859 [1829], p. 42).

> [...] a essencia do Verbo está na enunciação da relação de conveniencia de um attributo com um sujeito. Como a idéa de relação sem dois termos é nada, inteiramente nada; segue-se que definindo-se o Verbo, é necessário consideral-o em relação ao attributo e ao sujeito; pois se a idéa de relação sem dois termos é uma quimera, o que será o Verbo sem o attributo e o sujeito?

O conceito de verbo substantivo[244] alia-se ao de verbo adjetivo e de verbo auxiliar no *Compêndio* de Costa Duarte. Há de distinguir-se a noção de

---

244. Sobre o tema, cf. Polachini (2016).

verbo substantivo – que serve apenas de cópula entre o atributo e o sujeito, logo não traz em si atributo algum – da noção de verbo que exprime existência, já que nesse último tipo inclui-se o verbo *estar*, a par do verbo *ser*: o segundo exprime uma existência habitual e permanente, ao passo que o primeiro exprime uma existência atual e temporária. Aparentemente, o próprio Costa Duarte apercebeu-se da inconsistência dessa afirmação, visto que, a rigor, todos os verbos, incluindo-se necessariamente os verbos adjetivos, expressam a existência do atributo no sujeito. Por tal motivo, Costa Duarte relativiza o exclusivismo dos verbos *ser* e *estar* para expressar a ideia de existência (1859 [1829], p. 43):

> [...] a Lingua serve-se ordinariamente de outros Verbos, quando enuncia os attributos por um modo abstracto, como: *Eu tenho amor á virtude*: *Eu amo a virtude:* Eu tenho *doença*. Todos estes verbos, ainda que menos expressamente. Enuncião a axistencia (sic) de uma ideia accessoria em uma principal.

Ainda na seara do verbo, cumpre uma referência à noção de tempo gramatical, em que se parte de um conceito de presente situado no ato de fala, em face do tempo cronológico, de que resultam outros conceitos gramaticais relevantes, tais como o de modo e aspecto verbal, temas que muito aproximam as ideias linguísticas de Costa Duarte das expressas por Júlio Ribeiro em sua *Gramática portuguesa* (1881 [1911]). Em sintética referência ao conceito de tempo, Costa Duarte logra estabelecer claramente a correspondência de seu valor como fato natural e como fato linguístico: "*Tempo* é uma parte da duração ou existencia. O *Tempo* é relativo ao acto mesmo de quem está falando" (1859 [1829], p. 48). Desse duplo conceito de tempo como "existência" e como "momento do ato de fala" resulta uma interpretação do tempo perfeito como expressão de uma ação acabada, não propriamente como expressão do passado, visão essa muito próxima do conceito de aoristo em Júlio Ribeiro[245].

Para pormos um ponto-final nessas divagações sobre a descrição do verbo em Costa Duarte, convém aqui referirmo-nos ao conceito de *verbo adjetivo*, que bem revela a modificação dos conceitos agasalhados pelo gramático maranhense no decurso das edições do *Compêndio*. Na primeira edição lê-se, a respeito, a seguinte definição: "*Verbo Adjetivo* é a reducção e concentração do sujeito, do Verbo substantivo, e do attributo em uma só palavra, como: *Amo*, em logar de *Eu Sou Amante*" (1829, p. 42). Já na quarta edição, lemos:

---

245. Sobre o tema, cf. Cavaliere (2015).

"Verbo Adjectivo é a concentração do attributo e o Verbo em uma só palavra, como: Eu *amo*, em lugar de Eu *tenho amor*, ou Eu *sou amante*" (1859 [1829], p. 61). Aqui, há um caso de inusitada autocrítica, em comentários que se estendem por longa nota de rodapé, na qual Costa Duarte assevera (1859 [1829], p. 61):

> Grammaticos modernos [dizem] que o Verbo Adjectivo é a Reducção e concentração, ou expressão abreviada, do sujeito, do verbo substantivo, e do attributo verbal em uma só palavra, como: *Amo*, em logar de *Eu sou amante*; *Durmo*, em logar de *Eu sou dormente* etc. Parece-nos que nisto ha falta de reflexão, e que nem o sujeito, nem o verbo substantivo, nem o attributo verbal estão concentrados no Verbo Adjectivo.

Interessante notar que a crítica aos "gramáticos modernos" seria aplicável ao próprio Costa Duarte no tocante à primeira edição do *Compêndio*, em que o padre maranhense defendia a conceituação de verbo adjetivo que ora condena. O fato, que pode não passar de mera mudança de opinião do autor, põe sob suspeição a fidedignidade do texto de 1859, os anteriores, com exceção da *editio princeps*, e os sucedâneos. Decerto que Costa Duarte tinha todo o direito de modificar seu entendimento sobre a natureza do verbo adjetivo – que deixamos de aqui aprofundar por tratar-se de matéria farta que melhor será explorada em sede própria –, mas tratar o antigo conceito como se fosse da lavra de terceiros, ou *apenas* de terceiros, não deixa de surpreender os olhos aguçados do historiógrafo.

As gramáticas do período racionalista não costumam atribuir especial relevância à descrição sintática. Em Costa Duarte o panorama não diverge, apesar de o gramático maranhense, com sua usual criatividade, fugir da simplicidade excessiva que se encontra ordinariamente em outras obras que lhe são contemporâneas. São, na quarta edição, 19 páginas que se estendem em comentários sobre a natureza das funções sintáticas, o processo de concordância, sobretudo verbal, e as normas da construção frasal. Pouco espaço, pois, se dedica à sintaxe, se considerarmos as 65 páginas reservadas para o estudo da etimologia – leia-se morfologia, no plano da adequação metalinguística –, aí incluídas as classes de palavras e suas flexões.

A definição de sintaxe resume-se à parte da gramática que "ensina a compor uma oração, segundo as relações que as palavras tem umas com as outras" (1859 [1829], p. 85). Destaque-se o papel da sintaxe como área da gramática que "ensina", em vez de "descreve", um indicador explícito do caráter pedagógico da obra. No plano sinótico, a sintaxe já se subdivide nos campos da construção, em que se avaliam os termos da oração em face da posição que ocupam no corpo da oração, da regência e da concordância, que mais ordinariamente é designada como "conveniência" por Costa Duarte. Daí concluir-se que o estudo da sintaxe implica identificar as partes essenciais da oração – fato que conduz a uma atividade analítica, ainda que incipiente –, observar as regras de concordância, da regência e da construção – dir-se-ia hoje colocação –, atividades que mais conduzem para o plano prescritivo.

Com respeito à análise, Costa Duarte identifica o sujeito, o atributo e a cópula como elementos essenciais da proposição[246] (1859 [1829], p. 86):

> São tres os elementos essenciaes da Proposição, a saber: um *Sujeito*, o qual é a pessoa ou cousa, a que se attribue alguma qualidade; um *Attributo*, que é a qualidade, que se attribue ao sujeito; um *Nexo* ou Copula, que ligue e una o *Attributo* com o *Sujeito*, como: *Deus é justo*. O sujeito, e o attributo chamão se termos de Proposição.

Destaque-se a exclusão da cópula verbal como termo sintático, dado seu caráter meramente conectivo no plano da proposição, portanto irrelevante na formulação do juízo que está imerso na estrutura linguística. Evidentemente, não escapa a Costa Duarte a possibilidade de o atributo incorporar-se ao verbo copulativo, de que resulta haver um termo sintático no radical da cópula, assim como o termo sujeito pode incorporar-se na terminação da cópula, de que resulta uma possibilidade de os termos essenciais poderem ser enunciados "ou com tres palavras, correspondentes a cada um, como: *Eu sou amante*; ou com duas, como: *Eu amo*; ou com uma só, como: *Amo*" (1859 [1829], p. 86).

O conceito de *proposição complexa*, que bem se pode vincular, com as devidas reservas, ao de oração complexa que o funcionalismo de Samuel Gili Gaya (1892-1976) e Emilio Alarcos Lhorach (1922-1998) aplicou ao estudo do espanhol no século XX, remete à estrutura em que uma oração tem como sujeito ou atributo – ou ambos – uma outra oração, dita parcial. Daí vislumbrar-se o período como um complexo de oração principal vinculada a orações parciais ou subordinadas. Costa Duarte resolve bem a questão do período composto em que há subordinação semântica e coordenação sintática mediante distinção entre *proposição total subordinada* e *proposição parcial*: "*Proposição Total Subordinada* é a que não faz parte de outra, mas tem o sentido suspenso, e dependente da Proposição Principal". Já as proposições parciais "são as que fazem parte de algum termo de outra proposição" (1859 [1829], p. 87).

---

246. Nesse segmento da gramática, Costa Duarte não distingue as figuras sintáticas da proposição e da oração.

As linhas escritas por Costa Duarte na seara da concordância revelam uma face mais normativa de seu *Compêndio*, em que as bases da relação entre termos determinantes e determinados se expõem na forma de regras prescritivas. A concepção de concordância no plano linguístico é natural consequência da análoga correlação entre ideias e juízos na arquitetura do pensamento, postura ordinariamente agasalhada pela gramática racionalista[247]. Essa correlação íntima entre o juízo e a concordância no plano linguístico parece evidenciar-se nos casos de silepse, em que o primeiro interfere na estrutura da segunda, ou seja, a concordância deixa de ser linguística, para ser ideológica. Daí justificarem-se construções como "Antes sejamos breve que prolixo", colhida por Costa Duarte em João de Barros (1496-1570), um dos modelares exemplos de silepse de número na gramaticografia do português[248].

Destaque-se, em derradeiras linhas, que não passou despercebida ao gramático maranhense a questão ortográfica, que gerou tantas discussões e mesmo desídias ao longo de todo o século XIX e boa parte do século XX, embora tenha perdido interesse a partir da metade do século, conforme se percebe na própria posição secundária que ocupa na Nomenclatura Gramatical Brasileira de 1959. Antes entendida como setor da língua, a ortografia paulatinamente foi deixando sua posição originalmente linguística para assumir uma feição exclusivamente pedagógica. Já na primeira edição do *Compêndio*, Costa Duarte se alinha aos defensores do sistema ortográfico fonorrepresentativo, de tradição secular na gramaticografia do português, à época posto em segundo plano pelo denominado sistema *usual*, que combinava fundamentos fonorrepresentativos e etimológicos. A ortografia usual, como se sabe, gozou de ampla aceitação no Brasil até pelo menos a segunda década do século XX, já que suas bases, entre nós, só foram modificadas na reforma ortográfica de 1930[249]. Sua complexidade mais servia aos caprichos do filólogo do que ao escopo de edificar regras claras e objetivas de registro gráfico das palavras. A visão de Costa Duarte, que se mantém inalterada no decurso de pelo menos 30 anos, alinha-se à de Jerônimo Soares Barbosa, gramático que decerto figura em seu horizonte de retrospecção, e até à de filólogos de gerações posteriores, tais como Gonçalves Viana (1840-1914), cujas teses fonorrepresentativas culminaram na reforma ortográfica de 1911 em Portugal. Interessante notar que, inspirado no tom conciliador de Jerônimo Soares Barbosa, Costa

---

247. Cf., a respeito, Destutt de Tracy (1805).
248. O mesmo exemplo foi referido por Barbosa (2004 [1822], p. 383).
249. Sobre a posição da ortografia no período da gramática científica, cf. Cavaliere (2000).

Duarte opta por apresentar todos os sistemas ortográficos então em disputa, preservando ao leitor o direito de escolha. Em Soares Barbosa lê-se (2004 [1822], p. 114):

> Eu, para satisfazer a todos, porei primeiro as Regras communs a todas as Orthographias, e depois ás proprias a cada huma dellas [usual e da pronunciação]. Quem quizer poderá escolher.

Da pena de Antônio da Costa Duarte colhe-se (1859 [1829], p. 108):

> Mas todas estas e outras ponderosas razões tem sido postergadas e o continuarão a ser. Pelo que neste brevissimo tractado se acharão expostos os tres systemas de Orthographia, para cada qual escolher o de que mais se agradar.

Por aí se vê que, em matéria de gramática, nem mesmo os racionalistas são sempre dogmáticos.

5.5 Filipe Benício Conduru (1818-1878)

Contemporâneo de Antônio da Costa Duarte e Francisco Sotero dos Reis, e muito provavelmente colega de magistério dos dois nos corredores do Liceu Maranhense, Filipe Benício de Oliveira Conduru (1818-1878), batizado Filipe Benício Rodrigues de Oliveira, gozou de expressivo prestígio como docente de língua portuguesa. Filho de Atanásio Rodrigues de Oliveira e Rita Antônia de Araújo Cerveira, nasceu em 23 de agosto de 1818 na vila de São Bento dos Peris, Maranhão. Consta que foi alfabetizado pelo pai e somente aos 10 anos de idade foi enviado para São Luís, onde ficaria sob a tutela de sua tia paterna Antônia Rodrigues de Oliveira Martins (?-?). A situação educacional do Maranhão pelo final da primeira década imperial era extremamente precária, como de resto em todas as províncias brasileiras: "eram pequenas as matrículas, mesquinho o aproveitamento, poucas as escolas" (Viveiros, 1953, p. 7). Os dados estatísticos disponíveis indicam, para o ano de 1828, uma aula de latim, que funcionava no Hospital da Misericórdia, sob regência de Sotero dos Reis, com 46 alunos, além de uma aula de retórica, sob responsabilidade do Padre José Pinto Teixeira, e uma aula de filosofia, de Frederico Magno de Abranches, ambas com apenas 3 alunos. As aulas de geometria de Manuel Pereira da Cunha eram ministradas a 10 alunos. Nos anos seguintes, houve expressivo aumento de matrículas, embora ainda insatisfatório, nas escolas provinciais, com um total de 533 alunos, dos quais 429 eram do sexo masculino e 124 do sexo feminino (Viveiros, 1953, p. 8).

Na capital da província, onde estudou francês, latim, geografia e matemática, Conduru passou a ter instrução regular com professores de nomeada, públicos e particulares, os quais viriam a compor a congregação do Liceu Maranhense a partir de 1839. Supõe-se ter sido aluno de Francisco Sotero dos Reis (1800-1871), João Nepomuceno Xavier de Brito (?-?), Antônio da Costa Duarte (?-?) e Frederico Magno de Abranches (1806-1879).

Os dados biográficos mais autorizados de Filipe Conduru (Conduru, 2004) dão conta de uma bolsa de estudos que lhe foi concedida pelo governo provincial em 1839, subsídio que lhe possibilitou estudar pedagogia em Paris com o intuito de inteirar-se do método Lancaster. Informa-nos Nogueira (2009, p. 1.409) que, à época, "todos os rapazes maranhenses iam estudar nos melhores colégios da França ou da Inglaterra. Tais estudantes pertenciam à minoria branca, basicamente de origem portuguesa, e suas famílias enriqueceram no comércio"[250]. As sérias injunções financeiras que se impuseram ao erário da província em face da Balaiada, a partir de 1838, já desautorizavam a concessão de bolsas de estudo a filhos ilustres da terra, e, de fato, essa situação de extremada dificuldade terá sido decisiva para que Filipe Conduru retornasse ao Brasil bem antes do prazo previsto de dois anos. Em 1840, foi nomeado professor da Escola Normal do Maranhão, instalada no mesmo prédio do Liceu Maranhense no início da década de 1840, onde lecionou didática sob inspiração do método Lancaster.

O espírito patriótico de Benício Filipe, dentro do clima de brasilidade que impregnou o clima do Primeiro Império, levou-o a adicionar o sobrenome *conduru* a seu patronímico, homenagem a uma planta representativa da flora nacional. Segundo depoimento de sua filha, Eponina de Oliveira Conduru Serra (1842-1931), o fato de já ter o nome de uma planta europeia no nome, herdado ao pai, incentivou-o a acrescentar o de uma planta brasileira, em homenagem à terra natal.

Sua exitosa *Gramática elementar da língua portuguesa* (1888 [1840])[251], que chegou ao menos até a 13ª edição, deve a aceitação do público em face de seu caráter prático, condizente com a didática da língua portuguesa pautada no normativismo simplório e infenso à discussão doutrinária dos fatos linguísticos. Sua organização interna segue à risca o modelo das gramáticas racionalistas que subdividem a matéria gramatical em *etimologia*, em seu

---

250. Cf., também, sobre o tema, Moacyr (1939).

251. Pautamo-nos na informação de Araújo (2004-2005) acerca da primeira edição, que veio a lume em 1840, no Maranhão, publicada por O Paiz. Polachini (2018, p. 79), no entanto, registra a primeira edição em 1850.

usual significado de classificação das palavras, *prosódia, ortografia* e *sintaxe*, apenas com uma leve distinção quanto à posição inicial da etimologia, fato que, por justiça, não se deve desconsiderar como digno de referência. A gramática se faz preceder de um texto introdutório, à guisa de glossário, em que o autor sente a necessidade de definir termos como *letra, sílaba, palavra, nome* etc., provavelmente por considerá-los indispensáveis para a compreensão do conteúdo propriamente gramatical que se exporá nas páginas seguintes. Uma interessante preocupação de Conduru em firmar o conceito de gramática como arte deve-se ressaltar, já que nele se pode inferir certa repulsa à hipótese de uma gramática como doutrina, tendência que já se faz manifestar à época da 13ª edição da *Gramática elementar*, de que aqui nos servimos.

A folha de rosto dessa já avançada edição – lembremo-nos de que estamos em meados do século XIX, em um país que ainda dispunha de incipiente tecnologia editorial – revela-nos um autor ciente de sua posição privilegiada no magistério maranhense, não obstante sua vinculação acadêmica seja a da Escola Normal do Maranhão, não a do Liceu Maranhense, notadamente de maior prestígio. Conforme já referido, Conduru conviveu próximo a Francisco Sotero dos Reis, expoente maior das Letras na província e, muito provavelmente, foi colega de seu antigo mestre Antônio da Costa Duarte, já que a Escola Normal e o Liceu Maranhense compartilhavam a mesma sede.

Na comparação dos três grandes nomes maranhenses, decerto cabe a Conduru posição destacada, pois, seus escritos, se comparados com os de Antônio da Costa Duarte, embora não se aprofundem em análise mais detida dos fatos linguísticos, logram superar os de Sotero dos Reis. É ainda a folha de rosto da *Gramática elementar* que informa destinar-se para uso no liceu e em colégios da Província do Pará, fato que bem pode denunciar a ausência de espaço pedagógico da obra de Conduru no Maranhão, onde pontificavam as gramáticas de Costa Duarte e Sotero dos Reis.

A definição de gramática em Conduru se faz em dois momentos de seu texto. Concebe-a como "a arte que ensina a fallar, escrever e ler com acerto a lingua portuguesa" (p. 5), uma objetiva caracterização teleológica de seu trabalho como manual normativo. Antes, abrindo a *Introdução*, Conduru definira gramática como "a arte que trata da linguagem articulada, quer esta se exprima de viva voz, quer por caracteres que a representem" (1888 [1840], p. 3). Aqui, sua visão doutrinária amplia-se consideravelmente, se observarmos a clarividente distinção entre descrição de língua falada e língua escrita, não obstante em ambas as tarefas impere o viés prescritivista. Na abertura do capítulo I, dedicado à etimologia, conforme aqui já observamos, Conduru alinha sete classes de palavras portuguesas, sob a tradicional denominação partes da oração: *substantivo, adjetivo, verbo, preposição, advérbio, conjunção* e *interjeição*. Em nota de rodapé, Conduru ressalta a inclusão do advérbio e da interjeição como classes autônomas, sob argumento de que, se não constituem classes lexicais elementares, decerto integram a proposição, e, portanto, hão de ser consideradas partes do discurso. A interjeição como classe gramatical não é novidadeira, já que prevista no *Epítome* de Antônio de Morais Silva e mesmo no *Compêndio* de Antônio da Costa Duarte, não obstante sempre com a ressalva de seu papel eminentemente discursivo.

Certos conceitos que a linguística do século XX viria a derrubar, tais como a vinculação entre gênero gramatical e sexo, além da definição semântica do substantivo como "palavra que designa pessoas e coisas", encontram-se nas linhas da *Gramática elementar* de Conduru, a despeito de já não gozarem de aceitação unânime em sua época. A vinculação sexo-gênero gramatical está tão acentuadamente presente nas ideias linguísticas de Conduru que o gramático chega a afirmar: "Os substantivos que significam cousas inanimadas não deveriam ter genero, porque só os entes animados podem ter sexo; com tudo são classificados arbitrariamente, uns no genero masculino, outros no feminino pelo uso da lingua, que facilmente os fará distinguir" (1888 [1840], p. 8). Esses conceitos, a rigor, são os que permeavam os volumes gramaticais menos especulativos e gozavam de boa acolhida nas aulas das classes de língua vernácula. Algumas asserções, tais como "ao masculino pertencem os substantivos que significam macho" e "ao feminino pertencem os substantivos que significam fêmea" (1888 [1840], p. 7) devem ser lidas com olhos contextualizados, para que não se chegue a conclusões equivocadas sobre a personalidade de Filipe Conduru[252].

Outro fato interessante quanto à conceituação das classes gramaticais diz respeito à posição do pronome, que, conforme visto, não integra, segundo Conduru, o rol das partes do discurso, já que situado entre os adjetivos determinativos[253]. Em nota de rodapé, o gramático maranhense adianta-se em justificar a omissão com a tese de que os pronomes "são fórmas indefinidas de diversos determinativos, quando exprimem idéas concretas, e por isso não lhes demos um lugar distincto na classificação das partes da oração; entretanto os mestres minuciosos o poderão fazer" (1888 [1840], p. 9). Tirante a du-

---

252. Merece ressalva o fato de Conduru não usar o metatermo *flexão* para descrever a formação do feminino como em *gato, gata*. Refere-se a tais casos como "variação" para o feminino.

253. Em Conduru, a classe dos adjetivos determinativos engloba o artigo, o pronome pessoal, o demonstrativo e o qualificativo.

vidosa conceituação dos pronomes *lato sensu* como espécies de determinativos – o próprio Conduru os define como palavras que substituem o nome – nota-se nessa visão uma indevida congregação de pronomes com distinta natureza gramatical, já que o papel gramatical do pronome pessoal não se confunde com o dos pronomes dito determinantes, tais como o demonstrativo e o possessivo. De certa forma, o próprio Conduru não parece estar plenamente convicto dessa interpretação do pronome como um tipo de adjetivo determinativo, a julgar pela concessão feita aos "mestres minuciosos".

Ainda quanto aos pronomes pessoais, observa-se na *Gramática elementar* de Conduru sensível influência da gramática latina na referência à variação de formas retas e oblíquas como resultantes de declinação flexional (1888 [1840], p. 10):

> Pronomes Pessoaes são os determinativos que na oração representam as pessoas que fallam, a quem se falla, e de quem se falla, ou cousas tomadas no sentido de pessoa, e são trez:
> Eu, no singular, nós no plural; que designa as pessoas que fallam.
> Tú no singular, vós no plural, que designa as pessoas a quem se falla.
> Elle, ellas no singular, elles, ellas no plural, que designa as pessoas de quem se falla.
> Estes determinativos variam de terminações dentro do mesmo numero, quando são regidos de preposição ou verbo, e por isso se chamam tambem declinaveis ou variaveis.

Reconheça-se que Filipe Conduru não deixa passar em branco a justificação (1888 [1840], p. 10):

> Note-se que as variações dos pronomes eu e tu podem ser termo ou objecto de acção de qualquer sujeito – diverso ou identico; porém as do pronome elle, lhe e o só devem ser de sujeito diverso, e si, se, sigo, de sujeito identico. Outra differença entre estes pronomes é que eu, tu na sua forma primitiva do singular não supportam, como o pronome elle, regencia alguma, quer de verbos quer de preposições, porquanto não ousamos dizer: de eu, a eu, para tu &, como dizemos delle, a elle, para elle &.

Os fundamentos de Conduru são, como se percebe, de natureza sintática, atinente à coocorrência de sujeitos em orações relacionadas dentro da proposição e à forma pronominal dos complementos de preposição no plano da regência. Já no que compete ao artigo, que, conforme observamos, não constitui classe individualizada, Conduru reconhece a tradicional classificação em definidos e indefinidos, não obstante, sobretudo no tocante aos indefinidos, sua tipologia seja objeto de grande controvérsia[254]. O conceito consolidado sobre o artigo como elemento individualizador, no plano semântico, e substantivador, no plano lexical, é acatado pelo gramático maranhense sem maiores divagações, à guisa de um fato notório na descrição gramatical do português. Por singular, cabe referirmo-nos a uma "conversão" do artigo em quantitativo universal, como em "O tigre é feroz" e "O pensamento é os olhos da alma", casos em que "faz compreender na significação de um appellativo todos os da mesma espécie" (1888 [1840], p. 13)[255].

Duas palavras cabem aqui sobre a descrição do verbo na *Gramática elementar* de Filipe Conduru, sobretudo por ser essa a classe de palavras que o autor mais comenta em notas de rodapé. Conduru é dos gramáticos de formação racionalista que já punham em xeque o conceito de verbo adjetivo, não obstante tal formulação tenha auferido boa acolhida nas classes de língua vernácula até o fim do século XIX. Em suas palavras, o autor da *Gramática elementar* opta pela classificação de verbo de existência (ou substantivo) e verbo de ação, em que o primeiro atua como indicador da existência do sujeito mediante vinculação a um atributo e o segundo exprime o estado do sujeito praticando uma ação, como em "Eu escrevo". A ruptura com a antiga ordem, como se vê, está no âmbito dos verbos nocionais, que não mais se descrevem com a argumentação lógica de que equivalem ao verbo substantivo com a incorporação do atributo, mas como itens lexicais de existência própria, independente. Saliente-se, ademais, que, ciente das consequências pedagógicas que uma mudança de rumos ocasionaria, Conduru opta por relativizar a novel classificação do verbo mediante referência à antiga proposta, que imperava em outros textos gramaticais de seu tempo e gozava da predileção dos mais prestigiados gramáticos, fazendo-a constar em longa nota de rodapé, de tal sorte que "siga cada um a que achar melhor" (1888 [1840], p. 22):

> O verbo logico é a palavra que exprime a relação de conveniencia entre os termos da proposição, ou se ache na sua forma simples, ou incorporado com o attributo. Na primeira fórma tem o nome de verbo substantivo, por subsistir sem idéas accessorias; e segundo a opinião geral é o unico necessário, por meio do qual se podem enunciar todas as proposições: este é o verbo ser; substituído ás vezes em nossa lingua pelo estar. Na segunda forma toma o nome de verbo adjetivo, porque o atributo nelle incluído se exprime geralmente por meio de adjectivos;

---

254. Não poucos gramáticos oitocentistas – citem-se Reis (1877), Maciel (1894), por exemplo – rejeitam a atribuição de classe específica ao artigo, em regra por ser um sucedâneo do demonstrativo latino nas línguas vernáculas.

255. A tese do artigo como quantitativo universal também se encontra em Bithencourt (1862).

> assim todos os verbos, exceptuando-se o *ser* e *estar*, são verbos adjectivos, que como se collige, podem ser substituidos por aquelles com o attributo expresso: por quanto *amar* é *ser amante*, ou *estar amando: folgar, estar folgando* etc. Esta doutrina, verdadeira para as linguas formadas segundo os princípios da Ideologia, apresenta suas dificuldades á analyse grammatical nas que, como a portugueza, tiverem verbos que se não possam substituir por outros termos sem alteração no sentido, ou pelo menos sem o soccorro de palavras extranhas ao uso vivo da língua. Eis aqui um exemplo entre muitos semelhantes que se poderiam dar: Vós ides e nós ficámos.

Como se percebe, Conduru dá um passo decisivo para fora da esfera metafísica, para fincar os pés no plano do sistema linguístico. Trata-se, sem dúvida, de expressiva opinião vanguardista, não só em órbita doutrinária, como também em perspectiva pedagógica, já que, a despeito das diplomáticas referências à antiga ordem, abre em suas páginas uma nova perspectiva para o ensino do verbo em parâmetros mais linguísticos e menos ideológicos. A nota de rodapé aqui colhida está na edição de 1888, portanto bem posterior à publicação da *Gramática portuguesa* de Júlio Ribeiro e contemporânea de outros textos inscritos no modelo da gramática histórico-comparativa. Não tivemos a oportunidade de verificar como se situa Conduru a respeito do verbo nas edições anteriores de sua gramática, mas não seria duvidoso afirmar que esta postura do gramático maranhense a respeito da natureza do verbo tenha-se ajustado à doutrina que os textos gramaticais do final do século vinham oferecendo ao público.

No plano da sintaxe verbal, Filipe Conduru alinha-se aos que descrevem a regência do verbo como *absoluta* e *transitiva*, de que decorre classificá-los em *verbos absolutos*, *verbos transitivos* e *verbos relativos*, esses últimos os que pedem preposição para vincular-se ao complemento. A noção de verbo relativo reúne os que a gramática geralmente denomina transitivos indiretos e transitivos relativos, ou seja, em melhor referência, concebe-se aqui o verbo transitivo indireto e o verbo transitivo relativo como o mesmo fato da sintaxe verbal. A possibilidade de uma sentença portuguesa com verbos a um tempo transitivos e relativos não foge à percepção de Conduru: "Alguns verbos são ao mesmo tempo transitivos e relativos, por pedirem não só o objecto sobre que recáe a acção, mas tambem o termo a que ella se refere, como: Deus ordenou a caridade a todos os homens" (1888 [1840], p. 23-24).

No tocante à prosódia, há sensível imiscuição dos conceitos de letra e sinal diacrítico com o de som linguístico, de tal sorte que fatos atinentes à prosódia propriamente dita, tais como o acento, acabam por ser referidos enviesadamente pela noção de sinal gráfico. Com efeito, ao tratar do acento, Conduru adverte que podem ser *breve* (*mudo*), *agudo, circunflexo* e *nasal*, em nítida confusão das noções de acento e nasalidade, a par da referida confusão entre acento prosódico e acento gráfico. Ademais, a referência à quantidade silábica, em que se distinguem sílabas breves e longas, não passa de um resquício da descrição gramatical latina que, já em 1888, poderia perfeitamente dispensar-se, sobretudo porque há aqui, a rigor, mais uma confusão, agora entre acento e quantidade prosódica.

A letra gramatical de Conduru em matéria prosódica sequer chega a avançar no campo normativo, em que seria de esperar uma efetiva indicação de pronúncias preferíveis e corretas das palavras que mais dúvida oferecem ao leitor. A rigor, apenas uma nota solta ao final do capítulo sobre prosódia, em que o gramático maranhense discorre sobre processos fonológicos, orienta que não se pronunciem certos casos de metátese: "As figuras que teem por fim a inversão das syllabas ou letras de uma palavra, ou que lhe contrafazem o som natural, como – auga, dromir, impío, por água, dormir, ímpio –, não sendo por necessidade de metrificação, devem ser evitadas como barbarismos" (1888 [1840], p. 75).

Em órbita ortográfica, tema que ocupa o capítulo III em não mais de dez páginas, Conduru revela igualmente certo desinteresse, já que se reserva a relacionar regras de emprego de letras, dentro do caótico cenário ortográfico dos Oitocentos, em que preceitos pouco confiáveis certamente deviam gerar angústia, para não dizer desespero, nas classes de língua portuguesa. Afirma estar-se à época sob domínio da ortografia etimológica, em contraste com a opinião reinante de que, em realidade, praticava-se uma ortografia usual[256], em que etimologia e fonética revezavam-se em normas pouco confiáveis. Por relevante, cabe registrar que Conduru inclui a pontuação no corpo dos temas ortográficos, fato que pode denunciar, em análise perfunctória, uma conceituação dessa matéria gramatical mais afeita à notação gráfica do que a seu papel sintático na construção da frase, ou mesmo a seu papel prosódico no ato da leitura. Não obstante, a fundamentação prosódica e sintática sempre se usa em amparo ao emprego dos principais sinais de pontuação, tais como a vírgula, o ponto e vírgula e os dois-pontos.

Cuide-se, enfim, ainda que em rápidas palavras, do segmento dedicado à sintaxe na *Gramática elementar* de Filipe Conduru. Já nas páginas iniciais de seu trabalho, Conduru define a sintaxe como a área da gramática que "ensina

---

256. Cf. nosso comentário sobre o tema em Cavaliere (2000).

a ordem e regras pelas quaes as palavras devem ser empregadas na oração" (1888 [1840], p. 5). Mais adiante, Conduru reforça o conceito, asseverando que a sintaxe "é a parte da Grammatica que regula o emprego das palavras na composição da oração e do período" (1888 [1840], p. 88). Não é fácil interpretar o termo *regras* e seu cognato *regula* nestas definições, já que podem endereçar-nos tanto a um conceito normativo, atinente ao conjunto de regras prescritivas para a boa construção frasal, quanto a um conceito estrutural, atinente às leis que formulam a arquitetura da frase em português. Este último viés, decerto, reside nos textos gramaticais do período científico, a que não se ajusta a *Gramática elementar* de Conduru, não obstante a edição de que nos servimos aqui tenha vindo a lume sete anos após a publicação da vanguardista *Gramática portuguesa* (1881), de Júlio Ribeiro.

Há em uma tênue, porém importante, diferença de escopos quanto ao objeto da sintaxe nas duas definições suprarreferidas, já que o interesse pela ordenação das palavras na frase, que remete a uma sintaxe topológica, dedicada à construção sintática, está na primeira definição, mas não figura na segunda. Essa, efetivamente, somente diz respeito ao emprego das palavras, ou seja, a suas funções sintáticas e às relações que mantêm entre si no âmbito da concordância e da regência. Não obstante, ao cuidar da sintaxe no decurso do enriquecido capítulo IV de seu trabalho, Conduru revela preocupação pelo tratamento de todos os seus setores, já que dedica subitens específicos para análise, concordância, regência e construção, a par das figuras e tropos. Em outros termos, trata-se de uma proposta de descrição que poderia estar no plano sinótico de uma gramática publicada no período científico e mesmo em uma gramática publicada no século XX.

A visão sintática de Conduru vincula-se claramente ao da gramática universal que se baseia em termos essenciais no sentido de pertencerem à concepção lógica do pensamento, da arquitetura ideológica. Daí asseverar, em nota de rodapé (1888 [1840], p. 87):

> A proposição, analysada logicamente, por maior ou menor que seja o numero de palavras com que se enuncie, consta sempre e unicamente de tres partes – sujeito, verbo, atributo; porque estas partes ou devem estar expressas, como em – *Deus é espirito* –, ou implicitamente incluidas na forma e significação do verbo, como em – *Creio* – que quer dizer *eu sou crente*. Constando a proposição de muitas palavras, além das logicamente essenciaes, devem ser ellas incorporadas, sob a denominação de palavras modificativas, quer ao sujeito quer ao attributo, afim de explical-os, restringil-os, determinal-os, completal-os, desenvolvel-os; e destas funcções tomam ellas na analyse grammatical os nomes de *attributos continuados, complementos restrictivos, terminativos, objectivos,* e *circumstanciaes*, como adiante se verá.

A promessa de análise mais acurada que Conduru faz no fim dessa nota é realmente cumprida, já que não são poucas as páginas dedicadas ao estudo específico das funções, que, como se percebe, são tratadas como fatos idiossincráticos do português que estão em plano inferior ao das "três partes essenciais" que o logicismo da gramática racionalista impunha. A própria denominação de "atributos" e "complementos" expressa bem o caráter subalterno das funções sintáticas que integram cada uma das partes essenciais referidas. O segmento dedicado à concordância verbal e nominal desdobra-se, naturalmente, em temas mais normativos, já que se pauta no uso em língua literário da época, não obstante o exemplário seja quase todo da lavra do autor, fato que lhe confere certo tom arbitrário[257]. Na verdade, a exemplificação com *corpus* de língua literária não era frequente no período da gramática racionalista, fato que se pode justificar pela extrema dificuldade que, à época, afligia os gramáticos na tarefa de coligir exemplos adequados para as regras sintáticas descritas.

5.6 Salvador Henrique de Albuquerque (1813-1880)

Salvador Henrique de Albuquerque nasceu na Paraíba em 24 de fevereiro de 1813 e faleceu em Pernambuco no dia 31 de agosto de 1880. Segundo Blake (1902, p. 188-189), Albuquerque exerceu o magistério público de ensino básico em Pernambuco, vindo a aposentar-se nesse ofício na cidade de Olinda, onde ocupou o cargo de diretor da instrução pública. Albuquerque também exerceu o cargo de major da guarda nacional, atividade que não lhe impediu de desenvolver atividades na área cultural como membro correspondente do Instituto Histórico e Geográfico Brasileiro e fundador do Instituto Arqueológico e Geográfico Pernambucano. Foi dignificado com o título de Cavaleiro da Ordem da Rosa. Em 19 de novembro de 1871, em solenidade na Igreja de Nossa Senhora da Assunção, participou da fundação da Sociedade dos Henriques, da qual foi o primeiro presidente e cuja meta era manter viva a devoção à santa e administrar o templo da estância. É autor de extensa bibliografia em que despontam, para nosso interesse, o *Breve compêndio de gramática portuguesa* (1844), cuja última edição se lança no ano de seu falecimento no Rio de Janeiro, e os *Rudimentos de gramática portuguesa* (1873). Também são suas as *Novas cartas para aprender a ler* (1842), texto destinado às classes de alfabetização que visava a revolucionar a metodolo-

---

257. Conduru vale-se de uns poucos extratos de Camões e Antônio Ferreira na exemplificação da concordância, todos tomados das gramáticas de Reis Lobato e Jerônimo Soares Barbosa.

gia baseada na leitura individualizada da sílaba. Segundo Galvão *As novas cartas para aprender a ler* tiveram reconhecido valor, em parecer de 1864, como texto "útil ao ensino primário, na medida que, através dela, os meninos aprenderiam com economia de tempo" (Galvão, s.d.)[258].

Na produção intelectual de Albuquerque encontram-se textos de matéria didática destinados a outras áreas do saber, tais como a matemática, a história, a geografia e mesmo um opúsculo voltado para o ensino da doutrina católica, o *Breve compêndio da doutrina cristã*, obra que se alinhava aos catecismos e textos religiosos destinados à puerícia, a maioria baseada nos antigos *Catecismo da Diocese de Montpellier* e *Catecismo histórico,* de Claude Fleury (1640-1723)[259]. Albuquerque também escreveu o *Compêndio da história do Brasil*, publicado em 1869, texto de igual cunho didático para uso em sala de aula.

Dotado de espírito eclético e especialmente vocacionado para o magistério, Albuquerque desdobrou-se em obras destinadas especialmente ao público juvenil, fato que, entretanto, não o impediu de manifestar-se em numerosos trabalhos publicados em revistas especializadas sobre temas pontuais voltados para o leitor adulto, entre eles um relato histórico sobre a Igreja da Misericórdia de Olinda e um *Índice nominal e alfabético das principais pessoas que fizeram a guerra contra os holandeses desde a invasão dos mesmos até sua total expulsão*, publicado em 1868 no volume II, n. 21 da *Revista do Instituto Histórico, Geográfico do Estado de Pernambuco*. Há inúmeros estudos de sua lavra, sobre assuntos vários, nas páginas da *Revista do Instituto Arqueológico, Histórico e Geográfico Pernambucano*[260].

Na seara gramatical, conforme aqui referido, Albuquerque deixou-nos dois trabalhos relevantes: *Breve compêndio de gramática portuguesa* (1844), cuja primeira edição remonta ao ano de 1833, e *Rudimentos de gramática portuguesa* (1873). O *Breve compêndio*, em sua concepção como livro didático, não vai além de um manual normativo destinado ao ensino da língua padrão, já que, em termos gerais, toda publicação voltada para o público infantil mantinha compromisso com a doutrinação moral e religiosa. O controle que o governo imperial exercia sobre as publicações incluía a verificação dos conteúdos doutrinários nesse campo da moral e da religião, de tal sorte que não era incomum que os pareceres favoráveis à publicação mais se fun-

---

258. Sobre os manuais para alfabetização publicados no período, cf. Monarcha (2016).

259. Cf., a respeito, Tambara (2002).

260. Veja um índice destes trabalhos em http://www.iahgp.com.br/RIAHGP/INDICE-REVISTAS-IAHGP.n63.2010.pdf

damentassem nesses requisitos do que propriamente na matéria didática de que o livro tratava.

O primeiro trabalho, decerto, é mais qualificado, não obstante ambos sejam manuais propedêuticos, para uso em aula, razão por que podem mais ajustar-se à feição de livro didático, mormente os *Rudimentos*. Jovem professor de primeiras letras, Albuquerque, tão logo viu publicado seu *Compêndio*, solicitou à Comissão de Instrução Pública da Província de Pernambuco sua adoção como obra oficial nas aulas de língua portuguesa. As reiteradas solicitações ao longo de seis anos foram, afinal, bem-sucedidas, já que, em 31 de abril de 1839 os direitos autorais de seu trabalho foram finalmente adquiridos pela Província mediante pagamento de 5 contos de réis. Em suas páginas iniciais, o *Compêndio* segue o paradigma das gramáticas racionalistas, mediante exposição de conceitos básicos, tais como os de *gramática universal*, *gramática particular* e *gramática portuguesa*, essa última uma aplicação dos princípios normativos da gramática particular à língua portuguesa. No plano da sinopse gramatical, Albuquerque segue o modelo herdado às obras mais representativas do modelo racionalista subdividindo a matéria exposta em *etimologia*, *ortografia*, *prosódia* e *sintaxe*. Não se sabe o motivo de haver posicionado a etimologia em primeiro lugar, em pontual quebra da tradição, muito provavelmente uma opção idiossincrática sem fundamento relevante. Embora defina a etimologia como "a origem, raiz, e principio d'onde se derivão as palavras" (1844, p. 1), Albuquerque, na realidade, a situa como a disciplina que estuda a tipologia da palavra e suas flexões, de acordo com o modelo racionalista. Como não tivemos acesso à primeira edição, permanece a dúvida sobre possível mudança do conceito de etimologia nas sucessivas edições da obra para melhor ajuste às novas doutrinas que já se difundiam no Brasil na década de 1840.

De modo geral, a postura de Albuquerque é claramente normativa, diríamos simploriamente normativa em face de outras gramáticas de seu tempo, caso, por exemplo, do texto gramatical de Antônio da Costa Duarte. Cremos que o fato se deva ao propósito pedagógico claramente exposto pelo autor nas páginas iniciais do *Compêndio*, sobretudo porque sua publicação visava a atender o interesse dos alunos, sem maiores pretensões de cunho descritivo em base teórica assentada. Eis por que, por exemplo, o *Proêmio* do *Compêndio* reduz-se a uma sequência de definições objetivas que vão desde o conceito de gramática até o arrolamento das partes do discurso, passando por fatos da fonética, da morfologia e da sintaxe. No tocante à tipologia lexical, Albuquerque relaciona nove classes, incluindo entre elas o particípio e o artigo, e omitindo o numeral, que considera um subtipo do nome.

A exposição simplificada de Albuquerque, que confere a seu opúsculo uma feição excessivamente enxuta – mesmo em suas dimensões físicas – é de certa forma compensada por notas finais em que se aventura a traçar alguns comentários críticos à teoria acolhida, bem como a abrir referências a algumas de suas fontes bibliográficas, entre elas Antônio de Morais Silva (1757?-1824), Solano Constâncio (1777-1846) e Lourenço Trigo de Loureiro (1792-1870). Não há referência a Antônio da Costa Duarte ou a Filipe Conduru, dois gramáticos cujas obras decerto estavam na estante particular de Albuquerque.

5.7 Antônio Álvares Pereira Coruja (1806-1889)

O gaúcho Antônio Álvares Pereira Coruja nasceu na cidade de Porto Alegre em 1806 e faleceu no Rio de Janeiro em 1889, ano da República. Manteve-se fiel a sua cidade natal até os 31 anos de idade, onde exerceu cargos políticos e atuou na área da educação. Foi professor de escola pública, professor particular, docente de língua latina, fundador do Colégio Minerva, situado no Rio de Janeiro, autor de vários livros didáticos e historiador de grande mérito, havendo inclusive integrado como membro efetivo o Instituto Histórico e Geográfico Brasileiro. Sua formação básica foi precária, mas aparentemente deixou-lhe uma base sólida para o exercício das futuras atividades intelectuais. Foi discípulo, nas aulas primárias, da Professora Maria Josefa da Fontoura Pereira Pinto (1775-1837), poetisa muito conhecida na capital do Rio Grande do Sul, onde exerceu, inclusive, a profissão de jornalista (Jung, 2004), e do Professor Antônio D'Ávila (?-?), conhecido pela alcunha de "amansa-burros", outro mestre de grande prestígio na sociedade sul-rio-grandense. Mais tarde, foi aluno de língua latina do Padre Tomé Luís de Sousa (1771-1858), uruguaio de nascimento, em cujas aulas recebeu o apelido de "coruja", que viria a incorporar no nome da família[261].

Segundo Franco (1983, p. 11)[262], Coruja cedo enveredou pela vida política, tendo sido candidato à Assembleia provincial em sua primeira legislatura. Investiu-se no cargo de deputado provincial em 1835, alinhando-se ao Partido

---

261. Segundo relato do próprio Coruja, seus pais haviam mandado fazer "uma casaquita de pano mescla, cor de pele do diabo ou cor de burro quando foge", que ele usava para frequentar as aulas do Padre Tomé. Logo no primeiro dia em que se apresentou com o referido casaco, seu colega Cândido Batista gritou: "Olhem, parece mesmo uma coruja, e como Coruja foi aclamado por toda a assembléia latinante: e Coruja ficou e… pegou" (Coruja, 1983, p. 63).

262. Cf., também, Bastos (2006) e Dias (2019).

dos Farroupilhas, cujas ideias políticas litigavam pela emancipação do Rio Grande do Sul[263]. Sua atuação no corpo desse movimento valeu-lhe um curto período na prisão, de junho a novembro de 1836. Abalado pelas consequências de sua atividade política no âmbito da Revolução Farroupilha, Coruja optou por transferir-se para a sede da Corte em 1837, cidade onde se manteve até o final da vida e viria, em continuação da carreira política, a candidatar-se a vereador no ano de 1856[264]. Será no ambiente mais intelectualizado do Rio de Janeiro que Coruja encontrará ambiente fértil para desenvolver seu talento como escritor, jornalista e filólogo, além de revelar-se um pesquisador de extremada dedicação à terra natal. Dessa pesquisa resultaram vários escritos de memórias, entre eles as Antigualhas[265], um testemunho precioso da Porto Alegre dos tempos imperiais, conforme aduz Franco (1983, p. 12):

> A respeito das Antigualhas, cabe ressaltar que a primeira série foi publicada no jornal Gazeta de Porto Alegre, dirigido por Carlos Von Koseritz, e logo em seguida enfeixada num volume de 34 páginas, editado pela Tipografia do Jornal do comércio, de Porto Alegre. Animado, certamente, pela boa acolhida de suas reminiscências, Coruja ampliou-as, publicando outras séries, que foram respectivamente divulgadas em 1886, 1887, 1888, 1889 e 1890 pelo Anuário do Rio Grande do Sul, organizado pelo Dr. Graciano Alves de Azambuja.

Embora tenha usufruído uma vida longeva e produtiva, Coruja, ao que se sabe, não teve sucesso financeiro, razão por que enfrentou a velhice na pobreza, vítima da falência de uma empresa de que era sócio. Ao que tudo indica, a vida do filólogo gaúcho sempre foi pontilhada por momentos de fartura e privações. Ainda em 8 de janeiro de 1836, por exemplo, lê-se esta nota no número 19 de *O Mensageiro* (p. 76), órgão jornalístico de Porto Alegre:

> Na Rua da Graça, na casa de Antonio Alvares Pereira Coruja vende-se uma Escrava crioula ainda moça que faz todo o serviço de uma casa, e tem muito prestimo para roça. Também se vende os livros seguintes: Syntaxe de Dantas, Diccionarios Francezes da Academia, Obras Grandes de Virgilio, Eutropio, Horacio, e Phedro, Orothographia (sic) de Madureira, Diccionarios de Moraes 4.ª Edição, Magnus Lescicon (sic) Latino, 6 volumes da Colleção de Leis do Brasil, e Diccionario Geographico de Vosgien, e Compendios da Grammatica Nacional.

---

263. Um reflexo de seu espírito emancipador pode observar-se no título de seu conhecido *Compêndio*, em que denomina a língua vernácula como "língua nacional".

264. Neste mesmo ano, Coruja candidata-se ao cargo de juiz de paz pelo 1º Distrito da Freguesia de Sacramento (*Diário do Rio de Janeiro*, 23 de agosto de 1856, p. 2).

265. Cf. também Bastos (2006).

A nota, no estilo dos anúncios classificados para venda pública, confere muitas informações sobre Coruja nos seus 30 anos de idade. O conjunto de bens à venda revela um cidadão de posses razoáveis, senhor de uma escrava e dono de obras senão raras, decerto custosas à época. A alienação desse patrimônio pode revelar necessidade financeira ou mesmo uma previsão dos acontecimentos que o levariam à prisão no mês de junho seguinte, receoso de que suas posses fossem confiscadas pelo governo da Província. A nota também revela um pouco das fontes bibliográficas de Coruja na seara linguística: a *Explicação da sintaxe*, do Padre Antônio Rodrigues Dantas (?-?)[266] e as obras de literatura latina decerto remontam a seus tempos como aluno do Padre Tomé. Já a *Ortografia* de Madureira Feijó, os compêndios de gramática – não identificados, mas possivelmente portugueses –, além dos dicionários, tudo revela o pendor pelo estudo linguístico, que por sinal já o estimulava no exercício na atividade docente tanto em latim quanto em vernáculo.

Sua vida carioca foi decerto penosa nos primeiros anos, dada as dificuldades de um emprego fixo e a relativa concorrência no mister docente, não obstante seu nome a pouco e pouco fosse conquistando clientela já a partir do primeiro ano no Rio de Janeiro. Em uma nota no *Diário do Rio de Janeiro* (edição de 11 de abril de 1838, p. 3), lê-se:

> Antonio Alvares Pereira Coruja, na rua de Santo Antonio n. 5, aceita discipulos para o ensino da lingoa nacional, e latina, e de tarde também os aceita para o ensino da lingoa franceza, aos quaes leciona o Sr. Padre Joaquim Sabino Pinto Ribeiro.

Suas tentativas para ingressar no meio educacional da Corte levaram-no a participar da Sociedade Amantes da Instrução, da qual foi consultor, da Sociedade Propagadora das Belas Artes e a Sociedade Rio-grandense Beneficente e Humanitária, da qual foi presidente a partir de 1858. Fundou o Liceu de Minerva ainda em 1838, situado na Rua da Quitanda n. 12, estabelecimento de ensino que auferiu expressivo êxito na área do ensino privado, então restrito a alguns empreendedores. Um ano após sua fundação, o Liceu já contava com professores de renome perante o público leigo, a ponto de propagandear sua presença no corpo docente: "O padre Manoel Joaquim de Miranda Rego, ex-reitor e lente de filosofia no seminario de Jacuacanga, faz publico que já abrio a sua aula de filosofia racional no Lyceo de Minerva, rua da

---

266. Blake (1883, p. 303) atribui-lhe nacionalidade brasileira, natural de Mariana, Minas Gerais. Esta sintaxe latina, de larga tradição didática, teve inúmeras edições, sendo a quarta publicada em Lisboa no ano de 1784. Seria reeditada tempos depois no Brasil, em 1844, pela Tipografia de Santos e Companhia de Pernambuco. A última edição conhecida é de 1910, pela Garnier.

Quitanda, canto da rua da Cadêa, e que continua a receber alumnos até março" (*Jornal do Comércio*, 6 de fevereiro de 1939, p. 4). Em 12 de dezembro de 1844, o *Diário do Rio de Janeiro* estampa em sua página 4 a data dos exames de final de ano: "Lyceu de Minerva, Rua da Quitanda n. 12. Antonio Alvares Pereira Coruja, tem a honra de prevenir aos Srs. Pais de seus alunos, que os exames terão principio a 14 do corrente mez". Por sinal, o progressivo prestígio que Coruja vinha amealhando entre os cidadãos da Corte pode bem revelar-se pelos agradecimentos que fez publicar no mesmo *Diário do Rio de Janeiro*, a 11 de maio de 1849 (p. 4), às pessoas que acompanharam o sepultamento de seu sogro Antônio José Lopes (?-?), iniciativa típica de quem se julgasse pessoa pública na sociedade em que vivia.

Um traço da biografia de Coruja pouco ou nada referido por seus biógrafos diz respeito a seus vínculos com a Loja Maçônica do Rio de Janeiro desde pelo menos 1871 e da qual foi presidente a partir de 1880, conforme se lê no Extrato da Sessão ordinária de n. 313, de 14 de abril de 1880[267]. A estabilidade financeira, aparentemente, viria apenas em 1852, quando foi nomeado escriturário adido da administração do correio da Corte, mas logo chegariam os anos de penúria, trazidos por investimentos financeiros malsucedidos, a ponto de haver vivido seus últimos anos sob amparo de amigos. O fato surpreende, considerando que seu filho Antônio Álvares Pereira Coruja Júnior (?-?) foi um militar de grande prestígio nos dois últimos decênios do século, detentor do título de comendador e integrante de várias instituições filantrópicas, entre elas a Imperial Sociedade Amante da Instrução, provedora de um asilo de idosos. Uma nota publicada na edição de 7 de agosto de 1881 do *Jornal do Comércio* (p. 2) soa como um lamento de desesperança de seus credores:

> **Caixa Depositaria**
>
> Roga-se ao integro cavalheiro, o Sr. Comendador Antonio Alvares Pereira Coruja, mui digno credor da confiança dos seus concidadãos, haja de declarar aos credores da Caixa Depositaria, se eles ainda poderão nutrir alguma esperança de serem indemnizados (ainda com a redução, que lhes queirão impor); por que, com esta declaração de S. S., querem os credores saber que destino poderão dar ás folhas de suas cadernetas.

Entre as várias obras publicadas por Antônio Álvares Pereira Coruja, interessam particularmente aos estudos linguístico-historiográficos: *Com-

---

267. Cf. no *Boletim Grande Oriente do Brasil*. Rio de Janeiro: Typ. de J. C. Hidebrandt, n. 4, ano, 9, p. 134, 1880.

pêndio de gramática da língua nacional (1835), objeto de várias reedições; *Manual dos estudantes de latim, dedicado à mocidade brasileira* (1838), que chegou a cinco edições; *Compêndio de ortografia da língua nacional* (1848); *Manual de ortografia da língua nacional* (1852); *Compêndio da gramática latina* (1852) e o ensaio *Coleção de vocábulos e frases usados na Província de S. Pedro do Rio Grande do Sul*, publicado nas páginas da *Revista do Instituto Histórico e Geográfico Brasileiro* (1852)[268].

A *editio princeps* do *Compêndio da gramática da língua nacional* vem a lume quando Coruja ainda vivia em Porto Alegre e, decerto, já usufruía algum prestígio na seara educacional, visto que o lançamento da obra foi veiculado pelo *Recopilador liberal*, órgão ligado ao movimento emancipatório da província (edição de 26 de agosto de 1835, p. 3): "Acha-se impresso o *Compendio da Grammatica da Lingua Nacional* por Antonio Alvares Pereira Coruja, contendo muitas regras da Syntaxe modernamente adoptadas, e varias observações uteis aos principiantes: ficará encadernado até o fim do corrente mez". Esta mesma obra, também seria objeto de anúncio na sede da Corte, em edição renovada, nas páginas do *Diário do Rio de Janeiro*, em 8 de dezembro de 1854 (p. 4): Antônio Álvares Pereira Coruja anuncia a venda de dois de seus livros: *Manual dos estudantes de latim* e *Compêndio da gramática da língua nacional*.

Com efeito, o *Compêndio* resume-se na mais prestigiosa obra de Coruja, a ponto de Antenor Nascentes (1886-1972) o haver escolhido como marco do denominado período empírico da gramaticografia brasileira em sua proposta de periodização (2003 [1939])[269]. Sua concepção segue fielmente os parâmetros da gramática racionalista que nos chegou pela gramaticografia francesa e portuguesa. O propósito da gramática como instrumento pedagógico é eminentemente normativo e sua sinopse pauta-se na divisão quaternária em etimologia, sintaxe, prosódia e ortografia. Coruja propõe uma distribuição das palavras em nove classes: *artigo, nome, pronome, verbo, particípio, advérbio, conjunção, preposição* e *interjeição*, bem inscrita na tradição da gramática latina, com o natural acréscimo do artigo. Por sinal sobre essa classe gramatical, Coruja atribui-lhe, no plano gramatical, a função de indicar o gênero e o número dos nomes e, no plano semântico, "dá a entender que o nome se toma, extensiva e não compreensivamente" (1835, p. 4). No tocante à descrição do verbo, que naturalmente requer do autor mais atenção,

---

268. O *Catalogue of the library of the North-China branch of the Royal Asiatic Society* (1881) registra uma edição deste ensaio, com leve alteração do título, em Londres no ano de 1856 (p. 18).

269. Sobre o *Compêndio* de Coruja, cf. Medeiros (2017).

Coruja opta por acolher a classificação em *ativos*, *neutros* e *passivos*, em que se imiscuem fatos da regência e da voz verbal. Sua visão das conjugações não atribui ao verbo pôr e seus derivados tratamento à parte. A afeição declarada à gramática latina leva-o a distinguir o supino e o particípio em formas em *-ado* e *-ido*, o primeiro invariável, presente em perífrases com auxiliar *ter*, o segundo variável, em perífrases com o auxiliar *ser*.

No tocante ao *Compêndio da ortografia da língua nacional* cabem algumas considerações. A obra é dedicada ao Imperador, em estilo bastante reverencial, quase subserviente, fato que deixa transparecer uma tentativa do gramático gaúcho de redimir-se do passado político em que pugnava pela causa separatista do Sul: "A S.M.I o senhor Dom Pedro Segundo, augusto protector das letras, O.D.C. o autor a presente Obra em sinal de alta consideração, profundo respeito, e sincero amor, que Lhe consagra, como humilissimo súbdito, Antonio Alvares Pereira Coruja" (1848, p. 1). A folha de rosto do *Compêndio da ortografia* traz um projeto de relativa sobriedade, em que o título da obra aparece em tipos capitulares de grande destaque e o nome do autor se imprime em caracteres que buscam imitar o estilo gótico. Abaixo do nome do autor, segue-se uma referência acadêmica que visa a conferir ao trabalho um argumento de autoridade – membro do Instituto Histórico e Geográfico Brasileiro – e uma referência à origem provincial, possível ato de afirmação de suas origens geoétnicas: natural da Cidade de Porto-Alegre, Capital da Província de S. Pedro do Rio Grande do Sul. A seguir, estampa-se o brasão do Império, com indicação do editor, seu endereço e o ano de publicação.

O livro sai a público sob amparo de um parecer técnico assinado pelo Monsenhor Manuel Joaquim da Silveira (1807-1875), futuro arcebispo da Bahia e Conde de São Salvador[270], e Joaquim Caetano da Silva (1810-1873), prestigiado intelectual formado em Medicina na França, que atuou como professor de Retórica e Grego no Colégio Pedro II e viria a ser escolhido como patrono da cadeira n. 19 da Academia Brasileira de Letras. Não se pode afirmar que mãos efetivamente redigiram o parecer, mas seu teor crítico, não propriamente acerca do trabalho de Coruja, mas sobre a situação desconfortável em que se encontrava a padronização ortográfica à época – a rigor, a ortografia era objeto de diversificadas propostas harmonizadoras que não logravam obter consenso nos meios letrados –, levam a crer que o texto per-

---

270. Cinco anos antes, coubera ao Padre Manuel Joaquim da Silveira viajar a Nápoles para tratar da logística da viagem da jovem Teresa Cristina, princesa do Reino das Duas Sicílias (1822-1889), futura consorte de Pedro II.

tence a Caetano da Silva, dada sua formação linguística mais crítica e acurada. O teor do parecer clama por uma necessária uniformização ortográfica que servisse de pacificação das dissidências e pusesse fim às idiossincrasias gratuitas dos escritores. Não apenas isso, mas também a necessária desvinculação do vernáculo de suas raízes latinas, ao menos no tocante à ortografia e à prosódia, fato que, segundo os pareceristas, gerava uma situação de indesejável artificialidade (Coruja, 1848, p. 4-5):

> É verdade que a nossa lingua deriva da latina, mas é preciso convir, que não só o som, como o valor e construcção das palavras muito differem das da boa latinidade; e é esta diferenciação que mais tem concorrido para a imperfeição da orthographia da lingua nacional, não se guardando um justo meio entre a recta pronunciação e a etymologia, por que seguindo-se simplesmente os radicaes latinos offende-se a pronuncia, e escrevendo se as palavras meramente como se pronuncião perde se a etymologia, que é o melhor e o mais seguro meio de lhes conhecer o sentido.

E arrematam:

> Assim que em quanto não tivermos uma obra semelhante, e uma boa grammatica da lingua nacional uniforme em seus principios, regras e preceitos, elaborada por alguma associação de sabios, cuja auctoridade seja capaz de acabar com esta especie de scepticismo dominante, continuaremos a experimentar o mal, que delle resulta, escrevendo se caprichosamente segundo a opinião deste ou d'aquelle auctor, que mais se accommoda ao gosto particular de quem escreve. Com isto não queremos dizer, que se não tenhão dado regras certas; o Padre Madureira, que é de todos os escritores, que se tem ocupado com a orthographia da lingua nacional o mais extenso, e muitos outros, estabelecerão princípios luminosos, que bem podem dirigir a quem não quizer errar, e não quizer incorrer tambem na censura, que faz Jeronymo Soares Barboza na sua excellente grammatica philosophica adoptada pela Academia Real das Sciencias de Lisboa aos que despresão as regras da recta pronunciação, e boa orthographia. O compendio de Antonio Alvares Pereira Coruja contêm em resumo os principios e regras, que estabelecerão esses Auctores, e bem que não seja hum trabalho perfeito, nos parece util para as escolas, por ser escrito com aquella precisão e clareza inseparáveis de uma obra elementar didactica.

Como se percebe, as críticas dos pareceristas ultrapassam os limites da seara ortográfica, para dirigirem-se igualmente às normas gramaticais e mesmo ao padrão prosódico, uma das questões mais candentes em um momento em que a intelectualidade brasileira buscava despir-se a pouco e pouco das normas de pronúncia típicas do português europeu. No tocante ao trabalho de Coruja mais detidamente, os pareceristas optam por uma aprovação com reservas, em tom necessariamente eufêmico, de que lhe valeu não só a aprovação para publicação, como também a autorização para que dedicasse a obra ao Imperador[271].

Obra de grande circulação no território nacional[272], o *Compêndio da ortografia* cumpria um papel incomum a sua época, já que, nos termos do *Prólogo*, visava a atender não apenas os reclamos de uma obra didática em sala de aula, como também no âmbito do uso profissional da língua escrita. Essa é a conclusão a que se chega pela avaliação das palavras do autor (1848, p. 7):

> Neste Compêndio encontrará o Leitor explicações sobre as letras do alfabeto, seu uso e pronuncia, e sobre os ditongos; os diversos sons de algumas consoantes nas linguas vivas, com que estamos mais em relação; observações á cerca do uso de æ, œ, w, k, ph, lh, y, autorizadas com explicações de differentes autores; regras sobre as consoantes dobradas; formação dos pluraes dos nomes e diversas inflexões dos mesmos tanto nos substantivos como nos adjectivos; uso das abreviaturas dos nomes tanto na pratica commum e na commercial, como na scientifica; regras de pontuação acompanhadas de exemplos apropriados, e explicações dos differentes sinaes orthograficos e acentos prosodicos; conjugações dos verbos regulares e irregulares, e as diversas inflexões em suas differentes vozes.

Observe-se que o texto do *Prólogo* dirige-se ao leitor, sem adjetivação, fato que denota o intuito de atingir público mais diversificado. Ademais, a especial referência à grafia e pronúncia dos ditongos *æ* e *œ* revela estar-se ainda em um momento de intensa influência da grafia latina de palavras portuguesas no plano da língua formal. Por outro lado, o texto introdutório remete ao uso da língua escrita "tanto na prática comum como na científica e na comercial", um testemunho da crescente importância que, então, se conferia à linguagem escorreita nos documentos do cotidiano social, não somente os notariais, senão os contratos de toda espécie, a par, evidentemente, do texto científico.

---

271. Por sinal, muitos dos exemplos oferecidos por Coruja no *Compêndio ortográfico* fazem menção ao Imperador e a sua família.

272. Uma nota na edição de 20 de novembro de 1847 do jornal *A revista* de São Luís do Maranhão, órgão dirigido por Francisco Sotero dos Reis, anuncia o lançamento do *Compêndio de ortografia* de Coruja. Este fato bem revela que a distribuição do livro no território do Império gozava de relativa eficácia pelos idos da metade do século.

Coruja espelha-se no trabalho secular de Madureira Feijó, a rigor ainda o mais prestigiado manual de ortografia portuguesa em meados do século XIX. Esse fato pode revelar desinteresse dos estudiosos da língua em produzir textos renovados nessa seara gramatical, a que se aliava a dificuldade de se publicarem textos linguísticos ao longo da primeira metade do século. Apesar disso, o próprio Coruja admite que o "Padre Madureira depois que apparecerão os Diccionarios de *Antônio de Moraes e Silva* e *Francisco Solano Constâncio,* tem perdido aquelle interesse que inspirára na época de sua primeira edição" (1848, p. 7). O tom normativo do livro aguça-se na forma de um vocabulário oferecido pelo autor, em que figuram palavras tradicionalmente conhecidas pela grande dificuldade de pronúncia e grafia, tais como as que, escritas com *ch*, tinham o som de /k/, as escritas com *x* e suas diferentes pronúncias, as de som ambíguo entre *e* e *i* e entre *o* e *u*, bem como tantas outras que ainda hoje oferecem desafio ao falante do português: grafia com *c* ou *ss*, *g* ou *j*, *s* ou *z* etc.

Interessante notar que naquele outro ponto Coruja traça uma comparação entre grafias do português com as de outras línguas românicas, sobretudo o francês e o italiano. Quanto ao francês, salienta que nosso alfabeto não comporta o uso etimológico dos ditongos æ e œ, como fazem os francófonos, não obstante o fato se registre em João de Barros (1496-1570), em cuja obra "se encontra a cada passo *tærra, hærva, aquæla, æra, dæsse, etc.*, mas não tendo taes palavras sua etimologia de nomes que tenhão æ, deve se atribuir ao uso daquele tempo (1539) em que pouco adiantada estava a arte tipográfica" (1848, p. 32). No tocante ao uso do *w* e do *k*, suas palavras poderiam perfeitamente constar de um manual ortográfico do século XXI, já que seu uso só se justifica "em alguns nomes proprios que escrevemos de passagem, como *Washington*, *Brunswick*, *Windsor*, como já tivemos ocasião de dizer a respeito do *k*" (1848, p. 33).

O *Compêndio da ortografia* traz ainda algumas informações práticas que decerto se julgavam muito úteis para o cotidiano da redação comercial e científica, tais como uma relação de numerais (aí incluídos os algarismos, os cardinais e os ordinais) em português, latim, francês, italiano e espanhol. Fornece, igualmente, uma lista de abreviaturas e uma detalhada explicação acerca do emprego de letras dobradas em face da etimologia. É atento às regras de pontuação, decerto entendidas como um fato ortográfico, e, avançando para a seara morfológica, fornece a conjugação de alguns verbos irregulares e anômalos. Curiosamente, abre um capítulo específico para a grafia do nome de "cidades e vilas notaveis do Brasil", o que decerto visava a uniformizar a grafia desses topônimos, muitos dos quais têm origem indígena.

Diga-se, ainda, que o *Compêndio ortográfico* dá conta de uma relação de antropônimos como igual utilidade para os que se dedicavam ao texto escrito, além de uma extensa lista de nomes comuns com informação sobre flexão de número e gênero.

No tocante às particularidades do português do Brasil, o *Compêndio ortográfico* resume-se a comentar a grafia de palavras oriundas da língua geral, mormente no tocante à sinalização do som nasal, necessariamente feita com til (~), não com *m* ou *n*, e ao emprego da letra *y*, cujo juízo melhor se entende em suas próprias palavras (1848, p. 34):

> Tem sido admittido o uso do *y* nas finaes longas e em algumas sillabas intermedias dos nomes de origem indígena na supposição de que indicando de ordinario nomes de rios, e *y* significando *agua,* ha mais certeza em usar desta orthografia; este uso porem é muito vario, pois assim como escrevem uns *Paraty, Piauhy, Capivary, Cuyabá, Parahyba,* também escrevem outros *Parati, Piauhi, Capivari, Cuiabá, Parahiba,* conforme o uso de quem escreve. Se attendermos á origem do *y* na lingua geral brasiliana, vemos não só que nenhuma relação tem esta letra com o *ypsilon* dos gregos, mas até que ella não é a que inventarão os primeiros escritores (1) da lingua guarani para significar o som gutural mixto entre *i* e *u:* para exprimir este som inventou-se uma nova letra chamada *i grosso* com um pingo em cima e outro em baixo, que não tendo nas tipografias letra correspondente a substituirão por *y:* e como a nossa lingua não tem esse som gutural e sim o som de *i;* por isso entendo que bem escreveremos pondo em lugar de *y* o nosso *i*, que é justamente o representante deste som na nossa lingua.

No tocante às fontes doutrinárias de Coruja nesta seara da prosódia e da ortografia, além dos já referidos João de Morais Madureira Feijó (1688-1741), Antônio de Morais Silva (1755-1824) e Francisco Solano Constâncio (1777-1846), lê-se no *Compêndio ortográfico* referência a Jean-Louis Burnouf (1775-1844), João de Barros (1496-1570), Frei Luís do Monte Carmelo (1715-1785) e Jerônimo Soares Barbosa (1737-1816) – de quem aproveita as regras sobre emprego do ponto, da vírgula e do ponto e vírgula.

5.8 Francisco Sotero dos Reis (1800-1871)

Um dos nomes mais prestigiados da gramaticografia brasileira no século XIX, Francisco Sotero dos Reis (1800-1871) foi um dos líderes do denominado *grupo maranhense*, formado por intelectuais das áreas linguística, histórica, literária e jornalística que se destacaram em órbita nacional e ganharam grande projeção como próceres em seu mister. Ao longo de seus 71 anos de vida, notabilizou-se como jornalista, professor, gramático, crítico literário e parlamentar, havendo sido laureado como Comendador da Ordem da Rosa e da Ordem de Cristo. Foi designado patrono de uma das cadeiras de sócios correspondentes da Academia Brasileira de Letras e da cadeira 17 da Academia Maranhense de Letras. Nasceu em São Luís em 22 de abril de 1800, filho de Baltasar José dos Reis e de Maria Teresa Cordeiro, cidade em que viveu e a que se dedicou durante toda a vida. Embora tivesse nascido em família de muitas posses, frequentou pouco a escola, decerto pelas precárias opções a que se sujeitavam os jovens da província na área da educação infantil nos primeiros anos do século XIX. Aos 12 anos, empregou-se como caixeiro comercial na loja de um parente, quando não passava o tempo na fazenda dos pais na cidade de Guimarães. Segundo Leal (1873, p. 129), sua vocação para as letras decorreu de um trágico episódio na infância: dirigia-se à Igreja de Nossa Senhora do Carmo quando deparou com o corpo ensanguentado de um preso que era conduzido para o hospital. A cena transtornou o espírito do jovem Francisco a tal ponto que, por longo tempo, mergulhou em depressão, tomado de febres, vindo, inclusive, a tentar o suicídio. Resolveram, então, os pais fixá-lo na fazenda de Guimarães, onde ficaria distante dos lugares e lembranças pungentes que o afligiam.

No período mais longo em Guimarães, Sotero procurou distrair-se com a leitura dos poucos volumes que lá estavam à disposição, em cuja rotina acabou tornando-se tão ardentemente envolto que resolveu voltar aos estudos. Matriculou-se, então, nas aulas de latim que eram ministradas na Igreja de Nossa Senhora do Carmo, sob orientação do Frei Inácio Caetano de Vilhena Ribeiro (?-?), a quem tanto impressionou pelo talento e empenho que em breve tempo passou a substituir em sua ausência ou nas aulas de reforço dos alunos mais atrasados nos estudos. Mais tarde veio a aprender o francês em aulas avulsas ministradas por mestres particulares. O desejo de partir para a França, onde cursaria a Faculdade de Medicina frustrou-se com a morte do pai em 1818, mesmo ano em que resolveu dedicar-se mais assiduamente ao magistério do latim e do francês, primeiro em sua própria residência, depois no Colégio de Instrução de Tiago Carlos de la Rocca (?-?), um italiano dedicado ao ensino de línguas clássicas. Sua convivência com de la Rocca decerto abriu-lhe as portas da literatura clássica grega e latina, a par do contato direto com obras de filosofia racionalista, entre elas os textos de Descartes e Espinoza.

Como docente e administrador escolar, Sotero auferiu fama de homem austero e, por vezes, exageradamente rigoroso com alunos e colegas de trabalho. A edição de 9 de setembro de 1848 do periódico *A revista*, por exemplo, estampa a pedido do próprio Sotero, a sentença de uma queixa-crime por prevaricação que lhe movera um professor de História e Geografia do Liceu Maranhense. No referido processo, cuja sentença foi absolvitória, consta que Sotero, como diretor, denunciara o referido professor ao presidente da província por reiteradamente terminar o ano letivo sem alunos e valer-se de inúmeras licenças médicas para escapar de suas funções. A probidade e ilibada conduta profissional, entretanto, não parecem tê-lo constrangido para entregar o prêmio de melhor aluno nas aulas de francês de 1848 a seu filho Francisco Sotero dos Reis Júnior[273].

O ingresso na vida política provincial parecia inevitável e assim se consumou, primeiro como membro do Conselho Geral do Maranhão e depois, já em 1832, como membro efetivo da Assembleia Legislativa do Maranhão, cargo que ocupou até 1864. Nesse curso, em que se coadunam as carreiras docente, política e jornalística, foi acompanhado intimamente de alguns nomes do grupo maranhense que em muito influenciaram suas ideias sobre língua, ensino, sociedade e moral, entre eles Manuel Odorico Mendes (1799-1864), latinista conhecido de igual prestígio na província e hoje reconhecido como o primeiro tradutor das obras de Virgílio para o português (versão publicada em Paris no ano de 1858 com o inusitado título *Virgílio brasileiro*). Na área jornalística, Sotero participa como colaborador assíduo dos periódicos conservadores, havendo nesse mister confrontado diretamente a figura de João Francisco Lisboa (1812-1863), um intelectual liberal que viria a tornar-se patrono da cadeira 18 da Academia Brasileira de Letras[274], e Franco de Sá (1807-1851), fundador do periódico liberal *O Americano*, cuja expressiva participação política no Segundo Império conferiu-lhe o cargo de presidente da Província da Paraíba em 1844, da Província do Maranhão em 1846 e de senador do Império em 1849[275].

A década de 1830, atingida pelo vácuo decorrente da Abdicação e da Regência Trina, marcou-se pelos levantes separatistas, entre eles a Cabanada pernambucana, a Cabanagem do Grão-Pará e a Revolução Farroupilha do Rio Grande do Sul, focos de enfrentamento armado e ideológico intenso, esses mormente no meio jornalístico, em que periódicos separatistas e conservado-

---

273. Veja em *A revista* (10 mar. 1849, p. 3).

274. Curiosamente, Lisboa fora aluno de Sotero dos Reis nas aulas de língua latina.

275. Filipe Franco de Sá viria a publicar em 1915 o seu *A língua portuguesa*, texto referido por Joaquim Mattoso Câmara Jr. (1904-1970) como pioneiro no enfoque da língua oral no Brasil (cf. Câmara Jr., 1970, p. 39).

res faziam do confronto o alimento da alma. Integrante do conservador Partido dos Cabanos, por sinal, uma rara convergência de ideais entre os desvalidos e a elite na história brasileira, Sotero fundou o jornal *A revista*, cujo propósito era o de combater duramente o Partido Liberal Bem-te-Vi, liderado por Ana Joaquina Jansen Pereira (1787-1869)[276], a lendária Donana, "Rainha do Maranhão", cuja memória até hoje habita o imaginário do povo maranhense.

Verdade é que a atividade partidária de Sotero dos Reis e seu apoio notório à causa da união do Império projetou seu nome para os círculos políticos da Corte, fato que lhe concedeu a primazia de projeção nacional, garantiu-lhe os títulos nobiliárquicos auferidos e, em decorrência, lançou luzes para sua obra linguística fora das fronteiras provinciais. Acrescente-se o fato de o notável maranhense haver expandido sua atividade intelectual para o campo literário, com uma obra poética menor, porém em harmonia com o clima de beletrismo que tomava conta do ambiente social a partir da metade dos Oitocentos. Não bastasse essa diversificada atuação literária, Sotero dos Reis ainda legou-nos textos de história literária, resultantes de um curso proferido no Instituto de Humanidades do Maranhão e reunidos em seu *Curso de literatura brasileira e portuguesa*, publicado em quatro volumes (1866 a 1873), não obstante a matéria, sobretudo do primeiro volume, seja mais dedicada a comentários filológicos do que literários. A dedicação de Sotero à causa da educação é flagrante e deveras louvável, fato que se verifica nas referências repetidas que faz em sua obra aos esforços de construção de um sistema educacional eficaz e mais democrático no seio da província em que nasceu. Em dado passo, tece louvores ao Instituto de Humanidades do Maranhão, que inovava em meados do século com um curso de gramática geral, decerto uma iniciativa que abria as sendas da linguística teórica em sala de aula, não obstante seja-nos impossível hoje aquilatar em que dimensão o assunto era tratado: "distingue-se ainda este estabelecimento por comprehender no plano geral de estudos, que é completo para a instrucção primaria e secundaria aperfeiçoada, que nelle se recebe de professores escolhidos, uma cadeira de grammatica geral aplicada á lingua portuguesa, cujo estudo é mui pouco cultivado no Brazil" (Reis, 1866, p. 20).

Os esforços de Sotero dos Reis mereceram elogios, entre outros, de Machado de Assis, que, no mesmo ano de publicação do *Curso de literatura brasileira e portuguesa*, faz publicar uma crítica muito positiva ao trabalho do gramático maranhense no número 79 do *Diário do Rio de Janeiro* – não

---

276. Sobre Ana Jansen, cf. Viveiros (1965), Santos (1978) e Moraes (1999).

obstante lhe reconheça o estilo seco e mais voltado para o interesse linguístico do que o literário –, que aqui colhemos à edição de Azevedo, Dusilek e Callipo (2017):

> O livro do Sr. Sotero dos Reis [...] compõe-se de algumas lições professadas pelo distinto literato no Instituto de Humanidades, do Maranhão. O plano do Sr. Sotero dos Reis é vasto, e abrange o estudo da literatura, desde a formação da língua e das primeiras obras literárias de Portugal [...]. O Sr. Sotero dos Reis é um dos escritores brasileiros que mais têm estudado a nossa formosa língua; a cadeira do Instituto de Humanidades está bem ocupada pelo ilustre tradutor dos *Comentários de César*, e dando o exemplo de lecionar deste modo a literatura portuguesa e brasileira, faz ele grande serviço aos escritores do nosso país [...].
> O estudo da língua é dos mais descurados no Império: o autor do *Curso de literatura* é uma das raras exceções, e para avaliar o cuidado e o zelo com que ele estuda a língua de Camões e de Vieira, basta ler este primeiro volume, e a conscienciosa análise que ele faz da formação e desenvolvimento do nosso idioma [...]. Como professor de língua, corre ao Sr. Sotero dos Reis o dever de pôr nos seus estudos os preceitos que leciona, e a esse respeito o Curso de Literatura é digno de ser estudado pelos nossos jovens escritores. Não há, talvez, nesse livro a eloquência e animação que, mais que o amor das letras, conviva o espírito dos ouvintes; mas devemos recordar que a própria matéria do livro limitado a um período embrionário das letras não se prestava a isso. Em resumo, louvamos o livro, como exemplo, e independente disso, como obra de erudição e de talento.

Enfim, a popularidade e o prestígio de Sotero dos Reis, sem dúvida, tornaram-no uma figura lendária no imaginário do cidadão maranhense por várias décadas. Por sinal, foi este mesmo prestígio que lhe conferiu a deferência de tornar-se nome de rua no Rio de Janeiro e em Porto Alegre, sem que, ao que se saiba, haver sequer conhecido a capital da Corte e a província do Sul. Outra prova dessa presença forte de Sotero na cultura maranhense, como símbolo da atividade educacional e do tipo social do mestre, do educador, revela-se na referência que lhe faz Aluísio de Azevedo (1857-1913) no romance *Casa de pensão*, um raro exemplo de confluência do real com o fictício na literatura brasileira dos Oitocentos. No romance, o narrador conduz o leitor à infância da personagem Amâncio, seus tempos de escola e seu contato com a figura imponente e arrepiante de Sotero dos Reis na presidência de uma banca examinadora. Por sinal, a figura carismática do gramático maranhense o levaria a habitar as páginas de outro romance de costumes, *Os tambores*, da lavra de José Montelo (1917-2006), em que mais uma vez sua atividade como diretor do Liceu Maranhense e sua fama de professor severo compõem o cenário das atividades educacionais na São Luís do século XIX.

A dimensão de prestígio de Sotero entre os seus conterrâneos e da popularidade que auferiu como figura pública que se perpetuou na memória coletiva da sociedade que o viu crescer pode medir-se pelas palavras afetivas de seu biógrafo e amigo Antônio Henriques Leal (1828-1885) nas páginas do *Panteon Maranhense* (1873, p. 125):

> Quem de entre nós deixará nunca de recordar-se com extrema e saudosa gratidão d'aquelle ancião que, caminho do Lyceu ou d'outros estabelecimentos de instrucção, cruzava com passos tardos e incertos, em diferentes horas do dia, as ruas da nossa capital? Abstracto e alheio ele si, sem prestar atenção ao que o rodeava, e todo absorto em suas cogitações quando não o despertavam seus estudos ou as licções de seus discípulos, parecia reconcentrado em seus pensamentos a ruminar o que havia lido. Eil-o avergado pelos annos, denunciando-lhe os seus estragos, senão os cabellos, que os tinha pouco grisalhos, as rugas do rosto, a flacidez dos tecidos que lhe traziam as faces, já de si grossas, pendentes e em dobras. De baixa estatura, secco de carnes, de tez clara, palpebras superiores demasiado espessas, como que velando-lhe habitualmente os olhos, não que se doessem da claridade, ou se occultassem d'industria para que não lhe perscrutassem o que lhe ía pela alma, antes para furtarem-se ás distracções do mundo exterior e deixar a mente espairecer forra e sem peias.

5.9 Duas palavras sobre a obra gramatical de Sotero dos Reis

Em um comentário crítico sobre as *Postilas de gramática*, publicado nas páginas de *A Coalição* (1863, p. 1-2), Trajano Galvão de Carvalho (1830-1864) não poupa elogios ao gênio filológico de Sotero dos Reis, um testemunho de seu prestígio no seio da sociedade maranhense dos Oitocentos. A crítica revela os atributos que se exigiam de um gramático luminar, todos reconhecidos em Sotero: conhecer os princípios da gramática geral, dominar o latim e ser versado em línguas românicas, mormente o francês, o italiano e o castelhano. No curso de suas considerações, Trajano pauta-se na descrição gramatical proposta por Sotero, em que as considerações sobre a natureza das palavras e suas funções libertava-se do modelo latino, fato que, afinal, não chegava a ser pioneiro por volta dos anos de 1860. Na esteira de sua análise crítica, Trajano opta por elogiar a obra de Sotero traçando um contraponto com a *Ortografia*, de Madureira Feijó, que, a seu juízo, é inçada de "frioleiras e puerilidades", com observações "néscias e atoleimadas", cujo autor surpreendentemente "conseguio fundar eschola, augarear proselyto, discipulos e enthusiastas" (*apud* Leal, 1873, p. 321).

O estilo de Trajano é o de fazer o elogio pela contraposição antinômica, de tal sorte que, para chegar ao gênio de Sotero impunha-se dessacralizar nomes que pudessem ofuscar-lhe o prestígio, tais como o do português Francisco Solano Constâncio (1777-1846), cuja reputação em solo brasileiro por largo tempo ombreou-se com a de Soares Barbosa, mormente em face das conhecidas contendas gramaticais que vincularam os dois grandes nomes da gramaticografia portuguesa[277]. Em termos mais objetivos, a crítica de Trajano exalta o modernismo e clarividência de Sotero, alinhando-o à escola filosófica fundada por Soares Barbosa e opondo-o ao anacronismo de Constâncio.

Entre suas obras linguísticas, citem-se necessariamente: *Postilas de gramática geral* (1863), *Gramática portuguesa* (1866) e *Curso de literatura portuguesa e brasileira* (1866-1873)[278], pontuado de inúmeros comentários filológicos, além de alguns volumes sobre literatura romana, em que traça juízo sobre aspectos da língua latina. Os dois textos efetivamente linguísticos, a *Gramática* e as *Postilas*, diferem substancialmente entre si em face do propósito editorial e da matéria linguística explorada, embora se destinassem ao mesmo público leitor. Enquanto a *Gramática* segue o padrão dos textos semelhantes no cenário da primeira metade dos Oitocentos, com uma sinopse desenvolvida em *etimologia*, *sintaxe*, *ortografia* e *prosódia*, as *Postilas* limitam-se à exposição exclusiva dos fatos sintáticos, em estilo bastante didático, à semelhança de lições programadas. Por sinal, o próprio subtítulo das *Postilas – guia para a construção portuguesa –* denuncia seu objeto singular na área da sintaxe, fato pouco comum no período das denominadas gramáticas filosóficas. Por sinal, também no texto da *Gramática* percebe-se sensível preferência do autor pelos temas morfológicos e sintáticos, não só pela ordenação da matéria gramatical – em que a etimologia (em seu sentido metalinguístico da época) e a sintaxe precedem a ortografia e a prosódia –, como também maior número de páginas dedicadas às duas primeiras seções.

Nesse aspecto, vale aqui ler as palavras de Sotero sobre suas preferências (1871 [1866], p. VIII):

---

277. Cuide-se que a *Gramática analítica* (1831), de Solano Constâncio tinha por meta atingir o público brasileiro e português, traço que lhe conferia amplo prestígio no Brasil. Sobre o embate entre Soares Barbosa e Solano Constâncio, cf. Molina (2015).

278. Sobre o trabalho de Sotero na seara literária, cf. Melo (2009) e Neres (2013).

> Na composição desta Grammatica dei muito mais desenvolvimento á Etymologia e á Syntaxe, do que á Orthographia e á Prosodia, porque as duas primeiras partes, que constituem a base de toda a sciencia grammatical, devem ser essencialmente especulativas e praticas; e porque as duas ultimas, em que impera muito mais o uso modificavel, do que a especulação dos principios, devem por sua natureza ser eminentemente praticas. O consenso unanime de quase todos os grammaticos antigos e modernos vem em apoio desta opinião, que é tão velha quanto a Grammatica.

Dê-se aqui relevo à concepção de *etimologia* e *sintaxe* como partes da gramática *especulativa*. Difícil em plano perfunctório definir a exação do adjetivo *especulativa* em Sotero, seja um significado genérico, atinente ao conceito de gramática como expressão de conceitos abstratos, seja como referência, ainda que indireta, ao paradigma modista. Assim, embora sejam textos relativamente próximos no tempo, já que as primeiras edições das *Postilas* e da *Gramática* são publicadas no lapso de apenas três anos, a natureza teleológica dos dois trabalhos é substancialmente distinta. Pode-se assegurar com firmeza que as *Postilas* cumpriam um papel mais justo para os consulentes de temas gramaticais que estivessem no cotidiano da produção textual, ao passo que a *Gramática* tinha a feição do manual que acompanha o aluno em fase de formação linguística na escola. O estilo de Sotero é enxuto, com frase e parágrafos curtos, característica que naturalmente se acentua bem mais nas *Postilas*, devido a seu caráter mais informativo do que formador. Evidentemente, algumas definições são literalmente as mesmas em ambas as obras, conforme se lê quanto ao sujeito: "Sujeito é a pessôa ou cousa a que se attribue alguma qualidade; é a idéa principal, o objecto do juízo" (1871 [1866], p. 169; 1870 [1863], p. I). No entanto, a concepção das duas obras segue caminhos distintos exatamente em face de sua distinção quanto ao propósito bibliográfico, razão por que, por exemplo, estão na *Gramática* as preocupações de Sotero quanto à própria definição de gramática e sua divisão ou classificação em *gramática geral* e *gramática particular*, bem ao estilo dos textos mais prestigiados da gramática racionalista. Nesse sentido, Sotero acompanha a visão dos filósofos da linguagem que situavam a dimensão geral da gramática no plano da ciência e a dimensão descritiva da gramática particular no plano da arte (1871 [1866], p. VI):

> A *Grammatica Geral* é uma *sciencia*, porque tem por objeto a especulação razoada dos principios immutaveis e geraes da palavra; a *Grammatica Particular* é uma *arte*, porque respeita á aplicação pratica das instituições arbitrarias e usuaes de qualquer lingua aos princípios geraes da palavra. A sciencia grammatical é anterior a todas as linguas, porque seus princípios são de eterna verdade, e supõem a possibilidade das linguas:

> a arte gramatical pelo contrario é posterior ás linguas, porque os usos destas devem preceder á sua aplicação artificial aos principios geraes. Não obstante esta distincção da sciencia e da arte grammatical, não pretendemos insinuar que se deva ou possa separar o estudo de uma do de outra. A arte nenhuma certeza poderá dar á pratica, si não for esclarecida e dirigida pelas luzes da especulação; a sciencia nenhuma consistência poderá dar á teoria, si não observar os usos combinados e as diferentes praticas, para leval-a por grãos á generalização de princípios.

Portanto, a concepção dual de língua como expressão universal da razão, dos "princípios gerais e imutáveis da palavra", objeto da gramática geral, e como "aplicação prática das instituições arbitrárias e usuais de qualquer língua aos princípios gerais da palavra", campo da gramática particular, está nos fundamentos do ideário linguístico de Sotero, decerto fruto de suas fontes doutrinárias, todas ligadas à tradição de Port-Royal. Diga-se, por sinal, que o próprio Sotero traça referência direta a Port-Royal no corpo da *Gramática* com a singular observação de que no texto de Arnauld e Lancelot está a definição mais concisa que se conhece de gramática: "Arte de falar, porque fallar abrange tudo o mais" (1871 [1866], p. VIII). Com efeito, falar abrange tudo porque a escrita nada mais é do que o registro da fala, ou, em temos mais definitivos, língua é oralidade. Percebe-se, pois, na letra de Sotero dos Reis, um passo um pouco adiante de seus conterrâneos maranhenses na concepção de gramática. Suas teses são mais afinadas com os princípios da linguística de seu tempo e demonstram inclusive certa leitura do paradigma que viria a dominar a gramática brasileira a partir de Júlio Ribeiro. Nesse sentido, pode-se hoje falar em redes conceituais que estabelecem liames e contrastes entre conceitos linguísticos pertencentes a paradigmas distintos ou mesmo entre autores de formação distinta dentro do mesmo paradigma, como resultado de um diálogo teorético que não aparece claramente nas gramáticas, mas que se pode perceber em conceitos pontuais residentes nas obras desses autores[279]. Decerto que nele são se encontram as cores nítidas de leitura e reflexão sobre os princípios da gramática histórico-comparativista, fato perceptível em um Ernesto Carneiro Ribeiro (1839-1920) ou um Augusto Freire da Silva (1836-1917); o que se quer aqui observar é a existência em Sotero de um espírito heurístico suficiente para transportá-lo a sendas outras que as limitadas pela teoria racionalista.

Não se percebe na obra de Sotero dos Reis um diálogo com os demais gramáticos brasileiros de seu tempo. Na realidade, a omissão de nomes conterrâneos entre gramáticos brasileiros é um fato ordinário no século XIX,

---

279. Um exemplo de pesquisa nessa linha historiográfica encontra-se em Polachini (2015).

fato que se pode atribuir a mais de uma causa, entre elas a pouca credibilidade que os que se dedicavam ao estudo linguístico auferiam como fonte doutrinária entre seus pares e o clima de competitividade que reinava nos meios intelectuais. Por outro lado, no plano da exemplificação dos fatos gramaticais descritos, Sotero implementa um rigoroso uso de *corpus* em língua literária clássica, com trechos de Luís de Camões (1824-1880), Jacinto Freire (1597-1657), Frei Luís de Sousa (1565-1632), Antônio Vieira (1608-1697) e outros, evitando, assim, o mau uso do denominado *corpus* introspectivo, que tanto mal causa a um trabalho de descrição linguística fidedigno.

5.10 Antônio Estêvão da Costa e Cunha (1839-1912)

Antônio Estêvão da Costa e Cunha (1839-1912)[280] é uma das personalidades educacionais mais destacadas na didática da língua vernácula do século XIX. Sua trajetória, entretanto, quase nenhuma atenção mereceu dos historiógrafos da gramática até o momento, não obstante seja objeto de aqueloutro estudo na área da história da educação no Brasil (cf. Costa & Cunha, 2008). Nascido no Rio de Janeiro em 9 de setembro de 1839, filho de Antônio Severino da Costa e de Joana Luiza de Sá, pertenceu a uma família de funcionários públicos, a maioria composta de professores primários, entre eles seu pai, sua irmã Eudóxia Brasília da Costa (?-?) e seu irmão Jorge Roberto da Costa (?-?). Dedicou-se ao ensino de língua vernácula e atuou como farmacêutico e jornalista, atividade plural que talvez lhe tenha facilitado uma intensa atividade política na área do ensino público. Além de gramático e filólogo, era formado em Farmácia (Ciências Naturais) pela Faculdade de Medicina do Rio de Janeiro, área que também lhe abriu as portas do magistério como professor de Geologia e Mineralogia na Escola de Humanidades e Ciências Farmacêuticas, vinculada ao Instituto Farmacêutico do Rio de Janeiro.

Entre suas iniciativas mais relevantes, de grande repercussão social, está a participação efetiva na criação da Escola Normal do Município da Corte[281] em 1874, onde lecionou gramática analítica. Costa e Cunha também exerceu

---

280. Uma nota publicada em *O País*, na edição de 14 de janeiro de 1912 (p. 3), informa que a Senhora Maria Amélia da Costa Guimarães recebera ajuda do Governo Federal para o sepultamento de seu pai Antônio Estêvão da Costa e Cunha. Portanto, é possível que Costa e Cunha tenha falecido em fins de 1911.

281. Além de Costa e Cunha, participaram desta importante iniciativa para a educação primária brasileira os educadores Augusto Candido Xavier Cony (?-?), Antonio Rodrigues Carneiro (?-?), João da Matta Araújo (?-?) e Luiz Pedro Drago (1844-1908), além do diretor da escola, o conselheiro Manuel Francisco Correia (1831-1905), que viria ser senador do Império (Lopes, 2012, p. 111).

o cargo de professor de Gramática, Filologia e composição portuguesa na Escola Industrial, instituição criada pela Sociedade Auxiliadora da Indústria Nacional em 9 de setembro de 1872 para oferecer cursos noturnos e gratuitos a cidadãos nacionais e estrangeiros. Sua trajetória profissional como docente do ensino público vai de 1867, quando foi nomeado para lecionar na escola pública de meninos da freguesia de Nossa Senhora da Ajuda da Ilha do Governador, até 1890, ano em que se aposentou. Publicou vários artigos sobre política educacional na revista *A Escola* (1887-1878) e no periódico semanal *A instrução pública* (1872-1876 e 1879-1889). Contribuiu também no jornal *A verdadeira instrução pública* (1872)[282].

No conjunto da obra de Costa e Cunha destacam-se, na área linguística, além da *Gramática elementar portuguesa* (1880), o *Manual do examinando de português* (1883), a tese de concurso *Temas e raízes* (1883) e o livro didático *Primeiro livro ou expositor da língua materna* (1883), em coautoria com Januário dos Santos Sabino (1832?-1900), outro educador e poeta de grande prestígio na sede da Corte. Essa referência bibliográfica revela um interesse eclético na publicação de obras sobre a linguagem, que transita entre a pesquisa pura, presente em sua tese de concurso para o Colégio Pedro II, e o pendor pedagógico que caracteriza o opúsculo escrito em coautoria com Santos Sabino. A rigor, considerando o perfil de Costa e Cunha no cenário do magistério brasileiro, poder-se-ia afirmar, sem grandes riscos de erro, que seu interesse maior residia na produção de obras destinadas ao ensino básico do vernáculo, ficando em segundo plano a atividade de investigação linguística.

Uma palavra final deve ressaltar a intensa atividade política de Costa e Cunha em prol do ensino público básico, com natural pendor para a área de humanidades, notadamente o ensino linguístico. Importante observar, conforme nos informam Teixeira e Schueler, que os professores primários da Corte tinham voz ativa nos debates educacionais desde o início da década de 1870. Preocupados com o próprio estatuto profissional, com as condições materiais do ensino público e os graves problemas do seu tempo – como, por exemplo, a disciplina, a elevação intelectual dos alunos das escolas públicas e a formação do cidadão –, os professores reuniram-se em agremiações, fundando jornais e revistas pedagógicas, através dos quais defenderam a educação e a instrução populares e opinaram sobre os caminhos e os destinos da *nação* (cf. Teixeira & Schueler, 2006). Como coeditor do semanário *A*

---

282. Um relato mais detalhado da biografia de Costa e Cunha pode ser obtido em Costa e Cunha (2008).

instrução pública, Costa e Cunha manifestava-se insistentemente em prol da prioritária atenção que se devia conferir ao ensino público primário como instrumento essencial para a formação civilizatória do povo e desenvolvimento social do país.

Cumpre, assim, salientar a luta que Costa e Cunha e seus companheiros de *A instrução pública* impuseram-se na busca de um entendimento da educação básica que ia bem além da mera tarefa de alfabetizar e conferir o conhecimento rudimentar na área da aritmética, das ciências naturais e em noções de higiene. Na visão dos articulistas do importante semanário, a educação básica visava ao desenvolvimento social pela formação pessoal do educando, no sentido de que uma sociedade mais justa e equânime deveria entender a educação como, para além de um dever do Estado, um direito do cidadão, consagrado no inciso XXXII do art. 179 da Constituição de 1824, que garantia instrução primária e gratuita para todos, sem qualquer distinção. Ainda na órbita da ação político-social, não foram poucos os textos que Costa e Cunha publicou nas páginas de *A instrução pública* em prol da própria "afirmação dos professores como classe de funcionários indispensáveis à reconstrução da nação e à obra de elevação do Império e do povo ao patamar das nações ditas civilizadas. O professor primário, braço direito do Estado na tarefa de educar e instruir os cidadãos, deveria então ocupar lugar de destaque na sociedade imperial" (Schueler, 2005, p. 383).

A importância da obra gramatical de Costa e Cunha cresce significativamente, do ponto de vista historiográfico, se considerarmos que seu texto inaugural, o *Novo método teórico-prático de análise sintática* (1874), trazido a lume sete anos antes da publicação da *Gramática portuguesa* (1881), de Júlio Ribeiro (1845-1890), já revela um novo olhar sobre as práticas de ensino da língua vernácula, agora sob o ponto de vista da "anatomia da língua" que fomentou o analitismo e a descrição detalhada dos fatos linguísticos como premissa para a formação básica do educando. Dois aspectos do título desse texto pioneiro de Costa e Cunha merecem especial observação: a presença do adjetivo "novo", que certamente se refere à novidade do método de ensino que Costa e Cunha busca implementar – não ao fato de ser "mais um" livro sobre o tema –, e o substantivo "análise", um metatermo expressivo na segunda metade dos Oitocentos, já que passa a empregar-se nos estudos linguísticos por empréstimo à investigação que então se fazia na área da biologia e da história natural. Tal fato revela nítida presença da linguística naturalista no horizonte de retrospecção de Costa e Cunha, conclusão que nos remete, em linha de raciocínio, a atestar a circulação das novéis ideias sobre evolucionismo linguístico no meio intelectual brasileiro já a partir do início dos anos de 1870. Não se busca aqui pôr em xeque o pioneirismo de Júlio Ribeiro quanto à introdução do método científico no Brasil, já que as fontes disponíveis não nos oferecem informação idônea que o justifique[283]. No entanto, salta aos olhos a evidência de que o paradigma fundado por August Schleicher (1821-1868) já circulava nas rodas de discussões linguísticas bem antes da publicação do precioso estudo *Traços gerais de linguística* (1880), com que Júlio Ribeiro reduz a letra de forma, entre nós, a revolucionária visão que então se projetava sobre a língua como organismo análogo ao dos seres vivos.

Neste cenário riquíssimo, em que borbulhavam novas concepções sobre a língua como fato biológico e o entusiasmo abria sendas renovadoras do ensino do vernáculo[284], surge o principal texto linguístico de Costa e Cunha, a *Gramática elementar portuguesa* (1880), que o autor traz a lume exatamente no mesmo ano em que Júlio Ribeiro renova os ares da teoria linguística no Brasil com os seus *Traços gerais* e a apenas um ano da publicação da *Gramática portuguesa* (1881), do mesmo Júlio Ribeiro, ainda hoje apontada como a primeira gramática do período científico no Brasil. Cumpre também observar necessariamente que a *Gramática elementar* de Costa e Cunha é publicada em um período turbulento da gramaticografia no Brasil. Os cânones do modelo racionalista, que se haviam estabelecido solidamente nas páginas de Antônio da Costa Duarte (?-?), Filipe Benício Conduru (1818-1878), Antônio Álvares Pereira Coruja (1806-1889), Francisco Sotero dos Reis (1800-1871), entre outros, já vinham sendo objeto de intensa objeção a partir da década de 1870, quando os princípios da escola naturalista de August Schleicher (1821-1868) ingressam com grande repercussão no cenário acadêmico. Alguns dos novos linguistas brasileiros da época, entre eles Júlio Ribeiro (1845-1890) e Manuel Pacheco da Silva Júnior (1842-1899) punham em xeque as teses da tradição racionalista mediante fundamentação no conceito de língua como organismo, cujas leis de funcionamento seriam próprias, desvinculadas ontologicamente da arquitetura da razão. Acrescente-se que a linguística surge no Brasil como uma novel ciência destinada à

---

283. Sabemos que a *Gramática elementar*, de Antônio Estêvão da Costa e Cunha, quanto à data de publicação, antecede a *Gramática portuguesa*, de Júlio Ribeiro, mas não há certeza de ter sido escrita antes, pois Ribeiro afirma em seus *Traços gerais de linguística*, obra publicada em 1880, que usa nessa obra a mesma ortografia de que se serve em sua gramática. Em outras palavras, é certo que o texto da gramática de Ribeiro já estava pronto em 1880, embora só tivesse vindo a lume em 1881.

284. Lembre-se necessariamente que, nesse momento, o texto mais conceituado sobre descrição do português era a *Gramática portuguesa* (1871 [1866]), de Francisco Sotero dos Reis (1800-1871), adotada em quase todas as províncias do Império, cujas bases estão fincadas no paradigma racionalista que nos chegara sobretudo pela letra de Jerônimo Soares Barbosa (1737-1816).

pesquisa da língua em seu aspecto histórico, bem como no tocante às leis que regiam sua evolução orgânica, o que implicava a investigação do processamento da linguagem no cérebro humano.

Em 1880, Júlio Ribeiro publica seus *Traços gerais de linguística* na forma de um opúsculo integrante da coleção científica da Biblioteca Útil, projeto editorial que visava à vulgarização do saber científico. Nas páginas dos *Traços* imperam os conceitos de língua como faculdade humana que se processa no cérebro e deve ser analisada mediante método semelhante ao que a biologia empregava no estudo dos seres vivos. Em corroboração dessas teses, Ribeiro viria a publicar sua *Gramática portuguesa* (1881) no ano seguinte, ainda hoje acatada como principal referência do processo de descontinuidade paradigmática que atinge a gramatização do português no Brasil no século XIX. Saliente-se aqui mais uma vez que o próprio Estêvão da Costa e Cunha, seis anos antes da publicação da *Gramática elementar* já oferecia ao público seu *Novo método teórico-prático de análise sintática* (1874), destinado aos alunos do 1º ano do Colégio Pedro II e da Escola Normal do Rio de Janeiro, em cuja introdução adverte tratar-se do "primeiro [livro] que se escreve em portuguez por este systema" (1874, p. VI), isto é, mediante exposição metódica e detalhada da matéria seguida de exercícios de fixação. Costa e Cunha alega haver-se inspirado nos "filólogos de nomeada", mas não se preocupa em citar suas fontes, tirante uma referência a François Noël (1755-1841), que não se pode definir se atinente à *Nouvelle grammaire française* (1845 [1823]) ou às *Liçons d'analyse grammaticale* (1871), ambos escritos em coautoria com Charles-Pierre Chapsal (1787-1858).

No tocante ao *Manual do examinando de português* (1883), trata-se de texto de caráter descritivo e normativo, conforme ordinariamente se caracterizavam os trabalhos da época, com evidente pendor didático, cujas referências teóricas nitidamente remetem à escola histórico-comparativa alemã. Costa e Cunha adverte nas páginas iniciais de sua obra que uma nova abordagem dos estudos linguísticos se inaugura com a "sciencia da linguagem"[285], que "comprehende a *philologia* e a *glottologia*, por alguns denominada philologia geral", para mais especificamente adiante asseverar que "a *glottologia* (ou *glóttica*, ou *linguistica*, ou *philologia geral* ou *comparada*) é o estudo analytico das línguas" (1883, p. 3).

---

285. A denominação da gramática como "ciência", por si só, não caracteriza um texto como do período científico, já que a variabilíssima concepção de ciência entre os gramáticos conferia ao termo um indesejável valor polissêmico. Sotero dos Reis, por exemplo, define a gramática geral como ciência, tendo em vista seus princípios universais: "a Grammatica Geral é uma sciencia porque tem por objeto a especulação razoada dos princípios immutaveis e geraes da palavra" (1871 [1866] p. VI).

A questão que nos desafia na análise da obra de Costa e Cunha está em coadunar o *Novo método teórico-prático*, a *Gramática elementar* e o *Manual do examinando de português* neste cenário conturbado da pesquisa e do ensino da língua vernácula. Alguns traços da *Gramática elementar* conferem-lhe nítido perfil conservador – tome-se, por exemplo, a definição de gramática como "a arte que ensina os preceitos da boa linguagem" (1880, p. 7) – ou a duvidosíssima (mesmo para a época) asserção de que "a língua que fallamos é a portugueza, porque os Brazileiros são oriundos dos Portuguezes, e juntos já formaram uma só nação" (1880, p. 8). Não obstante, Costa e Cunha já neste momento revela postura mais atualizada em comentários de rodapé, entre eles o de que a gramática geral distingue-se da gramática particular por filiar-se à filologia e à linguística (1880, p. 7).

De qualquer modo, a diferença de amparo teórico entre a *Gramática elementar* e o *Manual do examinando*, saídos a lume no curto lapso de três anos, não se pode atribuir a uma súbita mudança paradigmática nas convicções linguísticas de Costa e Cunha. A hipótese mais plausível é de que sua formação já se revelasse consonante com as novéis conquistas da escola naturalista à época em que publicou a *Gramática elementar*, havendo, entretanto, optado pela antiga ordem nessa obra em face de questões mais pragmáticas, tais como a aceitação do livro nas classes de língua portuguesa em geral. Lembremo-nos de que, conforme informa o autor na folha de rosto, a *Gramática elementar* destinava-se à educação primária de crianças e adultos, bem como aos colégios, liceus e cursos preparatórios. Ademais, como já aqui referido, Costa e Cunha era professor primário descendente de uma família de docentes, portanto é de supor que desse mais importância ao perfil pedagógico das obras que escrevia, não obstante sua formação em ciências naturais pela Faculdade de Medicina do Rio de Janeiro decerto tenha contribuído para fazer-lhe aprofundar o interesse pela linguística como ciência.

Por tais razões, reitere-se a constatação de que Antônio Estêvão da Costa e Cunha deve ser avaliado como um gramático que integra um dado grupo de estudiosos brasileiros que pertencem à transição do modelo racionalista para o modelo histórico-comparativista. Nesse aspecto, irmana-se a nomes como Ernesto Carneiro Ribeiro (1839-1920) e Augusto Freire da Silva (1836-1917), além de, em certa medida, Charles Adrian Grivet (1816-1876), não obstante deva-se, no tocante à periodização dos estudos linguísticos brasileiros, situá-los na escola racionalista, mormente por sua convergência na *Gramática filosófica* de Jerônimo Soares Barbosa[286] como fonte de inspiração teórica e descritiva.

---

286. Vários estudos debruçaram-se sobre a obra de Jerônimo Soares Barbosa, entre eles Coelho (2013), Ranauro (2015), Coelho e Kemmler (2017) e Oliveira (2015).

O fato notável da proposta de Costa e Cunha para a gramatização do português, que lhe confere um inequívoco passo adiante, está na ruptura da concepção orgânica da gramática em *ortografia, prosódia, etimologia* e *sintaxe*. Segundo o gramático carioca, as partes da gramática são a *prosódia*, a *ortografia*, a *lexicologia* e a *sintaxe*, proposta que realoca o estudo das partes do discurso, antes situado no nível primário da sinopse gramatical, sob a rubrica da etimologia, para um nível subsidiário da lexicologia como grande campo de estudo da palavra que "trata da classificação, fórmas e variantes" (1880, p. 10). A leitura da obra de Costa e Cunha revela que "formas" refere-se tanto aos elementos mórficos quanto aos fonéticos; "variantes" diz respeito às flexões. O que vemos aqui, portanto, é uma concepção orgânica do estudo do léxico que reúne o estudo das classes gramaticais com a sua estrutura fonética e morfológica, um inequívoco avanço na concepção orgânica da língua.

Saliente-se que o emprego do termo *lexicologia*, salvo melhor juízo, não tem ocorrência precedente na literatura gramatical brasileira, um dado expressivo quanto ao vanguardismo de Costa e Cunha. Ademais, no curso da exposição da matéria, nosso gramático mais uma vez desvia-se da tradição racionalista, que estampa prioritariamente a ortografia e a prosódia como partes iniciais da gramática, para reconhecer a maior relevância da lexicologia e da sintaxe como áreas de estudo efetivamente linguísticas (1880, p. 10)[287]:

> Pede a ordem natural das idéas que se inicie o ensino pela prosódia, mas a experiencia tem demonstrado que para os principiantes melhor é começar pela lexicologia, embora conjunctamente se deem algumas noções das outras partes da Grammatica, pois o caminho se torna assim mais plano e desentravado para quem começa.

O "caminho mais plano e desentravado", decerto, é o que apresenta o estudo da língua em sua efetiva descrição sistêmica, para depois cuidar do sistema ortográfico e do sistema de sons. Há nessa reorganização da gramática uma sensível aproximação com a pioneira proposta de Júlio Ribeiro, que submete toda a matéria gramatical ao binômio *lexiologia* e *sintaxe*. Como dissemos em momento anterior, a *Gramática elementar* tem viés eminentemente pedagógico, não obstante não se desvie inteiramente da função descritiva. A rigor, a conceituação linguística oferecida por Costa e Cunha reduz-se ao mínimo necessário para conferir ao educando uma metalinguagem suficiente para acompanhar as lições em que se expõem os princípios da norma gramatical então em prestígio. Tal fato não evita que o autor aqui e ali se

---

287. Neste aspecto, irmana-se a Sotero dos Reis.

estenda em comentários de caráter doutrinário mais aprofundado, tal como o que oferece em nota à Lição III, em que adverte não estar em sua proposta de classificação das palavras a única visão válida sobre o tema: "Os autores modernos apresentam outras classificações lexiologicas, mencionando uns tres, outros seis, outros sete, outros oito partes do discurso. Já se vê que não ha entre elles acordo, o que muito prejudica as suas opiniões" (1880, p. 18).

Costa e Cunha relaciona dez classes de palavras, advertindo que se dividem em duas espécies: variáveis e invariáveis. As variáveis são *nome* ou *substantivo*, *adjetivo*, *artigo*, *pronome*, *verbo* e *particípio*, ao passo que as invariáveis são o *advérbio*, a *preposição*, a *conjunção* e a *interjeição*. Leia-se o que afirma Soares Barbosa (2004 [1822], p. 106-107), no tocante às partes do discurso, um testemunho da complexidade do tema no corpo das gramáticas racionalistas:

> Neste ponto [o da determinação das partes elementares do discurso] tem havido quasi tantas opiniões, quantos são os Grammaticos. Creio porêm que nenhum delles contestará, que para qualquer especie de palavras se reputar elementar da oração, deva ter estes tres caracteres.
> 1º Que seja *simples* e *irresoluvel*, quero dizer, que a sua expressão não contenha em si clara ou implicitamente outras palavras, pelas quaes se possa resolver, e explicar; antes pelo contrario, nella se venham a resolver todas as expressões compostas, ainda que á primeira vista pareçam simples.
> 2º Que seja *necessaria* e *indispensavel* á enunciação dos nossos pensamentos, e de tal sorte que não haja lingua alguma, que a não tenha.
> 3º Que exercite no discurso uma *funcção essencialmente differente* das que exercitam as outras partes elementares do mesmo; e tal que não possa ser exercitada por nenhuma dellas. Esta funcção, bem se vê que não póde ser outra senão a de caracterizar e propor as differentes especies de ideas, que entram no painel do pensamento, e as differentes especies de relações, que as unem para dellas fazerem um todo logico. Ora estes tres caracteres não concorrem todos junctos senão em cinco especies de palavras, que são: *nome substantivo*, *nome adjectivo*, *verbo substantivo*, *preposição*, e *conjuncção*, cinco partes elementares discursivas, que com a *interjeição*, unica parte não discursiva, formam o sistema completo dos *elementos da oração*, ao qual se reduzem todos os vocabulos, de que póde constar o dicionário de qualquer Lingua, antiga ou moderna, e o da nossa por consequencia.

Não obstante tenha sido ledor das teses de Soares Barbosa, Felizardo Fortes revela expressiva distinção conceitual quanto à natureza das classes gramaticais se comparadas com as presentes na *Gramática filosófica*. A proposta de

Fortes atribui ao particípio o *status* de classe elementar, na melhor tradição da gramática latina, por sinal em consonância com a *Gramática de Port-Royal*. Com a geração ledora de Soares Barbosa, o número de classes elementares em gramáticas brasileiras diminui, devido à clara influência do gramático português – chega mesmo a coincidir em Antônio da Costa Duarte (1859 [1829]). Soares Barbosa, sob o manto do mentalismo racionalista, traça o perfil das palavras à luz da concepção do pensamento, de que resulta uma radical subtração de classes elementares: "Ora não sendo as palavras senão signaes dos nossos pensamentos, não podem constituir outras classes geraes que não sejam as destes mesmos pensamentos" (2004 [1822], p. 105). A rigor, o traço idiossincrático da *Gramática* de Costa e Cunha, no que concerne às partes do discurso, diz respeito à inclusão do particípio entre as classes elementares, fato que só encontra eco na *Arte de gramática* (1816) de Felizardo Fortes. Uma evidente herança das gramáticas latinas, o particípio (passado) já havia sido descartado do conjunto das classes gramaticais desde a tradição de Morais Silva, que o considera um derivado verbal tomado adjetivamente, à semelhança do que ocorre com os demais particípios latinos (presente e futuro).

A análise da *Gramática elementar* revela, assim, em Antônio Estêvão da Costa e Cunha uma proposta taxionômica que preenche todas as dez classes gramaticais referidas esparsamente em textos de sua época. Não se pode, neste tipo de avaliação perfunctória, aferir se se trata de um fato fortuito ou do sintoma de uma nova concepção, um novo olhar sobre o fenômeno linguístico. Revela-se, por sinal, inequívoca a manutenção de um número maior de classes gramaticais nas propostas posteriores a Cunha, que dela só se distinguem em tipos gramaticais sempre controversos, tais como o artigo e a interjeição. Observe-se, ainda, que o conjunto das classes de palavras na *Gramática elementar*, curiosamente, tem flagrante similitude com a que viria a ser oferecida pela Nomenclatura Gramatical Brasileira de 1959 (NGB), apenas dessa distinguindo-se quanto ao particípio, que a NGB não contempla, e o numeral, classe que a NGB agasalhou não obstante tenha duvidosíssima autonomia taxionômica.

5.11 Brício Cardoso (1844-1924)

O sergipano Brício Maurício de Azevedo Cardoso[288] nasceu na cidade de Estância, em 9 de julho de 1844, filho de Joaquim Maurício Cardoso (1806-

---

288. Dados biográficos colhidos principalmente em http://bainosilustres.blogspot.com/2015/01/35-bricio-cardoso_22.html Para uma biografia mais detalhada, cf. Gally (2020).

1869), homem de múltipla atividade na área da advocacia e do magistério, e Joana Batista de Azevedo Cardoso (?-?). Suas primeiras lições deram-se no lar, sob orientação do pai, do tio materno, o Cônego Antônio de Luís de Azevedo (1772?-1848), e do Professor Florentino Telles de Menezes. Ainda na adolescência, mudou-se para Salvador a fim de matricular-se no Ateneu Bahiano, onde foi discípulo de filosofia do conceituado Frei Antônio da Virgem Maria Itaparica (1813-1874?). Em 1870, Brício Cardoso assume o cargo de professor do ensino primário superior público em Estância, sendo transferido, após quatro anos de serviço, para o Ateneu Sergipense de Aracaju, onde lecionou retórica e poética com subvenção do governo provincial[289]. Na edição de 16 de outubro de 1872 do *Jornal do Aracaju* (p. 2) lê-se:

> Bricio Cardoso, professor publico do ensino primario superior da cidade da Estancia recorrendo a presidencia a fim de que seja ordenado a respectiva thesouraria e esta a meza de rendas da mesma cidade o pagamento pelo exercício actual da mobilia e utencilios que se fizerão para sua aula – Pague-se na forma do parecer da contadoria provincial.

Oito anos mais tarde, Cardoso solicitou sua transferência para a cadeira de gramática filosófica do mesmo Ateneu Sergipense. Vinculou-se a alguns importantes colégios da capital, havendo assumido o cargo de professor de Português e, posteriormente, diretor das escolas normais da província. Por ocasião de sua nomeação para esse cargo, obteve amparo da imprensa da capital, não obstante se deva considerar que em muitos desses periódicos atuava como colaborador ou mesmo como proprietário. Na edição de 27 de janeiro de 1877 do *Jornal do Aracaju* (p. 3) lê-se a seguinte nota:

> Por acto de 22 do corrente foi nomeado o professor de rethorica do Atheneu Sergipense o sr. Bricio Cardoso para exercer o cargo de director das escolas normaes d'esta cidade.
> Muitos titulos tem o sr. Bricio Cardoso para grangearem-lhe a consideração que acaba de prestar-lhe o governo.
> Sobre ser de habilitações e conhecimentos provados, o sr. Bricio Cardoso é immensamente trabalhados, e nem um dia se há descuidado de engrandecer o seo espirito dos preciosos cabedaes da instrucção.

Por sinal, diante da ameaça de incorporação das Escolas Normais pelo Ateneu Sergipense, Cardoso levantou veemente voz contrária, a seu juízo pela manutenção da qualidade do serviço prestado pela instituição que dirigia, a juízo de outros apenas pela preservação do cargo que ocupava. Nesse

---

289. Sobre Brício Cardoso e o ensino de retórica e poética no Ateneu Sergipense, cf. Santos (2010).

tema, travou embate com Manoel d'Oliveira (?-?) pelas páginas do *Jornal do Aracaju*, cuja opinião amparava-se no argumento de que a província não dispunha de recursos suficientes para sustentar as duas instituições educacionais, conforme afirma nesse trecho de um artigo publicado na edição de 17 de outubro de 1877 do *Diário do Aracaju* (p. 2):

> No entanto, o nosso amigo e collega Bricio Cardoso, não como o simples particular que afanoso se atira ás pugnas gloriosas dos interesses de sua terra, e sim na qualidade de director das Escholas Normaes, – nomeação esta que muito honra á providente e previdente administração do sr. José Martins fontes, – viu se, não sei por que fatalidade, arrastado á imprensa, para desempenhar uma missão difficil, segundo a qualifica o mesmo illustre preceptor.
> E na verdade: difficil e bem difficil é a missão que se impoz o esforçado paladino dos interesses da instrucção, pois que teve tão depressa de abalroar de encontro á magoa questão das finanças de Sergipe, que cada vez continuam menos lisongeiras.

A pugna foi desfavorável a Cardoso, já que em 1879,

> "com a província passando por graves problemas financeiros como resultado da grande seca que atacou a região Norte do Brasil, no fim desta década, a escola normal foi extinta junto a algumas escolas. Naquele momento havia uma significativa diminuição do número de professores, ao ponto de que na Escola Normal apenas dois professores ficariam responsáveis por ministrar todas as matérias do curso" (Amorim & Ferronato, 2013, p. 224).

Suas ideias na área da educação, decerto, foram marcadas pelo expansionismo da rede de ensino, mesmo em tempos de penúria administrativa. Saliente-se, por exemplo, sua posição favorável à criação de mais estabelecimentos mistos nas cidades da província, de tal sorte que se ampliasse a oferta de bancos escolares às mulheres. Em uma de suas controvérsias parlamentares, agora frente a Érico Pretextato da Fonseca (?-?), assim se manifestou sobre a criação de uma cadeira de ensino feminino da cidade de Porto Grande (*Jornal do Aracaju*, 23 mar. 1978, p. 3):

> Porto Grande já tem uma [cadeira] do sexo masculino, precisa, eu o affirmo, de uma outra do feminino, como é a de que se trata. Não a terá se v. exc. entender que a mulher deve retrogradar aos antigos tempos do barbaro dominio do sexo masculino, se v. exc. Entender que ella, o anjo tutelar da humanidade, deve, como outr'ora permanecer no peior dos cativeiros, o da ignorancia, que fatalmente arrasta ao de todas as degradações, até acorrental-as na nauseabunda pocilga da prostituta.

> Pois bem, se v. exc. Quer como eu a educação e portanto a regeneração da antiga escrava do lar domestico, se v. exc. acompanha, como eu, as mais santas aspirações do seculo, suas tendencias para o progresso e a luz, neste caso, em nome da civilisação e pelo amor da educação do sexo feminino, que ignorante e pobre não resiste ás seducções do máo conselheiro que se chama luxo, peço a v. exc. com todas as forças de minha alma o seu generoso voto para fazer passar o projecto que defendo.

E, assim, aprovou-se a criação de uma cadeira para o ensino feminino em Porto Grande. No educandário Partenon Sergipense, fundado em 1879 por Ascendino Ângelo dos Reis (1852?-1926), um dos mais renomados médicos de Sergipe e eminente educador, Brício Cardoso ensinou filosofia e retórica, e no Colégio São Salvador lecionou gramática, matemática e geografia. Por sua sugestão, o sobrinho José de Alencar Cardoso (1878-1964) fundou o Colégio Tobias Barreto em Estância (cf. Azevedo, 2013, p. 103), educandário onde Cardoso ensinou português, latim e história universal.

Para além de sua atividade filológica, também a literatura ficcional esteve entre as áreas de atuação de Brício Cardoso. Escreveu o romance *Herpes sociais*, publicado em folhetins no jornal *Bahia Ilustrada*, por ele fundado em companhia do irmão Severiano Cardoso (1840-1907), peças teatrais como *Madrasta e enteada*, *A ceguinha* e a peça *O escravo educado*. Homem de pendor jornalístico contribuiu para vários jornais de Sergipe e da Bahia, entre eles *Bahia Ilustrada*, *Jornal dos Caixeiros*, *Gazeta do Aracaju*, *O Republicano*, *Jornal do Aracaju*, *A Notícia*, *O Estado de Sergipe*, *Correio de Alagoinhas*, *Sul de Sergipe*, *Jornal do Comércio* entre outros.

Na seara política, desempenhou vários cargos. Foi deputado provincial (1878-1879), deputado constituinte e deputado estadual (em várias legislaturas). Também foi membro do Conselho Municipal de Aracaju e secretário de Estado nos governos do General Valadão e Martinho Garcez. Faleceu em Aracaju no dia 21 de novembro de 1924. Brício Cardoso legou-nos na área linguística um texto de expressivo valor, o *Tratado da língua vernácula* (1944). A par desse trabalho, Cardoso escreveu artigos sobre matéria linguística nas páginas do *Jornal do Aracaju*, com destaque para a série Literatura, com o subtítulo Apostilas de gramática (Aos meus alunos), saído nos números 422, 425 e 426 de novembro de 1873. Trata-se de um interessantíssimo trabalho que circunda o conceito de língua e especula sobre a própria origem da linguagem humana, um retrato bem nítido do inventário linguístico-ideológico no último quartel do século XIX no Brasil. Em dado ponto de suas elucubrações, Cardoso revela estar ciente das teses naturalistas que chegavam ao Brasil e habitariam as gramáticas já a partir da década de 1880, como se abstrai deste trecho (1873, p. 3):

> O genio de uma lingua, o seo vivo organismo sujeito a leis como o organismo do homem, o seo mechanismo artificioso[290], o seo vocabulario, a sua precisão e analogia, as suas declinações si ella tem casos, os seos complementos das preposições se ella não as tem[291], as suas conjugações, as suas concordâncias, os seos idiotismos, a sua syntaxe, a sua construcção, é tudo isto tarefa superior as forças do homem.
>
> Elle, diz Bénard, póde fazer sabias nomenclaturas, inventar terminologias, combinar novos systemas de signaes; mas dessas combinações uma cousa falta para tornar-se uma lingua: essa cousa, é a vida.
>
> O homem não póde crear palavras novas para exprimir novos objectos que se lhe vão apresentando; consequentemente não póde crear uma lingua, dizem os defensores da opinião que sustento, e não só dizem isto, como dizem mais: as linguas se formam pela composição e decomposição dos sons, cousa que ninguem ignora, logo não póde o homem por mais que tente formar uma lingua, visto como, para se comporem os sons é myster que as palavras se achem escriptas e por conseguinte já decompostas, isto é que uma lingua se ache já formada.
>
> [...]
>
> Mas admittamos gratuitamente com M. Roselly de Lorgues que o homem possa por si mesmo formar uma lingua, admittamos mais que elle tenha podido até inventar o substantivo.
>
> Poderá elle pasar d'ahi, avançar um só passo? Não, jamais atinará com o verbo (diz o mesmo snr. de Lorgues que abarca o tempo, encerra a lembrança e a posição; o verbo que está na mesma paridade com o discurso, como a alma do corpo; o principio vivificante com razão appellidado a palavra por excellencia, *verbum*, pois que logo que elle fallece em qualquer phrase, como observa Plutarco, o homem não falla, não, murmura.
>
> Exuberantemente provado que não se póde atribuir ao homem a invenção de uma língua, força é concluir que a linguagem teve um inventor, uma origem.
>
> Esse inventor, essa origem é Deus, e outro não póde ser.
>
> Filhos da Biblia e da sciencia, levantemos do tumulo do Ortolan, o erudito publicista, e inscrevamos em nosso labaro civilisador o seu nobre e illuminado motte: As linguas do oriente e do occidente vem de Deus; de Deus vem as linguas do sul e do septentrião.
>
> Nada de querer descender de anthropomorphos; nada de querer ser macacos aperfeiçoado: não deshonremos a Adão, não insultemos ao Ceo, não ridiculisemos a obra de Deus.

---

290. No original "artiticioso".

291. Aqui "as têm" por erro de digitação, já que obviamente é "os têm", ou seja, se não têm casos.

Esse extrato de Cardoso constitui um exemplo precioso do embate entre religião e ciência na busca da origem da língua, verdadeira obsessão dos estudos linguísticos e antropológicos dos Oitocentos. Homem de formação católica e inscrito no mundo científico, Cardoso tenta coadunar as conquistas da linguística histórica, que estabelece vínculos entre as línguas modernas e as línguas clássicas, com os princípios do criacionismo que estão em sua formação religiosa: "filhos da Bíblia e da ciência". O trecho revela ainda a repercussão que provocavam as ideias darwinianas em um mundo ainda resistente à hipótese do evolucionismo, em que a palavra de Deus toma-se por sagrada, sendo, pois, sacrilégio imaginar que algo existente não lhe tenha origem. Por seu turno, a oposição entre substantivo e verbo no texto de Cardoso, como entes do domínio humano e do domínio divino, serve a um tempo como expressão da natureza da língua – o verbo essencial, o substantivo dispensável – e na subserviência do humano ao divino. Curiosamente, o texto de Roselly de Lorgues (1805-1898) referido por Cardoso viria a ser publicado em 1891 nas páginas do n. 32 do jornal *Imprensa Evangélica* (p. 254), primeiro jornal protestante em língua portuguesa editado no Brasil entre 1864 e 1892. Fruto do interesse dos missionários protestantes em integrar as igrejas que se instalavam no Brasil a partir da década de 1860, o periódico tornou-se o órgão oficial da Igreja Presbiteriana no Brasil e veículo de difusão da doutrina cristã sob a ótica protestante no seio da comunidade letrada brasileira[292]. Não se pode desse fato inferir uma aproximação de Cardoso aos círculos protestantes, já que a obra do historiador francês, marcada por forte componente religioso, servia de pano de fundo para todas as reações ao cientificismo agnóstico dos Oitocentos.

Segundo Gally, o autor do *Tratado da língua vernácula* concebia gramática como ciência e "colocava-a no nível do saber científico preconizado nesse período, filiando-se aos conceitos positivistas de Littré, dissidente de Comte, mas sem distanciar-se da fé católica" (2013, p. 150), ressaltando que o próprio Cardoso, no corpo de seu *Tratado*, afirma: "Entrei na vida positiva há já bons anos" (1944, p. 12). É hipótese considerável, embora saibamos que as palavras nem sempre correspondam aos fatos, sobretudo nos prefácios de obras gramaticais, e que a expressão "vida positiva" pode remeter a um conceito distinto de ideário positivista comteano[293]. O que se observa, a rigor, é um espírito controverso em Cardoso, no qual ideias por

---

292. Sobre o *Imprensa Evangélica*, cf. Santos (2018).

293. A própria pesquisadora admite que a expressão "vida positiva" em Cardoso seja uma referência "aos pressupostos de Francis Bacon" (2013, p. 112).

vezes antagônicas convergem numa visão peculiar de língua e gramática. Uma formação religiosa rigorosa, irmanada à formação na escola racionalista quando jovem, que se defronta com as evidências da análise linguística experimental na maturidade.

No tocante especificamente ao *Tratado da língua vernácula* (1944 [1932]), observa-se um inusitado lapso temporal entre sua composição e publicação, visto que, embora tenha sido concluído em 1785, somente em 1932 saiu em letra de forma, para posteriormente ganhar uma segunda edição em 1944. Segundo Gally, Cardoso preferiu publicar seus estudos nos jornais por ser um meio de divulgação mais efetivo: "Era nos jornais, principalmente, que Brício Cardoso expunha não só suas preocupações, suas crenças, seus métodos e projetos de ensino, como também seus conhecimentos acerca dos variados assuntos dos quais era autoridade" (2013, p. 103). A organização interna do *Tratado* segmenta-se em cinco partes, a primeira atinente a uma apresentação da obra por Laudelino Freire (1873-1937) e João Ribeiro (1860-1934), dois filólogos conterrâneos do autor de grande projeção no cenário intelectual da República Velha, a que se segue uma introdução sob o título Prolegômenos. Em suas páginas, Cardoso desfila conceitos basilares sobre sua visão de língua e cultura, em que o próprio marco civilizatório, que traça a fronteira entre a vida selvagem e as "luzes humanas", situa-se no aprendizado da língua culta. Conforme assevera Gally (2013, p. 157), em sua análise da obra, a base da concepção linguística em Cardoso é seu papel como expressão do pensamento, bem distinto da hipótese naturalista que já circundava os meios acadêmicos pelos idos da década de 1870. Sua incursão na origem da linguagem humana remonta a Jean-Jacques Rousseau (1712-1778) e, no âmbito da gramaticografia de língua portuguesa, Jerônimo Soares Barbosa (1737-1816), portanto mediante referência a textos de controversa aceitabilidade nessa seara específica pelos finais dos Oitocentos.

No tocante ao gênio da língua, termo que Cardoso propõe substituir por vernaculidade, ou seja, o conjunto de caracteres idiossincráticos que fazem uma língua distinguir-se das demais, Cardoso avança em uma visão de uso linguístico bem nítida, já que opta por distinguir em plano descritivo as modalidades de uso brasileira (americana) e europeia. Um certo pendor nacionalista o leva a referir-se à variante brasileira como mais bela, a rigor um juízo subjetivo que nada tem de relevante em uma obra que pretende ser descritiva do uso. O estudo do gênio da língua também se expressa pela referência aos idiotismos do português, em que construções resultantes do processo natural de mudança linguística são tomadas por "modos de dizer particulares" legitimados pelo uso. Já no tocante ao conceito de gramática, a posição de Cardoso segue de perto os cânones da gramática racionalista brasileira, que a classificam como geral, particular, distinguindo-se apenas quanto à gramática comparada, um passo em direção à nova ordem que viria com a linguística histórico-comparativa[294].

5.12 José de Noronha Massa (1822-1890)

José de Noronha Nápoles Massa nasceu em 1822 na freguesia do Santíssimo Sacramento de Itaparica, na Bahia, filho de José Pereira Rabelo (?-?) e Maria Rosa Napoles Massa (?-?). Ainda jovem, optou pela carreira eclesiástica, em que logrou ocupar cargos relevantes na hierarquia da Igreja. Foi ordenado por Dom Romualdo Antônio de Seixas (1787-1860), arcebispo da Bahia, em 30 de novembro de 1845 e, após ser coadjutor de S. Pedro o Velho, foi transferido em 1848 para o Rio Grande do Sul a fim de servir como capelão no 8º Batalhão de Caçadores. Já aclimatado às terras do Sul, aceitou o cargo de padre colado[295] da cidade de Piratinim entre 1849 e 1854, em permuta com o pároco de Cruz Alta. Segundo Arlindo Rubert, Massa era "sacerdote inteligente, apreciado latinista, notável orador, educador e escritor" (1998, p. 103). Sua mudança de Piratinim não está ainda esclarecida, mas decerto foi uma fuga para Porto Alegre, na calada da noite, em meio a desavenças e ameaças de inimigos políticos que lhe renderam dissabores a ponto de não mais sentir-se seguro nos limites do município que o acolhera. Na edição de 27 de junho de 1855 de *O Grito Nacional* (p. 3), um texto assinado por Os Moraes e Companhia lamenta a perseguição moral a que se sujeitava o Padre Massa:

> [...] desde o dia 8 de dezembro de 1854, epocha em que se retirou desta villa o Reverendo Vigario Massa, desgostoso pela mais baixa, redicula, e injusta guerra que lhe fez o *Tu-tú Muxilla*, e sua torpe quadrilha, tem estado esta freguezia, até hoje soffrendo essa grande falta, porque muitos enterros tem havido, sem que houvesse um sacerdote que emcommendasse e rezase um responso pelas almas desses nossos fallecidos irmãos, em uma missa, ou confição houvesse em todo o tempo da passada quaresma, e por tal motivo, pouco frequentada é a povoação desta villa: o commercio o sente, o Povo, maldiz a calumnia infame com que os cinco vereadores da Camara Municipal Manoel José gomes de Freitas, – Domingos Correia da Silva – Lazaro Soares Vianna – Manoel Serafim da

---

294. Uma análise aprofundada da obra de Brício Cardoso encontra-se nos trabalhos de Gally (2004, 2013, 2020), em especial sua tese de doutoramento (2013), a que remetemos o leitor interessado.

295. Padre colado ou pároco colado era a designação do sacerdote que assumia em caráter permanente uma paróquia.

> Silveira, e José Joaquim Gomes da Costa e Silva, accusarão ao referido Vigario, que com quanto pela devassa instaurada desmentisse, e levasse por terra essa vil, e insignificante denuncia infamante.

Na órbita política, Massa atuou como deputado da Assembleia Provincial, mas suas intervenções eram muito criticadas por visarem ao interesse exclusivo da Igreja, em detrimento das questões mais relevantes de cunho social. Em 1863, o Padre Massa foi nomeado cônego do Cabido, razão por que se transferiu para Porto Alegre, onde acumulou suas funções com a de professor do seminário provincial. Após séria divergência com o bispo Dom Sebastião Dias Laranjeira (1820-1888) sobre os rumos que o seminário impunha à formação de novos sacerdotes, optou por despedir-se de seu cargo como professor e fundou um colégio em Porto Alegre com internato e externato.

No dia 27 de novembro de 1890, José de Noronha Massa foi brutalmente assassinado a punhaladas por seu filho de criação José Soares de Noronha (?-?) na cidade de Itaqui, aparentemente num surto de loucura. Sua morte teve grande repercussão nos periódicos do Rio Grande do Sul e do Rio de Janeiro, tendo em vista seu alto conceito como gramático e sua combativa atuação como parlamentar provincial. Sacramento Blake reverencia sua memória com destaque do caráter ilibado e o espírito filantropo (Blake, 1899, p. 109):

> Apostolo fervoroso da religião catholica, deu sempre exemplo de piedade evangelica, e sua palavra correcta foi sempre ouvida com agrado e veneração. De coração todo bondade, seus olhos enchiam-se de lagrimas quando presenciava uma desgraça, ou quando deparava um facto, uma situação triste.

Na edição de 5 de dezembro de 1890 (p. 2), o diário *O Brasil* reproduz esta nota do *Jornal do Comércio* de Porto Alegre:

> Chegou-nos por telegrama a consternadora noticia de haver sido assassinado o vigario de Itaquy, reverendo padre José de Noronha Nápoles Massa, um dos mais illustres sacerdotes que honrão o nosso clero.
> Natural da Bahia, domiciliára-se por muitos annos em nosso estado, exercendo algum tempo nesta capital a profissão de professor particular, director de um importante collegio que intitulara *Gymnasio*.
> Bom grammatico e excellente latinista, preparou numerosos discipulos, que hoje occupão elevadas posições.
> Desejoso de offerecer á mocidade estudiosa uma grammatica analytica, e completamente baldo de recursos pecuniarios, luctando com as mais penosas privações, gastou vinte annos em alimentar essa vehemente aspiração, até que um amigo, admirador de sua capacidade, tomou a si a publicação da obra que foi nitidamente impressa no Rio de Janeiro [...]

O texto linguístico singular do Padre Massa é sua *Gramática analítica da língua portuguesa* (1888). Há testemunhos de que o autor enfrentou grande dificuldade para publicar sua obra em face da falta de apoio financeiro. Sua atuação política granjeou-lhe não poucas inimizades, de tal sorte que não contava com a boa vontade dos homens públicos para financiamento de uma obra sobre língua portuguesa, mormente em um cenário editorial que oferecia vários títulos congêneres da lavra de autores brasileiros e portugueses. Aparentemente, Massa teria conseguido o financiamento ainda no início da década de 1870, a deduzir por esta nota irônica de *O Constitucional* em sua edição de 11 de janeiro de 1873 (p. 1):

> Assim, pois, desde já lhe digo que metta no fogo as grammaticas portuguezas que tiver na estante, pois breve teremos a do padre Massa em impressão á custa dos dinheiros da provincia, no que, francamente o confesso, não irá mal algum será mais um livro util, e mais alguns vintens que se dará a ganhar aos typographos e editores.

Revela-se, pois, verdadeira a informação do autor de que a *Gramática analítica* restou inédita no "pó de nossa estante, onde permanecera, cerca de vinte annos" (1888, p. V) e, para além disso, foi provavelmente escrita cerca de 22 anos antes de sua publicação, ou seja, pelo final da década de 1860, quando as teses da linguística histórico-comparativista ainda sequer se assentavam nos meios acadêmicos da Corte e das províncias. Um traço peculiar em Massa está não só na referência explícita de suas fontes doutrinárias, fato que ordinariamente só se encontra em obras publicadas após os anos 1800, como também sua menção a autores brasileiros, um fato pouco comum à época. Ademais, evidencia-se que a gramática foi progressivamente reformulada no decurso dos 20 anos de sua hibernação, já que, entre os brasileiros citados, encontra-se Charles Grivet, cuja *Nova gramática analítica* é de 1881: "adoptamos ora a Jeronimo Soares Barboza, ora a Leoni, Constancio, Monte-Verde, Pertence, Grivet, Dilermano da Silveira, Sotero dos Reis e o mesmo sr. Coruja" (1888, p. VII-VIII).

Como se percebe, a referência a nomes como Francisco Evaristo Leoni (1804-1874), Emílio Aquiles Monteverde (1802-1881) e Cirilo Dilermano da Silveira contrasta com a de Jerônimo Soares Barbosa (1737-1816) e Francisco Solano Constâncio (1777-1846) não só quanto às fases da produção gramatical, como também quanto à relevância de sua obra no panorama dos Oitocentos. Em sua análise da *Gramática analítica*, Fávero e Molina (2010-2011) reconhecem traços marcantes de sua filiação à tradição de Port-Royal, entre elas os conceitos de gramática geral e gramática particular e a clássica divisão da matéria e *etimologia, sintaxe, prosódia* e *ortografia*. Alguns aspectos, entretanto, a situam em fora do paradigma racionalista, entre eles a descrição das palavras em dez classes, com inclusão do artigo e da interjeição, a par do próprio título da obra, que inclui um adjetivo "analítica" bem à feição dos textos gramaticais dos dois últimos decênios dos Oitocentos.

O tratamento que o Padre Massa atribui à sintaxe é mais extenso e profundo se comparado com o da ortografia e da prosódia. Esta é uma caraterística de gramáticas que tinham alto teor normativista, mas não descuravam do necessário tom descritivista. Na sintaxe, a fonte doutrinária mais presente parece ser a de Jerônimo Soares Barbosa, em que os princípios da construção frasal extraem-se da organização das ideias no pensamento. No entanto, decerto em face de sua formação religiosa, Massa deixa-se enveredar por um conceito de língua que evoca a subserviência do homem ao Criador. A língua é uma dádiva que ao homem se conferiu: "O homem devia, pois, gozar do uso da palavra, como quem com ela remontando-se acima do estrito circulo das regiões da materia, faria com ella realçar a dotação de tantos outros privilegios, que a deviam servir" (1888, p. 261). Com razão, portanto, Fávero e Molina concluem que "a religiosidade do estudioso suplanta a ciência tão em voga na ocasião. E, embora citada aqui, encontra-se submissa aos desígnios divinos" (2010-2011, p. 42).

5.13 Augusto Freire da Silva (1836-1917)

O maranhense Augusto Freire da Silva (1836-1917) nasceu em São Luís no dia 17 de outubro de 1836, filho de José Freire da Silva (?-?) e de Florisbela Lúcia Braule da Silva (?-1870). Após uma breve passagem pelo Rio de Janeiro, onde empregou-se no comércio e dedicou-se à taquigrafia, transferiu-se para São Paulo a convite de um amigo para dirigir o Colégio Ipiranga, época em que se casou com Mariana Carolina Garcia Freire (?-?). Foi nessa cidade que conseguiu concluir sua formação básica e ingressar na Faculdade de Direito, formando-se bacharel em 1862. Integrou o Instituto Acadêmico Paulistano, órgão cultural dedicado à difusão do saber humanístico. Na seara do ensino, atuou como professor de Gramática Filosófica e Retórica em vários estabelecimentos, sendo que, em alguns deles, chegou a exercer o cargo de diretor. Ainda em 1862, criou o Colégio da Glória em sociedade com Carlos Mariano Galvão Bueno (1834-1883), seu ex-colega da Faculdade de Direito e também professor de Filosofia e Retórica, mas acabou por romper a sociedade nesse mesmo ano para fundar, em 25 de dezembro, um colégio de educação de meninos denominado *Pritaneu Literário*. No anúncio que fez publicar nas páginas do *Jornal do Comércio* do Rio de Janeiro, edição de 22 de janeiro de 1863 (p. 3), Freire da Silva afirma que os alunos que se matricularem no colégio encontrarão "na pessoa do director um segundo pai, que empregará todos os meios razoaveis, afim de conjuctamente desenvolver-se o physico, o intellectual e o moral delles". Em outra chamada publicitária, agora na edição de 15 de fevereiro (p. 2), Freire da Silva informa que o colégio receberá alunos internos, semipensionistas e externos, fato pouco comum em educandários da época. No intuito de conferir a seu estabelecimento uma aura de modernidade pedagógica, Freire adverte:

> Os meninos têm um coração que, desde a sua mais tenra idade, precisa ser formado e excitado á prática do bem. Para attingir-se este desideratum os castigos corporaes, são além de aviltantes, anti-racionaes e contrarios ás idéas de civilisação, dominantes no seculo em que vivemos. Certo desta verdade e da necessidade de correcção e recompensa, o director estabeleceu em seu collegio uma escala de premios e punições moraes, que chamão os alumnos ao cumprimento do dever, ennobrecendo-lhes a alma.

No conteúdo programático do Pritaneu Literário constavam as seguintes disciplinas: primeiras letras, catecismo da doutrina cristã, francês, inglês, geografia, história nacional, escrituração mercantil, latim, aritmética, geometria, história universal, filosofia racional e moral, gramática filosófica da língua portuguesa, retórica e poética e taquigrafia. Infelizmente, a crise da epidemia de varíola que atingiu São Paulo no ano de 1863 levou-o a fechar o colégio. Em 1870, abriu em Santos o Instituto Santista, outro educandário de instrução primária e secundária, com o apoio de vários cidadãos da cidade paulista. Esse estabelecimento manteve-se em funcionamento até 1873, quando começou a declinar em face de boatos sobre as más condições climáticas da cidade praiana. Na verdade, havia grande receio da população quanto à insalubridade da pequena cidade em face da epidemia de febre amarela. Em uma nota no *Diário de São Paulo*, edição de 15 de abril de 1873 (p. 4), Freire da Silva luta pela sobrevida do educandário:

> O abaixo assignado, director do Instituto Santista, faz sciente aos srs. Pais de familia e mais interessados que, em razão da epidemia reinante, deixa este estabelecimento de funccionar até o dia 25 de maio do anno vigente.
> Aos 26 desse mesmo mez de Maio, se Deus se tiver compadecido de nós, pondo termo á crise actual, voltará a referida instituição á sua marcha regular, sem mais interrupções ou férias até o fim do anno.

Encerradas as atividades no Instituto Santista, Freire da Silva muda-se para São Paulo no mesmo ano de 1873, agora para abrir o Colégio Freire, conforme anúncio publicado na edição de 8 de maio de 1973 (p. 3):

> Tendo-me julgado exonerado dos compromissos que contrahi com a fundação do – Instituto Santista –, em razão dos casos fortuitos que se derão, como o desenvolvimento da febre amarela em Santos, e, em consequência desta epidemia, a retirada definitiva da maior parte dos alumnos do centro da provincia, resolvi, a convite de alguns pais de familia, fundar um collegio de educação de meninos nesta cidade.

Em 1874, foi nomeado professor da cadeira de gramática e língua nacional do curso de preparatórios anexo à Faculdade de Direito de São Paulo, do qual veio a retirar-se tão somente em 1898 com proventos integrais. Exerceu ainda, em acumulação, o cargo de diretor do Ginásio do Estado no devir dos anos 1890. Na seara política, não obstante já residente em São Paulo, foi eleito para compor os quadros da Assembleia Geral Legislativa do Maranhão no ano de 1863; na seara jurídica não foram poucos os cargos assumidos por Augusto Freire da Silva desde os primeiros anos posteriores a seu bacharelado. Consta que em 1864 atuava como juiz municipal e de órfãos no termo de Batatais, de onde foi removido para o termo de Limeira, onde trabalhou até 1870, ano em que abriu o educandário de Santos. Em 1875 participa da fundação do Instituto dos Advogados de São Paulo e passa a integrar a comissão de redação do periódico *Ateneu Paulistano*.

Sua bibliografia é composta sobretudo de obras linguísticas de teor didático, com exceção do trabalho *Acautelador dos bens de defuntos e ausentes, vagos e do avento* texto saído a lume em 1868 e dedicado à prática forense no juízo sucessório. Entre seus trabalhos linguísticos, citem-se as *Noções de prosódia e ortografia para uso da infância* (1871), texto que viria a reeditar--se na forma do *Compêndio da gramática portuguesa* (1875), o *Novo método de ensinar a ler e escrever* (1863), segundo Blake (1883, p. 358) publicado em Paris e republicado na mesma cidade com o título *Novo método de ensinar a ler e escrever, acrescentado da Civilidade primaria de Chantal, de um resumo da doutrina cristã extraído do catecismo histórico de Fleury e das primeiras noções de cálculo* (1875) e *Rudimentos da gramática portuguesa para uso dos alunos de primeiras letras* (1879). Segundo uma nota do *Correio Paulistano*, publicada na edição de 9 de fevereiro de 1890 (p. 1), um certo Argemiro da Silveira, aluno do quinto ano da Faculdade de Direito de São Paulo, teria publicado pela Azevedo & Comp. (1889) um quadro sinótico da gramática de Freire da Silva para facilitar o estudo dos alunos de gramática filosófica.

O conceito de norma pautado na língua literária não foge à proposta de descrição em Freire da Silva, não obstante seja-lhe sensível o uso consuetudinário das construções sintáticas a ponto de acatá-los em textos avulsos e mesmo no corpo de sua gramática. Tome-se, por exemplo, a opinião que faz publicar acerca das construções "Fui eu quem fiz" e "Fui eu quem fez" em resposta a uma consulta nas páginas de *O País* (1884, p. 1), na qual afirma:

> Na terceira edição da minha grammatica, pagina 180, exprimo-me, com respeito a esta questão, por este modo: "O verbo da proposição incidente, que tem por sujeito as formas, que, quem, do adjectivo conjunctivo, não concorda com estas, ms sim com o termo antecedente, si é um pronome pessoal. Exemplo:
> – És tu que a terra
> No seu voo equelibras, – quem dos astros
> Governas a harmonia,
>
> G. Dias – *Te Deum*
>
> No texto da quarta edição da dita obra reproduzo integralmente, na página 152, a mesma regra, e accrescento, na nota 2ª dessa pagina, o seguinte: "Está, contudo, muito em uso tambem fazer tomar o verbo a fórma da terceira pessoa, quando o conjunctivo está na fórma invariável, *quem*, e isso, porque equivale esta a, *o qual* homem".
> Deprehende-se da doutrina exarada no texto e na nota, que estão em uso tanto um como outro modo de dizer, mas que, em razão do logar em que é adduzido dou preferencia ao do texto.

Por sinal, esse mesmo texto opinativo de Freire da Silva bem revela sua leitura atualizada da doutrina linguística histórico-comparativa, aliada, decerto, à já consolidada vertente racionalista, a julgar pelas citações de nomes como Friedrich Diez (1794-1876), ao lado de gramáticos de língua portuguesa então consagrados, entre eles Sotero dos Reis, Charles Grivet e Ernesto Carneiro Ribeiro. Interessante notar que esse texto de Freire da Silva foi igualmente publicado nas páginas do *Correio Paulistano*, fato suficiente para que seu desafeto Júlio Ribeiro fizesse publicar um contraponto na edição de 11 de julho de 1884 do mesmo periódico. Em suas razões, Ribeiro não poupa a crítica mordaz à fundamentação de Freire da Silva, em cujas linhas "vê-se muita methaphysica desenvolvida com muita habilidade".

Ocupemo-nos dos dois principais textos linguísticos de Augusto Freire da Silva, primeiramente seu *Compêndio da gramática portuguesa* (1875), obra que mereceu várias edições até o início dos anos 1890. A segunda edição[296] desse livro estampa na folha de rosto os dados especificadores da obra,

---

296. Agradeço a Bruna Polachini a gentileza de haver-me cedido uma cópia desta 2ª edição. Infelizmente, não tivemos acesso à primeira edição.

que, no tocante à parte material (sonora), reproduz com modificações o texto das *Noções de prosódia e ortografia* que o autor publicara em 1871 e, na parte lógica, pauta-se nos conceitos expostos por Sotero dos Reis em sua *Gramática portuguesa*. Também os conceitos gerais sobre gramática e linguagem são extraídos da obra de Sotero, conforme se pode perceber no quadro comparativo abaixo:

Sotero dos Reis	Freire da Silva
A *Grammatica* divide-se em Grammatica Geral e Grammatica Particular.	Divide-se a *Grammatica* em *Geral* e *Particular*.
A *Grammatica Geral* é a sciencia dos princípios immutaveis e geraes da palavra pronunciada ou escripta em todas as linguas.	*Grammatica Geral* é a sciencia dos principios immutaveis e geraes da palavra pronunciada ou escripta em todas as linguas.
A *Grammnatica Particular* é a arte de applicar aos principias immutaveis e geraes da palavra as instituições arbitrarias e usuaes de qualquer lingua.	*Grammnatica Particular* é a arte de applicar aos principios immutaveis e geraes da palavra as instituições arbitrarias e usuaes de qualquer lingua.

Quadro: Conceitos gramaticais em Sotero dos Reis e Augusto Freire da Silva

A segunda edição do *Compêndio* foi publicada no Maranhão, conforme informação no verso da folha inicial, embora esteja estampada na folha de rosto a cidade de São Paulo, provavelmente por gralha de reprodução da 1.ª edição. Com efeito, no número 802 do *Diário do Maranhão*, publicado a 7 de abril de 1876 (p. 2), lê-se a seguinte nota:

> Grammatica portugueza – O sr. dr. Augusto Freire da Silva, natural desta provincia e actualmente residente em São Paulo, acaba de edictar nesta cidade na typographia deste jornal[297], a segunda edicção de sua grammatica, correcta e sensivelmente augmentada.
> A aceitação que tem tido este compendio naquella provincia onde a instrucção corre parelhas em desenvolvimento com todos os demais ramos da prosperidade publica, são o maior elogio que se pode fazer ao livro e ao merito de seu distincto autor.

No plano conceitual, a definição mais ampla de gramática, já nesta segunda edição, vai além da proposta por Sotero dos Reis e foge ao parâmetro ordinário dos compêndios destinados ao ensino da língua vernácula, já que não se limita ao terreno normativo. Com efeito, ao definir gramática como

---

297. Trata-se da Tipografia do Frias.

"o conjuncto dos principios que nos ensinam a exprimir com exacção nossos pensamentos, por meio da palavra" (1875, p. 5), um conceito ausente na obra de Sotero, Freire da Silva revela uma ideia de gramática como exposição das regras de que a língua se serve para a arquitetura da frase. Na definição de Freire, obviamente, não há o metatermo "regra", que tem vinculação muito forte com o paradigma histórico-comparativo, sequer nela se encontra o metatermo frase. No entanto, uma interpretação à luz da episteme do século XIX há de conferir ao metatermo *palavra* um valor bem mais extensivo, no sentido de "expressão linguística", ou seja, exprimir pela palavra significa falar, usar a faculdade da palavra ou da língua. Portanto, ao incluir na definição de gramática a expressão do pensamento "por meio da palavra", Freire da Silva refere-se aos recursos linguísticos para construção da frase. Por outro lado, o emprego do termo *princípios* remete aos fundamentos gerais da língua que possibilitam seu papel materializador da razão humana ou das ideias que se combinam no plano racional para a formulação de conceitos.

Assim, Freire da Silva confere a sua definição de gramática um viés mais teórico do que pragmático, já que seu papel como instrumento normativo fica relegado a um plano bastante específico e limitado da entidade gramatical, qual seja o plano da exposição dos fatos particulares da gramática da língua vernácula, no caso o português (1875, p. 5):

> Grammatica Portugueza, pois, é a arte de applicar aos principios immutaveis e geraes da palavra os usos e idiotismos da lingua portugueza. Grammatica Portugueza também se pode definir a arte de fallar e escrever correctamente a lingua portugueza.

Observe-se que, ainda no plano mais restrito da gramática portuguesa, a definição de Freire da Silva não se limita a seu papel normativo, de que se infere que didaticamente sua ideia de ensino gramatical deveria ir além do mero receituário de prescrições linguísticas. Saliente-se, necessariamente, sua preocupação em definir língua no corpo de um texto gramatical que, obviamente, tinha escopo didático primacial: "*Lingua* é todo o systema de signaes que directamente manifestam o pensamento. Esta definição comprehende a linguagem articulada e a linguagem da acção" (1875, p. 5). Significativo o uso do metatermo *sistema* em "systema de signaes", em que o autor revela uma concepção linguística bem próxima ao conceito de organismo, com a ressalva de que os limites do sistema estendem-se de seu componente articulado, ou seja, eminentemente linguístico, à "linguagem da acção", isto é, o conjunto de sinais visuais como gestos, movimentos do rosto e mesmo sons ditos inarticulados como o muxoxo e o suspiro.

No plano da sinopse gramatical, o *Compêndio* segue a tradição de Port--Royal em *prosódia, etimologia, sintaxe* e *ortografia*, apenas destoando no tocante à ordem de apresentação, com a ressalva da definição de etimologia como "a parte da grammatica que ensina a conhecer a natureza e a origem das palavras" (1875, p. 6), um passo adiante, ainda que singelo, na direção de uma etimologia em seu sentido diacrônico. No entanto, numa avaliação perfunctória, a exposição dos fatos etimológicos em Freire da Silva segue o antigo parâmetro do estudo das partes do discurso, ou da oração conforme prefere o autor, de que decorre haver aqui um exemplo da não rara assintonia entre conceitos gerais e sua efetiva aplicação no corpo de uma obra gramatical. A análise acurada do compêndio de Freire da Silva deverá conferir especial relevo a sua descrição da sintaxe portuguesa, por sinal um campo de investigação que chega a ultrapassar os limites da língua: "Das palavras formam-se as proposições, e das proposições o discurso" (1875, p. 95). As páginas dedicadas ao estudo das relações sintáticas nos planos infra e intraoracional são numerosas e tocam temas carregados de expressiva minúcia descritiva, não obstante em alinhamento paradigmático com a linguística racionalista: "*Proposição*, que também se chama *Oração, Phrase, Sentença*, é o enunciado do juizo"[298]; "Sujeito é a pessoa ou coisa a que se attribue alguma qualidade: é a ideia principal, o objecto do juizo" (1875, p. 95).

A obra gramatical de Freire da Silva viria a sofrer expressiva mudança, provavelmente a partir da 6ª edição, vinda a lume em 1891, a ponto de poder-se considerar um trabalho totalmente distinto do original. Conforme informam os metadados da 9ª edição (1906), a obra mudou de título para *Grammatica portuguesa* e passou a apoiar-se em doutrina absolutamente distinta, agora sob o manto das teses historicistas do período científico. A rigor, pode-se dizer que se trata efetivamente de outro trabalho, embora o autor assim não considerasse, pois na folha de rosto da 9ª edição Freire da Silva estampa o prêmio que foi conferido à obra pelo Governo Geral[299] em 1877, quando ainda estava em 2ª edição. Esse fato revela por si que o autor considerava não se tratar de duas gramáticas, senão a mesma gramática modificada no decurso das edições.

Em todos os aspectos, entretanto, a passagem do *Compêndio da gramática portuguesa* para a *Gramática portuguesa* revela tratar-se de trabalhos

---

298. Esta definição revela-se um bom exemplo do processo de enriquecimento metalinguístico nas gramáticas da segunda metade do século XIX.

299. Judiciosamente, Freire da Silva usa o termo neutro "Governo Geral" para coadunar a referência ao prêmio conferido pelo Governo do Império com uma edição publicada no período republicano.

essencialmente distintos. Já na folha de rosto da 9ª edição, Freire da Silva lança mão de sua titulação como argumento de autoridade: bacharel em Direito, lente jubilado do curso preparatório anexo à Faculdade de Direito de São Paulo e diretor do Ginásio Oficial de São Paulo. Também relevante é a epígrafe em louvor da gramática como ponte para o conhecimento, extraída da obra *A Educação*, de Almeida Garrett (1799-1854), já que há em suas linhas sensível vinculação entre a atividade gramatical e a investigação científica. Outro fato notável diz respeito à elaboração de um quadro sinótico em que Freire da Silva rompe com a tradição racionalista não só no tocante à metalinguagem, como também à própria concepção orgânica da gramática, agora subdividida em *lexicologia, sintaxe* e *semiologia*. Saliente-se a presença da semiologia como parte do organismo gramatical, sob sensível influência de um Maximino Maciel (1866-1923) e de um Manuel Pacheco da Silva Júnior (1842-1899) e em consonância com o prestígio que os estudos semânticos vinham adquirindo a partir dos trabalhos publicados por Michel Bréal (1832-1915). Também digna de nota é a presença de uma sintaxe estilística na sinopse gramatical, fato que se coaduna com o espírito filológico reinante no projeto de investigação linguística do período científico. Cuide-se ainda da presença de metatermos como *morfologia, taxionomia, campenomia* e *fonética fisiológica*, que bem expressam o diálogo da linguística com as ciências naturais no período em questão.

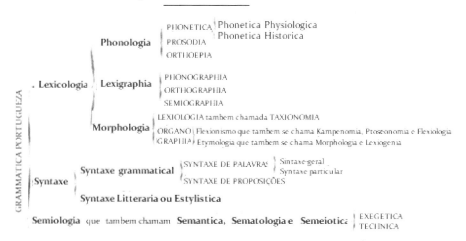

Quadro: Sinopse da *Gramática portuguesa*, de Augusto Freire da Silva

Essas são, pois, evidências de que o percurso de Freire da Silva, no tocante às convicções sobre o papel da gramática e os fundamentos teóricos, revela situar-se em um movimento de transição do modelo racionalista para o modelo científico. A 6ª edição de sua gramática provocou uma série de comentários elogiosos não só na imprensa brasileira, como também em resenhas publicadas nos periódicos portugueses. Em sua edição de 18 de fevereiro de 1892, o *Repórter*, de Lisboa, registra: "Sobre a moderna philologia portugueza, não conhecemos trabalho mais completo. O autor conhece largamente os progressos da philologia, e ministra-nos, minuciosamente, todos os ensinamentos compativeis com esses progressos". Em uma boa estratégia mercadológica, Freire da Silva faz estampar a partir da 6ª edição uma série de juízos congêneres, iniciativa que, decerto, lhe terá facilitado bastante a renovação de edições futuras. Alguns juízos chegam a situar o Brasil como país com produção gramatical mais qualificada, se comparada à de Portugal, como se lê neste extrato de um editorial publicado no periódico do Porto *A Federação Escolar*, edição de 1º de novembro de 1891, que aproveita a oportunidade para criticar em linha oblíqua a política educacional portuguesa e a injustificável resistência que então se opunha às novas ideias linguísticas em Portugal:

> Portugal conheceu grammaticas portuguezas, antes que outras nações, relativamente civilisadas, tivessem a grammatica da sua lingua.
> Portugal foi quem imprimiu ao Brazil os primeiros lineamentos da civilisação; fomos nós que principiamos a desbastar aquella pedra, rica mas informe, tosca mas um thesouro para todo o mundo.
> E que vemos agora, poucos annos decorridos desde a inscripção no mappa-mundi daquella uberrima circumscripção territorial, como paiz independente?!
> Que já teem aquelles povos um systema governativo em perfeita harmonia com o que é racional e justo; e que nós vivemos assoberbados por uma velharia politica, por aqui só se poderá encontrar justificação, si retrocedermos até o seculo XI, ou chamarmos até nós as condições especiaes daquelle tempo!
> Que elles teem homens como Freire da Silva, que estudam profundamente os segredos da sciencia, que assimilam, que deduzem, que generalisam; – e que nós somos um paiz que consome edições sobre edições da grammatica de Bento José de Oliveira, rejeitando as que vão apparecendo mais adiantadas, de um ou ontro ousado, como a de Epiphanio Dias, como a de Adolpho Coelho, e continuando por isto mesmo a estar acorrentados á mais crassa ignorancia, á mais descaroavel indifferença por tudo e por todos!

As evidências de que a *Gramática* de Freire da Silva destoa essencialmente do antigo *Compêndio* publicado em 1871 nota-se, para além da sinopse aqui transcrita, no capítulo inicial intitulado *Resumo histórico do latim e das línguas românicas*, que bem expressa uma vertente de descrição linguística pautada no historicismo e no método linguístico-comparativo. Cuida-se aqui de uma síntese da história externa do português, a que se aduz pontilhados de fatos fonéticos em perspectiva diacrônica. Há nítida influência do evolucionismo linguístico nestas linhas, já que nelas Freire da Silva traça juízo sobre conceitos como "vida da língua", "línguas vivas e mortas", "línguas matrizes e línguas derivadas", a que se alia uma breve explanação sobre idade linguística e sua aplicação ao português. Por seu turno, a descrição linguística faz-se sempre em perspectiva diacrônica, em estilo que muito se aproxima de um Pacheco da Silva Júnior (1842-1899), sobretudo no tocante a uma prévia referência do fato descrito na órbita da gramática latina. É o que se passa, por exemplo, quando da exposição do mecanismo flexional do nome em gênero, número e grau, em que o raciocínio morfológico parte da flexão em casos que tipifica o latim. As conclusões sobre o papel de Freire da Silva na gramaticografia brasileira do português revelam uma personalidade afeita à mudança teorética e um espírito aberto aos novos rumos que a descrição de língua vernácula sofreu a partir dos anos 1880 no Brasil. Decerto que, em sua obra, a mudança ocorre tardiamente, fato que se pode atribuir à natural resistência que as vozes racionalistas opunham ao modelo evolucionista vinculado às ciências naturais.

5.14 José Alexandre Passos (1808-1878)

Advogado e deputado provincial, o alagoano José Alexandre Passos (1808-1878) exerceu mandato como deputado nas legislaturas de 1850-1851, ainda suplente, e 1852-1853, como titular do cargo. Antes, em 1849, consta haver assumido o cargo de Oficial Maior da Província, com lotação na vila de Porto Calvo. Na seara jornalística, trabalhou como redator do periódico *O Filângelo*[300], patrocinado pela tipografia de seu irmão Inácio Joaquim Passos Júnior (?-?), que viria a tornar-se um órgão oficial do governo da província durante seu curto período de existência (provavelmente de 1851 a 1855)[301]. Também consta em seus dados biográficos ter sido membro do Instituto Geográfico e Arqueológico Alagoano, de cuja revista foi colaborador frequente.

Segundo Dias (s.d.), Passos combateu o uso do Método Castilho nas escolas de Alagoas, atitude que lhe deve ter trazido muitos dissabores, dada

---

300. Em Barros (2005, p. 65) lê-se "filangelho".
301. Cf., a respeito, Barros (2005, p. 371).

a grande popularidade que esse método pedagógico desfrutava em todas as províncias do Império. Ainda segundo Dias, Passos foi inspetor paroquial favorável à Abolição e empenhou-se no combate à punição física na escola, motivo que, provavelmente, o pôs em confronto com seu colega José Francisco Soares (?-?), também professor do Liceu Alagoano. Soares defendia a implementação do Método de Leitura Repentina de Castilho, havendo-se nele instruído na capital da Corte, sobretudo no tocante aos recursos rítmicos e uso de cantos para memorização do conteúdo, sem dispensar o castigo físico como estratégia pedagógica[302].

Na seara linguística, Alexandre Passos deixou várias obras, entre elas o *Compêndio da gramática portuguesa* (1848), obra adotada no Liceu Provincial de Alagoas, o *Dicionário gramatical português* (1865)[303], cujo título faz supor equivocadamente tratar-se de obra metalinguística, *Considerações sobre a gramática filosófica* (1871) e *Resumo de gramática portuguesa para o uso das escolas de primeiras letras* (1886 [1867]). No tocante ao *Compêndio*, lê-se em *O Correio Maceioense*, edição de 15 de agosto de 1850 (p. 3), uma nota do autor, que solicita a subscrição de interessados na compra do livro mediante pagamento adiantado da quantia de 1$500 rs. A nota dá conta de que o livro já estava impresso no Rio de Janeiro, à espera do pagamento das respectivas despesas para ser encaminhado a Maceió. Já na edição de 3 de novembro (p. 4), o mesmo periódico anuncia a venda do compêndio por 2$000 rs, com uma nota de agradecimento do autor aos amigos que subscreveram a obra, bem como à Assembleia Provincial da legislatura 1848-1849 pelo apoio financeiro.

A obra gramatical de Passos sofreu reveses em sua terra natal, já que seu *Resumo*, já em 12ª edição, foi desaconselhado como obra didática em favor da *Gramática portuguesa* de José Maria Latino Coelho e a *Gramática filosófica* de Jerônimo Soares Barbosa, segundo um relatório apresentado pelo Inspetor Geral da Instrução Pública Tomás do Bonfim Espindola (1832-1889). Espindola considerava o texto de Passos inadequado para um novo projeto curricular distribuído em três anos (cf. Santos, 2018, p. 195). Não se duvide de que a perseguição ao trabalho de Passos se devesse a rixas políticas decorrentes da oposição que vinha impondo à adoção do já aqui referido Método de Castilhos, sobretudo porque sua atitude era interpretada como reacionária, infensa à modernidade e à inscrição da província no cenário progressista da

---

302. Sobre o tema, cf. Boto e Albuquerque (2018).

303. Gonçalves (2002) oferece-nos um substancioso estudo em que compara o *Dicionário* de José Alexandre Passos com o *Escholiate portuguez*, de Antônio Maria de Almeida Neto.

educação nacional. Segundo Santos (2018, p. 196), "além de configurar-se em uma disputa intelectual, o veto à obra de José Alexandre Passos fazia parte de uma querela política entre Espíndola, pertencente ao partido Liberal, e Passos, membro do Partido Conservador".

No plano da doutrina e da metodologia, os textos gramaticais de Alexandre Passos seguem rigidamente o modelo racionalista, inclusive no tocante à sinopse da gramática e ao teor normativo que ordinariamente caracterizam as obras que não tinham pretensão de ruptura de paradigma. Sua definição de gramática é a que ordinariamente oferecem os manuais prescritivos, sobretudo os que pretendiam exclusivo uso em sala de aula. Saliente-se que sua visão das partes do discurso tem caráter reducionista, na esteira da tradição racionalista, em que se reconhece o nome (substantivo e adjetivo), o verbo, e preposição, advérbio, conjunção e interjeição. A própria definição de gramática geral como "sciencia que ensina os principios philosophicos da linguagem, applicaveis a todas as linguas" (1886 [1867], p. 3), não se deve acatar como reformista, já que a palavra ciência consta de outros manuais filosóficos, portanto sem a conotação que mais tarde a vincularia às ciências naturais. Sua postura perante o fato linguístico melhor se expressa em asserções do tipo "o gerúndio e o supino são duas fórmas verbaes do modo infinito, philosophicamente se consideram participios invariaveis" (1886 [1867]), em que o conceito de língua como reflexo da articulação ideativa fica bem evidente.

No tocante especificamente ao *Dicionário gramatical português*, sua natureza é efetivamente precursora no cenário editorial brasileiro, já que constitui dos primeiros – senão efetivamente primeiro – textos dedicados à terminologia gramatical[304]. Segundo Passos, o aprofundamento dos estudos sobre língua vernácula abria espaço para obras de maior reflexão gramatical, cujo escopo ia além da mera exposição normativa, para explicar "philosophicamente o mecanismo da linguagem" (1865, p. V). Destarte, abre-se oportunidade para as chamadas "gramáticas transcendentes", caso da *Grammaire des grammaires* (1840), de Charles-Pierre Girault-Duvivier (1765-1832) e do *Dictionnaire grammatical* (1834), de J.B. Bettinger (?-?), revisto por François Raymond (1769-1844), que serviram de inspiração para o gramático brasileiro. Em estudo crítico sobre o *Dicionário* de Passos, Gonçalves

---

304. Esta obra, a rigor, não é um trabalho eminentemente metalinguístico. Ocupa-se tanto da metalinguagem quanto de comentários normativos sobre emprego de palavras, prefixos, regências de alguns verbos etc. Revela-se, pois, um trabalho eclético em que a informação metalinguística convive com notas normativas sobre uso culto da língua vernácula.

igualmente ressalta seu caráter precursor entre os textos oitocentistas dedicados à terminologia linguística, se atesta seu caráter eclético, já que em muitos momentos vai além de um manual metalinguístico, para invadir searas da descrição gramatical (2003, p. 111):

> Alexandre Passos abandona en bastantes ocasiones el modelo lexicográfico para adoptar un discurso gramatical, es decir expositivo, e incluso normativo, a respecto de determinadas materias gramaticales, como sucede con *análisis* – el artículo más extenso del Diccionario (Passo, 1865, p. 17) –, cuyo tratamiento ocupa 14 paginas, a lo largo de las cuales figuran distintos títulos que subdividen la matéria. En conformidad con las ideas racionalistas, el análisis es de dos clases: gramatical o lógica o lógico-gramatical. La primera corresponde a la indicación de la classe gramatical a la que pertenecen las palavras y la segunda a la identificación de las funciones sintácticas, así como a la división de la frase compleja en sus partes.

A percepção clarividente de Gonçalves sobre a natureza do *Dicionário* de Passos, a rigor, espelha o que o próprio autor adverte acerca do "caráter transcendente" de seu trabalho, que, a par de "refletir filosoficamente sobre a linguagem", como se propunha o autor, também se assemelha a um *vade-mécum* gramatical com o propósito de conferir ao leitor informação rápida e objetiva sobre temas que suscitam dúvida, conforme se observa no trecho seguinte, em que Passos não hesita em referir-se ao *Dicionário* como uma verdadeira gramática (1865, p. VI):

> N`esta Grammatica, disposta pela ordem alphabetica (a mais conveniente em qualquer obra consultiva) achará o leitor a analyse de muitos períodos em prosa e verso, – a conjugação de todos os verbos irregulares, – a definição de todos os prefixos latinos, gregos e propriamente portuguezes, – a explicação de todas as preposições e sua applicação aos diversos complementos, – extensas explicações sobre cada um delles e dos membros principaes da oração – todas as regras possiveis da prosódia portugueza (matéria, se não esquecida inteiramente, mui pouco desenvolvida até agora pelos nossos grammaticos), – a determinação dos casos em que se deve fazer um acertado e conveniente uso dos accentos, – as regras da orthographia mais seguida, e uma arrazoada opinião sobre sua preferencia aos systemas exclusivos de etymologia ou do som das lettras, – além de outros extensos artigos sobre alguinas palavras, de cujo acertado emprego depende o fallar puro e correcto no nosso idioma. A exemplo tambem do citado Dictionnaire Grammatical encontrará o leitor algumas noções de logica e rhetorica como complemento da materia transcendente do presente livro.

As fontes documentais sugerem que Alexandre Passos efetivamente gozou de grande prestígio político, conforme comprova o art. 29 da Lei Provincial n. 300, de 5 de maio de 1855, que autorizou o Erário Público a comprar 400 exemplares da segunda edição do *Resumo da gramática portuguesa* (1855) para serem distribuídos entre os alunos pobres da província. Antes, a Lei n. 35, de 12 de dezembro de 1945, e a Resolução n. 114, de 16 de maio de 1849, já haviam concedido semelhante autorização, fato que não se pode desconsiderar em um cenário de precário investimento estatal na área da Educação em geral[305].

5.15 Charles Grivet (1816-1876)

Charles Adrian Olivier Grivet (1816-1876) foi um suíço nascido em Villars-le-Terroir, cantão de Vand, mas que obteve cidadania na cidade de Friburgo, onde estudou as línguas francesa, latina e grega, além de história, geografia, retórica, filosofia, matemática, física e química. Consta, igualmente, haver concluído o Curso de Direito em sua terra natal. Dotado dessa formação eclética, Charles, que viria a ser conhecido no Brasil como Adriano, optou ainda jovem pela carreira do magistério de língua francesa. Reconhecido nacional e internacionalmente por sua incomum capacitação para o magistério, Grivet foi convidado para assumir um emprego na Rússia, como preceptor educacional dos filhos do General Jouroff, governador civil de Tschernigoff. Nas palavras de seu biógrafo anônimo, autor da introdução *Algumas palavras sobre o Professor Grivet*, que abre as páginas da *Nova gramática analítica da língua portuguesa*, o jovem Charles desincumbiu-se brilhantemente desse mister, angariando a simpatia e o respeito de todos que com ele mantiveram relação. Anos mais tarde, já vivendo no Brasil, Grivet daria um depoimento público de sua estada em Moscou numa carta dirigida a uma certa senhora chamada Viúva Martins – que, por iniciativa da destinatária, foi publicada no *Jornal do Comércio*, edição de 21 de janeiro de 1872. Nesse documento, Grivet relata um encontro que manteve em 1838, na capital russa, com um médico que tentava descobrir tratamento eficaz para a hidrofobia. Em seu relato, Grivet informa que o citado médico trabalhava com uma erva semelhante à que a referida Viúva Martins apresentava às autoridades sanitárias como eficaz para combater a terrível doença.

Já fluente na língua russa, Grivet regressou à Suíça após alguns anos de moradia em Moscou, a fim de amparar os pais, que se encontravam em pre-

---

305. Cf. Galvão e Araujo (1874, p. 134).

cário estado de saúde. Em 1843, foi indicado para ocupar a cadeira de língua francesa na Escola de Friburgo. Posteriormente, em 1848, foi distinguido com o cargo de professor de Língua e Literatura Latina na Escola Industrial de Bale. Por essa época, Grivet já assumira cargo político, como deputado representante do Sonderbund, aliança de cantões conservadores e católicos que exerceu papel decisivo na deflagração da guerra civil suíça. Insatisfeito com os rumos que a guerra civil traçara para sua terra natal, Grivet opta por emigrar para o Brasil, vindo a desembarcar no Rio de Janeiro no dia 1º de abril de 1856. Em pouco tempo, o jovem professor instruiu-se na língua portuguesa, havendo recebido, nesse intuito, a ajuda prestimosa de seu amigo dileto Manoel Pereira Frazão (1836-1917)[306]. Em rápido tempo, Grivet submeteu-se às provas do Conselho de Instrução para habilitar-se em língua portuguesa.

Frustrada a tentativa inicial de fundar uma escola para meninos na sede da Corte, Grivet optou por investir seus recursos em uma escola para meninas na cidade de Vassouras, um dos mais promissores sítios da província para o desenvolvimento de atividades educacionais. Considerando os princípios morais da época, que desaconselhavam um colégio de meninas sob administração masculina, Grivet optou por indicar sua mulher como proprietária e diretora do estabelecimento. Com efeito, na edição de 21 de maio de 1858, o periódico *A Pátria* (p. 2) noticia que em abril do mesmo ano o governo do Império concedera a Dona Maria Barbosa Franco Grivet as licenças necessárias para abrir na cidade de Vassouras um colégio de instrução primária e secundária para o sexo feminino, com permissão aditiva de que seu marido Adriano Grivet, conforme ficou conhecido no Brasil, lecionasse língua francesa no mesmo colégio. Com as licenças concedidas, a família trabalhou rápida e eficientemente, visto que já em 9 de novembro do mesmo ano de 1858 o *Jornal do Comércio* (p. 4) estampa uma chamada do novo colégio de Madame Grivet para o ano letivo de 1859. A grade curricular incluía doutrina cristã, português, francês, inglês, alemão, história, geografia, aritmética, caligrafia, música, desenho e trabalhos de agulha. O mesmo anúncio assegura aos pais que as meninas serão objeto de "uma vigilancia assidua, uma disciplina ao mesmo tempo firme e benigna, hábitos rigorosos de asseio e ordem, cuidados hygienicos e boa alimentação".

Outro atributo favorável ao colégio estava no fato de situar-se em uma cidade de clima ameno, com bons ares e próxima da Corte, já que a viagem de trem durava apenas um dia. Em 1863 já há registro da transferência do colé-

---

306. Frazão afirma, em um texto publicado no *Jornal do Comércio* (8.2.1870), que fora ele quem ensinara Grivet a ler em português.

gio para o Rio de Janeiro, com sede na rua de São Clemente, n. 8C. A transferência impôs a Charles Grivet uma incursão na seara do magistério particular como professor de Francês, atividade que lhe conferia razoável estipêndio, visto que o interesse pela língua de Racine crescia bastante numa sociedade que sonhava em europeizar-se já pelo último quartel do século. Em 1867, ao que consta, o Colégio de Madame Grivet transferira-se para novo endereço: Rua dos Arcos, n. 56. Neste mesmo ano, Charles Grivet continua a anunciar seus serviços como professor de Língua e Literatura Francesa e, agora, também de Língua Portuguesa, atendendo alunos no prédio da Rua dos Arcos. Alguns anos depois, em 1873, o colégio muda-se para a rua do Rezende, n. 16C e nesse mesmo ano Grivet anuncia nos jornais de maior tiragem o magistério de aulas em várias disciplinas: língua e literatura francesa, gramática portuguesa, geografia e física experimental.

A amizade que uniu Charles Grivet e Manoel Pereira Frazão fazia-se sentir até mesmo nos embates pueris que o meio intelectual dos Oitocentos testemunhava, ordinariamente disputas alimentadas pela vaidade em que o intuito maior resumia-se a ofuscar a imagem dos rivais perante a opinião pública. Em dada ocasião, no intuito de menosprezar os professores públicos, o advogado Tomás Ferreira de Menezes (1818-1891) taxou-os de "verdes". Em nota conjunta, Grivet-Frazão replicaram com a asserção de que, na realidade, Menezes é que estava "maduro". Fato inconteste é que o nome de Charles Adrian Grivet conquistou merecido prestígio mesmo em províncias distantes da Corte, não sendo rara a citação de seu nome como exemplo de autoridade linguística nas incontáveis disputas gramaticais, por vezes verdadeiras rixas e ofensas, estampadas nos periódicos jornalísticos de Sul a Norte. Um exemplo se extrai da edição do dia 3 de junho de 1888 do *Jornal do Recife* (p. 3), em que se lê a resposta de um certo Dr. Rabicho ao articulista cognominado Lord Randulph Churchill em face dos solecismos que lhe foram atribuídos:

> Eu, Dr. Rabicho, juro sobre a tua cauda, Lord Randulph, como um parsa jura sobre o rabo de uma vaca, que não és gente.
> Juro mais que, armado, não de um Grivet ou de um Júlio Ribeiro, mas de uma tira de couro, hei de reprimir as tuas indecencias.
> Juro finalmente, pobre diabo, que disseste uma verdade quando affirmaste que a *Columna Liberal* estava se deshonrando, ocupando-se comtigo.

Em outras notas editoriais e em inúmeras contendas filológicas que ordinariamente se travavam nas páginas dos periódicos mais prestigiados, frequentemente o nome de Grivet era referido como exemplo de autoridade respeitada e exemplo a seguir. Sua morte, em 14 de janeiro de 1876, pôs fim ao sofrimento físico, decorrente de uma progressiva doença degenerativa, e à dor pela perda prematura de sua única filha. Por esse tempo, já concluíra a redação de sua *Nova gramática analítica da língua portuguesa*, que viria a ser publicada postumamente em 1881 com patrocínio do governo do Império, após parecer favorável dos avaliadores designados, Francisco Otaviano de Almeida Rosa (1825-1889) e João Batista Calógeras (1810-1878) e sob supervisão de sua esposa Maria Barbosa Grivet.

A análise da obra linguística de Grivet situa-o, ao lado de Augusto Freire da Silva e de Ernesto Carneiro Ribeiro (1839-1920), como um dos gramáticos que conseguiram transitar da escola racionalista para a escola histórico-comparativa, razão por que se pode afirmar que estes três nomes da gramaticografia brasileira representam um movimento de mudança paradigmática no cenário da produção linguística dos Oitocentos. A *Gramática analítica* que Grivet publicara em 1865 coincidia com a de Francisco Solano Constâncio apenas no título, dado que sua concepção doutrinária segue linhas divergentes, não obstante insertas no mesmo modelo teórico. O perfil da *Gramática* de 1865, entre as gramáticas racionalistas brasileiras, já expressa uma proposta descritiva da língua, sem aquele tom meramente normativista que se verifica nos textos da época. Surpreende que um intelectual francês, chegado ao Brasil sem o mais rudimentar conhecimento do português, tenha-se sentido apto para escrever uma gramática portuguesa após nove anos de imersão linguística. Reconheça-se em Grivet uma invejável vocação para a aprendizagem e percepção científica das línguas, fato que, por sinal, viria a ratificar-se com a posterior publicação da *Nova gramática* no expressivo ano de 1881.

O adjetivo *nova* no título da obra não é gratuito ou meramente indicador de uma edição renovada do mesmo trabalho. A *Nova gramática* distingue-se expressivamente do texto original no tocante à fundamentação teórica, fato que terá contribuído para sua aceitação como um dos textos gramaticais do português oitocentista mais referidos nas rodas de público letrado, mormente nas discussões linguísticas que se multiplicaram nas páginas dos periódicos jornalísticos. Grivet transita do modelo clássico, orientado pela *Gramática de Port-Royal*, em que a matéria gramatical organiza-se em *prosódia*, *ortografia*, *etimologia* e *sintaxe*, para a nova perspectiva dual em *lexiologia* e *sintaxe*: "Do cotejo da primeira com a segunda parte da Grammatica, o que resulta, é que a lexicologia declara o que são as palavras, e a syntaxe, o que ellas fazem" (1881, p. 222). Sua postura, por outro lado, já não é a de descrever o português em seus limites, senão em comparação, ao menos, com fatos da sintaxe francesa, que, por sinal, dominava com mais segurança. Exemplifica-o sua referência ao uso do pronome *il* francês, em comentário sobre a sintaxe de verbos impessoais portugueses, para defender a tese de que o referido pronome nenhum papel sintático exerce, nada mais significa do que um indicador expletivo da presença do verbo (1881, p. 235):

> "[...] como termo syntaxico, o tal IL não é nada. Não é nada porque, ainda que pronome por natureza, ahi não substitue a nenhum substantivo, e conseguintemente não representa idea alguma; faz apenas o officio de indicador: *"Ahi vai verbo"*; é palavra expletiva e mais nada".

A *Nova gramática* revela um Grivet já inscrito em um modelo pautado em *corpus* de língua literária, que se comprova, por exemplo, na reiterada exemplificação da matéria com base na obra do Padre Antônio Vieira (1608-1697) e em João de Barros (1496-1570). Também se revela infenso à teoria dos verbos substantivos, a ponto de optar por uma referência a essa categoria verbal em tom irônico, ao longo de bom segmento da sintaxe, num embate imaginário com os "substantivistas". Evidentemente, o pomo da discórdia era mais explícito no tratamento de verbos impessoais, cuja descrição sempre trouxe problemas indigestos aos próprios defensores do *ser* substantivo[307]. Com efeito, a premissa do verbo substantivo não acolhe os impessoais pela absoluta impossibilidade de neles vislumbrar-se um verbo *ser* com atributo incorporado: atributo de que sujeito? A crítica de Grivet dirige-se especificamente à *Nouvelle grammaire* (1846 [1824]) de François-Joseph-Michel Noël (1756-1841) e Charles Chapsal (1787-1858), que, segundo o gramático suíço, teriam influenciado negativamente toda uma geração de gramáticos portugueses e brasileiros (1881, p. 227):

> Eis-ahi resumida, com a mais escrupulosa fidelidade, a tão preconisada theoria do verbo substantivo. Sabida, há cerca de quarenta annos, do cerebro dos dous gramáticos francezes Noël e Chapsal, ella teve a dita de se acreditar rapidamente, não só no paiz de sua origem, mas ainda, e talvez com maior enthusiasmo, naquelles onde a mesma procedencia costuma dispensar, em innovações de ensino, toda e qualquer verificação de proficiência, respondendo ella preventivamente por si só a todas as objecções. Graças a tão invejavel privilegio, ella veiu a dominar soberanamente na Grammatica portugueza; e hoje não ha, neste assumpto, autor que deixe de lhe fazer a devida continência, embora nem todos pareção igualmente convencidos de sua desmarcada efficacia.

---

307. Sobre a tese do verbo substantivo em gramáticas brasileiras oitocentistas, cf. Polachini (2016).

Sobre as ideias linguísticas de Grivet colhemos ainda a palavra de Evanildo Bechara, que atribui ao suíço a primeira referência normativa à contração da preposição com o sujeito do infinitivo começado por vogal, *h*, ou algum determinante desse sujeito: "pelo que até onde pude investigar, a mais antiga fonte desta lição que conheço é a *Nova Gramática Analítica da Língua Portuguesa*, saída em 1881 (uma Pequena Gramática já viera à luz em 1865) e escrita pelo suíço Adrien Olivier Grivet" (2010, p. 184). A regrinha, que viria a habitar praticamente todos os manuais normativos pautados na língua literária, assim se comporta na letra de Grivet (1881, p. 385):

> Se [...] a indole da língua autorisa que um termo não annexo, e sim de todo independente, como um sujeito ou um complemento directo, possa intrometter-se por acaso entre a preposição e seu regime, a razão não admitte que, com elle, a mesma preposição forme contracção, porque dahi resultarião dous absurdos; o sujeito ou complemento directo assim agarrado pela preposição não seria mais, nem sujeito, nem complemento directo, e sim regime da mesma preposição; e o regime proprio da preposição, desamparado de sua relação, não teria mais funcção nenhuma: o que tudo destruiria a syntaxe pela base.

Observe-se que o argumento da inviabilidade da construção sintática em que a preposição se adjunge ao sujeito está em que "a razão não admite", ou seja, a construção não se coaduna com a interpretação lógica do papel da preposição, que é o de reger um complemento próprio. Assim arremata Grivet, com o argumento subsidiário de que a preposição mantém vínculo de regência com o infinitivo devido à possibilidade de que se invertam os termos da oração reduzida, um exemplo precioso de argumentação sintática pautado no ordenamento lógico das ideias, por sinal muito usado hodiernamente (1881, p. 386):

> "Senhor, manda quem has de mandar POR O TAL CARGO REQUERER, não digo um grande e consumado saber hvmano, mas ainda a um divino, inspirado por graça" (João de Barros). – (Não : ... PELO *tal cargo requerer*... porque a simples transposição: POR REQUERER *o tal cargo*... deixa claramente perceber que a preposição *por* tem o seu regime no infinitivo REQUERER, como o mesmo infinitivo tem o seu sujeito em O TAL CARGO...– os taes cargos requerem ...).

São notas pinçadas de uma obra que desfruta de merecido reconhecimento historiográfico e mereceria maior atenção dos que se dedicam ao estudo do pensamento gramatical no Brasil. A obra de Charles Grivet não é citada com a mesma frequência dedicada à de outros gramáticos de sua geração, tais como um Júlio Ribeiro ou mesmo um Sotero dos Reis, fato que ainda está por esclarecer. A circunstância de a *Nova gramática* ter vindo a lume no mesmo ano de publicação da *Gramática portuguesa* (1881) de Júlio Ribeiro (1845-1890) pode ter-lhe ofuscado o valor na memória das gerações futuras, dado o reconhecido papel precursor de Ribeiro na implantação da linguística evolucionista no Brasil. Entretanto, essa é uma afirmação que não se pode acatar sem reservas.

5.16 Ernesto Carneiro Ribeiro (1839-1920)

O baiano Ernesto Carneiro Ribeiro (1839-1920) figura entre os mais expressivos gramáticos brasileiros que atuaram nos séculos XIX e XX, com vasta e diversificada obra que inclui gramáticas, ensaios e estudos pontuais sobre temas variados, com natural destaque aos atinentes à natureza da língua. Dono de prodigiosa capacidade para produzir textos escritos, a despeito das dificuldades enfrentadas para acesso ao conhecimento científico, Carneiro Ribeiro é, sem dúvida, um exemplo de superação e talento no cenário conturbado dos Oitocentos e nos verdes anos dos Novecentos, mercê de sua longa e profícua existência. Nascido em Itaparica, a 12 de setembro de 1839, filho de um escrivão de órfãos e de uma dona de casa, cedo iniciou-se no estudo do latim no colégio de Manoel José Pinto (?-?), educador português naturalizado brasileiro, época em que já revelava grande vocação para os estudos literários. Em 1853, transferiu-se para Salvador, onde matriculou-se no *Liceu Provincial* para estudar com o latinista Guilherme Balduínio Embirussu Camacan (?-?) e com os professores Pedro Botelho (?-?), de geografia e história, e Salustiano Pedrosa (?-?), de filosofia. Também assistiu às aulas do geógrafo João Estanislau da Silva Lisboa (1824-?)[308].

As aulas preparatórias do Liceu Provincial propiciaram a Carneiro Ribeiro o ingresso na Faculdade de Medicina da Bahia em 1858[309]. Formado no ano de 1864, com a tese *Relações da medicina com as ciências filosóficas*, para cuja redação muito contribuiu decerto sua experiência como professor de Filosofia no Colégio São João, conhecido educandário fundado por

---

308. Silva Lisboa foi autor do rumoroso "crime da bala de ouro", referido por Jorge Amado em seu *Bahia de todos-os-santos*. Enciumado, Silva Lisboa assassinou a noiva, Júlia Feital, em 20 de abril de 1947. Diz a lenda que Lisboa derretera a aliança de noivado para confeccionar a bala que usou no crime. Preso e condenado, Silva Lisboa viria a ser solto em 1859 por indulto do Imperador. Passou a lecionar no Liceu Provincial de Salvador, onde foi mestre de Ernesto Carneiro Ribeiro.

309. Cf., a respeito, Pitanga (2019).

Francisco de Almeida Sebrão (?-?). Antes ainda de formar-se em medicina, foi convidado para assumir as cadeiras de francês e de inglês no Ginásio Baiano, recentemente fundado por Abílio César Borges (1824-1891), do qual veio a tornar-se diretor em face de sua reconhecida competência para a administração escolar. Carneiro Ribeiro, assim, dividiu sua vida profissional entre a medicina e o magistério, atividades que, dada sua natureza de intensa interação social, conferiram-lhe grande prestígio na capital da província. No magistério, especificamente, preocupou-se em construir carreira mais sólida, provavelmente em face de maior oportunidade para estabilizar-se profissionalmente, em cujo intuito prestou concurso para a cadeira de gramática filosófica do Liceu Provincial, hoje colégio da Bahia, no ano de 1871, com a tese *Origem e filiação da língua portuguesa* (1957 [1871]). Esse trabalho dá a exata dosagem do conflito linguístico-ideológico que à época nutria o pensamento gramatical de Carneiro Ribeiro, ora filiado à escola racionalista, ora atraído pelas ideias evolucionistas.

No certame do Liceu, concorriam à única vaga, além de Carneiro Ribeiro, o Professor Guilherme Pereira Rabelo (1820?-1874), conhecido como "língua de prata", consagrado médico e docente de língua portuguesa e latina que exercera o cargo de Inspetor Geral das Aulas da Província de Sergipe[310], e o igualmente médico Aristides Justo Cajueiro de Campos (1833-1889). Consta que a disputa entre Carneiro Ribeiro e Pereira Rabelo foi tão acirrada que o vencedor acabou por ser escolhido por sorteio, não obstante a contragosto dos interessados, ambos desejosos de que se realizasse novo certame para desempate. Como costume na época, em dois papéis escreveu-se "tive mérito e a sorte me ajudou" e "tive mérito, e não tive sorte". Tirou Pereira Rabelo um dos papéis em que se lia "tive mérito, mas não tive sorte", de que resultou a nomeação de Carneiro Ribeiro no mesmo dia.

A vida profissional de Carneiro Ribeiro no Liceu Provincial durou até 1890, quando se exonerou no início do governo de Joaquim Manuel Rodrigues Lima (1845-1903). Antes, entretanto, em 1873, já havia fundado o Colégio Bahia, em sociedade com Emílio Lopes Freire Lobo (?-?) e, posteriormente, o Colégio Carneiro Ribeiro, que dirigiu ao longo de 36 anos (Niskier, 2011, p. 268). Em paralelo ao magistério de língua vernácula, segue a carreira docente na área médica com o ingresso na Faculdade de Medicina da Bahia, em 1887, com a tese *Perturbações psíquicas no domínio da história*, vindo a assumir a cadeira de psiquiatria. A 23 de outubro de 1890, com

---

310. Pereira Rabelo foi membro do Conselho de Redação do Instituto Acadêmico, órgão da Sociedade Instituto Acadêmico dedicado à medicina e à literatura.

a Reforma Virgílio Damásio e consequente criação do Instituto Oficial do Ensino Secundário em substituição ao Liceu Provincial, foi extinta a cadeira de gramática filosófica, razão por que Ribeiro foi transferido para a cadeira de linguística e gramática geral e comparada.

Decerto que, em tão profícua e prolongada carreira, haveria de sofrer dissabores, entre eles a desgastante celeuma que travou com Rui Barbosa (1849-1923) a respeito da redação do Código Civil de 1916. Em janeiro de 1902, já aposentado, Carneiro Ribeiro fora convidado por José Joaquim Seabra (1855-1942), ministro da Justiça e Negócios Interiores do Governo de Rodrigues Alves, para revisar o texto do projeto de lei, um trabalho volumoso que deveria ser concluído em poucos dias. Enviado para o Senado, o projeto foi relatado por Rui Barbosa, que coincidentemente havia sido aluno de Carneiro Ribeiro no Ginásio Baiano, provavelmente em 1862 ou 1863. O texto do projeto foi duramente criticado por Barbosa em seu *Parecer sobre a redação do Código Civil* (1902), com uma série de objeções gramaticais e lexicais ao trabalho de Carneiro Ribeiro. A rigor, a investida furiosa de Rui Barbosa visava a atingir o jurista Clóvis Bevilaqua (1859-1944), autor do projeto, a quem julgava ainda imaturo para assumir as responsabilidades de tarefa tão relevante e por quem nutria indisfarçável antagonismo intelectual. Diante da magnificência jurídica do trabalho de Bevilaqua, restava a Barbosa investir contra o texto do código, o que efetivamente fez sem hesitar (1949, p. 3):

> Bem sei que, em rápido excurso ao Norte, o digno presidente daquela comissão, portador solícito do trabalho por ela adotado, o submeteu ao esmeril de um gramático ilustre. Conheço e acato essa autoridade, que tenho a fortuna de considerar entre os meus primeiros e melhores mestres, contando-me, ainda hoje, entre os seus discípulos mais reverentes. Mas para a empreitada apenas lhe deram alguns dias; e, em tão acanhado lapso de tempo, não seria possível, a quem quer que fosse, reduzir a vernáculo sofrível, desbastar, cepilhar, brunir uma estrutura legislativa de quase dois mil artigos, onde a violência da rapidez na produção intelectual obrigara o legislador a descurar o lavor literário, não menos essencial à duração das leis que à das demais obras do entendimento. De quanto melhorou, transitando pelas mãos do sábio e laborioso filólogo, a linguagem do projeto, bem se poderá julgar pelos vestígios, que ainda lhe restam, de incorreção e desalinho.

A resposta de Carneiro Ribeiro veio com as manchas da mágoa ainda no mesmo ano de 1902, com a publicação de suas *Ligeiras observações* (1957 [1902]) no *Diário do Congresso* (1957 [1902], p. 11):

> Não me poupei sacrificios; e já crescido em annos, trabalhado pelos arduos labores da educação da mocidade, só Deus e eu sabemos quanto de tenaz esforço, de porfiado trabalho, foi mister para desobrigar-me da honrosa incumbencia, que se me havia deposto nas mãos!...
> Para satisfazer esse empenho, que se me afigurava superior ás minhas forças, tive apenas quatro dias e algumas horas!

O desgosto, entretanto, não foi suficiente para ofuscar o desejo de resposta na mesma moeda: "das emendas do illustrado senador, umas ha que são justas; outras, injustas e infundadas; algumas erradas" (1957 [1902], p. 12). Assim, devolve Carneiro Ribeiro as críticas de ordem estilística – casos de cacofonia, colisão, eco etc. – apontando-as no próprio texto do *Parecer*. Dessa resposta, como se sabe, resultou a famosa *Réplica* (1953 [1902]), texto monumental de Rui Barbosa reiteradamente citado nos compêndios gramaticais de índole normativa. Nesse novo capítulo do embate, Barbosa também investe, ainda que em tom mais cordial, contra José Veríssimo, que o taxara de "purista e arcaico" em um artigo intitulado *Uma lição de português*, publicado no *Correio da Manhã*, edição de 4 de agosto de 1902. Alguns anos depois, o mesmo José Veríssimo, em tom jocoso, refere-se ainda à "contenda" em artigo publicado na *Revista Kosmos*, edição de outubro de 1905[311], em que, com a veia irônica que o caracterizava, aproveita o tema para criticar as preocupações normativas dos gramáticos brasileiros (1907, p. 99-113):

> Não cessou ainda, e sabem os deuses quando cessará, a briga dos grammaticos e philologos(?) em torno á redacção do nosso muito futuro *Código Civil*. A' *Replica,* em 214 paginas, de duas columnas, em folha, do Sr. Ruy Barbosa, responde agora num grosso volume, in-4° grande, de 891 paginas, o Sr. Dr. Ernesto Carneiro Ribeiro, o primeiro revisor, por incumbência official, da primitiva redacção do Projecto daquelle Código, lente jubilado do Gymnasio da Bahia e antigo professor de portuguez do Sr. Ruy Barbosa.
> Estas discussões entre grammaticos são uma das cousas mais divertidas deste mundo, e se devem recommendar como um excellente recreio aos que, hypocondriacos ou melancólicos, têm tempo para perder nellas. São infinitamente mais alegres do que as brigas de gallos e quejandos desportos, como diria um archaista da polpa do Sr. Ruy Barbosa. Os grammaticos, e todos os que contendem por motivo de linguagem, são de natureza gente irritadíça, insoffrida e azeda. Mas, como é também de sua natureza se picarem de o não ser, ou, ao menos, de o não parecer, e como o titulo de philologos, a que armam, lhes impõe maior compos-

---

311. O artigo viria a ser republicado em Veríssimo (1907).

tura que o desacreditado appellido de grammaticos, dão-se tractos para esconder o seu genio irrascivel e a má criação inherente ao officio, e desta lucta entre o temperamento a este próprio e o seu bom renome de cavalheiros, resulta a mais divertida das situações [...]

Uma lingua, e não só uma lingua, mas uma cultura lucra sempre muito com os estudos da verdadeira e desinteressada sciencia philologica, mas quando esses trabalhos são da natureza dos Schleichers, sobre a lingua alleman, dos Littrés, sobre a lingua franceza, dos Leonis, dos Adolphos Coelhos, dos Viannas, sobre a lingua portugueza, e outros que, em todos os paizes cultos, eu pudera citar. Mas, com os da espécie destes de que me occupo, aliás enormes e consideráveis e até de muito saber, productos de vaidades literárias irritadas e irritantes, obra de pura polemica, o que forçosamente lhes vicia o critério e os infficciona da má fé inevitável a toda a polemica, absolutamente não se dá o mesmo [...]

Si, com a do café, a do cambio, e quejandas ha uma questão nacional no Brazil, é esta da collocação dos pronomes oblíquos. Tal collocação entrou a ser aqui a pedra de toque do escriptor correcto, o que é talvez um disparate, porque a fôrma normal, necessária e, portanto legitima de collocar esses pronomes no Brazil, é justamente essa que os nossos grammaticos, de 20 annos para cá, entraram a condemnar. Sobre isso veja-se o excellente estudo do Sr. Said Ali, na *Revista Brasileira* de 1 de Março de 1895. E' o que com mais senso e espirito scientifico já do assumpto se escreveu. Todos os brazileiros, ainda os mais cultos, e caprichosos em bem falar e escrever, erram (erram, segundo o padrão portuguez) neste particular. E é o próprio professor Carneiro, mestre e grammatico da lingua, quem, apanhado nessa falta pelo Sr. Ruy Barbosa (quando aliás elle mesmo já a tinha reconhecido e confessado) criteriosamente reconhece que: "E' este (o nosso modo de collocar pronomes) um *brazileirismo* tão arraigado no falar e no escrever, que ainda aquelles que mais se esforçam por evital-o, uma ou outra vez o commettem, fallando ou escrevendo" [...]

Contra este uso, que não é bom nem mau, mas simplesmente um facto da linguagem, que cumpre ver e examinar sem preconceitos e picuinhas de esthetas ou de grammaticos, que ainda estão no presupposto de que elles é que regulam a lingua, surgiu, haverá uns vinte annos, uma reacção erudita, que não obstante desarrazoada nos seus motivos e incoherente nos seus preceitos (toda esta discussão Ruy Barbosa-Carneiro o mostra sobejamente) vai vingando, pois já hoje os escriptores brazileiros timbram em collocar os pronomes á maneira portugueza.

As palavras de José Veríssimo têm sua procedência, dada a onda purista que o novo século fazia ressurgir com a publicação de textos analíticos da língua literária. Este é o momento de um Mário Barreto (1879-1931), jovem e talentosíssimo filólogo, por muitos taxado de "lusista" dada a farta exemplificação de suas teses com os clássicos portugueses. Portanto, a ojeriza de Veríssimo não tinha alvo fixo, visava a todos os que faziam do estudo gramatical um motivo para regurgitar erudição, o que, por sinal, não se há de negar no embate Carneiro Ribeiro-Rui Barbosa. Decerto que os brios feridos pela detração pública que ambos destilavam contra o outro em muito contribuiu para os mergulhos puristas em obras do passado longínquo, cujo padrão linguístico tanto se distanciava da realidade linguística brasileira em norma padrão, por sinal a que mais conviria nas páginas do Código Civil, considerando-se seu caráter de texto público de fundamental relevância para a segurança jurídico-social.

E por aí ficou a disputa linguística entre os conterrâneos, sem que, a rigor, se possa falar em vencido e vencedor, e da qual a história extrai um dos mais expressivos exemplos de quanto pode a vaidade humana e até onde chega a índole purista. A vida seguiu para ambos, até que, em 1920, uma erisipela viesse a interromper a longeva existência de Ernesto Carneiro Ribeiro e, três anos depois, uma paralisia bulbar decretasse o fim de Rui Barbosa.

Homem de vocação nata para a pesquisa, mesmo após a aposentadoria dedicou-se Carneiro Ribeiro às atividades acadêmicas, havendo inclusive participado do 3º Congresso Científico Latino-Americano, realizado em 1905 no Rio de Janeiro, como membro da comissão baiana. O estudo panorâmico da obra de Ernesto Carneiro Ribeiro revela tratar-se de um linguista em que confluem ideias antagônicas sobre a natureza da língua, de que decorre poder-se citá-lo como o exemplo mais acabado da transição paradigmática da escola racionalista para a cientificista. Uma crítica menos favorável de sua obra revelaria uma personalidade intelectual aporética, que perdura por toda sua longa existência e revela uma atitude contraditória ou hesitante em que confluem os valores racionalistas e os anseios cientificistas. Há, reconheça-se, presença de conceitos da linguística naturalista já em seus primeiros escritos, não obstante as ideias metafísicas que vinculam língua e espírito também lá se encontrem em surpreendente dissonância. O devir da obra de Carneiro Ribeiro vai paulatinamente situando-o na nova escola cientificista, que atribui ao estudo da língua os princípios evolucionistas schleicherianos, conforme testemunha seu livro mais expressivo, os *Serões gramaticais* (1957 [1890]), publicado já na última década do século. Eis por que, lida de sofreguidão, sem o necessário acompanhamento das mudanças axiológicas nos conceitos linguísticos do autor, a obra de Carneiro Ribeiro pode parecer mesmo paradoxal, tamanho é o embate de ideias em colisão frontal.

De início, o próprio tema da já aqui citada tese *Origem e filiação da língua portuguesa*, e o apoio metodológico utilizado em seu desenvolvimento – extraído da classificação das línguas indo-europeias de Ernest Renan (1823-1892) – é prova da leitura atualizada de um professor que mal adentrara a faixa dos 30 anos de idade. Carneiro Ribeiro, a rigor, logra coadunar com competência conceitos díspares que dão à tese uma conotação híbrida, mesclada, sem que ali se possa, a rigor, determinar a diretriz efetiva de seu pensamento linguístico. Talvez tenha contribuído para semelhante característica o compromisso com as novéis ideias evolucionistas sobre a natureza da língua com o interesse de bem impressionar uma banca formada por filólogos da velha escola racionalista.

A leitura da *Origem* revela um fato historiográfico relevante quanto à questão do pioneirismo na recepção das teses evolucionistas no Brasil. Decerto que, no plano específico das gramáticas publicadas, não se discute hoje a letra precursora de Júlio Ribeiro, por sinal precursor também no plano das obras teóricas publicadas com os seus *Traços gerais de linguística* (1880). Mas, no tocante à circulação do ideário evolucionista no meio acadêmico, mormente nas escolas e grupos de discussão linguística, decerto que as ideias de Charles Darwin (1809-1882) já eram conhecidas pelo início dos anos 1870, talvez antes, fato que se corrobora justamente com a tese *Origem e filiação da língua portuguesa* de Ernesto Carneiro Ribeiro. Não se pode esquecer que o próprio Charles Darwin estivera na Bahia por dez dias em 1832, no curso de sua expedição ao redor do mundo entre 1831 e 1836, razão por que, quando suas ideias "inusitadas" sobre a evolução dos seres vivos vieram a lume em 1859, sua figura logo recuperou-se no imaginário do povo baiano e se tornou frequente em referências e debates científicos. Enfim, as ideias evolucionistas já circulavam intensamente nas rodas intelectuais não só da Bahia, mas de todas as províncias mais desenvolvidas, de tal sorte que o mérito de Júlio Ribeiro foi o de primeiramente trazê-las para a letra de forma, seja nas páginas dos *Traços gerais de linguística*, seja na *Gramática portuguesa*. Em Carneiro Ribeiro, o darwinismo revela-se nas entrelinhas, talvez um reflexo de suas incertezas quanto à validez daquelas ideias revolucionárias que punham o criacionismo em xeque. Afinal, Carneiro Ribeiro pertencia a uma família católica, os princípios da doutrina apostólica romana residiam em seu horizonte de retrospecção, portanto natural haveria de ser o embate entre a tradição religiosa e a revolução científica em sua mente. Exemplo expressivo desse ideário de princípios distintos está na assertiva "as linguas, como productos vivos do espirito humano, são sujeitas a infinitas evoluções vitaes" (1957 [1871], p. 90), em que a língua é definida como fruto do espírito e sujeita à evolução típica dos seres vivos. Portanto, no Carneiro Ribeiro de *Origem e filiação...*, o conceito de língua é hesitante: na gênese, um atributo do espírito humano como meio de expressão da razão, ou seja, sem autonomia ontológica; na essência, um organismo sujeito às regras da evolução dos seres vivos, portanto ontologicamente autônoma. Em outro segmento, a singular conjunção de espírito e evolução fica mais clara (1957 [1871], p. 88-89):

> Seja qual for a origem da linguagem articulada, ou considerem-na, como Alfredo Maury, uma aptidão particular ligada ás outras faculdades intellectuaes, representando, todavia, sua individualidade, ou como dependente de uma lingua primitiva; o que é incontestável é a estreita relação entre as linguas e todas as aptidões do espirito humano, acompanhando ellas todas as phases e desenvolvimento deste, modificando-se transformando-se com elle, photografando, por dizel-o assim, do modo mais maravilhoso o verbo interior do pensamento, de modo a constituirem-se verdadeiros thermometros da vida social, do caracter, da particular physionomia de um povo.
>
> Como o espirito não é uma substancia morta, senão uma força essencialmente activa, tendo, não obstante, suas phases de enfraquecimento e torpor, a lingua também não é um producto sem vida, um mecanismo sem unidade e harmonia, senão um organismo vivo, um producto activo, que tem suas leis, suas condições de existencia, sua individualidade.

As fontes canônicas de Carneiro Ribeiro na *Origem e filiação* são Louis Alfred Maury (1817-1892), que concebia a língua como expressão do espírito, perceptível apenas pelo prisma psicológico, Ernest Renan (1823-1892), Franz Bopp (1791-1867), Max Muller (1823-1900), adeptos do comparativismo histórico, Wilhelm von Humboldt (1767-1835), um dos fundadores da filologia comparativa, Émile Littré (1801-1881), de formação romanística, além de autores secundários, ligados ao ensino do francês, tais como Abel-François Villemain (1790-1870). Por aí se verifica uma diversificada fonte doutrinária, que se revela compatível com o ideário da tese que Carneiro Ribeiro submeteu ao concurso do Liceu Provincial. A edição da *Origem e filiação* de que dispomos oferece em apêndice, sob o título *Proposições*, uma série de conceitos e juízos que bem denotam o conflito das ideias que habitavam o cérebro do linguista baiano. Eis os aforismas oferecidos por Carneiro Ribeiro, classificados *grosso modo* como fruto do pensamento racionalista ou cientificista (1957 [1871], p. 127-131):

Racionalismo	Cientificismo
Há duas linguagens: a instinctiva e a reflectiva; a esta ultima pertence a grammatica.	Em sua accepção geral é a grammatica a sciencia da linguagem.
As diversas categorias grammaticaes teem sua explicação nos princípios constitutivos do pensamento humano.	Na lexicologia, portanto, não se pode prescindir do estudo analytico das operações intellectuais e seus produtos, suas leis, seu jogo variado de desenvolvimento.
Nosso espirito só conhece substancias, modos e relações: d'ahi a moderna divisão dos vocábulos em denominativos, modificativos e conjuntivos.	As línguas são instrumentos de analyse e abstracção.
Querer separar a sciencia gramatical da sciencia do espirito é cerceal-a pela base.	É logo inexacto considerar, como Port-royal, Beuzée, Condillac, Chapsal e outros, o verbo ser como o verbo primitivo das línguas.
As ideias abstractas e geraes teem estreitissimas relações com a linguagem, de modo que não as teriamos, se não fora esta.	O facto de não terem a maior parte dos selvagens vocabulos correspondentes a essa ideia metaphysica, vem robustecer a opinião que vai hoje conquistando terreno, de não ser o verbo ser o primitivo da linguagem.
O processo de abstracção é um dos mais naturaes ao espirito humano, embora ulteriores; quer este estude o mundo physico, quer se entranhe no subjetivo, quer ainda se eleve aos altos conceitos metaphysicos.	Reduzir todos os verbos ao verbo abstracto ser é muitas vezes difficilimo, senão impossivel.
A distincção das duas classes geraes de adjectivos em atributivos e articulares funda-se na modificação de duas propriedades das ideias geraes, a extensão e a compreensão.	Essa opinião é, por ventura, resultado do emprego quase exclusivo do syllogismo em alguns periodos da filosofia, reduzindo-se todo raciocinio á forma artistica e monotona do syllogismo, e explicando-se tudo pelo complicado mecanismo das proposições da Scholastica, em cuja forma entrava sempre o verbo ser para exprimir a relação de conveniencia ou disconveniencia entre duas ideias.
Todos os nossos conhecimentos, porem, são primitivamente concretos, penetrão em nosso espirito em uma especie de synthese obscura e confusa; mais tarde, armado este da observação analytica, separa esses elementos, que simultaneamente n'elle penetrarão: o sujeito, a qualidade, a relação, tudo, n'um momento indivisivel, advem ao espirito indistincta e indiscriminadamente.	Pensamos, como M. M. Litais de Ganx e Bescherelle, que cada verbo é realmente e de uma maneira indivisivel a expressão de um pensamento indivisível.

Racionalismo	Cientificismo
Deduz-se desse principio que as ideias geraes e abstractas não precedem, na ordem da acquisição de nossos conhecimentos, as concretas e individuaes.	A definição do verbo uma palavra que exprime affirmação, apezar de ter uma origem logica, não satisfaz de todo ao espirito do grammatico, senão ao do metaphysico e logico, que fixão (sic) mais a attenção sobre a ideia ontologica de existencia, e a da conveniencia entre duas ideias do que sobre os diversos acessorios e conceitos modaes, que não pode desprezar o grammatico.
A opinião da (sic) Smith, Bescher, Lemare e do Dr. Ozaneaux, está mais de acordo com a análise dos factos.	No estudo da procedencia e filiação das linguas é indispensavel o conhecimento da grammatica e do vocabulario: a grammatica, elemento logico das linguas, liga-se mais especialmente ás diversas evoluções sociaes; e como o alphabeto é, na phrase de um litterato, o thermometro da humanidade intelligente, é a grammatica o thermometro da sociedade inteligente (sic): o vocabulario, elemento menos variavel, sujeito todavia a certas leis de permutação, agglutinação e corrupção, é ainda mais importante neste estudo.
É igualmente inexacta a opinião de Leibnitz, considerando que os substantivos comuns existirão em primeiro lugar.	O estudo das prefixas e suffixas é a base do vocabulario, é a anatomia das linguas.
Poderiamos, por ventura mais acertadamente, distinguir duas ordens na acquisição de nossos conhecimentos, como fel-o já com muita profundeza o distincto Cousin: a ordem chronologica e a logica de nossos conhecimentos.	As estreitas relações que prendem o vocabulario e syntaxe portugueza á latina, são prova incontestavel de ser a nossa lingua oriunda da latina.
Chronologicamente falando precede ao abstracto e geral o concreto e individual, porque he segundo esta marcha que se adquirem todas as nossas ideias.	A esta prova vem ajuntar-se as historicas.
Conforme a ordem logica, porém, o geral e abstracto é que precedem o individual, como a causa precede o effeito.	Cremos que o idioma portuguez procede do latino, não do latim tão puramente fallado, como o de Cicero, mas do latim corrompido.
Podiamos dizer que o verbo ser, dito ontologico, é logica ou metaphysicamente falando o verbo primitivo da linguagem; mas na ordem chronologica negamol-o.	Se, porem, houve uma lingua uniforme, lingua romana ou romance, que resultou da decomposição da latina pelos elementos germanico e celtico, da qual procedem todas as linguas neo-latinas, isso é que ha mister demonstrado.

O verbo é o vocábulo mais importante dentre as categorias grammaticaes; representa na grammatica o mesmo papel que o juizo na logica: e como esse é, segundo a expressão de um escritor, o *fiat lux* da inteligência, é aquelle a vida, a alma do discurso, podendo nós considerar o juizo como o verbo interior, e o verbo como o juizo exterior no que tem este de intimo, essencial e característico	A opinião dos que sustentam a origem celtica não tem por si o apoio do vocabulario, da syntaxe, da historia, nem ainda a auctoridade dos mais distinctos philologos e orientalistas, que, na classificação das linguas, todos considerão as linguas neo-latinas pertencentes ao grupo grego-latino, deixando para o grupo celtico a lingua erse, o gaelico, e o celto-bretão.
Em quanto não apparece o verbo na phrase, o homem não falla, dizia Plutarco. De feito, quem falla affirma alguma cousa de outra; affirmar alguma cousa de outra é julgar; mas o verbo é o juizo exterior: não se pode logo fallar sem verbo, e conseguintemente sem sujeito e attributo claros ou subentendidos, explicitos ou implicitos, objecto de que affirmamos, cousa que affirmamos.	

Quadro: Aforismas de Ernesto Carneiro Ribeiro sobre a natureza da língua

Esse quadro de *contradictio in terminis* por si demonstra uma fase de intensa recepção de conceitos, decerto em decorrência da leitura intensa e diversificada, fato deveras louvável em face da notória dificuldade de acesso às fontes bibliográficas no cenário provincial brasileiro pela metade do século XIX. A segunda obra gramatical de Carneiro Ribeiro é a *Gramática filosófica*, cuja publicação, embora segundo seus biógrafos date de 1881, veio efetivamente a lume em 1877, segundo Deraldo Inácio de Sousa. A edição de que dispomos é a segunda, datada de 1958 e incluída entre os textos da obra completa do grande filólogo baiano. A *Gramática filosófica* é dedicada a Guilherme Pereira Rebelo (1858-1928), intelectual sergipano que tinha a mesma formação de Carneiro Ribeiro, médico e professor, com especialidade em filosofia. Nas páginas iniciais da segunda edição estampa-se o parecer exarado pelo Conselho Superior de Instrução Pública, firmado por Luiz Álvares dos Santos (1825-1886) e Joaquim José de Palma (1852-1925), ambos baianos e partícipes das atividades profissionais de Carneiro Ribeiro. Nos termos do parecer, o trabalho de Carneiro Ribeiro "faz honra a seu autor, demonstrando exuberantemente os profundos conhecimentos de linguística e de philologia que ornão o estudioso Professor de Grammatica Philosophica do Lyceu". No entanto, a comissão faz a ressalva de que "a definição do adverbio e a theoria que desenvolve o autor para justifical-a não são satisfactorias, porque não combatem com vantagem a doutrina de Destutt de Tracy" (1957 [1877], p. 387). Em plano teorético, este trabalho de Carneiro Ribeiro mantém a dualidade hesitante que o caracterizara na tese com que disputou a vaga de professor no Liceu Provincial, dir-se-ia mais inclinada ao racionalismo do que ao cientificismo, vertente que parece vigorar na *Gramática filosófica* apenas no plano da metalinguagem. Com efeito, Ribeiro mantém-se fiel a sua definição de gramática como "ciência", mas dentro de uma formulação que aponta claramente para as sendas passadas do racionalismo: "Grammatica é a sciencia de enunciar os nossos pensamentos segundo as regras estabelecidas pela razão e pelo bom uso" (1957 [1877], p. 389). Mais adiante, a controversa concepção de "ciência gramatical" do filólogo baiano corrobora-se: "A sciencia grammatical tem seus fundamentos nas leis que regem o desenvolvimento de nosso espirito; não é bem compreendida e estudada senão á luz da ideologia que a explica, esclarece e vivifica; mas, por outra parte, encontra a ideologia poderoso auxiliar na sciencia da linguagem" (1957 [1877], p. 389).

Verdade que Carneiro Ribeiro se esforça, nessas linhas iniciais, em revelar leitura atualizada no campo do comparativismo histórico, mas tudo e todos que cita parecem figurar como manequins em uma vitrine de artigos falsificados. Decerto que, entre as fontes declaradas nas linhas iniciais da *Gramática filosófica*, estão nomes como Franz Bopp (1791-1867), Friedrich Diez (1794-1876), Max Müller (1823-1900), Friedrich Schlegel (1772-1829), August Schleicher (1821-1868), Grimm (1785-1863), Wilhelm von Humboldt (1767-1835) e Francisco Adolfo Coelho (1847-1919), embora a eles se aliem representantes ilustres da velha ordem como Destutt de Tracy (1754-1836) e Nicolas Beauzée (1717-1789). Portanto, esse rol de referências, salvo melhor juízo, não vai além de uma prestação de contas ao leitor para demonstrar vitalidade e atualidade paradigmática. O que efetivamente importa, como expressão fiel do pensamento linguístico de Carneiro Ribeiro neste momento de seu ideário linguístico, é a sinopse gramatical quaternária em *fonética*, *ortografia*, *lexicologia* e *fraseologia* ou *sintaxe*, uma retocada visão orgânica da gramática racionalista. Mesmo o metatermo *lexicologia* figura aqui como uma nova roupagem para a antiga *etimologia*, parte da gramática dedicada às classes de palavras. Será, entretanto, em passos como o seguinte que a concepção metafísica das classes de palavras mais se revela na *Gramática filosófica* (1957 [1877], p. 355):

> Racionalmente fallando é o verbo ser anterior a todos os outros verbos; porque, sendo a existencia o attributo universal dos seres, e indicando

> todos os verbos a existencia simples combinada com um attributo, tem o verbo *ser* a prioridade logica relativamente aos outros pela razão de ser o único que designa a existencia simples, abstracta, desacompanhada de ideia attributiva.
>
> Todos os verbos concretos, pois, racionalmente considerados, contem a ideia exprimida pelo verbo abstracto ser, combinada mentalmente com um attributo.
>
> Já não será exacto, chronologicamente fallando, considerar o verbo ser anterior aos outros: não só porque o verbo ser (esse) não teve sempre essa significação abstracta e pelo contrario indicou a principio uma ideia material e concreta, como porque não poderia ser o primitivo da linguagem, visto que é a abstracção um processo ulterior do espirito.

Há de salientar-se, entretanto, que a *Gramática filosófica* de Carneiro Ribeiro destoa do perfil meramente normativo dos textos congêneres na gramaticografia brasileira do português. Suas páginas, com efeito, multiplicam-se em parágrafos de reflexão sobre a natureza da língua e os fundamentos de que se deve servir o gramático para expô-la em letra de forma. Nesse diapasão, a *Gramática filosófica* de Carneiro Ribeiro segue linha análoga à do *Compêndio da gramática portuguesa*, de Antônio da Costa Duarte, nomeadamente a partir de sua segunda edição, em que Duarte inclui notas de rodapé que enriquecem significativamente a exposição da matéria linguística. Advirta-se, também, que a expressão *gramática filosófica* em Carneiro Ribeiro tem significado bem próximo ao de *gramática expositiva*, sem a conotação puramente metafísica que ordinariamente se lhe confere, fato que melhor se observa nesta passagem dos *Elementos de gramática portuguesa* (1957 [1885], p. 160): "A gramática particular é *elementar* ou *philosophica*, conforme se limita ao estudo das regras e instituições, mais ou menos arbitrárias, sem se elevar aos principios geraes de que ellas se deduzem [...]". Esse seu terceiro trabalho, já produzido em época que conhecia a segunda edição da *Gramática portuguesa* de Júlio Ribeiro, veio a ser objeto de várias edições, até ser modificado por seu filho Ernesto Carneiro Ribeiro Filho (1878-?) a partir da sétima edição, saída em 1932 pela Livraria Catilina. Os *Elementos*, a rigor, não constituem uma gramática, no sentido que conferimos a esse termo como gênero textual, já que trabalha com temas escolhidos na área da fonologia, da ortografia, da lexicologia, entendida como estudo específico das classes gramaticais e da estrutura e formação de palavras, e fraseologia, uma inovação metalinguística interessante que reúne a sintaxe e a construção como setores irmanados no estudo da palavra no corpo da proposição. A copiosa referência aos elementos constituintes da palavra, mormente os afixos, em perspectiva diacrônica, dão um tom atualizado ao texto dos *Elementos* como instrumento pedagógico. Há, por sinal, nos *Elementos* um toque precursor no tocante à apresentação detalhada da sintaxe das partes do discurso, em muito bem idealizada perspectiva morfossintática, fato que decerto trazia ares renovados na descrição da frase e seus componentes como estratégia do ensino da redação.

Os *Elementos*, submetidos a uma análise mais rigorosa, não constituem um passo adiante na bibliografia de Carneiro Ribeiro, já que sua concepção de língua e perspectiva de apresentação dos temas gramaticais não se afastam tanto do que já estava na *Gramática filosófica*, não obstante o lapso temporal de oito anos entre as duas publicações. Em alguns pontos dos *Elementos*, percebe-se a mera cópia *ipsis verbis* do texto da *Gramática filosófica*, fato que talvez nos conduza a uma avaliação do novo trabalho de Carneiro Ribeiro como uma adaptação do antigo trabalho para uso nas classes de língua vernácula, mediante simplificação ou adaptação. Lembre-se aqui a intensa atividade docente de Carneiro Ribeiro pela década dos anos 1880 como professor do Liceu Provincial e do próprio Colégio Carneiro Ribeiro, fato que lhe deve ter estimulado a publicação de um texto mais adequado ao escopo pedagógico, ainda que, na essência, constitua uma exposição profunda dos fatos do português.

Pode-se afirmar, sem receio, que a definitiva imersão de Carneiro Ribeiro nas águas da linguística naturalista e do método histórico-comparativo viria a expressar-se tão somente em 1890, quando vem a lume sua obra mais expressiva, os *Serões gramaticais*, que recebeu do autor o subtítulo "nova gramática portuguesa", um indício claro de alteração de rumos. Este trabalho de Carneiro Ribeiro obteve sucesso editorial, apesar das volumosas páginas dedicadas mais à descrição do que à prescrição, inclusive com longas passagens atinentes à teoria geral da língua. As primeiras palavras do prólogo da primeira edição já denunciam um Carneiro Ribeiro definitivamente adepto de conceitos revolucionários, tais como o da questão ontológica da língua sob o prisma do evolucionismo (1955 [1890], p. 7):

> O desenvolvimento que nestes ultimos annos têm tido os estudos grammaticaes, esclarecidos pela grammatica comparada, levou-nos a empreender este nosso trabalho, que não é senão a grammatica portugueza a que damos uma feição historica, ampliando-lhe mais a base e enriquecendo-a de novas observações, que a longa prática e o estudo da lingua, que, com tanto amor cultivamos, nos têm sugerido e ensinado.

Com efeito, a leitura dos *Serões* revela uma retomada da *Gramática filosófica*, atitude que o autor já tomara com respeito à redação dos *Elementos*.

A diferença está em que, nos *Serões*, a base teórica é efetivamente outra e o compromisso da obra abandona de vez os conceitos que o racionalismo de Destutt de Tracy legara ao professor baiano em sua formação linguística. Agora, suas referências chegam a denegar o passado que lhe abrira as sendas da pesquisa (1955 [1890], p. 7):

> Hoje todo o estudo da grammatica a que não acompanham as observações sobre a historia da lingua em sua evolução progressiva, como um organismo vivo, que se não pode subtrahir ás leis a que está sujeito tudo o que vive, é incompleto e repellido para o puro dominio dos estudos abstractos e metaphysicos, em nada consonantes á esphera em que deve girar e se deve manter toda a sciencia que aspira a uma utilidade pratica e real, e se harmoniza e concerta com os sellos que em todos os trabalhos scientificos vai imprimindo e gravando o seculo que atravessamos.

Há nesse breve trecho termos de expressiva significação historiográfica: *evolução*, *organismo vivo*, *leis, ciência*, em confronto com a velha ordem "dos estudos abstractos e metaphysicos". Em certa medida, a letra de Carneiro Ribeiro chega a desqualificar os princípios do racionalismo, não obstante, saliente-se, ainda vigessem pelo fim do século em muitas das aulas de língua vernácula, mormente as ministradas por docentes pouco afeitos à atividade de investigação. Não se descarte o intuito dessas palavras como estratégia para renovar a imagem acadêmica de Carneiro Ribeiro, então recém-entrado na faixa dos 50 anos de idade, portanto um "velho professor" para os padrões da época. Entretanto, a busca de uma imagem renovada mais se devia, decerto, à volatilidade de suas ideias linguísticas desde as páginas da *Gramática filosófica*, talvez desde a sua brilhante tese sobre a origem e filiação do português, cujo título já denunciava certo pendor pelos temas diacrônicos. No plano das fontes doutrinárias, lê-se agora um Carneiro Ribeiro atento à nova ordem filosófica dos Oitocentos, em que o clima de rigor e disciplina permeia toda atividade científica em prol do progresso e bem-estar social:

> Neguem-se todos os meritos aos estudos positivos, tão ardentemente sustentados e pleiteados por Comte e Littré, e completados pela orientação que lhes dá a escola ingleza contemporanea, não lhes poderá contestar o merito de ter tenaz e instantemente chamado a attenção dos espiritos do ermo sombrio e intricado das abstracções, vagas e ociosas, para o campo largo e fecundo da observação, aturada e reflectida, que fornece á sciencia o seu ponto de partida, sua base e *substratum*.
> Todos os trabalhos grammaticaes de algum merecimento attestam esta nova tendencia no estudo da grammatica.

Decerto que o esforço por atualizar-se perante a comunidade acadêmica se não foi deliberado ao menos habitava o inconsciente de Carneiro Ribeiro. Afinal, já fazia uma década desde a *editio princeps* da *Gramática portuguesa* de Júlio Ribeiro, por sinal um nome omitido nas referências do mestre baiano. Já se destacara um Pacheco da Silva Júnior (1842-1899) com a publicação de sua *Gramática histórica*, já despontava no cenário da Corte um Fausto Barreto (1852-1915), um Alfredo Gomes (1859-1924). Assim, para Carneiro Ribeiro apresentava-se a bifurcação do *ethos* ultrapassado e do *ethos* atualizado, fato que, por sinal, atingiu a carreira de outros gramáticos de escol, conforme se abstrai da biografia de Augusto Freire da Silva (1836-1917). Entretanto, a inquietude com a própria imagem, a necessidade de reapresentar-se social e cientificamente não é um traço da personalidade de todos, de que decorre não se verificar sempre uma mudança de rumos tão explícita como a que se lê nas páginas dos *Serões gramaticais* (1955 [1890], p. 7-8):

> Duas direcções differentes têm dado os escriptores ao estudo da sciencia da linguagem: na primeira o sentido da palavra é tudo, a sua funcção e o seu valor logico; a grammatica considerada sob esse aspecto é uma sciencia puramente abstracta, como o é a logica, a que se vincula ultimamente e com que se confunde; na segunda, attentam mais nos elementos morphicos das palavras, consideram-nas sob o seu aspecto material; a grammatica então se torna uma especie de anatomia ou histologia: estudam-se as palavras como compostas de *orgãos*, estudam-se, para nos exprimirmos assim, os *tecidos* desses orgãos, os elementos desses tecidos, como nascem e vivem, como crescem, prolificam e definham, se encorpam e se apoucam, se engrazam e separam, se modificam, se transformam, estacionam, envelhecem e remoçam, apparecem e morrem.
> O grammatico já não é um logico, senão um naturalista.

Imagine-se o sabor dessas palavras na boca de um homem com formação dual em filosofia e medicina. Seguindo a tendência majoritária à época, Carneiro Ribeiro dedica-se à tarefa de definir os diferentes tipos de gramática – geral, particular, comparada, filosófica etc. – com detalhamento de seu caráter teleológico. Esse é um fato da gramaticografia dos Oitocentos que merece maior reflexão: em que medida interessava ao gramático definir os diferentes tipos de gramática na introdução de seu trabalho? Observe-se que semelhante hábito foi-se perdendo no curso da gramaticografia brasileira do século XX, possivelmente em face de um conceito mais unificado de gramática como gênero textual. Na disposição orgânica da matéria linguística dos *Serões*, Ernesto Carneiro Ribeiro subdivide a gramática em *fonologia* ou *fonética*, *ortografia*, *lexicologia* e *sintaxe* ou *fraseologia*, ou seja, uma retomada da proposta de disposição da matéria já oferecida na *Gramática filosófica*. Portanto, não será nesse aspecto que o texto dos *Serões* expressará uma nova fase no pensamento linguístico de Carneiro Ribeiro. Melhor será observarmos na sua obra linguística derradeira a presença da *semasiologia* ou *semântica* como parte da *lexicologia*, um forte indício da influência que o comparativismo histórico já impunha em sua concepção de língua.

Observe-se que o objeto da semântica nos *Serões* é o de estudar "o sentido ou significação das palavras e as variações e transformações de sentido que apresentam ou por que vão passando" (1957 [1890], p. 21). Advirta-se, ainda, que nas páginas dos *Serões* a etimologia passa a ocupar-se do estudo da origem e das formas primitivas dos vocábulos, portanto uma área bem distinta da que se lhe atribuía no modelo racionalista. Há, por assim dizer, certa hesitação de Carneiro Ribeiro no tocante ao exato lugar da semântica nos estudos linguísticos, já que em certo momento o mestre baiano chega a localizá-la fora dos domínios gramaticais, para situá-la no campo da linguística teórica (1957 [1890], p. 21)[312]:

> A *etymologia*, a *semantica* ou *semasiologia*, como a designou Reisig, impropriamente chamada por outros de *sematologia* ou *semiologia* e que modernamente tem sido objecto de estudos mais importantes, bem que se liguem á grammatica por laços bem estreitos, não são, rigorosamente fallando, partes della, senão da *glottologia* ou *philologia*.
> A ultima dessas duas partes não se acha ainda radicalmente estabelecida e systematicamente organizada.
> Isto não obstante, os recentes e preciosos estudos de Bréal, Whitney, Suchier, Darmesteter e outros, enfeixando-lhe e systematizando-lhe os factos, constituem valiosos fundamentos em que se deve assentar essa modernissima parte que figura como importante appendice dos estudos grammaticaes.

Reiteradamente, esforça-se Carneiro Ribeiro em situar-se entre os modernos, mediante citação dos linguistas mais proeminentes de seu tempo, agora circunscritos ao movimento cientificista que a linguística naturalista e o método histórico-comparativo punham em evidência, sem descurar sequer dos principais nomes brasileiros e portugueses (1957 [1890], p. 23):

> Dahi uma serie de progressos e conquistas da sciencia grammatical, a que imprimiram os sellos de seu engenho Schlegel, Bopp, Pott, Jacob

---

312. Nesta citação Carneiro Ribeiro refere-se a Karl Christian Reisig (1792-1829), Michel Bréal (1832-1915), William D. Whitney (1827-1894), Hermann Suchier (1848-1914) e Arsène Darmesteter (1846-1888), um indício relevante para levantamento de seu horizonte de retrospecção.

Grimm, Maury, Benfey, Durnouf, Diez, Max Müller, Bréal, Littré, Brachet, Clédat, Brunot, Suchier, Meyer Lübke, Gaston Paris, Paul Regnaud, Darmesteter, Carolina Michaëlis, Adolpho Coelho, Pacheco Junior, Gonçalves Viana, Ribeiro de Vasconcélloz, João Ribeiro e tantos outros, que deram uma feição inteiramente nova aos estudos gramaticaes, ampliando-lhes os fundamentos, fazendo irradiar muita luz em todos os factos da sciencia da linguagem.

Analisado em uma perspectiva mais generalista, o resultado dos *Serões gramaticais* não será propriamente o de uma gramática, no sentido que o termo tinha como gênero textual nos Oitocentos, mas um tratado de linguística histórica aplicado ao português, com estudo ou comentário de todas as áreas da gramática. Comprova-o a inclusão de um capítulo dedicado à classificação das línguas indo-europeias e das línguas românicas na parte dedicada à lexicologia, em que o foco do estudo sobre o vernáculo alça-se ao patamar da história da língua *lato sensu*. Por outro lado, há várias páginas em que o estudo pormenorizado do português chega à exposição de fatos específicos do falar brasileiro. Aqui, Carneiro Ribeiro situa os *brasileirismos* no mesmo capítulo dos *idiotismos* e *provincianismos* numa postura sensivelmente descritiva, sem o teor ordinariamente normativo que as gramáticas atribuíam ao tema. Destaque-se, ainda, nos *Serões*, um capítulo final em que se relaciona a sintaxe ao estilo, pouco comum nos compêndios gramaticais de seu tempo; na realidade, Carneiro Ribeiro aproveita essas poucas páginas finais de sua obra para discorrer, ainda que perfunctoriamente, sobre a teoria do estilo, em que clareza e perspicuidade aliam-se à pureza, à propriedade e à precisão como qualidades do texto que o elevam e dignificam. Trata-se, a rigor, de uma nota final de retórica para fechar as páginas dos *Serões gramaticais*, obra cuja leitura revela-se indispensável na pesquisa linguístico-historiográfica brasileira.

6
Vulgarização do livro como fonte de saber

No período colonial, o contato do brasileiro com o livro era marcado pelo formalismo cerimonial. A rigor, era o encontro de desconhecidos que mantinham entre si a reverencial etiqueta de quem não goza de intimidade. Com efeito, as atenções da Corte com o desenvolvimento cultural da Colônia até o fim do século XVIII não iam além de uma e outra iniciativa de desenvolvimento educacional, com criação de estabelecimentos de ensino precários, inteiramente impossibilitados de responder às necessidades da população iletrada. Mesmo em nível mais elevado de instrução, as trocas de conhecimento e a difusão do saber faziam-se sem o compromisso do desenvolvimento sustentável, que efetivamente contribuísse para a criação de uma terra de leitores esclarecidos e formadores de opinião. Em seu precioso trabalho sobre a circulação do livro no Brasil oitocentista, a rigor uma coleção de textos rigorosamente escolhidos pela censura da Coroa e enviados para a Capitania de Pernambuco de meados do século XVIII ao início do século XIX, Verri (2006) demonstra que, até a transferência da Corte de Maria I para o Novo Mundo, o que se lia no Brasil eram obras avulsas, testemunhos de uma incipiente formação bibliográfica consoante com o espírito enciclopédico dos Setecentos.

No campo linguístico, as obras chegadas a Pernambuco foram pouquíssimas, fato que bem demonstra o desinteresse que o ensino de línguas clássicas e do vernáculo encontravam no ânimo dos governantes. Na listagem de Verri, encontra-se a edição de 1786 da *Ortografia*, de Madureira Feijó (1688-1741), a edição de 1794 da *Arte latina* de Antônio Rodrigues Dantas (?-?) e a *Gramática francesa* de Luís Caetano de Lima (1671-1757), publicada em 1756. Completam a brevíssima biblioteca linguística alguns léxicos: o *Dicionário da língua portuguesa* da Academia das Ciências de Lisboa, em sua edição de 1793, um exemplar de *Adágios, provérbios, rifões e anexins da língua portuguesa*, da lavra de Joaquim J. Marques Guimarães (?-?), o *Novo dicionário da língua portuguesa, composto sobre os que até o presente momento se tem dado ao prelo*, do Padre Antônio Ribeiro de Matos[313], o *Novo dicionário francês-português*, de Antônio Martins, o *Novo dicionário francês-português*, de Manoel Caetano e o *Dicionário Abreviado da Bíblia*, de Lino A. Pires.

Com a transferência da Corte de Maria I, sob regência de João VI, as iniciativas para criação de um parque gráfico no Brasil foram imediatamente implementadas com a criação da Impressão Régia, mas o atraso da Colônia nessa área de difusão do saber era demasiado para que se pudesse compensá-lo em tempo razoável. O que se fez de início foi imprimir obras de reconhecido valor e uso na antiga sede do Reino, de tal sorte que se começasse a disseminar em terras do Novo Mundo o espírito heurístico que caracteriza toda atividade científica. Certo é que, sob rígida observância da censura real, tudo que se publicou oficialmente no Brasil oitocentista até a proclamação do Reino Unido de Portugal e Algarves tinha a chancela da Impressão Régia.

A política editorial pós-1822 não modificou expressivamente esse quadro instituído nos anos joaninos, em que a Impressão Régia monopolizava o mercado de publicações científicas e pedagógicas. Saliente-se, por sinal, que no governo de João VI, considerados os anos coloniais e o período reinol, só se admitiram duas tipografias particulares, uma em 1811, na Bahia, criada pelo comerciante português Manoel Antônio da Silva Serva (?-1819), que, nascido em Cerva, Vila Real, chegou ao Brasil no final do século XVIII, e outra no Rio de Janeiro, em 1821[314]. A tipografia de Silva Serva contava com dois prelos com os respectivos tipos e apetrechos, um mestre impressor, um revisor de provas, um encadernador, quatro serventes de prelo e seis aprendizes (cf. Moraes, 2006, p. 141). A produção editorial emergente, que a duras penas buscava transformar a antiga situação de extrema dificuldade para prover instrução e método aos profissionais de diversos ofícios, vinha unir-se a iniciativas, igualmente insuficientes, de importação de livros para as províncias mais desenvolvidas, sobretudo Bahia, Maranhão, Pará, Pernambuco e Rio de Janeiro.

---

313. Pairam dúvidas sobre esta referência, já que Verri cita uma edição de 1835, portanto fora do período em foco. Ademais, esta obra não está no excelente estudo de Telmo Verdelho sobre a história dos dicionários em Portugal (2002).

314. Cf., a respeito, a excelente resenha das fontes documentais sobre educação no período joanino em Neves (2014).

A proeminência da Bahia no cenário editorial brasileiro deve-se, sem dúvida, ao empreendedorismo de Silva Serva, que, ciente da necessidade de expandir seus negócios para a sede da Corte, nomeou o também português Manuel Joaquim da Silva Porto (?-?) seu representante no Rio de Janeiro, criando, assim, uma concorrência inédita com a Impressão Régia na sede do governo[315]. Os negócios da tipografia de Silva Serva foram muito lucrativos, tendo em vista os altíssimos preços praticados pela concorrente Impressão Régia (cf. Hallewell, 2012, p. 133), fato que levou o comerciante português a fazer várias viagens à capital da Corte até sua morte em 1819. Por outro lado, já no período do Primeiro Império, parece haver-se construído no país um ambiente propício para crescimento mais expressivo do número de tipografias, como se percebe com a chegada do francês Pierre Plancher (1799-1844) ao Rio de Janeiro, editor extremamente afamado, com várias obras clássicas em sua estante editorial. Sob o jugo de dois processos judiciais por suposto atentado moral contra a Família Real, Plancher optou por exilar-se no Rio de Janeiro, cidade então muito comentada nas rodas comerciais europeias em face da Independência e do exotismo libertário típico de uma terra livre do jugo governista que o imaginário coletivo atribuía ao Mundo[316]. Ademais, a fama de país acolhedor dos simpatizantes do bonapartismo fazia do Brasil o lugar adequado para um homem como Plancher, oprimido pela perseguição política e ansioso por novos ares mais leves em que pudesse retomar sua atividade profissional.

Não obstante já se registre atividade profissional no ensino de línguas a partir de 1809, sobretudo por docentes particulares, a par do crescente alunado em instituições de ensino, tais como o Colégio de Minerva, não se percebe incentivo à publicação de livros didáticos até pelo menos o final da terceira década do século, seja na área linguística, seja em outras áreas do saber, fato que obviamente gerou certo desinteresse da iniciativa privada no campo editorial.

A relevância da Impressão Régia como projeto de difusão da ciência é indiscutível. Se, de um lado, havemos de condenar a política editorial exclusivista e exageradamente controlada nos anos joaninos, de outro haver-se-á de admitir que os horizontes da produção gráfica não se limitaram aos textos oficiais de Estado, ou aos atos governamentais e diplomáticos, já que alguma

---

315. Sobre Silva Porto, cf. Ipanema e Ipanema (2007).

316. Conforme se comprova na leitura das *Élégies brésiliennes* (1823), de Édouard Corbière (1793-1875), fruto de sua viagem ao Brasil e seu contato com a cultura brasileira dos Oitocentos, em cuja introdução o poeta chega a dizer sobre os brasileiros que "soumis par instinct plutôt que par volonté a la loi naturelle, ils n'on jamais songé à se créer des rois qui les gouvernassent".

coisa decerto se publicou em órbita científica e literária, sem se contarem os periódicos jornalísticos, como *O Patriota*. No campo humanístico, um certo interesse pela história do Brasil começa a florescer, razão por que algumas iniciativas de fomento intelectual surgem nessa área, nelas incluindo-se um relato do Padre Inácio Felizardo Fortes (?-1858), que buscava traduzir e aprimorar a *Histoire du Brésil*, trazida a lume em 1815 por Alphonse de Beauchamps (1767-1832). A proposta de Felizardo Fortes, planejada para chegar a cinco volumes, não foi além dos dois primeiros, decerto em face das dificuldades para pesquisa e publicação que então se impunham aos intelectuais dedicados ao levantamento de dados históricos.

Com a Independência, começam a moldar-se as bases de um pensamento linguístico nacional. As forças intelectuais que agiriam nesse intuito, entretanto, não se fizeram sentir senão ao fim da primeira década do Primeiro Reinado, época de extrema turbulência política em que os pilares da nova nação ainda estavam por fincar-se solidamente em terras americanas. A rigor, vive-se uma década inteira de preocupações políticas, que, nas palavras de Martins, "passam a monopolizar todos os espíritos" (1977, p. 97). Decerto contribui para o florescimento de publicações sobre temas mais variados a criação de tipografias, agora oficializadas, que vinham unir-se à Impressão Régia no fomento à divulgação de textos científicos, literários e jornalísticos, não obstante se saiba que, no período reinol, algumas casas tipográficas tivessem obtido autorização para imprimir textos previamente censurados[317], sem contar as que funcionaram clandestinamente na divulgação de material panfletário.

Sabe-se que bem antes da Independência, em 1815, a Congregação das Necessidades, órgão vinculado ao Convento da Madre de Deus de Recife, recebeu autorização para instalar uma tipografia importada da Inglaterra, a qual, por mais de um ano, ficou inoperante por falta de profissionais habilitados. Com o levante revolucionário de 1817, a Oficina Tipográfica da República Restaurada de Pernambuco passou a publicar material propagandístico, até que, com a derrocada dos insurgentes, seu maquinário foi confiscado pelo governo e destinado à Impressão Régia do Rio de Janeiro (Hallewell, 2012, p. 204-205). Ainda às portas dos acontecimentos que culminaram com o "grito do Ipiranga", mantinha-se Recife na vanguarda das iniciativas editoriais, motivadas pelo ideal separatista que nutria o sangue insurgente nas veias pernambucanas. Consta que, em 1820, o governador Luís do Rego Barreto

---

317. Cite-se o pioneiro prelo de Manuel Antônio da Silva Serva (?-1819), autorizado a funcionar na Bahia em 1811, que viria a publicar o periódico *Idade d'Ouro do Brasil*, de efêmera existência. Sobre o *Idade d'Ouro*, cf. Silva (2011).

(1777-1840), alinhado a Manuel Fernandes Tomás (1771-1822) no movimento que viria a ser conhecido como Revolução Liberal do Porto, determinou a criação de um prelo, a Oficina do Trem de Pernambuco – supostamente sediada em um trem –, com o intuito de imprimir material de propaganda do movimento português e, mais tarde, o jornal *Aurora Pernambucana*, sob responsabilidade de Rodrigo da Fonseca Magalhães (1787-1858), genro do governador. Com a destituição de Rego Barreto, o destino da Oficina do Trem de Pernambuco seria o de tornar-se Oficina do Trem Nacional, para depois ser incorporada à Tipografia Nacional (Hallewell, 2012, p. 205).

Com a promulgação da Decisão n. 51, de 28 de agosto de 1821[318], a censura prévia finalmente é abolida, fato que vem a estimular decisivamente o investimento privado em casas tipográficas. O fim do monopólio estatal faz-se sentir, sobretudo, nas províncias mais progressistas, como o Maranhão. Coube a Bernardo da Silveira Pinto (1780-1830), governador da província, instalar um prelo oficial em 1821 para publicação do periódico *Conciliador do Maranhão*. À casa inaugural de Silveira Pinto seguiram-se várias outras abertas nos primeiros anos do Império, tais como a Tipografia Nacional Maranhense, responsável por textos científicos e filosóficos, a tipografia de Ricardo Antônio Rodrigues de Araújo, a Tipografia Melandiana, de Daniel Garção de Melo (?-?), a Tipografia Constitucional, de Clementino José Lisboa (?-?), esta fundada já ao final da década, em 1830 (Hallowell, 2012, 186-187). Não é de surpreender, portanto, que o primeiro texto gramatical brasileiro publicado no período imperial, o *Compêndio da gramática filosófica da língua portuguesa* (1829 [1877]), do Padre Antônio da Costa Duarte (?-?), tenha vindo a lume no Maranhão já pelo final da década de 1820.

Não obstante caiba às províncias do Nordeste o privilégio de serem reconhecidas como o mais importante polo impressor do país nos verdores do Primeiro Império (Frias, 2001 [1866]), não será de desconsiderar-se a relevância de outros centros de difusão da palavra impressa no cenário de um país que, a duras penas, buscava a estabilidade político-institucional necessária para o progresso econômico e cultural. Em Hallewell (2012, p. 213) recolhemos a seguinte informação:

> O Ceará (o mais importante parceiro de Pernambuco na Confederação do Equador) recebeu um prelo nos princípios de 1824, quando Manoel

---

318. Na verdade, o decreto de 1821 mitigou a censura, já que, em 18 de junho de 1822, um novo decreto a recriou, mediante instituição de uma junta para julgamento dos abusos de liberdade de imprensa, em que se obriga as tipografias a remeter aos juízes um exemplar de todos os textos impressos.

> de Carvalho Paes de Andrade o trouxe do Recife. São Paulo começou a imprimir em fevereiro de 1827, Goiás em março de 1830, Santa Catarina em agosto de 1831. Também neste mesmo mês e ano chegou à Vila das Alagoas um prelo procedente do Recife: Maceió, a atual capital de alagoas, não existiu antes de 1839. O Rio Grande do Norte recebeu também um prelo do Recife em 1832, embora as publicações oficiais da província tenham continuado, até 1878, a ser impressas em Olinda.

Observe-se que a distribuição de prelos privados no primeiro decênio do Primeiro Império não inclui sequer uma província do Sul e do Sudeste, fato que expõe explicitamente o predomínio da região Nordeste como polo propulsor da palavra impressa no Brasil até pelo menos o início da quarta década imperial. Não por coincidência, será por esse tempo que a onda de publicações gramaticais ocorre na região nordestina, tirante aqueloutro exemplo, como o *Compêndio de gramática da língua nacional* (1835), de Antônio Álvares Pereira Coruja (1806-1889), vindo a lume em 1835 em Porto Alegre. Por sinal, há de considerar-se, na avaliação desse avanço descompassado do livro impresso nas diferentes províncias, a decisiva condição geográfica de um país que surpreendentemente preservou a unidade do Império – tirante a separação da Província Cisplatina –, apesar das grandes distâncias entre as capitais provinciais, mormente se considerarmos que somente em 1839 os navios a vapor passaram a ligar o país do Sul ao Nordeste. Evidencia-se, apenas por tal fato, o cenário de desenvolvimento assimétrico no conjunto das províncias sob domínio imperial, com clara proeminência das situadas na região nordestina, de que resulta, no tocante à publicação de livros, um igual destaque dessa região do país.

Não obstante o considerável atraso do Rio de Janeiro na produção de livros, não resta dúvida de que, sendo a Capital do Império, era ali que se expandia mais rapidamente o comércio livreiro, não sendo raro, conforme já fizemos observar, que tipógrafos de províncias distantes fizessem periódicas incursões no mercado carioca para dar notícia das novas publicações e prover o fornecimento de exemplares de obras mais procuradas. As livrarias tornaram-se pontos de encontro de intelectuais, de poetas e prosadores a políticos, todos inconscientemente cúmplices da criação de uma Paris tropical, com suas rodas de debates sobre todos os fatos do cotidiano sociocultural da Corte. Portanto, era no Rio de Janeiro que, embora nada se publicasse, mais se lia.

Tal fato deu vezo ao surgimento de várias livrarias, em maioria fundadas por imigrantes, tais como a de Louis Mongie (?-1853), aberta em 1832 na feérica Rua do Ouvidor, primeira via pública iluminada a gás. Por essa época, Francisco de Paula Brito (1809-1861) fundou sua Tipografia Fluminense, situada na Rua da Constituição, e, mais tarde, a Tipografia Imparcial, a par de haver criado a popularíssima Sociedade Petalógica, que decerto chegou a suplantar a todas as instituições congêneres como referência cultural da Corte nas décadas de 1830 e 1840. Lá se reunia a nata dos movimentos literários, mormente os escritores e poetas românticos, que fizeram da Casa de Paula Brito um ponto de encontro obrigatório para quem quisesse inteirar-se do que acontecia nos bastidores da vida carioca.

Segundo nos informa Gondin (1965), Paula Brito publicou de 1830 a 1860 quase uma centena de jornais e revistas e cerca de 400 livros e folhetos. Em seu catálogo constam autores como Joaquim Manuel de Macedo (1820-1882), Casimiro de Abreu (1839-1860), Gonçalves de Magalhães (1811-1882), José de Alencar (1829-1877), Martins Penna (1815-1848), Machado de Assis (1839-1908), Manuel de Araújo Porto-Alegre (1806-1879), Domingos Moniz Barreto (1748-1831) e Augusto Emílio Zaluar (1826-1882). Destaque-se, ainda, que Paula Brito foi um editor profícuo em lançamentos que hoje desfrutam de relevante valor histórico, tais como *Antônio José ou o poeta e a inquisição*, de Gonçalves de Magalhães, em 1839, primeira peça de teatro brasileira, *O filho do pescador*, de Antônio Gonçalves Teixeira e Souza (1812-1861), em 1843, primeiro romance brasileiro, a par da primeira ópera brasileira, a comédia *A noite de São João*, de José de Alencar, musicada por Elias Alves Lobo (1834-1901) e regida por Carlos Gomes (1836-1896) no ano de 1860, em versão inteiramente revisada. Por sinal, também é de Paula Brito a primeira edição dos *Últimos cantos*, de Gonçalves Dias, em 1851, e a sexta edição de *O Uraguai*, de Basílio da Gama (1740-1795), lançada em 1855.

6.1 Os projetos de vulgarização da ciência

A episteme da segunda metade do século XIX revela o esplendor da ciência na vida ordinária das pessoas, de que resultava um clima generalizado de fascínio diante das conquistas que a tecnologia proporcionava. Em decorrência, crescia um público interessado em questões científicas, nas diversas áreas do saber, de que resultou o surgimento de um mercado editorial especializado na divulgação de conceitos básicos, sobretudo no âmbito das ciências naturais. A ânsia de saber, de inteirar-se das forças progressistas que modificavam o dia a dia das relações sociais, criou um público leitor expressivo, de que decorreu a renovada publicação de textos propedêuticos, sobretudo nos jornais e revistas. A par desse meio de divulgação mais ordinário, o novel interesse pela ciência dá oportunidade a projetos editoriais inscritos no âmbito da vulgarização do saber científico, uma forma de conquistar o público curioso e ansioso por inscrever-se na nova ordem tecnológica que punha a serviço do homem invenções como a lâmpada de luz incandescente, o motor a gás, o telefone, a geladeira, o fonógrafo, o automóvel, entre outras maravilhas do mundo moderno.

É nesse contexto que se abre espaço editorial para as coleções de vulgarização da ciência. A busca de popularização implica uma atividade de comunicação da ciência que atenda ao público em geral, de caráter indistinto, de que decorre vulgarização no sentido de tornar "vulgar" o que é exclusivo dos iniciados em matéria científica. A iniciativa obviamente sofreria crítica intensa, já que a ânsia de exploração desse lucrativo veio editorial trazia a inconveniência de transmitir não propriamente conhecimento, senão informação inidônea, uma simplificação duvidosa do conhecimento científico. As más línguas chegavam a vislumbrar na iniciativa uma estratégia bem engendrada de conquistar poder dentro da comunidade científica, popularizando e prestigiando nomes antes restritos ao meio acadêmico, tornando a ciência o "ópio das massas"[319]. Trata-se de uma questão delicada: o intuito de popularizar a ciência poderia gerar informação inidônea, que servisse mais para alimentar o imaginário popular do que para difundir as conquistas tecnológicas.

O público ledor era minimamente dotado de formação cultural, apto para assimilar o conteúdo de artigos e ensaios propedêuticos. O progressivo crescimento desse mercado editorial faz diminuir o fosso entre o cidadão comum, ignaro, e os cientistas, detentores da primazia do saber. Por seu turno, as estratégias de vulgarização passaram a fomentar a participação do cidadão leigo na própria condução dos rumos da ciência, criando conceitos e fomentando críticas na opinião pública sobre a conveniência de determinadas áreas de pesquisa, ordinariamente conduzida pelo imediatismo e o utilitarismo que impregna toda avaliação laica das conquistas científicas.

No Brasil, para além das inúmeras publicações de textos nos jornais e revistas, mormente a *Revista Brasileira*, as iniciativas para vulgarização da ciência implicaram a criação de dois projetos editoriais: a coletânea *Ensaios de ciência*, criada em 1876 por João Barbosa Rodrigues (1842-1909), Guilherme Schüch de Capanema (1824-1908) e Batista Caetano de Almeida Nogueira (1826-1882)[320], e a *Biblioteca Útil*, fundada por Abílio Aurélio da

---

319. Cf., a respeito, Lazlo (1993).
320. A coletânea está disponível em http://www2.senado.leg.br/bdsf/handle/id/242810

Silva Marques[321] em 1880. A ideia dos *Ensaios de ciência* era de dar espaço editorial para a difusão de conquistas científicas pela letra de amadores, pessoas que desenvolviam atividades de caráter tecnológico e desejavam divulgá-las. Decerto que havia na proposta certa falsa modéstia, se considerarmos que homens como Batista Caetano não se poderiam aquilatar como amadores em seu mister. A publicação foi breve, com apenas três volumes, o primeiro e o segundo de 1876, o terceiro de 1879. No prólogo do volume 1, os organizadores assim se dirigem ao Imperador (1876, p. 3):

> Tomamos a liberdade de offerecer á Vossa Magestade Imperial estes opusculos, dados á luz com o intuito de tornar conhecidos alguns estudos, feitos em horas vagas dos labores obrigatorios, e ousamos esperar venia para inscrevermos na nossa dedicatoria o Augusto Nome de Vossa Magestade Imperial.
> É o tributo de homenagem devido, não ao primeiro cidadão collocado no fastigio da hierarchia social, mas ao cultor das sciencias e das lettras, protector de toda e qualquer ideia util ao engrandecimento da patria, e propugnador do progresso, quer material, quer moral e intellectual do vasto Imperio sul-americano.

No tocante à *Biblioteca Útil*, sua concepção bibliográfica erigiu-se sobre os pilares do positivismo reinante no panorama intelectual brasileiro do final do século XIX, razão por que não terá sido fortuito que o primeiro volume publicado tenha sido exatamente a tese *Do espírito positivo*, de Augusto Comte (1798-1857), traduzida por Joaquim Ribeiro de Mendonça (1853?-?), presidente da Sociedade Positivista do Rio de Janeiro. Por sinal, a apresentação da *Biblioteca Útil* estampa em destaque o nome de Abílio Marques, como editor, e a cidade de São Paulo como local da edição. O destaque a São Paulo está em sintonia com a concentração de nomes importantes do positivismo brasileiro na terra dos bandeirantes, a maioria vinculada à Faculdade de São Paulo, tais como Antônio da Silva Jardim (1860-1891), cuja breve existência pontuou pelas causas republicana e abolicionista, Rangel Pestana (1839-1903), Pedro Lessa (1859-1921), Joaquim Francisco de Assis Brasil

---

321. Pouco se sabe sobre Abílio A.S. Marques. Trata-se de jornalista e editor português radicado em São Paulo. Foi casado com Maria Núncia Gomes Marques, com quem teve ao menos um filho. Dedicou-se à causa do positivismo, havendo sido responsável pela publicação de vários textos de difusão doutrinária. Foi colaborador do jornal *Província de São Paulo*, hoje *O Estado de S. Paulo*, havendo muitos de seus textos sido reunidos no volume *Interesses da colonia portugueza na Provincia de S. Paulo, Brazil: artigos publicados na Provincia de São Paulo*, disponível hoje em edições recentes digitalizadas (2013).

(1857-1938), Manuel Ferraz de Campos Sales (1831-1913), Martinho Prado Júnior (1843-1903), entre outros[322].

Outro vínculo significativo da *Biblioteca Útil* com as ideias positivistas percebe-se na composição de seus colaboradores, entre os quais citem-se Américo Brasiliense (1833-1896), Antônio Caetano de Campos (1844-1891), José Leão (1850-1904) e Sílvio Romero (1851-1914), todos nomes influentes do positivismo no Brasil. A perspectiva editorial projetava uma difusão maior das conquistas científicas que deslumbravam o homem no *fin de siècle*, cujo escopo procurava coadunar a informação tecnológica a uma linguagem simples, desprovida de terminologia excessivamente técnica. No prefácio dos *Traços gerais de linguística*, de Júlio Ribeiro, um dos textos que integram a *Biblioteca Útil*, Abílio Marques adverte que a coleção visava a "popularizar, por meio de edições baratas, as artes e as sciencias que formam o patrimônio do saber, emfim todas as idéas modernas e direcções novas que appareceram no mundo civilizado" (Ribeiro, 1880, p. 3).

Enfim, a vulgarização da ciência toma expressivo impulso na segunda metade do século XIX. Da França chega-nos o exemplo da *Bibliothèque scientifique internationale*, inicialmente dirigida por Émile Alglave (1842-1928) e publicada pela Librairie Félix Alcan, a qual alcançou 120 volumes entre 1874 e 1914. Considerada "original e audaciosa" (cf. Béguet, 1990, p. 58) dado seu projeto editorial simultâneo em francês, inglês, alemão, russo e italiano, a *Bibliothèque scientifique* decerto terá servido de inspiração para a fundação da *Biblioteca Útil* de Abílio Marques, dada a evidente identidade dos dois projetos editoriais. O projeto de Abílio Marques, assim, buscava trazer para o Brasil os esforços franceses pela "vulgarização da ciência"[323], termo preferível a "popularização da ciência" (cf. Raichvarg & Jacques, 1991), aparentemente uma atitude consonante com a tradição que o termo adquiriu no decurso da história do saber, desde a concepção da *Vulgata* como texto popularizador da Bíblia em latim, passando pelos esforços que se podem identificar já na época medieval com as várias traduções do *De proprietatibus rerum* de Bartolomeu Ânglico (1203-1272) para várias línguas vernáculas[324].

---

322. Não obstante a relevância inequívoca do núcleo positivista em São Paulo, saliente-se que as ideias comtianas grassaram por várias províncias do Império, a começar pela figura exponencial de Júlio de Castilhos (1860-1903) no Rio Grande do Sul. Sobre a presença das ideias positivistas em solo brasileiro no século XIX, cf. necessariamente Torres (1957), Costa (1967), Lins (1967) e Soares (1998).

323. Na mesma linha, antes da *Biblioteca Útil*, surge no século XIX o periódico *O vulgarizador: o jornal dos conhecimentos*, publicado entre os anos de 1877 e 1880 por Augusto Emílio Zaluar (1825-1882). Cf., a respeito, Oliveira e Matta (2011).

324. A obra enciclopédica de Bartolomeu Ânglico foi traduzida, desde o fim do século XII até o século XV, para o francês, o italiano, o alemão, o holandês, o espanhol e o occitano. Cf., para maiores informações, Ducos (2014).

7
Primeiras linhas sobre o português do Brasil

Uma das críticas que mais atingem os gramáticos brasileiros do século XIX, mormente os que pertenceram ao período racionalista, diz respeito à desconsideração do português do Brasil em suas variantes diatópicas e diastráticas. Cremos que se trata de crítica severa, que não leva em consideração o contexto do ensino da língua vernácula pautado no mimetismo das normas lusitanas até pouco mais da metade do século, fato que naturalmente se explica em face da ainda incipiente concepção do português como língua nacional no decurso do Primeiro Império e mesmo nos primeiros anos do Segundo Império. Como as gramáticas tinham um escopo primacialmente pedagógico, naturalmente expressavam uma norma de uso consonante com as matrizes europeias, residentes nos clássicos da literatura portuguesa. Esse o motivo pelo qual somente pelo fim do século encontram-se referências explícitas aos brasileirismos, com o uso deliberado desse metatermo, conforme se verifica nos *Serões gramaticais* (1890, p. 533):

> Os brasileirismos ou são lexicos ou são syntacticos: os primeiros respeitam ás palavras, [...] os segundos dizem respeito á frase ou ao tecido mesmo do discurso. Dentre os brasileirismos léxicos notam-se certos vocábulos tomados ás lingoas e aos dialectos americanos e africanos. Taes são os vocábulos: *tapera, caipora, cacique, quilombo, quiabo* [...] *lundú*, e os vocábulos de tratamento infantil – nhonhô, nhanhan.

7.1 A obra de José Jorge Paranhos da Silva (1839-1895)

Começam a surgir, a partir do último quartel do século, os textos linguísticos avulsos dedicados ao português do Brasil, fruto da concepção romântica da língua como fator identitário e nativista. A veia nacionalista, que nos legou as figuras mitológicas de Peri e Iracema e criou símbolos de brasilidade, é a mesma que faz fluir os brasileirismos na pena de filólogos e gramáticos agora autorizados a dizer sobre o português falado deste lado do Atlântico. Até onde chega a pesquisa histórica, o primeiro texto que cuida sistemicamente do português – desconsiderando-se, assim, o já aqui referido relato de Domingos Borges de Barros na *Introduction à l'Atlas ethnographique du globe* (Balbi, 1826) – intitula-se *O idioma do hodierno Portugal comparado com o Brasil* (1879), da lavra de José Jorge Paranhos da Silva (1839-1895)[325].

Paranhos foi um intelectual com a marca de seu tempo, iniciado em mais de um campo do saber humanístico, com ênfase na filologia e na sociologia. Nascido na Fazenda de Santa Cruz, Rio de Janeiro, em 1839, e falecido na mesma cidade a 28 de junho de 1895, formou-se em ciências sociais e jurídicas pela Faculdade de São Paulo (Blake, 1898, p. 505), mas exerceu cargos públicos nessa seara apenas em seu estado natal, mormente nas cidades de Valença e Niterói, onde chegou a atuar como juiz municipal e, mais tarde, como advogado. Consta igualmente seu nome como membro da Companhia Pastoral Fluminense no ano de 1890 e presidente do Banco de Permutas Auxiliador de Companhias, em 1891. Alinhado à causa republicana, seu nome figura como signatário do manifesto lançado ao país por Quintino Bocaiúva (1836-1912) nas páginas de *A República* (Sodré, 1999, p. 212), mas não se tem notícia de sua participação mais ativa nos movimentos políticos que pugnavam pela queda da monarquia. Homem de intenso fervor nacionalista, Paranhos dedicou-se à publicação de pequenos trabalhos pedagógicos na seara da alfabetização, em que defendia um método de ensino das primeiras letras pautado na pronúncia do português brasileiro, com destaque para a *Carta de nomes para se ensinar em pouco tempo a ler e a escrever figurado a pronúncia do Brasil dedicada aos mestres e pais brasileiros* (1881).

Embora ainda não tenha sido estudado com a minudência desejável, *O idioma do hodierno Portugal comparado com o Brasil* já foi objeto de referências pontuais em estudos de vário temário[326]. Suas páginas seguem, por assim dizer, três searas dos estudos linguísticos: a fonética, em que os temas ortográficos se incluem, o léxico e o estilo, termo pouco preciso que engloba fatos de natureza vária, inclusive sintática. A metodologia proposta é sempre da descrição contrastiva entre o que se diz em Portugal e o que se diz no Bra-

---

325. Na verdade, este texto gramatical é anônimo e sua autoria somente alguns meses depois da publicação foi identificada nas páginas da *Revista Brasileira*.

326. Cf. Aguiar (2007), Gonçalves (2001).

sil. Um fato flagrante em Paranhos da Silva é a obsessão pela simplificação ortográfica, de que resultou uma proposta de sistematização da ortografia pautada em critério exclusivamente fonético. Propunha, assim, que se abandonasse o sistema usual, conforme era denominado o modelo ortográfico que congregava representação fonética e etimologia, a par das idiossincrasias de cada filólogo dotado ou não de autoridade acadêmica. O interesse pela ortografia em Paranhos da Silva renova-se em trabalhos como *Sistema de ortografia brasileira* (1880), trazido a lume na mesma época em que foi publicada a obra completa de Frei Caneca e em cuja gramática se leem linhas defensoras de um sistema ortográfico puramente fonorrepresentativo.

Gonçalves (2001) oferece-nos um relato conciso e objetivo sobre as principais características de *O idioma*, por sinal um trabalho em que Paranhos da Silva defende uma inusitada vinculação entre as origens do português do Brasil e o castelhano, com especial relevo em suas características fonéticas. Uma brevíssima referência ao nome de Paranhos da Silva também encontramos em Brito e Vasconcelos (2015), com a ressalva de que o caráter pioneiro de *O idioma* fora objeto de crítica positiva por parte de Sílvio Romero (1851-1914). Por sinal, Romero cita Paranhos ao lado de Capistrano de Abreu (1853-1927) entre os precursores nessa seara da descrição dos brasileirismos. Outras referências ao filólogo oitocentista estão em um instigante estudo de Volker Noll (2009, p. 310) que discute a suposta origem lusitana do "chiamento" típico da pronúncia carioca, a par de outros estudos pontuais em que o nome de Paranhos sempre se vincula à seara da fonética.

Nota-se claramente em seus textos publicados na *Revista Brasileira* uma espécie de ufanismo pungente, em que o amor à pátria se deixa contaminar pela dor decorrente da má reputação que o Brasil sofria no estrangeiro nos idos do Segundo Império. Esse indisfarçável e angustiante sentimento de inferioridade não lhe dava alternativas temáticas, senão a da defesa da brasilidade em tom amargo e acusador, possivelmente xenófobo. Um desses textos publicados na *Revista Brasileira* (1881, p. 404) inicia com o seguinte parágrafo:

> É natural que europeus escrevam desfazendo em nosso clima, na constituição physica de nossa população, em nossas faculdades intellectuaes; porque todas essas accusações parecem provar indirectamente a excellencia dos climas da Europa, o grande vigor physico de seus habitantes, e, como "ninguém está contente com sua sorte, nem descontente com seu espirito", a admirável elevação da intelligencia dos Srs. europeus.

O tom irônico busca redarguir as críticas que se faziam no estrangeiro sobre a indolência do brasileiro, que se atribuía ao clima excessivamente quente do Brasil – obviamente na sede da Corte. É o que se observa claramente no trecho seguinte (1881, p. 408):

> Porém, admittida mesmo a influencia directa ou indirecta dos temperamentos sobre a intelligencia, cuido poder lançar mão do que affirmam os detractores dos povos dos paizes quentes, para provar que o temperamento predominante em taes paizes, o temperamento que vem quasi sempre a combinar-se com os outros, longe de ser contrario ao desenvolvimento intellectual, parece dever até promover a intelligencia. O Dr. Copeland, citado na Revista de 15 de julho, diz que nos paizes quentes "se manifestam como typo mais genérico os caracteres do predomínio bilioso, os signaes de uma verdadeira saturação de carbono, combinados com os do temperamento lymphatico e os do nervoso". Pois bem. O phrenologista Castle, que admitte a influencia indirecta dos temperamentos sobre as funcções do cérebro, diz: "A reunião dos temperamentos nervoso e bilioso produz o vigor e permitte resistir às fadigas do corpo e do espirito".

O fato mais notável dessas linhas, escritas no significativo ano de 1881, em que vem a lume a *Gramática portuguesa*, de Júlio Ribeiro (1845-1890), está na fundamentação dos argumentos na arquitetura do texto. Toda a linha de raciocínio é pautada no saber científico, na palavra autorizada, na verdade irrefutável do saber escolástico. Tem-se, aqui, um exemplo expressivo do clima de cientificismo que já impregna os ares do final de século e viria a servir de amparo comportamental para que gramáticos e filólogos passassem a enxergar a língua como um objeto de pesquisa, abandonando de vez sua concepção metafísica. O jeito mais "dócil" ou cadenciado do brasileiro para posicionar os pronomes, por exemplo – tema que parece atrair a atenção dos linguistas até os dias atuais –, foi objeto de comentário nas páginas de *O idioma* e tema destacado em uma das edições da *Revista Brasileira* ainda em 1880, em que Paranhos da Silva atesta: "Estes pronomes são hoje no idioma fallado em Portugal quase constantemente colocados depois dos verbos; emquanto que no Brazil, como acontecia no antigo Portugal, collocam-se ás vezes depois, mas quase sempre antes deles" (*Revista Brasileira*, 1880, p. 496). E arremata (p. 497):

> Entretanto, confessemos que alguns de nossos compatriotas já receiam pôr taes pronomes antes do verbo, e consideram como erro fazer o que ensinaram no Brazil os contemporâneos dos escriptores quinhentistas, únicos que podemos reconhecer por mestres de nosso idioma.

Em comprovação de sua tese, Paranhos da Silva cita alguns trechos de Camões, Bocage e Vieira, em que a próclise pronominal reina altiva como traço prosódico típico do português antigo (1880, p. 497-498):

> "No gesto natural *se* converteu
> De um Mouro em Moçambique conhecido"
>
> Camões

> "mas a causa *me* desculpa e a piedade de Vossa mercê *me* anima... Vossa Excellencia *me* perdôe tanta ignorância"
>
> Vieira

> "O tempo me soprou fervor divino,
> E as musas me fizeram desgraçado
> Desgraçado me fez o Deus – menino"
>
> Bocage

> Escudado por estes exemplos julgo poder declarar que acho muito acertada a resolução de não se observar no Brazil a regra de José de Castilho – "Quando a *oração* começa pelo verbo ou seu *agente*, o verbo antepõe-se ao pronome" – nem esta outra regra – "Depois das partículas *e*, *a*, *mas*, escreve-se o pronome depois do verbo" – porquanto estas regras são do idioma actual portuguez, e não do brasileiro. Nós gostamos de que o nosso idioma *continue* a parecer neo-latino, como no tempo de João de Barros; pois não temos, para adoptar a fórma inglesa, os mesmos motivos que têm os rivaes dos castelhanos [...]
> Diante do exemplo – "Eu me arranco com inveja e dôr" – não comprehendo como se possa condemnar que os brazileiros tenham, no decurso de dois séculos e meio, dado um pequeno passo, e, sem ofensa da grammatica geral, diga: "Me arranco com inveja e dôr".
> Não posso, portanto, deixar de fazer votos para que todos os deputados do Brazil imitem aquelle nortista censurado por ter dito – Me parece; e para que nunca digam – Parece-me *mesmo*. Também faço votos para que todos os nossos jornalistas digam – Nos informam – e não – Informam-nos.

Afloram, nesta opinião de Paranhos, alguns sintomas de nacionalismo linguístico aliado ao sentimento antilusitano, conforme se abstrai da distinção entre "idioma português" e "idioma brasileiro", a par de expressões como "nosso idioma" (em oposição ao "deles"). A referência ao uso pronominal enclítico como resultante da proximidade do português europeu com a língua inglesa, em detrimento do rival castelhano, resulta em clara legitimação da variante brasileira por sua fidelidade à tradição românica. Em outra dimensão crítica, Sílvio Romero traça referência aos conceitos expressos por Paranhos da Silva em *O idioma* sobre distinção entre a prosódia europeia e a brasileira, em que elogia o minucioso estudo contrastivo do gramático fluminense. Nesse ponto, as observações de Romero bem expressam a visão naturalista da língua, que espraiava no meio acadêmico pelo início dos anos 1880, mediante o seguinte comentário (1880, p. 443):

> Ao ultimar, lembramos que existe ainda uma diferença radicalissima entre o portuguez e o luso-brazileiro: é a que vem dos proprios orgãos da fala, um quer que seja, que não permite confundir a lingua falada por labios portugueses com ella mesma falada por brasileiros.
> Supponde que um portuguez apodera-se de todos os idiotismos e singularidades grammaticaes de nosso falar; ainda assim, quando abrir a boca e pronunciar as primeiras palavras, conhecereis logo que não é um dos nossos que fala.
> Isto é tanto mais singular, quanto temos conhecido muitos brazileiros, que, tendo estacionado por anos em Portugal, voltaram de lá, falando como si fossem filhos dalli, o que nunca mais perderam de todo; ao passo que não conhecemos um só portuguez que tenha perdido aqui seu velho *sotaque*.
> O estylo brasileiro tem tambem diferente moldura do estylo portuguez. Os motivos productores destes dois factos, diferença de pronuncia e de estylo, devem ser muitos e entre eles contamos com os mais energicos, a acção mesologica e a mescla de raças diversas. Varnhagem as explicava pelo contacto com os hespanhões e nisto é acompanhado pelo Dr. Paranhos da Silva.

O aspecto notável das observações de Romero está em atribuir às diferenças de uso linguístico o fator mesológico, decerto uma influência marcante dos estudos que então se difundiam sobre história natural e evolucionismo biológico. A alentada percepção de que o falante lusitano jamais perde o sotaque, mesmo estando no Brasil há bastante tempo, ao passo que o brasileiro absorve o sotaque europeu quando lá permanece, é, na realidade, apenas uma impressão prosódica de quem domina somente uma das vertentes de uso, já que aos ouvidos de um outro falante português decerto seriam perceptíveis as mudanças na pronúncia do compatriota que estivesse permanecido no Brasil por longo tempo.

A tese acolhida por Paranhos da Silva acerca da influência do castelhano no português falado no Brasil, certamente inspirada na opinião análoga de Francisco Adolfo de Varnhagen (1816-1878), teve vida efêmera, para não dizer malfadada. Sabemos que, traído por uma equivocada interpretação de fatos geolinguísticos, Varnhagen atribuía a pronúncia brasileira a uma espécie de "acastelhanamento" da língua portuguesa neste lado do Atlântico. O conhecido e referido traço cadenciado ou amaneirado do ritmo prosódico brasileiro é, segundo Varnhagem, um reflexo desse contato linguístico, que assim se expressa (1850, p. XIX):

> Antes de passarmos adiante, diremos em poucas palavras as nossas opiniões ácêrca do accento do Brazil, que não obstante variar em algumas entoações e cacoetes segundo as provincias, tem sempre certo *amaneirado*, differente do accento de Portugal, pelo qual as duas nações se conhecem logo reciprocamente; a não ser que os nascidos em uma passassem a outra em tenra idade, sôbre tudo desde os oito aos dezesseis annos. Alguma observação a este respeito nos chegou a convencer, que as diferenças principaes que se notam na pronunciação brazileira, procedem de que a lingua portugueza no Brazil, desde o princípio, se *acastelhanou* muito. Éstas diferenças, que principalmente consistem na transposição dos possessivos, no fazer ouvir abertamente o som de cada uma das vogaes, sem fazer elisões no *e* final, nem converter o *o* em *u*, e em dar ao *s* no fim das syllabas o valor que lhe dão os italianos, e não o do *sh* inglez, ou do *sch* allemão, ésta alteração na pronúncia, que se estende até a alguns modismos e usos, procedeu não só de que os primeiros descobrimentos e colonisação foram feitos com ajuda de castelhanos, como de que pâra a recuperação da Bahia contra os hollandezes passaram outros muitos, que ahi ficaram estabelecidos; além disso no interior da provincia do Rio Grande fala-se hoje pelo menos tanto hespanhol, como portuguez, e o contacto dos negociantes de gados e tropeiros com estes paizes, fez que se adoptasse deles quasi tudo quanto é nomenclatura da gineta, por exemplo – lombilho, etc.

Essas teses, conforme já dito, foram acolhidas sem reservas por Paranhos da Silva, talvez levado pelo encantamento da falaciosa argumentação sócio-histórica de Varnhagen. Coube a Sílvio Romero refutar o raciocínio que um e outro estudioso buscavam aplicar na descrição do português do Brasil, desnudando, por assim dizer, os equívocos históricos nele imersos. Com efeito, conforme assevera Romero, o contato do português europeu com o castelhano sempre foi mais intenso do que o do português do Brasil, isso efetivamente desde os primeiros tempos da colonização. Bastaria lembrar, para além das evidências geográficas, o largo período da União Ibérica que conferiu maior proximidade política entre os dois idiomas, ou como afirma Romero, "a acção castelhana devia-se sentir mais no reino, onde até foi moda em 1500 e 1600 escrever em hespanhol" (1880[1], p. 444). Cuide-se ainda, no alinhavo dos fatos em Romero, que o bilinguismo apontado no Rio Grande do Sul não era tão expressivo quanto acreditava Varnhagen e, ainda que o fosse, constituiria um fato adstrito às fronteiras sulistas, portanto inaplicável ao português do Brasil *lato sensu*. E, em expressão eloquente de clarividência, já pelos inícios da década de 1880, arremata Romero (1880[1], p. 444):

> O autor da *Historia Geral* fantasiou. A alteração das linguas européas na America é um facto geral, que tem uma explicação mais profunda e

mais geral tambem: a acção do meio e a acção ethnica, além de outros moveis mais particulares e obscuros.

7.2 A questão do dialeto brasileiro

O espírito antilusitano que reinava em certa vertente da *intelligentsia* brasileira oitocentista não só buscava dignificar a vertente brasileira do português, ou do "dialecto brasileiro"[327], como também não hesitava em acusar a má conduta do colonizador português, que não soube conferir relevo e valor aos recursos das Colônias. Ecoa pelas ruas da Corte o tom ufanista emanado da letra nacionalista de Sílvio Romero, embora suas palavras, em princípio pudessem denotar uma posição conciliatória entre as vozes que dignificavam e aviltavam a vertente de uso do português no Brasil. Romero reprova, por exemplo, a postura radicalizada de José de Alencar (1829-1877) em sua afirmação de que o "português genuíno" é o do Brasil, mas também destoa da opinião dos literatos portugueses que consideram ser a língua do Brasil um verdadeiro atentado contra a gramática, para concluir que a questão deve ser avaliada pelo prisma da objetividade científica, pois "não somos alchimistas, não procuramos a pedra philosophal nem discutimos sobre a quadratura do círculo!" (1880[1], p. 210). A perspectiva de Romero, cuja formação intelectual lhe conferia especial sensibilidade para perceber as forças culturais que atuavam na formação identitária do Brasil, era de incluir o fator linguístico numa nova ordem cultural que se ia erigindo em face da intensa interação étnica que o país testemunhou desde o Descobrimento. Portanto, o que se lê em Romero acerca do português do Brasil, ou melhor dizendo, sobre a língua do Brasil, presta-se, a rigor, para que se trace um perfil de sua própria concepção da sociedade brasileira (1880[1], p. 211):

> O vocabulo *dialecto* é tomado em trez accepções bem distinctas: como *sinonymo* improprio de *lingua* e *idioma* em geral; como *forma inferior* de uma lingua e como uma *subdivisão* de um idioma, correspondendo a uma subdivisão de um povo.
> No primeiro caso, é evidente que se não póde dizer que possuimos um *dialecto brasileiro* distincto do *dialecto portuguez*; porquanto a lingua é uma só no Brazil e em Portugal; temos um *dialecto comum*. No segundo caso, o termo é tomado em sentido improprio, que não está na mente

---

[327]. O uso do termo dialeto brasileiro, presente na obra de grandes filólogos como Adolfo Coelho (1847-1919), era bastante contestado, dado seu suposto caráter pejorativo, fato que, a rigor, não se pode atestar. Cremos que o sentido atribuído ao termo à época seja o de variante geolinguística.

> de todos, quando falam num dialecto brasileiro, e não devemos aceitar semelhante interpretação, que não assenta ao nosso falar, que não é uma deturpação.
> Na ultima hypothese, que é a verdadeira, si não temos já um dialecto completamente acentuado, marchamos para tel-o. Os brazileiros constituem uma subdivisão, bem distincta, na *família lusitana*; são uma nacionalidade nova, a que juntaram-se outros elementos que não existiam na velha metrópole, e vão formando um povo que se não póde mais confundir com o povo portuguez.

Na esteira das opiniões majoritárias quanto a um progressivo distanciamento do português brasileiro em face do português europeu, Romero atribui à miscigenação étnica o surgimento de tantos "brasileirismos", termo pouco presente na literatura linguística dos Oitocentos, fato que inevitavelmente, a seu juízo, provocaria um afastamento entre as duas vertentes de uso do idioma no futuro. Romero era ledor da obra de Émile Egger (1813-1885)[328], razão por que absorvera as teses do linguista francês acerca das leis que regem a mudança linguística, sobretudo quando em contato plurilinguístico. Na esteira dessas teses, chegou a Romero um conceito de investigação linguística necessariamente atrelada ao método comparativo, razão por que fluía normalmente na avaliação do português do Brasil uma imperativa análise contrastiva com o português europeu. Será, portanto, em face dessas noções e pautado na ideia de dialeto como subdivisão de uma língua que Romero vaticina o futuro do português do Brasil como língua distinta do português europeu.

Entretanto, as evidências de que se serve nosso folclorista praticamente restringem-se ao campo lexical. Romero faz menção aos inúmeros termos vindos de línguas indígenas para designar madeiras, pedras, animais, acidentes geográficos e mesmo formas vernáculas que se assentam em radicais do tupi, além de tantos outros vindos de línguas africanas, muitos deles hoje incorporados no uso geral nas regiões linguísticas brasileiras – *batuque, cafuné, cachimbo, maracatu, vatapá, quiabo, cambada, caçula* etc. – ao lado de outros restritos a áreas linguísticas interioranas – *manzanza, muchiba, piquira, sulamba* etc. –, mas certamente ainda em uso. O que se percebe, com efeito, é um cenário de instabilidade metalinguística quanto ao conceito de *língua* e *dialeto*, pois, a rigor, a própria teoria geolinguística dos Oitocentos não se definia quanto a esta distinção, por sinal uma querela que persiste até

---

328. Romero cita, especificamente, a obra *Notions élémentaires de grammaire comparée*, 6. ed. Paris: Auguste Durand, Libraire, 1865 [1852].

os dias atuais quando buscamos distinguir língua, dialeto, falar, variante diatópica etc. No tocante ao final do século XIX, naturalmente se agravava essa hesitação em face da avalanche de novos conceitos que eram produzidos pela geolinguística em sua teorização das variantes de uso linguístico. O Brasil, já à época um centro que praticava linguística de recepção, não poderia escudar-se dessa influência metalinguística hesitante, de que decorria a natural proliferação de denominações para a língua falada deste lado do Atlântico, conforme lemos em um estudo de Coelho (2008, p. 151) que arrola várias denominações do português do Brasil nos *Estudos lexicográficos* de Antônio Joaquim de Macedo Soares (1838-1905):

> Os nomes do português do Brasil nos Estudos lexicográficos do dialeto brasileiro são: "dialeto brasileiro", "português do Brasil", "linguagem nacional", "língua brasileira", "português falado no Brasil", "português que se fala hoje no Brasil", "luso-brasileiro", "nosso dialeto", "língua pátria", "dialeto luso-brasileiro", "português da América", "nossa atual linguagem", "brasileiro", "língua portuguesa que se fala no Brasil", "linguagem cá da terra", "nossa língua", "dialeto nacional", "língua de cá", "língua do Brasil", "língua portuguesa falada no Brasil". Nessa listagem, como facilmente notamos, há alguns rótulos mais conciliatórios, como a língua portuguesa falada no Brasil (e suas paráfrases), o português da América, ou o português do Brasil. E há outros mais separatistas, como a língua brasileira, o brasileiro, a língua do Brasil, a nossa língua, a língua de cá, a língua pátria, o dialeto nacional e o dialeto brasileiro.

Sobre o tema[329], fazem observar judiciosamente Mariani e Souza (1994, p. 44-45):

> Assim, institui-se ao longo do século XIX um espaço discursivo polêmico, palco do confronto em torno de um imaginário de língua. Por um lado, alguns estudiosos (como o Visconde de Pedra Branca, Varnhagen e Paranhos da Silva) e os escritores românticos (como Gonçalves Dias e José de Alencar) pleiteiam uma autonomia linguística instituída, inclusive, no nome língua brasileira; por outro, os gramáticos definem a língua falada no Brasil como legado histórico-político de Portugal, portanto intocável.

A questão dialetal percorria páginas inteiras de interesse sobre fatos pontuais do português do Brasil, muitas delas publicadas na *Revista Brasileira*, que se tornou, por assim dizer, um marco da difusão cultural, sobretudo literária, na segunda metade do século. Entre os estudos menores, do ponto de vista temático, embora relevantes em perspectiva historiográfica, cite-se um texto

---

329. Cf. também Cavaliere (2019).

sobre a etimologia da palavra *boava* ou *emboaba* (Soares, 1879), escrito por Antônio Joaquim de Macedo Soares, que nos oferece uma interessante análise da corrupção prosódica de palavras portuguesas na boca de falantes de língua geral, bem como uma avaliação reta da adaptação prosódica no português de termos africanos iniciados com o grupo consonântico *mb* e *ng*. Por sinal, devemos a Macedo Soares (1838-1905) uma extensa e primorosa contribuição para o estudo do léxico do português brasileiro, que se estende em seus já aqui referidos *Estudos lexicográficos do dialeto brasileiro* (1942 [1874/1891])[330] e o posterior *Dicionário brasileiro da língua portuguesa* (1889)[331].

O clima intelectual pelo início da penúltima década do século impregnava-se de um ufanismo nacionalista que não poderia deixar de tocar as discussões linguísticas. Na esteira dessa onda de "brasilidade", voltam-se os interesses para as raízes mais fidedignas do português brasileiro, nomeadamente as fontes lexicais das línguas indígenas e africanas. Algumas manifestações desse ufanismo entusiasta chegam a produzir afirmações de extremado radicalismo acerca do futuro do português no Brasil, tais como neste passo de Macedo Soares: "Não será ousadia affirmar que na segunda metade do seculo XX o lexikon brasileiro não ha de ser mais o lexikon portuguez" (Soares, 1880², p. 270). Verifique-se que, no referido estudo da *Revista Brasileira*, Macedo Soares reitera a denominação *dialeto brasileiro* para referir-se à vertente de uso deste lado do Atlântico. Não se cuide, entretanto, que tal emprego passasse à ilharga de suas preocupações terminológicas, já que, em mais de uma oportunidade, Macedo Soares propõe ao leitor uma discussão metalinguística acerca da conveniência de uso desse termo. Em certa altura, afirma que tem recorrentemente empregado a expressão "dialeto brasileiro" sem se haver ocupado de verificar a exação científica desse uso. Citando Max Müller (1823-1900)[332], chega mesmo a concluir que, se por dialeto se entende a linguagem derivada da língua geral de uma nação e particular a uma província, então "o brasileiro não é dialecto do portuguez" (Soares, 1880², p. 270). Por outro lado, Macedo Soares revela não se sentir à vontade para usar a expressão "língua brasileira" como designativa do português falado no Brasil por ser "demasiadamente pretensiosa" (Soares, 1880², p. 270).

A obsessão linguística de Macedo Soares estava no léxico importado às línguas indígenas. Seus conhecidos estudos lexicográficos buscavam dar

---

330. Resultantes de artigos avulsos publicados na *Revista Brasileira*.

331. Em cujo prólogo expressa: "Já é tempo dos brazileiros escreverem como se falla no Brazil, e não como se escreve em Portugal".

332. Provavelmente a tradução francesa *La Science du langage*, em sua 12ª edição, de 1867.

conta da origem obscura de termos frequentes no cotidiano da fala, tais como *capão, capoeira, restinga*, entre outros tantos. As fontes de Macedo Soares são as mesmas de que se serviam os estudos lexicológicos em geral, tais como o conhecido *Dicionário* (1854) de Antônio Gonçalves Dias (1823-1864), publicado nas páginas da *Revista do Instituto Histórico e Geográfico Brasileiro*, e a *Crestomatia* (1859), de Ernesto Ferreira França (1804-1872), além do *Vocabulário dos índios Caiuás* (1856), texto de João da Silva Machado, o Barão de Antonina (1782-1875), igualmente publicado nas páginas da *Revista do Instituto Histórico e Geográfico Brasileiro*, por sinal objeto de duríssima crítica objetada por Macedo Soares em face de sua inidoneidade científica[333]. Saliente-se que, sem poupar palavras, Macedo Soares tece duras críticas a José de Alencar por haver-se servido de orientações frágeis nas considerações feitas sobre o tupi e sua contribuição para o léxico do português (1880[1], p. 228):

> José de Alencar, no *Gaucho*, I, not. VII, anunciando as suas innovações philologicas, sempre infelizes, opina que se deve escrever *capoão*, e não *capão*, e assim faz. Pois dizemos e escrevemos capoeira, observa o ilustre romancista, porque havermos de ser incorrectos deixando de pronunciar e escrever *capoão*? Capoeira, diz ele, vem de *caá, apuam, era*, mato raso, por já ter sido cortado. A consequencia era lógica, si não fora falso o principio. O eximio romancista sabia muito do idioma portuguez, poucc do dialecto brasileiro e menos ainda da lingua dos brazis.

Como a polêmica, para o intelectual, é como o ar que respira, não haveriam de faltar críticas de terceiros às teses de Macedo Soares, conforme lemos nas seguintes palavras de Beaurepaire Rohan (1880, p. 390):

> Diz o Sr. Dr. Macedo Soares que – "Capuêra, Capoêra é pura e simplesmente o guarany caá-puêra, mato que foi, actualmente mato miudo que nasceu no logar do mato virgem que se derrubou"
> [...]
> Tão defeituosa definição prova que o Sr. Dr. Macedo Soares ainda não comprehendeu bem o sentido genuino do adjectivo *puêra*.

Neste cotidiano de discordâncias entre os que se aventuravam pelas sendas inóspitas da etimologia, não raro estimulados pela criatividade infrene, até as obviedades por vezes são postas à prova. É o que acontece com a discussão sobre a origem de *samba*, palavra que pelos idos dos anos 1800 já habitava ordinariamente a boca dos falantes brasileiros do português, cuja

---

333. Acerca dos textos publicados no século XIX sobre língua geral, cf. Barros (1995).

origem chega a ser atribuída por um Batista Caetano (1826-1882) a étimo indígena ("dança") levado para a África pelos portugueses no fluxo do tráfico de escravos para o Brasil. Semelhante hipótese decerto não poderia prosperar, conforme se lê neste comentário crítico de Macedo Soares (1880[1], p. 244):

> Parece que [Batista Caetano] não tem inteira razão.
> SAMBA é um verbo conguês da segunda conjugação, que significa "adorar, invocar, implorar, queixar-se, rezar". Quem reza queixa-se de seus males, invoca a divindade a quem adora, e pede remedio e consolação. *Samba* é, pois, rezar. No angolense ou bundo, igualmente, rezar é *cusamba*: na conjugação o verbo perde a syllaba inicial do presente do infinito [...] Como, pois, *samba* é dansa? É, sem duvida, mas uma dansa religiosa, como é, o *candombe*, uma cerimonia do culto, dansa em honra e louvor da divindade [...]

As opiniões linguísticas, saídas da boca de leigos, não raro se deixavam contaminar por uma inadequada visão sociocultural, em que as forças de transferência lexical de uma língua para outra eram entendidas como um natural resultado da estratificação social e da condição socioeconômica dos falantes das línguas em contato. Uma visão que desconsidera o fator mais decisivo, que é o grau desse contato linguístico no corpo da sociedade e as condições que tal contato propicia para que itens lexicais sejam transferidos de um léxico para outro. Macedo Soares, cuja afeição às origens indígenas de parte do léxico do português brasileiro se evidencia a cada parágrafo escrito, parece atribuir menor relevância à contribuição lexical africana, valendo-se, para tanto, não dos fatores de interação linguística cabíveis – o que, por sinal, decerto comprovaria o oposto, já que o contato entre descendentes de africanos e falantes do português tornou-se muito mais intenso do que o contato com índios no século XIX –, mas de premissas que aos olhos desavisados de um leitor hodierno poderiam confundir-se com expressão de preconceito social. É o que se percebe no seguinte passo (1880[2], p. 259):

> Além das palavras africanas que acabamos de estudar, ha um sem numero doutras, populares no Brazil, demonstrando que o elemento negro não deixou de contribuir, posto que mais parcamente ainda que o indio, para a formação do dialecto brazileiro. E que mais podia fazer, atentta a inferioridade da raça, e sobretudo, já não a inferioridade, mas a profunda baixeja de sua miserrima condição social?

As intervenções linguísticas nas páginas da *Revista Brasileira*, assim, sucediam-se frequentemente, muitas da lavra de filólogos de ocasião, tais como, além do já aqui reiteradamente citado Macedo Soares, Henrique Pedro de Beaurepaire Rohan (1812-1894), Sílvio Romero (1851-1914), Batista Caetano de Almeida Nogueira (1826-1882), José Vieira Couto de Magalhães (1837-1898), João Barbosa Rodrigues (1842-1909). além de outros de inegável talento filológico, tais como Manuel Pacheco da Silva Júnior (1842-1899), que, ainda em seus 37 anos de idade, não hesitava em contestar algumas teses de Teófilo Braga (1843-1924), igualmente jovem, na seara da fonologia diacrônica portuguesa. Essa é, por exemplo, sua conduta ao discordar da hipótese agasalhada pelo linguista português acerca da origem da palatal /Σ/ na vertente literária do provençal e da origem celta das palatais laterais /×/ e /)/ (1879, p. 119). Argumenta Pacheco Júnior que o fonema /Σ/ decorre de encontros consonânticos latinos, tais como *ss* (*passionem>paixão*) *sc* (*piscis>peixe*) etc., e as molhadas /×/ e /)/ são claramente decorrentes da mudança fonológica operada nos grupos /li/ e /ni/. A rigor, as afirmações de Braga só se podiam efetivamente acolher no tocante à origem ortográfica dos dígrafos *lh* e *nh*, não propriamente ao surgimento das consoantes palatais no sistema fonológico do português.

Verdade é que a inconsistência terminológica do termo *dialeto* causava destempero nos gramáticos mais afeitos à causa nacionalista em matéria de língua vernácula, razão por que muita tinta se gastou para desmitificar a vertente brasileira do português como um fato dialetal. Pacheco Júnior, por exemplo, aproveita o ambiente de discussão sobre o sentido adequado do termo para afirmar a legitimidade da vertente brasileira do português em patamar igual ao de Portugal: "E será o portuguez fallado no Brazil fórma inferior ao falado em Portugal? Certo que não" (Silva Jr., 1880, p. 487). Na esteira de seus argumentos, Pacheco Jr. assevera que as divergências d'aquém e d'além-mar situam-se predominantemente na pronúncia – "modificações phonicas" –, fato que igualmente se percebe entre as regiões linguísticas lusitanas. Se se aceitar a definição de dialeto como uma língua peculiar a uma província ou cidade, então, argumenta Pacheco, o português do Minho, de Trás-os-Montes, do Algarve etc. é um dialeto, não uma língua.

O repertório de argumentos oferecido por Pacheco Jr. é vasto. Adiciona o gramático brasileiro que o inglês norte-americano também se distingue do inglês britânico e ninguém à época cogitava de atribuir ao primeiro o rótulo de dialeto. Fiel aos princípios mesológicos que a emergente linguística naturalista atribuía à mudança das línguas, Pacheco Jr. ressalta a diferença de climas na América e na Europa como fator determinante para as diferenças de pronúncia, a que faz aliar a questão da acentuada estratificação social no Brasil, um fator que propicia a variação dos usos linguísticos, visto que "as discordâncias da linguagem geral [...] tornam-se tanto mais acentuadas quanto mais distinctas e estremadas estiverem as classes sociaes" (1880, p. 488). Em aditamento, Pacheco arrola fatos da pronúncia "do nosso povo inculto" que, em análise cuidadosa, se podem encontrar em épocas passadas da língua, tais como o /a/ prostético, a metátese da consoante /r/ e o rotacismo, a par da apócope do /r/ e a troca de /a/ por /e/ em formas verbais pretéritas, como "cheguemo" por "chegamos". Em sua visão, o que se manifesta nas classes iletradas brasileiras está vinculado ao processo de mudança linguística desacelerado neste lado do Atlântico, a que se aliam fatores mesológicos, sobretudo o clima.

7.3 As questões da partícula *se* e da colocação pronominal

No âmbito da bibliografia avulsa, publicada em periódicos jornalísticos e revistas de amenidades, o temário linguístico frequentemente, para não dizermos quase exclusivamente, cuida de temas ortográficos e lexicais, mormente lexicais. A origem de palavras provindas da língua geral e das línguas africanas desperta grande curiosidade aos leitores letrados, fluentes em um português que, moldado em terras americanas, pretendia ter foro de idioma europeu. No plano gramatical, entretanto, erguiam-se em numerosos textos, advindos tanto de mãos laicas quanto autorizadas, duas questões particularmente afeitas à vertente do português falado no Brasil: o emprego do *se* apassivador como índice de indeterminação do sujeito e a sempre polêmica discussão sobre colocação pronominal. Por sinal, esses são temas que se aparentam inesgotáveis na caracterização do português do Brasil, seja em plano sincrônico ou diacrônico, dada sua perene presença em estudos sociolinguísticos até os dias atuais. Para não nos alongarmos nessa questão, citemos tão somente uns poucos juízos que bem representam a posição de filólogos e intelectuais interessados em questões linguísticas, de tal sorte que se tenha um panorama das querelas que então se punham à mesa de discussão.

Em um de seus preciosos estudos publicados na *Revista Brasileira*, Pacheco da Silva Júnior cuida da função do *se* nos "verbos activos e neutros", não sem antes advertir que o que se diz a respeito nas gramáticas via de regra é desabonador, tendo em vista que "nossas grammaticas limitam-se – com mui raras excepções – a apresentar regras tradicionais, e constituem verdadeiros anachronismos; nenhuma trata das questões pelas varias faces da philologia, da historia e da comparação" (1881, p. 502). Pacheco defende a tese de que o *se*, tanto em verbos transitivos quanto em intransitivos (neutros), tem caráter reflexivo (1881, p. 503):

> Em nossa opinião, e em qualquer das hypotheses apresentadas (*João feriu-se, alugam-se casas, vive-se com pouco, come-se bem neste hotel, diz que Francisco é prudente, etc.*), o SE é um pronome reflexivo, derivado do acusativo do pronome latino sui, sibi, se, de sentido indeterminado entre os romanos e que tira origem no pronome pessoal (sem generos) da lingua mãe indo-européa – sva.

Importa-nos observar, nessas palavras – para além da fundamentação histórico-comparativista que denuncia a formação linguística de Pacheco – que, não obstante evite ingressar na esfera normativa, Pacheco vê no *se* apassivador e no indeterminador uma origem comum "de sentido indeterminado", que chegou ao português pela via da voz medial latina.

Nesse aspecto, as teses de Pacheco logram obter relativa anuência nos estudos que Manuel Said Ali (1861-1953) viria a produzir sobre o emprego do *se* em português em suas *Dificuldades da língua portuguesa* (1919 [1908]). Impressiona, por sinal, a erudição filológica de Pacheco da Silva Júnior em seus 39 anos de vida, num ambiente intelectual de difícilimo acesso à bibliografia especializada. Seus fundamentos acerca da origem reflexiva do *se* amparam-se em nomes como August Schleicher (1821-1868), Johann Zeuss (1806-1856), Franz Bopp (1791-1867), Franz Milošič (1813-1891), entre outros. Vale a pena, decerto, investigar as vias que conduziram a pesquisa de Pacheco a essas fontes bibliográficas no Brasil dos anos 1870 para que se tenha melhor ideia do clima intelectual que caracterizou esse momento de nossa história linguística. No entanto, a ratificação de Said Ali no tocante ao valor indefinido do *se* e sua origem na voz medial latina não se estende à tipificação da palavrinha como pronome reflexivo, conforme se lê neste estudo precioso ainda camuflado nas páginas da *Revista Brasileira* (1895, p. 113):

> O verbo com o reflexivo *se* apresenta-se, como até agora temos visto, destituido de sujeito syntactico; pode porém, vir acompanhado de objeto, o qual é indirecto em *precisa-se de uma casa*, mas directo em *aluga-se uma casa, ama-se a Deus*, estima-*se a Bernardes*, no francez *il se trouve des royaumes* e no hespanhol *se detesta a los malvados*. O ponto de vista é legitimo, tanto mais quanto vemos o substantivo colocado normalmente depois do verbo, isto é, ocupando o lugar que a syntaxe de construção das línguas romanicas assigna ao objeto. Não era esta a funcção do nome primitivamente: tornou-se porém a consequencia fatal do desaparecimento da noção de reflexividade do pronome *se*.

E, em arremate, faz observar o velho mestre em sua usual clarividência (1881, p. 113):

> É por isso que no exemplo francez *il se trouve des voyaumes* o substantivo no plural des voyaumes já não é sujeito do verbo *il se trouve*, como o seria primitivamente em *des voyaumes se trouvent*. É ainda pela mesma razão que nós hoje construimos o pronome *se* com qualquer verbo intransitivo (absurdo evidente si a noção de reflexividade ainda persistisse), e que o povo tende a generalizar o emprego do verbo no singular dizendo aluga--se casas, emquanto que na linguagem literaria, nessa força conservadora das formas, ainda usamos o verbo no plural. Na forma popular *aluga-se* (em vez de alugam-se) *casas*, o fator é evidentemente a analogia. Desconhecedor das regras tyrannicas da grammatica, o homem do povo guia--se pelo sentimento de linguagem e emprega o verbo no singular pelo mesmo motivo porque diz: a gente aluga, alguem aluga, toda natural essa tendência, porque se baseia em uma razão de ordem psychologica, ao passo que a corrente erudita assenta apenas na razão histórica; e, segundo o que vemos suceder em outros idiomas, a forma popular, natural do emprego do verbo no singular acompanhado de um nome plural, talvez um dia tambem acabe por suplantar a nossa forma erudita.

Saliente-se que a postura de Manuel Said Ali alicerça-se em uma época bem distinta da que produziu o texto de Pacheco, pelo menos no tocante às influências paradigmáticas, já que se percebe nitidamente a presença da doutrina neogramática no horizonte de retrospecção do mestre petropolitano – observe-se a tendência à análise pelo prisma psicológico –, um viés que inibe o império do historicismo ortodoxo que está nos fundamentos de Pacheco. Ademais, Said Ali adentra nitidamente a seara da prescrição normativa ao falar em "regras tyranicas da grammatica" e "sentimento da linguagem", uma atitude que não encontra eco nas preocupações de Pacheco, absorto em sua linha de raciocínio eminentemente sistêmica e pautada em *corpus* de língua literária.

Já a questão da colocação pronominal, que pode ser eleita a mais cativante das querelas sobre o português do Brasil, era objeto de comentário crítico tanto dos intelectuais afeitos às questões linguísticas quanto dos gramáticos e professores de língua materna, passando, obviamente, pelos filólogos de ocasião. Uma intervenção de cunho normativo, oferecida por Artur Barreiros[334] nas páginas da *Revista Brasileira* dá bem o tom com que a controvérsia da

---

334. Artur Barreiros (1856-1885) foi um escritor carioca, colaborador de várias publicações periódicas, tais como o *Almanaque do Mequetrefre*, a *Revista Americana*, *Revista dos Teatros*, *O Besouro*. Também atuou como tradutor de autores franceses, entre eles Alexander Dumas, e foi diretor da Sociedade Literária e Beneficente Protetora dos Estudantes. Ficou notório, à época, não só por sua produtiva colaboração na área da crítica literária, como também pela rumorosa celeuma que travou contra Camilo Castelo Branco em face das críticas do escritor português à poesia brasileira no *Cancioneiro alegre* […], chegando a dizer que agrediria a Camilo com uma "bengala de Petropolis

toponímia pronominal circulava: "Raro será o nosso homem de lettras que, no fogo da improvisação, não haja ao menos uma vez hesitado na collocação dos pronomes, que lhe sussurram á volta da penna como incomodas vespas zumbidoras". E conclui: "E quem se dér o trabalho de cotejar os livros brasileiros com os portuguezes notará – primeiramente que estes, por via de regra, são mais artisticos; segundamente, que é espantosa, phantasista, doida, a maneira de empregar os pronomes no periodo brazileiro" (1880, p. 71).

A polêmica, decerto, alimentava o interesse comercial dos editores de periódicos populares, já que constituía precioso filão para que se multiplicassem as tiragens tipográficas. Não terá sido outro o motivo por que a mesma *Revista Brasileira* viesse a estampar em suas páginas dois outros artigos sobre o indigesto tema da colocação pronominal, um deles de Paranhos da Silva, outro da lavra de Luís Leopoldo Fernandes Pinheiro Júnior (1855-1925). A posição de Paranhos, obviamente, conflitava com a de Barreiros, dada sua conhecida e intransigente defesa da vertente brasileira do português. Sua fundamentação revela clarividente domínio dos textos clássicos portugueses, em que se encontram exemplos fartos do uso pronominal proclítico, considerado um uso "à brasileira". E arremata peremptório: "Diante do exemplo – 'eu me arranco com inveja e dôr' – não comprehendo como se possa condemnar que os brazileiros tenham, no decurso de dois seculos e meio, dado um pequeno passo, e, sem offensa da grammatica geral, diga (sic): 'Me arranco com inveja e dôr'".

Saliente-se que as razões de Paranhos chegam mesmo a impressionar por seu teor vanguardista, com uma postura sociolinguística que não se poderia esperar na voz de estudiosos de sua geração, tão afeita ao normativismo. Sua bandeira tremula em prol de uma atitude preferível aos que se dedicavam às questões linguísticas no sentido de que se conformasse "com o genio de nosso idioma, isto é, segundo Whitney, com a *resultante das preferencias da sociedade brazileira* (destaque do autor)". Já Fernandes Pinheiro[335] recolhe-se às limitações de sua formação linguística para em seu estudo – se é que assim podemos denominar o texto que publica na *Revista Brasileira* – tão somente exaltar o talento de Paulino de Sousa (?-?), cuja *Grammaire portugaise*

---

se elle cá viesse" (*Correio Comercial*, ed. de 3 nov. 1879, p. 2). A resposta de Camilo a Barreiros cativou o interesse geral a ponto de ter sido publicada pela tipografia da *Gazeta da Noite*.

335. Luís Leopoldo Fernandes Pinheiro Junior (1855-1925) foi um professor de Português e de Francês natural da cidade de Campos, não obstante tenha construído sua carreira no magistério na cidade de Niterói. Nessa mesma cidade, segundo Blake (1899, p. 431), serviu na Secretaria dos Negócios Estrangeiros. Foi poeta menor e eventual colaborador em temas linguístico-literários nos periódicos do Rio de Janeiro.

raisonnée e simplifiée (1870), publicada na França, tinha boa circulação na capital da Corte. Em aditamento, Fernandes Pinheiro relaciona umas regrinhas de colocação pronominal praticamente alinhadas ao português padrão dos textos literários portugueses, sem efetivamente contribuir para melhor descrição de seu uso na vertente do português falado em solo americano.

Um detalhe relevante diz respeito ao uso do metatermo *brasileirismo*, incomum nos textos linguísticos que se publicavam à época, não obstante seja escrito mais de uma vez pela pena autorizada de Manuel Pacheco da Silva Jr.[336] Há de interpretar-se melhor não só a extensão semântica desse termo no conceito de língua no Brasil oitocentista, como também o próprio fato de seu emprego não gozar de aceitação pacífica. Em Pacheco da Silva Júnior, *brasileirismo* denota o traço semântico lexical "que tem uso exclusivo do Brasil", conforme o próprio gramático carioca atesta no comentário sobre o emprego da palavra *faceira* em Portugal (1880, p. 489). Sua explicação para a alteração semântica que se verifica em palavras usadas tanto na Europa quanto na América fundamenta-se em órbita diacrônica, tendo em vista as leis que regem a mudança por que o significado das palavras passa em face do uso social. Na esteira de suas razões, Silva Jr. cita casos em que palavras latinas sofreram alteração semântica ao ingressar no português, tais como *pedonem>peão*, que de "homem em pé" passou a designar "soldado em pé" ou "de infantaria". Como os soldados da infantaria eram inferiores aos da cavalaria, o termo *peão* passou a ser usado em oposição a *fidalgo*.

Em dimensão mais ampla, mormente em textos jornalísticos, pode-se encontrar uma referência a brasileirismo em sentido lato, para designar um conjunto de características próprias do português falado no Brasil, sentido que viria a consolidar-se no século seguinte. A *Gazeta de Notícias*, em uma edição de 1881, rasga elogios à participação do jornalista Antônio Clímaco dos Reis (?-1914) em uma viagem de trabalho feita à Argentina, com a ressalva de que "em todas as suas producções haja um excesso de brasileirismo que lhe ofusca uma parte do brilho" (*Gazeta de Notícias*, 1881, p. 3)[337]. No estudo *O nosso cancioneiro*, texto que veio a lume nas páginas de *O Globo* em 1874, José de Alencar usa o termo para indicar um fato lexical: "Nas notas do drama citado, vi que em Portugal não podem tolerar o nosso brasileirismo *sinhá*" (1960, p. 970). Essa referência a fato lexical encontra-se igualmente em

---

336. O termo é ordinariamente usado à época para indicar patriotismo ou uma postura e interesse político favorável ao Brasil. Também se usa para indicar o que é genuinamente brasileiro.

337. Ainda aqui, o sentido pode ser político, não linguístico, considerando-se que Clímaco dos Reis era cidadão português, razão por que dificilmente se caracterizaria pelo uso de brasileirismos.

Batista Caetano, para quem o uso do pronome *você* para indicar a segunda pessoa tem um certo quê de brasileirismo e corresponde ao espanhol *usted*. Por outro lado, encontra-se aqui e ali o termo para tipificar genericamente a língua falada na terra. Em certos textos, observa-se o emprego de brasileirismo em sentido mais abrangente, no que se inclui "o perfil tipicamente brasileiro" tanto em órbita linguística, quanto em órbita étnico-cultural, isto é, uma referência ao homem brasileiro em seus hábitos e costumes. É o que se percebe no seguinte anúncio de uma peça teatral de costumes publicado no *Diário de Notícias* (1886, p. 4):

> **A**
> **MULHER-HOMEM**
> Titulo do novo quadro
> **Um maxixe na Cidade Nova**
> Baile caracteristico nacional, com fado e catereté da roça ao qual vai assistir
> **Diogenes com a Mulatinha do Caroço**
> A's horas do costume
> Apreciação d'*O Paiz*, de 16 do corrente:
> « Ante-hontem fez verdadeiro furor o *Maxixe da Cidade Nova*, na *Mulher-Homem*.
> O publico, enthusiasmado, delirante, com o brasileirismo bregeiro e engraçado de *firribidi*, pedio bis *cinco vezes* e mais pediria se mais fosse possivel dar-lhe. O Vasques é impagavel no papel de *Maricas*, indigena e capadocia da *bilontragem* de tasca. Immenso! »

Anos mais tarde (1891, p. 1), o mesmo periódico, em uma coluna social assinada por um certo Zé Povinho, estampa um emprego do termo brasileirismo em que se percebe certo ranço ao uso do português coloquial nas páginas jornalísticas: "O reverendo Sr. Badaró [...] fe-los rir a bandeiras despregadas com inumeras *bilontragens* (deixem passar o brasileirismo) dos seus tempos academicos".

Em um estudo precioso sobre a conjugação verbal, Batista Caetano, ao referir-se aos três particípios herdados ao latim, assinala: "Este assumpto carece (perdôe-se-me o brasileirismo) e, no meu entender, merece ser desenvolvido" (1881, p. 144). Com efeito, o termo parece ter-se consolidado como expressão de um fato linguístico típico do Brasil a partir da década de 1880, quando as gramáticas do período científico começam a circular. Será no corpo dessas gramáticas que o português do Brasil ganhará maior espaço, seja para convalidação ou rejeição das características fonéticas, lexicais e gramaticais do português falado deste lado do Atlântico. Com isso, os textos jornalísticos, em geral, agora inspirados pela nomenclatura gramatical, passam a usar o termo brasileirismo em seu sentido metalinguístico. Em uma nota crítica sobre a 5ª edição da *Gramática portuguesa* de Alfredo Gomes, o articulista Til do *Jornal do Comércio* (16 de abr. 1893, p. 1) lança algumas farpas contra o conceituado professor do Colégio Pedro II nestes termos: "Outra novidade que nos ensina a referida grammatica é a de ser brazileirismo o emprego de – *a gente* – como pronome indifinito. Hom'essa! Lusitanismo puro é que é, meu doutor!"

7.4 A letra libertária de José de Alencar

Os anos 70, em seus meados, trouxeram a lume, pelas páginas de *O Globo*, um dos documentos mais expressivos sobre o português do Brasil, em especial sobre fatos linguísticos que emprestam fidedignidade e genuinidade à maneira de falar do brasileiro. Trata-se de *O nosso cancioneiro*, constituído de uma sequência de cartas escritas por José de Alencar a Joaquim Serra (1838-1888)[338] em que o talentoso autor de *Iracema* expõe farto ideário nacionalista na seara da literatura e da língua literária. Interessante notar que a iniciativa de publicação das cartas foi de Serra, convencido de que as propostas de Alencar sobre as letras pátrias revelavam-se imprescindíveis para que o Brasil efetivamente se inscrevesse no cenário cultural dos Oitocentos. O ânimo e a admiração de Serra pela conduta de Alencar estimulam-no a solicitar a Salvador de Mendonça (1841-1913)[339] o espaço necessário nas páginas de *O Globo* para que o texto viesse a lume, e assim efetivamente se fez. O espírito ufanista de que se reveste a obra alencariana abre espaço nas

---

338. Jornalista e teatrólogo maranhense, fundou ainda jovem o hebdomadário *Ordem e progresso*. Mais tarde, fundou o *Semanário maranhense,* cuja vida editorial não foi além de um ano. Transferindo-se para o Rio de Janeiro, atuou como deputado pela Província do Maranhão. Teve intensa atividade em prol das ideias republicanas e abolicionistas, havendo nessa linha de atuação fundado os periódicos *A Reforma* e *A Folha Nova* e *O Abolicionista*.

339. Salvador de Meneses Drummond Furtado de Mendonça foi um dos mais influentes jornalistas na transição do Império para a República. Advogado, diplomata, romancista, ensaísta, poeta, teatrólogo e tradutor, é um dos fundadores da Academia Brasileira de Letras. Cf. nota biográfica em www.academia.org.br.

primeiras referências à produção literária brasileira, ao cancioneiro brasileiro: "Faltam-lhe sem duvida o sabor antigo e o romantismo das formosas lendas gothicas ou mouriscas, pois no Brazil nem a terra é velha, mas tem o mesmo pico e sobram-lhe em compensação o perfume de nossas florestas e o vigoroso colorido da natureza como do viver americano" (1874, p. 1).

A postura linguística de Alencar já se pode perceber pelo emprego do pronome átono logo nas primeiras linhas de *O nosso cancioneiro*: "Illustre collega – É nas trovas populares que sente-se mais viva e ingenua a alma de uma nação" (1874, p. 1). Com efeito, a posição heterodoxa do clítico, distanciado do pronome relativo, bem denuncia uma sintaxe que mais se compromete com a prosódia corrente do que com as normas filológicas que se registram nos textos gramaticais. Por sinal, a concepção de língua em Alencar – como um sistema subordinado ao falante e, portanto, passível de ser descrito segundo as normas de uso – bem se revela nesse documento originalmente publicado em *O Globo*, no qual a referência como o "vulgo" se expressa sempre se sobreleva aos ditames da gramática. Afirma Alencar, em certo momento, ao comentar a criação lexical que exsurge na língua popular (1874, p. 1):

> [...] de fama, por exemplo, compuzeram os sertanejos dous augmentativos contra todas as velhas regras ethimologicas, dizem *famanaz* e *famaraz* para designar o sujeito de grande fama. Equivale ao superlativo famosissimo, com maior intensidade na significação.

Este respeito ao uso linguístico que emana da fala corrente dá sentido aos neologismos que saem da boca do falante ordinário, "com o instincto grammatical de que é dotado". E conclui: "disse Garret que o povo tambem é classico. Penso eu que devia dizer, – o primeiro dos classicos e tambem dos grammaticos" (1874, p. 2). Por vezes, o texto alencariano abandona o tom conciliador para enveredar em um ufanismo de ruptura com as raízes linguísticas fincadas em terras filológicas, de que resultou, evidentemente, maior ojeriza a sua postura desafiadora por parte da plêiade de filólogos portugueses. Não se podem, efetivamente, desconsiderar, os efeitos ofensivos e indigestos de uma afirmação como "não se junge a possante individualidade de um povo jovem a espandir-se ao influxo da civilisação, com as teia (sic) de umas regrinhas mofentas" (1874, p. 2). E arremata: "nós, os escriptores nacionaes, si quizermos ser entendidos de nosso povo, havemos de fallar-lhe em sua lingua, com os termos ou locuçoes que elle entende, e que lhes (sic) traduz os usos e sentimentos" (1874, p. 2).

A concepção linguística alencariana, assim, traduz esse compromisso inafastável com a vertente de uso linguístico popular, em contraste com certa corrente filológica mais tradicionalista que defendia o alinhamento da gramática com o "gênio da língua". Ou seja, a descrição gramatical de cunho filológico não poderia desconsiderar certo modo de expressar-se que estava no trajeto histórico do idioma, ainda que, no uso generalizado, já não se pudessem identificar. Portanto, o conceito de brasileirismo como uma renovação das bases sistêmicas ou gramaticais do português – em desacordo com o conceito corrente que se adstringia ao léxico ou à prosódia – é um dos fatores distintivos da visão alencariana, fato que se revela flagrantemente em seus romances e cujo exemplário se pode encontrar facilmente nos estudos de sua obra[340].

Essas constatações, entretanto, não nos permitem atribuir a Alencar uma atitude iconoclasta em face dos cânones da língua clássica. Sua postura, por assim dizer, buscava dar um passo adiante nos padrões da língua literária, de tal sorte que os valores linguísticos que se defendiam nos textos clássicos fossem substituídos, na justa medida, por um padrão linguístico-literário brasileiro. Seu compromisso, assim, era mais de compatibilidade do que de ruptura. Avesso à crítica, Alencar foi curiosamente um crítico mordaz, inclusive no tocante à língua dos românticos, justamente ele que se viu atingido duramente pelas palavras ásperas dos críticos portugueses infensos a sua proposta de língua literária. Nessa vertente, Alencar, em comentário sobre a *Confederação dos tamoios*, não poupou em Gonçalves de Magalhães (1811-1882), na primeira das cartas que publicou no *Diário do Rio de Janeiro*, sob o pseudônimo *Ig*[341], "o desalinho de frase[342], que muitas vezes ofende a eufonia e doçura de nossa língua" (1856, p. 1).

Não para por aí a veia crítica de Alencar em matéria linguística. Não se sabe – e decerto jamais se saberá – em que medida os ataques de Alencar ao texto de Magalhães teriam fundamento eminentemente crítico ou seriam fruto da desavença pessoal. Seja como for, o teor das críticas revela que em Alencar coexistiam o revolucionário e o reacionário, este no âmbito de sua obra, aquele no juízo da obra alheia. Observem-se estas palavras (1856, p. 7-8):

> O celebre verso onomatopaico á *pag.* 24, esse verso tão elogiado pelos admiradores do poema, é um novo attentado contra a grammatica.
> *Deo com a cabeça de um contra outro,*

---

340. Em especial nos estudos publicados por Jucá [Filho] (1966), Melo (1972) e Bechara (1979, 2001).

341. Segundo o próprio Alencar, retirado das primeiras letras do nome *Iguaçu*.

342. Interessante notar que a expressão "desalinho de frase" se repete em pelo menos duas das cartas publicadas no *Diário do Rio de Janeiro*: no n. 187 e no n. 221, ambos de 1856.

Que batendo quebrarão-se estalando,
Como estalão batendo as sapucaias.

O relativo *que*, sujeito do verbo *quebrarão-se* não acha na oração antecedente uma palavra a que possa referir-se; *cabeça é* do singular, e entretanto rege um verbo no plural.

Demais pela verdadeira regra, este relativo refere-se sempre á palavra anterior, e por conseguinte produz na oração que citamos uma confusão incomprehensivel, para quem não perceber por intuição que o poeta allude as cabeças dos dous inimigos.

A *pag.* 239, no canto oitavo acha-se uma outra oração incidente em que existe a mesma discordancia,

... e os mortaes, que obra é já tua,
Arrastas pelo egoismo de nova perda.

O verbo – é – no singular, está regido por um sujeito no plural; a discordância é manifesta, e admira como em uma obra corrigida com tanto esmero escapou um erro desta natureza.

A *pag.* 126 lê-se a seguinte frase: – *deixando boquia – berta o vulgo ignaro,*

Boqui-aberta é um adjectivo composto de duas palavras, um substantivo e um adjectivo; acha-se na terminação feminina sem nome com que concorde.

Sr. Magalhães entendeo que não devia dizer o vulgo *boquiaberto;* e que este adjectivo c o m p o s t o equivalia ao mesmo que se dissesse claramente a frase *de boca aberta.*

É a primeira vez que vemos semelhante regra grammatical de concordar os adjectivos compostos com os nomes que entrao na sua composição.

Um nome desde que se liga a outro, seja verbo ou adjectivo para
formar uma palavra composta, perde a sua natureza de substantivo, e não serve senão para explicar a idéa que exprime o novo termo.

O mesmo poeta no seo poema mostra não desconhecer esta regra usual que se encontra em todos os diccionarios e grammaticas, quando usa no quarto canto da expressão: – *virgem olhi-negra.*

Ha nesta palavra a mesma composição que na outra; é um substantivo ligado á um adjectivo a fim de limitar a sua significação; para ser consequente o Sr. Magalhães devia dizer *a virgem olhi-negros,* a semelhança de *vulgo bogui-aberta.*

Admittida uma tal sintaxe, ficaria a língua portugueza sem regencia; haveria na oração adjectivos sem nomes com que concordassem, ou frases truncadas sem verdadeiro sentido grammatical.

Pode-se ainda notar como um deffeito, a falta de uniformidade do
tempo dos verbos que existe em muitos pontos da exposição do poema; o poeta quando narra ou descreve ora falla no presente ora no passado ora no preterito imperfeito.

> Resulta disto, que não sendo as transicções dos diversos tempos bem precisas e marcadas por um estylo adoptado á esse fim, a exposição torna-se muitas vezes confusa, e fatiga o espirito do leitor.
> Não é propozito meo faser uma analise grammatical do poema; e por isso não estenderei mais esta nota; limitei-me apenas as observações que fiz quando lia o poema como obra de arte, sem o espirito prevenido para descobrir as pequenas faltas.

A longa citação justifica-se por ser este um passo ímpar da crítica literária dos Oitocentos em que se revela expressivo pendor normativo, com a ressalva de que a pena que deslizou tais palavras é a de quem ainda hoje se reconhece como um arauto da legitimação do português brasileiro, na verdade o grande nome vinculado a um novo padrão linguístico-literário no Brasil. Mais curioso é notar que as nódoas gramaticais que Alencar denuncia na *Confederação dos tamoios* são em alguma dimensão as mesmas que os críticos portugueses lhe infligiram em face do texto de *Iracema* e dos perfis de mulher, inclusive quanto ao uso abusivo dos galicismos. Conforme adverte Bechara (2001, p. 76) "a diferença das críticas de Alencar, nas *Cartas sobre a Confederação dos Tamoios,* consistia em que seus críticos não eram, em geral, explícitos quanto aos erros e imperfeições de linguagem que viam nas obras do escritor cearense". Com efeito, o próprio Alencar lamenta o fato de que os erros atribuídos ao texto de *Diva* e de *Lucíola* não tenham sido claramente identificados, chegando mesmo, em tom desafiador, a afirmar: "Quisera sofrer a pena de Talião, e ser criticado pela mesma forma por que outrora critiquei *A Confederação dos Tamoios*" (1960, p. 940).

Alencar estava certo de que a crítica ferina a seu estilo mais se devia a sua atuação política do que aos eventuais solecismos de sua brasilidade. Parece claro hoje que o ataque perpetrado por José Feliciano de Castilho (1810-1879) constituiu uma resposta amarga ao descontentamento do autor de *Iracema* quanto à interferência do escritor português em questões brasileiras. E, com efeito, não foram poucas as vezes em que Alencar desferiu farpas contra a ingerência de Castilho até mesmo em questões legais, entre elas a elaboração do manifesto pela lei do ventre livre. O trânsito livre de Castilho pelos corredores imperiais e sua fidelidade à causa monárquica pelos 31 anos em que viveu no Brasil impunham-lhe o dever de erguer a voz contra aquele parlamentar cearense de voz ousada e importuna, vindo a efetivamente fazê-lo não pelo confronto político-ideológico, senão pelos ranços linguísticos que menosprezavam a língua de Alencar.

É dessa forma ambígua, que flutua entre o conservadorismo clássico e o reformismo romântico, que se assenta a obra de Alencar, uma fonte inesgotável para o estudo da formação de uma norma padrão tipicamente brasileira, que se atesta não apenas na convalidação do vocabulário emergente, advindo da língua geral ou mesmo da criatividade popular, mas também no plano das construções morfossintáticas, conforme bem exemplificam estes trechos colhidos ao romance *As minas de prata* (1977):

> Vamos, Álvaro, não desamparai o vosso posto, disse D. Diogo. (p. 56)
> Me levais a mal, que tome parte nos brincos e jogos de cavaleiros? (p. 20)
> [...] de modo que não se via senão duas janelas de rótulas no centro. (p. 132)
> Fazem nove anos que nos passamos ao Brasil. (p. 135)

O que se percebe é uma personalidade inquieta e combativa que deixou reflexos no tratamento que impôs à língua que falava, preservando-a em suas bases históricas e concomitantemente renovando-a com os ares que sopravam no Novo Mundo. Um traço da personalidade intelectual de Alencar, entretanto, não se há de negar: sua afeição devotada à cultura, ao folclore e à manifestação popular em dimensão vária, inclusive, naturalmente, a linguística. Em uma das cartas de *O nosso cancioneiro*, Alencar dá conta dos diminutivos em gerúndios, uma construção morfológica que ouvia com frequência em sua província natal: "Não é somente no vocabulário, mas tambem na syntaxe da lingua, que o nosso povo exerce o seu inauferível direito de imprimir o cunho de sua individualidade, abrasileirando o instrumento das idéas". E, exemplificando, arremata (1874, p. 2):

> Usa-se no Ceará um gracioso e especial diminutivo, que talvez seja empregado em outras províncias; mas com certeza se há de generalizar apenas se vulgarize [...] a mãe diz do filho que acalentou ao collo: "Está dormindinho". Que riqueza de expressão nesta frase tão simples e concisa? o mimo e ternura do affecto materno, a delicadeza da criança e a subtileza de seu somno de passarinho, até o receio de acordal-a com uma palavra menos doce: – tudo ahi está neste diminutivo verbal.

Sobre o tema, Manuel de Melo (1834-1884), em uma de suas *Notas lexicológicas* (1880, p. 34) põe em xeque a caracterização do gerúndio diminutivo como brasileirismo, já que, a seu juízo, a sequência fônica *nhi* traduz a noção de afeto e ternura em outras línguas românicas, escudando-se, para tanto nas informações do gramático Juan Saco Arce (1835-1881), o qual atesta que no galego "pueden formarse tambien como en castellano diminutivos de los particípios, como es el ya citado de feito; de gerundios alguna vez, como em *ven correndiño*, ven corriendo" (1868, p. 49). Ao que parece, portanto, a construção que Alencar ouviu no Ceará resulta de uma herança ibérica, assim como outras, em que o fator morfossintático distingue a língua d'aquém e d'além-mar. Sílvio Romero, sobre os diminutivos, registra que nosso abuso é tanto que temos até diminutivos de diminutivos, como em *bonitinhosinho*. Na esteira de suas considerações, encontram-se registros preciosos de cunho diatópico, tais como o de que o diminutivo em agorinha, que à época se considerava um traço da língua "paulistana" e, em suas razões, era comum em todo canto do país. E, num átimo de rivalidade provincial, arremata: "Ha entre nós um certo vezo infundado de atribuir excelencias e originalidades a S. Paulo em tudo que se refere á vida espiritual e material brasileira" (1880[1], p. 314).

7.5 Os brasileirismos nas gramáticas

O tratamento dos traços peculiares ao português do Brasil no âmbito das gramáticas e teses não produziria muitos trabalhos senão a partir da década de 1880, quando o estabelecimento de uma postura mais analítica e menos normativa na condução dos estudos linguísticos deu oportunidade para que os filólogos e linguistas se ocupassem do fato gramatical como objeto de pesquisa, não apenas como fundamento prescritivo. Decerto, a partir desse momento, as estruturas gramaticais que afloravam no texto oral do brasileiro culto, muito em desacordo com o que se verificava no *corpus* de língua literária até então vigente, paulatinamente começaram a cativar o interesse dos especialistas, com natural enfoque nos temas mais apaixonantes: a colocação pronominal e o empego do clítico *se* em construções verbais apassivadoras e indeterminadoras do sujeito.

As polêmicas cedo começaram a surgir, para não fugirmos ao espírito beligerante de quem defende as causas linguísticas, conforme se pode exemplificar na celeuma que opôs Paulino de Brito (1858-1919) a Cândido de Figueiredo (1846-1925) em face de uma série de artigos sobre toponímia pronominal que o primeiro publicara na *Província do Pará* e o segundo criticara em textos publicados no *Jornal do Comércio*. Por sinal, a diferença de prestígio e de repercussão entre os dois periódicos jornalísticos foi reiteradamente referida por Brito para justificar o maior acolhimento das ideias de Figueiredo perante o público interessado em questões vernáculas. No seio das gramáticas, entretanto, mormente as do período racionalista, o tratamento de temas polêmicos não encontrava ambiente propício, dado seu natural escopo pedagógico, de que resulta encontrar-se pouca referência aos brasileirismos em suas páginas.

A pesquisa, ainda que perfunctória, permite-nos pinçar comentários que dão conta da preocupação do gramático com o fato gramatical que se revela colidente com a norma canônica. Semelhante constatação registra-se em Coelho, Danna e Polachini (2014), que atestam a referência pontual a fatos do português do Brasil em dez gramáticas oitocentistas, quatro delas pertencentes ao período racionalista[343]. Em Morais Silva, por exemplo, encontra-se um comentário sobre a necessária concordância do verbo com seu sujeito em frases como "veem-se homens", e não "vê-se homens", chegando mesmo a encontrar equívocos da espécie nas *Ordenações filipinas*: "Fará, as citações, que forem necessárias fazerem-se". A relevância do fato está no atestado de que o uso indeterminado do *se* apassivador nada tem de "brasileirismo". A rigor, trata-se de uma construção presente no português europeu que decerto veio importada para o Brasil no discurso oral e por aqui encontrou ambiente propício para expandir-se mais amplamente. Por outro lado, o mesmo Morais Silva adverte, a respeito da regência pronominal, que "Eu lhe amo, lhe adoro: são erros das Colonias" (1824, p. 91), outro registro interessante, já que o "português colonial" com que Morais entrou em contato foi decerto o português do Brasil na virada do século XVIII para o século XIX.

A leitura mais cuidadosa dos textos gramaticais revela que os gramáticos estavam atentos a certas construções próprias da língua oral que mereciam advertência e, portanto, eram objeto de orientação normativa. Em Conduru (s.d., p. 101), há uma advertência quanto à falta de concordância verbal em "Os menino brinca", por "Os meninos brincam".

Já em Augusto Freire da Silva (1906, p. 26), encontra-se uma breve referência ao português do Brasil no tocante a aspectos idiossincráticos que o distinguem da variante europeia:

> O portuguez hodierno do Brazil não constitue dialecto; é o mesmo de Porgual, não obstante ir-se já differenciando, principalmente na pronuncia. A differença que nella se salienta, consiste em fazermos soar mais claramente as vogaes e as syllabas subordinadas. Dizemos, por exemplo, *pêjo, tênho, mécha, pêito, bem (bêi) vinte e ôito, ante-hontem, sôbrado, pápél, pêlotão, pêrû*; ao passo que dizem os portuguezes: – *pàjo, tànho, méicha, pàito, bãe, vint'óito, ant'hontem, subrado, pàpél, p'lutão, p'ru*. Conta tambem o luso-americano algums palavras que mudaram de significação. Eis alguns exemplos:

---

343. As autoras estudam, neste período, os seguintes gramáticos: Antônio de Morais Silva, Antônio Álvares Pereira Coruja, Francisco Sotero dos Reis e Ernesto Carneiro Ribeiro.

Em Portugal	No Brazil
Babado – Cheio de baba.	Idem e folhos de vestido.
Faceira – Carne das faces do boi.	Mulher casquilha.
Fazenda – Bens, mercadorias.	Idem e propriedade rural

Além disso, tem-se opulentado o seu vocabulario com provincianismos e brazileirismos, ou sejam palavras tupis: *jacá, tabatinga*; ou africanas: *batuque senzala*; ou meramente populares: *pelego, quindim*.

As divergencias syntacticas são em geral solecismos usados pelas classes incultas, como amo-**lhe**, vi **elle**, **me** disse, para **mim** ver, vá **na** loja, em vez de amo-**o**, vi-**o**, disse-**me**, para **eu** ver, vá **á** loja, que vão desaparecendo com a reação culta e litteraria, que trata de fazer approximar a linguagem das fontes vernaculas e classicas.

Nos *Serões gramaticais* (1957 [1890]), de Ernesto Carneiro Ribeiro, encontra-se um exemplo expressivo de tratamento do brasileirismo em perspectiva precipuamente descritiva, sem o ranço do normativismo exacerbado. Carneiro Ribeiro cuida do tema no capítulo dedicado aos idiotismos, brasileirismos e provincianismos, ou seja, no capítulo do livro em que se dedica a descrever os fatos de exceção. No tocante especificamente aos brasileirismos, Carneiro Ribeiro os define como "vocábulos ou locuções da lingua portugueza fallada pelos Brazileiros, ou modos de dizer especiaes do idioma luso-brazileiro" (1957 [1890], p. 780). Por curiosidade, nota-se que essa definição foi subtraída da 3ª edição dos *Serões*, para retornar na 4ª e seguintes, muito provavelmente por gralha editorial. Carneiro Ribeiro classifica os brasileirismos em *léxicos* e *sintáticos*, uma iniciativa particularmente louvável, já que a rotina no tratamento do tema era de restringir-se à seara do léxico. Entre os brasileirismos léxicos, cita os americanismos (diríamos hoje tupinismos) e africanismos, entre eles as reduplicações que sucedem a abreviaturas silábicas do tipo *senhor > senhô > nhô > nhonhô > ioiô*. No âmbito da prosódia, o mestre baiano refere-se à pronúncia das vogais pretônicas, que difere da "ouvida entre os portugueses" (1957 [1890], p. 781), a par da monotongação de *ai* e *ei* diante de consoantes palatais, sem, evidentemente, usar dessa terminologia. A pronúncia do *l* no lugar de *lh* em *mulher, bilhete, alheio* etc. é caracterizada como um "provincianismo brasileiro na Bahia", ou seja, um fato fonético que não se pode entender como pambrasileiro. Quanto aos brasileirismos sintáticos, as referências restringem-se à colocação pronominal, sobretudo os casos em que pronomes átonos não se posicionam por "atração" de outras palavras, tal como em o "homem que preza-se" por "o homem que se preza". A questão do uso de clíticos em início de oração, entretanto, não merece referência.

7.6 A contribuição de Batista Caetano

Cabe aqui uma palavra especial para a figura de Batista Caetano e sua luta pela convalidação do português brasileiro em face do português europeu. O nome de Batista Caetano de Almeida Nogueira (1826-1882) não se manteve nas páginas da história linguística do Brasil com o destaque merecido, considerando-se a relevância de sua palavra no cenário intelectual do Segundo Reinado, em que o embate político entre monarquistas e republicanos alimentava a verve dos oradores mais preparados. Mineiro da antiga vila de Jaguari, foi poeta, linguista, matemático e funcionário público. Lecionou matemática e língua francesa no Colégio Pedro II e foi vice-diretor da Repartição Geral dos Telégrafos. Era sócio do Instituto Histórico e Geográfico Brasileiro, sócio do Instituto Politécnico e um dos fundadores da Associação de Socorros à Invalidez, intitulada "Previdência". Blake (1883, p. 379) registra que Caetano tratava, à época de seu falecimento, da composição de um dicionário da língua brasileira, infelizmente perdido.

Batista Caetano teve uma passagem nos quadros do Exército, onde, na patente de primeiro cadete, cursou a Escola Militar para bacharelar-se em matemáticas com o posto de alferes do Estado-Maior de primeira classe. Consta que, incompatibilizado com a vida castrense, pediu baixa do posto e passou a exercer a profissão de engenheiro e de professor na vida civil entre 1857 e 1858. A partir de 1866, empregou-se nos Correios e Telégrafos, repartição em que chegou a exercer o cargo de vice-diretor. Ainda em Blake (1883, p. 379) colhemos a qualificação de Batista Caetano como grande especialista em estudos linguísticos, com destaque para sua dedicada investigação das línguas indígenas: "Neste ponto nenhum brasileiro se avantajou tanto; ele excedeu a todos". Era conhecido nos meios literários como "poeta macambuzio" dada sua personalidade reclusa e pouco afeita às rodas sociais, pseudônimo que acabou assumindo em algumas de suas publicações. Seus poemas cuidavam da visão crítica do homem social dos Oitocentos, mergulhado no pragmatismo do cotidiano produtivo e consumista, em que os valores morais se deixavam obliterar. Na mensagem aos leitores, que introduz o seu *Ecos da alma* (1856) busca justificar seu veio poético (1856, p. 3):

> – Ainda versos? – direis e com razão; é o que há com tanta fartura por ahi, e pois não deve causar pasmo que seja tão depreciado este genero de consumo. Esta cultura dá-se tão bem neste solo abençoado, e as suas arvores estão sempre florescidas! Quem reparará portanto no pobre arbusto, que pretende ostentar, vaidoso, as suas flores tão singelas, no meio dessa floresta de arvores truculentas e ramalhudas, atáviadas das

> mais ricas e formosas flores, cujo brilho vivaz e cores variegadas nada tem que pedir emprestado as nuvens e ao arco-iris?

E destilando a ironia ácida que o caracterizava, não perdia oportunidade para criticar o regime monárquico, que julgava envelhecido e corrompido pelos títulos e benesses concedidos em um ambiente político marcado pela frivolidade (1856, p. 3):

> Poetas e políticos são de facto as duas familias de plantas indigenas que mais espontaneamente brotam na bem aventurosa terra de Santa Cruz; as arvores destas familias propagam tanto nesta terra, rica de seiva, e pullulam com tão luxuriante grandeza, que para competir com ellas só conheço duas familias de plantas exoticas, cuja geminação no nosso solo é também maravilhosa: uma é a das arvores, cuja madeira, compacta como o ouro, é muito apreciada para se fazer – os barões – especie de traste hoje muito em moda nos salões de D. Monarchia Constitucional; a outra é a das arvores de que se extrahe um oleo essencial, não só muito usado nas tinturarias, onde tem frequente emprego para *brunir peças, envernizar calotes, e dourar pilulas*, mas tambem indispensavel como specimen nas panacéas do Dr. Charlatanismo.

A letra de Caetano descreve um Brasil desafortunado pela ignorância e pelo atraso intelectual. Mais que isto, sua visão da sociedade brasileira era de desprezo ao saber científico e aos valores morais, o que se pode extrair sem esforço de sua crítica ao comportamento do homem comum ilustrado, tipo predominante na elite das capitais das províncias e facilmente identificado nas rodas sociais da Corte. Havia em Caetano uma urgente necessidade de desviar os rumos de uma sociedade que vivia o esplendor da europeização em todos os hábitos e costumes, pessoas que nascidas na América desejavam viver no Velho Mundo e, nessa onírica negação de sua origem, esqueciam-se de construir identidade própria, cegos para o que, a seu juízo, havia de mais genuíno no solo em que pisavam. Na sua percepção, a elite brasileira virava as costas para a formação intelectual, no sentido de conscientizar-se de sua complexidade cultural, de sua formação orgânica como a do fruto de uma nova árvore que busca vicejar no solo do Novo Mundo. Ocupado com o prosaico ofício da satisfação das necessidades materiais que o progresso tecnológico punha à mesa, já não havia espaço para o aprimoramento do espírito:

> Permitti-me comtudo que vos diga: não é só o comer e beber que são necessarios para se viver; não basta ter camisa e calça para não andar nú, e um telheiro ou agua-furtada para se agasalhar da chuva, e dormir de noite; alem das necessidades corporaes, á que estamos sujeitos como seres compostos tambem de barro, e como materia organisada,

> que carece de outras materias para se as assimilar e viver, temos tambem outras necessidades de diversa natureza, e, o que mais é, de ordem mais elevada. Se o misero africano, o pobre carroceiro e todo aquelle, que vive debaixo da pressão de um trabalho material continuo, não sente a necessidade instante de desenvolver as faculdades da intelligencia, de dar pasto ao espirito, de satisfazer a fome sempre renascente da curiosidade, a mãi das descobertas, a investigadora das sciencias; se, pois, o desenvolvimeto das forças intellectuais não é uma necessidade de primeira ordem para o geral dos homens, que se contenta com saber o que é preciso para o officio, e para ganhar a vida, e, quando muito, o que lhe toca de mais perto e lhe fere directamente os olhos; se demais á esse desenvolvimento se oppõe essencialmente a preguiça, tendencia natural que temos para nada fazer, para deixar ir as cousas, e não só a preguiça mas talvez tambem certa consciencia intima, certo sentimento vago de que, por mais que saibamos, nunca saberemos nada: assim sendo há ainda outras necessidades á que ninguem póde subtrahir, e como já disse, necessidades de natureza mais nobre. São as necessidades moraes.

O inconformismo de Batista Caetano com o obtuso desvalor que o brasileiro conferia a suas raízes autóctones expressava-se, no tocante à investigação linguística, no dedicado estudo das línguas indígenas, sobretudo no campo do léxico. Não será outro o motivo de haver-se ocupado da *Introdução* à 2ª edição da *Arte de gramática da língua brasílica da nação kiriri*, do Padre Mamiani. Também de sua lavra é o ensaio *Apontamentos sobre o abañeênga, também chamado guarani, ou tupi, ou língua geral dos Brasis*, vindo a lume na coletânea *Ensaios de ciência* (1876), publicada em três volumes por "diversos amadores", a rigor uma coautoria de Batista Caetano com Guilherme Schüch de Capanema (1824-1908) e João Barbosa Rodrigues (1842-1909).

Caetano tinha formação positivista, de índole empírica, de tal sorte que lhe aprazia ir às fontes etimológicas de inúmeros termos da língua geral que se haviam ingressado e consolidado no vocabulário brasileiro do português. A maioria desses estudos vieram a lume nas páginas da *Revista Brasileira*, em que o filólogo mineiro tinha espaço garantido ao lado de outros especialistas em literatura e folclore nacionais, entre eles Sílvio Romero. A afeição pelos estudos etimológicos, decerto, advinha do pendor historicista que se infiltrou nos estudos linguísticos das três últimas décadas dos Oitocentos, a que se aliava a sublimação literária do indígena como ícone da identidade nacional. Caetano, ademais, pugnava pela validação de uma norma linguística brasileira, na esteira de um Alencar e de um Paranhos da Silva, de que resultou um rigoroso embate contra os intelectuais portugueses que desqualificavam o denominado "dialeto brasileiro". Eram ideias que encontravam amparo em alguns poucos folcloristas mais dedicados à causa nacionalista da língua, como se abstrai das ideias evolucionistas de Sílvio Romero (1881, p. 480):

> Como as linguas são organismos que se desenvolvem e transformam, esse facto foi-se dando no Brazil e em Portugal ao mesmo tempo, isto é, tanto aqui como lá a lingua se foi desenvolvendo, ou alterando, como quizerem.
> Desde que a corrente se tinha bifurcado, cada um dos veios novos começou a modificar-se á parte, independente um do outro. A lingua não é hoje em Portugal a mesmissima de 1500; não o é também no Brazil.
> Acresce que, não sendo as modificações feitas de acôrdo entre os dois paizes, o que seria por natureza impossível[344], o portuguez do Brazil differe hoje muito do de Portugal. É isto um facto orgânico do desenvolvimento linguistico e não há ahi motivo para magoas ou zombarias.

Essa defesa da variante americana da língua portuguesa expressa-se com maior evidência na principal obra linguística de Batista Caetano, os seus *Rascunhos sobre a gramática da língua portuguesa* (1881)[345]. Em estilo combativo, Caetano articula o texto dirigindo-se a um "ilustre e excelente amigo Dr. S", que lhe serve de interlocutor e cuja posição é claramente favorável ao uso do português dito "castiço" que habitava as gramáticas normativas e os textos literários lusitanos (1876, p. 3):

> O dr. tem do seu lado os puristas, os bons escriptores tanto d'aqui, como de lá do reino; e eu tenho de defender a linguagem brazileira, acoimada de incorrecta e logo de princípio vou topar com a difficuldade penosa de distinguir a linguagem brazileira, que defendo, desse outro fallar hybrido, que não é nem portuguez, nem brazileiro, desse fallar mascavado de francez, de inglez, de africano e de não sei que mais, que predomina na côrte e nas cidades chamadas cultas.

Evidente que o "falar híbrido" a que se refere Caetano é o registro de língua falada popular do século XIX, bem distinto do registro de língua escrita, em que havia óbvia herança do português europeu irmanada a estruturas gramaticais, itens lexicais e variantes fonéticas advindos da influência indígena e africana ao longo do processo de construção da norma culta brasileira. Caetano assevera que um brasileiro que fala e escreve à portuguesa carece de autenticidade, tem um desempenho "afetado", artificial, que não condiz com a natural mudança que a língua sofre em todo lugar. E, nessa linha de

---

344. Nesta afirmação, Romero não poderia ter sido mais premonitório.
345. Há evidências de que este livro tenha sido originalmente publicado em quatro fascículos.

argumentação, remete o leitor para algumas teses então disseminadas quanto à mudança linguística, entre elas o clima e a influência do meio social. Em aditamento, Caetano recorre ao princípio da regeneração dialética em Max Müller (1823-1900) para justificar a substituição de itens lexicais ou construções gramaticais caídas em desuso na língua literária por equivalentes da língua popular[346].

Os alvos preferidos de Batista Caetano nessa empreitada senão inglória, ao menos penosa em prol da dignificação do português brasileiro são o escritor José Alexandre Teixeira de Melo (1833-1907), também médico e jornalista frequente nas páginas da *Revista Brasileira*, e autores portugueses, tais como Camilo Castelo Branco (1825-1890) e Manuel Pinheiro Chagas (1842-1895). Não se duvide que o tema principal nas páginas dos *Rudimentos* é a colocação pronominal, uma verdadeira obsessão dos detratores da sintaxe brasileira e tema que até os dias atuais serve de mote para ataques à gramática normativa. Caetano argumenta, com razão, que as regras de colocação pronominal são tantas e tão colidentes entre si que sequer os autores portugueses conseguem aplicá-las integralmente, "ás vezes discordantes entre si os do mesmo mestre" (1876, p. 11). Em aditamento, conclui que os compêndios sobre gramática portuguesa são via de regra repetições de obras anteriores, que terminam por desaguar nas páginas da *Gramática filosófica* de Jerônimo Soares Barbosa, a quem denomina "capataz dos grammaticos da lingua portugueza" (1876, p. 17). E no alinhavo de suas razões, passa a oferecer exemplos de colocação pronominal "à brasileira" em Castilho, Ortigão, Bocage e outros.

---

346. Melhor seria denominar "regeneração dialetal". Sobre este conceito em Max Müller, cf. Van den Bosch (2002, p. 121).

8
A onda purista aponta no horizonte

Um traço categórico que se costuma atribuir à tradição gramatical[347] no Brasil é o de pugnar pela defesa da língua contra os barbarismos e criar regras de bem dizer em conformidade com o padrão clássico da língua. Nesse mister, o *corpus* de descrição e prescrição linguísticas resume-se à língua literária de tempos passados, na verdade um *corpus* anacrônico se considerarmos sua aplicação a um parâmetro de uso em norma escrita. Por outro lado, uma certa atitude de depuração linguística, em que ecoam vozes avessas aos estrangeirismos – lexicais, sobretudo, mas não somente – encontra terra fértil para florescer no corpo da sociedade e, em decorrência, ganha aceitação pacífica do público leigo, já que a língua é considerada um fator de identidade nacional, portanto digna de defesa e cultivo. Não será outro senão este o fator que mais se evidencia no uso político da defesa da língua como argumento para a xenofobia e implementação de políticas de repressão à liberdade individual em Estados ditatoriais[348].

Isso, de modo objetivo e em certa medida laico, é o que se denomina purismo gramatical, uma característica do comportamento descritivo que raramente é defendido, ao menos explicitamente, mesmo pelos gramáticos mais

---

347. Sobre o conceito de tradição gramatical e sua aplicação ao Brasil, cf. Mattos e Silva (1989), Cavaliere (2016) e Vieira (2018). Na verdade, não se pode falar em "tradição gramatical" no Brasil, senão em "tradições" decorrentes dos distintos paradigmas linguísticos que servem de apoio teórico à gramaticografia brasileira a partir do século XIX.

348. No entanto, não compartilhamos a tese de que esta relação entre defesa da língua e governos ditatoriais constitua um fato necessário, já que o sentimento de preservação da língua como identidade nacional pode decorrer apenas da tradição cultural.

puristas. Na verdade, ser purista parece constituir um traço de personalidade de que o gramático não se apercebe, ou se o faz, assim não o considera. Esse é um dos motivos por que se configura tarefa difícil conceituar purismo gramatical, sobretudo em face dos graus variados e as situações sociais distintas pelos quais o ato de defesa do idioma se manifesta ou implementa.

Inicialmente, convém advertir que há uma tênue e crucial distinção entre pureza do idioma e purismo gramatical, que encontra raízes em Aristóteles, não no sentido de já estar claramente referida na obra do filósofo grego, mas no sentido de nela manifestar-se mediante um conceito de pureza que em nada equivale ao que se convencionou atribuir a purismo no devir dos séculos. As recorrentes atribuições do conceito de purismo aos estudos da Antiguidade, nomeadamente à retórica aristotélica, costuma ser indevida, já que se imiscuem ou confundem os conceitos distintos de pureza e purismo, esse último evidentemente pejorativo. Ao afirmar na *Retórica* que a pureza é o fundamento do estilo, Aristóteles nos remete ao cumprimento de regras simples e eficazes para que se chegue ao convencimento, portanto uma técnica oratória que não permite desvios sob pena de não se conseguir atingir o fim pretendido. As regras da pureza retórica, assim, incluem evitar a ambiguidade, usar adequadamente os conectivos, empregar o léxico com propriedade, ou seja, regras que conduzem à perfeição discursiva. Nada têm de puristas.

Quando se passou a vincular a ideia de pureza linguística ao discurso poético, a premissa era de que nenhum texto poderia expressar melhor o potencial da língua do que a poesia, razão por que imitar o texto poético significaria respeito a essa especial capacidade de expressão. O purismo, por seu turno, não é propriamente um fato do uso linguístico, mas uma regulação arbitrária do uso, ou uma normatização que não condiz com o uso, via de regra calcada em valores anacrônicos. No âmbito do português, esse foi o espírito prescritivista que deu vezo ao *Glossário* do Cardeal Saraiva[349] no século XVIII, a rigor um compêndio lexical cujo escopo ia além do linguístico, para atacar a onda de influência francesa na sociedade da época.

Um exemplo reiteradamente citado de postura purista na historiografia da linguística brasileira situa-se na figura de Antônio de Castro Lopes (1827-1901), latinista de atividade plural – consta ter sido empreendedor financeiro

---

349. Francisco de São Luís Saraiva (1766-1845), autor do conhecido *Glossário* de galicismos no português (1878), tornou-se referência do purismo linguístico e da defesa da língua. Silvestre (2011, p. 74) dá conta de um manuscrito anônimo intitulado *Glossário ou vocabulario de palavras, e frases afrancesadas, ou estranhas introduzidas na Lingua Portuguesa* datado de 1816, mesmo ano de publicação do *Glossário* do Cardeal Saraiva.

como fundador do Banco Predial, além da Companhia da Caixa Mutuante e da Sociedade Cooperativa de Consumo – e autor de obra igualmente vária, já que percorre as áreas da lexiologia, astrologia, espiritismo e homeopatia. Chegou a publicar em 1881 um opúsculo em defesa da conveniência de se eliminarem do calendário os anos bissextos, fato que bem revela o perfil de sua personalidade. No expressivo ano de 1889, Castro Lopes publicou uma série de pequenos artigos na *Gazeta de Notícias* propondo a substituição de estrangeirismos por neologismos equivalentes, sob o princípio clássico "dos males o menor". Alguns dos termos propostos por Castro Lopes[350] lograram êxito no Brasil, tais como "cardápio", por "menu" e "estreia" por "debut", mas outros como "lucivelo" por "abat-jour", "coribel" por "carnet" e "plutenil' por "parvenu" não foram além do ridículo.

Lopes, a rigor, era um homem reacionário e inconformado com o ritmo alucinante do progresso em seu tempo. No prefácio dos *Neologismos indispensáveis e barbarismos dispensáveis* cujo título *Lede* mais se assemelha a uma palavra de ordem, lamenta (1889, p. X):

> No seculo do vapor, da electricidade, e do aerostato já não basta correr, é preciso voar.
> Ha pressa de chegar; ninguen quer andar pausadamente; e por isso tamben rarissimos são os que nesse vertiginoso perpassar pelas disciplinas litterarias se embeben das bellezas da fórma, e da substancia da materia.

As idiossincrasias de Castro Lopes, por sinal, invadem a seara ortográfica, com um critério rigidamente etimológico a ponto de escrever en, tambén, marcando as vogais nasais com *n* porque assim se fazia em latim, além de um inusitado *çh* em palavras como *capriçho*. Os textos e a busca incessante de Lopes pela pureza da língua foram objeto de comentário de Machado de Assis[351] em três crônicas originalmente publicadas no *Diário de Notícias* do Rio de Janeiro, em que sua deliciosa ironia não poupa o colega de letras, conforme se lê neste breve exemplo (1889, p. 1):

> Pego na penna com bastante medo. Estarei falando francez ou portuguez? O Sr. Dr. Castro Lopes, ilustre latinista brasileiro, começou uma serie de neologismos, que lhe parecem indispensaveis para acabar com palavras e phrases francezas. Ora, eu não tenho outro desejo senão falar e escrever correctamente a minha lingua; e se descubro que muita cousa que dizia até aqui, não tem fóros de cidade, mando este officio á fava, e passo a fallar por gestos.

---

350. Cf. o seu *Neologismos indispensáveis e barbarismos dispensáveis* (1889).
351. Cf., a respeito, Oliveira (2015).

> Não estou brincando. Nunca comi *croquettes*, por mais que me digam que são boas, só por causa do nome francez. Tenho comido e comerei *filet de bœuf*, é certo, mas com a restricção mental de estar comendo *lombo de vacca*. Nem tudo, porém, se presta a restricções; não poderia fazer o mesmo com as *bouchées de dames*, por exemplo, porque *bocados de senhoras* dá idéa de anthropofagia, pelo equivoco da palavra.

Há, por outro lado, no conceito de purismo um forte conteúdo político. Defender o léxico de uma língua indígena ou de uma língua minoritária contra a invasão de palavras estrangeiras toma uma feição politicamente admissível que decerto não se acatará se a defesa for para uma língua culturalmente expressiva, como o inglês, o francês ou o português. Em outros termos, os movimentos sociolinguísticos que buscam preservar a própria existência da língua minoritária revestem de validez uma atitude defensiva, claramente purista, no sentido de se evitar sua contaminação por outra língua, fato que não se aplica a línguas que, por assim dizer, não precisam de defesa. Em relação a essas, a condenação dos barbarismos revela-se preconceituosa, sobretudo nos dias atuais em que as trocas linguísticas no campo do léxico renovam-se a cada minuto. Há nessa constatação uma espécie de purismo ideológico, que se relativiza de acordo com o interesse de quem o pratica ou condena. Alerta-nos Shapiro (1989, p. 22), por sinal, sobre a necessidade de contextualizar os movimentos em prol do purismo linguístico não como fenômeno psicológico, mas como fenômeno social, dada sua significação coletiva. Em seu estudo sobre o surgimento e desenvolvimento do purismo no cenário gramatical brasileiro, Marli Quadros Leite traça referência a essa modalidade de purismo ideológico, inclusive advertindo, na esteira de Jiří Neustupný (1933-2015), que pode ter caráter inconsciente "quando essas características são veladas e os falantes pensam estar lutando apenas pela preservação da língua" (2006, p. 48).

Portanto, o conceito de purismo passa não só pelo aspecto comportamental do linguista, como também pelos fatores axiológicos que justificarão ou condenarão esse comportamento, o que implica naturalmente levar em conta a natureza da língua que se busca preservar. De modo geral, especificamente no tocante ao português do Brasil, percebe-se uma progressiva condenação da atitude purista já a partir das últimas décadas do século XIX, tendo em vista não só os movimentos emancipatórios da língua do Brasil em face da língua do colonizador, como também pela crescente substituição de uma postura meramente normativa por outra investigativa no tratamento dos fatos gramaticais. Mas esse percurso é entremeado de hiatos, em que a onda purista, por vezes, volta a manifestar-se com energia expressiva, de tal sorte que não é incomum encontrarem-se textos didáticos de língua portuguesa do século XX mais rigorosos do que seus antepassados do século XIX. Basta lermos um Júlio Ribeiro (1845-1890) em confronto com um Laudelino Freire (1873-1937)[352] para que tenhamos a exata noção desses momentos de descontinuidade na busca de uma gramática mais descritiva e menos purista.

Outro fato que se deve levar em conta no percurso da gramaticografia brasileira diz respeito à influência que as escolas literárias exerceram na produção gramatical, já que, via de regra, os movimentos panfletários em prol da ruptura normativa e, portanto, de índole antipurista, nascem da própria renovação da língua literária[353], conforme nos prova a edificação da prosa romântica de um José de Alencar (1829-1877) e de um Joaquim Manuel de Macedo (1820-1882) e a onda iconoclasta da Semana de 1922, na pena de um Mário de Andrade (1893-1945), de um Manuel Bandeira (1886-1968), entre outros. No caso de Mário de Andrade, curiosamente, sua aversão ao purismo herdado aos clássicos e cultivado pelos parnasianos não se revela tão sintomática nos textos que integram sua *A gramatiquinha da fala brasileira*, ou mesmo em sua epistolografia[354].

A figura de José de Alencar costuma ser lembrada sempre que se refere ao combate à onda purista no Brasil, o que, efetivamente, se há de acatar considerando-se o teor de sua produção literária. Já aqui se observou certo viés panfletário nas posturas linguísticas alencarianas, por vezes muito rigorosas no plano da crítica literária. Conforme adverte Leite, "o envolvimento de Alencar quanto às defesas de seus usos linguísticos é tamanho que não lhe permite enxergar as contradições em que caiu, até mesmo em um único texto" (2006, p. 67). Vítima de crítica implacável em face dos inúmeros neologismos formados a partir do tupi, sem contar as diabruras sintáticas de seus solecismos, Alencar recorre à mesma avaliação severa em observações de cunho nitidamente purista a respeito de um galicismo semântico na obra de Gonçalves de Magalhães (1856, p. 12 das notas):

> *Pureza de Linguagem.*
> Em uma das cartas apontei como gallicismo o verbo *gostar* no sentido de beber o que na minha opinião é uma frase inteiramente franceza.
> O Sr. Magalhães diz á pag. 34.

---

352. Laudelino Freire, um arquétipo do normativismo linguístico no Brasil, publica o texto *Galicismos* (1921) mais de 40 anos após a publicação da *Gramática portuguesa* por Júlio Ribeiro.

353. Cf., a respeito, Azeredo (2009).

354. Uma edição genética de *A gramatiquinha* encontra-se em Almeida (2013).

Licores que o *europeu* não desdenhara gostar em taças de ouro; traduziu, pois palavra por palavra esta expressão franceza: – *boissons, que l'europeen ne se dedaignairait de goutter en tasses d'or.*

Ora haverá alguém por pouco entendido que seja na construção da frase portugueza, que julgue castiça e pura essa traducção de *goutter,* por gostar em logar de beber?

O latim tem é verdade o verbo *gustare,* donde se derivou o termo provar; mas a significação da palavra tanto latina, como portugueza não é a mesma que lhe deo o Sr. Magalhães no lugar citado.

Em latim *gusto* exprime segundo o Calepino – *labris primoribus attingo*; e em portuguez segundo Bluteau e Moraes – exprime provar, experimentar a primeira sensação que nos causão os corpos saborosos applicadas á ponta da lingua.

É neste sentido que usa Fr. Luiz de Souza na historia de S. Domingos *gostar o vinho;* e Amador Arraes nas suas Décadas – *gostar fel e vinagre.* Se o Sr. Magalhães tivesse dito *gostar* o licor nesta significação de provar, a frase seria portugueza e derivada do latim; mas o sentido da palavra na oração apontada é muito diverso.

Gostar no poema foi empregado para exprimir a idéa de beber, e nem de outro modo se explicaria o pensamento do autor.

Com effeito que quer dizer não desdenhar provar? Acaso quando provamos uma cousa, é porque ella é saborosa, ou porque desejamos conhecer se nos agrada ou não?

A idéa do poeta é que os licores fabricados pelas índias erão tão saborosos que o europeo apezar de habituado aos vinhos delicados não desdenharia tomal-os em taças de ouro.

Estendemo-nos mais sobre este ponto porque foi combatido pelo autor das *Reflexões,* talvez por culpa nossa, e por não nos termos explicado bem, disendo claramente que o gallicismo não estava na palavra, mas no sentido em que era empregada.

Julgamos haver em Alencar um sentido de purismo no uso do termo pureza[355]. Observe-se o detalhismo que a erudição linguística de Alencar favorece para avaliar o uso semântico do verbo *gostar* e defender seu emprego "castiço e puro". Por aqui bastaria ficarmos para perceber em Alencar um liberalismo linguístico mais comprometido com a causa literária do que com suas convicções pessoais, o que facilmente se pode comprovar, diga-se de passagem, pela leitura de seus textos parlamentares. Considerando-se, assim,

---

355. A pesquisa acurada, decerto, encontrará mais exemplos do uso de pureza para designar a ideia de purismo. Registre-se aqui a observação de que "o Barbarismo é erro contra as regras da Língua e pureza da Linguagem" registrada em uma enigmática gramática anônima publicada em Pernambuco (1852).

que em Alencar encontra-se a expressão da episteme brasileira nas primeiras décadas da segunda metade do século, disso se pode abstrair já haver, por essa época, intenso sentimento purista com respeito aos usos linguísticos. Cuide-se, por sinal, que a formação de Alencar forjou-se numa época em que se cultivava o beletrismo e condenava os galicismos, valores que decerto herdou das primeiras lições recebidas no Colégio de Instrução Elementar e nos cursos preparatórios para ingresso na Faculdade de Direito de São Paulo. Saliente-se que o clima favorável a uma atitude purista no Brasil pode-se atribuir, igualmente, à tentativa quixotesca de uma novel elite intelectual, mergulhada no complexo de inferioridade, com vistas a igualar-se ao colonizador no tocante ao uso castiço do vernáculo.

A distinção entre pureza e purismo, entretanto, revela-se nitidamente nas ideias linguísticas de Frei Caneca, sobretudo ao tocar aspectos da retórica. Em suas notas sobre eloquência, escritas, como sabemos, ainda nos verdes anos de um Brasil soberano, Frei Caneca não hesita em encaminhar o educando pelas sendas da pureza da língua, salientando, entretanto, que o purismo ortodoxo ou radical constitui comportamento indesejável (1876, p. 104):

> Pureza, primeira virtude da elocução, dá-se quando na elocução entram palavras do proprio idioma, em que o orador se propõe a fallar, adoptadas pelo uso dos que bem o fallam.
> Os vicios oppostos a pureza são o barbarismo ou peregrinismo e o purismo.
> Purismo, segundo vicio opposto a pureza da elocução, é a affecção demasiada da pureza de linguagem do orador, sem desviar-se jámais das regras da grammatica, e sem admittir palavras ou frase alguma, que não seja autorisada pelos melhores mestres da lingua.

Não será, portanto, temerário afirmar que a onda purista mais agitava os mares intelectuais do que os gramaticais, mesmo no período da gramática racionalista, em que o normativismo superava o descritivismo como escopo principal. Decerto que a postura gramatical nesse momento é purista, mas o tom textual, ao se tratar o tema, costuma servir-se de escalas baixas. Por vezes, a polêmica chega a provocar contradições, como se pode observar em um texto crítico sobre as *Postilas* de Sotero dos Reis, publicado no periódico *Publicador Maranhense* (1863, p. 2), em que Trajano Galvão de Carvalho (1830-1864) revela apreço à influência do francês no português, "admiravel instrumento aliás e vehiculo da moderna civilisação". Revelando que o conceito de estrangeirismo e, por extensão, de purismo era relativo e moldado pelo interesse cultural, Trajano restringe o conceito de galicismo a uma avaliação pessoal, na medida em que o termo venha para contribuir e não para enfear a língua pátria. Assim, Trajano distingue o "galicismo torpe", que consiste na imitação da sintaxe francesa na vinculação de proposições e na sintaxe dos complementos verbais, das contribuições válidas, nomeadamente no plano lexical, de que se serve a língua portuguesa para enriquecer-se e tornar-se mais expressiva. No curso de suas observações, Trajano traça crítica severa a Filinto Elísio, pseudônimo de Francisco Manuel do Nascimento (1734-1819), "na guerra que emprehendeu contra o gallicismo, os exforços titanicos de seu peregrino engenho e rara erudição, amontoando, no decurso de sua tam longa vida, ode sobre ode, satyra sobre satyra, epigramma sobre epigrama" (*A Actualidade*, 1863, p. 3). Essa visão vanguardista, entretanto, põe o próprio Trajano em rota de colisão com Sotero dos Reis, cujo apreço ao espírito combativo de Filinto Elísio na guerra contra os galicismos é reiteradamente expresso em seu curso de literatura portuguesa e brasileira: "Foi não só grande poeta e prosador distincto, mas grande philologo e profundo conhecedor da lingua, que enriqueceo como nenhum, e a que na phrase de Almeida Garret valêo elle só uma academia, para expurgal-a dos gallicismos, que a abastardavão" (Reis, 1868, p. 2).

Entre os mais afeitos aos valores culturais da nova nação sul-americana, que ainda engatinhava em seu meio século de independência, a defesa dos fatos linguísticos tipicamente brasileiros implicava natural condenação do radicalismo purista, conforme se observa na letra de um Sílvio Romero, que, ao comentar as diferenças entre o falar brasileiro e o português, em especial a noção de dialeto e sua aplicação às duas vertentes de uso da língua, afirma que o português passa e passará por transformações necessárias e indispensáveis, "quando não para outra cousa, ao menos para cohibir a monomania de ridiculo purismo de que se acham affectados certos pretenciosos desta corte" (1880[1], p. 212). E, com efeito, não eram poucos os pretensiosos referidos por Romero, em sua maioria intelectuais sem formação linguística e com larga atuação no meio jornalístico. A aversão aos barbarismos, em especial aos galicismos, impunha-se paradoxalmente numa sociedade que se afrancesava a olhos vistos, tanto no ordenamento urbano quanto nos costumes públicos das rodas sociais.

Nesse sentido, não são poucos os indícios de que o purismo linguístico era um traço categórico do cidadão letrado que buscava dignificar-se culturalmente no seio da sociedade. Na edição do *Eco da Juventude*, periódico maranhense dedicado à literatura, saída a 5 de fevereiro de 1865, um leitor, sob pseudônimo *Zero*, refere-se aos "*gallicismos sem conto*, de que anda inçada a imprensa", aduzindo que não lhe parecia ser "esse o principal perigo de abastardamento para o idioma. O peior é quando se transvasão os idiotismos da lingua franceza; e quando principalmente se macaqueia a sua pobre construcção de phrase". Nas páginas do *Diário do Povo*, em sua edição de 9 de julho de 1868 (p. 3), o articulista L estende-se em algumas colunas para tecer comentários ao *Curso de literatura portuguesa*, que havia sido publicado dois anos antes como resultado do curso homônimo professado no Instituto de Humanidades do Maranhão. Em suas razões, diz o articulista:

> Nos fins do século passado e nos começo (sic) do presente a lingua portugueza foi atacada de um contagio que lhe alterou consideravelmente a compleição. O livro francez, evangelho das doutrinas da revolução, invadio o mundo. E tal foi a influencia da nova civilisação que até as linguas dos differentes povos da Europa recebêrão profunda modificação. O portuguez inçou-se rapidamente de grande copia de palavras francezas, e o que mais é, a propria extructura da frase perdeu a feição nativa e afrancezou-se; os grandes excriptores desta epoca F. Elysio, Bocage, Caldas, resistirão a torrente do gallicismo, e salvarão as boas tradições.

Os exemplos multiplicam-se e podem ser facilmente encontrados em nossas hemerotecas. O que se percebe, enfim, é um clima generalizado de aversão ao galicismo no meio jornalístico como expressão de saber linguístico e instrumento de crítica ferina ao texto alheio, não obstante algumas poucas vozes se levantem em sua defesa. Nas páginas da *Revista Fluminense*, Lourenço Maximiano Pecegueiro (1829-1885)[356] judiciosamente faz observar (1868, p. 27):

> Mas sejão ou não condemnados os gallecismos, o certo é que elles são e hão de ser sempre empregados em nossa allocuções quer como synonymos, quer como puros neologismos para exprimir com precisão nossa idéas. Condenar galicismos, barbarismos e neologismos surte efeito semelhante ao da citação de parêmias latinas cujo teor nem sempre se ajusta ao sentido pretendido.
> Praguejem-nos muito embora os Srs. philologos e lexicographos puristas; elles hão de continuar á proporção que a necessidade de sua applicação os invocar; mas o que se torna conveniente é não abusar d'elles, empregando-os por pedantismo, sem necessidade, e quando não se-prestem por synonymia á clareza e discernimento das idéas.

---

356. Segundo Rezende Filho (2011, p. 248), Pecegueiro foi um professor carioca de instrução primária e secundária, além de tradutor e latinista. Exerceu cargos públicos no Tesouro público e no Ministério da Fazenda. Foi colaborador de vários periódicos com os pseudônimos Pérsico e L.M. Pecegueiro.

No âmbito das gramáticas, evidencia-se o fato de que nenhum autor – até onde nos conduz a pesquisa – se autointitula um purista, dado o evidente teor pejorativo do termo. A rigor, sequer o purismo como traço da personalidade do texto é explicitamente referido, a não ser no corpo de críticas ao trabalho alheio. Não obstante, os fatos mais evidentes do purismo, conforme vimos referindo, nomeadamente a luta contra os estrangeirismos, à época mais conhecidos como barbarismos, bem como a aversão aos neologismos, via de regra vêm arrolados no segmento intitulado "vícios de linguagem". Por vezes, em especial torneio normativo, os neologismos são aceitos exatamente para evitar os barbarismos, conforme viria a sugerir Antônio de Castro Lopes em sua já aqui citada proposta de substituição do léxico estrangeiro (1889)[357].

Saliente-se que o conceito de barbarismo não era pacífico, já que poderia incluir, para além do uso de palavras estrangeiras, o erro de pronúncia ou de ortografia, conforme atesta Costa e Cunha (1880). Na segunda edição de seu *Compêndio* (1875), Augusto Freire da Silva sequer menciona os barbarismos e neologismos como vícios de linguagem, fato relevante se considerarmos que os temas arrolam-se naqueles casos de prescrição normativa que cumpriria esperar em um texto gramatical da época. Já a partir da 6ª edição[358], vinda a lume 17 anos mais tarde, a postura de Freire da Silva é de traçar referência direta e explícita aos vícios léxicos que aviltam a pureza do texto, entre eles os neologismos, "palavras introduzidas de novo na lingua, e por isso de significação pouco conhecida" (1892, p. 403). Por sinal, cabe a Freire da Silva, nesta fase, estender significativamente o sentido de purismo, imiscuindo-o com o de pureza, à dessemelhança de Frei Caneca, conforme aqui referido, não obstante sua intenção, na esteira do gramático pernambucano, seja exatamente a de distinguir os dois princípios normativos. Observe-se (1892, p. 404):

> Pureza
> A elocução será pura, si empregarmos palavras ou expressões, autorisadas pelo uso dos que bem falam ou escrevem.
> Esta qualidade se adquire pela leitura persistente dos melhores monumentos litterarios, antigos e modernos.
> Os vícios oppostos à pureza são:

---

357. Sintomaticamente, Castro Lopes oferece seu trabalho à Academia Real das Ciências de Lisboa.

358. A 6ª edição do *Compêndio*, saída em 1892, constitui-se verdadeiramente em outra obra, cujas bases teóricas são atualizadas e restam bem distintas das que caracterizam as cinco primeiras edições. O autor também promove alteração no título, que passa a ser *Gramática portuguesa* (1892).

> 1º Os *archaismos*, porque são palavras ou phrases que envelheceram, e que as linguas lançam de si por inuteis.
> 2º Os *neologismos*, quando, por affectação ou ignorancia, são usados em vez de termos nacionaes, que cabalmente lhes correspondem.
> 3º Os *solecismos*, porque são construcções viciosas, contrarias ás leis da syntaxe recebida.
> 4º Os *peregrinismos* ou barbarismos, porque são expressões estrangeiras, cuja estructura ou pronunciação é contraria á indole da lingua vernacula.
> 5º Os *provincianismos*, porque são expressões peculiares a certos estados ou provincias, que não se admittem na linguagem da gente culta.
> 6º O *purismo*, porque consistindo no refinado emprego de palavras só de cunho portuguez, torna o dizer affectado.
> 7º Os *cacographismos*, porque são verdadeiros erros orthographicos.

Saliente-se que, entre os vícios que enodoam a pureza, está o purismo, uma evidente confirmação do caráter pejorativo que se atribuía ao primeiro termo em confronto com o segundo. Outro detalhe interessante nos conceitos de Freire da Silva está na vinculação entre neologismos e barbarismos, a ponto de não se distinguir claramente um e outro fato, a não ser, talvez, em face do caráter desnecessário daqueles e deletério destes últimos. Diga-se, ainda, a toda evidência, que o conceito de purismo restringe-se à área lexical, já que os demais vícios de linguagem arrolados são classificados em outra dimensão normativa.

Uma posição mais radical contra o purismo em sentido lato reside nos *Rascunhos* (1881), de Batista Caetano (1826-1882), em que se percebe o combate ao purismo como bandeira para legitimação do português brasileiro em face da vertente europeia. A ojeriza de Caetano aos puristas mais serve a sua luta pela dignidade linguística do denominado "dialeto brasileiro" do que à defesa do livre-arbítrio nos usos linguísticos. Paradoxalmente, Caetano condena a influência francesa no texto de intelectuais que, a rigor, não expressavam nem o legítimo português europeu, nem o novidadeiro português brasileiro, senão um português denominado castiço, típico dos modernos escritores portugueses, que, a seu juízo, não passava de "affectação de purismo, como do estapafurdio estylo que parece tradução literal do francez". E arremata: "para mim, não é bonito o que não é natural" (1881, p. 4). Já uma posição conciliatória, entre a leveza e naturalidade do texto oral e o rigor respeitoso aos clássicos no texto escrito, lê-se nesta passagem de Pacheco da Silva Júnior, publicada na edição da *Revista Brasileira* de 15 de setembro de 1881 (p. 505):

Sei que no portuguez fallado no Brazil são inevitaveis as desviações no modo de dizer, mas cumpre aos seus homens de lettras conservar-lhes o mais possivel a antiga pureza, e não favorecer a corrupção das palavras, da syntaxe, do gosto. Não sou puritano no escrever, mas entendo é nosso dever fallar e escrever portuguez extreme, o que não quer dizer que rejeitemos os neologismos necessarios e os brazileirismos que não venham enxovalhar nosso bello idioma.

9

Gramáticas da puerícia: produção linguística para a infância

O incipiente sistema educacional brasileiro, ainda por construir-se nas primeiras décadas do Império, enfrentava o desafio de alfabetizar uma população que crescia em progressão geométrica. A situação manter-se-ia dramática ainda no Segundo Império, a despeito da expressiva ampliação da rede de ensino básico e programas de alfabetização em cursos noturnos, conforme revela o Censo Demográfico de 1872: entre a população livre, 23,4% dos homens e 13,4% das mulheres declararam-se alfabetizados, não obstante não se possa aferir em que grau de alfabetização. Os dados mais desanimadores, entretanto, diziam respeito à inclusão das crianças no sistema escolar: da população que tinha entre 6 e 15 anos, somente 17% do sexo masculino e 11% do sexo feminino frequentavam a escola.

Não obstante este cenário de desalento, que decerto agravara-se em face da crise econômica que se prolongava por décadas, crescia o mercado editorial voltado para as primeiras letras, não na proporção que se poderia esperar em uma nação jovem, que buscava europeizar-se e alçar a níveis mais progressistas, mas em razoável medida, se se considerarem as limitações e os custos elevados do parque editorial brasileiro. Nesse cenário, começam a sair a lume gramáticas especialmente destinadas ao público infantil, escritas em maioria por autores brasileiros e adaptadas aos programas oficiais de ensino primário. Esses textos buscavam seguir as diretrizes do Decreto n. 1.331-A, de 17 de fevereiro de 1854, que ordenou a serialidade do ensino em 1º e 2º graus e estabeleceu a obrigatoriedade de frequência à escola de 1º grau[359]. No currículo de conteúdos, a legislação previa o ensino da leitura e da escrita,

---

359. Cf., a respeito, Castanha (2013).

além de noções essenciais de gramática. O extremado vínculo entre religião e educação pela metade do século XIX expressa-se pela determinação legal de que se introduzisse o educando na leitura dos evangelhos e lhe conferisse saber básico sobre a história sagrada.

A preocupação das autoridades educacionais com a publicação de obras especialmente destinadas à infância cresce a partir da década de 1860. No contexto dessas preocupações, os livros de leitura e redação, os pequenos compêndios gramaticais ganham especial relevo, dada a tradição já assentada de dar-se especial importância ao ensino da língua vernácula e das matemáticas. Em um relatório sobre a situação do sistema educacional no Espírito Santo, em 1869, o diretor-geral da Instrução, Tito da Silva Machado (?-1886), informa que, nas aulas de primeiras letras, eram usados o *Silabário português*, por J.R. Galvão[360], *Sinônimos*, por Frei F. de São Luís[361] e a *Gramática portuguesa*, de Ortiz[362], além da *Gramática da infância* (1864), de Fernandes Pinheiro (1825-1876).

Como à época ainda não se haviam introduzido as classes mistas no sistema oficial de ensino, os conteúdos para as classes femininas podiam ser simplificados, mas não se dispensavam as aulas de bordados e trabalhos de agulha mais necessários. Impunha ainda o referido Decreto n. 1.331-A que em cada paróquia se fundasse uma escola de 1º grau, fato que aumentou significativamente a demanda por material didático e de que resultou maior procura por compêndios gramaticais adequados à natureza propedêutica dessas classes. A metodologia pedagógica não era matéria legal, de tal sorte que os estabelecimentos de ensino podiam escolher o método que julgassem mais eficaz, nomeadamente o método Lancaster, o método Castilho e o método Bacadafá[363]. Em termos percentuais, o número de gramáticas da puerícia publicadas a partir de 1864 é diminuto se comparado ao de gramáticas destinadas às classes mais adiantadas, muito provavelmente em face da melhor

---

360. Trata-se do *Silabário português ou novo método para aprender a ler em breve tempo a língua portuguesa e o sistema métrico ilustrado com numerosas estampas* (2ª ed. 1879). Monarcha (2019, p. 94) cita esse texto em extensa lista de obras dedicadas à leitura e ao ensino de primeiras letras. Cf. também Mortatti (2004).

361. Nome religioso de Francisco Manuel Justiniano Saraiva (1766-1845). Trata-se aqui do texto *Ensaio sobre alguns synonimos da lingua portugueza* (São Luiz, 1828).

362. Na realidade, trata-se do *Novo sistema de estudar a gramática portuguesa por meio da memória, inteligência e análise* (1862), de José Ortiz (?-1880). Sobre José Ortiz e sua obra, cf. Souza (2019).

363. Sobre os métodos usados no Brasil no século XIX, cf. Almeida (1989), Bastos e Faria Filho (1999) e Fávero e Molina (2019).

conveniência de o próprio professor selecionar os temas e as estratégias de ensino nos cursos elementares.

Fávero e Molina oferecem um estudo crítico (2019) de várias dessas gramáticas elementares: *Gramática da infância* (1864), de Joaquim Caetano Fernandes Pinheiro (1825-1876), que obteve grande aceitação e chegou a 13 exitosas edições, *Pequena gramática da infância composta para uso das escolas primárias* (s.d.)[364], de Joaquim Maria de Lacerda (1838-1886), membro da sociedade Arcádia Romana – que publicou várias obras para a infância, tais como a *Aritmética da infância*, *Pequena geografia da infância*, o *Atlas Universal da infância* e *Pequena história do Brasil* –, *Elementos de gramática portuguesa* (1869), de Laurindo José da Silva Rabelo (1826-1864), cuja primeira edição trazia o título *Compêndio de gramática da língua portuguesa* (1869)[365], *Gramática da infância* (1886), posteriormente rebatizada *Gramática portuguesa (curso primário)*, de João Ribeiro (1860-1934), texto que auferiu o expressivo sucesso de mais de 60 edições, *Gramática da puerícia* (1895), de José Ventura Bôscoli (1855-1919), além de textos publicados já no século XX: *Gramática expositiva (curso elementar)* (1907), de Eduardo Carlos Pereira (1855-1923), *A gramática das crianças* (segunda edição de 1925), de Cândido de Figueiredo (1846-1925), autor português radicado no Brasil, *Gramática elementar da língua portuguesa* (1923)[366] de Manuel Said Ali (1861-1953).

Algumas outras gramáticas destinadas ao público juvenil sucederam-se em pequenas tiragens em face do crescente mercado editorial para as primeiras letras, fato que nem sempre gozava de boa recepção pela opinião pública, mormente pela crítica mais afeita às questões econômico-sociais. Citem-se a *Gramática portuguesa para as escolas primárias* (1872), escrita por Júlio César Ribeiro de Souza (1843-1887), o *Compêndio da gramática portuguesa* (1854), de José Ferreira Santos Cajá (?-?), autor paraense que figura entre os subscritores do periódico *A Época Literária* em sua edição de 1850, publicação de caráter "scientifico, litterario, historico e de bellas

---

364. Fávero e Molina (2019, p. 51) estimam que tenha sido publicada no último quartel do século XIX. Há, no entanto, evidências de que tenha saído antes de 1869, já que consta em um anúncio da Livraria Garnier publicado no *Jornal do Comércio*, edição de 20 de dezembro de 1869, p. 3. Há, ainda, um registro de edição em Paris no ano de 1881, possivelmente uma edição binacional da Garnier, que costumava pôr Rio de Janeiro/Paris na folha de rosto de suas publicações.

365. Sobre este texto, cf. Moniz (2010). Não há evidência de que Rabelo tenha escrito uma gramática específica para a infância, embora seu texto seja efetivamente de caráter propedêutico.

366. A 9ª edição, preparada por Adriano da Gama Kury, foi publicada pela Melhoramentos em 1966.

artes" subsidiada por Domingos Borges de Barros, a *Nova arte da gramática da língua portuguesa* (1860), do português Emílio Aquiles Monteverde (1803-1881), também publicada em Lisboa em 1874, e *Holmes brasileiro* (1886), obra traduzida do inglês e adaptada à língua portuguesa por Júlio Ribeiro (1845-1890). Há notícia de que algumas dessas gramáticas gozavam de subsídio estatal, de que resultava uma corrente de lucros que ligava o autor ao editor, passando por autoridades governamentais que se esforçavam na liberação de verbas. Em juízo crítico acerca das renovadas publicações, assim se manifesta o periódico *Imprensa Industrial* em sua edição de 30 set. 1876 (p. 331-332):

> Os compendios de instrucção publica succedem-se quase que semanalmente. Quem avaliar esse movimento pelas noticias que constantemente estão a dar os jornaes de novas obras didacticas, acreditará que á respeito de compendios possuimos os melhores do mundo.
> Mas infelizmente, esse prurido de publicações não passa, na maior parte das vezes, de meras especulações, que só servem para dar a mais triste idéa do mercantilismo que tudo invade.
> Faz-se um compendio de instrucção, não com a idéa generosa de concorrer para o aperfeiçoamento do ensino, para o desenvolvimento da instrucção, mas com o fim único de ganhar dinheiro. Uns, armando aos premios do Estado pelo empenho, outros, a concurrencia publica pela barateza. Qual desses grupos é menos mercantil, difficil seria proval-o.
> É vergonhoso o estado de mercancia a que tocaram entre nós as publicações deste genero. Tem-se chegado a vender a editores obras ainda não escriptas com garantia da adopção officiall![...]
> Compiladores obscuros associam-se a pessoas influentes e de nomeada, quase sempre immerecida, na Instrucção Publica, para obterem adopção de livros sem valor algum pedagogico e absolutamente sem cunho de novidade.
> Na adopção não se indaga si o livro que se substitue é melhor que o substituido, o que se procura, ao menos, apparentemente, é innovar; ainda que seja para peior [...]
> Agora mesmo, no collegio D. Pedro II, adoptaram-se compendios que raramente se encontram no mercado e ainda assim por preços exorbitantes; quando aliás há abundancia dos substituidos que até agora serviram mais ou menos bem, que em todo o caso iam preenchendo lacunas que, com a substituição ficaram sem remedio.

Digna de referência é o opúsculo *Gramática portuguesa prática* (1928 [1897]) de Adélia Ennes Bandeira (?-1923), possivelmente a primeira gramática de autoria feminina publicada no Brasil. Sua adoção no Colégio Militar do Rio de Janeiro, mormente no período da República, conferiu-lhe êxito suficiente para alcançar 17 edições. Adélia Ennes Bandeira obteve reconhecimento expressivo por sua trajetória docente em nível elementar, conforme comprova o "Prêmio Adelia Ennes Bandeira" instituído pelo município do Rio de Janeiro em 1923[367] e o necrológio publicado em *A Cruz*, edição de 29 de abril de 1923, p. 3, que a qualifica como "distinctissima pelas suas virtudes e dotes intellectuais"[368]. Outra obra de autoria feminina é a *Gramática da língua portuguesa* (1899), de Zillah do Paço Matoso Maia (?-?)[369], professora da Escola Normal de Niterói e Liceu de Humanidades Nilo Peçanha por largo período, até ser designada catedrática de Língua Portuguesa e vice-diretora em 1939. Ainda no século XIX, dirigira o Externato Joaquim Serra, no Rio de Janeiro, educandário destinado ao sexo feminino. Entre as obras aqui citadas, não resta dúvida de que a mais prestigiada é a *Gramática da infância* (1864), de Fernandes Pinheiro, possivelmente por ter-se destacado entre as primeiras publicadas no gênero pela maior simplicidade e objetividade. Ademais, Fernandes Pinheiro era cônego, transitava com facilidade no meio intelectual e gozava de excelente reputação social. Sua gramática, assim, foi objeto de intensa divulgação ao longo de pelo menos duas décadas a partir dos anos 1860 (*Jornal do Comércio*, 8 fev. 1867, p. 3):

> D'entre as numerosas grammaticas destinadas ao ensino da lingua portugueza aos meninos, nenhuma há que melhor preencha o seu fim do que a que ora annunciamos.
> O maior e melhor elogio que podemos fazer da obrinha com que mimoseou o Sr. Conego Dr. Fernandes Pinheiro aos seus jovens compatriotas, será de transcrever aqui o que a tal respeito disse o mui conhecido philologo o Sr. Dr. Castro Lopes.
> "Comecemos pelo titulo de Grammatica da Infancia. Esta denominação, que exprime perfeitamente o fim a que destinou o autor o seu opusculo, é tambem, por assim dizer, o escudo que o cobre, e deve livra-lo dos golpes que talvez não lhe poupe o pedantismo dos gramaticadores da epoca.
> Dividio o Sr. Dr. Fernandes Pinheiro o seu livro em 36 lições.
> Cada lição contém um pequeno numero de regras, as principaes, indispensaveis, relativas ao objecto da mesma *lição* marcadas com um algarismo.
> As regras, expressas com a maior clareza e concisão, são acompanhadas immediatamente dos exemplos que as confirmão [...]

---

367. Cf. em *Vida doméstica* (8 dez. 1923).

368. Cf. também nota de falecimento em *A União* (3 maio 1923, p. 2).

369. Há notícia de outro texto de sua autoria intitulado *Algumas palavras sobre a língua brasileira*, publicado possivelmente em 1946 pela Livraria de Alves.

> Desta descripção vê-se que o plano da *Grammatica da Infancia* é simples e muito mais racional que o das grammaticas até agora seguidas nas aulas de instrucção primaria.

Em aditamento às obras estudadas por Fávero e Molina, a cujo trabalho remetemos o leitor interessado, refira-se necessariamente à *Cartilha nacional* (1884), escrita pelo médico gaúcho Hilário Ribeiro (1847-1886), cuja morte prematura interrompeu uma vida vocacionada para o magistério de primeiras letras. Após alguns anos no exercício da medicina, Ribeiro viu-se acometido de grave enfermidade que o fez abandonar a carreira e retornar à terra natal para dedicar-se ao magistério. Foi professor da Escola Normal de Porto Alegre e membro da Sociedade Partenon Literário, onde divulgou sua produção poética e dramática (cf. Porto-Alegre, 1917). De sua lavra são, além da *Cartilha nacional*, *Primeiro livro de leitura (silabário)*, *Segundo livro de leitura (cenário infantil)*, *Terceiro Livro de leitura (na terra, no mar e no espaço)* e *Quarto livro de leitura (pátria e dever)*. Na concepção de Ribeiro, a leitura e a escrita deveriam ser ensinadas simultaneamente, a soletração haveria de ser banida das primeiras classes e as letras deveriam ser apresentadas aos alunos como representações dos sons da língua, não como entidades autônomas. A ideia, assim, seria de uma educação linguística que privilegiasse a matéria fônica das palavras em detrimento de sua representação gráfica. O método de Hilário Ribeiro conquistou o interesse dos professores de primeiras letras no Rio Grande do Sul, vindo a disseminar-se por outras províncias até chegar à sede da Corte, onde sua *Cartilha nacional* encontrou boa recepção e aplicação em sala de aula.

O educador Abílio César Borges (1824-1891), que, segundo Anísio Teixeira, era "figura que nada tem a dever às dos grandes educadores, então, dominantes no mundo" (1952, p. 150), legou-nos, no conjunto de sua obra pedagógica, uma *Gramática portuguesa, curso primário* (1877)[370], cujo percurso editorial foi exitoso, não apenas pelo conteúdo, como também por sua adoção no seio do Colégio Abílio e outros educandários de prestígio. Teixeira ressalta o fato de o Brasil da época do Barão de Macaúbas estar em um processo de avanço tecnológico excludente, em que grande parte da população ficava à ilharga das grandes conquistas tecnológicas e do acesso à saúde e à educação. Criou-se um contraste entre o "grande Brasil popular e mudo e o pequeno grupo de civilizados e falantes", eram "dois países que se

---

370. A obra assumiu o título *Resumo de grammatica portugueza para uso das escolas* em sua edição belga.

perdiam de vista, só havendo real consciência do minúsculo Brasil semi-aristocrático, em que se movia a figura singular e um tanto ficticia do Barão de Macahubas" (Teixeira, 1952). O espírito empreendedor de Borges levou-o a fundar em 1873, na sede da Corte, uma filial do Colégio Abílio, "em edifício majestoso, bem arejado e iluminado, com todos os requisitos da higiene escolar" (Fleiuss, 1924, p. 428), no qual viria a estudar Raul Pompeia (1863-1895) e de cujas memórias surgiria o romance *O Ateneu*. O Colégio Abílio foi remodelado em 1883, passando a denominar-se Novo Colégio Abílio[371]. Bem antes, em 1853, Borges já havia fundado no interior da Bahia, além do Colégio Abílio, um hospital de primeiros socorros. Em sua estada no Rio de Janeiro, Borges logrou aprovar uma lei específica para o ensino infantil (1884), pouco antes da aprovação da grande reforma do ensino linguístico proposta por Fausto Barreto.

Outros compêndios destinados à puerícia circularam com sucesso nas salas de aula do Império, entre eles os *Elementos de gramática portuguesa* (s.d.) e os *Exercícios da língua portuguesa* (1899), ambos de Felisberto de Carvalho (1850-1898), o primeiro com exitosas 15 edições, além dos *Estudinhos da língua portuguesa* (1883), obra destinada ao ensino primário no Maranhão, escrita por José Augusto Corrêa (1854-1919), que auferiu grande sucesso editorial. Embora o autor não a apresente como um texto especificamente destinado ao público infantil, o teor de suas páginas dá conta de um trabalho em nível elementar, cujo propósito é o de introduzir os rudimentos da gramática aos que se iniciam nas letras vernáculas. A publicação do *Holmes brasileiro, ou gramática da puerícia* (1903 [1886]), uma tradução da *Introduction to English grammar* de George F. Holmes (1820-1897), com adaptação ao português, desponta como grande contributo de Júlio Ribeiro à bibliografia gramatical destinada aos jovens estudantes. A familiaridade de Ribeiro com a gramaticografia norte-americana, fruto de sua convivência com os pastores protestantes em São Paulo, facilitou-lhe o acesso à obra de Holmes e decerto incentivou-lhe o ânimo para redigir uma tradução que servisse aos propósitos pedagógicos das escolas presbiterianas que se fundavam no interior paulista. O livro obteve sucesso editorial, conforme dizem as quatro edições que se sucederam, a última em 1903, quando Ribeiro já havia falecido. Interessante notar que o traço peculiar de Júlio Ribeiro, voltado para a investigação linguística e pouco afeito ao normativismo estéril, pode-se perceber já no prólogo da 1ª edição: "o presente livrinho constitue

---

371. Para informação mais aprofundada sobre Abílio César Borges e seu empreendedorismo na área da educação, cf. Zilberman (2012).

uma verdadeira preparação para o estudo da alta grammaticologia, e não é um dos muitos compendios *soit disant* elementares que só se differenciam das grammaticas metaphysicas grandes por serem impressos em typo miudo e formato reduzido" (1903 [1886], p. 3). Como se vê, a ojeriza de Ribeiro ao modelo racionalista não escapa sequer às poucas linhas de um livro destinado ao público infantil, uma obsessão que o acompanharia pela vida breve que teve.

Em sua concepção, o *Holmes* é ordenado em capítulos temáticos em que se expõe o conteúdo gramatical seguido de exercícios de fixação. Uma estratégia interessante diz respeito à apresentação dos fatos gramaticais, em que o conceito, geralmente já presente no título do capítulo, precede o metatermo correspondente. Assim, no capítulo IV, por exemplo, o título é "Palavras empregadas para restringir a significação dos substantivos", a que se segue uma explicação sucinta sobre nomes que individualizam os seres para chegar-se à denominação "substantivos próprios". Cuida-se de sensível preocupação em atribuir maior relevância ao conceito, em detrimento da metalinguagem. Corrobora-se a estratégia didática em todas as lições, como na Lição V, intitulada "Palavras que substituem os Substantivos", em que uma breve explicação desagua no metatermo "pronome". Por sinal, neste capítulo dedicado ao pronome, Ribeiro faz atentar para seu uso expressivo no texto como anafórico, um recurso eficaz para evitar-se a repetição vocabular (1903 [1886], p. 23):

> Quando se menciona uma cousa mais de uma vez, pode tornar-se inconveniente repetir-lhe sempre o nome. Seria extravagante dizer-se: Em tudo e por tudo é *o sol* o pae da vida da *terra: o sol* dá *á terra* os annos e os mezes: *o sol* dá *á terra* a mudança dos céos, *o sol* dá *á terra* a alternativa das estações [...].
> Em vez de repetir tanto *"terra"* e *"sol",* diz-se mais acertadamente: Em tudo e por tudo é o *sol* o pae da vida *da terra: elle dá-lhe* os annos e os mezes; *elle dá-lhe* as mudanças do ceo, *dá-lhe* a alternativa das estações.

E conclui (1903 [1886], p. 23):

> Emprega-se uma classe distincta de palavras para evitar a repetição dos substantivos. Essas palavras chamam-se Pronomes. Chamam-se pronomes porque são postos em logar dos nomes, e servem para os mesmos fins.

Uma análise, ainda que perfunctória, da exemplificação usada por Júlio Ribeiro no *Holmes* revela compor-se de frases despidas de escopo pedagógico no plano moral ou religioso, à dessemelhança da maioria dos livros congêneres. A concepção de uma gramática destinada à infância implicava um natural objetivo de aproveitar suas páginas como preceituário moral, com normas de educação familiar, comportamento social e respeito às instituições. Ribeiro, como sabemos, tinha personalidade explosiva, pouco sociável, uma vida atribulada com experiências difíceis na infância, muito dedicado à figura materna. No campo religioso, jamais se sentiu à vontade em um dos credos que professou, vindo a falecer declaradamente ateu. Natural, pois, que sua exemplificação em uma gramática destinada à infância destoasse do padrão e pouco ou nada referisse à moral e à crença religiosa.

Semelhantemente ao plano da lexiologia, na seara sintática Ribeiro faz preceder o conceito à metalinguagem, de tal sorte que, em vez de introduzir a análise pelos termos isolados, optou por fazê-lo pela estrutura oracional acabada. Fiel à linhagem saxônica, prefere o termo *sentença* a *oração* e descreve a estrutura da subordinação como caso de sentença complexa. Interessante, por seu turno, a estratégia de situar os fatos da flexão nominal e verbal em segmento à parte, uma forma de distinguir a descrição formal da aplicação prática em momentos distintos do estudo linguístico. O sucesso do *Holmes*, decerto, terá sido facilitado por sua adoção nas escolas do interior paulista, já que sua circulação nas demais províncias, inclusive na sede da Corte, não foi expressiva.

Já aqui salientou-se o fato de que os programas de alfabetização implementados a partir da segunda metade do século XIX viriam a abrir espaço para a publicação de gramáticas destinadas às primeiras letras. Naturalmente, trata-se de manuais pedagógicos de índole normativa, em que se apresentam as bases dos temas gramaticais mais relevantes, tais como questões prosódicas, o valor fonético das letras, fundamentos da morfologia nominal e verbal, com ênfase nas flexões, a par da organização da frase no texto escrito. Com efeito, a despeito de o ensino fundamental sempre ter habitado a pauta de discussões no âmbito do Primeiro Império, somente a partir da Reforma Couto Ferraz, em 1854, pôde-se implementar uma política efetiva de alfabetização e inclusão educacional básica, ainda que em números distantes do desejável. As medidas previstas na referida legislação incluíam a obrigatoriedade de matrícula das crianças em estabelecimentos escolares com responsabilização dos pais ou tutores. Por sinal, a partir da década dos anos 1860, o número de escolas vocacionadas para o ensino elementar aumentou exponencialmente, dada a aparente abertura de mercado para as atividades educacionais. *O Relatório do Governo da Bahia* de 1860, por exemplo, estampa ufanisticamente (p. 49-50)[372]:

---

372. Cf. em http://memoria.bn.br/DocReader/DocReader.aspx?bib=130605&pesq=%22escolas%22&pasta=ano%20186&hf=memoria.bn.br&pagfis=2821

> Existem na Provincia, segundo a tabella esplicativa do Orçamento da Despeza, apresentada pela Thesouraria Provincial, 242 Cadeiras de Ensino primario, sendo 202 para o sexo masculino, e 40 para o feminino
> Duzentas e vinte d'estas escolas tiverão no decurso do anno passado a seguinte frequencia:
>
> | | |
> |---|---|
> | 184 do sexo masculino | 6264 |
> | 36 do sexo feminino | 1450 |
> | | 7714 |

Na sede da Corte, os números parecem ser mais modestos. Basta verificar que em 1844, segundo o *Almanaque Administrativo, Mercantil e Industrial do Rio de Janeiro*, a Corte contava com nove escolas públicas de primeiras letras (1844, p. 77), número que se repete em 1848 (1848, p. 80-81). Já em 1866, o número cresce para apenas 23 estabelecimentos públicos (*Almanak*, 1866, p. 76-78). Situação bem distinta da verificada nas províncias: o *Almanaque das Famílias*, por exemplo, situa a Província da Bahia como a segunda mais populosa no ano de 1877, com 1.379 habitantes. Desses, 336.772 pertencem à população na faixa etária de 6 a 15 anos, dos quais 22.260 meninos e 18.743 meninas frequentavam a escola (Costa, 1877, p. 119). Em sua edição de 8 de fevereiro de 1870 (p. 1) o *Diário de São Paulo* informa a respeito da instrução pública:

> Das 185 escolas de primeiras letras do sexo masculino, e das 120 do sexo feminino, existentes na provincia, estão, das primeiras, 133 providas, e 52 vagas; e das segundas, 107 providas, e 13 vagas.
> As do sexo masculino contão 4.642 alumnos matriculados, dos quaes 3.445 frequentes; as do sexo feminino 2.863 alumnas matriculadas, das quaes 2.210 frequentes.

No âmbito do ensino privado, a demanda de material didático era flagrantemente maior, não apenas em face do maior poder aquisitivo da clientela, como também do número bem mais elevado de estabelecimentos de ensino. Basta, para aqui citarem-se alguns números atinentes, verificar que, em 1870, o *Relatório da Repartição dos Negócios do Império* registra haver 109 estabelecimentos particulares em que se ensinam as matérias de instrução primária, sendo que muitos deles eram subvencionados para acolher crianças pobres[373]. Deve-se ressalvar que estes números carecem de fidedignidade

---

373. Cf. em http://memoria.bn.br/DocReader/DocReader.aspx?bib=720968&pesq=%22escolas%20 particulares%22&pasta=ano%20187&hf=memoria.bn.br&pagfis=8686 Duas dessas escolas, "estabelecidas nos lugares denominados Copacabana e Campinho" receberam a subvenção estatal.

absoluta, já que a cada relatório as autoridades apresentavam alterações de números e estatísticas. No mesmo relatório de 1870, por exemplo, lê-se este trecho de duvidosa informação (p. 18):

> Por 49 escolas, 47 publicas e 2 subvencionadas pelos cofres do Estado, apresenta o ensino particular primario 45 escolas particulares e 64 collegios onde o dito ensino é conjunctamente dado com o secundario; destes 109 estabelecimentos, 54 para o sexo masculino e 55 para o feminino, emquanto dos 49 do ensino publico são 28 para meninos e 21 para meninas. Assim, si o numero dos estabelecimentos do ensino publico para o o particular está na razão de 47:109, sendo a frequencia do primeiro de 4.383 alumnos e a do segundo de 3.728, bem se vê que o ensino publico foi muito mais frequentado relativamente, o de certo que não cede ao particular nem quanto á organização, nem quanto ao desenvolvimento, nem tão pouco quanto ás habilitações e o (sic) idoneidade do pessoal.

Fato é que uma população ledora de gramáticas elementares cresce paulatinamente no cenário editorial, cujos reflexos se fazem sentir no incremento de obras elementares destinadas ao ensino da língua vernácula. Não obstante, o panorama geral do ensino básico ao fim do século parece não apresentar cenário mais auspicioso do que o dos anos 1860, bastando para comprová-lo a palavra de Eugênio Guimarães Rebelo (1848-1922) em artigo publicado em *A Escola* (1900, p. 2-8), cujos termos atestam um sistema de ensino básico que não prepara o educando para a vida social, não lhe confere habilitação prática em ofícios que lhe garantam o sustento, aí incluídas as estudantes do sexo feminino, que saíam da escola com parcos conhecimentos nas matemáticas e na língua vernácula, mas sabiam bem o crochê e as atividades domésticas. Em suas razões, pautadas no pragmatismo que os ares republicanos faziam prevalecer, afirma (Rebelo, 1900, p. 7-8):

> O que é certo é que não temos officinas publicas nas quaes aprenda o filho do povo a trabalhar; que não temos excholas industriaes, de commercio, agricolas e pecuarias, estando de facto, confiadas á rotina e no mais deploravel atraso as nossas industrias, inclusive a pastoril, o nosso commercio e a nossa lavoura. [...]
> Em uma palavra, que haja para o futuro menor numero de litteratos, de philosophos, de candidatos a cargos publicos, de poetas e ideologos; e que avulte, proporcionalmente, o numero dos homens praticos; dos cerebros disciplinados pelo habito do trabalho applicado; de vontades convergentes para isso – o mais grandioso dos objectivos – o bem publico.

As palavras de Guimarães Rebelo restam hoje perdidas na memória da educação brasileira, em que prevalece o valor do título em face do engenho da pessoa humana.

10
Uma nova ordem paradigmática: a gramática científica

10.1 Fundamentos doutrinários: evolucionismo e historicismo

Não obstante afastados dos grandes centros de pesquisa científica, os linguistas brasileiros mantinham-se atualizados, senão todos ao menos os mais dedicados à atividade de investigação, de tal sorte que não demoraram a aportar na Corte de Pedro II as teses da escola histórico-comparativa. Ordinariamente, situa-se o surgimento desse novo paradigma no ano de 1786, quando Sir William Jones (1746-1794) apresentou na *Royal Asiatic Society* de Calcutá um texto em que comprovava inequivocamente a vinculação linguística do sânscrito com o latim, e, por extensão, com o grego e as línguas germânicas. O trabalho de Jones fechava o elo decisivo para comprovar a conhecida hipótese de uma protolíngua comum a todos os idiomas conhecidos, um passo decisivo na busca da genealogia das línguas. Surge intuitivamente a necessidade de "comparar o que se conhece para desvendar o que se desconhece", de tal sorte que dessa metodologia, em que se traçava uma linhagem colateral entre o sânscrito, o latim e o grego, se fossem abrindo as portas da história das línguas, ou, em outras palavras, se chegasse à protolíngua perdida no túnel do tempo, que teria marcado o próprio surgimento da linguagem humana. O trabalho de William Jones, assim, finca documentalmente as bases dos estudos indo-europeus que viriam a dominar a linguística do século XIX. Ressalte-se que a letra precursora de Jones não é solitária, já que a linguística de seu tempo difundia a hipótese da protolíngua em distintos centros de pesquisa, não obstante não se tivesse, até então, logrado comprovar as identidades morfológicas que o estudo do sânscrito propiciou. Basta lembrar que, também em 1786, conforme informa Robins (1967, p. 169), o interesse da rainha russa Catarina II em preservar seus domínios territoriais resultou na publicação de um vocabulário comparativo com palavras de duzentas línguas, elaborado pelo zoólogo e botânico alemão Peter Simon Pallas (1741-1811), com o pretensioso título *Vocabulário comparado das línguas do mundo inteiro*. O trabalho de Pallas seria revisto, um ano após sua publicação, por Christian Jacob Kraus (1753-1807), que em 1787 define a fonética, a semântica, a estrutura gramatical e a localização geográfica como os campos em que se deveriam situar os estudos linguísticos.

Na esteira do texto precursor de William Jones, atribui-se o deflagrar da linguística histórico-comparativa no século XIX aos estudos dos irmãos Friedrich Schlegel (1772-1829) e August Wilhelm Schlegel (1767-1845), bem como à obra pioneira de Franz Bopp (1791-1867) sobre a identidade do sânscrito com o latim, o grego e o germânico. Na avaliação de Eugênio Coseriu (1921-2002)[374], Adam Smith, que era uma personalidade estranha ao mundo linguístico, mais conhecido como "o pai da economia política" ou "o fundador do liberalismo econômico", teria contribuído para difundir as bases teóricas da linguística do século XIX com a publicação de seu ensaio *Dissertation on the origin of languages*, que figura em apêndice de sua obra *The theory of moral sentiments,* publicada em 1759. Nesse trabalho, Smith desenvolve teses sobre a origem da linguagem que, segundo Coseriu, viriam a ser acolhidas na obra de August Schlegel.

Em termos genéricos, a gramática comparada busca traçar a história da evolução linguística mediante comparação das diversas línguas conhecidas, bem como das diversas sincronias de uma dada língua. O termo "mudança", hoje amplamente utilizado na literatura linguística[375], é preferível a "evolução" ou "desenvolvimento" (*développement*), usado, entre outros historiadores, por Antoine Meillet (1866-1936), já que, efetivamente, há em "evolução" ou mesmo "desenvolvimento" uma concepção subjacente de "aprimoramento". A mudança de metatermos não é gratuita, pois visa a desconstituir a hipótese de que as línguas se modificam no intuito de buscar melhor desempenho até, finalmente, sucumbirem e serem substituídas por novas línguas. Em plano metodológico, busca-se descrever exaustivamente as línguas conhecidas, para, posteriormente, identificarem-se os elementos dessas línguas que mantêm graus de parentesco. O escopo desse procedimento situa-se na comprovação de um mesmo *point de départ*, que se situaria na protolíngua,

---

374. Cf. em Coseriu (1980).
375. Também "câmbio linguístico".

na origem da própria faculdade da fala. Nas palavras de Meillet, a linguística dos Oitocentos guiava-se por três princípios: o das leis fonéticas, da analogia e do empréstimo (Meillet, 1921, p. 4):

> Les "lois phonetiques", l'analogie, l'emprunt, tels sont les trois príncipes d'explication qu'a reconnus la linguistique ao cours du XIXe siècle; appliqués à des langues três diverses, de tous temps et de tous pays, ils se sont rendu mieux compte de l'histoire des langues à mesure qu'on les a employés avec plus de rigueur et de precision, et qu'on a suivi de plus près, analysé avec plus d'exactitude les changements de pronunciation, les innovations analogiques et les emprunts de toutes sorte. La linguistique en a été renouvelée tout entière.

Sabemos que a rotina de trabalho do linguista impunha um rito respaldado no método indutivo. Buscava-se estabelecer semelhanças nos desempenhos de falantes nativos em diversas línguas, com ênfase nos campos da fonética e da morfologia. A revelação de semelhanças seria a prova de que tais línguas provinham de uma fonte comum. Portanto, na metodologia do comparativismo, a análise das identidades e discrepâncias possibilitava a formação de ramificações linguísticas, partindo-se dos galhos menores até o grande tronco monogenético das línguas conhecidas. No entanto, já pelos últimos decênios do século XIX, uma indagação incômoda, sobretudo para seguidores do comparativismo ortodoxo, restava sem resposta: em que medida a intuição do investigador se poderia considerar na busca da verdade científica? Para grande parcela dos comparativistas, o bom-senso e a intuição não se dispensam em qualquer método histórico e decerto são compatíveis com o próprio rigor do método, conforme testemunham essas palavras de Meillet sobre Saussure (1921, p. 2):

> Je puis encore rappeler un autre nom: après avoir donné à notre pays dix ans d'un enseignement lumineux et avoir suscite autour de lui les vocations scientifiques, M. Ferdinand de Saussure est rentré dans sa patrie pour y occuper la chaire de grammaire comparée à la belle Université de Genève. Aucun de ceux qui ont eu le bonheur de les entendre n'oubliera jamais ces leçons familières de l'École des Hautes Études où l'élégance discrète de la forme dissimulait si bien la sûreté impeccable et l'étendue de l'information, et où la précision d'une méthode inflexiblement rigoureuse ne laissait qu'à peine entrevoir la génialité de l'intuition.

Portanto, engana-se quem atribui à escola histórico-comparativa um procedimento epistemológico inflexível pautado na evidência inequívoca do fato linguístico. O uso da intuição no processo de investigação é um tema recorrente em Leo Spitzer (1887-1960), que a define como um natural uso do saber científico acumulado ao longo da vida e insuspeito até mesmo para o próprio investigador. Como se diz no conceito de horizonte de retrospecção, trata-se de um conjunto de saberes que nossa história pessoal constrói à ilharga de nosso controle e se manifesta por si quando temos de resolver um problema. Portanto, a intuição não pode ser atribuída ao mero acaso, fruto da sorte ou de poderes excepcionais: "O que há, como frisa Spitzer, é um sentimento de evidência interna que, no linguista iniciado, é fruto da observação combinada com a experiência, da exatidão ajudada pela imaginação, cuja dose não se pode estabelecer previamente, porém em cada caso específico" (Cavaliere, 2000, p. 68).

No plano dos estudos vernáculos, o método histórico-comparativo privilegiou o estudo etimológico da palavra, por sinal mediante nova concepção da etimologia como área de investigação diacrônica. O rigor do método impunha que, para se chegar ao étimo de uma palavra, era preciso determinar a maneira como esta palavra se transmitiu de geração a geração numa dada língua: "Faire l'étymologie d'un mot, c'est déterminer toute l'histoire, de la manière dont ce mot a été transmis -dans une langue donnée depuis une date donnée" (Meillet, 1921, p. 27). Ademais, saliente-se que a decomposição das palavras em elementos fonéticos ou morfológicos constituintes não visava a um fim em si mesmo, senão ao mister de criar evidências do percurso evolutivo das línguas. As particularidades constituem evidências comprobatórias das generalidades, ou seja, uma suposta origem comum de duas ou mais línguas só se comprova mediante fatos fonomorfológicos particulares. Mais uma vez recorremos aqui à exemplificação competente de Antoine Meillet (1921, p. 25):

> La preuve est particulièrement nette là où l'on observe desvariations concomitantes; ainsi la troisième personne du singulier du verb "être" est de la forme è en italien, *est* en français, *es* en espagnol; la troisième personne du pluriel, de la forme *sono* en italien, *sont* en français, *son* en espagnol. Cette opposition d'une forme reposant sur un ancien *est* et d'une forme reposantsur un ancien *sont* (latin *sunt*) est propre aux langues néo-latines. D'autres langues indo-européennes offrent des faits parallèles: l'allemand par exemple le a *ist* et *sind*. En dehors des langues indoeuropéennes, cette manière d'exprimer le verbe "être" par une racine *es*- alternant avec *s*- et une désinence *-ti* au singulier,*-enti* ou *-onti* au pluriel ne se rencontre jamais. Dans le parallélisme particulier des faits néolatins relatifs à *il est, ils sont*, et dans le parallélisme un peu moins complet des faits latins, germaniques, slaves, etc., relatifs à ce même verbe, on a une preuve delà parenté spéciale des langues néo-latines entre elles et de la parenté plus lointaine du latin, du germanique, du slave, etc., langues qui toutes sont des formes prises par un même idiome, l'indo-européen.

Por sinal, uma referência ao método comparativo semelhante a esta reside nas páginas do texto *Teoria do holicismo*, que compõe um capítulo do opúsculo *Filologia portuguesa* (1889), de Maximino Maciel (1889, p. 103):

> A linguagem tem por orgams as diversas linguas faladas no superficie da terra por todas as raças existentes ou pelas desapparecidas nas regiões sombrias do sepulchro.
>
> As linguas, pois, posto que se differenciem exterior e organicamente, segundo o gráo das condições mesologicas, são interna e essencialmente identicas, por isso á expressão exterior do pensamento todas mais ou menos concorrem.
>
> O objecto, pois, das linguas, tomadas na sua generalidade, é a expressão consciente do pensamento em todas as suas modalidades e manifestações concretas.
>
> A affinidade das linguas se torna por isso um facto averiguado, logicamente incontestavel, o qual se pode manifestamente analysar, segundo os dados e processos fundamentaes, consignados pela grammatica comprarada.

Vale observar que o termo *gramática comparada* situa-se no plano do método, não no plano da teoria. É comum que os manuais de história da linguística situem o método de comparar línguas distintas no século XIX como se essa via de investigação se restringisse a esse momento histórico. A rigor, o comparativismo é um método de pesquisa e análise, não um paradigma científico, razão por que pode perfeitamente adaptar-se a várias escolas de pensamento linguístico divergente. Já a perspectiva historicista é efetivamente um traço da linguística oitocentista, pois a pesquisa, de modo geral, buscava a origem da linguagem humana e fazia da investigação histórica um compromisso epistemológico. Deve-se distinguir o estudo da história de uma língua moderna do estudo da *história da língua*, isto é, da *história da linguagem*, esta era a perspectiva que a linguística assumia no plano geral das ciências, como integrante de um projeto de saber cosmológico que impunha mergulhar no passado do homem. Decerto que esse projeto ambicioso tinha suas vertentes, de tal sorte que os caminhos trilhados para o desvendar do passado tinha perfis personalíssimos. Há de distinguir-se, por exemplo, as sendas abertas por Wilhelm Scherer (1841-1866), que segue o modelo evolucionista darwiniano que aborda a história da língua em seu aspecto puramente orgânico, das percorridas por um Hermann Paul (1846-1921), que conceitua a linguística como a ciência que se ocupa das "condições gerais da vida do objecto que históricamente se desenvolve, que estude segundo a sua natureza e acção os factores que se mantêm regulares dentro de toda a mutação" (1966, p. 13). A perspectiva de Hermann Paul desvia a questão da história da língua do ambiente exclusivamente orgânico para também considerar os "fatores regulares" da mudança em seu percurso histórico, sejam eles os materiais, como é o caso das mudanças fonéticas e as linhagens morfológicas, ou os fatores internos, que se situam no delicado processo de aquisição da língua. Paul estava convicto de que a linguística de Scherer não era suficiente para conferir compreensão total do processo histórico; nessa nova perspectiva, impõe-se a conjunção dos diversos fatores que atuam simultânea e reciprocamente no transcorrer do processo de mudança da língua. Decorrentemente, uma única ciência não daria conta desse processo como um todo, a não ser que fosse uma ciência polimorfa que englobasse princípios de várias outras, razão por que Paul a batizou, com extrema propriedade, como *ciência de princípios*.

Será, pois, por iniciativa de nomes como Hermann Paul (1846-1921), Wilhelm Wundt (1832-1920) e Hermann Steinthal (1823-1899), não por acaso alemães, que a linguística sai à busca de base teórica em outras ciências, sobretudo a psicologia e a antropologia social. O propósito era reunir um aparato teórico que desse conta da ingente tarefa de perquirir a verdade sobre a história da língua. A *ciência de princípios* referida por Herman Paul cumpre o papel de aliar os elementos factuais, de ordem material, com os fatores psíquicos e culturais que se apresentam na diacronia da língua. Mediante semelhante procedimento, poder-se-ia, com certo grau de probabilidade, chegar à origem da linguagem humana e descrever sua trajetória diversificada através das gerações de falantes. Nesse mister, a irmandade epistemológica entre a linguística e a psicologia apresenta-se inarredável, já que, na teoria neogramática, vigia a crença de que a transmissão linguística dava-se em plano abstrato ou mental. Paul, em seus *Princípios*, advoga a tese de que o uso social da língua pelo indivíduo deixa marcas que se transmitem para as gerações futuras e cuja tessitura, extremamente variável, constitui-se de elementos materiais e imateriais. A rigor, cuida-se aqui de uma percepção já assentada de que a língua ia bem além do plano material ou fisicamente percebido atinente ao componente sonoro da língua, para situar-se no plano cognitivo ou mental, área de investigação sob responsabilidade da psicologia.

10.2 Entre linguistas e filólogos

A referência que ordinariamente se faz à linguística como ciência, sobretudo em textos pouco familiarizados com a pesquisa histórica, situa seu termo *a quo* em Ferdinand de Saussure (1857-1913), ordinariamente identificado sob o epíteto de "pai da linguística moderna". A afirmação desnuda certa desconsideração, para não dizermos ignorância, sobre os avanços da linguística no século XIX, quando já se edificara como área de investigação com objeto próprio. Uma questão atinente à presença e desenvolvimento da linguística nos Oitocentos diz respeito a sua convivência com a filologia, área de estudo de espectro bem mais amplo e igualmente interessada em questões linguísticas. Por sinal, definir filologia tem sido uma tarefa desafiadora para os filólogos até os dias atuais dadas as múltiplas vertentes de investigação que a disciplina abarca em seus domínios[376]. Se considerarmos a distinção que tais termos têm hoje no mundo acadêmico, certamente concluiremos haver certa impropriedade em identificar como linguísticos os textos produzidos por um João Ribeiro (1860-1934) ou um Alfredo Gomes (1859-1924), já que neles o escopo central da pesquisa não é a língua *lato sensu*, porém a língua vernácula no texto, isto é, o fenômeno linguístico atinente ao português e às suas origens. Ademais, esses estudiosos cuidam quase exclusivamente da língua escrita, a rigor da língua no texto literário escrito, fato que vincula tais estudos mais claramente ao campo da filologia.

Um opúsculo do pernambucano Júlio Pires Ferreira (1868-1930) intitulado *Linguística, notas sobre a língua portuguesa* dá a medida da presença plural da linguística no Brasil oitocentista, especificamente a partir do último quartel do século, em suas vertentes de investigação e designação, um testemunho da avalanche teorética trazida pela nova "sciencia da linguagem" (1893, p. 5-6):

> Os nomes recebidos em França, Inglaterra, Allemanha são tam vagos e moveis, que idéas as mais confusas sobre o objecto desta nova sciencia teem tido logar.
> Max Müller chama-a *Sciencia da Linguagem*, Hovelacque, Linguistica; Ad. Coelho, Glottologia e ainda temos as denominações de Philologia Comparada, Etymologia Scientifica, Phonologia, Glossologia, Mythologia, Logologia.

Evidente que a indigesta tarefa de delimitar os campos de atuação da linguística e da filologia não se adstringia à denominação do campo de investigação. Identificar a pesquisa com uma área bem definida no campo das ciências confere identidade ao trabalho do investigador, razão por que se reveste de relevância significativa para sua própria atividade intelectual. Percebe-se que, em um primeiro momento, a corrente de estudos com fulcro nas teses histórico-comparativas podia inscrever-se tanto no campo da linguísti-

---

376. Sobre os domínios da filologia no século XIX, cf. Bähler (2004).

ca quanto da filologia, já que, nos verdes anos de sua vida e em um ambiente caracterizado pela recepção de ideias estrangeiras, decerto que chegavam aos olhos dos estudiosos brasileiros com a denominação que os autores originais lhe atribuíam. João Ribeiro, cuja obra circula entre os meandros da linguística e da filologia, delega-nos este expressivo depoimento já em pleno século XX (1961, p. 66):

> Não sei que haja no Brasil o ramo de estudos a que se dá o nome de *filologia* ou *lingüística* no sentido exato do termo. Os nossos chamados filólogos representam, de modo geral, certo espírito de curiosidade pelos assuntos lingüísticos; uns freqüentam os textos clássicos com o intuito de achar as formas mais puras e vernáculas da língua; outros, conhecem pela rama alguns resultados mais fáceis e acessíveis da gramática comparada, e contentam-se dêsse saber de origem estrangeira, sem adiantar coisa alguma ao que está feito.

Decerto que, não obstante já residisse nos meios acadêmicos brasileiros convicção sobre o papel da linguística e de sua importância para a descrição e compreensão da linguagem humana *lato sensu*, a bibliografia brasileira da época não apresenta estudos volumosos sobre linguística geral. Lembremo-nos aqui, nessa seara, os *Traços gerais de linguística* (1880), de Júlio Ribeiro (1845-1890), um texto precursor em vário aspecto, a par do capítulo inicial dos *Serões gramaticais* (1890), de Ernesto Carneiro Ribeiro (1839-1920), trabalhos que efetivamente cuidam da fenomenologia das línguas em plano universal. Esses são, no entanto, exemplos pontuais em um panorama bibliográfico que se dedicou quase exclusivamente à descrição da língua vernácula, decerto em face do escopo subsidiário de dar um cunho didático à pesquisa e dela absorver-se algo de útil em prol do ensino do português como língua materna. Advirta-se, ainda, que o Brasil oitocentista não tinha mercado editorial para obras teóricas no campo da linguagem humana, fato que decerto inibia eventuais tentativas de publicação nessa seara de investigação.

João Ribeiro delega-nos uma distinção entre linguística e filologia que não leva em conta o ramo especializado da crítica textual ou edição de textos, uma área que aparentemente não cativou o interesse dos intelectuais brasileiros senão a partir das primeiras décadas do século XX. Com efeito, a preocupação com a fidedignidade do texto literário, essencial para que se conferisse igual credibilidade à exemplificação dos fatos linguísticos no corpo das gramáticas, surge com a geração de filólogos que herdaram a metodologia do grupo de ouro da filologia portuguesa, nomeadamente Carolina Michaëlis de Vasconcelos (1851-1925), Aniceto dos Reis, Gonçalves Vianna (1840-1914), José Leite de Vasconcelos (1858-1941) e José Joaquim

Nunes (1859-1932), possivelmente atraídos pela renovada leitura de textos do português histórico, que demandava uma necessária preocupação com sua idoneidade filológica.

Naturalmente, a avalanche de conceitos e definições conflitantes viria a favorecer o uso indistinto da designação *linguística* e *filologia,* sobretudo no campo dos estudos vernáculos, mais preocupados com a *aplicação* do que com a *formulação* da teoria. Identificava-se tanto como *linguista,* quanto como *filólogo* um dado pesquisador que se ocupasse da gramática comparativa, ou mesmo da investigação sobre a origem do léxico de línguas modernas. Abel Hovelacque (1843-1896), um dos teóricos da linguagem que mais cuidaram da precisão terminológica nos estudos do século XIX, propõe clara e sintética distinção entre linguística e filologia: a linguística é uma *ciência natural*, ao passo que a filologia é uma *ciência histórica*. Com tal distinção, Hovelacque busca discernir os estudos que se inscrevem na área de investigação do sistema linguístico daqueles que se ocupam com a origem das línguas modernas. Como a geração de Hovelacque, a de Darwin e tantos outros cientistas afeitos ao empiricismo, a seu juízo a linguística haveria de inscrever-se nos grupos das ciências naturais, com leis próprias e imutáveis.

Por outro lado, em seu *Dictionnaire de la langue française*, Émile Littré (1801-1881) situa a linguística como "étude des langues considerées dans leurs príncipes, dans leurs rapports et tant qu'um produit involutaire de l'instinct humain" (1874, p. 315), ao passo que à filologia caracteriza como "sorte de savoir general qui regarde les belles-lettres, les langues, la critique, etc. On entend par philologie une espèce de Science composée de grammaire, de rhétorique, de poétique, d'antiquités, d'histoire, de philosophie, et quelquefois même de mathématiques, de medicine et de jurisprudence", complementando que, particularmente, consiste no "étude et connaissance d'une langue on tant qu'elle est l'instrument ou le moyen d'une littérature" (1874, p. 1097). Inobstante o largo campo de atuação em que situa a filologia, Littré confere-lhe papel bem mais específico ao definir a filologia comparada como "étude appliquée à plusieurs langues, que l'on éclaire par la comparaison entre les unes et les autres", advertindo, em complementação, que "aujourd'hui, on donne le nom de philologues à ceux qui s'occupent de philologie comparée" (1874, p. 1097). Aqui, nota-se claramente que se poderiam denominar filólogos ou linguistas os que se dedicavam aos estudos comparativistas, na medida em que por filologia comparada entendia-se o estudo de várias línguas em confronto para chegar-se a sua origem, ramo de investigação igualmente identificado como gramática comparativa.

Uma outra visão, colhida em Hermann Paul (1846-1921), defende a tese de que a realização atual de uma língua nada mais é do que o estágio mais recente de sua evolução histórica. Ademais, a língua é o elemento da cultura humana que se destaca por expressar o conteúdo da alma. Assim, estudar os mecanismos da linguagem é estudar os mecanismos psíquicos que estão na natureza do homem. Nesse sentido, Paul define a linguística como uma ciência experimental, histórica e cultural. As bases da pesquisa linguística, entretanto, são de caráter sincrônico, na investigação de todas as manifestações da atividade da fala em todos os indivíduos e em sua ação recíproca: "Para descrever perfeitamente o estado de uma língua seria, no fundo, necessário observar integralmente o comportamento das massas de ideias relativas à língua em cada indivíduo de uma entidade linguística, e comparar entre si os resultados obtidos a partir de cada um" (1966, p. 38). A linguística comparada, portanto, ainda que atinente apenas às línguas modernas, será necessariamente histórica, porque levantará os elementos materiais dessas línguas em determinado estado de seu processo evolutivo. Alinhado à hipótese psicológica da evolução cultural do homem, Paul vê na língua apenas a expressão externa de mecanismos que atuam na alma humana: "Os organismos psíquicos descritos são no fundo os autênticos portadores da evolução histórica. O que verdadeiramente se fala não sofre qualquer evolução" (1966, p. 37). Será efetivamente a permanente mutabilidade de cada organismo psíquico que tornará necessária uma igualmente permanente mutabilidade da língua, inclusive em seus aspectos dialetais.

Será, pois, indevido asseverar que, no ambiente intelectual dos Oitocentos, nomeadamente a partir do último quartel do século, a linguística se inscreva como uma ciência autônoma que estuda os elementos materiais da língua, não obstante integre um grupo maior de ciências humanas que investigam a evolução cultural do homem, das forças que atuam no progresso das formas mais simples para as formas mais complexas. É nessa dimensão, claramente alinhada às ideias acolhidas pelo movimento neogramático, que Paul interpreta a fenomenologia linguística como um atributo do homem puramente externo, ou seja, as mudanças que se observam ao longo da história de uma língua ocorrem no nível psíquico, na alma humana, e se manifestam no nível material da linguagem. Como a linguística só pode dar conta dos elementos materiais, sua tarefa não é propriamente a de alcançar os fatores motivadores da evolução da língua. Para tanto, haverá o investigador de valer-se do conhecimento dos mecanismos que atuam nos organismos psíquicos, o que, em última análise, muito aproxima a linguística da psicologia. Advirta-se, ainda, que a linguística de Hermann Paul atém-se especificamente às forças inconscientes que atuam na língua, sem uma intenção predeterminada de comunicação. Destarte, toda e qualquer manifestação artística – e aí incluiríamos o texto literário – não constituiria objeto da linguística, visto que não se estruturou segundo um padrão naturalmente evoluído, isto é, configura-se como fruto de uma modificação da língua intencionalmente encetada (1966, p. 26):

> É ainda, neste sentido, de grande importância o facto de as formações linguísticas em geral serem criadas sem intenção consciente. É verdade que existe uma intenção de comunicação, não falando nos primeiros estádios, mas não a intenção de fixar algo de permanente, e o indivíduo não chega a tomar consciência da sua actividade criadora. Neste sentido a formação linguística distingue-se especialmente de toda a produção artística. A consciência como característica, conforme aqui a apresentamos, não é, evidentemente, universalmente reconhecida e é preciso demonstrá-la ainda em pormenor. Para isso temos de distinguir entre a evolução natural e artificial da língua, a última das quais de resto é provocada por uma intervenção intencional e regularizadora. Estes esforços conscientes limitam-se quase exclusivamente à criação duma língua comum num território dividido em dialectos, ou duma linguagem técnica em determinadas profissões. Temos, portanto, de deixar por agora estas inteiramente de parte para tomarmos conhecimento da actuação pura da evolução natural, e só temos o direito como o dever de actuar assim.

Não consideraríamos temerário extrair das palavras de Hermann Paul um conceito de filologia adstrito ao estudo destas manifestações artificiais da língua, além de outras atividades, como a crítica textual, ao passo que à linguística se deve conferir o papel de levantar os fatores que integram a língua enquanto organismo, invadindo *ipso facto* a evolução histórica da própria língua. Paul adverte que o método comparativo, que apenas dá conta dos fatos linguísticos contemporâneos, constitui um modelo de investigação histórica incompleto, já que ao penetrar na análise do fato sincrônico o pesquisador ingressa igualmente no terreno histórico, "embora talvez sem consciência disso". Assim, o estudo científico da língua depende, por um lado, dos diferentes graus de evolução desta língua, e, por outro, da avaliação dos diferentes fenômenos contemporâneos.

Mais uma distinção entre linguística e filologia que ecoou intensamente nos estudos gramaticais brasileiros dos Oitocentos foi, sem dúvida, a proposta por August Schleicher (1821-1868) em seu *Die Deutsche Sprache*, que, por sinal, é objeto de comentário crítico por Abel Hovelacque (s.d., p. 7). Schleicher foi um foneticista rigoroso que conseguiu aliar seus conhecimentos na esfera linguística com uma sólida formação nas ciências naturais, mormente na área da botânica. Não obstante o conceito de língua como sistema evolutivo já se disseminasse no decurso dos estudos comparativistas, é com Schleicher que se passa a entender a língua como organismo vivo, sujeito às mesmas leis evolucionais que se aplicavam às espécies vegetais e animais. Cedo se cria nesse modelo de investigação da língua uma fronteira nítida e intransponível entre a linguística e a filologia, em que essa última se dedica ao estudo da vida espiritual de um povo, e portanto, pertence essencialmente ao campo da história, ao passo que aquela nada tem a ver diretamente com história, embora seja inerente à história natural do homem. Disso conclui--se só se pensar em filologia em sociedades que têm tradição literária, visto que a linguística se reduzia ao estudo dos elementos constitutivos da linguagem articulada e das formas diferenciadas que modificam tais elementos, independentemente da interferência consciente do homem, com ênfase na fonética e na morfologia. Cria-se, em decorrência, uma estrita irmandade entre a linguística e a filologia, em que os métodos de análise dessa última se aplicavam à primeira[377].

Um dos que se dedicaram à distinção entre os campos da filologia e da linguística no Brasil, João Ribeiro (1860-1934) segue, em linhas gerais, a concepção de Schleicher quanto aos limites de competência das duas disciplinas, com acentuada convicção de que à linguística cumpre o estudo da língua no plano de sua evolução natural, ou seja, sem as influências da "mudança consciente" que se expressa no texto literário. E, nesse sentido, a linguística se ajusta mais à investigação da fonética e da morfologia, ao passo que a filologia revela-se mais afeta à sintaxe, setor da língua em que a interferência consciente do falante se expressa com maior frequência. As hesitações quanto ao uso dos termos em questão, entretanto, são reconhecidas por Ribeiro como um fato de sua época, apesar de a opinião mais generalizada tender para o conceito evolucionista (1906 [1889], p. 195-196):

> Entre os escriptores de diversos paizes ha manifesta discordancia sobre o valor das denominações que recebe o estudo methodico da linguagem. Seria fastidioso repetir aqui os varios argumentos e polemicas que se desenvolveram a proposito do alcance dos tres termos linguistica, glottologia e philologia. Tudo, porém, parece attestar que a opinião victoriosa ou pelo menos a que conta maior numero de adeptos, é a que considera a *linguistica* sciencia dos factos da linguagem espontanea, popular, em todos os idiomas; e a *philologia* a sciencia dos factos literarios que se referem ás linguas.

---

377. Um estudo crítico sobre a distinção entre filologia e linguística em Schleicher encontra-se em Arbukle (1970).

Observe-se o alinhamento da definição de João Ribeiro com o pensamento do *Glottiker* alemão, situando a linguística em seara atinente ao estudo da "língua espontânea". Igualmente interessante observar que, não obstante as distinções claras que as definições de Ribeiro oferecem, tanto a linguística quanto a filologia são denominadas "ciência", fato que amplia o conceito de atividade investigativa da língua, no plano científico, para os domínios do texto literário. Em mais acurada referência aos metatermos que se usavam nessas áreas de investigação, assim se expressa Ribeiro (1906 [1889], p. 196):

> A *philologia* abrange a critica, o commnetario dos textos antigos, a historia das linguas, principalmente naquillo que ellas possuem do elemento literario e culto. A *linguistica* apenas estuda a linguagem como expressão do pensamento, como formula exterior articulada da intelligencia humana em acção. O termo *linguistica* é usado especialmente pelos francezes, e corresponde á denominação de *Sciencia da linguagem*, de uso commum entre os inglezes. A palavra *glottologia* tem a significação mais restricta, e estuda a linguagem apenas quanto aos factos physiologicos, ás alterações dependentes dos orgaos vocaes. Essas definições, porém, não estão sufficientemente fixadas por nenhum uso de grande generalidade entre os escriptores, e é bem provavel que ainda durante muito tempo continue a confusão. A vasta extensão do termo *philologia* foi limitada por um adjectivo: *philologia comparada*, e com esses ares não differe essencialmente da *linguistica*.

Em nota ao verbete, João Ribeiro, citando Salomon Reinach (1858-1932), adverte que, na Alemanha, o termo filologia abrangia quase toda a cultura de letras, artes, costumes, diplomacia, epigrafia etc., fato que aproxima bastante o termo do sentido que mais se consolidaria no decurso do século XX. Por sinal, o próprio Reinach, no prefácio da primeira edição do *Manuel de philologie classique* (1904 [1879]), adverte que seu trabalho é baseado no *Triennium philologieum* de Wilhelm Freund (1806-1894), caracterizado pelo amplo tratamento dos elementos da cultura humana. Não será, pois, outro o entendimento do mestre francês quanto ao escopo da filologia como ciência que se ocupa do estudo de toda a cultura humana em suas variadas faces no tempo e no espaço (1904 [1879], p. 1):

> La science humanine peut se proposer um triple objet: Dieu, la nature et l'homme. Le primier appartient à la théologie, le second à la physique, le trosième à la psychologie, dont la philologie n'est que la servante. La philologie embrasse l'étude de toutes les manifestations de l'esprit humain dans l'espace et dans le temps; elle se distingue ainsi de la psychologie proprement dite qui étudie l'esprit au moyen de la conscience, indépendamment de léspace et du temps, dans son essence et non dans ses œuvres.

Há de registrar-se que o termo *linguística* já circulava nos meios intelectuais brasileiros pelo menos desde o início da década de 1840, ainda que nem sempre designasse propriamente a ciência linguística que nascera com a célebre conferência de William Jones (1746-1794) na *Asiatic Society*, mas, de maneira genérica, todo estudo referente à língua e seus domínios. Decerto que o termo ganhava espaço nas rodas de discussão sobre linguagem como uma novidade terminológica, e seu emprego decerto conferia um argumento de modernidade ao texto, inclusive na seara jornalística, em que não raramente era empregado. O *Jornal do Comércio*, na edição de 20 de setembro de 1843 (p. 3), por exemplo, estampa o anúncio de lançamento da *Minerva Brasiliense*, cujas seções incluíam, entre outras disciplinas, a filosofia, a história, a teologia, a literatura e a linguística. Será, entretanto, neste mesmo ano de 1843 que um certo Émile Adêt[378], cronista francês que permaneceu por pelo menos uma década no Brasil, publicará na *Minerva Brasiliense* um texto sobre o panorama literário de sua época, traçando as diretrizes por que o futuro promissor haveria de conduzir a produção artístico-literária. Na sequência de seus argumentos, Adêt menciona, entre os fatores que contribuirão para uma nova literatura francesa, as conquistas recentes das ciências humanas, entre elas a linguística (1843, p. 110):

> O que caracterisa a litteratura contemporanea da França he a poesia epica, que se revelou a Chateaubriand, Alfredo de Vigny, Alexandro Soumet e Edgar Quinet; a poesia lyrica, isto é, a ode, que se revelou a Victor Hugo; a elegia, a Lamartine. O romance, que tomou novas feições; que toca hoje em todas as questões sociaes, e não se acha mais comprimido no estreito circulo que outr'ora não pôde alargar. A philosophia, que, sob a influencia do restabelecimento litterario e do espiritualismo allemão, deu hum passo para a verdade. A historia, que ora entrou no domínio da philosophia e ultrapassou os limites que punham travas á sua marcha. A linguistica, que, entregue ás sabias mãos dos Chezi, dos Jaubert, dos Quatremère, dos Saint-Martin, dos Abel Remusat, dos Sylvestre de Sacy, dos Balbi, dos Burnouf, subio ao ponto a que a elevavam em Allemanha os Bopp, os Eichhorn, os Hammer, os Ticksen, os Vater, os Klaproth, os Adelung, os Eischoff e os Humboldt.

Outra evidência de que o termo "linguística" circulava no meio intelectual brasileiro bem antes da presença da linguística histórico-comparativa

---

378. Segundo Rodrigues (2002, p. 103), o mesmo Emile Adêt teria levado para a Biblioteca de Sante Geneviève o manuscrito do dicionário de verbos da Língua Geral paulista, que fora posteriormente entregue a Martius e publicado no 2º volume de suas Contribuições para a Etnografia do Brasil sob o título *Dicionário de verbos. Zeitwörter. Português – Tupi-austral-Deutsch*.

nas páginas gramaticais encontra-se no seguinte extrato do artigo *O racionalismo*, de autoria anônima, publicado no periódico católico pernambucano *A Voz da Religião* em 1847 (p. 154):

> A regra d'interpretação he a *sciencia*. Todos os factos adquiridos nas diversas sciencias, segundo os progressos que ellas tem feito nestes ultimos tempos, na philosophia, na historia, na philologia, na linguistica, na critica, as sciencias naturaes: eis aqui para estes doutores a verdadeira regra, o verdadeiro principio.

E, em outro momento, o mesmo autor aduz (p. 161): "A sciencia, nós o reconhecemos, sobre tudo a linguistica e a archeologia, pode ser util para o conhecimento e para a interpretação das Escripturas em certos casos particulares". Com efeito, o ar novidadeiro que a palavra linguística conferia aos estudos sobre língua portuguesa é, decerto, resultado da progressiva vulgarização de seu uso, fato que, obviamente, transfigurava seu significado científico, a ponto de tornar-se, por vezes, mero sinônimo de filologia e gramática. Comprova-o o anúncio do curso preparatório para ingresso na Faculdade de Direito de São Paulo que o Liceu Paulistano faz publicar em *O Bom Senso*, edição de 2 de maio de 1953 (p. 6): "Estão abertas as aulas e ensinão-se effectivamente as materias seguintes: Philologia e Linguistica, Grammatica geral, Latim, Francez e Inglez". Não se duvide de que a linguística tenha entrado nesse rol apenas como argumento de modernidade e confiabilidade.

No plano doutrinário, a influência da linguística histórico-comparativa nos jovens estudiosos brasileiros, ainda na primeira metade dos Oitocentos, pode aferir-se pela publicação de notícias vinda do estrangeiro, mormente da França, cujos correspondentes tinham espaço garantido nas páginas dos periódicos da Corte. É, decerto, por essa via que um Júlio Ribeiro, por exemplo, terá recebido as primeiras informações sobre a linguística de Schleicher a ponto de interessar-se pela consulta aos manuais traduzidos para o francês. Um precioso artigo assinado por Honoré Chavée (1815-1877)[379], cuja tradução foi publicada sob o título *A reforma das humanidades* no *Diário do Rio de Janeiro*, defende entusiasticamente a aplicação dos novos métodos da lin-

---

379. Honoré Chavée destacou-se pela ideia de desenvolver uma ciência que pretendia ser simétrica à fonética no campo da linguística histórica, a que denominou "ideologia", cujos fundamentos pautavam-se no denominado "método integral". O objetivo de Chavée, a rigor, não era primacialmente linguístico, senão antropológico, já que buscava reconstituir a história da língua para chegar à origem e evolução do pensamento. Como observam Auroux et Delesalle, o escopo de Chavée era a história natural do homem e nela se inscrevia a história da formulação mental do homem, linha de investigação que contou com discípulos, entre eles Abel Hovelacque (cf. Auroux & Delesalle, 1990, p. 115).

guística comparada, por ele denominada "filologia comparada", para abordagem do fato linguístico em plano histórico e rigorosamente científico, já que "a sciencia é essencialmente progressiva, e é incontestável que o ensino deve seguir os progressos da sciencia". E, em tom propagandístico, incentivado pelo efetivo ineditismo de suas referências no Brasil, anuncia (1863, p. 2):

> Haverá hoje um methodo scientifico para estudar e ensinar as linguas? Em outros termos: haverá para a philologia, um methodo que, dirigindo-se a todas as faculdades de observação e reflexão, possa e deva ser substituido a todos os vãos trabalhos de memoria?
> Sim, existe esse methodo, e como é o único que fez a historia natural das ideias, reconstituindo a das palavras, é também o unico que póde fornecer pensadores, fornecendo philologos.

O texto de Chavée percorre as principais ideias sobre origem das línguas indo-europeias no *Compêndio da gramática comparada das línguas indo-germânicas* de Schleicher, a quem cita como o que melhor executou o método histórico-comparativo ao lado de nomes como Franz Bopp (1791-1867), *Gramática comparada das línguas indo-europeias*.

10.3 O esplendor do cientificismo no cenário intelectual brasileiro

Alguns traços revelam-se flagrantes na caracterização da nova ordem paradigmática que ingressa na gramática brasileira de língua portuguesa no último quartel do século, um deles atinente ao escopo do texto gramatical como produto editorial, o outro concernente à base teórica em que repousa sua concepção. No tocante ao escopo da gramática, percebe-se nítido desvio de rumos, em que a via unicamente pedagógica abre espaço para uma via mais ampla de caráter pedagógico e descritivo. Deve-se levar em conta que uma gramática, como produto da atividade intelectual, não está, por assim dizer, no controle pleno ou exclusivo do autor. Na verdade, a gramática em sua essência apresenta três fatores que se imiscuem conceitualmente: o sujeito autor, o ideário doutrinário e o sujeito leitor. Evidente que são fatores que se interpenetram: a doutrina está na formação do autor e, em certa medida, no horizonte de retrospecção do leitor, já que a ninguém é dado ler e entender o conteúdo de uma descrição linguística sem conhecer as bases primárias da doutrina em que tal descrição se esteia. Por sinal, na tradição escolar, ao professor cumpre introduzir o aluno na doutrina, aí incluída a respectiva metalinguagem, como pré-requisito *sine qua non* para a leitura da gramática.

Os gramáticos pioneiros na aplicação da doutrina histórico-comparativa eram intelectuais formados na escola racionalista, iniciaram-se nas bases de gramáticas prestigiadas e de ampla presença nas aulas de língua vernácula, tanto brasileiras, como a de Antônio da Costa Duarte (?-?), quanto estrangeiras, como a de Solano Constâncio (1777-1843) e Jerônimo Soares Barbosa (1737-1816). A disposição de que se investiram esses gramáticos para derrubar os cânones do velho modelo, em proveito da nova ordem trazida pela linguística histórico-comparativa e pela linguística evolucionista, decerto coaduna-se com a tese da "tensão essencial" proposta por Thomas Kuhn (1922-1996) ao cuidar das causas do avanço científico. Segundo Kuhn, a tradição de uma escola científica, não importa em que nível de excelência situem-se suas ideias, repousa em crenças compartilhadas e amplamente empregadas no ensino e na investigação. A "tensão essencial", implícita em toda atividade de pesquisa científica, acaba agindo de tal sorte que "only investigators firmly rooted in the contemporary scientifc tradition are likely to break that tradition and give rise to a new one" (1977, p. 226). Em termos mais objetivos, esse fato explica por que os cientistas que contribuem para o surgimento de um novo paradigma necessariamente exercem o papel ambíguo de tradicionalistas e iconoclastas.

Por outro lado, a figura do sujeito leitor traz a cena um fator pragmático e decisivo para a publicação e mesmo êxito editorial de uma gramática: sua pertinência como produto de consumo. Com efeito, o período pós-guerra, que se inicia com a abertura dos anos 1870, cria um clima de exultação nas camadas mais abastadas da sociedade, não obstante configure-se em momento de profunda decepção em outros segmentos, tais como as forças militares, sobretudo os denominados "voluntários da pátria", provenientes de várias províncias, que se haviam alistado na esperança de receber recompensas na forma de pensões, empregos públicos e até doação de terras. Por outro lado, a vitória da Coroa e a participação ativa de membros da mais alta estirpe nos confrontos bélicos, entre os quais o próprio Conde D'Eu, gerou um clima de ufanismo que mais ainda se intensificou em face da sensação geral de bonança, equilíbrio das finanças públicas e avanço artístico-científico. Instala-se, pois, um ambiente propício para a produção e publicação de obras nos variados campos do saber, entre elas algumas coleções destinadas à vulgarização da ciência, cujo escopo, além de fomentar o culto ao saber, era o de ampliar o mercado consumidor de textos científicos e, consequentemente, dar impulso ao mercado editorial brasileiro.

A imprensa viria a cumprir papel relevante na divulgação de obras científicas nas diversas áreas do saber. No período que intermedeia os anos de

1870 e 1900, alguns títulos gramaticais despontaram com maior presença no ambiente editorial, decerto em face dessa divulgação mais eficaz, que os tornava conhecidos fora do círculo escolar do Sudeste. Na edição de 20 de março de 1890 (p. 3), o periódico *A Federação*, de Porto Alegre, faz publicar um anúncio da prestigiada Editora Globo em que constam vários títulos gramaticais de autores brasileiros e portugueses, com predominância dos primeiros. Lá estão obras de efetivo valor filológico ao lado de textos sem grande relevância, fato que bem demonstra uma seleção laica de títulos por interesse meramente comercial. As obras anunciadas são, entre as mais relevantes: *Gramática portuguesa* e *Dicionário gramatical*, de João Ribeiro; *Gramática portuguesa*, de Júlio Ribeiro; *Gramática nacional*, de Caldas Aulete; *Gramática analítica*, do Padre Massa; *Gramática portuguesa*, de Bento de Oliveira; *Gramática portuguesa* e *Postilas de gramática geral*, de Sotero dos Reis; *Gramática portuguesa* e *Exercícios de análise*, de Cirilo Dilermano da Silveira; *Gramática portuguesa elementar*, de Teófilo Braga; *Gramática nacional*, de Antônio Álvares Pereira Coruja; *Gramática prática*, *Analise sintática* e *Manual do examinando*, de Antônio Estêvão da Costa e Cunha; *Gramática analítica*, de Charles Grivet; *Dicionário gramatical*, de José Alexandre Passos; *Noções de análise*, de Manuel Pacheco da Silva Júnior e José Ventura Bôscoli; *Gramática filosófica*, de Jerônimo Soares Barbosa.

Entre os autores menos relevantes citem-se João Afonso (?-?), *Exercícios de análise*; Miguel Alves Feitosa (?-?), *Gramática das escolas* (1883)[380]; Bibiano Francisco Almeida (1838-1892), *Complemento da gramática*; Felisberto Rodrigues Pereira de Carvalho (1850-1898), *Gramática elementar*; Abílio César Borges (1824-1891), *Gramática portuguesa*; Joaquim Caetano Fernandes Pinheiro (1825-1876), *Gramática teórica e prática*; V.R. Vieira (?-?), *Gramática elementar*. Considerando que *A Federação* era órgão difusor do ideário republicano, é de supor que nenhum dos gramáticos citados no referido anúncio da Editora Globo tivesse pendor monarquista. Por sinal, a própria linha editorial da Editora Globo já vinha publicando, bem antes do golpe de 1889, textos de pendor republicano.

O clima de "cientifização" social pode bem expressar-se pela iniciativa de Manoel Francisco Correia (1831-1905), educador e conselheiro do Império, no tocante à criação das denominadas conferências populares da

---

380. Esta gramática foi patrocinada pela *Gazeta de Campinas*, órgão em que publicava Júlio Ribeiro. Não será temerário admitir que Feitosa e Ribeiro tenham mantido contato acadêmico pelo início dos anos 1880.

Glória[381] entre 1873 e 1889. Tratava-se de um projeto muito bem-sucedido que oferecia à população em geral palestras sobre temário científico diversificado em escolas situadas na freguesia da Glória, Rio de Janeiro. A periodicidade das palestras era semanal, via de regra aos domingos pela manhã, com numerosa presença de cidadãos leigos que recebiam previamente uma autorização para integrar a plateia. Embora não o declarasse formalmente, o governo do Império apoiava e até patrocinava sua realização, não apenas em face da índole do Imperador, reconhecido como homem amante das ciências, mas também como estratégia de propaganda política em um momento intensamente marcado pela oposição republicana. Vários são os periódicos lançados nessa onda de divulgação das conquistas científicas, tais como a *Ilustração Popular*, de 1876, a *Revista do Rio de Janeiro*, também de 1876, *O Vulgarisador, Jornal dos Conhecimentos Úteis*, de 1877, a *Ciência para o Povo, Serões Instructivos*, de 1880, e o *Barão de Macaúbas. Periódico Científico, Literário e Noticioso*, este último editado na Bahia a partir de 1886. No plano das publicações em coletâneas, destaca-se a *Biblioteca Útil*, fundada por Abílio Aurélio da Silva Marques (1851-1891) em 1880.

Esse movimento intensificado em prol da vulgarização científica decerto se inscreve em uma *episteme* cientificista no corpo da sociedade, a ponto de tornar os temas sobre tecnologia e ciência aplicada matéria reincidente nos jornais e almanaques, bem como assunto de conversação efusiva nos salões da sociedade letrada. Será nesse clima renovado que os linguistas brasileiros encontrarão as condições propícias para propor novos rumos teóricos na descrição do vernáculo, sob amparo de um mercado editorial ávido pela publicação de teses novidadeiras em todos os campos do saber. Há de adicionar-se a esse estado geral das coisas no plano científico uma expressiva expansão da educação básica, mediante criação de novas escolas pela iniciativa privada, a criação de liceus, tais como o Liceu Literário Português e o Liceu de Artes e Ofícios, ambos no Rio de Janeiro, a par do crescente prestígio de instituições públicas, tais como o Colégio Pedro II e o Imperial Colégio Militar, criado

---

381. Sobre as conferências da Glória, sua organização e temário, cf. Carvalho (2007) e Carula (2007, 2013). Curiosamente, entre os conferencistas que participaram dos encontros na Glória não consta um único gramático ou filólogo relevante. A programação ofereceu duas conferências intituladas *Estudo comparativo, histórico, gramático, fonético e gráfico das línguas latinas com o português*, proferidas por Gustavo José Alberto (?-?), professor de escola primária, cinco conferências intituladas *Estudos da língua portuguesa; comparação com outras língua*s e quatro sobre o instigante tema *Desenvolvimento paralelo das línguas e das religiões*, por João Braz da Silveira Caldeira (1841-1898), professor de primeiras letras e redator da Imprensa Nacional que, segundo Sacramento Blake, especializou-se em linguística em Paris e Bruxelas, e nove sobre *Formação da língua e literatura portuguesas*, por José Maria Velho da Silva (1811-1901), médico.

pelo Decreto nº 10.202 de 1889, que, com a República, rebatizou-se para Colégio Militar do Rio de Janeiro, nos termos do Decreto nº 2.881, de 18 de abril de 1898.

10.4 Modernidade, progresso e bem-estar

O pós-guerra brasileiro abriu as portas do desenvolvimento tecnológico e fomentou o crescimento das correntes filosóficas que trabalhavam com o cientificismo empírico. É nesse momento que se pode observar com nitidez o ingresso das principais vertentes de uma ideologia europeia cunhada pelo tripé naturalismo, evolucionismo e positivismo. Cumpre notar, conforme revela Costa (1967, p. 115), haver surgido no Brasil uma classe social com elevado padrão de vida, em sua maior parte empresários da agroindústria que usufruíam os frutos do progresso tecnológico e seu consequente conforto material. No seio das escolas superiores, por seu turno, e mesmo no ambiente acadêmico do ensino básico mais qualificado, caso, por exemplo, do Colégio Pedro II, reunia-se uma plêiade de cérebros atualizados nas mais variadas vertentes de investigação científica. Cuida-se aqui de uma geração de intelectuais afinada com este espírito progressista que vinha dos principais centros europeus e atiçava a atividade crítica, o hábito de posicionar-se ideologicamente e fomentar o confronto de ideias. Logo emerge um antagonismo entre, de um lado, forças conservadoras, empenhadas na manutenção do *status quo*, de índole escravagista, infensa à abertura do mercado econômico brasileiro e ferrenha defensora do Império; de outro, uma corrente progressista, cujos membros alinhavam-se à causa republicana, lutavam pela extinção efetiva da escravidão – que o Império vinha tentando elidir a passos lentos e claudicantes – e sonhavam com maior industrialização do país. A ideia era de que, embora se pudesse considerar uma potência agrícola, o Brasil finalmente viesse a inscrever-se no estrito círculo dos produtores de bens de consumo.

Decerto que as condições econômicas viriam a propiciar um expressivo incremento do parque gráfico brasileiro, de tal sorte que se multiplicaram em curto tempo os periódicos semanais, os folhetins e panfletos de caráter político e científico, tudo isto numa avalanche de informação e reflexão sobre temário variado que invadia as residências e contribuía para a formação de opinião crítica sobre os assuntos mais relevantes no seio social. É nesse ambiente reformista que começam a criar-se as sociedades literárias, os organismos políticos e clubes de amenidades em cujo seio fervilhavam as questões mais prementes da vida nacional, entre elas a educação, a formação intelectual do cidadão, as conquistas da ciência e a necessidade imperativa de conquistar o futuro. Em meio a tanta ebulição, cresce o sentimento de brasilidade que a literatura romântica situou na exultação simbólica do indígena, de tal sorte que, em órbita linguística, os estudos sobre contribuições americanas ao uso do português, mormente na esfera lexical, multiplicam-se nas páginas de publicações destinadas aos temas da cultura nacional, tais como a *Revista Brasileira*, cujas páginas passam a expor textos sobre folclore e língua nacional.

Enfim, este momento crucial da vida brasileira abre espaço para o gérmen ideológico do positivismo, e é nessa fase, como quer Costa, "que ressoará pelo Brasil a polifonia das novas correntes filosóficas europeias" (1967, p. 124). O espírito positivista vinha dar amparo a uma camada da sociedade cansada da estagnação socioeconômica e cultural do país, caracterizada pela heterogeneidade convergente de negociantes, banqueiros, investidores de capital financeiro, escritores, filósofos, professores, todos encantados com a perspectiva de bem-estar advinda do progresso científico. O espírito positivista, que se instala no país pela pena de Miguel Lemos (1854-1917), dá o amparo necessário para o arrefecimento do poder moralizante da Igreja, que passa a simbolizar as instituições responsáveis pelo atraso do Brasil no concerto nas nações desenvolvidas. Surge, assim, uma nova ordem política em que, nas palavras de Besouchet, entram em rota de colisão "o agrarismo latifundiário e o nascente comercialismo em marcha para a indústria" (1942, p. 78).

A confluência entre filosofia e ciência confere ao positivismo o perfil ideológico que agrada ao homem comum, movido pela ânsia da conquista e ávido de inovação. Em realidade, o positivismo surge como uma possibilidade de as pessoas conhecerem-se e reconhecerem-se na concretude da ciência, não no plano etéreo do mundo metafísico. Uma sociedade jovem, com menos de um século de existência, ainda hesitante quanto aos caminhos que deveria seguir no plano político e nos verdes anos de uma tradição axiológica, seguramente haveria de prender-se ao empirismo comtiano como uma súbita embarcação que passa e oferece transporte seguro para o futuro. Ao retornar de sua viagem à Europa em 1881, o estudante de engenharia Miguel Lemos ocupa-se de disseminar em letra de forma o ideário que prometia progresso e hegemonia à jovem nação sul-americana. Após fundar a Sociedade Positivista do Rio de Janeiro, Lemos ocupa-se da ingente tarefa de cooptar cérebros à causa positivista no seio de uma sociedade marcada pelo espírito colonialista e infensa à novidade. O *Apostolado Positivista* atinge público expressivo na forma de circulares anuais e panfletos que eram distribuídos nas rodas e encontros sociais, inclusive em ambiente religioso.

Em Paris, Lemos havia mantido contato com Émile Littré (1801-1881), de quem recebera informação sobre os rumos da linguística, agora voltada para um caminho mais produtivo, menos especulativo, que viesse a proporcionar ao homem conquistas efetivas para o bem-estar da comunicação em texto escrito. Littré era um linguista poliglota e lexicógrafo consagrado, razão por que sua palavra tinha a autoridade de um mandamento, seria pelo culto ao saber linguístico que o pragmatismo positivista encontraria terreno propício para germinar. Após fundar a Igreja Positivista no mesmo ano de seu retorno à pátria, em companhia de seu cunhado Raimundo Teixeira Mendes (1855-1927), Lemos busca implantar uma vertente ortodoxa e moralmente hígida do pensamento comtiano, opção que confrontou até mesmo com o ideário de Littré e viria a conferir à escola positivista brasileira um perfil mais radical, em que se impunha sempre perquirir o atingimento de sete princípios fundamentais: o real, o útil, o certo, o preciso, o relativo, o orgânico e o simpático.

Decerto que a avalanche doutrinária do comtismo enfrentou resistência nos meios intelectuais, até mesmo de um folclorista patriota como Sílvio Romero, cujo amor às coisas brasileiras parece ter-se incompatibilizado com as promessas de um novo porvir que, em verdade, não passariam de um engodo (1894, p. 60-61):

> Desde o século XV e XVI a sociedade moderna vai fazendo as maiores conquistas, vai realizando os mais assignalados progressos de todo o genero, a despeito da sonhada *anarchia* dos positivistas, que se prazem em pintar a humanidade, atufada na mais completa desordem para elles, os novos *padres-mcstres*, os novos *apóstolos, SS. EExs. Revdms.*, terem o gosto supremo de lhe botarem o freio. E' por isso que o estado de incerteza e desordem de um período mais ou menos rápido, da historia, que durou apenas uns noventa a cem annos, elles o estendem por mais cinco longos séculos. isto é, até aos nossos dias!
> Mas semelhante modo de ver é evidentemente um falseamento dos factos, a systematisação de um engodo, uma cousa aérea e desconcertada. Além de haver ahi a insinuação pérfida de um estado de *desordem e anarchia*, que de facto não existe, dá-se esse caracter, para alarmar os espíritos, aquelle estado de discussão e certâmen das crenças que são as condições mesmas da vida para as idéias, as condições indispensáveis ao progresso das doutrinas e das opiniões.

Com efeito, a trilha escolhida pelos positivistas brasileiros não raramente confrontava dogmas, em nítida contradição do que se poderia acatar como "normal" pelo bom-senso do cidadão comum. Exemplifique-se com o combate ao projeto estatal de impor o ensino obrigatório em escolas oficiais, uma suposta preservação da autoridade paterna para traçar os destinos dos filhos, mas que, nas entrelinhas, buscava impedir a ação doutrinadora sobretudo da Igreja, tradicional fomentadora dos projetos educacionais no Brasil e bastante influente na formação moral do educando. Estes parágrafos assinados por Miguel Lemos e Raimundo Teixeira Mendes (1855-1927) são esclarecedores (1902, p. 9)[382]:

> Um jornal da manhan, publicando as bazes da reforma da instrução pública, elaboradas por uma comissão nomeada pelo governo para esse fim, dis, entre outras coizas, que a dita comissão propõe a obrigatoriedade do ensino, para os meninos, de 7 até 14 anos, e para os adultos, de 14 até 18. Já por vezes temos discutido ésta questão de ensino obrigatório e mostrado a incompetência do poder civil para decretá-lo, pois que similhante medida ataca a autoridade paterna e destrói, ao mesmo tempo, a liberdade espiritual. Em matéria de ensino não se déve aceitar nenhuma impozição, sinão a que rezulta da livre adezão de cada um às doutrinas em circulação, e o Estado não póde impor *mestres* nem *doutrinas*, como não póde impor padres nem religião. E um e outro cazo a questão fundamental é a mesma e entende com a liberdade espiritual do cidadão, ou, como se costuma dizer, com a sua liberdade de pensamento e de consiência. A obrigatoriedade do ensino é uma das muitas panacéias inventadas hoje para sanar males que não compórtão remédio *legal* e que só pódem ser debelados pela modificação gradual e lenta das opiniões e dos costumes. Quando se pretende submeter à sanção penal matéria que só comporta uma solução espiritual, planta-se o absolutismo e lança-se o gérmen de reações violentas.

No corpo do ideário positivista, as ciências dispunham-se em uma hierarquia claramente concebida segundo o papel mais pragmático de seu objeto e a percepção de seu contributo para o progresso social. Não surpreende, pois, que a emergente sociologia, ou física social, figure no topo da pirâmide epistemológica como ciência mais complexa e que a linguística sequer seja cogitada para citação; afinal, segundo os parâmetros da Lei dos Três Estados, cumpria conferir supremacia às ciências naturais em detrimento das ciências humanas. Como também não surpreende que sejam exatamente as ciências físicas e biológicas as que gozam de especial atenção nos programas escolares e nos projetos de vulgarização do saber científico que então se ofereciam ao público laico. Saliente-se, por exemplo, que o primeiro volume da *Biblioteca Útil* fora dedicado exatamente a *O Espírito Positivo*, de Augusto Comte,

---

382. Ressalte-se a ortografia idiossincrática de Lemos e Mendes, objeto de seu manual *Ortografia positiva* (1888), que tem evidente valor simbólico como instrumento de iconoclastia linguística.

cuja tradução devemos a Francisco Ribeiro de Mendonça (?-?). Passa a circular no Brasil com grande aceitação do público ledor a *Revista de Filosofia*, publicada no Porto e dirigida por Teófilo Braga (1843-1924) e seu cunhado Júlio de Matos (1856-1922), cujo primeiro volume, referente aos anos de 1878-1879, é integralmente dedicado ao positivismo. Em suas páginas, recolhe-se um exemplo de transferência conceitual, em que a noção de lei como princípio imutável, amplamente difundido na seara da física e da química, passa a figurar no plano das ciências humanas (1879, p. 16):

> A Sociologia, apesar da sua complexidade e do caracter particular e especial do seu objeto, possue leis ideaes tão inflexíveis como as das outras sciencias que hyerarchicamente lhe estão inferiores; quando porém essas leis passam ao dominio concreto da vida das sociedades, muitas vezes sofrem certas perturbações, chegando mesmo aparentemente a perderem a sua feição mais característica.

O clima de exultação tecnológica simbolicamente representado pelo vapor e pela eletricidade renovava a crença no engenho humano e ampliava a crença de soberania do homem sobre a natureza. Respirava-se a atmosfera do progresso e da crença no futuro, como se um povir redentor tivesse a capacidade de elidir as mazelas sociais, para trazer bem-estar e estabelecer as condições de desenvolvimento sustentável para o país. Outras invenções importantes, tais como a fotografia e o fonógrafo, contribuíram para a criação deste clima de domínio do engenho humano sobre o tempo e o espaço, pois tornaram o passado disponível para o presente e o presente para o futuro. O cientificismo reinante conferia voz mais poderosa e abria espaço para manifestação dos agnósticos, numa crescente onda anticlerical. Era a ocasião para reformas em todos os setores da atividade social, em que se incluía naturalmente a área da educação. Os novos rumos que se expressavam, por exemplo, nas *Primeiras lições de coisas* (1886), obra pedagógica de Norman Calkins (1822-1895) que fora traduzida por Rui Barbosa, resumiam-se nos termos de sua epígrafe: "Apresentar ao menino antes dos vocabulos as coisas, antes dos nomes as idéas. Industrial-o em observar, executar e dizer". É o tempo de uma gramática científica, inspirada no evolucionismo darwinista e de uma poesia científica[383], conforme a denomina José Isidoro Martins Júnior (1860-1904), sob o manto do positivismo. O destino do país estava por

---

383. Martins Junior (1914 [1883]). Expressiva a epígrafe, extraída de Teófilo Braga, que o autor sobrepõe ao primeiro capítulo: "Á arte compete propagar a solidariedade humana, narrar as lutas dessa conquista, levar á convicção de que o desenvolvimento é uma forma da vida que a perfectibilidade é indefinida" (p. 1).

definir-se num momento em que "a psyché brasileira tem as incongruencias cahoticas de um abysmo", em que era mister que a pátria valente e livre desviasse o rumo da "decadencia fatal e definitiva" (1914 [1883], p. 1). O rumo do progresso é traçado pelo conhecimento científico.

10.5 A gramática científica e seus parâmetros

Os textos de história da linguística usualmente optam por referir-se à sucessão de modelos teóricos como integralmente inovadores em face do inventário de saberes conquistados em modelos anteriores. Conforme adverte Konrad Koerner, há certo enaltecimento da descontinuidade, ou ruptura epistemológica, decorrente da chegada de novos paradigmas, ou "novos começos", com a agravante de que semelhante conduta acaba por reinaugurar a linguística como ciência a cada passo paradigmático, não por demérito do que já se fez, mas pela percepção de que tais conquistas não podem ser enquadradas como "científicas" (Koerner, 1989, p. 71). Decerto que será esse usual procedimento o responsável por reconhecer no modelo histórico-comparativo do século XIX o paradigma inaugural da linguística como ciência, fato que chega a ser contestado por quem faz remontar semelhante pioneirismo aos estudos de Panini, por outros que o situam na linguística de Ferdinand de Saussure (1857-1913) ou até mesmo na linguística de Noam Chomsky, como se a ciência renascesse a cada "revolução" paradigmática. Por outro lado, no plano metalinguístico, há certa imprecisão quanto ao uso do termo "linguística" para designar uma dada disciplina de investigação com objeto e metodologia próprios, fato que contribui para este estado de coisas.

A ideia de linguística como ciência, pois, vincula-se ao clima intelectual dos Oitocentos, que respira as conquistas tecnológicas responsáveis por radical modificação na qualidade de vida do cidadão e propicia o diálogo entre ramos aparentemente distantes da ciência e a natural transferência de teoria e método que semelhante diálogo favorece. A rigor, a linguística dos Oitocentos é uma convergência da história natural com a biologia, a antropologia, a psicologia, entre outras áreas do saber, uma confluência de princípios recolhidos a várias ciências mais tradicionais ou mesmo contemporâneas, que formam, por assim dizer, uma "força de trabalho" dedicada a desvendar o fenômeno da linguagem humana pela investigação de sua origem[384]. É nesse

---

384. Nesse sentido, a ideia de língua em Hermann Paul, como produto da cultura humana, define-a como objeto de contemplação histórica, que haveria de ser estudado por uma "ciência de princípios" (1970 [1886], p. 14).

ambiente que surgem no Brasil, a partir da década de 1880, gramáticas ditas "científicas", flagrantemente antagônicas às que se vinham produzindo sob o manto do modelo racionalista, a primeira delas intitulada *Gramática portuguesa* (1911 [1881]), por Júlio Ribeiro, vinda a lume na década da República e da Abolição, um símbolo, em plano linguístico, da mudança radical que se instalava na sociedade brasileira.

Antes de Júlio Ribeiro, tirante este ou aquele trabalho avulso, de concepção doutrinária extravagante, o projeto de gramática atrelava-se aos cânones racionalistas de Port-Royal, da gramática filosófica, com subordinação do fato linguístico ao conceito lógico-filosófico, conforme fartamente difundido não só em vários textos da lavra de brasileiros, desde a letra precursora de Antônio de Morais Silva até os trabalhos iniciais de Ernesto Carneiro Ribeiro, como também em trabalhos de autores portugueses que lograram obter grande aceitação, sobretudo pedagógica, no Brasil, tais como as gramáticas de Jerônimo Soares Barbosa e Francisco Solano Constâncio. Destaque-se que a antiga escola manteve-se presente em plano pedagógico durante largo tempo, chegando mesmo a ultrapassar as barreiras do século, com um legado sólido de ensino normativo e espírito mimético com relação à língua dos clássicos literários. Advirta-se que o termo "gramática filosófica", em plano metalinguístico, sofreu certa corrupção semântica, passando a significar algo assemelhado a "gramática geral", no sentido de dedicar-se não propriamente ao estudo de uma língua determinada, mas à investigação da linguagem humana *lato sensu*. A confusão quanto ao uso do adjetivo "filosófica" se deve, certamente, à natural balbúrdia designativa em momentos de intensa ruptura, em que os conceitos de um novo paradigma científico acabam imiscuindo-se com outros da velha ordem[385].

A nova vertente da gramática científica[386], portanto, em plano historiográfico, ingressa nas páginas brasileiras sobre língua vernácula como natural efeito dos estudos histórico-comparativos desenvolvidos no Velho Mundo[387].

---

385. Ernesto Carneiro Ribeiro, por exemplo, assevera que a gramática filosófica "estuda as regras gramaticaes, prendendo-as e ligando-as aos princípios geraes, que as explicão e justificão" (1958 [1885], p. 391).

386. Sílvio Elia (1975), conforme já aqui referido, opta pela denominação "período científico", que se estende até meados do século XX.

387. Evanildo Bechara atribui à *Grammatik der Portugiesischen Sprache* (2018 [1878]), de Karl von Reinhardsttoettner (1847-1909), a primazia de ser "a primeira gramática portuguesa dentro da tradição historicista aplicada por Diez e já aplicada em Portugal por Adolfo Coelho" (Bechara, 1998, p. 110).

O traço de modernidade que distingue a nova ordem reside na descrição da língua com foco no fato concreto, ou, como se costumava dizer, sobre a "matéria linguística", em detrimento da especulação meramente conceitual. Em outros termos, rompia-se com o mentalismo severo da escola racionalista, para ingressar-se com entusiasmo no empirismo envolvente que as ciências naturais tanto fizeram disseminar já nas primeiras décadas do século XIX[388]. É com grande entusiasmo que os compêndios gramaticais que se seguem à proposta pioneira de Júlio Ribeiro (1911 [1881]) deixam-se seduzir pelas novéis propostas, cujas fontes diretas eram, sobretudo, as gramáticas inglesas, francesas e portuguesas igualmente inspiradas na metodologia do comparativismo histórico. Citem-se, por exemplo, os volumes *A língua portuguesa* (1868), cujo prefácio situa a gramática no estudo do "organismo da lingua nos seus elementos" (p. III) e *Questões da língua portuguesa* (1874), trabalhos de Adolfo Coelho que renovaram o pensamento linguístico em Portugal, além da *Gramática portuguesa elementar fundada sobre o método histórico-comparativo*, da lavra de Teófilo Braga (1876). Evanildo Bechara chega a afirmar que Adolfo Coelho é o "introdutor do método histórico comparativo em Portugal e, por extensão, no Brasil" (1997, p. 11), considerando-se que o texto de *A língua portuguesa* estava entre as fontes doutrinárias de Júlio Ribeiro. Por sinal, conforme salienta Bechara, dez anos após Ribeiro haver publicado sua *Gramática portuguesa*, Adolfo Coelho revelaria também ter-se servido do trabalho do colega brasileiro (1991, p. V-VI):

> Aproveitámo-nos para o nosso trabalho das publicações dos grammaticos que teem tido por objectivo a lingua portugueza e dos quaes mencionaremos em particular os snrs. Epiphanio Dias e Júlio Ribeiro, comquanto as doutrinas que eles adoptam nos fossem pela maior parte conhecidas ha muito das fontes a que recorreram; é certo porém que esses dois auctores averiguaram muitos factos da língua de modo mais completo que seus predecessores e que o primeiro apresentou pela primeira vez entre nós modos de ver que se oppunham á velha rotina em que se immobilisara o ensino grammatical e contribuiu sobretudo para a organização da syntaxe.

No tocante à *Gramática portuguesa elementar*, de Teófilo Braga, evidencia-se sua influência no Brasil como manual pedagógico que logrou trazer para o mundo das gramáticas as teses científicas que habitavam o universo da

---

388. O método desenvolvido por A. Schleicher para a reconstituição histórica das línguas (*Stammbaumtheorie*) – de grande repercussão no Brasil – é inspirado nos métodos de classificação botânica, em gêneros e espécies.

ciência linguística. Em outros termos, o trabalho de Teófilo Braga demonstrou que era possível aplicar ao ensino a nova visão sobre o conceito de língua, sua origem e evolução à luz de uma metodologia analitista que privilegiava a sintaxe como setor mais relevante do estudo gramatical. Teófilo Braga era homem de formação polígrafa, em cuja personalidade a afeição extremada ao ideal positivista coexistia com um interesse profundo e sentimental pelas raízes culturais do povo português, razão por que sua extensa obra cuida de temário diverso no campo da literatura, da religião, da história, dos costumes e das artes em geral. No campo da antropologia, sua atuação, aliada a de outros intelectuais de grande projeção como Antônio Augusto da Rocha Peixoto (1866-1909), José Leite de Vasconcelos (1858-1941) e Zófimo José Consiglieri Pedroso (1851-1940), é decisiva para consolidar as bases dos estudos sobre cultura portuguesa. Saliente-se que o trabalho de Braga era destinado às primeiras letras, ou seja, propunha a renovação do ensino linguístico nas bases da formação escolar, quando o aluno ainda não se iniciara nos rumos da velha ordem racionalista. Vale, por sinal, observar que a gramática de Braga foi publicada por uma editora com ramificação no Brasil, fato que a tornava mais acessível ao público estudantil deste lado do Atlântico.

Nas primeiras palavras de sua obra, sob o título *Advertência*, Braga informa que alimentava o desejo de aplicar em um manual de gramática os novos ganhos auferidos pelo método histórico-comparativo no estudo das línguas românicas. A crítica de Braga ao estado em que então se encontrava o ensino do português atinge nomes como Bento Pereira, que um século antes procedera a uma descrição do vernáculo sob inspiração da gramática latina, Reis Lobato, que "em nada levantou o estudo grammatical do portuguez" e Soares Barbosa, cuja *Gramática* construíra-se sob inspiração de Condillac (1876, p. VIII). Investir contra Soares Barbosa implicava criar inimigos figadais em face da intensa aceitação, talvez veneração, de que desfrutou em Portugal e no Brasil sua *Gramática filosófica* ao longo de todo o século XIX, inclusive em um momento posterior ao pontificado da gramática racionalista. A leitura da *Gramática elementar* de Teófilo Braga revela que, a rigor, seu foco de interesse circunscreve-se à morfologia, que logra ocupar 107 páginas, em confronto com as parcas 18 páginas da fonologia e 17 da sintaxe. Esse aparente contrassenso explica-se parcialmente em razão da verdadeira devoção dedicada à morfologia no período científico por ser área do estudo linguístico que mais se aproximava da metodologia das ciências naturais, fato que se revela nitidamente no plano metalinguístico: *morfologia, taxionomia, espécie, raiz, ramo* etc. Enfim, os gramáticos brasileiros lograram observar nos trabalhos de Coelho e Braga, sobretudo em Braga, uma aplicação prática do conceito de língua como organismo vivo na elaboração de um texto gramatical que servisse a um tempo de descrição e prescrição, dado o necessário teor dual que se impunha a trabalhos desse gênero.

Igualmente relevantes, sobretudo na teoria sintática, os compêndios de língua vernácula francesa, que chegavam ao Brasil com maior volume e diversidade em face da ampliação do comércio de livros estrangeiros. Com efeito, na segunda metade do século aumenta significativamente a presença de livreiros franceses no Brasil, com natural instalação na sede da Corte. A importação de mão de obra especializada também contribuiu para a formação de tipógrafos mais qualificados e comerciantes de livros com melhor formação nas diversas áreas do saber e do entretenimento, mais aptos para atender as exigências de um público ledor crescente. A necessidade de produzir e imprimir os livros em Paris, principal polo editorial a serviço do mercado brasileiro, facilitava a entrada de livros franceses no território nacional, entre eles, decerto, as gramáticas do francês. Entre os editores de grande presença em solo brasileiro, cite-se necessariamente Baptiste-Louis Garnier (1823-1893), o mais importante livreiro e editor francês no Brasil, que chegara ao Rio de Janeiro em 1844, bem antes da revolução tecnológica que viria a caracterizar o parque editorial brasileiro a partir dos anos 1860. De seu prelo saíram obras de nomes como Domingos Gonçalves de Magalhães (1811-1882), José de Alencar (1829-1877), Manuel de Araújo Porto-Alegre (1806-1879), Joaquim Maria Machado de Assis (1839-1908), Aluísio de Azevedo (1857-1913), Joaquim Manuel de Macedo (1820-1882), entre outros. Os gramáticos e estudiosos da língua eram ordinariamente bem acolhidos pela Garnier, tanto os mais prestigiados quanto os obscuros: Cirilo Dilermando da Silveira (?-?), Joaquim Maria de Lacerda (1838-1886), Joaquim Caetano Fernandes Pinheiro (1825-1876), Hilário Ribeiro (1847-1886), Paulino José Soares de Souza (1834-1901), João Ribeiro. Em seu catálogo constava já pela última década do século um sem-número de obras gramaticais sobre línguas estrangeiras, mormente as românicas, traço do especial pendor que a Livraria Garnier dedicava ao cultivo das Letras. Entre as várias gramáticas do francês que circulavam no Brasil e contribuíram para a arquitetura de um renovado modelo de descrição gramatical, decerto caberá à *Grammaire comparée de la langue française* (1876 [1851]), de Cyprien Ayer (1825-1884)[389] especial destaque, já que obteve intensa repercussão na pesquisa e ensino de língua

---

389. Sobre a obra de Cyprien Ayer, cf. Fryba-Reber e Swiggers (2013).

vernácula no Brasil, e, no campo da língua inglesa, destaquem-se a *Higher English grammar* (1873), do escocês Alexander Bain (1818-1903) e *English grammar* (1879 [1858]), de Charles Mason (1820-1900), esta mais presente nas citações e referências, como a de Maximino Maciel em sua *Gramática descritiva* (1922, p. 110).

Fora do mundo linguístico, os novos rumos da gramática científica ganham relevo nas páginas jornalísticas, pelo menos a partir do final da década de 1870. Em sua edição de 30 de novembro de 1878, o *Diário da Noite*, periódico do Rio de Janeiro, estampa anúncio do curso *Princípios Gerais de Filosofia da História*, ministrado por José Maria da Cunha Seixas (1836-1895), cujo conteúdo incluía os pontos "Positivismo e evolucionismo; theoria da finalidade humana, theoria do progresso e theoria das leis do ideal, da serie, da diminuição do esforço" (p. 4). As conquistas palpáveis da biologia, sobretudo da recente teoria evolucionista darwiniana, e os instigantes meandros de uma psicologia cada vez mais respeitada constituíam assunto inesgotável para as rodas de debates sobre o futuro da sociedade e as maravilhas do progresso científico, materializado na eletricidade, na telefonia, na máquina a vapor e na industrialização emergente. Em uma edição do periódico *O Novo Mundo* encontra-se um documento historiográfico precioso, que aguarda a análise acurada dos historiógrafos da linguística brasileira. Trata-se do artigo *Darwinismo da linguagem* (Rodrigues, 1875, p. 218)[390], que traça as linhas de conexão entre as teses evolucionistas e a fenomenologia linguística. Nesse trabalho, o autor[391] dá conta das ideias que August Schleicher (1821-1868) havia publicado em seu *Die Darwinsche Theorie und die Sprachwissenschaft*, nomeadamente "a desaparição das fórmas antigas, a grande propagação e transformação de uma só especie no dominio da

---

390. O artigo fora publicado originalmente em *O Novo Mundo: Periódico Ilustrado do Progresso da Idade* (edição de 23 de junho de 1875, vol. 5, n. 57, p. 218). O jornal teve vida breve nos Estados Unidos da América, entre 1870 e 1879, sob direção de José Carlos Rodrigues (1844-1922), jornalista que, radicado na nação norte-americana, lá teve presença relevante na propaganda das coisas brasileiras. O episódio mais famoso em que se envolve o nome de Rodrigues diz respeito a sua participação na Grande Exposição da Filadelfia, em 1876, na qual esteve presente Pedro II para divulgar as coisas do Brasil. Crítico do regime monárquico, Rodrigues publicara vários artigos em que conclamava o Imperador a abdicar em prol da causa republicana. A despeito desse fato, durante a exposição Pedro II dirigiu-se à sede de *O Novo Mundo* para cumprimentar Rodrigues e agradecer seu empenho na promoção do Brasil no exterior.

391. Embora o artigo não seja assinado, certamente seu autor é José Carlos Rodrigues, visto ter sido ele o único editor do jornal, responsável por praticamente todos os textos publicados. Com efeito, a práxis de *O Novo Mundo* era de identificar os artigos de terceiros e manter não identificados os de Rodrigues.

glótica, tudo de conformidade com a doutrina de Darwin" (1875, p. 218). O texto alinha-se com as conclusões de Schleicher acerca da natureza orgânica da língua, que, não sendo fruto da vontade humana, surgiu e desenvolveu-se segundo leis imutáveis, vinculando claramente o *Glottiker* alemão às ideias evolucionistas de Darwin[392]. Esse documento é altamente relevante, do ponto de vista historiográfico, já que comprova a disseminação das ideias evolucionistas de Schleicher, a par da presença de nomes como William Dwight Whitney (1827-1894) e Friedrich Max Müller (1823-1900) no panorama intelectual dos anos 1870. Em suas derradeiras linhas, assim conclui o autor (1875, p. 219):

> A historia mais moderna das diversas famílias de línguas favorece igualmente á these transformista. De cada lingua-mãe, de cada tronco de línguas, como desse Schleicher, brotam numerosos ramos que produzem por sua vez novos ramos e formam, pelo menos nas línguas mais estudadas até o presente (o gruppo ariano e o grupo semítico), arvores genealogicas, reaes e perfeitas, e em tudo de accôrdo com as que os darwinianos tractam de restituir ás espécies animaes.

O interesse jornalístico pela novel ciência linguística inspirada nos ares do darwinismo mais se justifica pelo esplendor do espírito cientificista do que pelo interesse do público laico por questões especificamente linguísticas. Cuida-se aqui de certo deslocamento da investigação sobre a natureza da língua do terreno especulativo de tradição humanista para o laboratório das ciências naturais, em que as línguas passam a ser analisadas à semelhança do método aplicado ao estudo dos seres vivos.

10.6 O passo decisivo de Júlio Ribeiro

Acatando-se a tese de que pioneirismo é publicação, atribui-se papel precursor a Júlio Ribeiro no tocante à recepção dos princípios da linguística evolucionista no Brasil, não propriamente em face de sua *Gramática portuguesa* (1881), senão devido aos seus *Traços gerais de linguística* (1880), opúsculo integrante da coleção *Biblioteca Útil*, cuja vinda a lume é datada

---

392. A propagada influência de Darwin em Schleicher é contestada por Konrad Koerner sob argumento de que as fontes teóricas em que se inspirou o linguista alemão eram pré-darwinianas. Segundo Koerner, o falso perfil de Schleicher como darwinista deve-se ao fato de os historiadores da linguística não se dedicarem à leitura de seus textos originais, satisfazendo-se com informação de terceiros, bem como sua incapacidade de levantar as verdadeiras fontes teóricas do linguista alemão, nomeadamente a teoria evolucionista pré-darwiniana e o princípio do uniformitarismo em geologia (Koerner, 1989, p. 36).

de 1880. A questão do pioneirismo, entretanto, mantém-se aberta, já que sua primazia talvez se possa atribuir a Hemetério José dos Santos (1853?-1939). Uma importante informação que Maximino Maciel oferece em seu *Breve retrospecto sobre o ensino da língua portuguesa*, acostado à *Gramática descritiva*, dá conta do trabalho igualmente precursor de Hemetério José dos Santos, cuja obra não logrou cativar o reconhecimento das gerações futuras. O juízo crítico de Maciel, entretanto, abona o nome de Hemetério dos Santos, ao lado de Júlio Ribeiro, entre os precursores da gramática científica entre nós (1922 [1894]):

> É de imprescindivel justiça confessarmos que, muito anteriormente ás grammaticas de Alfredo Gomes, Pacheco e Lameira, e João Ribeiro, já havia Hemeterio dos Santos elaborado uma *Grammatica elementar* em que, nas suas linhas geraes, se esboçavam com segurança as novas doutrinas philologicas, aplicadas á discencia do vernaculo. Esse seu trabalho, hoje augmentado, refundido com o titulo de *Grammatica portugueza*, publicado em 1907, constitue um dos nossos excellentes compendios de lingua portugueza, reflexo da erudiçao do autor da materia.

A consulta à *Gramática elementar* (1877) de Hemetério resta aparentemente inacessível ao pesquisador hodierno, razão por que não se pode comprovar seu caráter precursor. O livreiro Serafim José Alves (?-?) anuncia a venda da *Gramática* nas páginas do periódico *A Escola* em sua edição de 4 de maio de 1878[393]. Antes, em sua edição de 7 de outubro de 1877, o periódico *A Reforma* anunciara sua publicação com o selo da Editora de Serafim Alves, de que se conclui ser este o ano em que efetivamente vem a lume o texto gramatical do gramático maranhense[394]. Supostamente, perderam-se todos os exemplares deste que pode ser o primeiro texto gramatical brasileiro escrito sob as teses da gramática histórico-comparativa. Por outro lado, a questão do pioneirismo remete-nos também à *Gramática histórica da língua portuguesa* (1878), de Manuel Pacheco da Silva Júnior (1842-1899), saída a lume dois anos antes dos *Traços gerais de linguística* de Júlio Ribeiro. A questão está no fato de que essa obra de Pacheco Júnior tem caráter diacrônico, portanto não aplica, a rigor, o método histórico-comparativo na descrição do vernáculo, sequer se ocupa de referência expressa a suas bases,

---

393. Cf. em http://memoria.bn.br/DocReader/Hotpage/HotpageBN.aspx?bib=351199&pagfis=693 &url=http://memoria.bn.br/docreader#. Blake (1895, p. 208), equivocadamente, afirma ter sido publicada em 1879.

394. Cf. Santos (2019, p. 114).

fato que lhe inibe a primazia de constituir-se trabalho efetivamente pioneiro sob esse aspecto.

Alguns aspectos atinentes ao projeto editorial dos *Traços gerais de linguística* parecem-nos relevantes para mais acurada avaliação desse texto canônico[395] de especial valor historiográfico para o pensamento linguístico brasileiro. O livro tem 120 páginas, numeradas no ângulo superior direito desde a página 16, que corresponde à segunda página do capítulo 1, até a página 117, em que se finaliza o capítulo 9. Produzido em formato in-16º, o volume segue o padrão de encadernação simples, em papel cartonado na cor grená, a que se sobrepôs uma folha estilizada em padrão marmorizado de cor bege e grená. O efeito geral resulta em capa e contracapa marmorizadas ao lado de uma tarja grená vertical que se estende do terço esquerdo da capa ao terço direito da contracapa, passando pela lombada. A capa e a contracapa não têm quaisquer dizeres seja na face externa ou na interna, fato que reforça a despersonalização do volume como parte de uma coleção. A lombada traz o nome do autor J. Ribeiro separado do título "Traços Geraes de Linguística" em caixa-alta, além do ano de publicação: 1880. O corpo da obra é impresso em papel de imprensa (*newsprint*), gramatura provável de 48,8 g/m², que comumente se utilizava nas tipografias brasileiras do século XIX para jornais e publicações de baixo custo orçamentário. A rigor, trata-se do mesmo papel utilizado pelo jornal paulista *A Gazeta do Povo*, em cuja tipografia foi impressa a obra. Há uma guarda e uma contraguarda em papel de 120 g/m² aproximadas, que se estendem em escarcela. No volume que analisamos, a folha de rosto traz estampado o carimbo da Sociedade de Estudos Filológicos de São Paulo.

Esses elementos bibliológicos são importantes para que se estabeleça a configuração editorial de um trabalho que, em certa medida, revela-se despretensioso e cuja presença viria a demarcar uma nova vertente paradigmática no cenário linguístico brasileiro, seja como consolidação da recepção das teses evolucionistas em letra de forma, seja como inspiração de novos trabalhos que se publicaram a partir da década dos anos 1880. Em sua estrutura orgânica, os *Traços gerais de linguística* apresentam os seguintes segmentos: a) parte pré-textual: apresentação da Biblioteca Útil, obras da Biblioteca Útil, falso rosto, página de identificação da Tipografia, folha de rosto, página de direitos autorais, prefácio assinado pelo autor; b) parte textual, compos-

---

395. Atribui-se aqui a "texto canônico", como objeto de análise historiográfica, o significado que lhe confere Swiggers (2013).

ta pela introdução e nove capítulos, que serão objeto de análise adiante; c) parte pós-textual, com sumário (intitulado "índice"), errata, obras à venda na Livraria Popular. Seguindo o padrão estético da época, a folha de rosto é composta em tipos variados, embora em harmonia estética, com uso de traços horizontais e uma vinheta. Estrutura-se da seguinte forma: BIBLIOTHECA UTIL/ III/Traços Geraes/ de/ LINGUISTICA/ por/ Júlio Ribeiro/ Livraria Popular/de/ Abilio A. S. Marques – Editor / S. Paulo – 1880. No tocante aos direitos autorais, registra-se a copropriedade, em Portugal, da Livraria Internacional de Ernesto Chardron, fundada em 1869 no Porto, uma das mais prestigiadas casas editoriais portuguesas do século XIX, que viria a denominar-se Livraria Lello e Irmão Ltda, depois simplesmente Livraria Lello, cuja sede, na cidade do Porto, é considerada uma das joias da arquitetura neogótica portuguesa.

Terá sido por modéstia, ou talvez por rigor acadêmico, que Júlio Ribeiro, em uma nota ao leitor, compara-se aos engarrafadores de vinhos preciosos, que fazem ostentar o nome no rótulo ao lado da chancela dos produtores. A observação jocosa ressalva o fato de que as ideias linguísticas que se expõem nas páginas dos *Traços* são da lavra de nomes preeminentes da linguística oitocentista, "cujos ensinamentos repeti, cujas palavras por vezes trasladei litteralmente" (1880, p. 9). Saliente-se que a preocupação com a citação expressa das fontes doutrinárias, com detalhada referência aos autores de quem recolheu uma teoria específica, constitui um hábito recorrente na obra de Ribeiro. No prefácio de sua *Gramática portuguesa* (1881), por exemplo, informa ao leitor que sua definição de gramática é absorvida de William Whitney (1827-1894), ao passo que as teses da descrição sintática utilizada são inspiradas no "systema germanico de Becker"[396], mediante leitura da *English grammar* (1876 [1858]), de Charles Peter Mason (1820-1900). Não nos surpreende, pois, que Ribeiro apresente ao leitor dos *Traços gerais de linguística*, já em suas primeiras linhas, as principais fontes em que se abeberou para construir o panorama teórico e metodológico da linguística de seu tempo, entre eles Franz Bopp (1791-1867), August Schleicher (1821-1868), Jacob Grimm (1785-1863), Max Müller (1823-1900), Friedrich Diez (1794-1876) e Michel Bréal (1832-1915). Ressalte-se a citação de dois portugueses, Teófilo Braga (1843-1924) e Adolfo Coelho (1847-1919), e de um brasileiro, Manuel Pacheco da Silva Jr. (1842-1899), decerto uma deferência a três dos linguistas que mais se destacavam à época na aplicação do método histórico-comparado na descrição do português.

---

396. Karl Ferdinand Becker (1775-1849).

De resto, nesta página inaugural, Ribeiro não perde a oportunidade de uma referência depreciativa ao modelo racionalista que ainda habitava as páginas da *Gramática portuguesa* (1871 [1866]), de Sotero dos Reis (1800-1871), cuja primeira edição precedera os *Traços* em uma década e meia. Ao afirmar que "entre nós ainda há muita gente de bom saber a acreditar piamente que em materias de filologia e de linguistica disse Sotero dos Reis a ultima palavra" (1880, p. 9), Ribeiro comprova a tese da "tensão essencial" (*essential tension*) a que se refere Thomas Kuhn (1922-1996) ao tratar da ruptura de paradigmas científicos. Caberia, decerto, a um jovem linguista, formado nas bases da gramática racionalista, o papel inovador que desviaria os rumos dos estudos linguísticos brasileiros na penúltima década do século.

Não é fortuita a presença de Auguste Comte (1798-1857) como primeiro nome entre os intelectuais citados por Júlio Ribeiro na apresentação (intitulada *Ao Leitor*) de seu opúsculo sobre a ciência linguística. Com efeito, a efetiva revolução que então se instala na investigação do fenômeno linguístico reside em uma perspectiva metodológica em que a angustiante busca das causas primárias, que a metafísica aristotélica legou ao estudo das coisas, é superada pela constatação pragmática de que "cousas ha que hão de ser sempre inaccessiveis aos processos de investigação e verificação de que dispõe o homem" (1880, p. 11). Em palavras mais decisivas, o que importa não é especular sobre fatos com que as limitações cognitivas do homem não conseguem lidar, mas sim mergulhar em uma análise detalhada e empírica do que pode ser observado e descrito: com esta perspectiva epistemológica, Ribeiro contribui para implantar na linguística brasileira o método experimental. Para situar a linguística no conjunto das denominadas ciências abstratas, Ribeiro parte de uma classificação dos fenômenos observáveis em seis ordens:

a. de quantidade, extensão e forma, investigados pela matemática;

b. de movimento, tamanho e distância dos astros, investigados pela astronomia;

c. de calor, luz, eletricidade, magnetismo e acústica, investigados pela física;

d. de composição e decomposição, investigados pela química;

e. de organização e vida, investigados pela biologia;

f. do desenvolvimento das sociedades, investigados pela sociologia.

Como se percebe, Júlio Ribeiro situa a sociologia no mesmo plano das ciências físicas e biológicas, de que decorre evidentemente sua crença na possibilidade de um tratamento experimental dos fatos sociais. Reside aqui uma forte influência do denominado *evolucionismo social* de Edward Tylor

(1832-1917) e Herbert Spencer (1820-1903), cujas teses aplicam os princípios darwinistas na descrição da sociedade como fruto de um processo evolutivo. A concepção da cadeia etnológica em estágios evolutivos, que vão do primitivo ao civilizado, coaduna-se perfeitamente com os princípios do evolucionismo linguístico que habitavam as páginas de linguistas influentes, tais como August Schleicher e Max Müller. Este entendimento da sociologia como ciência intimamente ligada à antropologia evolucionista dá oportunidade a Júlio Ribeiro para incluir a linguística em seus domínios: "*Linguística* é o ramo da sociologia que tem por fim o estudo dos elementos constitutivos da linguagem articulada, e das fórmas diversas que pódem tomar esses elementos" (1880, p. 13). Não se confunda aqui esta concepção sociológica da linguística com a que Ferdinand de Saussure (1857-1913) viria mais tarde utilizar, sob o amparo teórico do *fait social* de Émile Durkheim (1858-1917), para estabelecer as bases do estudo sincrônico da língua. Aqui, a linguística vê a língua como objeto histórico, fruto de um processo evolutivo, sem qualquer perspectiva de análise de sua manifestação discursiva no meio social.

Cabe, ainda, fazer observar certa preocupação de Júlio Ribeiro no tocante à distinção (ainda hoje) pouco definida entre linguística e filologia, conforme comentamos em outra página deste livro. A solução de Ribeiro, que define a filologia como estudos dos princípios da linguística aplicados a uma determinada língua "considerada como instrumento e meio de uma literatura" (1880, p. 14) bem se aproxima da distinção que, em geral, se fazia à época entre *gramática geral* e *gramática particular*. No entanto, Ribeiro arremata com uma referência especial à filologia comparada, que aplica os princípios da linguística "simultaneamente a varias linguas, cujo parentesco proximo ou remoto se verifica pela comparação" (1880, p. 14). Em síntese, enquanto a linguística cuida dos princípios da linguagem articulada *lato sensu*, a filologia comparada aplica tais princípios em línguas de identidade genealógica, ao passo que a filologia os utiliza para a análise de dada língua particular.

As referências superficiais que se costumam traçar acerca da história da linguística não raro atribuem o nascimento da neurolinguística, por muitos denominada uma área da biolinguística[397], a uma reação à proposta mentalista residente nos estudos de Noam Chomsky sobre a linguagem humana. Essa é a perspectiva que conduz linguistas como Cedric Boeckx e Kleanthes Grohmann a afirmar que "the past fifty years have shown, uncontroversially

---

397. Cf. o manifesto biolinguístico de Boeckx e Grohmann (2007).

in our opinion, that it makes eminente sense, at various levels, to regard the study of the language faculty as a branch of biology, at a suitable level of abstraction" (2007, p. 1). Entre os brasileiros, leem-se afirmações como "a neurolinguística constitui-se num campo de investigação relativamente recente, especialmente suscetível aos avanços tecnológicos" (Scherer & Gabriel, 2007, p. 68). Trata-se de afirmações que ordinariamente encontramos nas referências de caráter histórico pontilhadas em textos acadêmicos, cuja principal evidência é de que pouco se cuida da veracidade dos fatos quando não há compromisso com a neutralidade epistemológica. A rigor, os primeiros estudos sobre as estruturas cerebrais e seu papel no processamento da linguagem (não obstante a palavra *processamento* decerto não fosse usada à época) remonta aos estudos de Pierre Paul Broca (1824-1880) e, posteriormente, Karl Wernicke (1848-1905) sobre a afasia. Broca notabilizou-se pela descoberta do *locus* cerebral responsável pelo processamento da linguagem verbal, ainda hoje conhecido como "área de Broca". A leitura da obra de Broca introduz Júlio Ribeiro na seara dos estudos neurolinguísticos que então entravam em voga como resultado da caracterização da novel glotologia como ciência intimamente vinculada à antropologia e à história natural.

No decurso de seus comentários sobre a "sede da linguagem articulada", Ribeiro dá oportunidade para que conheçamos algumas de suas convicções acerca do fenômeno linguístico. Uma delas é a de que a comunicação não é um privilégio do homem, não obstante a faculdade da linguagem articulada o seja: "Mas, si bem que os animaes tenham com certeza ideias, si bem que as saibam communicar, a linguagem articulada está além de seu alcance" (1880, p. 10). Nessa linha, Ribeiro estabelece, como distinção essencial entre o homem e os demais animais, esta "causa complexa e difícil que a creança tem de aprender na mais tenra edade", arrematando que "é-lhe imposto esse trabalho cerebral em uma épokha muito proxima dos periodos embryonarios, quando o desenvolvimento do hemispherio esquerdo está adiantado em relação ao do hemispherio direito" (1880, p. 19-20). Em outros termos, a aquisição da linguagem articulada é um fenômeno congênito, que distingue essencialmente o homem das demais espécies animais. Saliente-se que se está aqui no âmbito da capacidade cerebral de articular a fala, fato que se distingue claramente de "competência linguística" em seu sentido chomskyano. Isto se observa inequivocamente pela afirmação de Ribeiro de que as relações das ideias com as palavras estão no domínio dos dois hemisférios cerebrais (1880, p. 21):

> A faculdade de conceber taes relações pertence as (sic) dous *hemisférios* que, em caso de molestia, podem supprir-se reciprocamente; mas a faculdade de as exprimir por movimentos coordenados cuja pratica só se adquire em consequência de longo habito, parece pertencer a um só hemispherio que é quasi sempre o esquerdo.

Essa é a explicação que se apresenta à época para o fato de alguns afásicos entenderem a linguagem articulada, não obstante não a possam produzir, além de explicar a existência de afásicos com lesões no hemisfério direito. Estas informações revelam, enfim, que a pesquisa pioneira de Broca e Wernick limitava-se à investigação do processamento cerebral da língua tão somente quanto a sua "face externa", como à época se denominava, ou seja, quanto ao sistema de sons. Hoje, os estudos neurobiológicos concluíram que a afasia tem etiologia bem mais diversificada, "sugerindo que a linguagem é processada em locais anatomicamente múltiplos e distintos" (Bear et alii, 2006, p. 639), fato que afasta definitivamente a tese da primazia do lóbulo frontal esquerdo, ou mesmo do próprio hemisfério esquerdo, no processamento da linguagem. Ademais, a neurolinguística contemporânea irmana-se à linguística cognitiva na pesquisa do processamento da linguagem no cérebro, não só no tocante à articulação das cadeias sonoras, mas também na construção morfossintática da frase e na estruturação do léxico.

As primeiras palavras de Júlio Ribeiro acerca da história da língua são de desesperança. A perspectiva era de que, embora os estudos evolucionistas fossem promissores na seara antropológica – mormente em face da exitosa pesquisa encetada por Ernst Hæckel (1834-1919), que nos legou o primeiro modelo de descrição arbórea da genealogia dos seres vivos –, a descoberta da origem da linguagem humana era considerada impossível: "si [a ciência] póde descrever a figura do avô da humanidade, do *homo primigenius* do likhocephalo, prognatho [...], si pôde até delimitar o seu *habitato;* outro tanto não póde fazer relativamente á origem da linguagem articulada" (1880, p. 27). O que temos aqui, com efeito, é uma constatação do princípio positivista de que mais vale dedicar-se à pesquisa empírica daquilo que está a alcance da ciência do que vagar pela escuridão das ideias especulativas. É sob esse manto epistemológico que Ribeiro assevera: "Historicamente nunca se ha de saber quando e como o grito instinctivo subordinou-se a regras para converter-se em palavra, quando e como o anthropoide se fez homem" (1880, p. 27). Há, sim, a crença de que a linguagem articulada é fruto do ajustamento do aparelho fonador à necessidade de emitir sons variados, o que por sua vez decorre da pluralidade de itens lexicais que se iam produzindo pela faculdade da designação das coisas. As indagações giram em torno da origem monofilética ou polifilética da linguagem, cuja investigação, naturalmente, recorre a estratégias de analogia com a expressão vocal em outros animais, tais como a variação tonal no latido dos cães e no guincho dos macacos. Aqui, a explicação para que o homem tenha desenvolvido privativamente a faculdade da linguagem articulada reside no exclusivismo de uma senda evolutiva (1880, p. 33):

> Com o correr do tempo as concepções homologaram-se com os seus instrumentos, as idéias hyposthatisaram-se com as palavras, e o pensamento e a linguagem articulada começaram a marchar par a par, auxiliando-se mutuamente sem mais se poderem separar.

Essa concepção evolucionista sobre a origem da língua, que implica naturalmente uma investigação mais dedicada à fisiologia do homem do que propriamente à linguagem como meio de expressão, faz edificar uma sequência de períodos pré-históricos e históricos, frutos da especulação sobre o despertar no homem da faculdade da fala.

O capítulo 4 dos *Traços* introduz o leitor nessa excitante teoria evolucionista da língua, sob clara inspiração das teses publicadas por August Schleicher (1821-1868) e Max Müller (1823-1900) na área da linguística histórico-comparativa. Surpreendentemente, o argumento de autoridade que Ribeiro utiliza em seu texto repousa não nos linguistas mencionados, senão em Charles Darwin (1809-1882), especificamente no tocante a sua teoria da evolução aos princípios da seleção natural. A opção por Darwin, em detrimento das fontes diretas na seara da linguística, talvez se justifique pelo exponencial conceito que o naturalista britânico já desfrutava à época no mundo científico, com expressiva amplitude após a publicação de seu *On the Origin of Species* em novembro de 1959, e que se consolidou ao longo do tempo. Essa rara projeção de um cientista entre seus contemporâneos fez de Darwin "um colosso que pairava acima de todos os outros cientistas oitocentistas", como bem expressa Keith Francis no prefácio da excelente edição preparada pela Greenwood Press (2007). O raciocínio analógico que interpreta o fenômeno linguístico à semelhança dos seres vivos e das leis que regulam a seleção das espécies percorre todo o capítulo. Fica, então, o leitor instruído de que a língua é um ser que decerto desaparecerá, como desaparecem os seres em geral, devido ao processo de seleção natural: "Bem como as especies organicas que povoam o mundo, as linguas, verdadeiros organismos sociologicos, estão sujeitas á grande luta pela vida, á lei da selecção" (1880, p. 42). Vê-se, pois, que o uso do termo "evolução da língua", que mais tarde seria substituído nos paradigmas do século XX por "câmbio linguístico" (no Brasil, em especial, "mudança linguística") não ia além de um empréstimo terminológico de que se serviu a linguística dos Oitocentos.

Segundo Ribeiro, o fato de que as línguas modernas estão sujeitas a expressiva variação dialetal justifica-se pela grande fragmentação social dos povos, pela ausência de um governo centralizador que zele pela unidade linguística, um indício significativo da relação que o linguista mineiro estabelecia entre língua e Estado. No entanto, em mais uma expressiva analogia no campo da história natural, Ribeiro justifica o surgimento de dialetos em dada língua em face de causas externas naturais, como o clima, e culturais, como os costumes sociais. No âmbito das causas culturais, a rigor, as ideias trazidas por Ribeiro não diferem radicalmente das que a teoria da mudança linguística proporia no século seguinte: causas como o contato linguístico e a criação lexical decorrente da nova ordem social são referidas, mas sempre numa perspectiva evolucionista, em que há os que sucumbem em face da concorrência de outros mais qualificados. Também são válidas até hoje algumas constatações como a de que a sobrevivência de uma língua depende da existência do falante. A questão está em que, hoje, este é um fator, entre outros, de caráter político que pode conduzir ao desaparecimento de uma língua, como bem atestam os estudos sobre línguas minoritárias.

A perspectiva naturalista com que Ribeiro interpretava o fenômeno da linguagem decerto lhe impedia ver nas línguas modernas um estado contemporâneo de línguas anteriores, muito menos admitir que a rigor tenhamos hoje versões atualizadas de línguas antigas. Se a civilização romana desapareceu, como conceber que a língua que falavam os romanos sobreviva hoje nas línguas românicas? Parece haver aqui uma certa submissão do fato ao princípio, no sentido de que o cientista tem a visão dos fatos enevoada pelo compromisso imposto pelo paradigma. Com efeito, foram os comparativistas do século XIX que vincularam fonológica e morfologicamente as línguas modernas às "línguas mortas", mas a força do paradigma impedia que notassem a (atual) obviedade de que as identidades morfológicas expressas por raízes, temas, prefixos etc. constituíssem evidências de que as línguas não morrem, porém mudam. Esta hipótese se consolida ao lermos o seguinte passo no fluxo das analogias que Ribeiro oferece ao leitor (1880, p. 47):

> As especies extinctas não reaparecem mais: a marcha do tempo e as variações acumuladas tornam impossivel a volta de condições identicas de vida. Do mesmo modo nenhuma lingua morta poderá reviver, porque a mudança de costumes, os progressos das sciencias e das artes, as necessidades novas cavam entre o passado e o presente um abysmo cada vez mais insondável.

A título de ilustração, reproduzimos, a seguir, o quadro analógico de Júlio Ribeiro acerca da evolução dos seres vivos e das línguas (1880, p. 59-60):

A Selecção

nas espécies	nas línguas
As especies têm suas variedades, obra do meio ou de causas physiologicas.	As linguas têm seus dialectos, obra do meio ou dos costumes.
As espécies vivas descendem geralmente das especies mortas do mesmo paiz.	As linguas vivas descendem geralmente das línguas mortas do mesmo paiz.
Uma especie em um paiz isolado passa por menos variações.	Uma lingua em um paiz isolado passa por menos variações.
Variações produzidas pelo cruzamento com especies distinctas ou extrangeiras.	Variações produzidas pela introducção de palavras novas, devidas ás relações exteriores, ás sciencias, á industria.
A superioridade das qualidades physicas, assegurando a victoria aos individuos de uma espécie, causa de seleção.	O genio e a instrucção publica centralisada, causas de seleção.
A beleza da plumagem ou a melodia do canto, causa de seleção.	A brevidade ou a eufonia, causas de seleção.
Lacunas numerosas nas especies extinctas.	Lacunas numerosas nas linguas extinctas.
Probabilidade de duração de uma especie no numero de individuos que a compõem.	Probabilidade de duração de uma lingua no numero de individuos que a fallam.
As especies extinctas não reaparecem mais.	As linguas extinctas não reaparecem mais.
Progresso nas especies pela divisão do trabalho physiologico.	Progresso nas linguas pela divisão do trabalho intellectual.

Os *Traços Gerais de Linguística*, portanto, devem ser avaliados como o texto pioneiro da linguística teórica no Brasil, mas não se pode conferir-lhe, com certeza, a primazia de haver aberto as portas para recepção do paradigma histórico-comparativista, decerto uma iniciativa que a ausência de evidências historiográficas ainda faz residir no anonimato.

10.7 Crônica histórica da gramática científica pela pena de Maximino Maciel

Coube a Maximino Maciel (1866-1923) em seu *Breve retrospecto sobre o ensino da língua portuguesa*, que consta em apêndice à *Gramática descri-*

tiva a partir de sua 4ª edição (1922 [1894]), oferecer uma resenha da produção acadêmica, na seara linguística, que vigeu nos principais centros do país, sobretudo no Rio de Janeiro e em São Paulo, a partir das duas últimas décadas do século XIX. Nas palavras do filólogo sergipano, vivia-se uma "verdadeira Renascença dos estudos filológicos no Brasil", cuja bibliografia – gramáticas, ensaios, coletâneas, dicionários – passou a servir-se do método histórico-comparativo, em primeira linha, a par das teses agasalhadas pelos neogramáticos e os próceres da geografia linguística. A resenha de Maciel dá conta do cisma metodológico entre o *estudo metafísico* e a *análise científica*, aquele herdeiro da tradição filosófica imersa na gramática racionalista, essa baseada nos princípios naturalistas que entendiam a língua como um organismo mutável, segundo leis universais, à semelhança dos seres vivos. A denominação *gramática científica*, de que nos vimos servindo sob inspiração da denominação *período científico*, a que se refere Sílvio Elia (1913-1998) em uma proposta de periodização dos estudos linguísticos publicada originalmente em 1963[398], abrange toda a vertente dos estudos filológicos e linguísticos brasileiros que acolheu os modelos de análise dos fatos gramaticais segundo o paradigma histórico-comparativo europeu[399].

Em seu relato, Maximino Maciel situa em polos antagônicos a *escola clássica*, representada pela pena de gramáticos como Francisco Sotero dos Reis (1800-1871) e Ernesto Carneiro Ribeiro (1839-1920), esse último es-

---

398. Sobre propostas de periodização dos estudos linguísticos no Brasil, cf. Cavaliere (2002). A designação gramática científica também se abstrai do clima de opinião ou *Zeitgeist* que caracteriza a segunda metade do século XIX, sempre referida como época de esplendor científico e conquistas tecnológicas. Se considerarmos que toda produção gramatical é fruto de uma "ciência", no sentido de fundamentação teórica, decerto que a expressão não serve para caracterizar um dado momento da produção linguística, mas, no caso, o sentido é o de referir-se a ciência "em oposição a metafísica" e, nesse aspecto, a expressão ganha expressivo valor historiográfico.

399. Gonçalves (2011) afirma que a expressão "gramática científica", frequente em propostas de periodização no Brasil, acompanha a oferecida por José Leite de Vasconcelos em seu estudo *A filologia portuguesa e a reforma do Curso Superior de Letras de Lisboa* (1929, p. 841-890), embora, a rigor, o erudito filólogo português sequer confira títulos às fases de sua periodização, razão por que a nenhuma delas confere a denominação "científica". No tocante ao período compreendido entre 1868 e 1888, que, em sua proposta, inicia-se com Adolfo Coelho, Vasconcelos caracteriza-o como época em que "o estudo do português entrou pois em via fecunda, alumiado por seguro método, e com plano scientífico bem estabelecido" (1929, p. 886). Saliente-se, por sinal, que Vasconcelos, já pelo final da terceira década do século XX, revela pouco ou quase nenhum conhecimento da produção linguística brasileira, visto que, "apesar do íntimo parentesco, pelo sangue e pela língua, entre o Brasil e Portugal, o movimento literário dessa nação não é muito conhecido na nossa, e por isso tenho de me circunscrever em pouco" (1929, p. 893). Realmente, entre os gramáticos brasileiros citados por Vasconcelos, pontificam os da fase racionalista, tais como Costa Duarte, Costa e Cunha, Freire da Silva, Paranhos da Silva, com aqueloutra menção a um João Ribeiro ou a Júlio Ribeiro.

pecificamente em sua primeira fase linguística, e a *escola positiva*, discípula das doutrinas revolucionárias que implantaram entre nós o empiricismo nos estudos linguísticos com nítida inspiração comtiana. Trata-se, inegavelmente, do momento em que se estabelece o primeiro contato efetivo da comunidade linguística brasileira com um paradigma estrangeiro mediante leitura direta das fontes teóricas e cujas bases seriam aplicadas não só na análise como também no ensino do vernáculo. Os traços de continuidade, no tocante ao paradigma anterior, situam-se em um projeto de produção gramatical ainda comprometido com a atividade pedagógica, inclusive por óbvias restrições do mercado editorial. A busca de novos rumos na descrição do português evidenciou-se sobretudo a partir do penúltimo decênio do século, não apenas no plano das gramáticas, ensaios e teses de concurso, como também na crítica especializada, ansiosa por ver a pesquisa filológica brasileira definitivamente inscrita na contemporaneidade dos estudos internacionais. Exemplo de ensaio crítico publicado nos primeiros anos da efervescente década de 1800 encontra-se na resenha que um jovem João Ribeiro (1860-1934), recém-chegado à Corte do Rio de Janeiro, faz publicar na revista *O Cruzeiro* sobre a *Crestomatia da língua portuguesa*, de Boaventura Plácido Lameira de Andrade (?-1897), cujos parâmetros seguiam o modelo de descrição linguística proposto pela escola histórico-comparativa. Em seu texto, Lameira de Andrade oferece uma *Introdução* em que consta um estudo da história interna do português, aí incluídas a origem e a formação da língua (com uma proposta de periodização[400]), elementos léxicos, as leis fonéticas atinentes, os acidentes morfológicos e as variedades dialetais. Sobre o trabalho de Lameira de Andrade, assim se posiciona João Ribeiro (1961, p. 21):

> O ponto de vista do autor é puramente lingüístico e o livro destina-se por sua coordenação sistemática ao ensino completo da língua vernácula em todos os seus graus de estudo. Vê-se aí deslizar, em uma seriação integral e completa, o movimento evolutivo da língua, o trabalho histórico, os elementos que surgem, os arcaísmos que desaparecem, a assimilação e a desassimilação, a aquisição e o desperdício dos vocábulos e das formas, segundo sejam êstes de produto consciente (formação literária) ou inconsciente (formação popular). É o estudo fisiológico de um organismo complexo.

---

400. Na proposta de Lameira de Andrade encontra-se uma periodização documental do português em quatro períodos: o *embrionário*, em que constam os documentos até o fim do século XI; o *arcaico*, que vai do século XII ao XIV e compreende, dentre outros, os documentos do Cancioneiro do Vaticano, da Regra de S. Bento e dos Foros de Gravão; o *médio*, restrito ao século XV, com documentos de Azurara, D. Duarte, Rui de Pina e Atos dos Apóstolos; e o *clássico*, que vai do século XVI ao XIX, cujos documentos são as obras dos "grandes escritores", com óbvio início em Camões.

Importante repisar que, no seio do movimento cientificista, conferia-se aos estudos gramaticais a dupla feição de *ciência* e *arte*, visto que, a par do escopo de analisar a palavra nos textos escritos, a fim de se traçarem os rumos da língua desde sua gênese, subsistia um outro objetivo, igualmente relevante, de conferir aos novos rumos da filologia um viés pedagógico *necessário*, de tal sorte que não se perdesse de vista o ensino da tradição gramatical e de uma norma linguística dita desejável. Nas palavras de um Ernesto Carneiro Ribeiro (1839-1920), cujas ideias hesitam entre os dois rumos teóricos em paralelo, "a grammatica é ao mesmo tempo uma sciencia e uma arte: sciencia, porque ensina a conhecer os principios geraes da linguagem, os elementos que a constituem; arte, expõe os preceitos, as regras relativas á mesma linguagem" (1957 [1885], p. 159). As fontes desse conceito dual de gramática decerto são as que a gramaticografia portuguesa e francesa do *fin de siècle* fazia espraiar no meio intelectual brasileiro. Um dos pilares sobre os quais se elevou esta gramática bifacetada, dedicada a um tempo à pesquisa e ao ensino, estará na obra do romanista Arsène Darmesteter (1846-1888) de quem os gramáticos brasileiros absorveram uma concepção de gramática que, não obstante seu renovado papel investigador, não poderia descurar do registro de uma tradição linguística. Trata-se de uma postura conveniente para os gramáticos brasileiros dos Oitocentos, cientes dos novos compromissos com a investigação, mas necessariamente vinculados ao mister pedagógico, já que quase todos, senão todos, atuavam no magistério de língua vernácula ou estrangeira, ou possivelmente em disciplinas da área humanística como a retórica e a história. Saliente-se que Darmesteter, não sem motivo, é citado em epígrafe por Eduardo Carlos Pereira (1855-1923)[401], além de constar em reiterada referência na obra de Maximino Maciel e Alfredo Gomes (1859-1924).

Observe-se que, não obstante o texto desse *Retrospecto* remeta aos principais nomes da gramática racionalista e da gramática científica que influenciaram o pensamento linguístico brasileiro do século XIX, seu título remete à atividade de ensino, de que se abstrai a convicção de estar o mister pedagógico intimamente alinhado à atividade investigativa. A referência de Maciel às fontes do modelo racionalista adstringe-se aos autores portugueses, nomeadamente Soares Barbosa, Bento José de Oliveira (1814-?) e José Gonçalves Lage (1840-?), relegando a segundo plano, sintomaticamente, o nome de Solano Constâncio (1777-1846). Entre os brasileiros dignos de referência, que produziram trabalhos "de certo valor", Maximino cita Sotero dos Reis,

---

401. Sobre Eduardo Carlos Pereira e a linguística brasileira no alvorecer do século XX, cf. Molina (2004).

Augusto Freire da Silva, Antônio da Costa Duarte, José Noronha Massa, Charles Grivet (este de nacionalidade suíça) e Antônio Gentil Ibirapitanga (1802-1874)[402], veterano da Independência e autor do exitoso *Compêndio gramatical reduzido a diálogos* (1863)[403].

Naturalmente, haveria Maciel de estabelecer um contraponto entre os estudos de inspiração filosófica do século XIX e a nova gramática que a linguística naturalista introduzira no Brasil e, nesse mister, identifica o *locus* da mudança conceitual no Colégio Pedro II, centro de excelência nos estudos humanísticos, cujos docentes passaram a acolher as novas doutrinas, sobretudo a de origem alemã, não obstante pela via mais acessível dos compêndios gramaticais franceses e ingleses. Interessante observar que a abertura de concursos para ingresso nos quadros do Colégio Pedro II incentivou a pesquisa renovada nas novas doutrinas, de que resultou um número crescente de docentes que lia intensamente a obra de Max Müller (1823-1900), Michel Bréal (1832-1915), Gaston Paris (1839-1903), William Dwight Whitney (1827-1894), Émile Littré (1801-1881), Arsène Darmesteter (1846-1888), a par de nomes já então consagrados como Friedrich Diez (1794-1876) e Franz Bopp (1791-1867). Maciel não olvida o nome de Adolfo Coelho (1847-1919)[404], uma expressiva presença da linguística portuguesa que fazia face à presença marcante e ainda influenciadora de Soares Barbosa, além de traçar referência a nomes que ganharam espaço no meio acadêmico como vernaculistas de escol e cujos trabalhos disseminaram métodos de aplicação da nova vertente de estudos: Cyprien Ayer (1825-1884), Ferdinand Brunot (1860-1938) e August Brachet (1845-1898).

Um aspecto dos novos hábitos bibliográficos resultantes do maior rigor na produção de obras linguísticas diz respeito à referência completa dos autores e obras consultadas, uma iniciativa que passava ao largo das preocupações autorais. Semelhante omissão, que à primeira vista pode deixar transparecer certo descuido ou descomprometimento com a informação das fontes consultadas, justificava-se pela quase impossibilidade de o leitor ir conferir à fonte citada a idoneidade da referência, ou mesmo servir-se da mesma fonte

---

402. Sacramento Blake, equivocadamente, atesta seu nascimento em 1805. Cf. a respeito *Diário de Rio de Janeiro* em http://memoria.bn.br/DocReader/DocReader.aspx?bib=094170_02&pesq=%22Antonio%20Gentil%20Ibirapitanga%22&hf=memoria.bn.br&pagfis=31222

403. Não se tem notícia da primeira edição deste livro, mas certamente veio a lume na Bahia antes de 1846, pois o autor lhe traça comentário no nº 15 de *O Musaico* publicado nesse ano.

404. Terá sido com base teórica na *Teoria da conjugação em latim e português* (1870), de Adolfo Coelho, que Fausto Barreto (1852-1915) elaboraria suas duas teses de concurso para o Colégio Pedro II: *Arcaísmos e neologismos* (1879) e *Temas e raízes* (1883).

para enriquecer seu saber linguístico. O acesso às obras de maior vulto revelava-se dificílimo, mormente nas províncias em que o acervo bibliográfico não tinha a dimensão quantitativa e qualitativa que se verificava na Corte. Assim, criara-se um hábito de referir-se à fonte pela rama, apenas com indicação do autor, outras vezes com indicação singular da obra consultada e assim mesmo em termos abreviados. Esse estado de coisas foi objeto de consideração por parte de Maximino Maciel, que se impunha traçar referência completa e exaustiva das obras consultadas. O próprio *Breve retrospecto* de Maciel revela-se prova documental de uma nova ordem nas relações acadêmico-institucionais em que a referência às fontes doutrinárias passava a ser imperativa em trabalhos que se propunham sérios e idôneos. Sua menção já aqui comentada à obra pioneira de Júlio Ribeiro – que se faz no plano da *Gramatica portuguesa* (1881), não no dos *Traços gerais de linguística* (1880) – alia-se a uma outra referência a obra de caráter pioneiro, agora no plano pedagógico: o programa de Fausto Barreto (1852-1915) para o ensino do português datado de 1887.

A pena de Maciel informa-nos que "assim se diffundiram as novas doutrinas: nos Estados, nos diversos institutos officiaes ou particulares, quando para seus programmas se não transladavam, *ipsis verbis*, os dizeres do programma de 1887, se lhe obtemperava, no amago, em synthese, a orientação que delineava" (1922 [1894], p. 447). No Rio de Janeiro, com a criação do Imperial Colégio Militar no conturbado ano de 1889, surge novo foro de debates e aplicação prática da gramática científica sob as luzes do método histórico-comparativo. Cresce, por assim dizer, uma geração de novos filólogos vinculados à novel instituição de ensino público, cujo perfil tinha a peculiaridade de moldar os novos contornos da análise gramatical ao nacionalismo enfático que se infiltrava aos poucos no meio acadêmico e viria, com o apoio da doutrina escolanovista, em fase incipiente de implantação, imiscuir e mesmo confundir os conceitos de *língua* e *pátria*[405]. Conforme já fizemos observar em outro trabalho, "decorre daí uma onda crescente de lusofobia, que se manifestou concretamente em vários atos de causa política e conseqüência filológica" (2000, p. 118). Um exemplo concreto desse fato revelava-se na resistência surgida no seio da Academia Brasileira de Letras contra a adoção, no Brasil, da reforma ortográfica que Portugal aprovara em 1911, "gerando um contraditório que saía dos limites filológicos para invadir as teses político-ideológicas, cuja conseqüência prática resumiu-se em solidificar entre nós a *ortografia usual*, complicadíssima, até os primeiros anos da década de 30" (2000, p. 119).

---

405. Sobre o fato, cf. Nagle (1976).

O clima de desmonte da velha ordem política do Império viria a incentivar a abertura de novas sendas em várias áreas do fazer científico, uma disseminação da ideia de "novo e melhor" ou "renovação e progresso" que, como se sabe, nem sempre se efetiva. De qualquer forma, no seio dos principais educandários, entre eles nomeadamente o Colégio Pedro II, vivia-se um clima de mudança urgente das bases curriculares, que, afinal, no âmbito da língua vernácula, viria a consolidar-se na Reforma Fausto Barreto. As exigências do novo modelo pedagógico fizeram nascer obras inspiradas no projeto precursor de Júlio Ribeiro, muitas voltadas para o ensino elementar. Não haveria, decerto, possibilidade de conduzir os discípulos nas trilhas da análise lógica e da etimologia com respaldo nas obras do passado, absolutamente distantes dos rumos revolucionários por que enveredava a didática da língua vernácula. Surgem, assim, gramáticas de indisfarçável teor historicista, tais como a *Gramática histórica da língua portuguesa* (1878), de Manuel Pacheco da Silva Jr., a *Gramática da língua portuguesa* (1887), que Pacheco publicou em coautoria com Lameira de Andrade, a *Gramática portuguesa* (1887), de Alfredo Gomes (1859-1924) e a *Gramática portuguesa, curso superior* (1887), de João Ribeiro (1860-1934), todas em consonância com os termos da proposta pedagógica de Fausto Barreto, que seria adotada neste mesmo ano de 1887[406].

Cabe ainda ressaltar a especial referência que faz Maximino Maciel a alguns filólogos que a história situaria na estante dos esquecidos: dois deles, Heráclito Graça (1837-1914) e José Ventura Bôscoli (1855-1919), estão entre os menos afortunados. Heráclito Graça manteve vida acadêmica fértil em sua época, pautada pela polêmica com os denominados gramáticos "caturros", entre eles Cândido de Figueiredo (1846-1925). A partir de 1903, surgem nas páginas do *Correio da Manhã* vários artigos de Graça, cuja finalidade era não raro o confronto com as opiniões exageradamente puristas que Figueiredo desfiava em sua coluna do *Jornal do Commercio*, intitulada *O que se não deve dizer*, e nas páginas de suas consultadíssimas *Lições práticas da língua portuguesa* (1904). Na verdade, Heráclito Graça iniciara uma espécie de *guerra declarada* ao trabalho de Cândido de Figueiredo, alvo de inúmeros ataques – ainda frequentes nos dias atuais – em face, sobretudo,

---

406. O prestígio de Fausto Barreto como docente do Colégio Pedro II decerto motivou o então Diretor-Geral da Instrução Pública, Emídio Vitório da Costa (1850-1926), a indicá-lo para remodelar os programas do ensino preparatório. A Portaria Imperial de 5 de abril de 1887 instituiu a nova programação que viria a ser implementada na Corte e nas províncias, em que os velhos hábitos pedagógicos cederam lugar paulatinamente aos novos conceitos filológicos pautados na análise morfológica, na análise lógica e na etimologia.

do hábito nada científico de transformar em regras imutáveis ideias de caráter meramente pessoal e sem nenhum amparo no *corpus* de língua literária. Destaque-se, ainda, que a ojeriza às regrinhas infundadas de Figueiredo era compartilhada por nomes prestigiados como Manuel Said Ali (1861-1953). Em uma sessão da *1ª Semana de língua portuguesa*, realizada de 23 a 26 de outubro de 1995 no Liceu Literário Português do Rio de Janeiro, o filólogo Maximiano de Carvalho e Silva revelou ter herdado de Sousa da Silveira (1883-1967), seu mestre e mentor acadêmico, intensa ojeriza ao trabalho do gramático português exatamente em decorrência das ditas "regras do bem dizer", entre elas a de que não cabia iniciar-se uma frase com a conjunção *porém*. Na mesma ocasião, Evanildo Bechara revelou jocosamente que certa vez disse a Said Ali que estudava gramática pela obra de Cândido de Figueiredo. Em resposta, disse-lhe o mestre: – Jogue fora.

As *Notações filológicas* de Heráclito Graça, publicadas periodicamente na imprensa, cuidavam de temas predominantemente sintáticos, numa espécie de crônica de temas vernáculos a que Mário Barreto (1879-1931) daria curso, anos mais tarde, na forma de consultórios filológicos. Graça tinha formação jurídica e ganhava a vida como advogado, razão por que foi daqueles poucos filólogos que não aliaram a pesquisa ao ensino, sendo mesmo improvável que algum dia tenha atuado como docente de língua vernácula. Os artigos escritos por Heráclito Graça foram reunidos na obra *Fatos da linguagem*, que mereceu recente reedição da Academia Brasileira de Letras (2012).

10.8 Um novo conceito de gramática

Na história da pedagogia costuma-se asseverar que ordinariamente ocorre certo descompasso entre a conquista científica e sua efetiva aplicação em projetos de ensino, ou seja, verifica-se que a descontinuidade no plano das ciências ocorre em sincronia com a continuidade no plano pedagógico. Assemelha-se a uma corrida em que o concorrente pedagógico está sempre a reboque do concorrente científico, como se esse tivesse índole progressista e aquele, têmpera reacionária. Na verdade, a tradição pedagógica jamais seguirá *pari passu* a tradição científica, pelo simples fato de que os que professam o magistério normalmente são seguidores de paradigmas mais antigos e relutam em aplicar novos conceitos científicos na preparação de suas aulas. Deve-se aqui lembrar que uma gramática serve ao aluno e ao professor ordinário, no sentido de ser um profissional que se dedica unicamente ao mister didático-pedagógico, mas decerto terá sido escrita por um professor pesquisador, uma pessoa que vai além da atividade de ensino e mergulha no mar da pesquisa. Nesse sentido, esse professor pesquisador há de dosar a inclusão de novos conceitos no texto gramatical descritivo-prescritivo – atitude distinta da que teria se escrevesse um texto puramente descritivo –, de tal sorte que sua gramática atinja o fim colimado. Outro fato atinente revela que esse descompasso entre ciência e pedagogia não é uniforme em todos os lugares e em todas as épocas, devido a fatores variados de ordem cultural e econômica, entre eles a qualidade de acesso às fontes teóricas, razão por que uma conquista científica pode demorar mais a habitar os textos escolares em determinados lugares e menos em outros.

O que se verifica, no tocante ao século XIX, é que as teses histórico-comparativas demoraram mais no Brasil do que em centros europeus mais avançados para conquistar as páginas dos compêndios gramaticais. Esse é um fato que também terá ocorrido em Portugal, conforme se abstrai das palavras de Gonçalves (2011, p. 2.571):

> Se é verdade que na Alemanha, na França e em outros países a aplicação da reorientação epistemológica da investigação das línguas se desenvolveu em Oitocentos sob a égide do paradigma histórico, inerente quer ao método dos comparatistas da primeira metade do século, quer às perspectivas dos neogramáticos, não é menos verdade que a expansão do novo método não ocorreu ao mesmo tempo e da mesma maneira em todos os países, sobretudo naqueles, como foi o caso de Portugal, onde só em 1868 – data da publicação de *A Lingua Portugueza*, de F. Adolfo Coelho – se inicia o período científico.

10.9 O perfil finalístico da gramática científica

A convivência dos gramáticos brasileiros dos Oitocentos com as cativantes conquistas da biologia e da psicologia abriram oportunidade para que teses revolucionárias sobre a origem, mudança e transmissão linguística se instalassem com justeza em um cenário epistemológico receptivo ao cientificismo novidadeiro. Portanto, escrever uma gramática passa a significar bem mais do que a criação ou disseminação de regras imperativas de comportamento linguístico, um repositório de normas do bem dizer. Escrever uma gramática significa contribuir para a difusão de um novo olhar sobre o fenômeno da linguagem humana, sua origem, parentesco e evolução, esse último, por sinal, um dos vários termos herdados à biologia darwinista que passam a integrar a metalinguagem dos compêndios gramaticais. Enquanto a origem se busca pelo parentesco, pela percepção de identidades morfológicas e fonéticas, a evolução se traça com a edificação de leis universais de alteração fonética, no sentido que lhes confere a *Lautgesetz* na linguística de August Schleicher (1821-1868) e Wilhelm Scherer (1841-1866). A avaliação que ordinariamente se faz sobre os estudos do passado costuma caracterizá-los como meramente normativos. Trata-se de um equívoco decorrente da metodologia de leitura do texto antigo, em que se opta por uma referência geral e indiscriminada a tudo que se escreveu sem preocupação de análise do clima intelectual em que esse texto foi produzido. Com efeito, a crítica resulta de uma leitura inepta, em que, ademais, não se distinguem as obras mais representativas das irrelevantes ou rotineiras, numa ladainha de repetições em que inúmeros textos publicados ao longo de várias décadas de intensa produtividade recebem o mesmo tratamento, como se advindos da mesma lavra.

Saliente-se que o principal óbice à avaliação justa dos textos antigos está na falta de critério na seleção do *corpus* analisado, de tal sorte que filólogos de discutível relevância, tais como Antônio de Castro Lopes (1827-1901) e Laudelino Freire (1873-1937), cujas ideias puristas tangenciavam o normativismo estéril, situam-se em pé de igualdade com outros dotados de talento e imbuídos de mister científico, fato que evidentemente obscurece qualquer tentativa de interpretação idônea desses nomes em plano historiográfico. É exatamente o que ocorre, igualmente, no tocante à abordagem crítica de obras gramaticais escritas no passado, rotuladas genericamente "gramaticas tradicionais", ainda que sejam significativamente distintas no plano da fundamentação teórica, fato que obviamente as situa em tradições distintas.

A avaliação criteriosa da produção gramatical que nos legou o período da gramática científica brasileira remete o pesquisador a um conceito plural de gramática que, por sinal, ordinariamente se expressa nos capítulos introdutórios das principais obras deste momento expressivo da gramaticografia brasileira. Em linha sintética, percebe-se que o conceito de gramática à época variava em função de seu aspecto teleológico: *gramática geral*, que trata das leis universais da língua; *gramática descritiva*, que cuida da exposição sistemática de uma dada língua particular; *gramática histórica*, que visa ao restabelecimento do percurso diacrônico da língua; *gramática prática*, de caráter ordinariamente prescritivo, voltada exclusivamente para o fim pedagógico como auxiliar no ensino de língua materna. Leiam-se, a respeito, as palavras mais autorizadas de Maximino Maciel (1910 [1894]), que oferecem uma visão levemente distinta:

> A Grammatica póde ser **descriptiva**, **historica** e **comparativa**.
> Grammatica descriptiva, que tambem se diz expositiva, é a systematização orgânica das normas e factos próprios de uma língua, isoladamente considerada.

> Grammatica portuguesa é a systematização orgânica das normas e factos da língua portuguesa, isoladamente considerada.
> Grammatica histórica é a systematização das normas e factos da língua desde a sua origem até nossos dias, isto é, aquella que trata da evolução da língua nos seus diversos períodos de formação.
> Grammatica comparativa é a systematização das normas e factos de duas ou mais lingas comparadas entre si, isto é, nas suas diversas relações e divergências.
> Há também a **grammatica geral**, que se poderia chamar glossologia, isto é, o tratado das normas geraes e abstractas que se poderiam aplicar á expressão do pensamento ou á linguagem. "Linguagem, diz Sayse, é a manifestação exterior do pensamento consciente".

A exposição de Maciel, sobretudo a definição de gramática geral, escuda-se em Max Müller (1823-1900), um dos linguistas que melhor teorizaram sobre os princípios do evolucionismo na história da língua. Observe-se o significado epistemológico de termos como "orgânica", "sistematização", fatos" e "normas", este último atinente a regras internas de funcionamento, não a regras de bem dizer. Semelhantemente, expressiva a vinculação da gramática geral à "glossologia", mais divulgada como glotologia, termo que a linguística alemã usava para estudar a língua em seus fundamentos universais, ou seja, um predecessor de linguística geral. A questão prática que circunda esses conceitos de gramática do ponto de vista pragmático está em que o Brasil dos Oitocentos não tinha mercado editorial que sustentasse obras de semelhante especificidade, de tal sorte que as melhores gramáticas brasileiras da época, a despeito de terem efetivo caráter descritivo, jamais se desviaram totalmente de um escopo prescritivo, fato que lhes confere feição híbrida, descritivo-prescritiva. Em outros termos, o perfil da gramática brasileira do período científico delineia-se em uma formulação que faz confluírem os escopos *universal*, *descritivo* e *prescritivo*. Conforme já fizemos observar em outro momento, nos melhores volumes, esta concepção tridimensional integra as preocupações do gramático, com natural ênfase em um dos aspectos, via de regra o descritivo.

O aspecto universal, ressalte-se, decorre do próprio viés universalista da linguística, com suas leis gerais sobre a concepção da língua, um dos fatores que a distinguiam da filologia, mais atenta ao estudo de determinadas línguas ou família de línguas. Maximino Maciel, para aqui citarmos um exemplo expressivo, afirma que a gramática ocupa-se da "systematização logica dos factos e normas de uma língua qualquer" (1922, p. 1). Deve-se atentar para os termos que se inscrevem nessa definição, pois fotografam em cores nítidas o pensamento linguístico da época. Falar em "sistematização lógica" significa assumir uma postura epistemológica alinhada ao ideário positivista, em que se deve dar conta da ordenação dos fatos como premissa de análise. Por outro lado, "fatos e normas" são termos de referência na linguística do século XIX como indicadores das regras sistêmicas de funcionamento da língua, correspondentes a "leis" em plano diacrônico. Com efeito, a busca das leis gerais que regem a evolução da língua mergulha na análise diacrônica das línguas vernáculas modernas, com retorno necessário às fontes clássicas, de tal sorte que se possam descrever e comparar seus elementos constituintes. O caráter universal da gramática, na definição de Maciel, revela-se mais nitidamente na expressão "língua qualquer", cujo emprego desnuda o entendimento do fato linguístico no nível mais abstrato que então se podia conceber: o das leis universais que configuram a própria gênese da linguagem humana. O próprio Maciel ratifica essa postura ao definir "gramática geral" ou "glossologia" como o tratado das "normas gerais e abstractas que se poderiam applicar á expressão do pensamento ou á linguagem" (1922 [1894], p. 1).

Nessa mesma linha, vale aqui citar a definição de gramática geral em um Ernesto Carneiro Ribeiro já convertido às teses evolucionistas em seus *Serões gramaticais* (1890, p. 3): "A grammatica geral tem por assumpto os princípios universais e invariáveis da linguagem; estuda os factos, as leis reguladoras da linguagem na sua maior magnitude". Em síntese, a ideia de língua em plano universal reposiciona o objeto da pesquisa gramatical do plano mais restrito da língua vernácula para o plano mais amplo da "expressão do pensamento" ou da "linguagem". A rigor, não há aqui um fato inédito, já que nos domínios da gramática racionalista, como se sabe, também se enxerga o fenômeno linguístico em perspectiva universal, mas, nesse caso, não se fala propriamente de língua, senão da arquitetura da razão humana em plano universal, à qual a língua se subordina. Portanto, no modelo que viria a dar tintas definitivas à gramática científica, o traço distintivo está em entender a língua em sua autonomia ontológica como atributo da natureza humana, com leis próprias de organização e funcionamento. Outra definição de gramática, essa residente no opúsculo *Filologia portuguesa*, reitera a tese universalista em Maciel (1889, p. 1):

> Grammatica é o tractado dos factos e dos phenomenos da linguagem em todas as suas manifestações exteriores.
> Em accepção mais ampla e considerada sob o domínio philologico, a grammatica pode definir-se – o estudo circunstanciado e methodico dos phenomenos e das leis da linguagem humana.

No trecho "em todas as suas manifestações exteriores" há evidências de que Maciel exclui do domínio da gramática o estudo da relação língua-pensamento. Por outro lado, a perspectiva ontológica a que nos vimos referindo fica mais clara em "leis da linguagem humana", ou seja, uma entidade que constitui atributo do homem mas dotada de regras próprias de funcionamento. Será nessa perspectiva autônoma que a língua figurará como objeto de investigação. Com efeito, a gramática inspirada pelas teses histórico-comparativas não tinha olhos para o estudo mentalista da linguagem humana, uma atitude considerada não propriamente (ou não apenas) ultrapassada, senão inidônea, pois partia de uma premissa falsa a respeito da verdadeira natureza da língua. Não será, pois, surpreendente que, estudada como organismo, a língua seja esquadrinhada em seus "elementos materiais", nomeadamente a fonologia e a morfologia.

O aspecto descritivo, por seu turno, implica a exposição de uma dada vertente de uso, especificamente o que nos dias atuais se denominaria *norma culta escrita*. Nesse ponto, impõe-se o rigor historiográfico na leitura do texto antigo, já que sua avaliação deve necessariamente adstringir-se à episteme de sua época. Devemo-nos lembrar de que, em plano descritivo, a gramática seguia a metodologia da filologia românica, com especial cultivo da língua histórica e utilização de *corpora* em língua literária. O recurso aos clássicos da literatura impunha-se pela idoneidade necessária do *corpus*, como expressão de uma norma historicamente consolidada. Aos olhos leitores do século XXI revela-se um pseudoanacronismo na descrição gramatical, como se o gramático desconsiderasse os usos de seu tempo em favorecimento de uma norma ultrapassada. A questão é outra: há uma concepção, diríamos uma crença de mudança linguística que enxergava a língua em movimento e não permitia acatar como idôneos fatos que não estivessem consolidados nas páginas dos clássicos. Não fatos que lá estivessem e que o tempo já houvesse elidido, mas fatos que o uso culto contemporâneo nessas páginas encontra amparo. Eis por que a descrição, embora buscasse expressar um uso atual, respaldava-se em *corpora* de língua literária clássica, obviamente em texto escrito, com ênfase em autores portugueses e alguma referência a romancistas e poetas brasileiros oitocentistas, tais como José de Alencar (1829-1877) e Gonçalves Dias (1823-1864).

10.10 O necessário tom normativo

A concepção de gramática no período científico, conforme já aqui repisado, não poderia despir-se de uma indumentaria prescritivista que atendesse o mercado editorial dos Oitocentos, pouco receptivo a obras eminentemente teóricas. Ademais, a concepção de gramática ainda fazia supor um perfil pedagógico, ou seja, gramática se usa nos bancos escolares; doutrina, no reduto da investigação. Trata-se, por assim dizer, de um respeito à gramática como gênero textual, que então, dadas as características da sociedade brasileira, mormente no plano da educação superior, implicava a ideia de livro didático voltado para o ensino da língua vernácula. Nesse diapasão, a gramática necessariamente deveria expor sua face normativa. A questão está em verificar que norma linguística reside nas páginas da geração que mudou os rumos da gramaticografia brasileira nas últimas décadas do século. Nesse ponto, convém distinguir o joio do trigo, por sinal uma tarefa que só se pode cumprir com um mínimo conhecimento linguístico-historiográfico da produção linguística brasileira. Em outros termos, uma tarefa que tem a ver com o necessário conhecimento que o investigador deve ter acerca da história de sua disciplina. Lembre-se aqui a analogia referida por Konrad Koerner em que linguistas que conhecem a história de sua disciplina distinguem-se dos que não a conhecem assim como os cientistas se distinguem dos assistentes de laboratório: "o cientista sabe de onde vieram as técnicas e quais são as suas limitações; o assistente de laboratório, dominando somente a arte do ofício, não o sabe" (2014, p. 13). Indo além, não é difícil imaginar o desserviço à pesquisa que cometerá um orientador ao indicar a seus orientandos a leitura de gramáticos "da tradição gramatical" sem ter a menor noção de sua posição no percurso do saber linguístico.

Decerto que muitos volumes que objetivavam não mais do que produzir um manual de ensino do português a ser usado em sala de aula tinham perfil essencialmente normativo, cumprindo à risca uma função controladora do desempenho linguístico. No âmbito das gramáticas para a infância era essa a postura predominante, um natural resultado da obra gramatical essencialmente pedagógica e destinada ao público infantil. Um desses volumes, cuja primeira edição é de 1896 e chegou à expressiva marca de 17 edições, adotado no Ginásio Nacional e no Colégio Militar, sentencia: "Grammatica portugueza é a arte que nos ensina a falar e escrever correctamente a lingua portugueza" (Bandeira, 1928 [1896], p. 11). Mesmo em obras de grande mérito, por outro lado, a gramática assume nítido papel prescritivo, ainda que esteada em norma fundamentada, como se pode ler com absoluta clareza nessa passagem de João Ribeiro (1930 [1887], p. 3):

> Grammatica é a coordenação das formulas, leis ou regras da linguagem literária ou polida.
> Esta definição decorre dos factos da linguagem. A analyse revela que toda a lingua tem grammatica, porque os vocabulos que servem para a expressão das idéas formam variações de fórma, de collocação e de sentido susceptíveis de serem generalizadas, isto é, de serem construidas sob o typo de *leis* ou *regras*. O systema geral dessas leis constitue a *grammatica*.

Aparentemente, João Ribeiro atribui maior ênfase ao aspecto normativo por usar expressões como *linguagem literária* e *linguagem polida*, que para o leitor hodierno traduz aquele sentido de prescrição gratuita e artificial. A análise de sua *Gramática portuguesa*, entretanto, revela postura semelhante à dos demais filólogos de grande projeção intelectual, erigida na descrição farta e fundamentada da norma culta escrita contemporânea. O aspecto normativo da gramática, assim, cristalizou-se de tal maneira que, na visão do leitor leigo – e de não poucos linguistas que se referem à "tradição" em sentido impreciso ou insipiente –, tornou-se seu traço único, elidindo-se de vez o aspecto descritivo. Em síntese, verifica-se a confluência dos escopos *descritivo* e *prescritivo*, como princípio norteador da própria concepção de gramática que viria a consolidar-se não só no Brasil, senão nos grandes centros europeus de estudos vernáculos. Essa feição dúplice confere à gramática o caráter de ciência e arte, conforme se abstrai das seguintes palavras de Eduardo Carlos Pereira (1909 [1907], p. 3):

> "Grammatica é a sciencia das palavras e suas relações, ou a arte de usar as palavras com acerto na expressão do pensamento" – é a definição de nossas edições anteriores. Ahi encaravamos os dois aspectos da grammatica – o especulativo e o prático, seguindo a generalidade dos competentes na matéria. A grammatica, define-a Mason, é a sciencia que trata do discurso ou da linguagem. E o exímio romanista Arsène Darmesteter, cuja autoridade está acima de qualquer contestação, escreve, na Introdução de seu *Cours de Grammaire Historique de la Langue Française*: "A concepção de grammatica como sciencia é, podemos dizê-lo, uma idéa nova, nascida com a linguistica moderna. Assim entendida, é a grammatica de uma lingua a determinação das leis naturaes, que a regem em sua evolução historica. A grammatica, accrescenta elle, póde ser considerada como arte. Deste modo a encararam os gregos e os latinos, e a Edade-Média, e assim a encararam os grammaticos modernos que não se prendem á escola historica. Da antiga Roma nos veio esta definição: *A grammatica é a arte de escrever e falar correctamente*. Existe uma boa tradição: a grammatica tem o dever de a tornar conhecida e defendê-la contra qualquer alteração. É ensinando o bom uso que ella não se contenta em ser *sciencia*, e torna-se *arte*.

Algumas palavras finais merecem registro no tocante à atividade do gramático e sua propalada *autoridade* no trato das questões vernáculas. Tendo em vista que os estudiosos exercitavam o labor coordenado da pesquisa e do ensino – bastando aqui recordar que quase todos eram professores do ensino básico em instituições de ensino prestigiadas – disto decorria obterem na tarefa de investigação o aprimoramento intelectual que lhes conferia *autoridade* e *prestígio*. A autoridade, portanto, decorria da erudição linguística e filológica e do reconhecimento social que se emprestava aos detentores desse saber. Trata-se de atributo que, semelhantemente, nos dias atuais se reconhece pelo grau de credibilidade que desfrutam os linguistas de notório saber quando emitem juízo, por exemplo, acerca do conceito de registros linguísticos e das construções vernáculas. São profissionais vinculados à academia igualmente dotados de *autoridade e prestígio profissional* decorrentes da sua bem-sucedida trajetória no mundo da ciência. A questão está em que, no panorama intelectual dos Oitocentos e de boa parte do século XX, acatava-se o normativismo gramatical como uma necessidade na formação educacional do indivíduo, um domínio do saber linguístico que, embora poucos tivessem, todos consideravam se não imperativo ao menos desejável. Em decorrência, o conceito de autoridade gramatical extrapolou os limites acadêmicos, a ponto de o gramático ser reconhecido socialmente não só pelo notório saber, como também pelo suposto *poder discricionário* de decidir o que é *certo* ou *errado*. Conforme já fizemos observar em outro momento, "criou-se assim a imagem do indivíduo dotado de autoridade em questões vernáculas com predomínio flagrante desse *poder de arbítrio*, de determinar o bom e o ruim, de separar o joio do trigo, para gáudio e satisfação sobretudo dos gramáticos menores e mesmo daqueles professores de Português cujo conhecimento não ia além de algumas regrinhas arduamente decoradas" (Cavaliere, 2000, p. 51).

Eis, pois, o perfil multifacetado desse produto da inteligência humana denominado *gramática* nos últimos decênios do século XIX, cujos reflexos atingiriam várias décadas do século seguinte. Universal, pedagógica, descritiva, histórica, prática, são adjetivos que se lhe podem atribuir em face de um dado fator predominante. Embora se assente em um paradigma teórico de caráter historicista, verdade é que nela o estudo sincrônico sempre esteve presente. Manuel Said Ali (1861-1953), por exemplo, que teve sua formação filológica alicerçada nos cânones da linguística alemã de Karl Brugmann (1849-1919) e Bertold Delbrück (1842-1922), é taxativo: "Grammatica descriptiva é a que expõe os factos da lingua atual" (1966 [s.d.], p. 1). Nessa mesma linha, assevera Eduardo Carlos Pereira (1855-1923) que a gramática descritiva "expõe ou descreve methodicamente os factos actuais de uma lingua" (1909 [1907], p. 3-4). Bem antes, servindo-se de uma definição de William Whitney (1827-1894) em seu *Essentials of English grammar*, já se posicionava Júlio Ribeiro: "Grammatica é a exposição methodica dos factos da linguagem. A grammatica não faz leis e regras para a linguagem; expõe os factos dela, ordenados de modo que possam ser aprendidos com facilidade. O estudo da grammatica não tem por principal objecto a correção da linguagem" (1910 [1881], p. 1). Não resta dúvida de que, no âmbito dos estudos vernáculos, sempre haverá um tom prescritivo, ao menos subsidiário à descrição. Isso porque o vernaculista não logra descrever todas as variantes dos usos linguísticos, de que decorre natural referência a uma ou mais normas de uso consideradas cultas. A matéria descrita não é criação do gramático, seus parâmetros estão em um desempenho que o falante escolarizado elege como preferível. Cabe ao gramático descrever os parâmetros dessa norma sem interferir em sua essência, sob pena de corromper o objeto da descrição. O gramático, em síntese, torna positiva uma norma consuetudinária. Corre nos meios acadêmicos uma noção de incompatibilidade entre descrição e prescrição, mas semelhante incompatibilidade, a rigor, restringe-se à ciência linguística, já que efetivamente não cabe à linguística prescrever.

10.11 A sinopse gramatical

A mudança que verifica no plano orgânico da gramática não se circunscreve a um mero reordenamento da matéria. Impõe-se como expressão de uma nova abordagem da matéria linguística, em que as relações entre as partes da gramática passam a ser descritas em plano hierárquico. Em substituição à disposição linear do modelo racionalista, em que via de regra os setores mais prescritivos como a ortografia e a prosódia precediam os setores analíticos da sintaxe e da etimologia, cuida-se agora de uma sinopse em planos subsidiários, que confere à língua uma clara concepção de organismo unitário subdividido em subsistemas de competência própria, não obstante subordinados a outros sistemas que integram. O quadro a seguir oferece uma comparação objetiva entre os dois modelos:

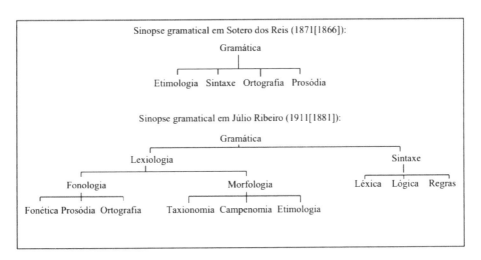

Quadro 1: Comparação das sinopses gramaticais em Sotero dos Reis e Júlio Ribeiro

Os domínios da etimologia diferem entre si nos dois modelos, visto que na escola racionalista cuida do estudo das partes do discurso, ao passo que na escola histórico-comparativista diz respeito ao estudo diacrônico das palavras e seus elementos constituintes. Observe-se a nítida influência metalinguística da biologia em termos como morfologia e taxionomia, uma tendência que caracteriza a linguística dos Oitocentos quanto ao aparato terminológico. Filomena Gonçalves, em precioso estudo sobre os parâmetros da gramática científica (2011, p. 2574) que explora um *corpus* composto por obras de Epifânio da Silva Dias (1841-1916), Júlio Ribeiro (1845-1890), Adolfo Coelho (1847-1919), Maximino Maciel (1866-1923), João Ribeiro (1860-1934) e Antônio Augusto Cortesão (1854-1927), traça o seguinte juízo:

> Relativamente à estrutura geral das obras do *corpus*, é de realçar que Júlio Ribeiro é o único gramático a transpor a estrutura interna da gramática num esquema arbóreo, sendo que tanto a denominação como a referência à "árvore" remetem para o paradigma científico que norteia o autor, muito embora a esquematização mediante chavetas não fosse uma verdadeira novidade, porquanto já no século XVIII havia sido adoptada na *Encyclopédie ou Dictionnaire Raisonné des Sciences et des Métiers* (1751-1772) de Diderot e D'Alembert, para assim se sintetizar, organizar e, sobretudo, classificar os conhecimentos relativos a cada domínio científico.

Efetivamente, a proposta de descrição em planos hierárquicos não é novidade do ponto de vista expositivo. Entretanto, aqui a hierarquização vai além da simples exposição, na busca de exprimir um conceito sistêmico de língua em que o organismo é composto de órgãos em subordinação, de que decorre o conceito de mútua dependência entre as partes e o todo. Convém, ainda, advertir que João Ribeiro, embora alinhe a divisão da gramática em quatro partes – fonética, morfologia, classificação (taxionomia) e sintaxe (1930 [1887], p. 11) – inclui uma nota explicativa em edição posterior à que serviu de análise a Gonçalves:

> Essas subdivisões de grande comodidade para o estudo não têm suscitado críticas e divergências apreciáveis. Coisa possível é adoptar a classificação (taxionomia) e dentro dela incluir a morfologia e a syntaxe, e como estudo complementar phonologia. Este é, em geral, o processo inevitável, pois que são de natureza artificiosa essas divisões.
> Trata-se, pois, de mera conveniência distribuição tradicional das matérias.

Por outro lado, convém ainda lembrar que Maximino Maciel, que teve a primazia de incluir a semântica como subdivisão da gramática, também se serve de uma sinopse em subníveis, que só não se revela "arbórea" por expandir-se lateralmente, por sinal em projeto mais simétrico e consonante com o rigor positivista (1922 [1894], p. IX):

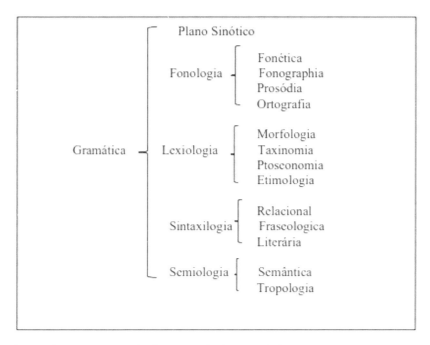

Quadro 2: Sinopse gramatical em Maximino Maciel

Em termos mais detalhados, verifica-se que a sinopse gramatical no âmbito da gramática científica busca conferir à matéria linguística o rigor metodológico típico do positivismo reinante no último quartel do século XIX. Conforme se verifica no quadro 1, Júlio Ribeiro subdivide a gramática em duas grandes partes: *lexiologia* e *sintaxe*. Essa proposta de organização da matéria gramatical, amplamente acatada, baseava-se na descrição oferecida por vernaculistas europeus, sobretudo Pierre Burggraff (1803-1881) em seus *Princípios de gramática geral* (1863) e Cyprien Ayer (1825-1884), em sua *Gramática comparada da língua francesa* (1876). A proposta sedimentou-se ao longo das duas últimas décadas do século passado, com algumas modificações terminológicas, de sorte que consta na obra de renomados filólogos, entre eles Alfredo Gomes (1859-1924) e João Ribeiro (1860-1934). Em termos sintéticos, a gramática científica brasileira dirige o foco da investigação para a palavra, considerada em todos os seus aspectos, de tal sorte que à lexiologia cabia estudá-la como elemento isolado e à sintaxe investigar os mecanismos de sua correlação na proposição.

Já o grande segmento da lexiologia subdivide-se em outros dois grandes campos de investigação: a *fonologia*, com suas ramificações ordinárias (*fonética*, *prosódia* e *ortografia*) e a *morfologia*, também subdividida em ramos específicos: a *taxinomia*, que cuida da classificação das palavras, a *ptoseonomia*[407], que lida com as flexões, e a *etimologia*, que circunda o estudo histórico-evolutivo, com aderência da análise dos elementos orgânicos (afixos, radicais, raízes etc.). Cumpre advertir que uma significativa variação terminológica atingia esses ramos da lexiologia, de que resulta alguma confusão no uso da metalinguagem, sobretudo para os que se aventuram em uma primeira leitura dessas obras. Também convém observar que à época a ortografia era setor autônomo na sinopse gramatical, posição que se foi alterando paulatinamente no decurso do século XX até situar-se à margem do plano geral da gramática na Nomenclatura Gramatical Brasileira de 1959. Como se considerava a palavra o objeto da investigação linguística, cabia à fonologia, que analisa a palavra em sua matéria fônica, a tarefa de descrever o sistema gráfico de representação dos sons.

No tocante ao setor da sintaxe, cabem algumas reflexões. De início, advirta-se que, na gramática científica brasileira, a função sintática não é propriamente uma entidade abstrata, que a palavra ocupa como item lexical; pelo contrário, a função sintática é um *atributo* da palavra, e sua determinação é definida tendo em vista as relações vocabulares inter e intraoracionais. Por tal motivo, subdivide-se a sintaxe em *relacional* (ou *léxica*), que considera as palavras especificamente em suas relações dentro da frase, e *fraseológica* (ou *lógica*), que as estuda em conjunto, não apenas dentro da proposição "considerada em sua estrutura" (Ribeiro, 1911 [1881], p. 291), como também em face das demais proposições que constituem o período. Considere-se ainda que a expressão *função sintática* resume-se ao "papel que na proposição exerce a palavra, como resultado syntactico das suas relações" (Maciel, 1922 [1894], p. 253). A concepção de *função sintática* era a de um traço vocabular decorrente da *relação sintática*, de que se justifica a denominação predominante de "sintaxe das relações". Alguns gramáticos – nomeadamente Júlio Ribeiro – prefeririam os termos *relação subjetiva*, *relação predicativa* a *função subjetiva*, *função predicativa* etc., ou seja, a análise fazia-se no processo sintático, não em seu efeito. Há, pois, uma concepção de estrutura sintática em que as relações são expressas diretamente pela palavra, como bem se observa nesta definição de Maximino Maciel (1922 [1894], p. 254): "A palavra ou expressão em funcção subjetiva diz-se sujeito".

---

407. O metatermo *ptoseonomia*, à semelhança de seu equivalente *campenomia*, não obteve aceitação na nomenclatura gramatical brasileira, sobretudo a partir do momento em que o estudo das flexões passou a ser interpretado como um segmento da morfologia.

11

Fontes doutrinárias da gramática científica brasileira[408]

A leitura das gramáticas e demais trabalhos de descrição linguística do século XIX revela despreocupação do autor no tocante às referências bibliográficas. A rigor, não havia um procedimento padrão, de tal sorte que a consulta à obra de terceiros podia ser detalhadamente referida em alguns textos, ao passo que em outros sequer merecia menção. Com efeito, a referência às fontes bibliográficas não era considerada um compromisso acadêmico, razão por que a leitura dos textos antigos oferece ao pesquisador um desafio complementar na tarefa de levantar as influências doutrinárias. Ordinariamente, o texto linguístico traz em nota de rodapé o nome do autor e da obra referida em termos abreviados, a premissa era de que o leitor tinha conhecimento bibliográfico suficiente para identificar as fontes consultadas. Alguns nomes demonstravam maior zelo na referência bibliográfica, entre eles Maximino Maciel e Júlio Ribeiro, que se esforçam em abonar exaustivamente os conceitos colhidos nos linguistas europeus. Em conduta dissonante, outros estudiosos, como Alfredo Gomes, optam por omitir as fontes de que se serviam, de tal sorte que, hoje, a identificação de suas fontes doutrinárias só se obtém pelo teor das teses presentes em sua obra.

O fato pode justificar-se por dois motivos: a personalidade do gramático, que por convicções pessoais – ou até por vaidade – se recusa a indicar as fontes, e o perfil da obra, de caráter científico-descritivo ou de cunho pedagógico, caso em que as preocupações com referências bibliográficas obviamente se-

---

408. Reproduzimos, neste item, com adaptações, estudos já publicados em textos avulsos (cf. Cavaliere, 2014).

riam mais presentes nas de caráter científico. Maximino Maciel assim se posiciona no prólogo da 2ª edição da *Gramática descritiva* (1922 [1894], p. V):

> A nossa grammatica póde não prestar; mas a orientação é inteiramente differente do que se tem publicado sobre grammatica portuguesa. A maior parte dos pontos, quasi toda a doutrina, está consolidada por autores de nomeada.
>
> Assim procedemos, porque a probidade scientifica aconselha citar-se um autor, desde que lhe estejamos de accordo com as opiniões attinentes a um ponto, para mostrarmos as fontes a que recorremos.

Outra questão diz respeito à natureza da obra consultada. Para se estabelecer uma exata medida da influência em estudo historiográfico[409], hão de distinguir-se dois aspectos relevantes do tema: a tese doutrinária e a fonte bibliográfica que a divulga. Não obstante ambos os aspectos se integrem como faces de uma mesma moeda, não se pode confundi-los, dado o distinto papel que compete a cada um. Exemplifique-se com a propalada influência da *Grammaire de Port-Royal* sobre os textos vernáculos que se escreveram no Brasil ao longo da primeira metade do século XIX. Não há, decerto, nesses textos, referência direta à obra de Arnauld e Lancelot, mas seus autores revelam haver absorvido muitas de suas bases teóricas – como, por exemplo, a arquitetura lógica das partes do discurso – mediante leitura dos vernaculistas de língua francesa. O mesmo se pode afirmar, com respeito ao período científico, em que as teses de August Schleicher são evidentes, claramente norteadoras do "evolucionismo" nas construções gramaticais, não obstante o célebre linguista alemão raramente seja citado nos compêndios gramaticais e em textos avulsos.

Com efeito, a influência doutrinária se define como o aparato teórico de que se serve o pesquisador – sobretudo os estudiosos das línguas vernáculas – para descrever os fatos gramaticais de dada língua, não sendo raro que teses oriundas de doutrinas diferentes se irmanem neste afã descritivo. Já a fonte bibliográfica é a obra aonde vai o pesquisador recolher essa informação científica, o que implica, em última análise, ser o ponto de contato direto ou imediato que o pesquisador de língua vernácula mantém com as teses doutrinárias. Ora, sabe-se que nem sempre se recolhem informações objetivas sobre modelos teóricos diretamente das obras escritas por seus ideólogos. A bem da verdade, o mais das vezes essas informações chegam-nos mediante compêndios de linguística geral, escritos para expor de modo sistemáti-

---

409. Sobre o tema, cf. Cavaliere (2020), Koerner (1989a, 1989b, 1995), Bell (1975).

co e didático todos os aspectos das escolas científicas, de que resulta, por exemplo, conhecermos as ideias de Franz Bopp (1791-1867) e Jacob Grimm (1785-1863) não pela leitura direta de seus textos, mas pela leitura de trabalhos que lhes fazem referência, com acurada descrição e amplo comentário de seus princípios.

Por vezes, esta intermediação cabe aos próprios vernaculistas, na medida em que, ao aplicarem em sua obra teses de dado modelo de investigação da língua, também atuam como propagadores dessas teses, com o trunfo adicional de comprovarem sua aplicabilidade ao fato concreto, às estruturas gramaticais de uma certa língua ou de várias línguas em conjunto. Assim, o que se vê aqui é uma fonte bibliográfica que, embora não tenha o objetivo primacial de divulgar a tese doutrinária, acaba por indiretamente cumprir tal função. Em última análise, a fonte bibliográfica que melhor divulga dada tese doutrinária nem sempre é o texto original escrito pelo linguista doutrinador. No caso brasileiro, em que as teses usadas para descrição do português chegavam das escolas europeias, a questão se abre de modo bastante claro: embora a doutrina agasalhada na segunda metade do século XIX seja dos nomes mais proeminentes da teoria linguística alemã, como Max Müller (1823-1900), August Schleicher (1821-1868), Friedrich Diez (1794-1876) e outros, as fontes bibliográficas mais citadas são, em sua maioria, textos vernáculos de língua inglesa e francesa, ou mesmo compêndios de gramática histórica, em que semelhantes teses já vinham sendo aplicadas com sucesso reconhecido. Em outras palavras, a leitura direta era a dos compêndios gramaticais, como a *Grammaire comparée de la langue française* (1976), de Cyprien Ayer (1825-1884), *A Higher English grammar* (1877 [1873]), de Alexander Bain (1818-1903) e *English grammar* (1879 [1858]), de Charles Mason (1820-1900), embora o que deles se absorvia fossem, na realidade, os conceitos glotológicos que lhes serviam de base teorética.

Não seria temerário afirmar que os filólogos brasileiros, de modo geral, serviam-se de fonte bibliográfica dual: em maior escala, autores estrangeiros, sobretudo europeus, e, em menor escala, autores brasileiros e portugueses contemporâneos. A rigor, não havia hábito de referência a autores brasileiros e portugueses para apoio teórico, via de regra as citações se faziam para ratificar ou (raramente) retificar esta ou aquela tese defendida pelo linguista citado. Tome-se por parâmetro a referência que Ernesto Carneiro Ribeiro (1839-1920) oferece ao leitor como fontes de seus *Serões gramaticais* (1890, p. 8):

> Dahi uma serie de progressos e conquistas da sciencia grammatical, a que imprimiram os sellos de seu engenho Schlegel, Bopp, Pott, Jacob Grimm, Maury, Benfey, Burnouf, Diez, Max Müller, Bréal, Littré, Brachet,

> Clédat, Brunot, Suchier, Meyer-Lübke, Gaston Paris, Paul Regnaud, Darmesteter, Carolina Michaëlis, Adolpho Coelho, Pacheco Junior, Gonçalves Viana, Ribeiro de Vasconcélloz, João Ribeiro e tantos outros que deram uma feição inteiramente nova aos estudos grammaticaes, ampliando-lhes os fundamentos, fazendo irradiar muita luz em todos os factos da sciencia da linguagem.

Em linha adjeta, assim se posiciona Maximino Maciel (1922, p. 442):

> Tornara-se o Collegio de Pedro II o centro de que se ia irradiando a nova orientação cujos albores se vislumbravam nos concursos de linguas a que affluiam candidatos a quem eram familiares as doutrinas de Max Müller, Miguel Bréal, Gaston Paris, Whitney, Littré, Darmesteter, Ayer, Brunot, Brachet, Fréderich Diez, Bopp, Adolpho Coelho e outros, principalmente as dos autores allemães em que se estavam haurindo os elementos primordiaes para esta verdadeira Renascença dos estudos philológicos no Brasil.

Entre os doutrinadores citados pelos filólogos brasileiros, incluem-se alguns dos maiores linguistas do século XX, nomes que se notabilizaram pela introdução de novos rumos na ciência da linguagem. Conforme já aqui observado, não se pode afirmar com absoluta segurança que todos os filólogos brasileiros que tenham citado autores estrangeiros hajam efetivamente lido seus textos originais. Não seria de todo infundado admitir que tivessem tomado ciência da doutrina desses grandes nomes da linguística europeia pela leitura de outros autores representativos da mesma escola científica. Considerando que referência bibliográfica, à época, não seguia um padrão uniforme, sendo comum a simples menção de um sobrenome em nota de rodapé, em muitos casos o nome citado não é diretamente consultado, senão objeto de referência em obra de terceiros. Sabemos que não eram muitos os filólogos brasileiros que liam textos em alemão – citem-se Manuel Said Ali (1861-1953), João Ribeiro (1860-1934) e Manuel Pacheco da Silva Júnior (1842-1899) – fato que poderia constituir sério empecilho, não obstante, já à época, se dispusesse de traduções dos autores germânicos para o francês. Mas mesmo o acesso a essas traduções era muito restrito dada a dificuldade de sua aquisição nas livrarias brasileiras ou mesmo nos poucos escritórios das editoras francesas na sede da Corte Imperial.

As considerações que aqui se pretende traçar acerca das fontes doutrinárias dos linguistas brasileiros do século XIX servirão, ao menos, para salientar a importância de se teorizar, em plano meta-historiográfico, sobre a questão da influência na produção linguística, sobretudo em núcleos de pesquisa que praticam a denominada linguística de recepção. Com efeito, a influência doutrinária constitui um dos campos de pesquisa historiográfica que mais contribuem para esclarecer os movimentos de transmissão do saber científico no âmbito da linguística, não obstante as exatas cores de sua manifestação, por assim dizer, ainda estejam por adquirir matizes nítidos. A análise desse fenômeno epistemológico nas obras linguísticas – e, por extensão, nas obras científicas em geral – deve processar-se em dupla dimensão: a da referência expressa, em que o autor do texto cuida de informar ao leitor consulente que lançou mão das ideias residentes em texto de outra autoria, e a influência implícita, que se abstrai da pesquisa sobre a episteme em que se inscreve o texto analisado. Naturalmente, no contexto da influência implícita, as trocas axiológicas e ideológicas decorrem do contato que permeia todas as pessoas que se dedicam à atividade científica em dado momento da história da ciência. No Brasil, por exemplo, um linguista formado nos anos 70 e 80 do século XX, que supostamente jamais tivesse lido uma única página de Joaquim Mattoso Câmara Júnior (1904-1970), ainda assim teria sido influenciado por suas ideias sobre o sistema fonético e morfológico do português, já que em praticamente todos os programas oficiais dos cursos de letras as teses de Câmara eram obrigatoriamente discutidas em sala de aula.

Entretanto, há de observar-se que os caminhos sugeridos pela influência implícita por vezes conduzem a uma falsa interferência ideológica em conceitos aparentemente correlacionados, ou mesmo fundamentados na mesma hipótese teórica. Lembre-se aqui a propagada presença das teses evolucionistas de Charles Darwin (1809-1882) nas ideias linguísticas de August Schleicher (1821-1868) – conforme defende, por exemplo, Kristeva (1988, p. 184) – embora hoje já se tenha absoluta certeza de que a descrição do mecanismo de evolução orgânica das línguas proposta pelo linguista alemão, tendo sido publicada em 1853, em nada se inspira nas ideias darwinistas, já que Schleicher delas tomou ciência tão somente em 1863, por sugestão de Ernst Haeckel (1834-1919)[410]. No tocante aos indícios de influência doutrinária mais idôneos, cite-se a referência direta de um determinado autor ao trabalho de outrem. Esta é, sem dúvida, a fonte mais fidedigna para se estabelecer um vínculo ideológico entre dois autores, bem como o grau ou intensidade em que se pode aferir semelhante vínculo. No caso dos linguistas brasileiros, conforme já aqui repisado, a referência direta às fontes bibliográficas não constituía hábito regular até pelo menos as primeiras décadas do século XX, de tal sorte que a tarefa de levantamento dessas fontes torna-se hoje

---

410. Sobre a pseudoinfluência de Darwin em Schleicher, cf. Koerner (1989b, p. 217).

bem mais trabalhosa para o historiógrafo. Por vezes, o nome de um linguista inspirador é citado no corpo do trabalho quando se desenvolve dado conceito, mas nada se diz sobre a obra específica que serviu de inspiração. Nessas situações, a leitura dos prefácios e a atenção redobrada aos comentários em nota de rodapé costumam contribuir bastante para o fiel estabelecimento dos vínculos ideológicos.

11.1 Fontes inglesas

Os textos linguísticos produzidos no Brasil oitocentista revelam sensível predominância de fontes europeias no tocante às bases teóricas e metodológicas, com ênfase nas vertentes alemã, inglesa e francesa. O fato de a fonte direta ser ordinariamente uma gramática de língua vernácula, não propriamente uma obra teórica no campo da glotologia, pode explicar-se pela maior facilidade que se confere ao pesquisador quando absorve a tese doutrinária já aplicada a um dado sistema linguístico, de que resulta significativa economia para o desenvolvimento do trabalho na descrição em outra língua, sobretudo se cognata. Um exemplo cabal encontramos na referência que Maximino Maciel (Maciel, 1922, p. 110) faz à hipótese de classificação das palavras em nocionais e relacionais – que, por sinal, considerava ultrapassada –, a qual, originalmente proposta por Charles Peter Mason (1820-1900), é citada pelo filólogo brasileiro através das páginas da *Grammaire supérieure* (1880 [1868]), de Pierre Larousse (1817-1875). Além de Mason, outros prestigiados nomes dos estudos vernáculos em língua inglesa emprestaram considerável contributo para o desenvolvimento do pensamento gramatical no Brasil: Alexander Bain (1818-1903), Alexander Allen (1814-1842), James Cornwell (1812-1902) e Henry Sweet (1845-1912).

Os estudos de Alexander Bain, um professor de Lógica da Universidade de Aberdeen, chegam ao Brasil em sua *A higher English grammar*, na qual se encontra o modelo de sinopse que propõe a divisão binária da gramática em *lexiologia* e *sintaxe*. Considerando que a palavra era a célula da análise linguística, seja em plano individual, seja no corpo das estruturas mais complexas como a proposição, conclui-se que lexiologia, nessa proposta de descrição gramatical, engloba a sintaxe, ainda que essa última constitua um segmento à parte. Charles Peter Mason está presente nos estudos brasileiros do século XIX com sua teoria das relações sintáticas, por sinal por ele adaptada ao estudo do inglês, nas páginas de sua *English grammar* (1876), por inspiração de *A grammar of the German language* (1830), versão inglesa da conhecida obra de Karl Becker (1775-1849). No Brasil, difundiu-se, com alguma adaptação, o projeto de descrição sintática em dois planos temáticos, a *sintaxe léxica* e a *sintaxe lógica*, a que Júlio Ribeiro adicionou um terceiro: *regras de sintaxe*. A sintaxe léxica é atinente ao estudo das palavras inter-relacionadas na oração, a sintaxe lógica ocupa-se do estudo da estrutura das orações, ao passo que a terceira se incumbe das concordâncias, das regências e das particularidades sintáticas das várias partes do discurso. Pode-se vislumbrar na sintaxe lógica uma concepção sistemática das relações sintáticas, sobretudo em face do uso do termo *estrutura*, como se lê na seguinte passagem: "A *sintaxe logica* considera a sentença no que diz respeito á sua estructura, quer sejam ellas simples, quer sejam ellas compostas" (1911, p. 229).

Verifica-se em Júlio Ribeiro a mesma perspectiva de análise que está em Becker, cujos parâmetros lhe chegaram pela letra de Mason. A análise pauta-se na *relação sintática* – não na *função sintática* –, ou seja, o que se tem são relações diretas, termo a termo, denominadas *relação subjetiva* – a do sujeito com o predicativo –, *relação atributiva* – a da palavra que expressa a qualidade com a que expressa a coisa –, *relação adverbial* – a que vincula dada palavra a um adjetivo, verbo ou advérbio –, *relação predicativa* – em que o predicado de uma sentença está para com seu sujeito – e *relação objectiva* – em que está para com um verbo de ação transitiva o objeto a que se dirige ou sobre que exerce essa ação.

No conjunto das influências inglesas, decerto se há de conferir maior relevo a Henry Sweet, cuja presença no pensamento gramatical brasileiro é ordinariamente desconsiderada. Homem de fecunda formação filológica, Sweet abriu o caminho para o estudo da fonética com seu *A handbook of phonetics* (1877), além de haver contribuído para o incremento dos estudos comparativistas mediante publicação de trabalhos sobre as línguas russa, sueca e portuguesa, entre outras, fruto de suas várias viagens de estudo. Até onde conduz a pesquisa, a primeira menção ao nome de Henry Sweet cabe a João Ribeiro em rápida passagem da *Gramática portuguesa* (1933 [1887]), em que defende a inclusão da etimologia entre os objetos da filologia geral, não da gramática. Embora trace nas primeiras linhas de sua obra o plano geral da gramática em consonância com o mesmo quadro hierárquico de Júlio Ribeiro – *lexiologia* e *sintaxe* –, João Ribeiro, na realidade, estrutura a disposição da matéria gramatical de maneira radicalmente distinta. Verifica-se haver na *Gramática portuguesa* três grandes segmentos, em mesmo nível hierárquico, intitulados *O vocábulo*, *Sintaxe* e *Estudos Complementares*. O primeiro trata da classificação e da forma (aí incluída a flexão) das palavras; no segundo sobrevêm as sintaxes das classes gramaticais, a análise lógica e os vícios de sintaxe. É no terceiro segmento, *Estudos complementares*, em que entram a fonologia, a etimologia e a semântica. Inspirado na opinião agasalhada por Henry Sweet em sua *A new English grammar, logical and historical* (1898), João Ribeiro, nas edições finais de sua obra gramatical, reluta em situar a fonologia em nível subordinado à lexiologia, a despeito de, surpreendentemente, assim continuar constando na descrição de gramática que abre as primeiras páginas. A leitura de Ribeiro, na verdade, revela que o filólogo brasileiro considerava a fonologia, bem como a etimologia e a semântica, partes da filologia geral, disciplinas de forte componente histórico, razão por que relutava em incluí-las na área de competência da gramática pedagógica. São decisivas a respeito suas palavras (1933 [1887], p. 45):

> O estudo do sentido do vocabulo chama-se *Semantica* e o da origem e historia das fórmas primitivas, *Etymologia*; conquanto muito dependentes da grammatica, d'ella não fazem commumente parte a Etymologia e a Semantica, e antes representam divisões da philologia geral.

E conclui:

> Este estudo [da fonologia], porém, sob o aspecto linguistico e historico, como observa Sweet (*A new English grammar logical and historical*), não deve fazer parte da grammatica e é antes um ramo muito especial da philologia. Por isso e ainda pela difficuldade do assumpto, collocamol-o no fim d'este livro, com o estudo complementar e de modo breve e summario.

Nome já respeitado no meio acadêmico oitocentista, Manuel Said Ali viria a servir-se das ideias de Henry Sweet tão somente nos textos publicados no alvorecer do século seguinte. Do gramático inglês importou Said Ali uma nova concepção sobre o papel do pronome no seio das classes gramaticais, vistos como substantivos ou adjetivos que tinham significado generalístico a ponto de referirem-se a toda uma coletividade indeterminada. Dessa concepção surgiria a subdivisão tipológica do pronome em *pronome substantivo* e *pronome adjetivo*, que durante vários anos competiria com a antiga proposta que distinguia o *pronome* do *adjetivo determinativo*. Como sabido, a visão de Henry Sweet viria a ser adotada pela Nomenclatura Gramatical Brasileira em 1959, sendo considerada pedagogicamente no Brasil até os dias atuais. Com efeito, essa visão do pronome como espécie de substantivo ou de adjetivo é fato que se revela com frequência expressiva. Em português há nomes de grande generalidade semântica, de tal sorte que seu emprego na sentença toma ares típicos dos pronomes, caso de *senhor*, e *o autor*, para nos servirmos aqui dos exemplos oferecidos por Said Ali. Adverte, por sinal o sábio filólogo fluminense, em corroboração desta tese, que o substantivo latino *rem*, em face de sua grande generalidade, passou com o tempo a ser usado como pronome. Com base na teoria de Sweet, Said Ali defende a classificação dos pronomes como pronomes substantivos ou absolutos, e pronomes adjetivos, mediante importação da terminologia preferida do *scholar* inglês. O problema está em que esses metatermos já tinham sido empregados anteriormente por outros filólogos brasileiros, fato que numa certa medida pode provocar certa confusão conceitual.

Com efeito, a denominação *pronome substantivo* e *pronome adjetivo* já está na *Gramática descritiva*, trazida a lume por Maximino Maciel em 1894. Ressalve-se, entretanto, que o valor taxionômico dos termos em Maciel distingue-se do pretendido por Said Ali: no primeiro, o conceito de pronome adjetivo não se amplia a todo termo que acompanha o nome, dando-lhe determinação (e não qualificação), já que se restringe aos pronomes que "evitam a repetição do substantivo", como em *este homem e **aquele**, teu livro e o **meu*** (Maciel, 1922, p. 56). Trata-se de interpretação morfossintática que não se aceita sem reservas, visto que o pronome nos exemplos oferecidos por Maciel não funciona propriamente para evitar a repetição. Basta verificar que seu emprego seria igualmente necessário caso o falante optasse pela repetição do termo em zeugma. Verifica-se, enfim, que a presença de Henry Sweet no percurso dos estudos linguísticos e filológicos brasileiros serve de referência para pelo menos duas conclusões relevantes, do ponto de vista historiográfico. Primeiro, ratifica a tese já consolidada de que nossas fontes bibliográficas eram majoritariamente de textos vernáculos, sobretudo os compêndios descritivos elaborados com fulcro no comparativismo europeu. Segundo, fornece-nos sólidas evidências da grande participação dos estudos saxônios na arquitetura da gramática brasileira, fato que denega procedência à alentada exclusividade dos estudos de filologia românica na formação de nosso pensamento gramatical.

11.2 A glotologia alemã

Os textos gramaticais brasileiros do período científico revelam-nos expressiva presença dos principais nomes da teoria linguística alemã, ordinariamente inscrita no campo da glotologia. A influência doutrinária desses autores faz-se presente em todos os setores da análise linguística, com natural ênfase naqueles temas a que a escola histórico-comparativa mais se detinha: a fonologia, a morfologia e a sintaxe.

Entre os *scholars* alemães referidos, dá-se especial relevância a Jakob Grimm (1785-1863). João Ribeiro (1860-1934), no *Dicionário gramatical* (1906 [1889], p. 44), tece juízo acerca da *Lei de Grimm*, denominando-a *Lei de Rotação dos Sons*, numa imagem bem adequada à feição cíclica com que o fenômeno se opera na mudança das línguas antigas para as mais modernas. Busca, inclusive, ilustrar o fato mediante uma superposição de círculos concêntricos em que dispõe a ordem pela qual as consoantes variam, concluindo por atribuir ao citado princípio linguístico valor probatório do processo degenerativo que caracteriza as línguas. A referência a Grimm impõe-se como obrigatória nos bons compêndios gramaticais como parâmetro da moderna linguística comparativa que deu amparo aos estudos do século XIX. Sua doutrina, no entanto, bastante afastada da investigação das línguas vernáculas românicas, não se aplica diretamente ao fato estudado, razão por que a referência a sua obra sempre se faz nos capítulos introdutórios, em que o autor procura inscrever a proposta de investigação vernácula no paradigma da linguística histórico-comparativa europeia. Assim procede a maioria dos filólogos brasileiros, com especial incidência de seu nome nas páginas de Ernesto Carneiro Ribeiro, em especial em seus *Serões gramaticais* (1890, p. 8), João Ribeiro, sobretudo no *Dicionário gramatical* (1906 [1889], p. 44) e Manuel Pacheco da Silva Junior, em sua *Gramática histórica* (1878, p. 16).

Outro nome relevante com presença expressiva nas páginas brasileiras é o de Friedrich Max Müller (1823-1900). Embora a referência à obra de August Schleicher (1821-1868) manifeste-se entre os filólogos brasileiros, sobretudo em Júlio Ribeiro (1845-1990), Maximino Maciel (1866-1923) e Ernesto Carneiro Ribeiro (1839-1920), o encantamento com a inclusão da linguística no seio das denominadas ciências naturais, ao que consta, emergiu da leitura da obra de Max Müller, discípulo de Schleicher e ardoroso defensor de suas teses doutrinárias. Referência constante em inúmeros setores da descrição linguística, Max Müller situa-se entre aqueles doutrinadores de leitura obrigatória na virada do século XIX para o século XX. Sua obra é lembrada com frequência expressiva, sempre no intuito de abonar conceitos linguísticos atinentes inclusive ao português e às demais línguas românicas. Cita-o, por exemplo, Júlio Ribeiro (1881 [1910], p. 10) no capítulo sobre fonética ao fazer menção tanto à natureza das vogais e das consoantes quanto ao caráter infinito das nuanças vocais, uma referência ainda incipiente do que mais tarde a linguística estruturalista denominaria *alofone*. Também o cita Maximino Maciel (1922 [1894], p. 2), ao tratar da definição de gramática geral, inspirando-se no clássico volume *La science du langage*. Por sinal, os estudos de Max Müller na área da fonética e, sobretudo, da morfologia, muito serviram como apoio doutrinário ao trabalho de Maciel.

Não obstante se possa asseverar que a obra de Max Müller segue a trilha da linguística naturalista de Schleicher, consta que seus traços mais interessantes agasalham, na realidade, teorias diversificadas. Nas palavras de Otto Jespersen (1860-1943) em seu *Language: its nature, development and origin* (1964 [1911], p. 72), as agradáveis digressões de Müller acerca da história das palavras assemelham-se a anedotas históricas em um compêndio sobre a evolução social. O comentário de Jespersen, na verdade, procura explicar a grande aceitação da obra de Max Müller, inclusive entre o público leigo, fato que muito contribuiu para popularizar a linguística em grande escala no final do século XIX. Atribui-se, igualmente, a Max Müller o mérito de haver desenvolvido uma teoria geral da linguagem com base nos estudos comparativistas sobre o indo-europeu, em especial no volume *Lectures on the science of grammar*, sem dúvida seu trabalho mais famoso. Basta verificar que, havendo sido publicado inicialmente entre 1861 e 1864, o volume alcançou sua 15ª edição em 1891, agora denominado *The science of language*. Outro fato que contribui para a extrema popularidade dos trabalhos de Max Müller diz respeito a seu reconhecido ecletismo. Na realidade, o interesse científico de Müller era amplo o suficiente para tratar de assuntos por vezes díspares, tais como gramática do sânscrito, astrologia, tipologia linguística e mitologia comparada. Em todas essas áreas de pesquisa tão distintas, a palavra de Max Müller sempre tinha o peso da autoridade, de profunda credibilidade, razão por que sua imagem – não apenas entre os leitores leigos – era sempre associada ao saber dos grandes enciclopedistas, arrancando por vezes elogios até de seus mais célebres oponentes no campo da linguística, como se abstrai dessa declaração de William Whitney (1827-1894): " a man of [...] acknowledged ability and great learning" (*apud* Jankowsky, 1972, p. 65).

Pouco se lê sobre os neogramáticos na bibliografia linguística brasileira da gramática científica. Os frutos que o movimento fez eclodir nos verdores do século XX legaram-nos estudos preciosos sob inspiração na doutrina dos neogramáticos, nomeadamente os estudos de Manuel Said Ali (1861-1953) que compõem suas *Dificuldades da língua portuguesa* (1966 [1908]). Neles, o mestre fluminense utiliza os estudos sobre psicologia em linguagem para apoiar boa parte da descrição sintática do português. Embora as *Dificuldades* tenham sido publicadas na primeira década do século XX, evidencia-se que sua gênese teorética remonta ao século XIX. A primeira referência brasileira aos neogramáticos, contudo, parece ser da lavra de João Ribeiro em seu *Dicionário gramatical*. Sobre o *Princípio da Analogia*, por exemplo, Ribeiro já adverte quanto ao perigo de seu uso indiscriminado, por ser "tão extensivo e intenso que os neo-grammaticos explicam, por elle, todas as excepções ás leis phoneticas das linguas" (1906 [1889], p. 2). Também ao conceituar ênfase, como polo oposto à *degeneração* no processo de mudança linguística, Ribeiro remete diretamente aos neogramáticos: "Entre os neogrammaticos a emphase exprime o conjuncto de todas as tendencias de integração, isto é, todas as forças que se oppõem á degeneração das linguas" (1906 [1889], p. 11).

Não se pode negar, contudo, ter havido expressiva desconsideração do movimento dos neogramáticos pela ampla maioria dos filólogos brasileiros. Dos gramáticos do final do século XIX, naturalmente, não se poderia esperar tal referência, já que o manifesto do grupo de Leipzig antecede apenas em alguns anos a edição da *Gramática portuguesa*, de Júlio Ribeiro. Os filólogos do século XX, contudo, já teriam tido a oportunidade de conhecer a teoria de Karl Brugmann (1849-1919) e Hermann Osthoff (1847-1909), de tal sorte que ao menos lhe dedicassem alguma referência. Poder-se-ia, em princípio, supor que, se não o fizeram, foi porque efetivamente não a conheceram ou porque a ela se opunham tão radicalmente que simplesmente lhe dedicavam o mais absoluto desdém. A primeira hipótese é improvável, visto que ao menos os filólogos mais chegados a Said Ali e João Ribeiro certamente teriam deles recebido alguma notícia e mesmo alguma informação acadêmica acerca do trabalho desenvolvido pelos neogramáticos. Ademais, a tradução inglesa da obra de Hermann Paul (1846-1921), erigida sobre os pilares da escola dos neogramáticos, teve intensa ressonância no meio acadêmico brasileiro já nos primeiros anos do século XX. Acrescente-se que os vernaculistas europeus que serviam de fonte ordinária a nossos filólogos sempre fizeram ampla referência aos trabalhos de Brugmann, Osthoff e Berthold Delbrück (1842-1922), fato que só por si confiaria certa informação acerca dos novos rumos que os neogramáticos procuravam impor aos estudos linguísticos.

A segunda hipótese – de que a teoria dos neogramáticos não grassou entre os filólogos brasileiros – também não pode ser considerada em termos absolutos. Isso porque a herança que a nova escola recebeu das gerações anteriores, como o princípio das leis fonéticas e o da analogia (ou pseudoanalogia, como quer Brugmann) gozaram de total acolhida nas páginas brasileiras, sendo mesmo usados à farta nos estudos etimológicos do português. Por outro lado, uma vertente importante dos estudos neogramáticos não obteve no Brasil campo fértil de desenvolvimento: o estudo psicológico da linguagem, apenas desenvolvido, como já asseveramos, por Said Ali. Sem dúvida, neste mister a obra dos neogramáticos não logrou encontrar eco na produção científica brasileira. Ora, é justamente nesta vertente que o paradigma dessa escola mais contribuiu para o progresso dos estudos linguísticos, razão por que não seria imprudente afirmar que o traço mais original do modelo neogramático pouco contribuiu na constituição do pensamento gramatical brasileiro.

Um nome alemão que penetrou mais discretamente no cenário linguístico brasileiro é o de Karl Vossler (1872-1949), filólogo e crítico literário que viria a notabilizar-se nas correntes filosóficas da linguística do século XX. Sua obra está definitivamente vinculada ao surgimento de uma vertente da linguística dos Novecentos, a *neofilologia idealista*, cujas bases fincam-se na obra *Positivismus und Idealismus in der Sprachwissenschaft* (1904). O idealismo de Vossler afasta a teoria sobre as línguas dos cânones positivistas que vinham esculpindo uma linguística documentada no texto, em que cada hipótese só alcançava credibilidade se alicerçada em comprovação material. Vossler enverada pela especulação sobre o organismo linguístico sem preocupação logicista, antes alimentado pelo aguçado sentimento da língua, uma certa capacidade de investigar as ordens abstratas sem necessidade de apoiar-se no concreto. Entre os brasileiros, a linguística vossleriana reflete-se na obra de João Ribeiro, sobretudo pelo seu caráter assistemático com que o filólogo brasileiro expõe a matéria em análise. A *Gramática portuguesa* de Ribeiro (1933 [1887]), não obstante rica em grandes mergulhos temáticos, não traz aquela exposição organizada dos pontos, criteriosamente distribuídos nas partes da gramática, que caracteriza, por exemplo, os volumes de Pacheco Junior, Said Ali e, sobretudo, Maximino Maciel, este verdadeiro seguidor da linguística naturalista schleicheriana. João Ribeiro, contudo, supre a falha organizacional de sua gramática com a fertilíssima discussão de temas selecionados a gosto. Aí reside a perspectiva vossleriana de sobrepor a indagação à descrição, de mais valorizar a investigação do que a comprovação científica.

Na esteira das referências aos linguistas alemães que influenciaram o pensamento linguístico dos Oitocentos no Brasil, hão de traçar-se duas linhas sobre as figuras de Wilhelm von Humboldt (1767-1835) e Friedrich Diez (1794-1876). Um dos mais prestigiados pensadores da ciência linguística, Wilhelm von Humboldt (1767-1865), desenvolveu uma filosofia linguística de considerável hermetismo, "da qual não se pode oferecer uma ideia sucinta", nas palavras de Jespersen, mas que floresceu na obra de inúmeros seguidores, discípulos, entre eles Hermann Steinthal (1823-1899), um dos próceres do estudo psicológico da linguagem no século XIX. A máxima humboldtiana que mais se consolidou na linguística moderna é a de que "nichts in ihr ist statisch, alles dynamisch" (1907, p. 146)[411]. Cada língua, mesmo o mais remoto dialeto de uma tribo afastada, deve ser entendida como uma unidade orgânica diferente das demais, que expressa as características particulares dos seus falantes nativos. Humboldt, em outros termos, vincula o sistema linguístico ao mecanismo mental do homem, numa relação de interinfluência, de tal sorte que a língua passa a ser reflexo de um caráter coletivo, comum a todos os membros de determinado povo. Vislumbra-se aqui o alvorecer da *Volkerpsicologie*, que viria a permear a obra de Hermann Steinhal e Wilhelm Wundt (1832-1920). Os textos do período científico traçam referência singela ao trabalho de Humboldt, não obstante a magnificência de sua volumosa obra. Na *Gramática descritiva*, Maximino Maciel busca amparo no mestre alemão para desincumbir-se da sempre problemática definição de sílaba (1922 [1894], p. 19): "A syllaba, diz Humboldt, constitue por si unidade de som". Maciel sequer oferece a fonte onde colheu a definição utilizada, fato raro em sua riquíssima referência bibliográfica. Ernesto Carneiro Ribeiro, por sua vez, em digressões sobre a natureza orgânica da língua, vale-se de um pequeno trecho de Humboldt na obra *Origem e filiação da língua portuguesa* (Ribeiro, 1958 [1865], p. 89):

> Não devemos considerar uma lingua, diz G. de Humboldt, como um producto morto; é um ser vivo e sempre creador. O pensamento humano se elabora com os progressos da intelligencia, e é a lingua a manifestação desse pensamento. Um idioma não pode, pois, ficar estacionario: caminha, desenvolve-se, cresce, fortifica-se, envelhece e definha.

Percebe-se que a referência de Carneiro Ribeiro se faz no nível conceitual, ao passo que a rápida referência de Maciel atinge um fato material. Em ambas, porém, a participação do mestre alemão é apenas pontual, na forma de apoio autorizado para o alinhavar de uma tese. Nota-se, portanto, que a presença de Humboldt em nossa produção linguística no período científico não vai além de breves referências isoladas, a despeito da grande influência que o teórico alemão exerceu na formação do pensamento linguístico na virada do século. Explica-se, em certa medida, o fato em face do caráter predominantemente filosófico da obra humboldtiana, de certa forma distanciado das discussões vernáculas mais ordinárias.

No tocante a Friedrich Diez, sua influência no pensamento gramatical brasileiro revela-se mais nítida em face de sua identificação particular com o estudo das línguas românicas. Diez abriu campo fértil de pesquisa sobre

---

411. Tradução: "nada em linguagem é estático, tudo é dinâmico".

a evolução interna do latim e sua mudança resultante nas línguas românicas por levar em conta um fator externo: o de que a busca das raízes linguísticas no latim clássico enveredava por um grande equívoco histórico-social, já que a análise dos fatos históricos ligados ao surgimento das línguas românicas apontava exatamente para uma origem vulgar. Firme nessa nova abordagem, Diez defendia o uso do método comparativo para investigar a origem das línguas românicas não nos textos clássicos, cujas formas linguísticas por vezes em muito se distanciavam das formas românicas, mas nas fontes do *sermo vulgaris*, da língua popular em suas numerosas variáveis diatópicas. Neste mister, reconhece-se em Diez a valorização dos textos não apenas como expressão material de determinada língua, mas como etapas de um complexo desenvolvimento cultural. Seu trabalho na gramática comparada, portanto, consistia sobretudo em demonstrar que os traços latinos presentes nas línguas românicas se deviam a uma vertente vulgar do latim, afastada do latim literário. Nas palavras de Jespersen, Diez "liderou uma escola de estudos românicos profícua e promissora", cujas obras *Grammatik der romanischen Sprachen* (3 vols., 1836-1838, 1876-1877) e *Etymologisches Wörterbuch der romanischen Sprachen* (1853) "were perhaps the best introduction to the methodical study of linguistics that anyone could desire" (1964 [1911], p. 85)[412]. No Brasil foi acolhida pacificamente sua tese de que as línguas românicas derivavam do latim – e não de uma hipotética língua autóctone ibérica –, bem como de que o português não poderia ser considerado um dialeto do espanhol (cf. Nascentes, 1919).

Júlio Ribeiro ao traçar sucinto comentário sobre a presença de consoantes dentais africadas não só no interior de São Paulo, como também em regiões portuguesas – "os caipiras de S. Paulo pronunciam **dj**ent, **dj**ogo. Os mesmos e também os Minhotos e Transmontanos dizem tchapeo, tchave" (1910 [1881], p. 11), conduz-nos à opinião de Diez (1874, p. 358-360) que asseverava serem as africadas "formas primitivas do *je* e *che*", fato hoje absolutamente ratificado. Utiliza Ribeiro o método consagrado por Diez para provar a tese, traçando um rápido painel da presença das africadas em todas as línguas neolatinas, em textos latinos do século XII, sem deixar de referir-se à presença dos sons no sistema atual do inglês por influência do francês. Temos, pois, neste passo, um exemplo significativo de como o método comparativo desenvolvido por Diez no âmbito da romanística chegou até nossos compêndios gramaticais. Júlio Ribeiro, avesso à existência de tri-

---

412. Tradução: "talvez fossem os melhores volumes propedêuticos ao estudo metódico da Linguística à disposição do público interessado".

tongos em português, traça breve referência à opinião de Diez, amparada em Francisco Solano Constâncio (1777-1846), que assegura na *Introdução gramatical* de seu *Novo dicionário crítico e etimológico da língua portuguesa* (1883 [1873], p. XIII) a existência de tritongos portugueses nas formas *iguais*, *averiguais* e *averigueis*. Igualmente amparado pela autoridade do linguista alemão, Maximino Maciel, apesar da resistência generalizada entre os gramáticos contemporâneos, não hesita em incluir o tritongo entre os *grupos fonéticos* do português, como se lê abaixo (Maciel, 1922 [1894], p. 15):

> Grammaticos ha que, em desaccordo flagrante com os factos e a abalisada opinião do eminente philologo Frederico Diez, não querem admittir a triphtongação na lingua vernacula, talvez levados por má observação dos nossos phenomenos de vocalização ou por haver apenas um numero limitadissimo de triphtongos.

Já em seus estudos sobre sintaxe portuguesa, Manuel Said Ali por mais de uma vez recorre às lições de Diez para elucidar teses e fatos. Fá-lo, por exemplo, ao comentar nas *Dificuldades* o caráter peculiar do infinitivo flexionado em português, quando atribui ao mestre da Romanística a observação de que muitos poetas portugueses que escreveram obras em espanhol cometeram o erro de empregar o infinitivo flexionado nesta língua, como se nela existisse. Em outro momento, ainda tratando do infinitivo, Said Ali não poupa elogios ao saber filológico de Diez, que tem "a grande qualidade de não ser contraditório e difuso. Suas proposições são despretensiosas e *a posteriori*; representam a síntese de observações feitas em um material lingüístico considerável" (1966 [1908], p. 75). O interesse de Diez pelo infinitivo português, por sinal, gerou polêmica entre os que se dedicavam ao tema com especial atenção. Rui Barbosa (1849-1923), em uma passagem da *Réplica*, ataca a posição de Diez contrária à flexão do infinitivo em construções perifrásticas cujo sujeito do verbo auxiliar é o mesmo sujeito do verbo principal. Na realidade, Rui Barbosa aproveita um trecho da *Grammaire des langues romaines*, em que Diez assegura ser o infinitivo invariável quando depende de auxiliares modais, para descarregar sua munição sobre o romanista, incumbindo-se, para tanto, de citar alguns exemplos de construções perifrásticas com auxiliar modal em que o infinitivo se flexionava – *vão correrem*, *podem saírem*, *busquem fugirem* – já que "não faltam, entre os velhos mestres, solenes exemplos do infinitivo conjugado nesses casos" (Barbosa, 1902, p. 340). A resposta de Diez sai pela pena de Said Ali, que revela ter o próprio mestre alemão admitido, na parte final do trecho citado por Rui, que alguns escritores flexionavam o infinitivo arbitrariamente. Segundo Said Ali, Rui teria maldosamente omitido esse apêndice final, dando uma feição peremptória à tese, a fim de denegrir o saber filológico de Diez perante a comunidade científica brasileira. Arguto, o filólogo petropolitano também faz observar que Rui Barbosa cita exemplos sem oferecer as fontes – "Quais são os antecedentes clássicos que autorizam *vão correrem, podem saírem, queiram entrarem*? Onde é que Rui Barbosa viu isso?" (1966 [1908], p. 76)[413] – dando a entender que o objetivo do publicista e jurista brasileiro não ia além da promoção pessoal, que vislumbrou auferir mediante demérito de uma sumidade da filologia europeia.

11.3 A influência francesa

Uma avaliação da influência francesa na formação do pensamento linguístico brasileiro oitocentista faz despontar os nomes de Michel Bréal (1832-1915), Arsène Darmesteter (1846-1888), Émile Littré (1801-1881) e Gaston Paris (1839-1903). Outros nomes de menor envergadura, do ponto de vista historiográfico, não obstante frequentes nas páginas gramaticais, podem ser referidos, entre eles Mathias-Marie Duval (1844-1907), Joseph Ernest Renan (1823-1892), Eugène Burnouf (1801-1852), Louis Ferdinand Alfred Maury (1817-1892), August Brachet (1845-1898), León Cledat (1851-1930), Émile-Louis Burnouf (1821-1907) entre outros. Já aqui repisamos que uma das tarefas indispensáveis na pesquisa sobre a construção do pensamento linguístico e sua repercussão em outros campos da atividade intelectual diz respeito à delicada questão da influência doutrinária, bem como do denominado *horizonte de retrospecção*[414], que, como nos ensina Pierre Swiggers (2013, p. 48), integra necessariamente a linha de desenvolvimento da investigação historiográfica atinente às relações com o tempo. E, no corpo da influência doutrinária, percebem-se não raramente os efeitos da influência implícita, que não se manifesta pela citação direta da fonte, senão pela vinculação íntima entre ideias de autores distintos sobre o mesmo temário. Um exemplo de influência implícita, reiteradamente referido nos estudos historiográficos, está na presença do conceito de *fait social*, conforme o idealizou Émile Durkheim (1858-1917), na edificação do conceito de *langue* na obra

---

413. Os exemplos de Rui Barbosa são de Bernardim Ribeiro (1482?-1552?) e Filinto Elísio (1734-1819), entre outros. Trata-se, evidentemente, de trechos avulsos, insuficientes para configurar uma flexão regular do infinitivo nas perífrases verbais portuguesas.

414. Na elucidativa definição de Colombat, o *horizon de rétrospection* "recouvre l'ensemble des connaissances préalables reconnues, assumées ou même refusées par un auteur x à un moment x de l'histoire" (2007, p. 90). Sobre o tema, cf. também Auroux (1989), Auroux e Colombat (1999) e os artigos reunidos em H.E.L. (2011).

de Ferdinand de Saussure (1857-1913). Não se encontrou até hoje qualquer evidência material de que o linguista suíço tenha-se inspirado nas ideias do mestre francês, mas, conforme observa Konrad Koerner (1997), "it would be difficult to argue that Saussure was completely unfamiliar with ideas about sociology which were traded in newspapers, magazines, and books addressing the educated public of his time"[415].

Na investigação historiográfica podem-se levantar indícios de influência doutrinária na própria história da formação intelectual do autor, aí incluídas as orientações e hábitos familiares. Nesse sentido, as fontes epistolares, as anotações particulares e as próprias relações de amizade podem constituir precioso material para se estabelecerem as vinculações ideológicas entre o autor e seus ideólogos, seja no campo restrito da linguística, seja em mais ampla dimensão. No panorama da linguística brasileira, por exemplo, tem-se hoje ciência da importância de Manuel Said Ali (1861-1953) na formação de Evanildo Bechara, fato que se atribui ordinariamente – e equivocadamente – ao contato de Bechara com a obra filológica do emérito germanista fluminense. Na verdade, a presença de Said Ali na edificação do pensamento linguístico em Bechara começa a ganhar contornos decisivos logo no início de uma relação pessoal em que um jovem estudante, ainda saindo da adolescência, mantinha estreito vínculo com o mestre consagrado, dotado de forte personalidade e profundo saber filológico.

Uma palavra especial há de escrever-se sobre a presença de Michel Jules Alfred Bréal (1832-1915) nos círculos de discussão linguística brasileiros. A rigor, Bréal não se prendeu a uma dada escola linguística, havendo preferido servir-se de uma leitura diversificada de hipóteses teóricas no intuito de melhor investigar os fatos gramaticais do francês, principalmente, e das demais línguas românicas. No texto *Les lois intellectuelles du langage* (1883) chegou a filiar-se às teses neogramáticas acerca das *Lautgesetze*[416]. Bréal estabeleceu, ainda, um inusitado relacionamento entre o conteúdo dos *Prinzipien der Sprachgeschichte* (1920 [1880]), de Hermann Paul (1846-1921), e a proposta de estudo semântico desenvolvida por Arsène Darmesteter na obra *La vie des mots étudiés dans leurs significations* (1887), com vistas

---

415. Tradução: "seria difícil defender a tese de que Saussure desconhecesse completamente as ideias sobre Sociologia que circulavam nos jornais, revistas e livros destinados ao público escolarizado de seu tempo".

416. Kurt Jankowsky (1972, p. 182) salienta que Bréal só admitia a inscrição da linguística no campo das ciências exatas mediante acatamento das leis fonéticas como um fato incontroverso.

a um esboço dos fundamentos da semântica linguística, cujo resultado não atingiu o fim pretendido[417].

No Brasil, o interesse pelo estudo do significado aumenta consideravelmente nos últimos dois decênios do século XIX e será nesse campo dos estudos linguísticos que o nome de Michel Bréal receberá maior referência. Os gramáticos brasileiros ordinariamente conferem a Michel Bréal o reconhecimento de haver popularizado o termo *semântica*, que mais tarde viria a denominar uma das partes da moderna gramática de língua vernácula. Convém alertar, entretanto, que ao menos um gramático brasileiro, o sergipano Maximino Maciel, que dedica à semântica um segmento da sinopse gramatical já na primeira edição da *Gramática descritiva*, em 1894, não cita a Bréal, porém a Darmesteter. O texto de Bréal *Essai de sémantique* (1897) é considerado, na linguística oitocentista, a obra fundadora dos estudos sobre o significado, não obstante Manuel Pacheco da Silva Júnior (1842-1899) assevere no prefácio de seu *Noções de semântica*, publicado postumamente, que, ao tomar ciência do *Essai de sémantique*, já havia escrito seu livro (1903, p. 7):

> Quando nos veio às mãos o livro *Essai de sémantique* do professor Bréal, já estava escrito o pequeno trabalho que ora damos á publicidade. As causas das transformações dos sentidos por nós já apresentadas na *Grammatica Historica* (1894) – posto que muito em suma –, são as mesmas leis indicadas pelo notável glotologo. Mas excusado era acrescentar, muito nos aproveitamos do trabalho do mestre, que nos obrigou a modificar não nos conceitos, que há muito eram nossos também em sua maioria, mas na compostura, isto é, na ordem do contexto.

Com efeito, é recorrente a referência a Bréal no curso das *Noções de semântica*. Em uma das passagens mais interessantes, Pacheco da Silva Júnior faz observar a importância da sinonímia para o estudo semântico das palavras, tendo em vista as divergências de sentido que os termos podem assumir no decurso do tempo. E numa observação paralela, de caráter sociolinguístico, Pacheco recorre a Bréal para afirmar que "pela sinonímia reconhece-se de quais objetos mais se ocupou o pensamento de uma nação" (1903, p. 53)[418]. Cumpre atestar, em verdade, que entre os filólogos brasileiros do período científico

---

417. A rigor, a relação estabelecida por Bréal entre Hermann Paul e Arsène Darmesteter é indevida, visto que na obra de Paul a semântica ocupa lugar secundário, apenas referida na medida em que se busca provar que a mudança fonética pode ou não acompanhar-se de mudança no significado da palavra.

418. No texto de Bréal, "A la synonymie on reconnait de quels objets la pensée d'une nation s'est surtout préoccupé".

o nome de Michel Bréal é sempre reverenciado como uma das sumidades da linguística europeia. Do ponto de vista doutrinário, Bréal aufere entre os gramáticos brasileiros conceito mais elevado do que os próprios linguistas cujas obras lhe serviram de modelo teórico. As ideias semânticas de Darmesteter, por exemplo, não nos chegaram com a força inspiradora presente em Bréal, que se impõem mesmo em outras áreas do estudo linguístico. É essa aura de excelência que remete Júlio Ribeiro às lições de Bréal nas *Mélanges de mythologie et de linguistique* (1877) no intuito de caracterizar o infinitivo e o particípio como formas nominais do verbo, não como "modos verbais". Com efeito, certa linha de interpretação do paradigma verbal no século XIX atribuía ao particípio e ao infinitivo exclusivo valor verbal, ao passo que linha antagônica conferia-lhes valor nominal. Ao defender a segunda hipótese, de cunho inovador, à época, já que a análise do verbo nas gramáticas filosóficas do período racionalista não cuidava dos valores que as formas verbais assumiam no corpo da frase, Júlio Ribeiro situa-se: "O infinitivo e o particípio são antes formas nominais do verbo do que modos: o infinitivo representa o substantivo; o particípio, o adjetivo" (Ribeiro, 1911 [1881], p. 8).

Alguns autores que se iniciaram na vida acadêmica do século XIX e a desenvolveram mais proficuamente no século XX também se serviram com frequência expressiva das ideias linguísticas de Bréal. Leia-se, a respeito, o texto *Dificuldades da língua portuguesa* (1966 [1908]), de Manuel Said Ali (1861-1953), em cujas digressões morfossintáticas por várias vezes o nome do linguista francês é lembrado. Ao comentar o processo de mudança sintática de que as línguas são objeto no decurso do tempo, Said Ali recomenda: "Leia-se o que Bréal, no seu excelente livro *Sémantique*, escreve sobre as aquisições novas e sobre as formas superabundantes produzidas pelo mecanismo gramatical" (1966 [1908], p. 29). Será também nas páginas do *Essai de sémantique* que Said encontrará amparo para sua teoria sintática acerca das construções com *se* indeterminador do sujeito, especialmente no capítulo *L'ordre des mots*, com especial alusão ao fato de que a função de uma palavra pode alterar-se de acordo com sua posição dentro da sentença (1966 [1908], p. 93):

> A construção muitas vezes decide do sentido dos vocábulos. Na frase: "Os japoneses derrotaram os Russos", a simples colocação indica qual o sujeito e qual o objeto. Inverta-se a ordem conservando-se as palavras, e obter-se-á o sentido contrário. Veja-se o cap. "L'ordre des Mots" em Bréal, Sémantique.

Também em Said Ali, ao discorrer sobre a análise do pronome *se* em construções de vozes ativa, passiva e reflexiva, encontra-se amparo teórico em Bréal. O mestre fluminense justifica o emprego do *se* como índice de indeterminação do sujeito (e não como pronome apassivador) em construções do tipo "vende-se esta casa" da seguinte forma: em dado momento da história da língua, as ações praticadas por seres humanos não podiam ser enunciadas pela linguagem sem a indicação do agente. Era como se desconhecesse as construções em que não houvesse sujeito agente. Se o agente humano era desconhecido ou não convinha mencioná-lo, o falante personalizava o objeto, se fosse esse um ser inanimado, de tal modo que ele praticasse a ação sobre si mesmo. Se uma casa devia ser vendida, dizia-se "esta casa vende-se a si própria". Com o tempo, essa construção em voz reflexiva passou a sugerir a ideia de um agente indeterminado, de que decorreu a passagem do sujeito à posição de objeto: "vende-se esta casa". Para sustentar sua tese, Said Ali remete o leitor à concepção de Michel Bréal sobre o surgimento da voz passiva como natural evolução da voz reflexiva (1966 [1908], p. 94-95):

> Bréal explica aquela primitiva fase, em que ainda se desconhecia a voz passiva, deste modo: As línguas indo-europeias apresentavam a frase sob a forma de um pequeno drama em que o sujeito é sempre agente. Ainda hoje, fieis a esse plano, elas dizem: "O vento agita as árvores... O fumo sobe ao céu... Uma superfície polida reflete a luz... A cólera cega o espírito... O tempo passa depressa...", etc. Cada uma dessas proposições contém o enunciado de um ato atribuído ao sujeito da frase[419].

Outro nome francês já aqui citado, Arsène Darmesteter (1846-1888), pontifica entre os brasileiros como fonte doutrinária. A rigor, não seria indevido asseverar que Darmesteter figura entre os que mais influenciaram o pensamento gramatical brasileiro dos Oitocentos. Com efeito, o linguista francês teve o mérito de atingir com rara felicidade o objetivo dual de conjugar o linguístico com o pedagógico, fato que transformou seu trabalho na fonte ideal para os gramáticos do Novo Mundo, sedentos de aplicação das novas ideias linguísticas ao ensino da língua vernácula. Darmesteter ganhou celebridade precoce com a publicação do *Traité de la formation des mots composés dans la langue française* (1894 [1873]), mas seu trabalho de maior destaque, profusamente citado em toda a romanística da época e até hoje cultuado, é o opúsculo *La vie des mots* (1887), trazido a lume já no ocaso de

---

419. Assim em Bréal: [...] les langues indo-européennes présentent la phrase sous la forme d'un petit drame où le sujet est toujours agissant. Aujourd'hui encore, fidèles à ce plan, elles dissent : "Le vent agite les arbres... La fumée monte au ciel... Une surface polie réfléchit la lumière... La colère aveugle l'esprit... Le temps passe vite... Il fait nuit... Deux et deux font quatre..." Chacune de ces propositions contient l'énoncé d'un acte attribué au sujet de la phrase.

sua curta existência. Também publicou em coautoria com Adolphe Hatzfeld (1824-1900) o *Dictionnaire général de la langue française* (1890-1893) em dois volumes, publicado postumamente. Na história da linguística francesa, seu nome perenizou-se na denominada Lei de Darmesteter, em que o notável filólogo defende a hipótese de que as vogais pretônicas imediatamente anteriores à sílaba tônica têm as mesmas características das vogais finais[420]. Embora a história da linguística atribua a Bréal a iniciativa de haver conferido à semântica *status* autônomo como área de investigação linguística, no Brasil Maximino Maciel atribui não a Bréal, senão a Darmesteter a iniciativa de introduzir o termo semântica no vasto campo da ciência linguística. São de Maciel as seguintes palavras (1922 [1894], p. 3):

> A divisão tripartite [da gramática] da generalidade dos gramaticógrafos – em **fonologia**, **lexiologia** e **sintaxilogia** – não tem mais razão de ser, depois que o estudo da significação se individualizou, constituindo por si um ramo definido, maximé com os estudos de Darmesteter que usa do termo semântica para designar a teoria lógica da significação.

Portanto, a pesquisa nos informa que coube a Maciel falar pioneiramente em semântica como parte da gramática e a Darmesteter a primazia de haver-lhe servido de fonte teórica. Manuel Pacheco da Silva Júnior, por sua vez, em seu já aqui referido *Noções de semântica* (1903), recorre mais de uma vez à obra de Darmesteter para abonar conceitos não exclusivamente semânticos, mas de ordem semântico-morfológica. Refere-se Pacheco àqueles casos conhecidos em que um nome composto passa a designar um conceito único em detrimento dos significados individuais que cada elemento da composição possa apresentar: "E assim como o substantivo simples, perdendo sua significação etimológica, acaba por corresponder inteiramente à ideia do objeto, também nos compostos o determinante e o determinado desaparecem para melhor apresentarem uma imagem ou ideia única" (1903, p. 74)[421].

Mas os seguidores brasileiros de Darmesterter são mais numerosos. João Ribeiro (1860-1934) ampara-se na rica descrição da língua vernácula fran-

---

420. Sobre a Lei de Darmesteter, cf., entre outros, Thomas (1892) e Malkiel (1983).

421. No texto de Darmesteter, "Dans ces sortes de mots, le substantif éveille donc une double image, et c'est en quoi ils diffèrent des mots simples, où l'on retrouve bien un déterminant, l'adjectif, mais où le déterminé s'annule en se réduisant à la notion la plus générale d'être. Mais bientôt, comme dans les substantifs ordinaires, la double idée qui se présentait à l'esprit s'efface graduellement devant une idée supérieure qui est celle de l'objet dans toute l'étendue de ses qualités; et de même que le substantif simple, en perdant sa signification étymologique, finit par correspondre entièrement à l'idée de l'objet, de même, dans les composés, le déterminant et le déterminé disparaissent pour faire place à une seule image. Le composé est devenu simple" (1894 [1873], p. 12).

cesa oferecida pelo linguista francês, especificamente acerca da mudança fonológica nos prefixos de origem latina, para descrever o processo pelo qual muitos radicais em português resultam de prefixos latinos aglutinados a um radical primitivo, como ocorre em *colligere* > *colher*. As excelentes lições que João Ribeiro desenvolve nas páginas de sua *Gramática portuguesa; curso superior* (1933 [1887]) dão valor especial à erudição clarividente que Darmesteter oferece no *Traité de formation...* (1894 [1873]), sobretudo no tópico acerca da distinção entre compostos aglutinados e justapostos. Na visão de Darmesteter, a aglutinação de radicais resultava não só da alteração fonológica das formas primitivas, como também de sua intensa corrupção semântica, razão por que mais se deveria em vernáculo considerar os compostos aglutinados verdadeiros nomes simples[422].

Por fim, vale referir-se aqui a uma interessante percepção da dêixis pronominal que levou Darmesteter a denominar o pronome como "gestos falados". A referência a essa visão peculiar do pronome está, entre os brasileiros, nos *Serões gramaticais*, de Ernesto Carneiro Ribeiro (1839-1920), que assim se manifesta:

> Todos os pronomes, e mais que todos, os da primeira e segunda pessoa, são acompanhados de uma ideia de indicação precisa, externada de ordinário de um gesto, que traduz materialmente e com viva expressão a idéia da relação por eles significada.
> Induzido por esse fato foi que aos pronomes deu Darmesteter[423] a denominação, que ele mesmo considera paradoxal, de *gestos falados*.

Nesse passo, por sinal, Ernesto Carneiro Ribeiro adianta-se em reconhecer o mesmo papel de "gesto falado" nos advérbios *aqui, ali, acolá* etc., atribuindo-se-lhes, consequentemente, efetivo papel pronominal (1955 [1890], p. 320)[424]:

---

422. Ao tratar dos compostos, Darmesteter efetivamente assinala que "[...] dans la plupart des cas, les composés sont arrivés à l'état de simples: *bémol, bienveillant, blanchœuvre, bon-homme, bonjour, boutecul, champart, chaircuite* ou *charcuite, chaufour, claquemur* [...] ce sont des termes d'arts et métiers, dont les radicaux, d'un usage spécial, doivent, pour ceux qui les emploient journellement, offrir des idées unes et être réduits à des mots simples" (1894 [1873], p. 281).

423. Ernesto Carneiro Ribeiro informa haver recolhido essa informação do *Cours de grammaire historique*. Não a encontramos na obra citada, razão por que, considerando o reconhecido rigor com que o autor dos *Serões gramaticais* abonava suas referências bibliográficas, há de atribuir-se o fato a possível equívoco do filólogo brasileiro.

424. A iniciativa de incluir os advérbios de significação dêitica na classe dos pronomes é ordinariamente atribuída a Mattoso Câmara (1970). No entanto, como se comprova na citação de Carneiro Ribeiro, essa proposta é bem anterior aos estudos morfológicos do grande linguista fluminense.

> Essa mesma indicação precisa, esse mesmo gesto falado, segundo a feliz concepção do gramático já citado, notam-se igualmente nos [...] advérbios aqui, aí, ali, acolá, pela relação que têm com os pronomes, da primeira, segunda e terceira pessoa. Donde, porventura, a razão por que somente são por alguns denominados *pronominais* [...] os mesmos advérbios aqui apontados.

Nome da filologia francesa que conquistou espaço em todas as vertentes da romanística, Maximilien Paul Émile Littré (1801-1881) revela-se hoje uma referência necessária na pesquisa linguístico-historiográfica brasileira. Formou-se em medicina, mas nessa área desenvolveu apenas atividades filantrópicas durante curto período. Notabilizou-se como professor de Matemática e de línguas modernas, a par de desenvolver estudos preciosos no campo da filologia e do estudo das línguas orientais antigas. Émile Littré mantinha íntima relação com a escola positivista de Auguste Comte (1798-1857), não obstante tenha encetado rumo próprio em que predominava uma linha agnóstica, extremamente materialista. Julgava ser o pensamento inerente à substância cerebral, e que a percepção não passava de um fenômeno decorrente das atividades neurológicas. Segundo Littré, o conhecimento humano limitava-se aos fatos, dos quais seria cabível chegar-se às leis e às relações matemáticas. O que transcendesse a esse nível seria absolutamente alheio à ciência. No campo filológico, que lhe conferiu maior reconhecimento póstumo, Littré efetivamente lavrou seu nome como romanista de escol, cabendo-lhe o mérito de haver influenciado metodologicamente os estudos gramaticais brasileiros pelo menos até a metade do século XX. Produziu textos sobre a evolução do francês, questões dialetais, além de haver-se dedicado bastante à edição de textos clássicos. Nos estudos semânticos, Littré advogou uma tese de duvidosíssima fundamentação, segundo a qual a polissemia que caracteriza certas palavras da língua constitui um óbice ao processo de criação de novas palavras, configurando-se, assim, numa "patologia verbal"[425]. Por sinal, a própria denominação "patologia", mais uma adaptação da terminologia das ciências biológicas aos estudos linguísticos

---

[425]. A expressão "patologia verbal" inscreve-se na concepção de língua como organismo vivo, portanto passível de deterioração em face de "fatos patológicos". No Brasil, o termo "degeneração semântica" tornou-se usual, na mesma linha cientificista. Littré caracteriza como "patologia verbal" (ou *lésions*) não apenas os fatos referentes à mudança de significado, senão a fatos linguísticos em geral nos quais se verifica o que a seu juízo seria malformação decorrente da mudança: "Sous ce titre, je comprends les malformations (la cour au lieu de la court, épellation au lieu d'épelation), les confusions (éconduire et l'ancien verb escondire), les abrogations de signification, les pertes de rang (par exemple, quand um mot attaché aux usages noble tomb aus usage vulgaires ou vils), enfin les mutations de signification" (1986 [1880], p. 7).

oitocentistas, constitui objeto de crítica por parte de Pacheco da Silva Júnior (1903, p. 16):

> A denominação *patologia verbal* ou da linguagem (criada por Littré) com aplicação ao modo de exprimir novas ideias sem criar novos vocábulos e só pela transferência dos sentidos, é errônea porque esses fatos pertencem à evolução natural da linguagem e não constituem moléstias ou achaques, nem são fenômenos teratológicos.

O mar de citações que se fazem a Émile Littré no curso da gramaticografia brasileira inicia-se justamente com o texto inaugural da gramática científica, a *Gramática portuguesa*, de Júlio Ribeiro em que o filólogo mineiro o cita em epígrafe, para firmar sua filiação ao método histórico-comparativo: "Pour les langues, la méthode essentielle est dans la comparaison et la filiation. Rien n'est explicable dans notre grammaire moderne, si nous ne connaissons notre grammaire ancienne" (1911 [1881], folha de rosto). Do ponto de vista metodológico, o pensamento positivista, que se difundiu pela palavra de Littré nos meios linguísticos, não obstante a grande controvérsia levantada, prometia novos rumos para a interpretação empírica da linguagem humana, fato que causava excitação mesmo em um nome recatado, como o de Ernesto Carneiro Ribeiro (1955 [1890], p. 7):

> Neguem-se todos os méritos aos estudos positivos, tão ardentemente sustentados e pleiteados por Comte e Littré, e completados pela orientação que lhes dá a escola inglesa contemporânea, não se lhes poderá contestar o mérito de ter tenaz e instantemente chamado a atenção dos espíritos do ermo sombrio e intrincado das abstrações, vagas e ociosas, para o campo largo e fecundo da observação, aturada e refletida, que fornece à ciência o seu ponto de partida, sua base e *substractum*.

Em retorno à relação entre as ideias de Émile Littré e a produção gramatical de Manuel Pacheco da Silva Júnior observa-se a sedimentação das teses naturalistas que permeavam a concepção de língua em Littré – na esteira do veio evolucionista que surge com August Schleicher (1821-1868) – na descrição que Pacheco Júnior oferece acerca da mudança dos acidentes gramaticais, sobretudo as desinências verbais, em face do contato linguístico (1878, p. 66). Nesse ponto, verifica-se a conveniência, à época, do modelo linguístico-naturalístico para atribuir leis à mudança linguística em conformidade com as leis biológicas, em particular para explicar a conhecida simplificação flexional de línguas crioulas.

O filólogo e advogado Bruno Paulin Gaston Paris (1839-1903) tem perfil extremamente parecido com o de Émile Littré. Ganhou celebridade com os estudos vernáculos do francês, não obstante sua sólida formação em linguística teórica. Sua atividade intelectual, a rigor, era majoritariamente relacionada ao ensino da língua e da literatura francesa. Nome constante em quase todas as gramáticas brasileiras, Gaston Paris encarnava o estereótipo do intelectual padrão nos meios filológicos brasileiros: conhecia profundamente a língua vernácula, a filologia românica e as literaturas clássica e moderna. Tal qualificação viria a conferir-lhe o privilégio de ser dos intelectuais estrangeiros mais citados nos textos brasileiros sobre língua e literatura. Discípulo de Friedrich Diez, com quem estudou filologia românica em Bonn, Gaston Paris incentivou, ao lado de Littré, a aproximação da filologia francesa com a alemã, de que resultou profícuo desenvolvimento da romanística na França. Foi redator da *Revue Critique* e, mais tarde, em companhia do medievalista francês Paul Meyer (1840-1917), fundou a revista *Romania*, periódicos que se notabilizaram pela divulgação e aprofundamentos do estudo das línguas românicas e das línguas clássicas. Nas páginas desses periódicos ofereceu ao público textos sobre fonética experimental e geografia linguística, temas a que não se aventuravam os pesquisadores de curto horizonte. Tradutor, em companhia de August Brachet (1845-1898), da *Grammaire des langues romanes*, de Friedrich Diez (1874), Gaston Paris deixou vasta bibliografia em que circula pelas literaturas grega e latina e, sobretudo, pela literatura francesa; entre suas obras filológicas, destaca-se a *Grammaire historique de la langue française* (1868) extraída de um curso ministrado na Sorbonne entre 1866 e 1868.

Embora tenha perfil acadêmico similar ao de Émile Littré, Gaston Paris dele se distingue por não se filiar incondicionalmente à tese do naturalismo linguístico, como se pode atestar em uma referência que lhe faz Eduardo Carlos Pereira no tocante ao emprego do termo *organografia* para designar a morfologia histórica. A ideia dessa denominação (a que se alia o termo órgãos para designar os elementos morfológicos da palavra) deriva da concepção orgânica da língua, como ser vivo, na esteira do pensamento schleicheriano. Como observa Pereira, apoiado entre outros teóricos, em Gaston Paris, a Linguística não é Biologia, razão por que "ilustres filólogos impugnam a conveniência de um tal termo aplicado à língua, Gaston de Paris (sic), Antoine Thomas, Bourciez e outros" (Pereira, 1929 [1915], p. 53).

No campo dos estudos prosódicos, um estudo de Gaston Paris (1862), sobre a incidência do acento latino no francês, serviu de referência a Ernesto Carneiro Ribeiro para descrição do mesmo fato fonológico em português (1955 [1890], p. 54):

> O acento, diz Gaston Paris, é o que dá à palavra sua unidade e individualidade, o que faz de uma reunião de sílabas um todo perfeito e distinto; ele o que as vivifica e caracteriza. A acentuação de uma língua é um dos seus caracteres essenciais e contribui muito para lhe determinar a natureza e o gênio[426].

Ainda no tocante ao acento, cabe a Carneiro Ribeiro tocar uma questão pouco esclarecida acerca da transformação de formas fortes em formas fracas na passagem da conjugação verbal latina para a portuguesa (e românica em geral), fato que Gaston Paris atribui a uma tendência do falante de conservar a integridade da forma verbal. Nesse sentido, Ribeiro (1955 [1890], p. 459) cita Paris:

> As línguas românicas, diz Gaston Paris, têm uma tendência manifesta a alongar as palavras, a dar-lhes mais consistência e a conservar tanto quanto possível o radical sem alteração nas flexões e nos derivados. Na conjugação, acentuando-se a terminação, as formas verbais conservam-se mais inteiras[427].

Percebe-se que a linguística do século XX no Brasil, sobretudo após a ruptura de paradigma expressa pela publicação dos *Princípios de linguística geral* (Câmara Jr., 1941), os teóricos franceses permaneceram presentes, porém em menor grau de influência teórica, limitada a nomes isolados como o de Charles Bally (1865-1947), Émile Benveniste (1902-1976) e André Martinet (1908-1999), sobretudo em face do sucesso que nos meios acadêmicos obtiveram os modelos estruturalista e gerativista, com predomínio dos ideólogos norte-americanos. A diversificação dos estudos linguísticos a partir das últimas duas décadas do século XX, em que surge com força expressiva a análise do discurso em vertentes distintas de abordagem do fenômeno linguístico, trouxe de volta com força expressiva as linhas teórico-metodo-

---

426. A citação de Ernesto Carneiro Ribeiro extrai segmentos esparsos de uma longa digressão de Gaston Paris sobre o acento nas línguas românicas. No original de Gaston Paris: "L'accent tonique est ce qui donne au mot de l'unité et de individualité, ce qui fait d'une réunion de syllabes um emsemble parfait et distinct. C'est l'âme du mot, anima vocis, suivant l'heureuse expression du grammairien Diomède; c'est ce qui la vivifie et le caractérise [...] L'accentuation d'une langue est donc um des ses caractères essentiels, et contribue beaucoup à déterminer as nature e son génie" (1862, p. 8-9).

427. No original de Gaston Paris: "Les langues romanes ont une tendance manifeste à allonger les mots, a leur donner plus de consistance, et à conserver autant que possible le radical sans altération dans les flexions ou les derives; or, dans la conjugaison comme dans la dérivation, elles mutilaient beaucoup les formes em accentuant le radical, elles les conservaient bien plus entières en accentuant la termination" (1862, p. 65).

lógicas francesas, em multifacetada amplitude, das quais podem citar-se os nomes de Patrick Charaudeau, Oswald Ducrot, Dominique Mainguenau, a par de filósofos da linguagem como Michel Pêcheux (1938-1983) e Michel Foucault (1926-1984).

11.4 Outros nomes de grande relevo

Nome norte-americano que obteve grande prestígio nos círculos europeus, William Dwight Whitney (1827-1894), professor de Sânscrito da Universidade de Yale, teceu crítica à corrente da linguística naturalista, fato que lhe impôs confronto com os membros mais proeminentes da corrente teórica de August Schleicher, entre eles o alemão Max Müller[428]. Por outro lado, à semelhança do próprio Max Müller, Whitney serviu-se do método comparativo para dar conta de sua teoria acerca da origem da linguagem humana, expressa no volume *The life and growth of language* (1887): do colega alemão distingue-se por levar em conta fatores sociais e antropológicos, em vez da mera análise anatômica das palavras. Os nomes dos dois *scholars* costumam ser referidos em conjunto nos manuais de história da linguística, conforme se verifica no texto *História da linguística* (1975, p. 60) – obra que Joaquim Mattoso Câmara Júnior escreveu em inglês no ano 1962 "como fruto de sua experiência docente na Universidade de Washington" (Uchôa, 1961, p. 828) e veio a ser publicada postumamente em português apenas em 1975[429] –, em que ambos são apontados como precursores do estudo geral da linguagem. Segundo Câmara Júnior, a obra de Whitney "merece nossa atenção por três razões principais: 1) sua concepção da língua como instituição social, concepção essa que teve grande influência no pensamento contemporâneo; 2) sua concepção da aglutinação como um processo morfológico dominante; 3) sua sugestão de estender a classificação genealógica a todas as línguas do mundo, baseada no modelo da gramática comparativa do indo-europeu" (1975, p. 61).

No Brasil, o nome de Whitney não é lembrado com frequência, fato que talvez confira uma falsa impressão de que tenha sido desconsiderado como fonte doutrinária. Decerto que sua oposição aos cânones da escola naturalista terá contribuído para tal omissão, mas não deve desconsiderar o fato de que sua nacionalidade norte-americana, em certa medida, situava-o fora do eixo teuto-franco-britânico que se impunha no mundo acadêmico. Júlio Ribeiro

---

428. Cf., especialmente, seu *Max Müller and the science of language: a criticism* (1892).

429. Sobre este texto de Câmara Júnior, cf. Borges Neto (2005, p. 9).

refere-se ao volume *Essentials of English grammar* (1887) como um trabalho meritório, elaborado por "linguista de definições claras e concretas". É, por sinal, de Whitney a definição de gramática com que Júlio Ribeiro abre sua *Grammatica portugueza*: "Grammatica é a exposição methodica dos fatos da linguagem". Já no prefácio da segunda edição, Ribeiro demonstra seu apreço às ideias linguísticas de Whitney: "Abandonei por abstractas e vagas as definições que eu tomára de Burgraff: preferi amoldar-me ás de Whitney, mais concretas e mais claras" (1911 [1881], p. 1). Uma interessante referência ao trabalho de Whitney encontra-se em outro texto clássico dos Oitocentos, a *Gramática portuguesa* (1933 [1887]), de João Ribeiro, acerca dos processos de alteração semântica das palavras. As categorias de *especialização* e *generalização* com que Whitney explica o processo de modificação do valor semântico das palavras são acatadas com reservas por Ribeiro, visto serem "demasiado largas e por isso obscuras" (1933 [1887], p. 339):

> [Segundo Whitney] todas as variações de significado explicam-se, em ultima analyse, por dous processos anthiteticos:
> 1. Especialização das idéas geraes. Um termo geral passa a ter uma accepção restricta. Exemplo: stella (estrella) já não se applica aos planetas e seus satelites e asteriscos.
> 2. Generalização de idéas especiaes. Este processo invertido é também muito freqüente. *Perna* (perna de porco) é hoje de todos os mamiferos e até de aves e insectos. Rostro (bico de ave ou de náo) generalizou-se, e sob a fórma rosto applica-se á face humana.

O linguista esloveno Franz Miklosich (1813-1891), conhecido como principal nome da filologia eslava, está entre as fontes bibliográficas dos gramáticos brasileiros do período científico. Miklosich atuou na construção do modelo naturalista como colaborador de Schleicher, a quem fornecia dados sobre genealogia das línguas eslavas e da própria ciência linguística em sua terra. Pode-se afirmar que foi um dos assistentes de Schleicher, havendo inclusive contribuído para a elaboração do famoso diagrama Stammbaum – a *Stammbaumtheorie* – formulado por Schleicher sobre as línguas indo-europeias. Os textos de Miklosich filiam-se à linha do comparativismo genético e, ao que consta, seu trabalho visava estabelecer a linhagem das línguas indo-europeias mediante confronto de formas linguísticas modernas. No plano mais restrito da descrição vernácula, produziu estudos sincrônicos, como o estudo *Subjektlose Sätze*, publicado em 1883, citado por Said Ali, em que formula uma teoria sobre a natureza do sujeito. Said Ali traça comentário específico sobre a posição de Miklosich acerca da oração sem sujeito, "com um vasto material colhido nas mais diversas línguas", inclusive do português (1966 [1908], p. 92). As frases portuguesas analisadas por Miklosich – "Deus quer que só a ele se ame", trecho dos Sermões de Paiva e "se soa... os grandes feitos", trecho dos Lusíadas – tocam uma questão controversa: a natureza do sujeito em proposicões com *se*, a que Said Ali se debruça em alguns estudos de suas *Dificuldades*.

Outros nomes constantes nas notas de rodapé dos textos gramaticais brasileiros merecem atenção, tarefa que decerto se haverá de cumprir em estudo específico sobre influência doutrinária no século XIX. Entre eles, Anton Marty (1847-1914), um suíço que, para além de linguista, também exerceu o sacerdócio católico, particularmente dedicado à filosofia da linguagem. Seus trabalhos são citados por Said Ali nas *Dificuldades*, ao lado de Berthold Delbrück e Franz Miklosich, ao tratar da complexa questão dos verbos sem sujeito. Também Domenico Pezzi (1844-1905), filólogo italiano de Torino, cuja obra mais relevante, a *Grammatica storico-comparativa della lingua latina* (1872), serve de inspiração a Maximino Maciel no capítulo sobre fonologia de sua *Gramatica descriptiva*. Cite-se, ainda, Mathias-Marie Duval (1844-1907) que, a rigor, só merece referência por constar na obra pioneira de Júlio Ribeiro, cuja classificação dos sons da língua se inspira na proposta apresentada por esse médico e fisiologista da Universidade de Paris. Segundo Duval, os sons da língua deveriam classificar-se em *vozes livres*, *vozes constrictas* e *vozes explodidas*, ou seja, sons de passagem livre, sons de passagem levemente oclusa e sons de passagem totalmente oclusa. Júlio Ribeiro empregava o termo *vozes* em sentido lato, significando o que hoje chamaríamos *fonema*, e em sentido estrito (*vozes propriamente ditas*), hoje denominadas *vogais*.

Igualmente dignos de citação são Joseph-Ernest Renan (1823-1892), mormente em face de suas obras *Histoire générale des langues sémitiques* (1863 [1855]) e *De l'origine du langage* (1848), Eugène Burnouf (1801-1852), August Sauer (1815-1898), Archibald Henry Sayce (1846-1933), este último citado por Maximino Maciel em sua definição de linguagem: "Linguagem é a manifestação exterior do pensamento consciente" (Maciel, 1922 [1894], p. 2). Seus estudos influenciaram bastante a organização do capítulo sobre composição e derivação na gramática de Pacheco & Lameira, sobretudo em face da relação entre a evolução da língua e seus períodos de formação lexical. Cabe ainda lembrar o nome de Adolphe d'Assier (1827-1889), Louis Ferdinand Alfred Maury (1817-1892), Auguste Brachet (1844-1898), León Clédat (1851-1930), Émile Louis Burnouf (1821-1907) e os portugueses Adolfo Coelho (1847-1919) e Teófilo Braga (1843-1924), cujos estudos introduziram o método histórico-comparativo em Portugal e serviram de parâmetro para a descrição do vernáculo no Brasil.

12
Produção filológico-gramatical do fim de século

12.1 Publicações difusoras do cientificismo

A onda de publicações que toma conta da atividade editorial a partir dos anos de 1880 faz confluírem textos já inscritos no novo paradigma da linguística evolucionista com outros que ainda professavam as teses da gramática racionalista. Cite-se entre esses últimos o texto *Resumo da gramática portuguesa* (1888), de João Fernandes de Lima Cortes (1854-1909), autor sergipano[430] que teria iniciado os estudos teológicos, mas optou por seguir a carreira de médico. Ao que consta, entretanto, as oportunidades profissionais surgiram no campo do magistério de língua latina, função que exerceu inicialmente na Bahia e, posteriormente, em várias províncias, como Minas Gerais, São Paulo e Rio Grande do Sul. Consta haver auferido sucesso profissional a ponto de ter condições financeiras para percorrer a Europa, onde aprofundou os conhecimentos da língua de Cícero. Viveu seus derradeiros anos no Rio Grande do Sul, onde exerceu o cargo de juiz distrital em Garibaldi (cf. Guaraná, 1925).

No cenário pré-republicano, a onda reformista no ensino de língua vernácula, que se iniciara com a Reforma Fausto Barreto em 1887, dá margem à publicação de várias gramáticas, muitas delas esquecidas dos estudos historiográficos. Um desses textos, a *Gramática elementar da língua portuguesa* (1889)[431], escrita por Veríssimo R. Vieira (?-?), que avança pelas teses do

---

430. Sacramento Blake (1895, p. 422) afirma que Lima Cortes era baiano.
431. Há notícia de uma edição em 1888. Cf. *Diário de Notícias*, 8 dez. 1888, p. 2.

comparativismo histórico com segurança, decerto deixou de trilhar caminhos mais auspiciosos em face do confronto que seu autor manteve com a figura prestigiosa de João Ribeiro (1860-1934). Professor igualmente dotado de prestígio no magistério da Corte, Vieira tentara uma vaga na cadeira de português e história literária do Colégio Pedro II em 1885, mas não logrou aprovação[432]. Disso resultou um permanente embate de Vieira contra os docentes do "colégio padrão", mais duramente travado contra Alfredo Alexander (?-1912) e João Ribeiro (1860-1934). Em uma série de artigos publicados no *Diário do Rio de Janeiro*[433], Veríssimo Vieira chega a acusar Alexander de plágio por haver copiado as ideias de Sayce, aplicando-as sem referência à fonte em sua *Análise das relações* (1887)[434].

Outro nome que se recolheu aos círculos mais restritos é o do obscuro Alfredo do Nascimento Silva (?-?), cuja *Gramática portuguesa elementar* (1888) bem se ajusta ao título como mero manual normativo de conteúdo até certo ponto anacrônico à época em que foi publicado[435]. O *Almaque Laemert* atribui-lhe a profissão de médico e lhe reconhece a filiação ao Instituto Histórico e Geográfico Brasileiro. Em Niterói, Rio de Janeiro, cumpriu largo percurso no magistério de língua vernácula Joaquim Luiz Soares, autor das *Observações vagas sobre a gramática da língua portuguesa* (1882), texto vindo a lume no ano posterior à gramática de Júlio Ribeiro e ainda impregnado dos conceitos metafísicos que caracterizaram o modelo racionalista. Alguns nomes se projetaram em face de haverem participado de obras relevantes em coautoria, embora pouco tenham contribuído individualmente para o desenvolvimento da investigação da língua vernácula. Este é o caso de Boaventura Plácido Lameira de Andrade (-1897), coautor com Manuel Pacheco da Silva Júnior de dois textos seminais, as *Noções de gramática portuguesa* (1887) e a *Gramática da língua portuguesa* (1907 [1887]), mas autor singular da tese *Arcaísmos e neologismos* (1879)[436], com que concorreu ao cargo

---

432. Neste certame, coube a primeira colocação a Aureliano Pimentel (1830-1908) e a segunda a Alfredo Gomes (1859-1924).

433. Cf. o artigo de Veríssimo Vieira intitulado *As teorias gramaticais modernas* em http://memoria.bn.br/DocReader/DocReader.aspx?bib=103730_02&pesq=%22Colegio%20de%20Pedro%20II%22&pasta=ano%20188&hf=memoria.bn.br&pagfis=11907

434. Também coube a Alfredo Alexander a revisão do programa de ensino do Ginásio Nacional em 1891. Cf. em *Revista Pedagógica* (1891).

435. Texto referido por Pinto (1976).

436. Há notícia de haver escrito os estudos *Vestígios da declinação latina no idioma português* e *A negação intensiva*. Cf. em http://memoria.bn.br/DocReader/DocReader.aspx?bib=382760&pesq=%22Lameira%20de%20Andrade%22&pasta=ano%20189&hf=memoria.bn.br&pagfis=247

de professor substituto do Colégio Pedro II e pouca repercussão obteve entre seus pares[437]. Lameira atuou em vários colégios da Corte como professor de várias disciplinas, inclusive como professor de Geografia geral do Colégio Militar, a partir de 1894, e de geografia e história da Escola Normal.

O texto *Exercícios de análise portuguesa lexicológica e sintática* (1888)[438] sugere a aplicação do analitismo de inspiração nas ciências naturais. Seu autor, Frederico Carlos da Costa Brito (1851-1919), bacharel em Direito que lecionou no internato do Colégio Pedro II e na Escola Normal do Rio de Janeiro, também era formado no Curso de Ciências Físicas e Naturais da Escola Politécnica, portanto bastante identificado com os rumos da linguística evolucionista à época. Nessa mesma linha, citem-se os *Trechos escolhidos para os exercícios graduados de análise lógica* (1887), escritos por Felisberto de Carvalho (1850-1898), professor da Escola Normal de Niterói. Digno de referência é o texto *Lições de gramática luso-latina* (1884), cujo autor, o maranhense Martiniano Mendes Pereira (1836-1898), ampara-se na linguística de Franz Bopp. Friedrich Diez e Ernest Bournouf para traçar uma descrição comparada do português com outras línguas românicas. Registre-se, igualmente, a tese *Da morfologia e colocação dos pronomes pessoais*, publicada em 1886, com a qual Aureliano Pimentel (1830-1908) concorrera à cadeira de língua portuguesa do Colégio Pedro II em 1885[439].

12.2 Autores representativos da gramática científica

Na esteira desta referência aos nomes que deixaram contributo para a difusão do saber linguístico e ensino da língua vernácula no período da gramática científica, vale aqui registrar os autores que aguardam especial estudo e, decerto, merecerão – como têm merecido alguns deles – a atenção dos que se dedicam à investigação linguístico-historiográfica brasileira.

---

437. Vale lembrar que Fausto Barreto (1852-1915) e Rubem Júlio Tavares (1850-1933) participaram do mesmo certame com teses homônimas, já que *arcaísmos e neologismos* fora o ponto sorteado.
438. Uma segunda edição viria a lume em 1897. Há um exemplar na Biblioteca Nacional do Rio de Janeiro. Há notícia de uma *Gramática portuguesa*, escrita por Costa Brito, conforme noticia o *Jornal do Brasil*, edição de 9 mar. 1926, p. 15.
439. Concorreram também neste certame, com a teses homônimas, João Ribeiro e Luís Leopoldo Pinheiro.

12.2.1 Hemetério José dos Santos (1853?-1939)

Hemetério José dos Santos[440] nasceu em Codó, interior da Província do Maranhão, filho de uma escrava chamada Maria e, possivelmente, do Major Frederico dos Santos Marques, proprietário da Fazenda São Raimundo. Não obstante vários estudos informem seu nascimento em 3 de março de 1858, as evidências documentais indicam o ano de 1853. Com efeito, em uma certidão de batismo lavrada pelo Padre Luís Mariano de Barros em 4 de julho de 1858, o pároco informa haver batizado três meninos filhos de escravas de nome Teófilo, com 6 anos de idade, Hemetério, de 5 anos, e Graciliano, de 4 anos (cf. Santos, 2019, p. 49). A rigor, não há comprovação inequívoca sobre seu ano de nascimento, mas, considerando que a publicação de sua *Gramática elementar* ocorreu em 1878[441], ganha maior relevo a hipótese de que Hemetério seja realmente de 1853. De sua educação infantil quase nada se sabe, já que sequer o próprio Hemetério deixou muitas informações em sua diversificada obra. Consta haver estudado no Colégio da Imaculada Conceição, situado em São Luiz. Sua formação escolar avançada e consequente transferência para o Rio de Janeiro ainda se escondem na escuridão dos tempos, mas, a julgar pelas observações de Maximino Maciel sobre sua *Gramática elementar*, publicada quando tinha ainda 25 anos, sua chegada ao Rio de Janeiro deverá ter ocorrido no início dos anos de 1870, já que esse é o momento em que começam a fervilhar nos meios intelectuais as ideias evolucionistas que habitariam as gramáticas do período científico.

Alguns escritos de Hemetério dão conta de uma rígida formação religiosa no seio do catolicismo e de uma base moral pautada nos valores tradicionais do culto à família e à pátria. Em seu *Livro dos meninos* (1881), a par de textos breves sobre temas variados de interesse para os jovens em formação escolar, tais como lendas brasileiras, curiosidades geográficas e comentários sobre a arte popular, incluem-se também princípios morais e referências a vultos históricos. Seus dados biográficos indicam ter ingressado no magistério do Colégio Pedro II em 1878, quando teve oportunidade de utilizar sua obra gramatical inaugural em sala de aula. A 20 de abril de 1890, Hemetério foi nomeado professor adjunto de Língua Portuguesa do Colégio Militar do Rio de Janeiro, instituição em que, após cerca de oito anos de regência de

---

440. Sobre Hemetério José dos Santos, cf. Proença (1956), Dutra (2005), Müller (2006), Rodrigues (2013), Santos Silva (2015).

441. Algumas fontes registram a primeira edição em 1879. No entanto, a revista *A Escola*, na edição de 8 de junho de 1878 (p. 1), anuncia o lançamento da *Gramática elementar* de Hemetério, "extrahida dos melhores autores, accrescentada e organizada segundo o programma do collegio de Pedro II".

classe, obteve a patente de major do Exército e, posteriormente, a patente de tenente-coronel. No Colégio Militar, manteve contato com filólogos ilustres, tais como Maximino Maciel (1866-1923), colega de magistério em Língua Portuguesa, José Getúlio da Frota Pessoa (1875-1951), Manuel Said Ali (1861-1953), que se ocupava da cátedra de alemão, Laudelino Freire (1873-1937), titular de geometria, além de Mário Barreto (1879-1931), seu companheiro de cátedra em língua portuguesa. De Said Ali, decerto, absorveu a ojeriza indisfarçável ao trabalho de Cândido de Figueiredo (1846-1925), a quem considerava excessivamente normativista e fabricante de regrinhas gramaticais infundadas. Hemetério expandiu sua presença no magistério da Primeira República atuando na Escola Normal do Distrito Federal, onde não deixou de desfilar sua têmpera polemista, agora contra a figura de Alfredo Gomes (1859-1924), docente que gozava de tradicional presença no prestigioso educandário como um de seus fundadores e diretores. Por sinal, suas desavenças com Alfredo Gomes já datavam de época bem anterior à de seu ingresso na Escola Normal, em decorrência de farpas trocadas pelas páginas dos periódicos. Consta também haver atuado no educandário Pedagogium, onde chegou ao cargo de diretor interino.

Os historiadores costumam salientar as dificuldades que Hemetério enfrentou para impor-se em uma sociedade predominantemente branca e que ainda trazia na memória o estigma da escravidão. Com efeito, há de se imaginar o ingente esforço que o autor da *Gramática elementar* teve de despender para impor-se como profissional respeitado e ocupar espaço no seio de uma sociedade marcada pela discriminação racial. Nesse sentido, há procedência na afirmação de que "apesar da erudição, a cor da pele lhe granjeava entraves num meio profissional majoritariamente branco" (Müller, 2006, p. 146), não obstante tenha chegado, conforme já assinalado, ao posto de tenente-coronel do Exército. Por outro lado, a asserção de que "a despeito de ser altamente erudito, a produção intelectual de Hemetério fora desprestigiada por seus contemporâneos e sua figura esquecida também por uma questão racial" (Santos Silva, 2015, p. 3) não coaduna com a repercussão de seu trabalho entre seus contemporâneos, haja vista a referência elogiosa que lhe faz Maximino Maciel em seu *Breve retrospecto...* (1922), a par de seu acolhimento no corpo docente do Colégio Pedro II e do Colégio Militar do Rio de Janeiro, dois dos mais prestigiados educandários brasileiros do século XIX. Sua figura decerto está em plano secundário até mesmo nos círculos linguístico-historiográficos, mas semelhante preterição também ocorre com nomes como José Ventura Bôscoli (1855-1919), Antônio de Castro Lopes (1827-1901), Franco de Sá (1807-1851), Alfredo Gomes (1859-1924) e tantos outros filólogos de seu tempo que não sofriam as injúrias da discriminação racial. Portanto, atribuir ao preconceito a posição secundária de Hemetério no cenário linguístico dos Oitocentos não vai além de mera conjectura. Por outro lado, sua desavença com Machado de Assis (1839-1908), a quem considerava omisso no tocante à causa abolicionista – lembremo-nos da conhecida referência desairosa que fez publicar apenas dois meses após a morte do autor de *Dom Casmurro* –, poderão ter contribuído para sua marginalização intelectual durante largo período. De qualquer modo, não se pode afirmar que um nome que consta como patrono da cadeira n. 25 da Academia Brasileira de Filologia tenha sido esquecido na história da linguística no Brasil.

No Rio de Janeiro, para onde transferiu-se em 1875, construiu uma vida intensa, marcada pelo prestígio intelectual, pelo reconhecimento de seus esforços para posicionar-se intelectualmente, não obstante viesse a enfrentar até sua morte, em 1939, um sem-número de dissabores tanto na vida pessoal quanto na profissional. O falecimento do neto Edmundo, filho de Aristides Hemetério dos Santos, em 17 de junho de 1916, bem como acusações de favorecimento a sua esposa Rufina Vaz Carvalho dos Santos (?-?) e a sua filha Coema Hemetério dos Santos (?-?), foram fatos que marcaram profundamente o espírito de Hemetério, homem de reações imediatistas e contundentes, sempre em defesa de sua família e de sua probidade profissional. Era, como toda personalidade combativa, cercado de amigos e inimigos, fruto da índole afeita à polêmica e ao enfrentamento. Entre suas atividades sociais, figurou como membro do Conselho Consultivo da Sociedade Beneficente Egualdade, que funcionava em toda a República. Chegou a concorrer a uma vaga na Câmara dos Deputados como representante do Distrito Federal nas eleições de 1912. Apesar da boa situação financeira, mercê dos bons empregos nas escolas mais prestigiadas da Corte e, mais tarde, da Primeira República, não consta que tenha enriquecido. Basta dizer que, já em 1931, às portas da aposentadoria, recebia estipêndios anuais na ordem de 13:200$000 (treze contos e duzentos mil réis) como professor da Escola Normal.

A fama de polemista, com efeito, acompanhou a figura de Hemetério dos Santos por largo tempo de sua vida profissional e social, de que resultaram observações e comentários desairosos que, em grande parte, deviam-se a sua condição de intelectual negro disposto ao enfrentamento verbal sempre que se julgava atingido em sua honra. A querela contra Alfredo Gomes teve esse sabor amargo da acusação leviana, que atingiu não diretamente a Hemetério senão a sua esposa, a quem Gomes, em texto assinado por pseudônimo, supostamente a acusara de haver sido nomeada professora primária sem mérito e por influência do marido. Contra José Veríssimo não foram poucos os artigos escritos por Hemetério em que desfilava a crítica aguda em face de suposta adesão de Veríssimo à causa escravagista nas páginas da *Revista Brasileira*. O espírito combativo acompanhou-o pela vida, sobretudo na defesa dos interesses de sua família, conforme se observa na carta que dirigiu ao redator de *O País*, publicada na edição de 21 de dezembro de 1909 (p. 3), em que denuncia a perseguição a que se submetia sua filha, também professora da Escola Normal:

> Há dias, o director-geral de instrucção, contra a lei, contra os regulamentos e contra as praxes, não consentiu que a minha filha D. Coema Hemeterio dos Santos, examinasse as suas alumnas: não há affronta maior para um docente, que preza a sua reputação profissional.
> Pedi providencias ao honrado Dr. Serzedello Correia, a quem me acostumei a respeitar, desde os tempos das conferencias abolicionistas: mandou-me ao Dr. Silva Gomes, que maciamente, docemente e risonhamente, me disse: "que o que estava feito, estava feito".
> Bravamente, fortemente e energicamente, eu protestei que não há ninguem que se possa sobrepôr ás leis e aos regulamentos, e ás praxes...
> [...]
> Na defesa da minha filha, duplamente offendida, por ser mulher e por ser subordinada, eu talvez me haja excedido... Quem pensar que me cabe a culpa, atire-me a primeira pedra.

Consta, igualmente, haver enviado, em maio de 1915, um telegrama ao ministro da Marinha, Almirante Alexandrino Faria de Alencar (1848-1926), em que se dizia estupefato e indignado com a exclusão dos "homens de côr" da Armada. Em resposta, o Ministério da Marinha fez publicar uma nota intitulada "O Caso dos Homens de Côr", na *Gazeta de Notícias*, edição de 27 de maio de 1915 (p. 4), em que justificava as dispensas por falta de verbas públicas, ratificando o agradecimento perene que o país prestava aos combatentes negros da guerra. A nota informa que o governo fora obrigado a fechar cinco escolas de aprendizes, fato que atingia brasileiros de todas as etnias, ratificando que não fazia "distincção do branco ou do preto, filhos do mesmo paiz".

Esta moldura belicosa que contornava a imagem de Hemetério efetivamente rendeu-lhe alguns dissabores na vida social, conforme se percebe neste passo de Luiz Edmundo (1878-1961) no conhecido relato do Rio de Janeiro de sua época (2006, p. 340):

> Outros tipos curiosos da cidade, por vezes, também ali [no Café Papagaio, tradicional ponto de encontro da sociedade carioca] entram, ouvem dois compassos de música, tomam uma xícara de café e vão em-

bora. Entre eles está o gramático Hemetério dos Santos, preto, sempre dentro da sua sobrecasaca, muito míope...
Uma vez, tendo quebrado o *pince-nez*, não podia ler a tabuleta do bonde. Descobrindo a seu lado uma negra velha, a ela pediu:
– Faça o favor, minha senhora, leia, por mim, se esse bonde vai para o Matoso...
Resposta da preta ao mestre do idioma:
– Eu também não sei lê, não sinhô...
O homem é um filólogo profundo, coração de ouro, apenas um tanto discutidor. essa mania cria-lhe algumas antipatias. Emílio de Menezes, por exemplo, não gosta dele. E quando ele não gosta de uma pessoa, geralmente a imortaliza. Hemetério terá, assim, que passar à história, dentro deste soneto:

Neto de Obá, o Príncipe africano.
Não faz congadas, corta no maxixe,
Herbert Spencer de ébano e de guano
É um Froebel de nanquim ou de azeviche

No Pedagogium o grande e soberano
Quer que com ele a crítica se lixe,
É o mais completo pedagogo urbano!
Pestalozzi genial, pintado a piche!

Major, fez da cor preta a cor reiúna,
Na vasta escola da ornitologia
Se águia não é, também não é graúna...

Um amador de pássaros diria:
– Este pretinho é um pássaro turuna,
É o vira-bosta da pedagogia...

A perseguição parecia implacável nas páginas de periódicos burlescos como *O Malho*, que em sua edição inaugural, de 1902, faz estampar estes versos supostamente escritos por José Getúlio da Frota Pessoa (1875-1910) sob o título *Galeria*:

O preto não ensina só grammatica.
– É pelo menos o que o mundo diz.
Mette-se na dynamica, na estatica
E em muitas coisas mais mette o nariz.

Dizem que, quando ensina mathematica,
Os signaes de mais b de menos x,
Em vez da lousa, com saber e pratica,
Sobre a palma da mão escreve a giz.

> Uma alumna dizia: – Este Hemeterio
> Fez da sciencia um verdadeiro angu,
> Com que empantura todo o magisterio.
>
> E é um felizardo principe zulu.
> Quando manda um parente ao cemitério,
> Tem um lucto barato: – fica nu.

A referência a Hemetério nas páginas jornalísticas chega a beirar a acusação de crime, conforme se lê na edição de 14 de janeiro de 1916 (p. 3) da *Gazeta de Notícias*, em que, sob o polêmico título "O Professor Hemetério dos Santos quer ser o 'Papa Negro'", o periódico faz estampar uma resposta indignada do gramático às acusações alardeadas em edição anterior sobre sua suposta manipulação nos exames de ingresso na Escola Normal. Segundo a *Gazeta*, Hemetério dirigia um curso preparatório particular para ingresso na Escola Normal, não obstante atuasse como catedrático de português na mesma instituição, mediante cobrança de mensalidades elevadas "a garantir aprovações". Na mesma linha acusatória, a *Gazeta* afirma que "as meninas pobres comumente são preteridas pelas abastadas, embora de menos competência, e a selecção para as futuras professoras se faz 'á rebours'". Em arremate, o periódico afirma que, em suas razões, Hemetério teria negado todas as acusações e aduzido que sua aspiração seria servir à educação e destacar-se entre seus pares como um "papa negro".

Com certeza, o documento mais polêmico da biografia de Hemetério dos Santos resume-se à carta datada de 16 de novembro de 1908, mas convenientemente publicada nas páginas da *Gazeta de Notícias* em sua edição de 29 de novembro de 1908, a exatos dois meses após a morte do autor de *Dom Casmurro*[442]. Endereçada a Fábio Luz (1864-1938)[443], médico, jornalista e professor baiano, vinculado ao movimento anarquista e dotado de grande prestígio no meio jornalístico, a carta de Hemetério[444] traça juízo sobre a omissão de Machado de Assis quanto à situação do negro no Brasil republicano. As linhas do polêmico texto investem violentamente contra a suposta desconsideração com que Machado cuidava dos problemas sociais que o negro enfrentava na construção da República. A indisfarçável ojeriza à figura de Machado no plano ideológico parece anuviar a visão literária de Hemeté-

---

442. Cf. em http://memoria.bn.br/docreader/DocReader.aspx?bib=103730_04&pagfis=18748

443. Sobre Fábio Luz, cf. Ribeiro (2015).

444. Ainda hoje, há dúvida quanto ao consentimento de Hemetério para a publicação da carta, em princípio de caráter privado.

rio, que, dirigindo pela contramão da opinião pública praticamente unânime, busca desqualificar o talento de Machado mediante comparação com outros próceres da literatura brasileira:

> Tive sempre pela obra do Machado de Assis o sentimento que desperta o trabalho chinez de acurada paciência em papelão, lata ou chumbo derretido; efêmero, porque a ausência de fundo que se lhe nota não tem força de eternizar a fórma; passageiro, porque essa mesma fórma não se estima, e não se valorisa pela excellencia da construção e pela variedade dos materiaes.
>
> Machado não foi um observador fiel do nosso modo de ser, um psychologo, mesmo no corrente sentido desta palavra, durante a sua vida muito alongada, e sempre bafejada pelo carinho dos seus e pelo aconchego que sempre teve de estranhos, o que o elevou ás posições culminantes do nosso mundo burocrático e literário.
>
> Nascido em junho de 1839, sendo pois mais moço do que Gonçalves Dias apenas de 16 annos, com idêntica força que o preconceito dá para lutar; em um "meio" mais culto e tolerante, e tendo sobrevivido ao poeta brasileiro 44 annos, a bagagem que nos deixa é relativamente apoucada e pequena.

A crítica de Hemetério, entretanto, logo sai do plano literário para penetrar a pungente seara do ativismo político, em que denuncia a omissão de Machado, não obstante sua origem racial, quanto à questão do negro na sociedade escravagista do Império, mais uma vez confrontando-o com outros grandes nomes das letras que, em conduta distinta, manifestaram-se contra o jugo da escravidão. A crítica de Hemetério, por sinal, não se adstringe à questão do negro, senão a toda ordem de temas relevantes da vida nacional que marcaram os últimos decênios dos Oitocentos e passaram em branco nas páginas machadianas, segundo o gramático, mais preocupadas com Virgílias e Capitus envolvidas em casamentos interesseiros e sórdidos (1908, p. 2):

> O problema do "negro" que assumiu em nossa vida de nação talvez um fulgor de bondade unico, sem igual, nem nos tempos antigos, pelos captiveiros de guerra, nem nos tempos modernos, pela escravidão colonial, não mereceu do romancista e do poeta senão pálidas e agualeras pinturas tão timidas que claramente revelam que do artista primeiro partiam as idéas preconcebidas contra sua côr e procedencia.
>
> Joaquim Manuel de Macedo, Bernardo Guimarães, Gonçalves Dias, logo nos verdes annos, nas suas "Meditações", Manoel de Almeida, Agrario de Menezes, Trajano Galvão, Castro Alves, de tuba tronisonante, e tantos e tantos outros, não deixaram de molhar a penna nesse tinteiro de dôr e de vergonha nossa, sem fallar daquelles que, como o Visconde do Rio Branco, Patrocinio, Arthur e Aluizio Azevedo, Joaquim Nabuco, Sylvio

> Romero, Ruy Barbosa e varios em legião, juntaram a mente ás musas dada, ao braço ás armas feito.
> As nossas guerras e as nossas questões externas resolvidas pelas lutas pacificas e remansadas do talento e da diplomacia, não existem, para quem as procurar, nos livros de Machado, ou se existem, são simples episodios tenues e fugitivos de uma sociedade que morreu nascendo, ás maos das Virgilias e Capitu's, e outras hetairas tolhidas de sua desenvoltura pelos casamentos interesseiros e sordidos.

No alinhavo do perfil demeritório que traça sobre Machado de Assis, Hemetério não hesita em taxá-lo de mau filho, por suposta ingratidão a sua madrasta Maria Inês de Assis (1821-1891), a quem nunca mais teria procurado "desde a sua mudança de S. Christovão, logarejo de operarios, para o opulento nicho de gloria nas Larangeiras". Sobre a veia poética de Machado, Hemetério abre exceção ao soneto *À Carolina* como obra digna de referência, já que todo o resto, segundo seu juízo, não passava de trabalho indigno de publicação. Interessa observar que a crítica de Hemetério à abulia machadiana no tratamento de questões políticas fundamenta-se em uma coleção de argumentos históricos, que envolvem inclusive a constituição da sociedade brasileira como herança dos valores herdados à sociedade portuguesa quinhentista. Percebe-se o fato em sua referência ao relato do gramático belga Nicolau Clenardo (1493-1542) sobre a expressiva população negra de Lisboa e, sobretudo, de Évora, por ele denominada "cidade do inferno": "por toda a parte via negros, raça que me inspira uma tal aversão, que isso bastaria para me fazer abalar" (1908, p. 34). Na linha argumentativa de Hemetério, condutas como a de Clenardo, já no século XVI, levaram autores como Gil Vicente (1465-1536) a incluir o negro nas peças de dramaturgia, sobretudo nas farsas, ordinariamente na roupagem de personagens espoliados e perseguidos: "E como o preto era o roubado, era sempre o expoliado, até na producção, porque os filhos logo na segunda geração lhe sahiam louros, isto é, já lhe não pertenciam, Gil Vicente tinha em cada negro um comparsa ladrão!" (1908, p. 2).

Saliente-se, por necessário, que o olhar desolado, dir-se-ia mesmo revoltado, que Hemetério projeta à postura moral de Machado como escritor omisso contrasta com a visão que tinha sobre a integração racial na construção histórica da sociedade brasileira, a seu juízo um raro exemplo de convivência harmônica das três etnias que a constituem. Em outros termos, o ressentimento que sua condição de intelectual negro fazia emergir em face de nomes como Machado não era o sentimento com que se referia ao país em que nascera, à sociedade em que vivia (1908, p. 2):

> Porque não teve, seguindo o exemplo do padre Antonio Vieira, o desassombro de dizer ao Sr. Graça Aranha, opai infeliz do aborto "Chanaan", e de provar com os factos que a obra do portuguez e do negro, na America, é sem par no mundo, pela bondade e pela candura que ambos derramaram por toda a parte, nessa construcção de amor e de tolerancia que se chama o Brasil?
> A sociedade brasileira é sem modelo na historia pelos exemplos de altas virtudes constantes, multiplas e variadas desses tres typos que se irmanaram pelo sentimento, tornando-se um só espirito para a cultura do bem, desde os tempos de Vieira e de Gregorio.

E arremata, incisivo: "Por ser mulato, Machado não tinha razão plausivel para desfigurar a nossa moral, simples e tradicional". Nas considerações finais, não poderiam faltar objeções ao padrão linguístico dos textos do "bruxo": "Muito tem sido gabada a forma de Machado; e no entanto, nada talvez haja mais acoimado de imperfeições". Nessa linha crítica, que sai do plano das ideias para ingressar no plano linguístico, Hemetério condena as ênclises machadianas, sob argumento de que os clássicos como Camões, Vieira, Francisco de Morais e Frei Luís de Sousa preferiam sempre a próclise. Também integra a ojeriza ao estilo de Machado o emprego de plebeísmos e galicismos de duvidosa procedência. Parece haver nessa crítica um necessário contraponto ao exclusivismo do argumento ideológico na edificação de um perfil demeritório à figura do autor de *Dom Casmurro*.

O respeito acadêmico de que desfrutou Hemetério pode medir-se, igualmente, pelas homenagens que recebeu *post-mortem*. Seu nome consta como patrono da cadeira 25 da Academia Brasileira de Filologia e figura entre os mais proeminentes docentes na galeria do Colégio Militar do Rio de Janeiro. Em cerca ocasião, o teatrólogo Alvarenga Fonseca consultou-o sobre a grafia da palavra *chuá* (ou *xuá*), que estaria no título de uma revista a ser encenada. Hemetério optou por *chuá*, sob argumento de que a tradição ortográfica usa o *ch* nas onomatopeias, tal como em *chote* e *chut*. Não sabemos se o *chut* a que se refere Hemetério é o mesmo que nos chegou do inglês *shoot*, uma possibilidade. Também não há certeza de onomatopeia em *chote*. A historinha serve apenas para exemplificar a proximidade de Hemetério com o cidadão leigo interessado em questões de linguagem. Compôs, com Cândido Jucá [Filho] (1900-1982) e Maximino Maciel a banca para provimento de um cargo de professor de linguagem escrita do Instituto Nacional de Surdos-Mudos. Defendia a reforma do sistema de ensino, com a preservação de cursos noturnos, uma de suas bandeiras vitoriosas, e construção de escolas em que os alunos tivessem atividade por tempo integral. Suas ideias vanguardistas chegavam a idealizar prédios escolares em que os professores pudessem residir, para melhor acompanhar as atividades dos alunos. Legou-nos o denodo e o talento que habitava uma alma conturbada pelas vicissitudes que sua origem social e étnica lhe impôs ao longo de toda a vida.

Na área linguística, Hemetério publicou, além da *Gramática elementar* (1877)[445], outros títulos relevantes: *Etimologias: preto* (1907), *Da construção vernacular* (s/d), *Gramática portugueza segundo grau primário* (1885) e *Gramática portuguesa* (1887)[446]. No mesmo ano de publicação da *Gramática portuguesa*, José Júlio da Silva Ramos (1853-1930) faz publicar uma resenha de seu teor nas páginas da *Revista Científica*, um suplemento da *Revista Brasileira*. Logo nas primeiras linhas, Silva Ramos toca uma questão pedagógica que perduraria por mais de meio século: como ensinar a história da língua a alunos que não conhecem o latim? A pergunta retórica visa a exaltar uma qualidade que, na visão de Silva Ramos, caracteriza a gramática de Hemetério dos Santos e a distingue dos demais compêndios congêneres mais por suas virtudes pedagógicas do que por sua fundamentação teórica (1887, p. 127):

> Com efeito, um dos merecimentos deste trabalho é o consideravel numero de exemplos que confirmam as regras, sendo toda a grammatica intermeada de longos excerptos de autores classicos, de maneira a tornar possivel ao professor dirigir o espirito do alumno para que elle proprio deduza do trecho as regras, sem parecer que se rende ao despotismo grammatical. Por outra parte, o autor mostra bem comprehender, ao contrario ds (sic) muitos outros, que não são os grammaticos que fazem a lingua, mas sim o povo que a fala, e depois delle os escriptores que tratam de fixal-a nas creações sentimentaes e intellectuaes, dando-lhe encanto e grandeza.

Os elogios, entretanto, não inibem algumas reprimendas. Uma delas condena a opção de Heméterio por inverter a ordem natural dos fatos e situar a definição de gramática no final do livro: "Em qualquer sciencia, disciplina, doutrinação ou coisa semelhante, o que importa saber antes de mais nada é

---

445. Todas as referências a esta gramática atribuem-lhe a primeira edição em 1878. No entanto, a pesquisa documental revela que já em 1877 a gramática estava à venda, conforme se lê em nota do periódico *O Cachoeirano* (edição de 4 de nov. de 1877, p. 1): "Fomos obsequiados com um exemplar da nova *Grammatica elementar da lingua portugueza*, da qual é autor o Sr. Hemeterio José dos Santos". Cf. em http://memoria.bn.br/DocReader/DocReader.aspx?bib=217719&pesq=%22Hemeterio%20Jos%C3%A9%20dos%20Santos%22&pasta=ano%20187&hf=memoria.bn.br&pagfis=160

446. Sobre a *Gramática portuguesa*, cf. Fávero e Molina (2009-2010).

o seu objecto" (1897, p. 127). Com razão, assinala Silva Ramos que a definição proposta por Hemetério para *verbo subjetivo ou intransitivo* e *objetivo ou transitivo*, respectivamente "verbo que não passa a acção a outro sujeito diverso" e "o que passa a acção a outro sujeito diverso" é inconveniente, já que o metatermo sujeito é usado fora de seu conceito usual, causando confusão terminológica. E crítica adicional, ressalta Silva Ramos (1897, p. 128):

> Não criticaremos a definição de thema. De sobejo sabemos nós, como é variavel o criterio, de mestre para mestre, na fixação deste elemento vocabular. Mas, quando o autor nos ensina que "o thema póde ser precedido ou seguido de syllabas modificadoras que se chamam affixos", não podemos deixar de considerar que affixos não são syllabas: as syllabas são elementos phonicos, os affixos são elementos significantes ou morphicos.
>
> Na parte concernente á conjugação, o futuro perfeito não se acha bem caracterizado, o que ainda mais se confirma com o exemplo: "Quando aprenderes a lês, já eu parti para Minas". Primeiramente a relaciona-ção dos tempos, como se encontra neste exemplo, é incorrecta: a correspondencia temporal deve ser: *quando aprenderes a lês, já eu terei partido para Minas*; além de que dest'arte ficará exemplificado o futuro perfeito na affirmação *terei partido*, o que se não dá no exemplo da grammatica. *Terei partido*, sim, é que é futuro perfeito por designar uma acção inteiramente feita, *perfeita*, quando se der a outra de aprenderes a lêr.

A inusitada localização dos conceitos teóricos no fim do volume talvez tenha sido um recado ao leitor, em que o autor da gramática situa a descrição antes da tese exatamente por considerar a esta subsidiária daquela. Portanto, dentro deste projeto de gramática, haveria lógica entre a disposição de suas partes e seu propósito. Mas, reconheçamos, estamos aqui em campo meramente especulativo, não há um indício seguro de que Hemetério efetivamente tenha usado desta estratégia.

A primeira parte da *Gramática* é dedicada à *fonologia*, um metatermo que já conquistara adesão quase unânime ao fim do século. Seu significado, evidentemente, não é o que a linguística estruturalista viria a atribuir em confronto com o metatermo *fonética*, por sinal referido por Hemetério como subsidiário da fonologia. Sua definição de som linguístico, o som articulado ou fonema, como "elemento interno da palavra" é pouco elucidativa (1887, p. 5). De maneira geral, as definições na *Gramática* de Hemetério Santos são primárias, fato que, decerto, se pode atribuir a seu propósito propedêutico no ensino de língua vernácula da Escola Normal.

A segunda parte, dedicada à *morfologia*, apresenta como subdivisão a *taxionomia* (*taxonomia*) ou *classificação*, a *campenomia*, dedicada ao estudo das flexões verbal e nominal, e *formação de palavras*. Por sinal, neste segmento, acaba por afirmar que "as palavras são grupadas em *classes* ou *categorias* que se chamam partes *do discurso*", uma confluência de metatermos que vincula o modelo racionalista com o modelo científico. Interessante a solução encontrada por Hemetério para coadunar a antiga tese do verbo substantivo e verbo adjetivo com a nova visão unificadora do verbo como palavra que expressa ação ou estado do sujeito. Convém advertir que, ainda pelos verdores do século XX, alguns autores se referiam à antiga proposta do modelo racionalista em seus textos gramaticais (cf. Pereira, 1907). Hemetério opta por firmar o conceito de que não há verbo substantivo como uma resposta aos colegas que insistiam tardiamente nesta linha de interpretação (1913 [1887], p. 40):

> Por *funcção* e por *origem*, todo verbo é a reunião pura e simples, sob um mesmo *accento*, de um **adjectivo** e da palavra que qualifica: todo verbo é **adjectivo**.
> O verbo ser e, ás vezes, estar, parecer e ficar, por obliterar-se o valor significativo do thema, perdem a funcção predicativa e apenas conservam então as relações temporaes e modaes.
> O *predicado* é, neste caso, enunciado por um qualificativo ou palavra equivalente.
> A denominação de *verbo substantivo* dada a estes verbos é, pois, erronea por origem, por funcção, por historia e por comparação.

A terceira parte, dedicada à *sintaxe*, subdivide-a como o *estudo das proposições* (na realidade, estudo dos termos sintáticos intraoracionais), a *concordância* e o estudo do período, a que denomina *proposição composta*. Um segmento final, intitulado *análise gramatical*, dá o tom definitivo de caráter pedagógico, mediante aplicação dos conceitos sintáticos à decomposição dos elementos da proposição simples e da composição composta, com a respectiva identificação dos valores sintáticos. Na realidade, Hemetério não cuida de conceitos teóricos no fim de sua gramática, conforme faz supor Silva Ramos, motivo pelo qual soam infundadas as críticas do filólogo e poeta pernambucano. Por outro lado, reconheça-se que o projeto da *Gramática portuguesa* é inovador por fazer intercalar exercícios ao fim de cada capítulo de exposição da matéria linguística. Os exercícios, a rigor, não vão além de textos selecionados por Hemetério – sem referência de autoria –, de tal sorte que se assemelham a uma antologia inserta no corpo da gramática. Em outros termos, apresentam-se exercícios para aplicação dos conceitos gramaticais em textos literários, entre os quais constam autores obscuros, como o maranhense Joaquim Serra (1838-1888) ou o militar português Sebastião Xavier Botelho (1768-1840), e clássicos como Manuel Bernardes (1644-1710), Antônio Vieira (1608-1697) e Luís de Camões (1524-1579/1580).

Conclua-se com uma assertiva de Maximino Maciel que ainda está por avaliar-se mais detidamente, inclusive no tocante à questão ainda aberta sobre pioneirismo na gramática científica brasileira (1922 [1894], p. 503):

> É de imprescindivel justiça confessarmos que, muito anteriormente ás grammaticas de Alfredo Gomes, Pacheco e Lameira e João Ribeiro, já havia Hemeterio dos Santos elaborado uma *Grammatica elementar* em que, nas suas linhas geraes, se esboçavam com segurança as novas doutrinas philologicas, applicadas á discencia do vernaculo.

Observe-se que Maciel não afirma ter sido Hemetério o primeiro gramático brasileiro que agasalhara "as novas doutrinas philológicas", mas situa-o no plano do pioneirismo. Não se sabe em que texto de Hemetério Maciel situa tal pioneirismo: se for nas páginas da *Gramática portuguesa segundo grau primário* (1885), decerto que antes de Hemetério já publicara Julio Ribeiro sua *Gramática portuguesa* em 1881. Mas se o referido pioneirismo está nas páginas da *Gramática elementar* (1877), então caberá a Hemetério a primazia de ser o introdutor das teses histórico-comparativas no âmbito das obras gramaticais brasileiras. Ficamos na expectativa de que um exemplar da *Gramática elementar* esteja ainda disponível para elucidar o mistério.

12.2.2 *Júlio Ribeiro (1845-1990)*

Nome reiteradamente citado como introdutor da linguística histórico--comparativa no Brasil, Júlio César Vaughan Ribeiro figura entre as personalidades intelectuais que se revelam inesgotável fonte de pesquisa histórica. Seu contributo para o desenvolvimento do saber linguístico em terras brasileiras foi reconhecido pelos pares com justo entusiasmo, fato que até o momento vem-se consolidando no âmbito dos inúmeros estudos que se multiplicam sobre sua obra[447]. Ribeiro, decerto, goza hoje desse prestígio não apenas em face de seu talento para a investigação linguística, mas também pela diligente atividade na publicação de textos sobre matéria ainda inédita nas rodas intelectuais brasileiras, fato decisivo para a inscrição de seu nome como pre-

---

447. Sobre Júlio Ribeiro e sua obra, cf. Dornas Filho (1945), Ribeiro (1976), Irmão (1978), Silveira (2005), Nascimento (2007), Silveira (2008), Silva (2010, 2012), Cavaliere (2016), Aquino (2016, 2018, 2019), Borges Neto (2018) e Prete (2020).

cursor das ideias revolucionárias sobre a origem da língua e a metodologia de análise do fato gramatical sob amparo do comparativismo histórico na linguística brasileira. Com efeito, a primazia do pioneirismo é atributo de quem primeiro publica, não obstante se saiba que a introdução e disseminação de um dado ideário linguístico em centros de recepção teórica possa atribuir-se a outrem. Sobre o fato, em especial no tocante a Júlio Ribeiro, Maximino Maciel reconhece seu pioneirismo na introdução das novas tendências que os linguistas alemães, ingleses e franceses vinham difundindo, não obstante deixe entrever em seus comentários que a *Gramática portuguesa*, publicada por Ribeiro em 1881, em certa medida seja uma adaptação para o português de textos publicados por linguistas europeus (1922 [1894], p. 500):

> Até pontos havia [na *Gramática portuguesa*] em que o Sr. Júlio Ribeiro se adscrevia a transverter, quase *ipsis verbis*, para o vernaculo as novas doutrinas dos autores estrangeiros, de Guardia, de Mason, de Bergmann. Além disso, resumbrava-lhe do estilo certo gráo de frouxidão e obscuridade; do metodo, certa desorientação; e, quanto á syntaxe, ao envez de exemplos hauridos aos monumentos literarios, dava-lh'os elle proprio, quase sempre.
> O que se nos afigura é que se apressurou o Sr. Júlio Ribeiro a de chofre quebrar a rotina, fosse como fosse, embora ainda não houvesse assimilado o quanto lera nos filólogos estrangeiros.
> Entretanto, remanesce-lhe de certo o merito de haver sido o primeiro a trasladar para compendio didactico a nova orientação, evertendo os alicerces da rotina e servindo de norma para algumas Grammaticas que se publicaram em S. Paulo.

Evidente que a leitura dessas palavras deve revestir-se das devidas cautelas, mormente no que tange à delicada questão da neutralidade epistemológica. Maciel pertenceu a uma geração posterior e, à época em que redigiu seu precioso *Breve retrospecto*, já gozava de prestígio a ponto de ombrear-se com o próprio Júlio Ribeiro. Há indícios claros, na crítica de Maciel, de que Júlio Ribeiro tenha plagiado suas fontes doutrinárias, a que se aliam as reprimendas de se haver servido de exemplário próprio na descrição dos fatos gramaticais, por sinal um desvio de conduta que caracterizava não apenas o autor da *Gramática portuguesa*, senão a quase todos os gramáticos dos Oitocentos, dada a dificílima tarefa de levantar exemplário em obras literárias em uma época de pouquíssimas bibliotecas públicas. Certo é que, na visão de Maciel, os louros do pioneirismo não deviam atribuir-se a Ribeiro[448]; outros

---

448. Sobre a crítica de Maximino Maciel à obra de Júlio Ribeiro, cf. Casassanta (1946).

nomes, antes da publicação da *Gramática portuguesa*, e mesmo dos *Traços gerais de linguística* (1880), teriam produzido textos sob inspiração da nova doutrina, não obstante tenham caído no esquecimento (1922 [1984], p. 500):

> Certo que por esse tempo [finais da década de 1870] já Pacheco Junior publicára os seus primeiros trabalhos, as primicias do seu talento, e no Pedro II sobrelevava na cathedra de portuguez o Sr. José M. Nunes Garcia que, embora de renome, nada nos legou, salvo trabalhos de compilação, excerptos de pouco valor, collectaneas de escriptos classicos, sem quaesquer annotações, nos quaes não se descobria o menor espirito de systematização doutrinaria.
>
> Os seus trabalhos, os seus esforços foi por isso que se perderam; não repercutiram como seria de esperar no aprendizado da lingua portugueza, pois não contribuiram para lhe nortear o ensino.

Revela-se nítida a opinião de Maciel quanto à posição de Pacheco da Silva Júnior como predecessor de Júlio Ribeiro na introdução das novas doutrinas na "Renascença dos estudos philologicos no Brasil" (1922 [1984], p. 500). Com efeito, bem antes da publicação da *Gramática portuguesa* de Ribeiro, já Pacheco da Silva Júnior havia publicado vários estudos avulsos sob inspiração da escola histórico-comparativa, sem contar a edição inaugural de seu opúsculo *Estudos de língua vernácula: fonologia portuguesa* em 1877 e de sua *Gramática histórica* em 1878, à qual, a rigor, caberia a primazia do pioneirismo não se tratasse de um texto diacrônico. Como obra descritiva de caráter sincrônico, em que se promove o tratamento do vernáculo em todas as suas áreas, decerto que a *Gramática portuguesa* de Júlio Ribeiro, até onde nos conduz a pesquisa, é o texto que inaugura a aplicação das novas doutrinas no Brasil[449].

Nascido em Sabará, cidade pertencente ao circuito histórico de Minas Gerais, Ribeiro teve uma vida intensa, marcada pelo extraordinário pendor para as letras e a filologia, pela inquietude de uma alma conturbada que se manifestou com veemência no mundo político e pelo sofrimento de uma busca religiosa infrutífera. Foi filólogo, gramático, romancista, jornalista, professor e político, atividades em que sempre se apresentou como adepto da causa republicana e abolicionista e nas quais atuou com a marca de uma têmpera belicosa, sempre pronta para o confronto. Embora reconhecesse esse traço de sua personalidade, Ribeiro o justificava como uma espécie de autodefesa: "Das polêmicas que tenho ferido nem uma só foi procurada por

---

449. Cf., entretanto, o que dissemos acerca da *Gramática elementar* (1877), de Hemetério dos Santos.

mim; eu não sei atacar, eu só sei defender-me, eu só sei vingar-me"[450]. A inquietude desse espírito talentoso e angustiado expressa-se em mais de uma oportunidade na correspondência que manteve com a mãe, ao tempo em que residiu em São Paulo, conforme se observa no trecho de uma das cartas em que se ressente do sofrimento: "Eu sou um homem de dores, experimentado em trabalhos".

Sua transferência de Sabará para São Paulo ocorreu quando era ainda jovem, vindo a constituir família e construir uma carreira exitosa no magistério. Em suas *Cartas sertanejas* (1908), obra de cunho autobiográfico, Ribeiro revela que teve uma vida errante entre 1866 e 1885, já que residiu em algumas cidades interioranas, entre elas Taubaté, Lorena e Campinas, até fixar-se em Capivari. Nesse meio-tempo, também manteve residência temporária na capital. A inquietude espiritual de Ribeiro pode expressar-se pelo percurso de suas convicções religiosas: iniciado no catolicismo, sob influência da mãe, tornou-se protestante após o contato mais estreito com os missionários norte-americanos que atuavam no interior paulista, para, no fim da vida, declarar-se ateu: "não tenho religião e não tenho partido. Sou atheu e sou republicano intransigente" (1908 [1885], p. 15). No plano da atividade política, escreveu uma série de artigos no *Diário Mercantil* sob o título *Cartas sertanejas*, uma alusão ao fato de chegarem a um jornal da capital vindas de uma cidade interiorana. O pendor para o embate ideológico logo se observa nas primeiras linhas da primeira carta, em que adverte (Ribeiro, 1908 [1885], p. 13-14):

> A responsabilidade legal e moral de tudo que em taes artigos apparecer será toda minha, sómente minha exclusivamente minha.
> Carregado com este onus quero tambem toda a liberdade de movimento; sem ultrapassar as raias do decente de do honesto, não guardarei conveniencias, não me imporei restricções. Si assim me aprouver, irei até ao paradoxo, chegarei até ao absurdo.
> Com a franqueza rude que me karakteriza, hei de dizer sem rebuço o que penso das cousas e dos homens. Sei que em muitos particulares vou desagradar a muita gente; sei que se há de desencadear contra mim muito odio pequenino... Não me importa.

No campo da atividade intelectual, o ideário republicano compatibiliza bem com o espírito heurístico, subordinado ao saber científico, fato que se revela em cores nítidas pelas opções teóricas como linguista. A crença na

---

[450]. Colhido ao discurso de posse de Sábato Magaldi na Academia Brasileira de Letras. Disponível em: https://www.academia.org.br/academicos/sabato-magaldi/discurso-de-posse

verdade factual, advinda da metodologia da prova e contraprova, ajusta-se ao manto positivista que cobria a atividade intelectual – artística, científica e religiosa – no *fin de siècle*. Essa episteme tão expressiva dos decênios finais dos Oitocentos decerto haveria de fazer surgir um Júlio Ribeiro no seio da sociedade brasileira. A questão está em que uma desmesurada manifestação de suas ideias políticas, aliada ao estilo lacerante nas palavras, situaram-no no plano da *persona non grata*, seja no ambiente de trabalho, seja na convivência social, dado que o juízo que traçava das pessoas em geral beirava a intolerância. Sua personalidade intolerante exigia das pessoas um grau de formação educacional universalista, cosmológica, para bem além do razoável, de que decorria um frequente juízo depreciativo a respeito de tudo e de todos, com as exceções que a regra impõe. Isto se percebe, com clareza, na seguinte passagem (Ribeiro, 1908, p. 23):

> O homem *scientificamente preparado* deve conhecer, ao menos elementarmente, as mathematicas, a physico-khimica, a bio-physiologia, a psykhologia-moral. Deve ter boas noções de arithmetica, de algebra, de geometria, de mekhanica, de cosmologia, de astronomia sideral e planetaria, de geodesia, de geografia physica, de geologia, de mineralogia, de paleontologia, de botanica, de zoologia, de anatomia, de histologia, de pathologia, de psykhologia, de moral, de anthropologia, de ethnologia, de linguistica, de historia e geographia-historica, de industria, de arte, de litteratura, de sociologia, de legislação de política.
> E mais, deve ter estudos clássicos solidos.

A família de Ribeiro podia caracterizar-se como "atípica" para os padrões de um país ainda em busca de afirmação como nação soberana, portanto eivado de rigidez moralista, sobretudo nas plagas interioranas. Sua mãe, Maria Francisca da Anunciação Ribeiro (?-?) enamorou-se de um artista de circo, George Washington Vaughan (?-?), cidadão norte-americano. As chances de que o jovem Júlio tenha herdado afeição às coisas norte-americanas por influência do pai são pequenas, já que a figura paterna, tachada de "boêmio e estúrdio americano da Virgínia", segundo os biógrafos de Ribeiro (cf. Dornas Filho, 1954; Silveira, 2005), não se ajusta a de um mentor ou mesmo de um orientador afetivo. As primeiras letras foram-lhe ensinadas pela mãe, que exercia o cargo de professora pública em Sabará. Tão logo a idade o permitiu, porém, deslocou-se para o Rio de Janeiro em 1862, onde seguiu estudos em estabelecimento de ensino não identificado. A informação muito difundida de que ingressou no Imperial Colégio Militar em 1862 é decerto infundada, visto que esse estabelecimento de ensino foi criado tão somente em 9 de março de 1889, conforme o Decreto Imperial n. 10.202. A vida docente facilitou-se em face de seu bom conhecimento do latim e do grego, a par da formação enciclopédica que cedo o tornou personagem frequente em rodas de discussão intelectual e encontros sociais. Após mudar-se para São Paulo, percorreu várias cidades do interior, onde atuou como professor de Retórica e de Língua Portuguesa sobretudo em educandários presbiterianos. Não obstante, chegou a prestar concurso para a cátedra de latim da Faculdade de Direito de São Paulo, onde conheceu aquele que viria a ser um de seus mais ácidos inimigos: Augusto Freire da Silva (1836-1917). Também trabalhou, em substituição ao Barão de Loreto, no Instituto de Instrução Secundária de São Paulo, educandário em que não permaneceu por muito tempo.

No âmbito da atividade jornalística, teve vida profícua como articulista e diretor de vários jornais, entre eles *O Sorocabano* e *O Rebate*, em São Paulo. Sua obra política e filológica está dispersa pelas páginas de vários periódicos da segunda metade do século em que colaborava ordinariamente, entre eles o *Estado de S. Paulo*, o *Diário Mercantil*, a *Gazeta de Campinas* e o *Almanaque de São Paulo*. No campo literário, é hoje reconhecido como fundador do movimento naturalista no Brasil em face de seu romance *A carne* (1888), obra que lhe rendeu a ira do padre português José Joaquim de Sena Freitas (1840-1913), não obstante tenha vindo a lume em uma época de várias publicações congêneres, tais como *O Ateneu*, de Raul Pompeia (1863-1895), *Cromo*, de Horácio de Carvalho (1857-1933), *Hortênsia*, de João Marques de Carvalho (1866-1910) e *O homem*, de Aluísio de Azevedo (1857-1913), que nas palavras de Sílvio Romero deve ser considerado o texto precursor (1980, p. 1.635). Na seara linguística, para além dos inúmeros estudos e ensaios esparsos, que estão a esperar uma edição reunida, desponta sua *Gramática portuguesa* (1881), obra canônica da gramatização brasileira do português, considerada o primeiro texto gramatical filiado à doutrina do comparativismo histórico no Brasil[451].

Figura controversa, mas jamais desconsiderada, Júlio Ribeiro auferiu prestígio como filólogo, mercê de sua reconhecida erudição, para além das fronteiras nacionais. O periódico *A Federação*, órgão do Partido Republicano, em sua edição de 30 de setembro de 1884 (p. 1), assim reproduz uma nota sobre seu colaborador:

---

451. Conforme já aqui referido, este pioneirismo ocorre no plano específico das gramáticas destinadas à descrição sincrônica da língua, já que é posterior à *Gramática histórica* (1878), de Manuel Pacheco da Silva Júnior. Por outro lado, ainda está por avaliar-se o possível pioneirismo da *Gramática elementar* (1877), de Hemetério dos Santos, no cenário gramaticográfico brasileiro.

> Com grande satisfação transcrevemos as seguintes linhas do *Diario Mercantil* de S. Paulo:
> Ao distincto homem de lettras e provecto parlamentar, dr. Joaquim Nabuco, actualmente n'esta cidade, tivemos ante-hontem o prazer de ouvir a narração de um facto que não podemos furtar-nos ao sincero prazer de reproduzir aqui, pois significa o preito de um homem, como ninguém, competentissimo, a um profundo philologo brazileiro, que, por ser tão modesto quanto notável, passa no nosso paiz quase desapercebido na turba-multa das mediocridades enfatuadas.
> O sr. dr. Joaquim Nabuco, quando em Londres, desejando, para um fim qualquer, fazer acquisição de uma boa grammatica portugueza, escreveu para Lisboa ao sr. Carvalho Monteiro, capitalista brazileiro ali residente e editor de varias obras de subido valor litterario, pedindo-lhe para que consultasse o erudito professor portuguez Theophilo Braga e lhe enviasse a grammatica que elle apontasse como a melhor d'entre as melhores.
> O desejo do distincto parlamentar brazileiro foi cumprido rigorosamente pelo seu amigo, que, procurando Theophilo Braga, ouvio d'elle a seguinte opinião: A melhor grammatica da lingoa não se póde obter aqui – das que eu conheço, a melhor é a de um seu compatriota distinctissimo, o sr. Júlio Ribeiro, impressa na cidade de S. Paulo, no Brazil.

As fontes marginais, que estão nos denominados "textos de entorno" a que se refere Pierre Swiggers (2013, p. 42), dizem muito sobre a personalidade linguística de Júlio Ribeiro, mormente no tocante às convicções sobre mudança e uso da língua. Referimo-nos aqui a algumas de suas *Cartas sertanejas* (1908), nomeadamente as que cuidam diretamente de temas como influência doutrinária, norma gramatical e fundamentação teórica. Decerto que esses documentos fornecem material bem mais amplo e fecundo para a investigação da personalidade de Ribeiro, sobretudo no que diz respeito à liberdade de informação e o papel da imprensa em uma nação soberana e democrática: "A imprensa de um paiz é o estalão por onde se afere a sua grandeza, é o dynamômetro da sua pujança intellectual e moral, é o espelho onde elle inteiro se reflecte. Lêr o jornal é estudar a sociedade". A citação, entretanto, está no mesmo texto em que Ribeiro revela desencanto quanto aos rumos que a sociedade brasileira tomava nos anos prévios à República, num diagnóstico cru, de índole naturalista, que revela as chagas da patologia social:

> A imprensa brasileira está eivada de vício, como convictamente, serenamente dise o summosacerdote della, Quintino Bocayuva.
> A conclusão inexoravel, necessaria, fatal é que esse vício é consequencia de acção reflexa, é mal de sympathia: quem se acha em verdadeira contaminação de gangrena é a sociedade brasileira.

As razões de tanto azedume podem justificar-se, em plano, digamos, pessoal, ao percebemos que o alvo das farpas são os comentários e juízos difamatórios que então costumeiramente se faziam na imprensa sob o agasalho dos pseudônimos. Trata-se de um recurso conveniente para encobrir as identidades, razão óbvia de seu acatamento sem reservas pela maioria, que aos olhos críticos de Ribeiro nada mais expressava do que a vileza do anonimato caluniador:

> Oh! neste departamento claro-escuro donde fugiram espavoridas a limpeza e a verdade, é que se acotovelam, é que espolinham os Democritos e os Diderots, a mascara, a covardia, a calumnia, o aleive; é nelle que se conspurcam os kharacteres; é nelle que se fazem insinuações perfidas como os beijos de Judas, lethiferas como as dentadas do aspide... É a elle que descem os próprios redactores da folha quando não querem carregar lealmente com a responsabilidade do que escrevem!

Decerto que, dono da personalidade belicosa que lhe moldou o *ethos* por toda a existência, seria de esperar tantos ataques e insultos, a maioria coberta pelo manto do anonimato. As ofensas acabavam por ir além de sua atuação político-ideológica, para atingir seu trabalho no plano filológico[452]. Este o motivo de sua obra linguística ter sido recebida com louvores e opróbrios, elogios e reprimendas, tais com as acusações de plágio aos gramáticos ingleses e aos glotólogos alemães e franceses tanto na *Gramática portuguesa* (1910 [1881]) quanto nos *Traços gerais de linguística* (1880). Algumas dessas acusações, decerto, ficam por conta da desavença gratuita, caso da suposta apropriação indébita da definição de gramática colhida a Whitney, já que Ribeiro cita o linguista norte-americano e lhe dá todos os créditos. Por sinal, acusação semelhante foi-lhe infligida por Alberto Sales (1855-1904), sob o pseudônimo Demócrito[453], em que identifica passagens inteiras de Jean Psichari (1854-1929)[454] e Abel Hovelacque (1843-1896) nos *Traços gerais de linguística* (1880). A reprimenda, com efeito, parece exagerada, já que

---

452. Curiosamente, conforme nos informa Silva (2010, p. 66), o próprio Júlio Ribeiro serviu-se do pseudônimo Diógenes, nas páginas do *Diário de Sorocaba*, para responder às críticas de um certo Aristarco a sua *Gramática portuguesa*.

453. João Alberto Sales integrou, juntamente com Júlio Ribeiro, a denominada "geração de 1870", de que também participavam nomes como Joaquim Nabuco (1849-1910), Sílvio Romero (1851-1914) e José Lopes Trovão (1848-1925), propagadora das ideias positivistas e alinhada com o ideário liberal republicano. As desavenças políticas situaram-nos em polos antagônicos, de que resultaram os textos à feição epistolar publicados por ambos. É de Sales o volume *Cartas a Júlio Ribeiro* (1885), em que se reúnem os textos assinados com os pseudônimos Demócrito ou Diderot.

454. Nas *Cartas*, Júlio Ribeiro refere-se a "Pichard", provavelmente um erro tipográfico.

nos primeiros parágrafos da introdução, intitulada *Ao leitor*, Ribeiro adverte (1880, p. 9):

> Quase com os mesmos direitos com que nos rotulos de vinhos preciosos figura a firma dos engarrafadores, vai o meu nome na frente deste livrinho.
> Verdade é que são minhas algumas das investigações nelle exaradas, que é minha a exposição; a maior e melhor parte, porém, não me pertence; pertence aos mestres cujos ensinamentos repeti, cujas palavras por vezes trasladei litteralmente.

Decerto que Ribeiro adianta-se em citar várias de suas fontes doutrinárias na referida introdução, exatamente 24 nomes, mas lá não se lê o nome de Hovelacque, fato que pode dever-se tanto à vileza da camuflagem do plágio, quanto ao mero esquecimento, talvez à desnecessidade de se citarem todas as fontes em uma relação que não pretende ser exaustiva. Aqui, a verdade histórica reside no alvedrio de quem lê e interpreta os fatos. Júlio Ribeiro, como todos de seu tempo – por sinal todos que fizeram ciência linguística até os dias atuais no Brasil –, praticou linguística de recepção, ávido leitor das fontes doutrinárias que lhe chegavam às mãos em uma época de rara oportunidade para manter contato com o livro científico. A iniciativa de escrever uma gramática do português nos moldes da gramaticografia inglesa de seu tempo ocorreu-lhe após haver lido um trecho da obra *Da Educação* (1829), de Almeida Garret (1799-1854), em que o intelectual português lamenta a discordância reinante entre os gramáticos sobre as bases do ensino linguístico. Segundo Garret, o fato indesejável poderia ser mitigado mediante consulta à obra gramatical de Lindley Murray (1745-1826), "cuja applicação do Inglez para qualquer das linguas do occidente não é mui difficil" (1829, p. 225). Estimulado pela leitura de Garrett, Júlio Ribeiro já a partir daquela época, mal-adentrado aos 20 anos de idade, resolvera escrever um texto gramatical que se distinguisse dos compêndios racionalistas, razão por que se desdobrou em consulta às obras dos gramáticos saxões.

A par da fortuita leitura de Garret, um outro fator foi decisivo para a aproximação de Ribeiro às fontes de língua inglesa: a indicação da gramática de George Frederick Holmes (1820-1897) que lhe fizera o Rev. George Nash Morton (1841-1925) quando de sua passagem pelo Colégio Internacional de Campinas[455]. A presença no Brasil de missionários da Igreja Presbiteriana do Norte dos Estados Unidos já começa a intensificar-se a partir de 1859; na

---

455. Sobre o contato de Ribeiro com a obra de Holmes, cf. Aquino (2018).

sequência, em 1869, chegaram os primeiros missionários da Igreja Presbiteriana do Sul, entre eles George Morton. Por esse tempo, inúmeras famílias norte-americanas imigraram no Brasil, especificamente na região de Santa Bárbara, em São Paulo, razão por que se escolheu a cidade de Campinas, bem próxima, para ser a primeira sede da missão[456]. George Morton era bacharel e mestre em Artes, portanto de formação humanística aprimorada, atributo que, decerto, lhe conferiu bom contato com obras gramaticais no curso de sua formação. Além de Júlio Ribeiro, pelas mãos de George Morton também passou o jovem Eduardo Carlos Pereira (1855-1923), fundador da Igreja Presbiteriana Independente, que viria a tornar-se o autor da *Gramática expositiva portuguesa* (1907), obra de maior sucesso editorial na gramaticografia brasileira do português até os dias atuais.

Júlio Ribeiro atribui igualmente a Pierre Burggraff (1803-1881) a fonte em que buscou as definições presentes na parte de lexiologia de sua *Gramática portuguesa*[457]. Com efeito, a leitura dos *Principes de grammaire générale* (1863) do gramático belga foi decisiva para a divisão das classes gramaticais e sua disposição na sinopse gramatical no campo da taxionomia. No tocante à sintaxe, decerto que a influência mais flagrante em Ribeiro é do inglês Charles Mason (1820-1900), absorvida à sua exitosa *English grammar* (1876), já pela 21ª edição. As fontes de Júlio Ribeiro, no entanto, não se restringem a esses nomes: no prefácio da segunda edição da *Gramática portuguesa* (1885), o gramático brasileiro atribui as bases conceituais do seu trabalho à leitura de William Dwight Whitney (1827-1894), Karl Becker (1775-1849), Alexander Bain (1818-1903) e "todas as summidades da grammaticographia saxonia" (1885, p. II).

O modelo de disposição da teoria gramatical mediante divisão binária em *lexiologia* e *sintaxe é o que se encontra na Higher English grammar* (1884 [1869]) de Bain, conforme assevera o próprio Ribeiro: "O meu modo de expôr, a ordem que segui ao distribuir as materias é de Bain" (1885 [1881], p. II). Percebe-se, no entanto, alguma modificação no plano da metalinguagem, pois, enquanto Bain subdivide a gramática em *etimologia* e *sintaxe*, Ribeiro opta por *lexiologia* e *sintaxe*, decerto para evitar a polissemia metalinguística que o termo *etimologia* provocava em face de seu emprego no

---

456. Interessante observar que, na primeira edição de sua *Gramática portuguesa* (1881), Júlio Ribeiro dedica a obra à cidade de Campinas.

457. No entanto, na segunda edição, Ribeiro afirma: "abandonei por abstractas e vagas as definições que eu tomára de Brugraff (sic): preferi amoldar-me ás de Whitney, mais concretas e mais claras" (1885, p. I).

modelo da gramática racionalista. Na essência, porém, a divisão binária que Ribeiro introduz na gramaticografia brasileira tem inspiração em mais de uma fonte doutrinária, já que, conforme assevera na *Introdução* da 1ª edição da *Gramática portuguesa*, a divisão em lexiologia e sintaxe foi absorvida de Pierre Burggraff (*Principes de grammaire générale*), Alexander Allen e James Cornwell (*English grammar*), Cyprien Ayer *(Grammaire comparée de la langue française)*, Jean Bastin (Étude philologique de la langue française) e Alexis Chassang (*Nouvelle grammaire grecque*). Em outros termos, a análise da documentação histórica nos leva a crer que o sistema binário chegou-nos pela pena de Júlio Ribeiro com base em fontes distintas, já que o gramático brasileiro, efetivamente, tinha acesso a uma bibliografia variada e qualificada, decerto um dos fatores que o fizeram destacar-se entre os pares ainda nos verdes anos.

Conforme assinalado, o termo *lexiologia não reside nas páginas das fontes referidas*. Com efeito, assim como Bain, Burggraff utiliza o sistema binário em seus *Principes de grammaire* com denominação distinta da de Ribeiro, já que opta pelos metatermos *parte elementar* e *sintaxe* (1865, p. 11-12):

> Le langage en général se compose d'un certain nombre de mots qui sont les signes (1) de nos idées, et de diverses combinaisons de ces mois, qui expriment les rapports de nos idées entre elles. Ces deux éléments fournissent aux grammaires particulières un principe de division assez méthodique, d'après lequel la grammaire générale peut également se distribuer en deux parties.
> La première aura pour objet les lois que nous obser vous en exprimant les idées isolées au moyen de mois. On peut l'appeler la *Partie élémentaire* de la grammaire générale.
> La seconde s'occupera des lois qui président à l'expression des idées, en tant qu'elles constituent une connaissance, c'est-à-dire des lois d'après lesquelles les mois se combinent pour exprimer les rapports existant entre les idées dont se composent nos counaissaucec. On peut la nommer *Syntaxe* de grammaire générale.

A leitura da *Grammaire comparée* de Cyprien Ayer, por seu turno, revela que o autor visava a desviar os rumos da descrição gramatical do francês para as sendas do modelo histórico-comparativo desde a primeira edição, sob inspiração das teses agasalhadas por Friedrich Diez: "C'etai une tentative hardie, mais prématurée, d'appliqué la méthode historique à étude de la grammaire" (1885 [1851], p. V). O conceito de gramática como descrição da língua em uso – "Grammatica é a exposição methodica dos factos da linguagem" (1911 [1881], p. 1) –, é atribuída a William Whitney (1827-1894), mas também se pode encontrar no texto de Ayer: "la grammaire est la science du langage [...] La grammaire n'enseigne donc pas comme l'on *doit parler*, mais comme l'on *parle*" (1885 [1851], p. 1)[458]. Na proposta de Ayer, a divisão da gramática em duas partes amplas faz-se em *etimologia* e *sintaxe*[459]. Ou seja, lá se encontra a divisão binária que sucedeu à divisão quaternária do modelo racionalista, "auxquelles on a donné les noms d'étymologie et de syntaxe" (1885 [1851], p. 2). Portanto, prefere Ayer *etimologia* a *lexiologia*, uma escolha que se pode interpretar como traço de continuidade metalinguística com o modelo anterior, sobretudo porque a divisão da gramática em lexiologia e sintaxe já circulava nos estudos linguísticos franceses desde Nicolas Beauzée (1717-1789) e sua proposta de descrição tipologia dos idiotismos irregulares[460].

Portanto, a escolha entre esses metatermos equivalentes na literatura linguística – *parte elementar, etimologia, lexiologia* – devia-se à mera preferência do linguista, uma escolha de caráter idiossincrático. Ribeiro, decerto, optou por *lexiologia* pelos motivos já aqui expostos – a confusão que *etimologia* poderia oferecer no plano doutrinário – e a esse segmento da gramática atribui o estudo da palavra pelo ponto de vista de sua substância fônica (fonologia) e de sua forma (morfologia), com as respectivas ramificações. Reitere-se que o termo *lexicologia já circulava nas rodas linguísticas desde o* início do século XIX como sinônimo de etimologia, *não obstante sua presença nos trabalhos científicos sobre a linguagem não se encontre com frequência.* Em Jean Bastin (?-?), uma das fontes citadas por Júlio Ribeiro, lê-se (1878, p. 1):

> La grammaire se divise em deux parties:
> 1º L'étymologie ou lexiologie, qui s'occupe des mots.
> 2º La syntaxe, qui s'occupe de l'étude de la proposition.
> Le mot étymologie est formé de deux mots grecs: étumos, ἔτυμος, vrai + logos, λόγος, parole, discours.
> Le mot *lexicologie* est aussi composé de deux mots grecs: *lexicon*, λεξιχον, lexique + λόγος, discours, parole. C'est, comme on le voit, um synonyme du mor étymologie.

---

458. Em Whitney (1879, p. 4), lemos: "Grammar does not at all make rules and laws for language; it only reports the facts of good language, and in an orderly way, so that they may easily referred to, or learned, by any one who has occasion to do so".

459. Também assim o fazem Allen e Cornwell (1841, p. 2).

460. Cf., a respeito, Steuckardt (2007).

Interessante observar que Ribeiro não se investe de pioneirismo quanto ao uso da divisão binária em português, mas o faz no tocante à proposta de quadro sinótico, que efetivamente deve ser-lhe atribuído como uma das iniciativas pedagógicas mais marcantes de sua gramática (p. 96):

> Força-me a ser immodesto: sel-o-ei.
> Há a divisão grammatical synthetica na arvore synoptica, divisão de merito verdadeiro, divisão *que se não encontra em obra nenhuma*, que é *minha*, só *minha*, exclusivamente *minha*.

Eis o quadro:

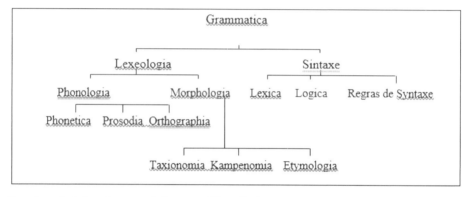

Quadro sinótico da gramática em Júlio Ribeiro (1881).

No plano de sua *Gramática portuguesa*, Ribeiro atribui à lexiologia o cerne da análise linguística, já que neste campo está a palavra como objeto em todas as suas faces. Mesmo a grande seção irmanada à lexiologia, que cuida dos temas sintáticos, parece ser uma continuação da primeira, já que nela a palavra, não a proposição, mantém-se como foco da análise linguística: "A syntaxe considera as palavras como relacionadas umas com as outras na construcção de sentenças, e considera as sentenças no que diz respeito á sua estructura, quer sejam simples, quer se componham de membros ou de clausulas" (1911 [1881], p. 221). Este é o fundamento necessário para que Ribeiro se refira a uma "sintaxe léxica", ao lado de uma "sintaxe lógica" no campo abrangente dos estudos sintáticos. Outro traço idiossincrático de Júlio Ribeiro situa-se no campo sintático da análise, que dá conta não propriamente no termo sintático, com a respectiva função, mas da relação que se interpõe entre os elementos da proposição. Seu olhar, assim, não está nos termos como entidades sintáticas, mas nas relações que entre eles se estabelecem. Assim, tem-se não *função de sujeito* ou de *predicado* ou de *complemento*, mas *relação subjetiva, relação atributiva, relação adverbial, relação predicativa* e *relação objectiva*.

Por sinal, na seara das idiossincrasias, o fato mais marcante da *Gramática portuguesa* situa-se na descrição dos modos e tempos verbais em que o pretérito perfeito do indicativo é avaliado à luz de seu valor semântico-aspectual, sob fortíssima inspiração da gramática grega, razão por que Ribeiro denomina-o *aoristo*. Não há, salvo melhor juízo, semelhante referência ao pretérito perfeito em outros estudos vernáculos brasileiros, fato que, por si só, confere à proposta de Ribeiro de inegável singularidade historiográfica. Ribeiro mergulha mais fundo, ultrapassando as águas do paradigma verbal latino, para encontrar semelhanças semânticas entre o pretérito perfeito do indicativo português, em sua forma simples, e o aoristo grego, já que ambos expressariam valor concluso atemporal: "O tempo verbal em questão é o que indica em absoluto a preteritividade do enunciado; eu lhe chamo com os Gregos aoristo". Em aditamento, arremata: "O tempo verbal que indica a reiteração pretérita do enunciado é um tempo acabado, completo: para este reservo eu o nome de perfeito (*perfectum*, acabado, completo)" (1910 [1881], p. 344).

Em termos objetivos, ao pretérito perfeito simples do indicativo, Ribeiro denomina *aoristo*; ao pretérito perfeito composto do indicativo, Ribeiro opta por *perfeito*. Essas escolhas, decerto, não se limitam a mera questão metalinguística; a rigor, a proposta de Ribeiro passa por uma reavaliação do valor semântico do pretérito perfeito simples em português (como, de resto, nas demais línguas românicas). Em sua linha de raciocínio, o pretérito perfeito simples não expressa um fato situado em tempo passado determinado, senão a um pretérito absoluto, isto é, a um fato passado sem precisão temporal, aspecto que o opõe ao pretérito perfeito composto (em suas palavras apenas *perfeito*), já que a este tempo verbal cabe a expressão de um fato pretérito em momento específico do passado. Ribeiro busca amparo na autoridade de dois grandes nomes da linguística oitocentista: Franz Bopp (1791-1867) e Friedrich Diez (1794-1876). Em ambos os casos, a tese é de que o *perfectum* latino, do qual deriva o pretérito perfeito simples do indicativo português, também não expressa a noção aspectual do perfeito grego, mas do aoristo, ou seja, tem valor aspectual concluso de caráter absoluto, não especificado no tempo.

Diez, em verdade, discorre sobre a usual interpretação do perfeito simples em contraste com o perfeito perifrástico, o primeiro como denotador de um valor pretérito distante do presente e de usual valor histórico, o segundo como expressão de um pretérito recente (1876, p. 256):

> Le premier parfait ou parfait simple, it. indeterminato, fr. défini (amai, j'ai-mai, pass. fui amato, je fui aimé), designe um passé absolument séparé du présent et sert surtout au style historique. L'allemand lui donne pour correspondant le simple parfait. Le second parfait ou parfait périphastique, it. determinato, fr. indefini (ho amato, j'ai aimé, pass. sono stato amato, j'ai été aimé), designe au contraire, comme le temps correspondant en allemand, un passé plus rapproché, ou du moins qui se trouve en raport avec le présent de celui qui parle, ou sorte que as signification est en parfait accord avec ses éléments.

Este, por sinal, o motivo por que as gramáticas italianas e inglesas optam pela denominação *perfeito indeterminado*. No entanto, em linha diversa, a escola francesa, à semelhança dos compêndios portugueses, prefere a denominação perfeito definido (*passé défini*), já que atribuem ao pretérito perfeito um valor aspectual concluso em tempo passado determinado. Júlio Ribeiro recorre à explicação de Eugène Burnouf (1801-1852) incluída em uma nota à *Grammaire elementaire et pratique de la langue grecque* (1855), de Friedrich Dübner (1802-1867), para o fato de o mesmo tempo verbal ser denominado aoristo em grego (ἀόριστος "indefinido") e *définit* em francês. Segundo Burnouf, a gramática francesa denomina o tempo em uso no texto, "de l'emploi qu'on en fait". Assim, como o verbo ordinariamente vem acompanhado de advérbios temporais – como, por exemplo, "no ano passado" – seu sentido textual é efetivamente definido. Já em grego, a denominação viria do sentido absoluto do tempo verbal[461]. Nas palavras de Diez (1874, p. 255):

> Les grammairiens français le [ao passado simples] nomment défini, parce que, d'après eux, il designe um moment déterminé (j'écrivis hier). C'est lá une expressionmal choisi et qui ne convient pas à son emploi le plus important, comme temps historique. L'italien dit à l'inverse indeterminato, et le grec designe un temps tout semblable par le mot ἀόριστος.

A asserção de Diez, que atribui à forma perifrástica valor concluso em passado próximo ao ato de fala, estimula-nos a investigar mais detidamente a mudança aspectual que essa construção sofreu no português do Brasil, em cuja vertente passou a expressar um aspecto progressivo que parte do passado recente para chegar ao presente: "tenho lido bastante os clássicos", isto é, "li bastante os clássicos no passado e continuo lendo-os bastante no presente".

Já tivemos a oportunidade de tecer comentário, em outra página, aos *Traços gerais de linguística* (1880), texto canônico da história linguística do

---

461. Cf. também o que diz Neves (2005, p. 210).

Brasil, com que Júlio Ribeiro registra a recepção dos princípios da linguística naturalista. Trata-se, em órbita historiográfica, de leitura obrigatória para quantos se aventurem neste mister de trazer à luz os caminhos já trilhados na construção do saber humanístico no Brasil. Por sinal, o próprio pensamento linguístico de Júlio Ribeiro está por descortinar-se ainda em sua integralidade, sobretudo levando-se em conta a riqueza de suas fontes marginais, em artigos, cartas e depoimentos informais que a documentação oferece ao pesquisador.

12.2.3 *Alfredo Gomes (1859-1924)*

O carioca Alfredo Augusto Gomes é um dos nomes mais expressivos da história da educação brasileira no período compreendido entre o final do Segundo Império e a República Velha. Com apenas 17 anos, formou-se em Humanidades pelo Colégio Pedro II, instituição a que logo se vinculou também como docente auxiliar de língua vernácula e como assistente de tarefas pedagógicas. Sua formação educacional, entretanto, ampliar-se-ia para a área da saúde, vocação que cedo se revelara quando ainda iniciara seus estudos no bacharelado, de que resultou formar-se em medicina em 1883, aos 24 anos, no Rio de Janeiro. No ano seguinte, contraiu núpcias com Maria Hersília de Andrade Pinto (?-?), com quem teve três filhos. Dando início a uma rápida e sólida carreira docente, foi nomeado professor interino da segunda seção do Curso de Ciências e Letras da Escola Normal da Corte, mas logo foi exonerado para que pudesse assumir o cargo de professor substituto de retórica, poética e literatura nacional do Imperial Colégio de Pedro II. Em 1885, presta concurso para provimento de cargo na área de língua portuguesa e história literária do conceituado educandário[462], mas a vaga acabou por ser preenchida pelo mineiro Aureliano Pimentel (1830-1908), professor já experiente e dono de meritória carreira no ensino da Corte. A Alfredo Gomes restou uma indigesta segunda colocação que alimentou o inconformismo do jovem docente, já que se julgou preterido não pelo mérito do oponente, mas por seu prestígio social. Com efeito, Pimentel era uma personalidade conceituadíssima, a ponto de, segundo Carlos de Laet (1847-1927), ter cativado a atenção do próprio Imperador a ponto de denominá-lo "um sábio, um verdadeiro erudito que descobri em São João del-Rei". O prestígio de Pimentel viria a abrir-lhe as portas do cargo de reitor do Colégio Pedro II mediante nomeação em 1886. Com efeito, as bênçãos imperiais conferiram a Pimentel o título de

---

462. Neste concurso, submete a tese *Morfologia dos pronomes pessoais* (1886).

Comendador da Ordem da Rosa, uma honraria que decerto o tornava simpático às bancas de concurso público. Ao ver-se derrotado no certame de 1885, Alfredo Gomes fez publicar uma nota na *Gazeta de Notícias*, edição de 9 de agosto de 1885 (p. 2), em que denuncia o oponente de haver plagiado o trabalho de terceiros, bem como a inidoneidade da banca examinadora:

> Collegio de Pedro II
> Concurso de Portuguez
> O publico já sabe que, em data de 1º do corrente mez, foi nomeado substituto de portuguez e historia litteraria o Sr. Aureliano Pimentel.
> O que ignora, porém, o que commetti-me a patentear, é a iniquidade que presidiu ao julgamento das provas dos candidatos.
> Só agora estou de posse de documentos que se achavam na secretaria do imperio e de alguns outros que motivaram o meu protesto; portanto, só agora posso cumprir o meu dever de candidato preterito, levando luz a algumas podridões que se acham encobertas sob o véu do mysterio.
> Antes, porém, de fazel-o, julgo de meu dever desafiar qualquer dos membros da commissão examinadora que me desminta na dupla affirmação que segue:
> 1º – a commissão examinadora *errou* julgando boa a these-plagio do Sr. Pimentel, bem como a defesa impossivel produzida por esse candidato;
> 2º – a comissão examinadora errou crassamente, nas emendas que propoz á minha these por occasio (sic) da defesa d'esta.
> Se não receber desmentido formal (o que é natural) prosseguirei na minha tarefa; porei em evidencia que a comissão só poderia julgar má a these do Sr. Pimentel, só poderia considerar boa a minha defesa e portanto licitamente só poderia classificar-me em primeiro logar.

Essas são, decerto, palavras que a inexperiência dos verdes anos deixou escapar em momento de privação dos sentidos. A nota de Gomes, a par de evasiva, não gerava outra consequência senão o compromisso que se autoimpôs para provar a corrupção do concurso, tarefa que não logrou cumprir. O que fez foi recorrer à Secretaria do Império, numa tentativa de ver deferido um pedido de nova avaliação das teses por membro designado pela Administração, mas suas demandas não foram consideradas, já que, nos termos da decisão recursal "á secretaria do Imperio não cabe reformar decisões da banca examinadora". A acusação de um jovem professor de 26 anos de idade, ainda em início de carreira, atingira duramente a honra dos membros da banca, constituída por autoridades educacionais, tais como Emídio Adolfo Vitório da Costa (1850-1926), inspector geral da educação primária e secundária, Antonio Henriques Leal (1828-1885), reitor do internato do Colégio Pedro II, Carlos de Laet (1847-1927), José Maria Velho da Silva (1811-1901) e Fausto

Barreto (1852-1915)[463]. A própria figura de Aureliano Pimentel sobrepunha-se à acusação estéril de plágio, que nunca se provou documentalmente. A celeuma avançou com uma resposta de Carlos de Laet nas páginas do *Jornal do Comércio*, edição de 11 de setembro de 1885 (p. 3), em que desafia Alfredo Gomes a provar as acusações de improbidade da banca: "Se o Dr. Alfredo Gomes é, como supponho, homem de brio, corre-lhe estricta obrigação de não recuar depois de tanto se haver adiantado".

Dois anos mais tarde, defendeu tese de concurso para a disciplina de língua portuguesa do Colégio Pedro II[464], onde se iniciou efetivamente na carreira docente como professor suplementar, cargo que compatibilizou com o exercício da medicina por vários anos, até que, em 1888, quando fundou o Colégio Alfredo Gomes no bairro de Laranjeiras, zona sul do Rio de Janeiro. Sua boa reputação no meio acadêmico levou o governo da Corte a dispensá-lo das provas de capacitação profissional para exercer o cargo de diretor do educandário recém-criado. Em 1890, foi designado por Benjamin Constant (1836-1891) para reorganizar a Escola Normal, na qual viria a exercer o cargo de diretor-geral. Sua relação com o Colégio Pedro II é marcada pelos sucessivos concursos públicos, como comprova um novo certame de que participou em 1907, agora para ocupar o cargo de lente de português do internato do Ginásio Nacional, denominação que o educandário recebeu com a República. Nesse concurso, destaque-se, enfrentou a concorrência de José Ventura Bôscoli (1855-1919) e Mário Barreto (1879-1931) entre outros. Não obstante fossem a docência e a medicina suas principais atividades profissionais, sabe-se que mantinha laços estreitos com os temas geográficos, havendo, inclusive, organizado o 1º Congresso Brasileiro de Geografia, realizado no Rio de Janeiro em 7 de setembro de 1909.

A trajetória docente de Alfredo Gomes confunde-se com a própria história da Escola Normal do Rio de Janeiro. Durante largo tempo, foi seu diretor-geral e responsável pelas diretrizes pedagógicas do estabelecimento, cuja relevância era considerada prioritária em um país que virava o século com 80% da população analfabeta. O cargo de diretor, decerto, conferiu-lhe o privilégio de indicar sua própria gramática como texto básico nas aulas de língua portuguesa, fato, entre outros, que alimentou as rusgas e ofensas trocadas com Hemetério José dos Santos (1853?-1939), cuja gramática competia com a de Gomes na preferência dos docentes. A criação de escolas

---

463. Curiosamente, Carlos de Laet, Velho da Silva, Fausto Barreto e Alfredo Gomes eram membros do Instituto Filológico Brasileiro e nessa instituição participaram de várias seções culturais.

464. Cf. *A Vanguarda*, edição de 11 de fevereiro de 1886, p. 2.

normais não se fizera à altura das necessidades de uma sociedade em franco crescimento demográfico e dependente do poder público na seara da educação. Basta dizer que, no meio século anterior à República, somente cerca de 24 escolas normais foram criadas em todo o território nacional, a expressiva maioria erigida com projeto pedagógico simplório e dotada de docentes polivalentes. A urgência de alfabetizar o país, a que se aliava a convicção de que os antigos métodos e conteúdos curriculares já não se ajustavam à nova ordem social republicana, levou o então diretor-geral de Instrução Pública, Alberto de Oliveira (1857-1937), a determinar uma profunda reforma curricular no âmbito das escolas normais do Rio de Janeiro, fosse a da capital da República, fossem as de Niterói e Campos dos Goitacazes. Evidentemente, as discussões e deliberações sobre o tema desenvolveram-se na escola da capital, sob direção de Alfredo Gomes, responsável pela presidência da congregação e administração dos trabalhos que se estenderam até o ano de 1897, quando a nova ordem curricular foi finalmente aprovada. O novo século vinculou definitivamente a figura de Alfredo Gomes à Escola Normal, educandário que obteve da República apoio expressivo e, em decorrência, aumentou seu patrimônio físico e moral, culminando com a inauguração em 1930 do suntuoso prédio onde até hoje se localiza, sob a denominação de Instituto Superior de Educação do Rio de Janeiro. Com o falecimento de sua primeira esposa, Alfredo Gomes viria a casar-se em 1918 com a Professora Deolinda da Silva Leal (?-?), com quem teve um filho. Morreu no Rio de Janeiro, aos 65 anos, em decorrência de um acidente de trânsito.

A obra linguística de Alfredo Gomes atinge seu ápice com a publicação da *Gramática portuguesa* (1920 [1887]) logo em seus primeiros anos de docência do vernáculo. De sua lavra também são as *Lições de português* (1889) e uma gramática do francês. Como gramático, situa-se entre os que, na palavra de Maximino Maciel (1922 [1884]), promoveram a inserção do modelo do comparativismo histórico no Brasil mediante obediência à proposta de reforma do ensino de Fausto Barreto (1852-1915). Nas primeiras linhas de sua gramática, preocupa-se em estabelecer alguns princípios teóricos que vinham de distinguir a atividade investigativa na seara da linguística e da filologia, aquela como ciência de princípios gerais sobre a natureza da língua, essa como disciplina dedicada a um setor da linguística dedicado a uma dada língua em especial (1920 [1887], p. 7-8):

> Todo estudo, quer referente á origem e formação da linguagem, quer applicado aos principios capitaes, historia, classificação ou, ainda, extravagancias e particularidades das línguas em geral ou de um grupo de linguas, veio a receber o nome expressivo, embora mal formado, de **linguistica**.

> Esse termo tem sido pouco a pouco substituído por outro que lhe é equivalente e preferível, o de **glottologia**, também conhecida por **sciencia da linguagem**, mormente entre os Allemães e Inglezes.
>
> Muitos, por deploravel confusão, usam como synonimos dos termos glottologia e philologia: por philologia, comtudo, se deve entender apenas uma parte da glottologia, a que se occupa especialmente do estudo racional de uma lingua já constituida em suas fórmas concretas; o estudo de sua literatura; a correção e restituição artistica dos textos antigos de um idioma, adulterados ou corrompidos pela ignorancia de certas epochas, estudo feito á luz da historia e pelo confronto de documentos escriptos.

Observe-se, por relevante, a vinculação de papel normativo à filologia, a que se alia o mister da restauração do texto à luz da fidedignidade à vontade do autor, uma clara concepção de filologia como ciência ecdótica. No plano da concepção de gramática, Gomes segue a classificação, comumente agasalhada pelos gramáticos de seu tempo, de *gramática geral* e *gramática particular*, essa última histórica, de pendor diacrônico, ou comparada, dedicada ao estudo sincrônico presente de línguas em parentesco. No entanto, apesar da distinção, Gomes adverte que "a verdadeira grammatica deve ser ao mesmo tempo historica e comparada" (1920 [1877], p. 8), uma postura fiel à indissociabilidade entre história e comparação como caminhos para entender a natureza da língua. Na concepção de Gomes, a denominada *gramática descritiva* ou *expositiva* tem caráter meramente normativo, em dissonância com o sentido que outros nomes de seu tempo conferem a tais termos (caso, por exemplo, de Maximino Maciel, que atribui o termo à descrição de uma língua determinada).

No tocante à disposição orgânica das partes da gramática, Gomes segue a lição de Júlio Ribeiro, mediante inclusão de toda a matéria descrita no binômio *morfologia* (que prefere a *lexiologia*) e *sintaxe*. Fiel ao ideário historicista, Gomes dedica largo capítulo à etimologia, com desenvolvimento de teses herdadas à linguística naturalista, como a de filiação vocabular e mudança linguística determinada por leis gerais. Seu compromisso com os estudos diacrônicos impõe um capítulo sobre a história externa do português, inclusive com noções de formação histórica do léxico. Também em Gomes observa-se o emprego da metalinguagem haurida às ciências biológicas, como ocorre com o uso de *taxionomia* e o próprio termo *morfologia*. Embora não eleve a semântica à condição de parte autônoma da gramática, à dessemelhança do que faria mais tarde Maximino Maciel, Alfredo Gomes revela ter leitura atualizada dos textos que tratavam dessa área de estudos, conforme se percebe pela citação de Michel Bréal. Sua postura é a de localizar a semântica em um apêndice à gramática, aparentemente sob a premissa de que se trata ainda de uma disciplina de objeto tão vasto quanto indefinido:

> Apenas livre do periodo embryonario, ainda inçada de difficuldades em virtude da immensa quantidade de factos linguisticos que tem a seu cargo reunir e classificar methodicamente, a semantica abrange dentro do seu vastissimo dominio:
>
> *a) o estudo das leis intellectuaes da linguagem*, as quaes traduzem os processos por meio dos quaes chegou o espirito a crear vocabulos e adaptal-os á recta expressao das idéas;
>
> *b) o estudo das causas determinantes da fixação do sentido das palavras;*
>
> *c) a investigação das causas creadoras da syntaxe*, isto é, determinantes da concordancia e regencia das palavras, da combinação harmonica das proposições bem como da ordem e collocação dos termos de modo a representarem bem e expressivamente o pensamento.

O item *c*, como se percebe, inclui a sintaxe histórica no campo de investigação da semântica, uma tendência que não se confirmaria em gramáticas contemporâneas à de Gomes. No entanto, é de ressaltar sua percepção de que o estudo do significado não haveria de circunscrever-se ao léxico, fato que, afinal, seria acatado nas gramáticas do século seguinte, que passam a diluir a investigação semântica pelas várias seções da descrição gramatical.

12.2.4 *Manuel Pacheco da Silva Júnior (1842-1899)*

Um dos mais prestigiados linguistas brasileiros do século XIX, Manuel Pacheco da Silva Júnior, nasceu no Rio de Janeiro no dia 15 de abril de 1842, vindo a falecer precocemente, na cidade de Niterói, em 21 de fevereiro de 1899. Seu pai, Manuel Pacheco da Silva (1842-1889), foi homem de grande prestígio no Segundo Império, havendo inclusive exercido o cargo de reitor do Colégio Pedro II, do qual se exonerou, a pedido do próprio Imperador, a fim de atuar como preceptor de seus netos Pedro Augusto (1866-1934) e Augusto Leopoldo (1867-1922), filhos da Princesa Leopoldina (1847-1871) e do Príncipe Luís Augusto de Saxe-Coburgo-Gota (1845-1907). O prestígio de Pacheco pai decerto abriu portas para a trajetória exitosa de Pacheco Júnior no magistério das línguas inglesa e portuguesa no Colégio Pedro II, com maior ênfase na segunda, para cuja cátedra foi nomeado em 1879.

Manuel Pacheco da Silva Júnior iniciou-se nas primeiras letras no ambiente familiar, sob supervisão do pai, que o preparou para ingressar na Escola Politécnica. Sabe-se que cursou apenas o primeiro ano nesse estabelecimento, por motivos ainda desconhecidos. Sua vida acadêmica na Escola de Marinha também se frustrou, segundo alguns biógrafos, em face de seu "temperamento boêmio" (Penha, 2002, p. 18), mas, afinal, logrou situar-se como amanuense e, posteriormente, oficial de gabinete da Secretaria dos Negócios Estrangeiros. A saúde debilitada levou-o a buscar tratamento na França em 1863, período em que esteve também na Bélgica e na Inglaterra. Regressou ao Brasil no ano seguinte, já instruído de considerável bagagem cultural e, sobretudo, linguística, dado o contato mantido com os centros de excelência do Velho Mundo. Passa, então, a dedicar-se ao magistério, inicialmente como professor de Língua Inglesa no Instituto Comercial, em substituição do Professor Phillipe da Motta Correa de Azevedo (?-?), e no Liceu de Artes e Ofícios do Rio de Janeiro. Posteriormente, assumiu a cátedra de Língua Portuguesa e História Literária do Colégio Pedro II mediante concurso realizado em março de 1879, de que participaram Antônio Limoeiro (1848-1897), Carlos Frederico Perdigão (1831-1906), proprietário e redator da *Gazeta Jurídica* do Rio de Janeiro, Philippe José Alberto (?-1887), João Augusto Brandão Pinheiro (1836-1906) e Vicente de Sousa (?-?).

Antes, Pacheco da Silva Júnior *já vinha atuando como auxiliar de Língua Inglesa no* próprio Colégio Pedro II desde março de 1870, havendo publicado, inclusive, o opúsculo *Breves apontamentos sobre a formação e desenvolvimento da língua inglesa redigidos de acordo com o programa do Imperial Colégio de Pedro II*[465]. Refira-se, ademais, à atividade filantrópica a que se dedicava como professor de Francês no Asilo dos Meninos Desvalidos, criado em 1874 e inaugurado no dia 14 de maio de 1875. O asilo visava a prover assistência a meninos órfãos desamparados[466] e contava com a cooperação de profissionais em várias áreas da assistência social, da medicina e do magistério.

Na vida pública, Pacheco Júnior aventurou-se em um cargo de vereador da cidade de Niterói, Rio de Janeiro, após haver-se jubilado do magistério no Colégio Pedro II. Seu afastamento das salas de aula, entretanto, não o impediu de avançar com talento e alta produtividade nos estudos linguísticos, de que decorre o legado de uma obra hoje muito bem recebida em plano historiográfico: *Novo método fácil e prático para aprender a língua inglesa* (1878), *Estudo de língua vernácula, fonologia* (1877), *Gramática histórica*

---

465. Este trabalho, que explora fatos diacrônicos da língua inglesa, mereceu uma resenha muito elogiosa de *A Instrução Pública*, edição de 15 de março de 1874. Foi publicado em pouquíssima tiragem e dele hoje já não resta exemplar.

466. Sobre o Asilo dos Meninos Desvalidos, cf. Pavão (2013).

da língua portuguesa (1878), que não foi concluída integralmente. Conforme salienta Penha (2002, p. 20), há notícia de uma segunda edição dessa gramática que possivelmente restou inédita, não obstante seja referida por Sacramento Blake. Pacheco nutria o desejo de publicar um livro sob o título *Estudos da língua portuguesa*, que compreendia uma gramática histórica, uma sintaxe, em que se discorresse sobre a fisiologia e o gênio da língua, um dicionário etimológico, um dicionário das duplas e um dicionário de sinônimos: "Tivemos, porém, de mudar de proposito que no dizer do escriptor português Silvestre Ribeiro – pobreza não deixa brilhar. Elevada era a somma que se nos pediu para a impressão desses trabalhos e accresce que entre nós é sensaboria occupar-se um homem de cousas patrias: só tem primores, só interessa o que nos vem do estranjeiro" (cf. Maciel, 1920, p. 11)[467].

Muito desse material viria a integrar as *Noções de gramática portuguesa* (1887), obra mais conhecida que publicou em coautoria com Boaventura Plácido Lameira de Andrade (?- 1897) e mais tarde foi rebatizada como *Gramática da língua portuguesa para uso dos ginásios, liceus e escolas normais* (1907 [1887])[468], o *Prontuário do escritor português* (1887)[469], *Língua vernácula, noções de análise gramatical, fonética, etimológica e sintática* (1888), em colaboração com José Ventura Bôscoli, e o póstumo *Noções de semântica* (1903), sob inspiração do *Essai de sémantique* (1897), de Michel Bréal (1832-1915).

Nas palavras de Rocha (2007, p. 129),

> a arquitetura gramatical presente na *Grammatica da língua portugueza* de Pacheco revela avanço na concepção das partes da gramática, se comparada à *Grammatica portugueza* de Júlio Ribeiro (1881), considerada introdutora do período científico [...] Um fato inconteste é que Pacheco também apresenta uma divisão binária como Ribeiro (lexiologia e sintaxe), mas com uma inovação. A lexiologia é vista como o estudo da fonologia, taxionomia e morfologia e esta passa a congregar o estudo das flexões e a etimologia. Com isso, revela uma mudança com relação à sinopse gramatical utilizada por Ribeiro, que trata das flexões como campenomia, atribuindo-lhe o mesmo "plano" de taxionomia e etimologia.

---

467. Cf. também a referência ao fato que faz Lima (2014, p. 82).

468. A rigor, trata-se de uma outra obra, se considerarmos as distinções conceituais, mormente quanto à sinopse gramatical e a arquitetura da obra, agora mais compatível com o gênero textual *gramática*, visto que as *Noções de gramática portuguesa* organizam-se segundo o modelo didático de lições temáticas.

469. Há algumas referências a este trabalho de Pacheco Júnior, mas ainda não conseguimos acesso a um exemplar. Consta haver um na Biblioteca Municipal do Rio de Janeiro.

Com efeito, a gramática de Pacheco e Lameira segue a mesma linha da anteriormente publicada por Júlio Ribeiro, embora nela se perceba um foco diacrônico bem mais acentuado. Sua organização da matéria gramatical pode ser assim disposta:

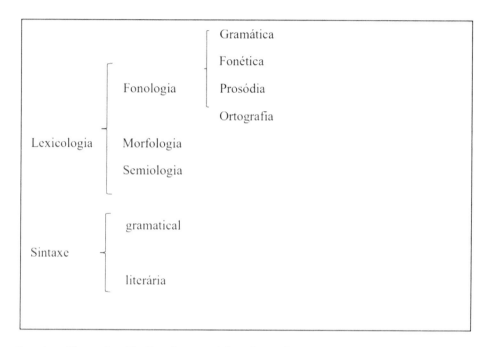

Quadro: Plano das *Noções de gramática*, de Pacheco e Lameira

Observe-se, por necessário, a presença da semântica (*semiologia*) no campo da lexiologia, fato que viria a ser ratificado com maior ênfase por Maximino Maciel em sua *Gramática descritiva* (1894). Pacheco, por sinal, manteve o interesse pelo estudo do significado até o fim da vida, conforme comprova a publicação póstuma de suas *Noções de semântica* (1903). Como todo produto da inteligência linguística de seu tempo, a gramática de Pacheco e Lameira cumpre papel a um tempo descritivo, ou investigador, e normativo, pelos motivos que já se vêm reiteradamente expostos nestas linhas. Nesse sentido, sua visão da sintaxe no seio da gramática é a de um segmento dedicado à ordenação do discurso, dos constituintes da proposição, de tal sorte que se revele adequado ao fim pretendido. Isso significa, naturalmente, adequar-se a uma norma linguística consuetudinária no plano da língua literária[470]. Significativa, ademais, *a epígrafe das Noções de gramática portuguesa*, aparentemente da lavra dos autores, em que se destaca a relevância dos estudos diacrônicos: "Ainda quando a grammatica historica só désse em resultado tornar as grammaticas ordinarias mais logicas e mais simples, já não prestava pequeno serviço" (1887).

Alguns outros aspectos da sinopse das *Noções de gramática* merecem comentário. Observe-se que a divisão genérica da sintaxe prevê um segmento gramatical, ou seja, a sintaxe que ordinariamente se entendia como estudo das palavras organizadas no discurso, e um segmento literário, a rigor uma sintaxe estilística, em que os autores dão conta das figuras sintáticas mais correntes no texto literário. A presença da estilística no corpo de uma gramática é fato raro neste momento da gramaticografia brasileira, decerto estimulado pela reforma proposta por Fausto Barreto (1852-1915) para os programas dos cursos preparatórios que deram cabimento à própria publicação das *Noções*. Por outro lado, a concepção da morfologia como um amplo campo de estudo que abarca a classificação, a flexão e a estrutura das palavras confere maior unicidade a esse ramo da lexiologia (*lexicologia*, na opção dos autores), fato que, afinal, seria agasalhado posteriormente por Manuel Said Ali em sua *Gramática secundária* e pela própria Nomenclatura Gramatical Brasileira (NGB) de 1959.

A percepção de que som e letra não se confundem fica patente nas *Noções de gramática* (1887, p. 8-9):

> O som é um phenomeno natural que se produz em todas as suas variedades, mas subordinado a condições organicas; e o alphabeto natural é hoje perfeitamente explicado pela anatomia e pela physiologia, e ainda pela physica.
> Podemos pois definir o som – produto do apparelho phonico.
> Lettras são as representações graphicas dos sons. Á sua disposição methodica, bem como á dos sons, dá-se o nome de alphabeto.

Na concepção dos estudos fonológicos de Pacheco e Lameira, a fonologia ocupa-se do estudo do som *lato sensu*, o que naturalmente inclui sua representação gráfica. Já a fonética, subsidiária da fonologia, cuida da mudança que a língua sofre no decurso do tempo, ou seja, tem caráter eminentemente diacrônico. Não por acaso, a Lição 4 das *Noções de gramática* dedicam-se exclusivamente ao estudo dos metaplasmos. Por outro lado, em plano

---

470. Para uma informação mais completa do pensamento gramatical em Pacheco da Silva Júnior, cf. Rocha (2007).

mais conceitual, a tipologia da gramática proposta por Pacheco e Lameira não se afasta tanto do pensamento de outros autores vinculados à corrente científica. Assim, distinguem-se: a) a *gramática geral*, dedicada ao "estudo dos factos e das leis da linguagem em toda a sua extensão", razão por que também denominada *glotologia*, estudo dos meios pelos quais o homem exprime o pensamento; b) a *gramática histórica* ou comparativa, que "emprega a *historia* e a *comparação* como instrumentos verificadores da linguagem" e que nos ensina "a dissecação scientifica dos vocabulos; permite remontar ao passado obscuro, muito além do ponto em que param a lenda e a tradição"; c) a *gramática descritiva* ou *expositiva*, "codificação empyrica, a exposição analytica dos factos da linguagem, não investiga as *causas* nem explica as *leis*; seu fim é apenas classificar, definir, e exemplificar os materiaes linguísticos" (1887, p. 6-7).

Portanto, em uma perspectiva genérica, "o objecto da grammatica portugueza é pois o estudo geral, descriptvo, historico, comparativo e coordinativo, mas tão sómente no dominio da lingua portugueza, dos factos da linguagem e das leis que os regem" (1887, p. 7). Observe-se que não há qualquer referência ao papel prescritivo da gramática – embora efetivamente se manifeste em suas páginas –, de que resulta concluir que Pacheco e Lameira concebiam as regras normativas como um natural resultado da descrição da língua literária, que lhes servia de *corpus*.

Cabe, a título de análise contrastiva, comentar a sinopse da *Gramática da língua portuguesa* (1907 [1887]), que se vem duvidosamente considerando uma reedição das *Noções*:

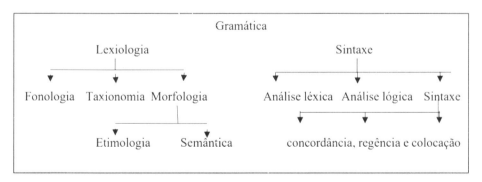

Quadro: Sinopse da gramática na *Gramática da língua portuguesa* de Pacheco e Lameira

Observe-se que a taxionomia obtém maior relevância, situando-se no mesmo plano da morfologia e dela destacando-se como disciplina. Por outro lado, a etimologia, aqui entendida em sua acepção diacrônica, e a semântica situam-se no campo da morfologia, por sinal intimamente vinculadas, já que a perspectiva de estudo semântico em Pacheco e Lameira é da origem e mudança do significado das palavras. Cabe reiterar que neles a perspectiva de descrição linguística era nitidamente diacrônica, razão por que pouco se lê em seu trabalho que se possa qualificar como estudo sincrônico de seu tempo. Comprova-o a definição de fonética como "estudo histórico de cada uma das lettras, dos sons, que compõem o vocabulo do nosso alphabeto, das permutas que soffreram na passagem do latim para a nossa lingua e ainda o das modificações por que passaram até a fixação das fórmas vocabularias" (1903 [1887], p. 79). Com efeito, o capítulo sobre fonética na *Gramática da língua portuguesa* ocupa-se dos detalhes atinentes à origem e evolução dos sons do português, com farta referência às fontes latinas, nada lá se encontrando acerca do panorama dos fonemas portugueses no século XIX. Neste aspecto, a proposta da gramática de Pacheco e Lameira, decerto sob inspiração do primeiro, tem a feição de um texto histórico do português, tanto que alguns trechos são copiados da *Gramática histórica*, publicada por Pacheco Júnior em 1878.

A leitura dos principais conceitos que Pacheco da Silva Júnior deixa registrados nos prefácios de suas obras revela um profissional convicto de que o saber idiomático em órbita diacrônica era o caminho desejável para a formação linguística do cidadão e, por consequência, da formação linguística da sociedade. Tal fato decerto terá situado suas ideias em plano distante do padrão normativo dito brasileiro, conforme se expressa nos compêndios gramaticais mais prestigiados, cuja perspectiva diacrônica não é tão acentuada. Ademais, sua postura é rigorosamente cientificista, sob o manto do espírito positivista que impunha comprovação convincente e insofismável do fato linguístico descrito, razão por que não hesitou em aplicar as teses do comparativismo histórico, nomeadamente suas leis e parâmetros evolutivos, para cuidar de temas gramaticais que talvez merecessem abordagem mais convenientemente sincrônica em plano pedagógico.

Esse traço expressivo do perfil linguístico de Pacheco da Silva Júnior bem se nota na folha de rosto de sua *Gramática histórica*, em que assinala: "para conhecer o organismo, é força conhecer a transformação dos seus elementos" (1878, folha de rosto). Por sinal, a *Gramática histórica* é o trabalho em que Pacheco mais se posiciona conceitualmente sobre a natureza do estudo linguístico e os caminhos que deve seguir como ciência. Situa a linguística no campo da história natural em conformidade com a biologia, razão por que considera os princípios do evolucionismo schleicheriano essenciais para que se entenda a natureza da língua como organismo (1878, p. IV):

> O objecto da linguagem não é a "vida espiritual de um povo", mas unicamente "a linguagem dada pela natureza e subordinada ás leis immutaveis da formação" [...] A glottica tambem está sujeita ás transformações das especies; e esta variabilidade é hoje incontestavel na sciencia. Como no reino animal, as linguas passam de uma para outra com uma infinidade de transições; os seus estudos morphologicos – como ficou exhuberantemente provado por Schleicher – apresentam identidade imensa com os processos analytico e comparativos nas investigações botanicas.

A obsessão cientificista em Pacheco, conforme assinala Rocha (2007, p. 107), chega ao ponto de recorrer a uma analogia pouco convincente, possivelmente colhida a terceiros, entre vida biológica e vida linguística, cujos fundamentos associam as consoantes da língua ao sistema ósseo do corpo humano, as vogais à carne e as letras aos músculos. O intuito – que, obviamente, resultou frustrado – seria o de comprovar a maior duração dos elementos consonantais em uma língua. Tirante esse momento infeliz, o cientificismo em Pacheco da Silva Júnior esteia-se no que melhor produziu o comparativismo histórico dos Oitocentos.

A índole precursora que cedo transformou o nome de Pacheco da Silva Júnior em sinônimo de excelência e seriedade científica ter-lhe-á aberto os olhos para o campo da semântica, à época ainda hesitante em sua denominação (*sematologia, sêmica, semiologia*). Poucos linguistas brasileiros dedicaram atenção a essa área de estudo, sua abordagem era objeto de referências esparsas, razão por que sua presença na sinopse gramatical causava, para além de estranheza, alguma repulsa. Fato é que a afeição que o gramático carioca dedicava aos estudos semânticos levaram-no à elaboração do estudo *Noções de semântica* (1903), cuja publicação ocorre postumamente em uma época já dominada pela onda avassaladora da filologia românica. Decerto que Pacheco divulgara entre os pares o teor de seu estudo, haja vista haver-se preocupado em justificar no prefácio que seu trabalho não era cópia do *Essai de sémantique* (1897), de Michel Bréal: "Quando nos veio ás mãos o livro *Essai de Semantique* do Professor Bréal, já estava escripto o presente trabalho que ora damos á publicidade" (1903, p. 7).

Em um artigo intitulado *Um pouco de semântica* (1904), Mário Barreto (1879-1931) dá as boas-vindas ao trabalho de Pacheco Júnior, sobretudo por ser a semântica ainda uma disciplina novidadeira e complexa, já que os que se dedicavam mais detidamente a seu estudo – Barreto cita Michel Bréal e Arsène Darmesteter (1846-1888) – ainda não haviam logrado "reduzir a systema os factos dispersos e as notas sôltas, que têm accumulado a respeito das mudanças que a significação da palavra soffre através do tempo e do espaço". Observe-se que não se cogitava, então, de uma semântica sincrônica, muito em face do historicismo reinante na abordagem do fato linguístico neste momento pré-saussureano. Por outro lado, o setor de investigação dava margem a investigações heterodoxas, tais como à dedicada às "metáforas biológicas", referidas por Pacheco da Silva Júnior sob o manto da sociologia biológica de Émile Vandervelde (1866-1938) e suas teses acerca da influência da biologia na mudança da sociedade humana. A rigor, a senda aberta por Pacheco Júnior não logrou cativar as atenções dos filólogos, já que nos verdores do século XX a semântica manter-se-ia como tema subsidiário das demais partes da gramática, ou seja, uma vertente de investigação imersa nos domínios da fonética, da morfologia e da sintaxe. Por tal motivo, os aspectos mais interessantes dos estudos semânticos ficaram à ilharga das preocupações dos filólogos brasileiros nas primeiras décadas do século XX.

12.2.5 *Fausto Barreto (1852-1915)*

Fausto Carlos Barreto nasceu em Inhamuns, Ceará, no dia 19 de dezembro de 1852, filho de Antônio Carlos Barreto (?-?) e de Maria José de Oliveira Barreto (?-?). Ao completar 12 anos de idade, Barreto foi encaminhado a Fortaleza, capital da província, para completar o curso primário no Ateneu Cearense. Em 1866, ingressou no Seminário de Fortaleza e lá permaneceu até 1867, quando resolveu abandonar a carreira eclesiástica, fato que, segundo seus biógrafos, causou muita tristeza aos pais, "que almejavam ter um filho padre" (Malveira, 2014, p. 197). Finalmente, em 1868, Barreto optou por tentar a sorte na sede da Corte, à semelhança de todos os jovens que almejavam um futuro mais promissor, valendo-se de uma subvenção anual que lhe franqueavam os avós e, em particular, o Padre Alexandre Ferreira Barreto (?-?), vigário de Inhamuns. No Rio de Janeiro, continuou os estudos, em regime de internato, no Colégio São Salvador, situado no bairro imperial de São Cristóvão.

Em 1874, Fausto Barreto conclui os estudos básicos e inicia a atividade docente como professor de Latim, Português, Francês e Inglês em cursos preparatórios. Nesse mesmo ano, matriculou-se na Escola de Medicina, mas veio a abandonar o curso quando estava no 4º ano por motivo de doença. Segundo Malveira (2014, p. 198), durante o período em que esteve na Faculdade de Medicina, Barreto não descurou dos estudos linguísticos, procurando manter-se em dia com a bibliografia mais atualizada sobre a origem da língua e sua natureza. Essa vocação pelos estudos linguísticos levou-o à leitura de Franz Bopp (1791-1867) e Max Müller (1823-1900), que viriam a tornar-se suas principais referências científicas. A sólida formação teórica decerto serviu-lhe de lastro para redigir a tese *Arcaísmos e neologismos* (1879), com que concorreria à vaga de professor substituto de Português e Literatura oferecida pelo Colégio Pedro II. Nesse concurso, em que obteve a primeira colocação, Barreto disputou a vaga com Filipe José Alberto Júnior (?-?), Rubem Júlio Tavares (1850-1933) e Boaventura Plácido Lameira de Andrade (?-1897). Em 1883, Barreto viria a prestar novo concurso para ingresso no Colégio Pedro II, dessa vez para a cátedra com a tese *Temas e raízes* (1883), mais uma vez aprovado em primeiro lugar. Nesse certame, concorreu com nomes prestigiados das letras: Bernardo Teixeira de Carvalho (?-?), João José Pereira de Azurara, José Júlio da Silva Ramos (1853-1930), Manoel Ciridião Buarque (1860-1921), Sebastião Pinto Neto dos Reis (?-?), Antônio Estêvão da Costa e Cunha (1839-?) e Eugênio Guimarães Rebelo (1848-1922). A carreira docente de Fausto Barreto não se limitou às salas do Colégio Pedro II: em 1886, veio a ser nomeado *ex officio* professor interino da Escola Normal da Corte e em 1892 foi nomeado professor de Gramática Histórica do Colégio Militar[471], onde trabalhou até a aposentadoria.

As atividades a que se dedicou Barreto levaram-no à seara da política partidária, chegando a ocupar o cargo de representante do Partido Liberal em 1889. Em 7 de junho do mesmo ano, foi nomeado presidente do Rio Grande do Norte, cargo que ocupou até o dia do golpe que depôs Pedro II. Barreto era um monarquista ortodoxo, de índole conservadora, fato que o fez afastar-se da vida política com o advento da República. Sua vida intelectual também conheceu o jornalismo, profissão que exerceu mediante contribuições esparsas nos periódicos da Corte. Nessa seara, manteve estreitos laços com Carlos de Laet (1847-1927), seu colega do Colégio Pedro II, de quem viria a tornar-se amigo dileto e com quem publicaria em 1895 o clássico *Antologia nacional* (1929 [1895])[472], marco da moderna didática de língua vernácula nos anos finais do século XIX. Por sinal, essa obra já havia sido publicada em 1887 com o título de *Seleção literária*, em coautoria de Fausto Barreto com Vicente de Sousa (1852-1908), professor de Latim e seu colega de magistério no Colégio Pedro II[473]. Restam ainda obscuros os motivos que levaram à substituição de Vicente de Sousa por Carlos de Laet, já que

---

471. Cf. *Almanak Laemmert* (1901, p. 149).
472. Sobre a *Antologia nacional*, cf. Razzini (2000).
473. Sobre Vicente de Souza, cf. Magalhães Pinto (2019).

não há documentação que ateste possível desavença entre Barreto e Sousa[474]. Fato é que, em plano linguístico-historiográfico, a *Seleta literária*, em cujas páginas iniciais encontram-se as bases da reforma do ensino proposta por Barreto, sobrepõe-se em relevância à *Antologia nacional*. Com a nova feição, o livro passa a incluir textos mais atuais, não obstante evite os autores vivos – para superar os melindres de eventual omissão, não obstante continue a estampar textos de escritores portugueses –, vindo a obter sucesso editorial que se multiplicou em várias edições ao longo do século XX. O livro foi-se atualizando até a morte de Fausto Barreto mediante inclusão de autores falecidos. Um dos textos que cuidam de questões linguísticas é *O idioma tupi*, de Couto de Magalhães (1837-1898), reconhecido pela obra literária afinada com a cultura indígena, no qual o autor de *O Selvagem* demonstra leitura linguística atualizada, mediante citação de Max Müller (1823-1900).

A presença da *Antologia nacional* nos bancos escolares tem um significado expressivo, em órbita historiográfica, já que ratifica o princípio filológico do estudo linguístico na base do texto, ou com vinculação necessária ao texto, uma das conquistas da didática da língua vernácula que nos legaram as gerações do último quartel dos Oitocentos. Por outro lado, a introdução oferecida por Fausto Barreto, em que se traçam os princípios da análise lógica, das relações sintáticas e da classificação das proposições, serve de norte para o professorado atuante nos principais estabelecimentos educacionais do país e tece, em linhas mestras, uma tradição analitista que se mantém *mutatis mudandis* até os dias atuais.

Em um ensaio intitulado *Microcosmo* (1920), publicado na *Revista de Língua Portuguesa*, Maximino Maciel traça juízo sobre Fausto Barreto e suas relações pessoais com o mestre que revolucionou o programa de língua portuguesa. Em tom protocolar, faz menção ao espírito altruísta de Barreto, que, ainda jovem, teve de desdobrar-se nos estudos e na atenção que prestava ao irmão mais moço, Alexandre Barreto (?-?). No meio acadêmico havia expectativa de que Barreto viesse a publicar uma gramática, que, afinal, jamais veio a lume (Maciel, 1920, p. 215):

---

474. A substituição de Vicente de Sousa por Carlos de Laet parece ter sido uma imposição do editor J.G. de Azevedo, que, conforme declara Fausto Barreto no prefácio da 1ª edição, convidara-o a "corrigir a *Selecção litteraria*" (Barreto & Laet, 1929 [1895], p. 10). De qualquer modo, a substituição decerto causou atrito e mal-estar, dado que Barreto refere-se à obra original como "compilada por um dos collectores desta Anthologia e outro professor" (1929 [1895], p. 10), sem citar o nome de Vicente de Sousa. Curiosamente Laet havia sido demitido do Colégio Pedro II em 1890 por ter-me manifestado desfavoravelmente à mudança de sua denominação para Ginásio Nacional.

> Quando em nossas palestras, neste ponto lhe eu tocava, logo um sorriso, – o seu sorriso bom e amigo – se lhe abria o semblante e infallivel lhe advinha a escusa, não sei se mesmo sincera ou se talvez ironica:
> – Para que mais grammaticas? Já temos tantas e tão boas!... O principal é que os rapazes não falem e escrevam errado...

Sabe-se, entretanto, que Barreto deixou inconclusos textos sobre descrição do português, decerto em face da fragilidade de sua saúde. Em entrevista, dada à *Galeria Cearense*, edição de 19 de dezembro de 1896, "há uma passagem em que revela ter guardado, na gaveta, diversos escritos gramaticais, dependentes de melhor estado de saúde para coordenação e polimento" (Malveira, 2014, p. 203). Fausto Barreto é patrono da cadeira n. 9 da Academia Cearense de Letras, fundada por Tomás Pompeu de Souza Brasil Sobrinho, e da cadeira n. 16 da Academia Cearense de Letras e Artes do Rio de Janeiro, cujo primeiro ocupante foi o Professor Antônio Nunes Malveira (1926-2017).

12.2.6 *João Ribeiro (1860-1934)*

João Batista Andrade de Ribeiro Fernandes foi um sergipano nascido na pequena cidade de Laranjeiras em 24 de junho de 1860, filho de Guilhermina Rosa Ribeiro Fernandes e Manuel Joaquim Fernandes[475]. Faleceu no Rio de Janeiro, cidade que escolheu para viver, no ano de 1934. Consta haver morado na casa paterna até os 8 anos de idade, quando, em face dos constantes desentendimentos com o pai, transferiu-se para a residência do avô materno. O contato inicial com os textos literários e históricos, além dos almanaques, deu-se na biblioteca do avô. Por essa época, Ribeiro já auxiliava para compor a renda familiar com aulas de alfabetização na própria cidade de Laranjeiras[476]. Aos 17 anos, já conhecido entre os conterrâneos, prestou exames preparatórios em Maceió (*Jornal do Aracaju*, 14/11/1877, p. 2): "A bordo do vapor Penedo seguiram para Maceió, ontem foram prestar alguns exames de preparatorios, os nossos talentosos patricios Epimaco Augusto d'Azevedo e João Ribeiro Fernandes, a quem desejamos o melhor sucesso". Pouco depois inicia-se como auxiliar de ensino, conforme se verifica em um anúncio publicado no *Jornal de Sergipe*, edição de 15 de janeiro de 1881 (p. 4), em que

---

475. Servimo-nos aqui do excelente estudo biográfico publicado por Ranauro (1997, p. 95-120).

476. Não se sabe ao certo em que estabelecimento escolar João Ribeiro ministrou estes cursos de alfabetização. Provavelmente, terá sido no Colégio de Nossa Senhora da Conceição, dirigido pela Professora Maria Rosa de Espírito Santo (cf. *Jornal do Aracaju*, edição de 20 de maio de 1874, p. 4).

o Colégio Partenon Sergipense de Aracaju apregoa a abertura de matrículas anuais com a indicação de João Ribeiro Fernandes como professor repetidor de álgebra[477]. Já em 1884, o mesmo educandário faz publicar um anúncio em que Ribeiro consta como professor da classe inferior de língua inglesa (*Eco Sergipano*, 13/2/1884, p. 4).

Concluído o Curso de Humanidades no Liceu Sergipano em 1881, João Ribeiro envolve-se seguidamente em duas frustradas tentativas de formação profissional: primeiro, abandonou ainda no início os estudos na Faculdade de Medicina de Salvador, Bahia; posteriormente, já instalado no Rio de Janeiro, não passou dos primeiros passos na Escola Politécnica, onde pretendia formar-se engenheiro. A vocação das letras, decerto, impulsionou-o para a carreira jornalística, que no século XIX mantinha laços estreitos com o mundo literário e filológico, vindo, aí sim, a iniciar a caminhada que o projetaria como uma das personalidades brasileiras mais importantes na virada do século XIX para o século XX. Sua incursão pela poesia mereceu os elogios de um Sílvio Romero (1851-1914), estimulados pelos ares conterrâneos, nas páginas do *Sergipe*. Na edição de 24 de janeiro de 1882 (p. 3) Romero publica o ensaio crítico *O poeta dos idílios modernos*, em que assim se expressa:

> O Sr. João Ribeiro Fernandes é um rapaz filho da província de Sergipe. Esudou ali os preparatorios e acha-se agora nesta côrte, pretendendo matricular-se num dos cursos superiores. Ainda muito moço, já se revela um esperançoso poeta, affeito ao gosto moderno, ao chamado realismo de nossos dias, o que bem nos prova que as luctas do tempo mandaram os seus échos até aquella pequena província [...]

Segundo Múcio Leão (1898-1969), João Ribeiro nutriu verdadeira paixão pela pintura, referida como primeira manifestação de seu espírito. Já na infância dedicava-se à arte de fazer presépios, atividade a que se aliava o dom pela pintura. No entanto, sua relação com as artes plásticas frustrou-se, muito devido à desconsideração de seus trabalhos e má recepção dos críticos. É ainda em Múcio Leão que se colhe informação sobre o prazer que desfrutava Ribeiro em suas viagens ao exterior, mormente a última delas à Europa, em 1913. Tinha, então, o desejo de residir na Suíça, onde julgava poder criar convenientemente os filhos. Para fazer face aos custos do empreendimento, Ribeiro chegou a vender a casa que tinha em Santa Teresa,

---

477. Herança do Método Lancaster, o professor repetidor atuava como auxiliar do professor titular da disciplina. Assistia à aula e depois repetia as lições aos alunos mais atrasados. Em alguns estabelecimentos, atuava como bedel, assistindo os alunos nos intervalos de aula, e como substituto eventual do titular.

bairro do Rio de Janeiro, e sua biblioteca. A permanência na Europa, período em que visitou várias cidades da França, Itália e Portugal, perdurou pouco mais de um ano, visto que a eclosão da Primeira Grande Guerra precipitou-lhe o retorno ao Brasil.

O poeta João Ribeiro foi liminarmente excluído da vida artística por uma autocrítica que hoje não podemos julgar severa ou justa, mas decerto impiedosa; o crítico, porém, habitaria para sempre a alma do sergipano já adaptado aos ares múltiplos da Corte. Quanto ao professor, este seria a essência do ser e a razão de tudo. Seguindo a linhagem dos principais nomes da educação no século XIX, João Ribeiro durante largo tempo contribuiu para o desenvolvimento do ensino nas dependências do Colégio Pedro II, no Rio de Janeiro, onde ocupou a cadeira de História Universal. No terreno da crítica, por sinal, atividade que exerceu durante toda a vida, sua atuação nem sempre é acolhida com a boa recepção que se confere à do filólogo e humanista. Segundo Ledo Ivo, na *Introdução* à 2ª edição das *Páginas de estética*, Ribeiro foi "um grande crítico, mas cometeu grandes erros e miopias; no ofício do escrever, muito se ocupou, por necessidade ou cortesia, em coisas miúdas e desprezíveis, estimulando as mais variegadas filáucias", a par de não ter reconhecido "o gênio de um Cruz e Souza, a quem considerou poeta de segunda classe" (Ivo, 1963, p. 2). A frieza com que Ribeiro avaliou o Movimento Modernista de 1922, referindo-se em linhas céticas a nomes como Mário de Andrade (1893-1945) e Manuel Bandeira (1886-1968), bem dá a medida de sua aspereza como crítico literário. No entanto, há de considerar-se que a ingratidão da crítica não raro transforma o crítico em vítima de suas próprias palavras, tendo em vista o aspecto fragmentário do objeto. O olhar sobre a contemporaneidade, infelizmente, segmenta-se em recortes que deixam o todo invisível.

João Ribeiro é daquelas personalidades que nos fazem murmurar em meio a uma leitura: "Gostaria de tê-lo conhecido". Talvez porque seus textos expressem o raro equilíbrio do fazer científico com o veio humanístico, como se percebe inclusive nos defeitos que ordinariamente se lhe atribuem: a volubilidade e a imagística. Volúvel, até mesmo contraditório, diz-se porque cometeu o indesculpável crime de rever antigas posições filológicas, saindo de um indisfarçável pendor purista no início de carreira para uma flagrante tendência liberal no avançar da idade. Imagístico porque não hesitava em abrir as janelas do espírito em seus preciosos estudos sobre fraseologia do português. Mas tais defeitos, se assim houvermos de designar semelhante comportamento, talvez nada mais sejam do que o direito que soube exercer como poucos intelectuais de seu tempo: deixar fluir pela pena as qualidades da alma. Dono de fina ironia, Ribeiro preferia atribuir a contradição que os desafetos lhe condenavam a uma falência da natureza humana.

Citando Bernard Shaw (1856-1950), costumava aduzir que, se o homem de dez em dez anos renova todas as células, por que não haveria também de renovar as ideias? Como todo intelectual de seu tempo, João Ribeiro cultivou a busca do saber como uma necessidade de abraçar o mundo, de absorver a vida acadêmica em suas diversas manifestações, fato que lhe conferiu uma feição plural, com o mérito de ser em tudo pautado pela excelência. Esse fato levou Antônio Houaiss em certa passagem a qualificá-lo como "grande polígrafo fascinante" (Houaiss, 1979, p. 21). O clima de efetiva fascinação criado pela explosão científica e filosófica dos Oitocentos contaminou de tal maneira o espírito do jovem humanista que, em pouco tempo, fê-lo transfigurar-se em verdadeiro exemplo do *unus in multiplus*: mestre em português, grego, latim, francês, espanhol, italiano, provençal, catalão, alemão, inglês, línguas ameríndias; historiador e geógrafo; estudioso da sociologia, da psicologia, da antropologia, da estética, da arte, isto é, um ledor voraz em todas as áreas das ciências humanas.

No campo da filologia, Ribeiro, com apenas 25 anos, começa a produzir textos de meritória concepção, cuja presença nas aulas de português somente seria ombreada pelos estudos gramaticais de dois outros filólogos de grande projeção: Júlio Ribeiro (1845-1890) e, posteriormente, Maximino Maciel (1866-1923), esse último seu conterrâneo. Em 1885, publica *Estudos filológicos* e *gramática portuguesa (curso elementar)*. Dois anos depois, traz a lume os volumes da *Gramática portuguesa para os cursos médio e superior* (1887), cujas edições multiplicaram-se até o fim do primeiro terço do século XX, como nos informa o excelente estudo biográfico da Professora Hilma Ranauro (Ranauro, 1979). Também será em 1887 que publicará o texto *Exames de português; lições de gramática portuguesa*, em consonância com o programa do Colégio Pedro II. Por sinal, o ano de 1887 viria a testemunhar a publicação de sua tese *Morfologia e colocação dos pronomes*, fruto de sua tentativa de ingresso no magistério do "colégio padrão" em 1885[478]. No entanto, a nomeação somente viria em 1890, e para a cadeira de História Universal, cujas circunstâncias restam ainda pouco esclarecidas.

O casamento com Dona Maria Luiza Carneiro de Mendonça Fonseca Ramos, em 1889, corrobora a profícua capacidade de produção de João Ribeiro, como comprova a prole de 16 filhos. Os textos não param de sair a lume,

---

[478]. Neste certame, concorreu com Aureliano Pimentel, que obteve a primeira colocação.

em diversas áreas da pesquisa humanística: *Dicionário Gramatical* (1889) – obra que seria posteriormente aditada por Manuel Pacheco da Silva Júnior –, *Instrução pública-primária, secundária e técnica* (1890), *História antiga I: Oriente e Grécia* (1892), *História do Brasil* (1898), *Estudos filológicos* (1902), *Obras poéticas de Cláudio Manuel da Costa e Páginas escolhidas* (1903), *Seleta clássica* e *Páginas de estética* (1905), *Compêndio de história da literatura brasileira* – em colaboração com Sílvio Romero (1906) –, *Frases feitas* (1908-1909), *O fabordão* (1910), *História universal* (1918), *Folk-lore* (1919), *Ramiz Galvão* – Estante Clássica de Língua Portuguesa (1922), *Cartas devolvidas* (1926), *Curiosidades verbais* (1927), *Floresta de exemplos* (1931), afora os inúmeros trabalhos ensaísticos, as traduções e demais textos cuja edição completa, segundo seu discípulo Múcio Leão, comportariam pelo menos 57 volumes (cf. Houaiss, 1979, p. 22)[479].

O brilho dessa aura, entretanto, não se há de dimensionar pelo volume das publicações, mas pelo depoimento dos que se dedicaram ao estudo de sua obra e dele formaram juízo crítico. São várias as passagens em que o elogio fácil cede lugar ao sincero reconhecimento de uma linha evolutiva que amoldava a personalidade de Ribeiro aos novos tempos, como nesse passo de Álvaro Lins: "Ele foi se tornando mais compreensivo na mesma proporção em que ia ficando mais velho em idade" (cf. Ribeiro, 1979, p. 20). Leiam-se também estas palavras de Alcântara Machado: "A sua mocidade vitalícia é como a dos troncos seculares, sempre iguais e sempre diversos, que periodicamente se desvestem das folhas caducantes e dos galhos mortos, e tornam a enfolhar e florescer, integrados no ritmo da vida" (cf. Ribeiro, 1979, p. 19).

A relação entre João Ribeiro e a Academia Brasileira parece ter sido marcada por uma distância cordial até sua eleição para ocupar, em 1898, a cadeira n. 31, cujo patrono é Pedro Luiz, em face da morte de Luiz Guimarães Júnior. Não tendo sido acadêmico fundador – estava na Europa à época a criação da Academia – coube-lhe o privilégio de ter sido o primeiro acadêmico eleito. Após a eleição, entretanto, não conseguia conter, vez por outra, a verve salpicada de ironia para criticar alguns dos valores acadêmicos, como se exemplifica pela ojeriza ao fardão, a ponto de, segundo nos informa o filho Joaquim Ribeiro (1907-1964), jamais tê-lo mandado confeccionar. Certa vez, em resposta ácida a um comentário malicioso sobre o acadêmico Dom Silvério Gomes Pimenta (1840-1922), arcebispo de Mariana, por quem devotava especial apreço – as más línguas atribuíam a eleição do clérigo à

---

[479]. Para uma informação completa sobre a produção bibliográfica de João Ribeiro, não apenas em seara linguística, cf. Leão (1962), Ranauro (1997) e Marques (1996).

influência da Igreja –, disse que na realidade fora Dom Silvério quem levara o clero para a Academia.

Sua participação nas discussões acadêmicas tomou maior vulto no que tange à polêmica questão ortográfica que praticamente monopolizou os interesses da Casa de Machado de Assis a partir de 1907, quando uma proposta de simplificação gráfica de base fonorrepresentativa – semelhante às bases da ortografia que então se propunha estabelecer em Portugal sob influência de Gonçalves Viana – obteve veemente acolhida de vários acadêmicos, dentre eles Medeiros e Albuquerque (1867-1934), Heráclito Graça (1837-1914) e José Veríssimo (1857-1916).

A proposta enfrentou forte resistência, sobretudo no Brasil, não sendo poucos os artigos e publicações avulsas que alardeavam as falhas do projeto, bem como um pretenso desrespeito perpetrado contra as origens do português. Constituía-se o grupo opositor de figuras eminentes no cenário cultural da República, não obstante nele dificilmente se encontrassem filólogos. Dentre esses, Manuel Said Ali (1861-1953), emérito professor de línguas estrangeiras, não escondia sua intransigente ojeriza à reforma ortográfica, por considerar que um padrão fonético na grafia do português estaria em dissonância com outras importantes línguas de cultura, como o alemão, o francês e o inglês, que, por sinal, até hoje utilizam sistemas de base etimológica.

O juízo de João Ribeiro inclinava-se pela solução urgente que pedia a questão da ortografia, mormente porque, nos primeiros decênios do século XX, as primeiras letras não constituíam apenas o primeiro degrau de quem se entregaria, mais tarde, aos estudos universitários; para a quase totalidade dos que estudavam, as primeiras letras eram na verdade as únicas. A difusão do ensino, por outro lado, propiciava acesso maior à alfabetização, oferecendo a um número crescente de usuários a capacitação mínima para comunicar-se por escrito. Continuar com bases ortográficas de caráter eminentemente etimológico, sobretudo mediante uso de letras sem qualquer valor fonético – como ocorria, por exemplo, em *asthma* – em uma comunidade cuja quase totalidade de usuários da língua escrita era absolutamente ignorante em letras clássicas, seria obliterar a crescente conquista pedagógica da alfabetização e do ensino primário de maneira geral.

> Eis por que asseverava João Ribeiro:
> A solução que impõe o nosso tempo é portanto outra que não a antiga. Do contrário, teríamos como certos povos primevos e semibárbaros a necessidade de duas escritas: uma *hierática* e sagrada para os letrados e outra *demótica*, popular, para ignorantes e plebeus (Ribeiro, 1964).

Evidencia-se que o uso de *k* e *w* restringia-se à grafia de nomes estrangeiros modernos, fato que facilitava significativamente sua supressão do alfabeto português. A controvérsia, todavia, também aqui encontrava terreno fértil. Carlos de Laet (1847-1927), por exemplo, assegurava que a presença dessas letras no nosso alfabeto era indispensável se quiséssemos escrever nomes que em suas línguas de origem eram com elas grafados. João Ribeiro segue trilha contrária, sentenciando (Ribeiro, 1964, p. 34):

> O *k* quase não tem uso; a palavra em que mais vêzes aparecia era *kilo* que felizmente é um erro gráfico cometido pelos inventores do sistema métrico. Nos outros casos já tinha sido quase sempre substituído pelo *c*: *calendario* (*kalendas*), *catalogo, cada* e *cada um, cauterio, cacofonia* (*cacografia*, etc.), *eclesiastico, caligrafia, camelo, canon, catecismo, concha, clinica, coral, cosmos, aristocrata, cripta, crize,* etc.
> Foi a substituição do *k* grego pelo *c* já realizada no latim. [...]
> Uma vez que os etimólogos não ousam escrever *klinica, kada, kamelo, demokrata,* etc., pode dizer-se que a simplificação apenas generaliza a regra quase sem exceção que eles próprios adotaram.

Em 1912, João Ribeiro inicia a revisão da ortografia estabelecida pela Academia Brasileira de Letras, aproximando-a mais do modelo ortográfico lusitano. A contribuição, contudo, não o impede de, contraditoriamente, ir de encontro à influência da proposta portuguesa em duas de suas *Cartas devolvidas*, colocando na pena do missivista afirmações como a seguinte (Ribeiro, 1926, p. 26):

> A reforma portuguesa principiou mal. Foi feita sem a nossa audiência, como se os trinta milhões de brasileiros fôssem analfabetos, ignorantes ou em qualquer caso *quantité-negligeable*.

Em outra oportunidade, dentro do mesmo texto citado, ao tecer comentário sobre Mello Carvalho, gramático obscuro e chegado a arcaísmos, que optara pela ortografia lusitana, não esconde o desprezo pela grafia simplificada: "Este come as letras e a paciência do próximo".

Ao fim da vida, uma progressiva ojeriza ao gramatiquismo reinante o pôs em rota de colisão até mesmo contra cidadãos leigos, que nada mais queriam que satisfazer curiosidades vernáculas. Costumava dizer, com referência ao modismo dos consultórios gramaticais no início do século XX, que no Brasil as questões sobre língua vernácula eram tão relevantes quanto as questões do café. Quando lhe formulavam certa pergunta gramatical, costumava dizer que não era gramático:

– Mas o senhor escreveu gramáticas, diziam.

– Decerto, mas há os que escrevem poesias e não são poetas. Eu escrevi gramáticas, mas não sou gramático.

No campo das ideias linguísticas, João Ribeiro primou por não se deixar comprometer com um dado modelo teórico, fato que lhe conferiu perfil mais rico do ponto de vista doutrinário. A preocupação com as teses da linguística e com o desenvolvimento científico da novel área de investigação revela-se flagrante, ainda em 1889, aos 29 anos, com a publicação do *Dicionário gramatical*. Basta aduzir, sobre a atualidade desse trabalho, que nele há um verbete dedicado aos neogramáticos, que apenas recentemente haviam lançado as teses sobre a estrutura e funcionamento da língua humana com fulcro no formalismo psicológico.

Uma questão doutrinária, por sinal, que ainda hoje move os interesses e não escapou à pena do mestre sergipano, diz respeito à distinção entre linguística e filologia. Surgida como ciência pela metade do século XIX, a jovem linguística trazia como marca mais perceptível o estudo da língua fora do texto, procedimento considerado inadmissível pela filologia. Dotado de leitura ampla e atualizada dos principais modelos de teoria linguística, Ribeiro traça referência aos neogramáticos numa época em que o grupo de Leipzig ainda não se projetara nos textos linguísticos do Novo Mundo. Também comprova a sólida formação doutrinária de Ribeiro a referência, no *Dicionário gramatical*, tanto a nomes já consagrados, como Jakob Grimm (1785-1863), quanto a outros que lhe eram contemporâneos, como o norte-americano William Whitney (1827-1894).

Como bem observa Joaquim Mattoso Câmara Júnior (1904-1970), em precioso estudo sobre o perfil linguístico de João Ribeiro (Câmara Jr., 1972), o ambiente historicista em que viveu João Ribeiro nos seus primeiros anos de investigação sobre a linguagem humana não o impediu de, dando um passo adiante, encetar investigação linguística sincrônica, como se observa na análise mórfica do verbo, em que diagnosticou precursoramente a existência de desinências temporais. Revela, em suma, uma formação eclética, que sabia compatibilizar o comparativismo historicista, de cunho eminentemente empírico, com o formalismo psicológico absorvido das teses colhidas no grupo jovem de Leipzig. Um ecletismo que se revela com vigor nesse passo (Ribeiro, 1889, p. 322-323):

> Em resumo, o principal ponto em que se dividem as escolas [linguísticas] consiste na consideração do elemento psychico que a nova escola [neogramática] dá como factor de grande preponderancia. D'ahi a

> necessidade de completar o antigo estudo da acção physiologica por um estudo complexo dos factores espirituaes, que agem decisivamente na linguagem. Como consequencia inevitavel do systema, ver-se-á que em vez de preoccuparmo-nos com a lingua aryana primitiva, devemos exercer e applicar os methodos da sciencia sobre os monumentos que existem, actuaes, onde é fácil verificar-se e observar-se a dupla evolução material e espiritual das linguas.

Posteriormente, em face do caminho de investigações aberto sobretudo no estudo da fraseologia, em que era capaz de aliar a mais específica descrição etimológica como mais abrangente inferência hipotética, Ribeiro enveredou pelo idealismo vossleriano, dando asas à imaginação, por vezes de modo tão exacerbado que o resultado não consegue vencer um generalizado ceticismo. As ideias de Karl Vossler (1872-1949), como sabemos, pautam-se na busca das relações causais entre os fatos da língua, atitude que se desvencilha da mera investigação dos fenômenos linguísticos *per se*. Enquanto o positivismo enxerga a língua como organismo, o idealismo a vê como produto da alma humana. Os positivistas da escola histórico-comparativista, por exemplo, admitiam que a ordem sujeito-verbo-complemento, que se tornou mais rígida nas línguas românicas, teve origem no desaparecimento da distinção casual, sobretudo entre o caso-sujeito, nominativo e o caso-objeto, o acusativo. Segundo Vossler, o fato teria origem, na verdade, no "espírito das línguas", isto é, "na alma dos indivíduos falantes" (cf. Iordan, 1982, p. 127). O gosto do falante pela lógica e pela regularidade teria criado o hábito de dispor a sentença numa ordem fixa, que só se modificaria com propósito semântico definido.

Esse princípio, calcado no "gênio da língua", que resulta da ação individual que logra ser acatada pela comunidade de falantes, abriu um campo fértil, cheio de sendas perigosas, por onde os fatos empíricos, que a análise linguística ia desvendando, aliavam-se à intuição do investigador para chegar-se à verdade científica. O recurso da intuição gerou ondas de intensa ojeriza ao trabalho de Vossler na comunidade científica, obviamente mais severa nos meios onde predominava o modelo neogramático. Tal fato, entretanto, não evitou que Ribeiro fizesse da intuição um método ordinário de investigação científica, sobretudo no terreno da fraseologia. A respeito, Mattoso Câmara (1972) tece comentário um tanto cético sobre as conclusões de Ribeiro acerca da expressão "a beça", que a ortografia hoje impõe um *ç* no lugar do *ss* em face da provável origem africana. Segundo Ribeiro, a origem da expressão estaria no nome de um certo tipo perdulário do Rio Antigo chamado Bessa, não obstante jamais se tenha encontrado um único documento histórico que comprove sua existência.

Em outra passagem, Ribeiro busca dar sentido à expressão "amanhã é dia santo", muito comum na linguagem infantil até o início dos Novecentos, com que os garotos costumavam pilheriar quando alguém estava com as meias rasgadas. A explicação, segundo Ribeiro, estaria no anedotário de Jacques de Vitry (1180-1240), um texto do século XII, em que se conta a história de um tal Senhor Goncelino que, nos dias santos, calçava meias vermelhas. Ao vê-lo com as tais meias rubras, as pessoas logo diziam: – Hoje é dia santo, pois está com meias vermelhas o Senhor Goncelino. Com o tempo, as crianças, ao verem o tom róseo da pele sob as meias rasgadas passaram também a dizer: – Amanhã é dia santo. Como diz o próprio Ribeiro, "cada um faz o que pode, e faz muito pouco, decerto, quem das coisas presentes se alonga para o labirinto do passado" (1979, p. 19). Seja como for, a existência desses e tantos outros estudos prova que, na mente brilhante de um cientista, também haverá espaço para os eflúvios do idealista.

Em um breve texto intitulado *Autorretrato*, João Ribeiro fornece-nos algumas passagens preciosas sobre sua visão da vida e das coisas, que se expressam em pequenos juízos sobre tema vário (1979, p. 15):

> Quando me tenho analisado, o que sucede em horas de preguiça [...], descubro que tenho alma de mais, e ser-me-ia de maior utilidade se a tivesse de menos [...]. Os de muita alma são naturezas indecisas, platônicas, inúteis e incapazes de perceber as conveniências próprias. Quis ser tudo sem ser coisa alguma.
> Um dos grandes prazeres do espírito e do corpo é viajar por terras estranhas. Aprende-se, ganham-se novas experiências e, por vezes, tudo ainda mais se reflete no vigor da saúde e na alegria de viver.
> A imprensa onde escrevo sabe que não perco o apetite por motivos sintáticos, aliás tão respeitáveis para a maioria dos meus colegas. Assim é que nunca faço a revisão dos meus escritos, e menos ainda faço errata. Reputo meus artigos como os meus sonetos. Pioram com as emendas.
> Quer viver sem glória com o só prazer da vida. E vivo, tendo ainda granjeado a serenidade, que é o prêmio da experiência da vida.
> Não tenho medo da morte e nem me preparo para ela, como era o conselho antigo dos homens que temiam as penas do inferno ou aspiravam às delicias do paraíso.

No plano específico de sua *Gramática portuguesa*, verifica-se tratar-se de um trabalho de caráter dual, como era a expressiva maioria dos textos congêneres de sua época, em que se busca coadunar o intuito pedagógico ao labor descritivo à luz da linguística histórica e comparada. A partir da 15ª edição, Ribeiro faz acostar um suplemento de anotações, em que versa sobre uma série de pontos avulsos na seara da sintaxe, da análise, da ortografia, entre outros, advertindo o leitor de que se impõe o acompanhamento do raciocínio linguístico com a leitura dos textos da *Seleta clássica* e dos *Autores contemporâneos*, uma clara manifestação de sua abordagem filológica das questões linguísticas. Já na introdução, Ribeiro penetra diretamente nos fatos da história externa do português, dando o tom diacrônico que caracteriza, de modo geral, toda a concepção de seu trabalho. O intuito aqui é o de situar a língua portuguesa no tempo e no espaço mediante referência ao processo de interação linguística que se desenrola com o movimento de ocupação da Península Ibérica a partir dos celtas. Esse traço peculiar da *Gramática portuguesa* decerto reflete o pendor de Ribeiro para os estudos históricos, tão intimamente vinculados à investigação linguística de seu tempo. Decerto que, nessas divagações iniciais, o latim vulgar em suas variantes diatópicas é detidamente comentado, nomeadamente quanto ao processo de sua modificação em línguas românicas ibéricas. Nesse panorama, Ribeiro situa o pleno desenvolvimento do português nos começos do século XIII, quando já o povo "pouco ou quasi nada entendia do latim barbaro, ainda usado nos documentos de origem official e da praxe dos cartorios" (1920 [1887], p. XII).

A definição de gramática em João Ribeiro deixa transparecer uma certa incoerência conceitual, já que faz confluir uma postura aparentemente purista com a índole favorável à descrição dos fatos da língua viva na boca do falante. Com efeito, para Ribeiro "grammatica é a coordenação das formulas, leis ou regras da linguagem literaria ou polida" (1920 [1887], p. 3). No entanto, pouco adiante, aduz:

> Esta definição decorre da observação dos factos da linguagem. A analyse revela que toda a lingua tem grammatica, porque os vocabulos que servem para a expressão das idéas tomam variações de fórma, de collocação e de sentido susceptiveis de serem generalizadas, isto é, de serem construidas sob o typo de *leis* ou *regras*. O systema geral d'estas leis constitue a *grammatica*.

Observe-se que o pendor normativista que sugere a expressão "linguagem literária e polida" confronta com a visão de língua como sistema de regras que se expressa com a própria palavra "sistema", a par de "variações", "leis" e "regras", esses dois últimos vinculados ao modelo da escola neogramática de que Ribeiro era ledor e discípulo. Nota-se ainda que as fontes doutrinárias em João Ribeiro são extremamente diversificadas, a ponto de incluírem tanto filólogos afamados como Henry Sweet (1845-1912), vinculados à escola de Friedrich Diez (1794-1876), quanto um Firmino Costa (1869-1939), cuja obra não gozava de repercussão expressiva senão no círculo restrito dos filólogos brasileiros. No tocante à sinopse dos assuntos tratados, a *Gramática portuguesa*, no curso de suas edições, ajusta-se a uma exposição da gramática em *lexiologia* (que Ribeiro prefere denominar "O Vocábulo") e *sintaxe*, a que se acresce uma terceira parte denominada *estudos complementares* em que constam a *fonologia*, a *etimologia* e a *semântica*. Assim, João Ribeiro consegue dar relevo à lexiologia em face da fonologia – por sinal, desvinculando a segunda dos domínios da primeira –, a par de engenhosamente conferir um lugar específico à semântica sem elevá-la ao *status* de parte genérica da gramática.

Cremos que a leitura de Mattoso Câmara Jr. seja a mais isenta e justa acerca do pensamento linguístico de João Ribeiro. Responsável pela revolução estruturalista no cenário acadêmico brasileiro, Mattoso soube perceber as nuanças de erudição e clarividência nas páginas da *Gramática portuguesa* que superam (e muito) as tão referidas incoerências do autor. É de Mattoso a conhecida referência a João Ribeiro como um intelectual que "avança pela filologia com a imaginação de D. Quixote, sem atender aos cautelosos Sanchos Panças de espírito neogramático" (1975, p. 175). Mattoso percebe com agudeza haver em Ribeiro certa confusão do plano diacrônico com o sincrônico, característica que o leva, por exemplo, a negar o conceito sincrônico de verbos irregulares, visto que, no plano diacrônico "são os que conservam maior regularidade, isto é, conservam pela filiação histórica as fórmas latinas de onde se originaram" (Ribeiro, 1920 [1887], p. V). No entanto, como bem assinala o próprio Mattoso, a ideia de regularidade em João Ribeiro, a rigor, não está no plano sincrônico, em que se verifica uma forma básica em face de seu alomorfe, mas na atuação "regular" das leis fonéticas. Outras observações preciosas sobre a *Gramática portuguesa*, descortinadas pelos olhos perspicazes de Mattoso Câmara podem (e devem) ser colhidas em seu precioso estudo sobre o autor da *Gramática portuguesa (curso superior)*.

12.2.7 *José Ventura Bôscoli (1855-1919)*

José Ventura Bôscoli nasceu no Rio de Janeiro em 9 de abril de 1855, filho de Virgínia de Paula Mello Garcia Bôscoli (?-1888) e do matemático português Major José Ventura Bôscoli (?-?), que integrou o corpo docente do Colégio Pedro II e na Escola Naval[480]. José Ventura Bôscoli viveu para o

---

480. Cf. a nota do centenário de Ventura Bôscoli em *Correio da Manhã*, edição de 10 de abril de 1955, p. 4.

magistério, havendo exercido não só a docência como também a administração escolar. Fundou e dirigiu o Ginásio Pio Americano do Ateneu Filomático, mais tarde denominado Ateneu Bôscoli, e a Associação Asilo Amante da Instrução. Como professor, também atuou como lente de português, literatura e inglês da Escola Normal de Niterói, do Colégio Alfredo Gomes, do Instituto Benjamin Constant, do Colégio Santa Mariana, da Escola Santa Isabel e do Colégio Sul-americano. Em 1893, compôs o Conselho Superior de Educação Pública do Rio de Janeiro e, entre suas comendas, consta a de sócio benemérito da Imperial Sociedade Amantes da Instrução, conferida pelo Imperador.

Fora do magistério, ocupou o cargo de escriturário do Tesouro nacional, do qual se desincompatibilizou em 1890, e de contador do Banco do Brasil e Norte América. Nessas funções, passou alguns anos na capital cearense, onde publicou, nas páginas de *O Cearense*, a série de textos avulsos intitulados *Traços gerais de fonética portuguesa* (1890). Aparentemente, alinhava-se à corrente monarquista entre os intelectuais de seu tempo, haja vista sua participação na homenagem póstuma que várias personalidades da sociedade carioca prestaram ao Imperador em face de seu falecimento, ocorrido no dia 5 de dezembro em Paris[481]. Faleceu em sua cidade natal, no dia 29 de novembro de 1919, deixando viúva a Professora Cordélia Gonzaga de Bôscoli (?-1965), filha do diplomata José Basileu Neves Gonzaga Filho (1849-1931) e da maestrina Francisca Edwiges Neves Gonzaga (1847-1935), conhecida como Chiquinha Gonzaga. Cordélia Gonzaga também atuou no magistério básico, havendo fundado, inclusive, o Ginásio Normal em 1893, no bairro do Engenho Velho, Rio de Janeiro.

São de sua lavra alguns textos linguísticos, todos de cunho didático, tais como a *Gramática portuguesa*, saída em 22 fascículos (1893-1897) posteriormente reunidos em uma 2ª edição (1898), a *Gramática da puerícia* (1895), além de textos como *Estudo racionado de ortografia segundo os princípios modernos da ciência* (1885) e *Língua vernácula, noções de análise gramatical, fonética, etimológica e sintática*, em coautoria com Manuel Pacheco da Silva Júnior (1888). Há notícia não confirmada de uma *Gramática francesa*, e do estudo *Fatos sintáticos e morfológicos da língua inglesa*. Também escreveu *Lições de literatura brasileira* (1912), texto de caráter pedagógico que servia de referência na Escola Normal de Niterói[482]. A obra

---

481. Cf. *O Brazil*, edição de 12 de dezembro de 1991.
482. Consta ainda haver escrito o trabalho *Noções de análise*, de que não se tem notícia. Cf. http://memoria.bn.br/DocReader/DocReader.aspx?bib=709506&pesq=%22Jos%C3%A9%20Ventura%20Boscoli%22&hf=memoria.bn.br&pagfis=22406

dispersa de Ventura Bôscoli está a esperar mais dedicada pesquisa, já que não são poucos os textos por ele publicados sobre matéria linguística em jornais e revistas já a partir da década de 1880. Leia-se, por exemplo, a referida série de estudos *Traços gerais de fonética portuguesa*, publicada nas páginas de *O Cearense*, em que discorre sobre fatos diversos da fonética portuguesa, tais como a natureza das vogais nasais em face das orais. Em um desses estudos, nas derradeiras linhas, adverte: "Bons grammaticographos – e não poucos – confundem os phonemas com os symbolos que os representam" (1890).

Saliente-se o espírito belicista de Bôscoli, ordinariamente envolvido em rusgas públicas, muitas delas expostas nas páginas dos periódicos do Rio de Janeiro e levadas às barras dos tribunais. Na edição do *Diário de Notícias* de 27 de março de 1883 (p. 2), Bôscoli torna pública uma altercação que tivera com José Joaquim do Carmo (1834-1915), então reitor do Colégio Pedro II, prometendo levar o caso à justiça. Pelas páginas da *Tribuna Comercial*, Bôscoli confrontou em numerosas notas com um certo Th. Ribas, nas quais a ofensa pessoal era ordinária e intensa. Consta haver sido publicado em Paris um volume intitulado *Questão gramatical*, no qual se reúnem os textos desta contenda filológica e do qual já não se tem notícia. Já no posfácio da 2ª edição de sua gramática, Bôscoli investe contra as críticas que lhe fizeram os vulgos F. da Costa e Silva, P.S. Guimarães e J. de Deus, um "boçal e suino maranhense, titere banal de interesses inconfessaveis, a quem eu, embora tomado de desprêzo, de repugnancia, de muito desprêzo, de muita repugnancia, escapellaria dentro em breve" (1898 [1893], p. 395). Como contraponto às críticas, Ventura Bôscoli faz publicar nas páginas derradeiras da gramática um elogio de José Augusto Coelho (1850-1925), pedagogo português muito conceituado no Brasil, mas desprovido de autoridade filológica.

Mesmo no âmbito da Escola Normal de Niterói, onde construiu carreira respeitável, Ventura Bôscoli teve de superar grave crise profissional em face de seu espírito irascível, que sequer poupava as alunas menos talentosas mediante referências desairosas e tratamento tosco. No ano de 1905, ganhou grande repercussão o "caso Bôscoli", um levante de pais e professores contra seu comportamento agressivo no trato com as discentes, cujo desenrolar levou o governo do Estado do Rio de Janeiro a abrir um processo administrativo em que se propuseram quesitos à congregação do Liceu acerca do desempenho profissional do mestre. O caso ganhou destaque na imprensa, que não poupou críticas à conduta de Bôscoli: "relativamente á sua parcialidade e á improficuidade do ensino [...] muitas eram as queixas pela maneira indelicada de tratar algumas alumnas, applicando-lhes anecdotas, que certamente, não estavam na altura de que ensinava... *a ensinar*" (*O Fluminense*, 23 maio

1905, p. 2). Em uma reunião tensa, realizada em 28 de abril de 1905, a congregação do Liceu deliberou sobre a conduta de Bôscoli, agora exposta em suas minudências e objeto de manifestações exaltadas de defesa e acusação, conforme relata *O Fluminense* (edição de 29 de abril de 1905, p. 1):

> Tratando-se de uma reunião secreta foram fechadas todas as portas da Congregação e nosso reporter, por essa circumstancia, foi obrigado a deixar o edifício da Escola [...]
> Produzindo a defesa do lente Boscoli o dr. Edmundo Silva disse que á elle não lhe faltava competencia e, que sabia ensinar, pois, conhecia bem a materia á seu cargo [...]
> Adduzindo considerações durante ainda algum tempo o dr. Edmundo Silva, defendendo o seu voto em favor do lente Boscoli disse que se as alunas não comprehendiam não era elle o culpado pois tinha o seu programma sabiamente organisado [...]
> Começando no meio de todo o silencio, o dr. Sebastião Lessa, á viva vóz declarou que ninguem punha em duvida a competencia do lente Boscoli pois era um dos homens de preparo.
> A sua grammatica ponderou o dr. Lessa é insufficiente para o ensino tanto que o seu autor como lente da Escola recommenda que as alumnas tenham explicadores particulares.
> Justificando o seu voto o dr. Lessa leu o que levára escripto e lançou um repto aos sr. Boscoli dizendo que se elle contestasse as provas que offerecia pediria demissão immediatamente e no caso contrario deveria ser o procedimento do que déra motivo a reunião.

A solução, enfim, encontrada foi a de desdobrar a disciplina Português e Literatura Nacional em duas disciplinas autônomas, mantendo-se Ventura Bôscoli na regência de Literatura Nacional e substituindo-o na de Português pelo Professor Luiz Alves Monteiro (?-1929).

Em seu n. 3, ano II, a *Revista Brasileira* faz publicar uma edição em homenagem a Ivan Monteiro de Barros Lins (1904-1975), na qual constam alguns de seus artigos em tom memorialista. Entre eles, lê-se o interessante *Fragmentos das memórias inacabadas*, em que Lins revela haver-se transferido para o Rio de Janeiro em 1917, tendo em vista a nomeação de seu pai para o Supremo Tribunal Federal. Na ocasião, foi matriculado no Ateneu Bôscoli, situado na Rua Senador Vergueiro, Rio de Janeiro, ao lado da casa do Presidente Rodrigues Alves (1848-1919). Segundo Lins, o colégio era ótimo, com excelentes professores, a maioria catedráticos do Colégio Pedro II, entre eles Carlos de Laet (1847-1927), de língua portuguesa, Cecil Thiré (1892-1963), de matemática, Adrien Delpech (1867-1942), de francês, Raul Guedes (?-?), de geometria e o próprio Ventura Bôscoli, que acumulava a direção com a docência de língua portuguesa. Lins revela que Ventura Bôscoli era excelente professor, mas tinha uma personalidade pedante, a começar pela nomenclatura de sua gramática, estranha e diversa das demais gramáticas da época (1977, p. 27):

> [...] era defensor acérrimo da grafia etimológica. Sob esse aspecto, tornei-me, com ele, insuportável pedante. Em vez de ritmo escrevia rythmo, em vez de tísica, phthsica, em vez de fotógrafo, photographo, em lugar de aborrecer, abhorrecer, em lugar de fotofobia, photophobia, e assim por diante, fazendo questão de exibir sapiência etimológica nas cartas que, por esse tempo, escrevia a meus pais e até à minha avó.

O trabalho mais relevante de Bôscoli, sem dúvida, é sua *Gramática portuguesa*, cuja primeira edição fascicular prolongou-se por pouco mais de três anos. A edição reunida é de 1893[483] e uma segunda edição sairia em 1898. A crítica ao trabalho de Bôscoli bem revela ser muito competente na arte de fazer inimigos, a julgar pela série de artigos depreciativos que um certo J. da Costa e Silva, pseudônimo de Hemetério José dos Santos (1853?-1939)[484], estampou nas páginas de *O Fluminense* simultaneamente à publicação dos fascículos da *Gramática*. A rigor, a cada fascículo publicado correspondia um artigo crítico, sempre depreciador, em que Hemetério aponta uma série de erros e inconsistências no pensamento linguístico de Bôscoli, denominando-o "gramático da Praia Grande", "gramaticozinho de meia tigela", "mestraço de Niterói", "honrado filologozinho", conforme se observa nos extratos abaixo (Costa e Silva, 1900):

> O sr. Dr. Portella, quando presidente do Estado do Rio, fez de um mediocre excripturario do Thesouro Federal um pessimo professor de grammatica, mais facilmente nomeava um lente que um porteiro [...]
> [Só na etimologia] formigam erros crassissimos: é a parte mais errada dessa grammatica que as maiores incongruencias tem propagado; é um amontoado pretensioso de theorias falsas, de desconchavo, de faltas de palmatoria. Assim, por exemplo, ensina o honrado philologozinho, entre mil outras pequices, as seguintes, que mostram peremptoriamente a sua ignorancia supina em questões etymologicas:
> 1º Tratando da obliteração do systema das declinações latinas, diz que as relações expressas por meio dos casos são indicadas no portuguez (§ 335) "por meio da anteposição de preposição e de adjectivos *limitativos* ou *determinativos*".

---

483. A 2ª edição, de 1898, anuncia estar no prelo um *Dicionário gramatical português*, que aparentemente não foi concluído.
484. Ventura Bôscoli afirma tratar-se de um "conhecido gramático maranhense".

> Por meio de preposições e syntacticamente, sim; nunca, porém, por meio de adjectivos limitativos ou determinativos. Como quer, com effeito, que o mestraço de Nictheroy que adjectivos que elle proprio ensina terem por funcção (§ 20) modificar o substantivo, limitando-lhe a significação em relação ao numero, á posição, á pertença, etc. possam exprimir as diversas relações que as palavras têm entre si, isto é, as relações que nas linguas syntheticas são expressas por desinencias casuaes?!!

As críticas de Hemetério, em sua maior parte, procedem, sobretudo porque Ventura Bôscoli, homem de irrestrita índole diacrônica, paradoxalmente revela pouca segurança nas referências sintáticas do latim no português. Ademais, sua personalidade reacionária chega a condenar formas verbais como *despeço* e *impeço*, em favor dos arcaicos *despido* e *impido*. Algumas das críticas, porém, resvalam na má vontade ou, se quisermos, na leitura apressada ou ofuscada pela inimizade. É o que ocorre com respeito à designação de "palavras substantivadas" aos pronomes demonstrativos em frases como "Nós queremos *este* e *aquele*" e "palavras adjetivadas" em "pregar não é *praguejar*". Na verdade, Bôscoli atesta com justeza que palavras de uma dada classe gramatical podem exercer função como se fossem de outra classe, de que decorre um uso substantivado de pronomes – notem-se os denominados *pronomes substantivos* que nos legou a linguística de Henry Sweet (1845-1912) – ou um uso adjetivado de palavras que sintaticamente estejam em função atributiva. Evidentemente, a crítica impiedosa de Hemetério foi maldigerida por Ventura Bôscoli, a ponto de chegar à ofensa explícita: "falando-se com um sujeito que se chama Costa, o melhor meio de confundil-o é alludir ao fundo das costas" (*O Fluminense*, 3 jan. 1900, p. 3). A crise que se instalou entre os dois inimigos foi de tal monta que Bôscoli chegou a ofender a honra da esposa de Hemetério chamando-o de "um marido condescendente".

As fontes doutrinárias de Bôscoli, a julgar pelas informações que o próprio autor fornece no prefácio da 1ª edição, reúne praticamente todos os mais prestigiados filólogos brasileiros de seu tempo, entre eles Júlio Ribeiro (1845-1890), Fausto Barreto (1852-1915), Carlos de Laet (1847-1927), Manuel Pacheco da Silva Júnior (1842-1900), João Ribeiro (1860-1934), Maximino Maciel (1866-1923), a que se unem nomes estrangeiros de grande repercussão, tais como Arsène Darmesteter (1846-1888) e Friedrich Diez (1794-1876). A impressão é de que Bôscoli opta por relacionar praticamente todos os linguistas de escol então em evidência apenas para revestir seu trabalho de qualificação científica. No plano conceitual, Bôscoli define gramática como "o estudo das leis que regem o desenvolvimento da linguagem humana" (1898 [1893], p. 11), conceito em que se percebem os significativos termos "leis" e "desenvolvimento". Adianta-se, também, em definir linguagem humana, mediante uma curiosa classificação em *falada* ou *articulada*, *escrita* ou *representada*, *mímica* e *acionada*. Certa herança do modelo racionalista, identificável no horizonte de retrospecção de Bôscoli, pode sentir-se em definições pontuais, tais como a de palavra como "expressão de uma idéa".

No tocante à classificação dos gêneros gramaticais, Bôscoli segue o curso dos demais textos de sua época ao traçar referência à *gramática geral*, ocupada com as leis que regem todas as línguas, a que também denomina *filosófica*, decerto por referência ao princípio do universalismo da gramática na tradição razoada, à gramática histórica, à gramática comparada e à gramática particular. Sua referência à língua portuguesa, entretanto, como "conjuncto de palavras do cabedal do povo português" (1898 [1893], p. 12) revela uma visão muito restrita da fenomenologia da linguagem, limitada ao léxico.

A visão orgânica da gramática em Bôscoli, conforme já observado, segue a proposta bipartite que se consagrara no movimento da gramática científica, atribuindo-se à lexiologia (*lexilogia*, na opção do autor) "o tractado das palavras isoladas, consideradas sob o ponto de vista phonico, isto é, como compostas por phonemas (*elementos materiaes*), e sob o ponto de vista morphico, isto é, com relação ás formas (*elementos formaes*)" (1898 [1893], p. 248). Destarte, subdivide-se a lexiologia em *fonética, prosódia, gráfica, taxionomia, campenomia* e *etimologia*. Ventura refere-se ao grande campo da *sintaxilogia* como "tractado da sentença em toda a extensão" (1898 [1893], p. 248), subdividindo-a em cinco campos: *fraseologia*, estudo da estrutura da sentença; *sintaxe*, a "parte da syntaxilogia que estuda a funcção e a concordância das palavras, consideradas como elementos constitutivos de cada asserção de uma sentença" (1898 [1893], p. 255); topologia, atinente à colocação dos elementos que integram a sentença; *semiologia*, ocupada com o sentido das palavras na sentença; *estilística*, parte que se ocupa das formas especiais de estilo.

Cabe ressalvar que, no segmento final de sua gramática, Bôscoli oferece um apêndice com estudo particular das partículas de realce, elementos que fugiam à análise gramatical segundo o modelo então usado, além de três pontos especialmente atinentes ao português do Brasil: *idiotismos, dialetos, provincialismos* e *brasileirismos*, não obstante resumam-se a não mais que duas páginas de pinceladas lexicais.

12.2.8 Maximino Maciel (1865-1923)

O sergipano Maximino de Araújo Maciel nasceu na pequena cidade de Rosário do Catete no dia 20 de abril de 1865[485], filho de João Paulo dos Santos (?-?) e Maria Clara dos Santos de Araújo Maciel (?-?). Oriundo de família pobre, enfrentou extrema dificuldade para preparar-se no ensino fundamental, sobretudo em face da precária oferta de educação qualificada na cidade natal. Concluiu os preparatórios na capital de Sergipe em 1881 e transferiu-se para o Rio de Janeiro em 1º de março de 1883, a bordo do paquete Novo Momento. Na Corte, viria a estabelecer-se como professor de Língua Portuguesa e de Língua Francesa em algumas instituições de ensino prestigiadas, entre elas a Escola Senador Correia, o Colégio Augusto e o Liceu Americano. Foi redator da *Revista do Círculo Católico*, instituição a que pertencia e da qual foi diretor executivo. Também pertenceu à *Sociedade Carnavalesca dos Fenianos*, uma das instituições que abrilhantavam o carnaval do século XIX. Em 22 de abril de 1888, casou-se com Petronila de Moraes (?-?), com quem teve uma filha, Iracema Maciel (?-?). Faleceu no Rio de Janeiro no dia 2 de maio de 1923.

Maciel formou-se em Ciências Jurídicas e Sociais na Faculdade de Direito do Rio de Janeiro em 1894, mas não há notícia de que tenha efetivamente atuado como advogado ou exercido função na área jurídica. Em 1901, obteve o grau de doutor em Medicina pela Faculdade de Medicina do Rio de Janeiro, onde seria colega de Vital Brasil Mineiro da Campanha (1865-1950), com defesa da tese *As proporções do indivíduo humano e suas deduções médicas e alitrológicas*. Seu trabalho auferiu grande repercussão no meio acadêmico, pois tomava por base a configuração anatômica do cérebro para fundamentar o grau de desenvolvimento do homem. Por sinal, exerceu a medicina com empenho e regularidade, vindo a tornar-se médico muito conhecido na região do Engenho Novo, bairro do Rio de Janeiro, onde residiu durante boa parte da vida. A popularidade de Maciel pode medir-se por um fato pitoresco: pelo início do século XX, os bondes eram identificados por uma tabuleta colorida no frontispício: o que seguia para Vila Isabel tinha tabuleta vermelha, o que seguia para o Engenho Novo, verde. Como Maciel usava os dois anéis de grau no dedo anelar da mão esquerda – com

---

485. Alguns textos afirmam que teria nascido em 1866, informação que acolhemos em outros trabalhos (cf. Cavaliere, 2014). Blake, no entanto, assinala o ano de 1865 e o próprio Maciel, na *Introdução* de sua *Gramática analítica* (1887), afirma que a escrevera no ano de 1885, quando tinha apenas 20 anos de idade.

a esmeralda da medicina e o rubi do direito – passou a ser conhecido como "doutor Vila Isabel-Engenho Novo"[486].

O exercício da medicina, entretanto, trouxe-lhe grande dissabor em face de um episódio que durante largo tempo pôs em xeque sua proficiência, a ponto de lhe valer um inquérito por homicídio culposo. As fontes jornalísticas relatam que Maciel fora chamado para assistir a Senhora Raimunda Reis, que sofria muito em um trabalho de parto complicado. Diante de um caso de eclâmpsia, Maciel solicitou o auxílio de um colega, mas o agravamento do quadro levou a paciente à morte. Desde logo, correu a notícia de que a morte da parturiente ocorrera por imperícia do médico parteiro, de que decorreu um inquérito policial que durou alguns meses, com depoimentos e até exumação do cadáver. O resultado da investigação, entretanto, não foi conclusivo quanto à culpa de Maciel, pelo contrário, as evidências eram de que o procedimento fora correto. Em decorrência, o Ministério Público opinou pelo arquivamento do inquérito.

Como filólogo e professor, Maciel atuou na docência de língua portuguesa na Escola Militar do Rio de Janeiro, onde ingressou por concurso em 1893 e foi colega de outros nomes relevantes dos estudos linguísticos, entre eles Hemetério dos Santos (1853-1939) e Fausto Barreto (1852-1915). No período de 19 de abril de 1898 a 19 de abril de 1899, tendo em vista a reforma do ensino nos estabelecimentos militares[487], a Escola Militar passou a ser denominada Colégio Militar do Rio de Janeiro. Disso resultou a decretação de disponibilidade de vários professores cujas disciplinas não constavam do novo currículo escolar. Enquadrado nessa situação, Maciel foi efetivamente posto em disponibilidade, mas conseguiu retomar a função após comprovar que sua disciplina, Língua Portuguesa, continuava a constar do currículo escolar. Em 1919, já em fim de carreira, atingiu o posto de tenente-coronel como membro efetivo do corpo docente.

A atividade cultural e acadêmica de Maciel desdobra-se em várias frentes de atuação, mercê de sua formação plural em áreas diversificadas. Integrou o Instituto Histórico e Geográfico de Sergipe e a Imperial Academia de Medicina. Sua produção inclui artigos, ensaios e livros nas áreas da zoologia, mineralogia, botânica, medicina e filologia, a par de suas publicações grama-

---

486. Cf. a reportagem em *O Século*, 2 jun. 1910, p. 1, disponível em http://memoria.bn.br/DocReader/DocReader.aspx?bib=224782&pesq=%22vila%20izabel%20engenho%20novo%22&hf=memoria.bn.br&pagfis=4605. Há uma referência a este fato em uma das entrevistas do Projeto Nurc do Rio de Janeiro, disponível em https://nurcrj.letras.ufrj.br/corpora/did/did_247.htm

487. Cf. Decreto n. 2.884, de abril de 1898.

ticais. Entre seus textos na área da medicina, destaca-se o estudo *Valeur des differentes méthodes de traitement dans la tuberculose*, trabalho apresentado no Congresso Internacional de Tuberculose, realizado em Paris, e publicado no Rio de Janeiro em 1905[488]. Sua índole polígrafa legou-nos textos em áreas várias: *Lições de botânica geral* (Garnier, 1901), *Noções gerais de agronomia* (Rio de Janeiro: Livraria Garnier, 1903), *Elementos de chimica geral* (2ª ed. Rio de Janeiro: Garnier, 1913), *Elementos de zoologia geral e descritiva* (Rio de Janeiro: Garnier, 1922).

Na seara linguística, Maciel é igualmente dotado de ampla e qualificada bibliografia, já que se manteve muito produtivo até os últimos anos de vida[489]. A partir da década de 1920, passou a contribuir com frequência na *Revista de Língua Portuguesa*, dirigida por Laudelino Freire (1873-1937), com o texto inaugural *Ensaios de polissemia na língua vernácula* (1920). É de sua lavra a *Gramática analítica* (1887), a *Gramática descritiva* (1894), *Lições elementares de língua portuguesa* (1933 [1910]) e *Filologia portuguesa* (1889). Dono de perfil intelectual positivista, embora não se possa atribuir-lhe ativismo expressivo nessa corrente ideológica, Maciel primou pela descrição dos fatos linguísticos à luz da comprovação empírica e da irrestrita submissão aos dados cientificamente comprováveis. Nesse diapasão, sua ojeriza à chamada "gramática metafísica", que à sua época ainda vicejava no plano do ensino – a despeito de todo o movimento em direção distinta que se impusera a partir da Reforma Fausto Barreto – era reiteradamente referida nos ensaios e textos de maior envergadura, como uma espécie de necessária reafirmação axiológica a cada linha escrita.

As fontes doutrinárias de Maximino Maciel são as que ordinariamente habitam as páginas da gramática científica dos Oitocentos, possivelmente em número maior do que se observa em outros filólogos da época. Há em Maciel, por sinal, uma preocupação mais acurada de oferecer referência o mais completa possível acerca de suas fontes, um hábito que não se costuma encontrar na literatura linguística da época (1922 [1894], p. V):

> A nossa grammatica póde não prestar; mas a orientação é inteiramente differente do que se tem publicado sobre grammatica portugueza, e a maior parte dos pontos, quasi toda a doutrina, estão consolidados por autores de nomeada.

---

488. Sobre este texto, cf. referência em United State Army (1972, p. 899).

489. Sobre a obra de Maximino Maciel, cf. Moraes (1997), Cavaliere (2003), Bastos, Brito e Hanna (2006), Fávero e Rodrigues (2018) e Andrade (2019).

> Assim procedemos, porque a probidade scientifica conselha citar-se um autor, desde que lhe estejamos de accordo com as opiniões attinentes a um ponto, para mostrarmos as fontes a que recorremos.
> Este é e ha de ser o nosso proceder, sempre que houvermos de escrever sobre qualquer assumpto.

Outro aspecto notável da produção linguística de Maciel, igualmente raro nos textos análogos, diz respeito à exemplificação dos fatos descritos mediante *corpora* de língua escrita literária o mais frequente possível. Busca o gramático sergipano evitar a exemplificação com textos da própria lavra, reconhecidamente inidôneos (1920, p. VI):

> Rarissimos são os exemplos nossos e esses poucos devidos ao trabalho improbo de estarmos folheando escriptores para colher o exemplo adequado, de modo que a nossa syntaxe está de accordo com os monumentos da lingua.
> É um dos maiores defeitos e até falta de criterio formular o autor a regra e fazer o exemplo, o que largamente tem contribuido para o divorcio entre a grammatica e os phenomenos da lingua, quando aquella deve ser o codigo, o registro em que estes se achem consignados.

Assim, se na doutrina Maciel se serve de diversificada fonte para se abeberar das novas ideias sobre a língua e o papel científico-pedagógico da gramática, nomeadamente Max Müller (1823-1900), Adolfo Coelho (1847-1919), Arsène Darmesteter (1846-1888), Salomon Reinach (1858-1932), Auguste Brachet (1845-1898), entre outros, sem olvidar brasileiros como Júlio Ribeiro e Hemetério dos Santos, na seleção do *corpus* opta por Camões, Latino Coelho, Vieira, Castilho, Herculano, próceres da literatura portuguesa, com este ou aquele toque de brasilidade com um Alberto de Oliveira, um Cândido Jucá [Filho] e um Gonçalves Dias. Decerto que a seleção do *corpus* não se podia caracterizar como integralmente contemporânea, mas, em contrapartida, não era integralmente anacrônica, de que resulta uma *aurea mediocritas* entre o antigo e o moderno nas fontes literárias.

Na *Introdução* do trabalho *Filologia portuguesa* (1889) Maciel já se revela consciente do caráter interdisciplinar da filologia e seu amplo espectro de cobertura na investigação do texto, à luz da antropologia, da sociologia, da religião e outras áreas do saber humanístico (1889, p. I):

> As linguas são verdadeiros organismos historicos, sujeitos ás leis da assimilação e da dissimilação que se desenvolvem nos phenomenos das alterações lexicas, provocadas por processos expontaneos e habitos tradicionaes.

> As linguas são os reservatorios historicos onde se depositam os thesouros das tradições populares, transmittidas através das gerações que se aysmaram e desappareceram no pelago insondavel dos tempos.
> O movimento historico de um povo, os phenomenos de ordem sociologica são outras tantas cousas predisponentes que acceleram phenomenos de grande extensão no dominio glottologico.
> A religião, o direito, a mythologia, a archeologia, as proprias sciencias physicas e naturaes são indispensaveis ao glottologo, porquanto são sciencias auxiliares e necessarias á resolução do problema historico relativo conhecimento da natureza do homem.
> A anthropologia presta também o seu contingente, porquanto estuda o homem em todas as suas manifestações, e, collocando-o sob o ponto de vista physico e concreto, estuda-lhe as condições organicas, apoiando-se sobre a concepção das leis da organisação dos seres [...]
> D'estas considerações dimana illativamente a importancia fundamental do estudo das linguas em todas suas manifestações, porquanto por meio dellas possamos nos elevar ao conhecimento intimo da palavra, verdadeira barreira levantada entre o homem e os outros animaes.

É, pois, sob o manto desses conceitos que Maciel define gramática nas páginas de sua *Filologia portuguesa*, como "o tractado dos factos e dos phenomenos da linguagem em todas as suas manifestações exteriores" (1889, p. 2), uma definição que não se afasta um milímetro do conceito de linguística como a ciência que estuda a língua em todas as suas manifestações, tão difundida nos últimos decênios do século XX. Na verdade, o que faz a linguística no final dos Novecentos é expandir suas fronteiras do sistema para o texto, de que resulta natural absorção da filologia, agora "repaginada" como linguística textual. Daí perceber-se que para estudar a língua é mister o texto, e para estudar o texto impõe-se a interdisciplinaridade.

No tocante à *Gramática descritiva*, sua obra maior, Maciel buscou conferir-lhe um caráter híbrido, como usual à época, já que o mercado editorial não concebia a edição de gramáticas com propósito meramente descritivo. Impunha-se o perfil pedagógico, mormente considerando-se que o autor era lente da Escola Militar, portanto dotado de público potencial e condições privilegiadas para que obtivesse sucesso editorial. Assim é que a *Gramática descritiva* "baseada nas doutrinas modernas" claramente se destina ao alunado dos principais colégios da Corte, posteriormente capital da República, e províncias mais avançadas no plano educacional. Uma questão ainda resta pendente a respeito da *Gramatica descritiva*: trata-se de obra inédita ou uma reedição da *Gramática analítica*? Alguns historiógrafos têm-se posicionado pela segunda hipótese[490], decerto em face do *Prólogo* da edição de 1894, intitulado *Prólogo da 2ª edição*. No entanto, outros elementos de cunho conceitual, para além da mera mudança de título, conduzem-nos para a consideração da *Gramática analítica* e da *Gramática descritiva* como obras distintas, conforme nos instrui o próprio autor. Observe-se que na abertura do *Prólogo*, Maciel afirma que "em 1887, embora no verdôr dos nossos annos, publicámos o nosso primeiro trabalho – Grammatica analytica" (1894, p. 1), de que se infere ser a *Gramática descritiva* outro trabalho. Ademais, o perfil da *Gramática descritiva* como texto distinto da *Gramática analítica* evidencia-se a cada comentário do autor em que busca conferir fundamentação editorial distinta a ambas as obras (1922 [1894], p. 1):

> É certo que esse trabalho nosso a que alludimos [a Gramática analítica], posto que houvesse sido acceito pelos competentes e exaltado pela imprensa, se ressentia de muitos defeitos, devidos á transição em que se achavam as doutrinas d'então.
> Além disso, nós o escrevemos baseados mais no que haviamos lido do que na observação e até *experimentação* dos phenomenos da lingua, de sorte que actualmente discordamos de alguns pontos, graças á longa pratica do magisterio em que consolidamos o que sabiamos e adquirimos o que hoje se acha no corpo dessa *Grammatica Descriptiva*.

E, como se não bastasse, sentencia o autor (1922 [1894], p. 1):

> Esta grammatica nada tem com a outra, serve apenas de um como protesto aos que injusta ou justamente nos criticaram, até mesmo sobre pontos de que já nos haviamos occupado em outras publicações posteriores ao nosso compendio de 1887.

A exitosa trajetória da *Gramática descritiva* na práxis pedagógica conferiu-lhe 11 edições conhecidas, a última em 1931, a rigor uma reedição da 8ª, a derradeira em vida. O plano sinótico divide a matéria gramatical em quatro níveis – *fonologia, lexiologia, sintaxilogia, semiologia* – desmembrando a *fonologia* da *lexiologia* de Júlio Ribeiro e conferindo especial relevo à *semiologia*, sob inspiração das ideias desenvolvidas por Darmesteter em *La vie des mots*, que usava o termo *semântica* para significar a teoria da significação[491]. Súdito do descritivismo exaustivo, Maciel faz subdividir cada um desses quatro níveis em partes distintas, atinentes à natureza do assunto ana-

---

490. Cf. Fávero e Rodrigues (2018) e Moraes (1997).

491. Saliente-se que, antes, Pacheco e Lameira já haviam conferido relevo à semântica em suas *Noções de gramática portuguesa* (1887).

lisado. Assim, decompõe-se a *fonologia* em *fonética, fonografia, prosódia* e *ortografia*; a *lexiologia* em *morfologia, taxinomia, ptoseonomia* e *etimologia*; a *sintaxilogia* em *relacional, fraseológica* e *literária*; e a *semiologia* em *semântica* e *tropologia*.

A rigor, o que temos em Maciel é uma versão mais detalhada do plano sinótico desenvolvido por Júlio Ribeiro (1881), com especial destaque para a semiologia. Esse descritivismo pormenorizado e meticulosamente organizado tinha, além do fim óbvio de levar às últimas consequências o princípio do experimentalismo indutivo, um outro mais pragmático: o trabalho de Maciel entrava no mercado para figurar entre os compêndios mais usados nas classes de língua portuguesa.

Gramática	Fonologia	Fonética
		Fonografia
		Prosódia
		Ortografia
	Lexiologia	Morfologia
		Taxinomia
		Ptoseonomia
		Etimologia
	Sintaxilogia	Relacional
		Fraseológica
		Literária
	Semiologia	Semântica
		Tropologia

Quadro: Plano sinótico da *Gramática descritiva*, de Maximino Maciel

Decerto que outros textos gramaticais publicados nos primeiros anos do século XX conseguiram igual êxito, sem que para tanto houvessem de mergulhar no atomismo descritivista de Maciel, caso da *Gramática expositiva* (1907), de Eduardo Carlos Pereira (1855-1923), cujas teses revelam certa retomada do modelo racionalista. Ortodoxo, Maximino Maciel aplica à morfologia o rigor conceitual do naturalismo linguístico: "tratado das palavras, organicamente consideradas, isto é, com relação aos seus elementos materiaes ou fórmas exteriores" (1922 [1894], p. 76). Não escapa à análise mais cuidadosa o manifesto do cientificismo linguístico contido nessa definição: ao referir-se às palavras como *organicamente consideradas*, Maciel estatui a morfologia linguística no mesmo nível da morfologia biológica, dos *organismos vivos*, cuja decomposição revela as funções que as partes exercem harmonicamente em todo o corpo. Como *elementos materiais*, já não se compreendem somente aqui os sons da língua, porém as *formas exteriores* da palavra, ou seja, os segmentos que *de per si* cumprem um papel orgânico no conjunto do vocábulo.

Não obstante os manuscritos da *Gramática descritiva* tenham desaparecido, as edições de que se dispõe constituem um corpo de tradição impressa suficiente para que se publique uma edição crítica, tarefa que está à espera de mãos competentes. A última edição em vida (1922 [1884]), serve indiscutivelmente como texto de base, não apenas pelo fator meramente cronológico, como também pelo próprio reconhecimento de Maciel, que a ela se refere como a que requereu "maior solicitude e attenção" (1922 [1894], p. 2). Com efeito, a edição de 1922 resume os derradeiros esforços do filólogo para elaborar um manual atualizado, em consonância com tantos outros estudos vindos a lume até o segundo decênio deste século. Na referida edição, Maciel ressalta a reformulação do tratamento imposto aos tropos, antes tidos como "deuses", agora analisados como "termos technicos da systematica das linguas" (1922 [1894], p. IX). Cabe ainda à 8ª edição aprimorar a descrição de alguns fatos sintáticos, inclusive com maior exemplificação, fruto da mais recente pesquisa do autor. Dado o rigor metodológico de sua concepção e organização, bem como o ideário linguístico de que se serve o autor para descrever a língua em seu uso literário, não resta dúvida de que a *Gramatica descritiva*, de Maximino Maciel, resume-se no manual mais representativo do cientificismo linguístico que norteou a gramaticografia brasileira do português na segunda metade do século XIX.

Referências

A escola: revista brasileira de educação e ensino (1877-1878). Rio de Janeiro: Serafim Alves Editor.

A instrucção pública, folha hebdomadária (1872). Rio de Janeiro, n. 16.

A instrucção publica (1872-1888). Rio de Janeiro: Typografia Cinco de Março.

A província, orgão do Partido Liberal (1873). Recife: Typographia do Commercio, 10 dez.

Abreu, J.C. (1933). A obra de Anchieta no Brasil. In: Academia Brasileira de Letras. *Cartas, orações, fragmentos históricos e sermões do Padre Joseph de Anchieta, S.J. (1554-1594)*. Rio de Janeiro: Civilização Brasileira S.A., Cartas Jesuíticas, vol. III, p. 11-15.

Abreu, J.C. (1998). *Capítulos de história colonial: 1500-1800*. Brasília: Conselho Editorial do Senado Federal.

Academia Brasileira de Letras (1931). *Cartas, orações, fragmentos históricos e sermões do Padre Joseph de Anchieta, S.J. (1554-1594)*. Rio de Janeiro: Civilização Brasileira S.A., Cartas Jesuíticas, vol. II.

Academia Brasileira de Letras (1933). *Cartas, orações, fragmentos históricos e sermões do Padre Joseph de Anchieta, S.J. (1554-1594)*. Rio de Janeiro: Civilização Brasileira S.A., Cartas Jesuíticas, vol. III.

Acízelo de Souza, R. (1999). *O império da eloqüência: retórica e poética no Brasil oitocentista*. Rio de Janeiro: EdUERJ/EdUFF.

Adêt, É. (1843). Litteratura Contemporanea franceza. *Minerva Brasiliense, Sciencias*, Rio de Janeiro, vol. 1, n. 4, 15 dez., p. 109-111.

Agnolin, A. (2007). *Jesuítas e selvagens: a negociação da fé no encontro catequético-ritual americano-tupi (séculos XVI-XVII)*. São Paulo: Humanitas Editorial.

Aguiar, M.R. (2007). As reformas ortográficas da língua portuguesa: uma análise histórica, linguística e ideológica. *Filologia e Linguística Portuguesa*, n. 9, p. 11-26.

Alarcos Lhorach, E. (1999). *Gramática de la lengua española*. Madri: Real Academia Española, Editora Espasa Calpe, S.A.

Alberto Jr., P.J. (1858). *Grammatica ecleticorudimentaria da lingua portugueza.* Bahia.

Albuquerque, S.H. (1842). *Novas cartas para aprender a ler, nas quaes se mostra que não é necessario estudar as sillabas isoladas dos nomes, como se ensina pelas antigas cartas.* Pernambuco.

Albuquerque, S.H. (1844 [1833]). *Breve compendio de grammatica portugueza.* 5. ed. Pernambuco: Tipografia de Santos.

Albuquerque, S.H. (1873). *Rudimentos de grammatica portugueza.* Recife: Typographia Commercial.

Alencar, J. (1856). *Cartas sobre A Confederação dos Tamoyos por Ig* (publicadas no Diário). Rio de Janeiro: Empreza Typographica Nacional do Diario.

Alencar, J. (1874). O nosso cancioneiro, cartas ao Sr. J. Serra. *O Globo*, 7 dez., p. 1-2.

Alencar, J. (1956). A Confederação dos Tamoios, quarta carta. *Diário de Rio de Janeiro*, Rio de Janeiro, 6 jul., p. 1.

Alencar, J. (1960). O nosso cancioneiro. In: *Obra Completa.* Rio de Janeiro: J. Aguilar, vol. 4, p. 965-966.

Alencar, J. (1960). Questão filológica. In: *Obra completa.* Rio de Janeiro: José Aguilar, p. 939-961.

Alencar, J. (1977). *As minas de prata.* 7. ed. Rio de Janeiro/Brasília: José Olympio Editora/INL. Edição comemorativa do centenário do autor.

Alencastro, L.F. (2000). *O trato dos viventes: formação do Brasil no Atlântico Sul – Séculos XVI e XVII.* São Paulo: Companhia das Letras.

Alexander, A. (1887). *Analyse de relações.* Rio de Janeiro: Typographia Laemmert.

Alfaro Lagorio, C. & Freire, J.R.B. (2014). Aryon Rodrigues e as Línguas Gerais na historiografia linguística. *D.E.L.T.A.*, 30 especial, p. 571-589.

Alighieri, D. (2011 [1577]). *De vulgari eloquentia.* Tradução, introdução e notas de Tiago Tresoldi; prefácio de Henrique Sagebin Bordini. Ed. bilíngue. Porto Alegre: Tiago Tresoldi Editore.

Alkmim, M.G.R. (2001). *As negativas sentenciais no dialeto mineiro [manuscrito]: uma abordagem variacionista.* Tese de doutoramento. Belo Horizonte: Universidade Federal de Minas Gerais.

Allen, A. & Cornwell, J. (1841). *New English grammar, with very copious exercises and a systematic view of the formation and derivation of words.* Londres: Simpkin, Marshall & Co.

Allen, A. & Cornwell, J. (1845). *An English school grammar, with very copious exercises, and a systematic view of the formation and derivation of words, comprising Anglo-Saxon, Latin, & Greek lists, which explain the etymology of above seven thousand English words.* 9. ed. Londres: Simpkin, Marshall & Co.

Almanak Administrativo, Mercantil e Industrial do Rio de Janeiro para o anno bissexto de 1844 (1844). Primeiro Anno. Rio de Janeiro: Eduardo e Henrique Laemmert.

Almanak Administrativo, Mercantil e Industrial do Rio de Janeiro para o anno de 1866 (1866). Rio de Janeiro: Eduardo e Henrique Laemmert.

Almanak Imperial do Commercio e das Corporações Civis e Militares do Imperio do Brasil (1829). ed. 2. Rio de Janeiro.

Almanak Militar (1859). Rio de Janeiro: n. 1.

Almeida, A.N. (2013). *Edição genética d'A gramatiquinha da fala brasileira de Mário de Andrade*. Dissertação de mestrado. Universidade de São Paulo, São Paulo.

Almeida, F.M.R. (1866). *Elementos de grammatica portuguesa*. 2. ed. Pernambuco: Typographia de Santos & Cia.

Almeida, J.R.P. (org.). (1989). *História da instrução pública no Brasil (1500-1889): história e legislação*. São Paulo: Ed. da Educ; Brasília: Inep/MEC.

Almeida, S.P. (2008). *Língua, ensino e nacionalidade no Instituto de Educação do Rio de Janeiro (1880-1932): uma contribuição à história das ideias linguísticas*. Tese de doutorado. Instituto de Letras – Universidade Federal Fluminense, Niterói.

Altman, C. (1999). As gramáticas das "línguas gerais" sul-americanas como um capítulo da Historiografia Linguística Ocidental. In: Fernandez, M.; Garcia Gondar, F. & Vázquez, N. (eds.). *Actas del I Congreso Internacional de la Sociedad Española de Historiograffía Lingüística*. Corunha: Arco Libros, p. 151-160.

Alvares, M. (1572). *De Institutione grammatica libri tres*. Lisboa: João Barreira.

Alves, F.F.V. (1897 [1895]). *Segunda grammatica da infancia; curso médio*. 2. ed. Belém: Pinto Barbosa.

Amazonas, L.S.A. (1852). *Diccionario topographico, historico, descriptivo da Comarca do Alto-Amazonas*. Recife: Tipographia Commercial de Meira Henriques.

Amorim, S.S. & Ferronato, C. (2013). O processo de profissionalização docente e a criação da Escola Normal em Sergipe (1827-1879). *Educar em Revista*, Curitiba, n. 49, p. 209-225.

Amsler, M. (1989). *Etymology and grammatical discourse in Late Antiquity and the Early Middle Ages*. Amsterdã: John Benjamins.

Anchieta, J. (1933). Informação da Província do Brasil para nosso padre, 1585. In: *Cartas, informações, fragmentos históricos e sermões do Padre José de Anchieta, S.J. (1554-1594)*. Rio de Janeiro: Civilização Brasileira, p. 409-447.

Anchieta, J. (1984). Carta do Irmão José de Anchieta aos irmãos enfermos de Coimbra. In: Anchieta, J. *Cartas*. Correspondência ativa e passiva. 2. ed. São Paulo: Loyola.

Anchieta, J. (1990 [1595]). *Arte de gramática da língua mais usada na costa do Brasil*. Edição fac-similar com versão atualizada *in fine* por Pe. Armando Cardoso. São Paulo: Loyola.

Andrade, A.A. (1965). *Vernei e a cultura de seu tempo*. Coimbra: Oficinas da Imprensa de Coimbra.

Andrade, A.M. (2019). *Estudo descritivo-analítico do sujeito gramamtical no período de 1881-1915*. Tese de doutorado. Pontifícia Universidade Católica, São Paulo.

Andrade e Silva, H.R. (1911 [1883]). *Grammatica elementar e lições progressivas de composição, adoptada nas escolas primarias da Capital Federal e nas de São Paulo, Paraná, Rio de Janeiro, Minas Santa Catharina, Rio Grande do Sul e outras*. Edição revista, emendada e annotada por João Ribeiro. Rio de Janeiro: Francisco Alves.

Andrade, J.E. (1865). *Elementos de grammatica portugueza*, mais correcta e augmentada por A. da S. Recife: Typographia de Santos e Cia.

Angenot, J.-P.; Kempf, C.B. & Kukanda, V. (2011). Arte da língua de Angola de Pedro Dias (1697) sob o prisma da dialetologia kimbundu. *Papia*, vol. 2, n. 21, p. 231-252.

Anônimo (1750). *Gramatica da lingua geral do Brazil com hum diccionario dos vocabulos mais uzuaes para a intelligencia da dita lingua*. Pará.

Anônimo (1756). *Dicionário português-língua geral*. Manuscrito 1136 da Biblioteca Municipal de Trier.

Anônimo (1828). *Grammatica brasileira ou arte de falar, conforme as regras de Manoel Borges Carneiro*. Ouro Preto: Na Typographia de Silva.

Anônimo (1852). *Compendio de grammatica portugueza; extrahido de Jeronimo Soares Barboza, e d'outros Grammaticos*. 2. ed. Pernambuco: Typographia dos Editores Proprietários Santos & C.ª

Anônimo (s.d.). *Prosódia de língua*. Manuscrito pertencente à Academia de Ciências de Lisboa. Anselm Eckart S.J.

Anônimo (s.d.). *Vocabulário da língua Brasil*. Manuscrito pertencente à Biblioteca Nacional de Lisboa, códice 3143.

Antonio, M. (1791). *O prégador instruido nas qualidades para bem exercer o seu ministério*. Coimbra: Regia Typographia da Universidade.

Aquino, J.E. (2016). *Júlio Ribeiro na história das ideias linguísticas no Brasil*. Tese de doutorado. Unicamp, Campinas.

Aquino, J.E. (2018). A gramática estadunidense como alteridade para a gramatização brasileira do português no século XIX: análise da composição da gramática Holmes Brazileiro ou Grammatica da Puericia de Júlio Ribeiro (1886) a partir do modelo do compêndio *A grammar of the English language* de George Frederick Holmes (1878). *Revista de Estudos da Linguagem*, vol. 26, n. 2, p. 593-632.

Aquino, J.E. (2019). A polêmica entre Júlio Ribeiro e Alberto Sales: uma análise do debate sobre o modelo ideal de organização das ciências e o emprego apropriado de referências teóricas na produção linguística no Brasil no século XIX. *Linha D'Água* [online], São Paulo, vol. 32, n. 1, jan./abr., p. 129-153.

Arago, J. (1839). *Souvenirs d'un aveugle, voyage autour du monde*. Paris: Tome Premier, Hortet et Ozanne.

Araújo, A.M. (2004/2005). Concepções linguísticas das duas primeiras gramáticas maranhenses. *Revista da Academia Brasileira de Filologia, nova fase*, Rio de Janeiro, Abrafil, ano III, n. III, p. 26-32.

Araújo, A.M. (2006). Concepções linguísticas da primeira gramática brasileira. *Correio dos Municípios,* São Luís, 16-31 ago., p. 4.

Araujo, J. (1868). *Guia pratico dos estudantes d'analyse etymologica*. Rio de Janeiro: Typographia de Pinheiros & C.

Arbukle, J.A. (1970). Schleicher and the linguistics/philology dichotomy: a chapter in the history of linguistics. *Word*, vol. 26, n. 1, p. 17-31.

Arens, H. (1976). *La Lingüística: sus textos y su evolución desde la antigüedad hasta nuestros días*, vol. I. Madri: Gredos.

Arenz, K.H. Os possíveis autores do Dicionário de Triers. Biblioteca Nacional Digital. *Dossiês.* Disponível em: https://bndigital.bn.gov.br/dossies/extrato-de-um-dicionario--jesuitico-de-1756-em-lingua-geral/apendice/os-possiveis-autores-do-dicionario-de--trier-1756/. Acesso em: 7 abr. 2020.

Armitage, J. (1837). *História do Brasil: desde o período da chegada da família real de Bragança em 1808 até a abdicação de D. Pedro I em 1831*. Tradução de Joaquim Teixeira de Macedo. Rio de Janeiro: Typographia & Const. de J. Villeneuve & Comp.

Arnauld, A. & Lancelot, C. (1754 [1660]). *Grammaire générale et raisonnée*. Paris, AUPELF/CNRS, Archives de La Linguistique Française 14, Reprod. de l'éd. de Paris: Chez Prault.

Arnauld, A. & Nicole, P. (1878 [1622]). *La logique, ou, L'art de penser*. Paris: Ch. Delagrave.

Arronches, J. (1935 [1739]). O caderno da língua, vocabulário portuguez-tupi, notas e commentários à margem de um manuscrito do século XVIII. Ed. de Plínio Ayrosa. *Revista do Museu Paulista*, n. 21, p. 3-267.

Assis, J.M.M. (1889). Bons dias! *Gazeta de Notícias*, Rio de Janeiro, anno XV, n. 66, 7 mar., p. 1.

Assis, J.M.M. (1973). Notícia da atual literatura brasileira: instinto de nacionalidade. In: Assis, J.M.M. *Obra completa*. 3. ed., vol. 3. Rio de Janeiro: Aguilar, p. 801-809.

Assunção, C.C. (1997). Uma leitura da introdução da Arte da Gramática da Lingua Portugueza de Reis Lobato (1770). *Revista da Faculdade de Letras: Línguas e Literaturas,* Porto, vol. XIV, p. 165-181.

Assunção, C. (2000). *A Arte da Grammatica da Lingua Portugueza de António José dos Reis Lobato: estudo, edição crítica, manuscritos e textos subsidiários*. Lisboa: Academia das Ciências de Lisboa.

Assunção, C. & Fernandes, G. (2007 [1619]). Amaro de Roboredo, gramático e pedagogo português seiscentista, pioneiro na didáctica das línguas e nos estudos linguísticos. In: Roboredo, A. *Methodo grammatical para todas as linguas* (Carlos Assunção e Gonçalo Fernandes Eds.). Edição fac-similada. Vila Real: Utad, Coleção Linguística 1.

Assunção, C. & Fonseca, M.C. (2005). A arte de Grammatica da Lingoa mais usada na costa do Brasil, de José de Anchieta, no quadro da gramaticalização de vernáculos europeus. In: Rio-Torto, G.M.; Figueiredo, O.M. & Silva, F. (orgs.). *Estudos em Homenagem ao Professor Doutor Mário Vilela*, Porto, Faculdade de Letras da Universidade do Porto/ Rainho & Neves, Lda., vol. I, p. 161-175.

Astréa (1831). Rio de Janeiro: Na Typographia Patriotica da Astrea, n. 705, 4 de jun.

Augusto, M.G.M. (2015). Politeia tropical: a recepção dos clássicos, a tradição política no Brasil do século XIX e a tradução das Categorias aristotélicas por Silvestre Pinheiro Ferreira. In: Silva, M.F. & Augusto, M.G.M. (coord.). *A recepção dos clássicos em Portugal e no Brasil*. Coimbra: Imprensa da Universidade de Coimbra, p. 15-68.

Aulete, F.J.C. (1868). *Grammatica nacional elementar*. Recife: Liv. Classica.

Auroux, S. (dir.). (1989). *Histoire des idées linguistiques* – La naissance des métalanges en Orient et en Occident, t. 1. Bruxelas: Pierre Mardaga.

Auroux, S. & Colombat, B. (1999). L'horizon de rétrospection des grammairiens de l'Encyclopédie. *Recherches sur Diderot et sur l'Encyclopédie* [online], p. 111-152. Disponível em: http://journals.openedition.org/rde/821. DOI: https://doi.org/10.4000/rde.821.

Auroux, S. & Delesalle, S. (1990). French semantics of the late nineteenth century analyses. In: Schmitz, H.W. *Essays on Significs*. Papers presented on the occasion of the 150th anniversary of the birth of Victoria Lady Welby (1837-1912). Amsterdã/Filadélfia: John Benjamins Publishing Company, p. 105-132.

Avila-Pires, F.D. (1992). Mamíferos descritos na Poranduba Maranhense de Frei Francisco dos Prazeres. *Revista Brasileira de Zoologia*, t. 9, n. 3/4, p. 203-213.

Ayer, C. (1876 [1851]). *Grammaire comparée de la langue française*. Genebra, Bale e Lyon: H. Georg, Libraire-Éditeur.

Ayrosa, P. (ed.). (1934 [1795]). Dicionário Português-Brasiliano e Brasiliano-Português. *Revista do Museu Paulista*, n. 18, p. 17-322.

Ayrosa, P. (1937). *Os "Nomes das partes do corpo humano pella lingua do Brasil" de Pero de Castilho*, texto tupi-português e português-tupi do século XVII. São Paulo: Empresa Gráfica da Revista dos Tribunais.

Ayrosa, P. (1952). Notas prefaciais. In: *Vocabulário na língua brasílica*. 2. ed. revista e confrontada com o manuscrito fg. 3144 da Biblioteca Nacional de Lisboa por Carlos Drummond, São Paulo, vol. 1, p. 9-11.

Ayrosa, P. (1967). *Estudos tupinológicos*. São Paulo: Universidade de São Paulo. Publicação do Instituto de Estudos Brasileiros.

Azeredo, J.C. (2009). Gramática no Brasil: imagens de um percurso. In: Fontaiña, L.T. & Maleval, M.A.T. (orgs.). *Estudos galego-brasileiros 3: língua, literatura, identidade*. Rio de Janeiro: EdUERJ, p. 245-264.

Azevedo, C.B. (2013). Graccho Cardoso, Abdias Bezerra, José de Alencar Cardoso e o movimento renovador na educação escolar sergipana na década de 1920. *Revista HISTEDBR On-line*, Campinas, n. 53, p. 92-114.

Azevedo, S.M.; Dusilek, A. & Callipo, D.M. (orgs.) (2017). *Machado de Assis: crítica literária e textos diversos*. São Paulo: Unesp Digital.

Bähler, Ú. (2004). *Gaston Paris et la philologie romane avec une réimpression de la Bibliographie des travaux de Gaston Paris publiée par Joseph Bédier et Mario Roques (1904)*. Genebra: Librairie Droz S.A.

Bain, A. (1877 [1873]). *A higher English grammar*. New and revised edition. Londres: Longmans, Green, and Co.

Balbi, A. (1826). *Introduction a l'atlas ethnographique du globe*; contenant un discours sur l'utilité et l'importance de l'étude des langues appliquée a plusiers blanches des connaissances humaines; un aperçu sur les moyens graphiques employées par les differens peuples de la terre; des observations sur la classifications des idiomes decrits dans l'atlas um coup-d'oeil sur l'histoire de langue slave et sur la marche progressive de la civilisation et de la littérature em Russie. Paris: Chez Ray et Gravier Librairies.

Baldus, H. (1948). Fontes primárias para o estudo dos índios do Brasil quinhentista. *Publicações do Instituto de Administração*, São Paulo, USP, n. 28.

Bandeira, A.E. (1928 [1897]). *Grammatica portugueza pratica*. 17. ed. Rio de Janeiro: Francisco Alves.

Bandeira, J.; Xexéo, P.M.C. & Conduru, R. (2003). *Missão francesa*. Rio de Janeiro: Sextante.

Barata, A.M. (2006). *Maçonaria, sociabilidade ilustrada & independência do Brasil (1790-1822)*. Juiz de Fora: Editora UFJF; São Paulo: Annablume.

Barbosa, F.V. (1819). *A primavera. Cantata*. Lisboa: Academia Real das Sciencias de Lisboa.

Barbosa, J.S. (1829 [1776]). *Eschola popular das primeiras letras: dividida em quatro partes*. Coimbra: Real Imprensa da Universidade.

Barbosa, J.S. (2004 [1822]). *Gramática filosófica da língua portuguesa (1822)*. Edição fac-similada, comentários e notas de Amadeu Torres. Lisboa: Academia das Ciências de Lisboa.

Barbosa, M. (1945). *A Igreja no Brasil: notas para sua história*. Rio de Janeiro: A Noite.

Barbosa, M.S.F. (1981). Liberalismo e monarquia nos escritos de Silvestre Pinheiro. *CLIO: Revista de Pesquisa Histórica*, Recife, n. 4, p. 99-105.

Barbosa, R. (1902). *Replica do senador Ruy Barbosa às defesas da redacção do Projecto da Camara dos Deputados em dezembro de 1902*. Rio de Janeiro: Camara dos Deputados.

Barbosa, R. (1949). Parecer sôbre a redação do Código Civil. *Obras Completas de Rui Barbosa*. Prefácio, índices e revisão de Pe. Augusto Magne, S.J. Rio de Janeiro: Ministério da Educação e Saúde, vol. XXIX, t. 1.

Barboza, J.S. (1876). *Compendio de grammatica portugueza*. Recife: Typographia Classica.

Barreiros, A. (1880). A collocação dos pronomes. *Revista Brasileira*, Rio de Janeiro, t. 5, p. 71-84.

Barreto, A. (1986). *Primórdios da Imprensa no Rio Grande do Sul (1827-1850)*. Porto Alegre: Comissão Executiva do Sesquicentenário da Revolução Farroupilha. Subcomissão de Publicações e Concursos.

Barreto, F. (1879). *Archaismos e neologismos da língua*. Rio de Janeiro: these para o concurso a um logar de substituto da cadeira de portuguez e litteratura geral do Collegio de Pedro II.

Barreto, F. (1883). *Themas e raizes*. Rio de Janeiro: these para o concurso á cadeira de portuguez do 2º ao 5º anno do internato do Imperial Collegio de Pedro II.

Barreto, F. & Laet, C. (1929 [1895]). *Anthologia nacional ou collecção de excerptos dos principaes escriptores da lingua portuguesa do 20º ao 16º século*. 14. ed. São Paulo/Belo Horizonte: Francisco Alves.

Barreto, M. (1904). Um pouco de semântica. *Os annaes*, Semanário de Litteratura, Arte, Sciencia e Industria, Rio de Janeiro, 22 out., p. 45.

Barreto, V. (1976). Introdução ao pensamento político de Silvestre Pinheiro Ferreira. In: Ferreira, S.P. *Idéias Políticas*, Textos Didáticos do Pensamento Brasileiro, vol. II. Rio de Janeiro: Editora Documentário.

Barros, C. (1995). As línguas e a gramática tupi no Brasil (século XVI). *Amerindia*: La "découverte" des langues et des écritures d'Amérique: actes du colloque international, Paris, 7-11 september 1993. Paris: Association d'ethnolinguistique Amérindienne, vol. 19-20, p. 3-14.

Barros, C. (s.d.). Fontes em língua geral escritas por jesuítas da Europa Central (século XVIII). In: Barros, C. et alii. *Extrato de um Dicionário Jesuítico de 1756 em Língua Geral*. Rio de Janeiro: Biblioteca Nacional, Dossiês. Disponível em: https://bndigital. bn.gov.br/dossies/extrato-de-um-dicionario-jesuitico-de-1756-em-lingua-geral/apendice/ fontes-em-lingua-geral-escritas-por-jesuitas-da-europa-central-seculo-xviii/

Barros, C. & Lessa, A. (2004). Um dicionário tupi de 1771 como crônica da situação linguística na Amazônia pombalina. *Soletras*, São Gonçalo, UERJ, n. 8, jul./dez., p. 40-51.

Barros, C. & Lessa, A. (orgs.) ([1771] 2006). *Dicionário da língua geral do Brasil que se falla em todas as villas, lugares e aldeas deste vastíssimo Estado*. Belém: Editora da UFPA.

Barros, C. et alii. (s.d.). Extrato de um Dicionário Jesuítico de 1756 em Língua Geral. *Dossiês da Biblioteca Nacional Digital*. Disponível em: https://bndigital.bn.gov.br/ dossies/extrato-de-um-dicionario-jesuitico-de-1756-em-lingua-geral/

Barros, D.B. (1812). *Diccionario portatil portuguez-francez e francez-portuguez*. Paris: Imprimerie de Crapelet.

Barros, F.R.A. (2005). *Dicionário biobibliográfico, histórico e geográfico de Alagoas*. Brasília: Senado Federal, t. II.

Barros, M.C.D.M; Borges, L.C. & Meira, M. (1996). Língua geral como identidade construída. *Revista de Antropologia*, São Paulo, vol. 39, n. 1, p. 191-219.

Bartlett, B.E. (1984). Metalanguage as object-language. In: Auroux, S. et al. *Matériaux pour une histoire des théories linguistiques*. Lille: Université de Lille, p. 517-524.

Bastin, J. (1878). *Langue française ou grammaire comparée et basée sur le latin*. Première partie. São Petersburgo: Imprimerie Trenké & Fusnot.

Bastos, M.H.C. (2002). *Pro patria laboremos: Joaquim José de Menezes Vieira*. Bragança Paulista: Edusf.

Bastos, M.H.C. (2006). Reminiscências de um tempo escolar: memórias do Professor Coruja. *Revista Educação em Questão*, Natal, vol. 25, n. 11, jan./abr., p. 157-189.

Bastos, M.H. & Faria Filho, L.M. (org.). (1999). *A escola elementar no século XIX: o método monitorial/mútuo*. Passo Fundo: Ediupf.

Bastos, N.M.O. (org.). (1998). *Língua portuguesa: história, perspectivas, ensino*. São Paulo: Educ.

Bastos, N.M.O. (2012). Português do Brasil: historiografia linguística oitocentista. *Todas as Letras*, São Paulo, UPM, vol. 14, n. 1, p. 195-207.

Bastos, N.M.O.; Brito, R.H.P. & Hanna, V.L.H. (2006). Gramaticografia novecentista: raízes maximinianas. In: Bastos, N. & Palma, D.V. (orgs.). *História entrelaçada 2*. Rio de Janeiro: Lucerna.

Batista, R. (2002). A "língua de preto" e os métodos de descrição na *Arte da língua de Angola*, de 1697. *Estudos Linguísticos*, vol. XXXI.

Batista, R. (2004). Regras gerais e comparações na *Syntaxe da arte da língua de Angola*. *Estudos Linguísticos*, vol. XXXIII, p. 1.206-1.212.

Batista, R. (2005). Descrição de línguas indígenas em gramáticas missionárias do Brasil colonial. *D.E.L.T.A.,* São Paulo, vol. 21, n. 1, p. 121-147.

Bear, M.F.; Connors, B.W. & Paradiso, M.A. (2006). *Neurociências: desvendando o sistema nervoso*. 2. ed. Porto Alegre: Artmed.

Beauchamps, A. (1815). *Histoire du Brésil depuis sa decouverte en 1500 jusqu'en 1810*. Paris: La Librairie d'Éducation et de Jurisprudence.

Beaurepaire-Rohan, H.P.C. (1956 [1889]). *Diccionario de vocabulos brasileiros*. 2. ed. [fac-similada]. Salvador: Progresso.

Beccari, A.J. (2017). Os estudos da linguagem na Idade Média: as ideias sobre sintaxe do Tratado sobre os modos de significar ou gramática especulativa, de Tomás de Erfurt. *Estudos Linguísticos*, São Paulo, vol. 46, n. 1, p. 172-186.

Bechara, E. (1979). José de Alencar e a chamada língua brasileira. *Repositório Institucional*. Fortaleza: Universidade Federal do Ceará.

Bechara, E. (1997). A tradição gramatical luso-brasileira. In: Gärtner, E. (ed.). *Pesquisas linguísticas em Portugal e no Brasil*. Frankfurt am Main: Vervuert; Madri: Iberoamericana, p. 11-28.

Bechara, E. (1998). Harri Meier e seus estudos de língua portuguesa. *Na Ponta da Língua*. Rio de Janeiro: Liceu Literário Português, p. 109-112.

Bechara, E. (1999). *Moderna gramática portuguesa*. 34. ed. Rio de Janeiro: Lucerna.

Bechara, E. (2000). Sobre influências das ideias linguísticas na *Arte de Gramática* de Anchieta. *Actas do Congresso Internacional Anchieta em Coimbra – Colégio das Artes da Universidade (1548-1998)*, Coimbra, Fundação Eng. António de Almeida, vol. 2, p. 511-524.

Bechara, E. (2001). José de Alencar e a língua do Brasil. *Revista Brasileira – Fase VII*, ano VII, n. 28, jul./ago./set., p. 73-93.

Bechara, E. (2010). *Estudo da língua portuguesa: textos de apoio*. Brasília: Funag.

Bechara, E. (2015). Machado de Assis e o seu ideário de língua portuguesa. História do Ensino de Línguas no Brasil. *Helb*, ano 9, n. 9. Disponível em: http://www.Helb.Org.Br/Index.Php/Revista-Helb/Ano-9-No-9-12015/244-Machado-De-Assis-E-O-Seu-Ideario-De-Lingua-Portuguesa

Becker, C.F. (1830). *A grammar of the German language*. Londres: John Murray.

Béguet, B. (1990). *La science pour tous: sur la vulgarisation scientifique en France de 1850 à 1914*. Paris: Conservatoire National des Arts et Metiers.

Bell, D.V.J. (1975). *Power, influence and authority: essay in political linguistics*. Londres: Oxford University Press.

Benveniste, E. (1988). *Problemas de lingüística geral*. 2. ed., vol. 1. Campinas: Pontes/Editora Unicamp.

Bernardes, D.A.M. (1997). Pacto social e constitucionalismo em Frei Caneca. *Revista de Estudos Avançados*, Universidade de São Paulo, vol. II, n. 29, p. 155-168.

Besouchet, L. (1942). *Mauá e seu tempo*. São Paulo: Anchieta.

Bessa, J.R.F. (1994). Os jesuítas e suas atividades linguísticas no Brasil. *Revista de Letras*, vol. 16, n. 1-2, p. 5-22.

Bettinger, J.B. (1834). *Dictionnaire grammatical*. Manuscrit revue par François Raymond. Paris: A. André.

Bezerra, M.S.S. (1861). *Compendio de grammatica philosophica*. Ceará: Typographia Social.

Biblioteca Nacional (1944). *Documentos históricos Cia. de Jesus* – Bahia – 1727 – t. 2. Registro do Conselho da Fazenda Bahia – 1670-1699, vol. LXIV. Rio de Janeiro: Typographia Baptista de Souza. Ministério da Educação e Saúde.

Bibliotheca Nacional (1937). *Documentos históricos*, vol. XXXV (1549-1559). Rio de Janeiro: Ministério da Educação e Saúde.

Biderman, M.T.C. (2002). A formação e a consolidação da norma lexical e lexicográfica no português do Brasil. In: Nunes, J.H. & Petter, M. *História do saber lexical e constituição de um léxico brasileiro*. São Paulo: Humanitas/Pontes.

Bithencourt, R.A.C. (1862). *Epitome da grammatica philosophica da lingua portuguesa*. Rio de Janeiro: Eduardo & Henrique Laemmert.

Blake, A.V.A.S. (1883). *Diccionário bibliographico brasileiro*, vol. 1. Rio de Janeiro: Tipographia Nacional.

Blake, A.V.A.S. (1893). *Diccionário bibliographico brasileiro*, vol. 2. Rio de Janeiro: Imprensa Nacional.

Blake, A.V.A.S. (1895). *Diccionário bibliographico brasileiro*, vol. 3. Rio de Janeiro: Imprensa Nacional.

Blake, A.V.A.S. (1898). *Diccionário bibliographico brasileiro*, vol. 4. Rio de Janeiro: Imprensa Nacional.

Blake, A.V.A.S. (1899). *Diccionário bibliographico brasileiro*, vol. 5. Rio de Janeiro: Imprensa Nacional.

Blake, A.V.A.S. (1900). *Diccionário bibliographico brasileiro*, vol. 6. Rio de Janeiro: Imprensa Nacional.

Blake, A.V.A.S. (1902). *Diccionário bibliographico brasileiro*, vol. 7. Rio de Janeiro: Imprensa Nacional.

Boeckx, C. & Grohmann, K.K. (2007). The biolinguistics manifesto. *Biolinguistics*, n. 1, p. 1-8.

Bolgar, R. (1973). *Contents in the classical heritage and its beneficiaries*. Cambridge: Cambridge University Press.

Bomtempo, J.M. (1964). Estatutos que sua Majestade manda que se observem interinamente na Academia Médico-cirúrgica: dezembro, 1820. In: Lobo, F.B. *O ensino da medicina no Rio de Janeiro*. Rio de Janeiro: [s.n.], p. 23-29.

Bonvini, E. (2008). Línguas africanas e português falado no Brasil. In: Fiorin, J.L. & Petter, M. (orgs.). *África no Brasil: A formação da língua portuguesa*. São Paulo: Contexto, p. 15-62.

Bonvini, E. (2009). "Revisiter trois siècles après 'Arte da lingua de Angola' de Pedro Dias S.I. – grammaire kimbundu, rédigée au Brésil, mais publiée à Lisbonne en 1697". In: Petter, M.M.T. & Mendes, R.B. (eds.). *Proceedings of the Special World Congress of African Linguistics: Exploring the African Language Connection in Americas*. São Paulo: Humanitas, p. 15-45.

Borges, A.C. (1877). *Resumo de grammatica portugueza para uso das escolas*. 6. ed. augmentada e melhorada segundo os grammaticos modernos mais notaveis. Bruxelas: Typographia e Lithographia E. Guyot.

Borges, A.C. (1880). *Vinte annos de propaganda contra o emprego da palmatoria e outros meios aviltantes no ensino da mocidade*, fragmentos de vários escriptos, publicados no Globo em 1876. Rio de Janeiro.

Borges, A.C. (1880). Vinte e dous annos de propaganda em prol da elevação dos estudos no Brazil. *Jornal do Commercio*. Rio de Janeiro: Typographia a Vapor de Pereira Braga e Cia.

Borges, A.C. (1884). *A lei nova do ensino infantil*. Bruxelas: Typographia e Lithographia E. Guyot.

Borges, A.C. (1888). *Primeiro livro de leitura segundo o Metodo do Barão de Macahubas*. Bruxelas: Typographia E. Guyot.

Borges, A. & Teixeira, G.B. (2021). Francisco Alves da Silva Castilho: um professor na invenção da Escola Brasileira oitocentista. *Cadernos de História da Educação*, vol. 20, p. 1-22.

Borges Neto, J. (2005). História da linguística no Brasil. *Estudos Linguísticos*, n. XXXIV, p. 4-13.

Borges Neto, J. (2018). *História da gramática*. Curitiba.

Bôscoli, J.V. (1885). *Estudo raciocinado de orthographia segundo os principios modernos da sciencia*. Rio de Janeiro: Imprensa Nacional.

Bôscoli, J.V. (1890). Traços geraes de phonetica portugueza. *Cearense*, Órgão Democratico, Fortaleza, n. 64, anno XLIV, p. 2.

Bôscoli, J.V. (1895). *Grammatica da puericia* (lingua vernácula). Rio de Janeiro.

Bôscoli, J.V. (1898). *Grammatica portugueza: estudo raciocinado segundo os principios hodiernos da sciencia da linguagem*. 2. ed. corr. aum. Rio de Janeiro: Livraria Alves.

Bôscoli, J.V. (1898 [1893]). *Grammatica portuguesa: estudo racionado segundo os principios hodiernos da sciencia da linguagem*. Rio de Janeiro: s.n.

Bôscoli, J.V. (1912). *Licções de litteratura brazileira*. Niterói: Editora Jeronymo Silva.

Bôscoli, J.V. & Pacheco da Silva Junior, M. (1888). *Lingua vernácula: noções de analyse phonetica, etymologica e syntatica*. Rio de Janeiro: Imprensa Nacional.

Bosi, A. (1970). *História concisa da literatura brasileira*. São Paulo: Cultrix.

Boto, C. & Albuquerque, S.L. (2018). Entre idas e vindas: vicissitudes do método castilho no Brasil do século XIX. *Revista História da Educação*, vol. 22, n. 56, p. 10-37.

Braga, T. (1876). *Grammatica portugueza elementar: fundada sobre o methodo historico-comparativo*. Porto, Rio de Janeiro: Editora Livraria Portugueza e Estrangeira de João E. da Cruz Coutinho e A.A. da Cruz Coutinho.

Braga, T. (1892). *Historia da Universidade de Coimbra nas suas relações com a instrucção publica portuguesa*, vol. III. Lisboa: Typographia da Academia Real das Ciencias.

Brasil (1827). *Lei de 11 de agosto de 1827*. Rio de Janeiro. Disponível em: http://www.planalto.gov.br/ccivil_03/leis/lim/LIM.-11-08-1827.htm – Acesso em: 13 abr. 2020.

Brasil (1827). *Lei de 15 de outubro de 1827*. Presidência da República. Casa Civil. Disponível em: http://www.planalto.gov.br/ccivil_03/leis/lim/LIM-15-10-1827.htm

Brasil (1854). *Decreto n. 1.331*, de 17 de fevereiro de 1854. Disponível em: http://www2.camara.gov.br/legislação/publicacoes/doimperio

Brazileiro, M.F. (1812). *Nova grammatica ingleza e portugueza dedicada á felicidade e augmento da Nação Portugueza*. Selecta dos melhores authores, por Manoel de Freitas Brazileiro. Liverpool: G.F. Harris's Viuva e Irmãos.

Bréal, M. (1877). *Mélanges de mythologie et de linguistique*. Paris: Librairie Hachette et Cie.

Bréal, M. (1883). Les lois intellectuelles du langage, fragment de sémantique. *Annuaire de l'Association pour l'encouragement des études grecques en France*. Paris: Maisonneuve et Cie. Libraires-Éditeurs, p. 132-142.

Bréal, M. (1897). *Essai de sémantique: science des significations*. Paris: Librairie Hachette et Cie.

Breva-Claramonte, M. (2007). The European linguistic tradition and early missionary grammars in Central and South America. In: Kibee, D.A. (ed.). *History of Linguistics 2005*, selected papers from the Tenth International Conference on the History of the Language Sciences (Ichols X), 1-5 September 2005, Urbana-Champaing, Illinois. Amsterdã/Filadélfia: John Benjamins Publishing Company, p. 236-251.

Brito, F.C.C. (1888). *Exercicios de analyse portugueza lexicologia e syntactica*. Rio de Janeiro: J.G. Azevedo.

Brito, R.P. & Vasconcelos, M.L.M.C. (2015). Olhares sobre a língua nacional no Brasil independente. *Confluência*, Rio de Janeiro, Liceu Literário Português, n. 48, p. 153-165.

Buarque, M.C. (1883). *Grammatica portugueza*. Rio de Janeiro: Typographia do Correio da Tarde.

Bueno, E. (2006). *A coroa, a cruz e a espada*. Rio de Janeiro: Objetiva.

Burggraff, P. (1863). *Principes de grammaire générale, ou exposition raisonnée des éléments du langage*. Lège: Imprimerie de H. Dessain.

Cabral, A.V. (1881). *Annaes da Imprensa Nacional do Rio de Janeiro: de 1808 a 1822*. Rio de Janeiro: Typographia Nacional.

Caetano, B. (1881). *Rascunhos sobre a grammatica da lingua portugueza*. Rio de Janeiro: Typographia de A. dos Santos.

Cagliari, L.C. (2011). Comentários à descrição do ritmo do português na gramática de Jerônimo Soares Barbosa. *Revista de Letras*, vol. 2, n. 10, p. 11-30. Disponível em: http://hdl.handle.net/11449/124862

Cajá, J.F.S. (1854). *Compendio da grammatica portugueza, resumido para uso das escolas de primeiras lettras, extraido dos autores de melhor nota e mais seguidos neste imperio do Brazil e reino de Portugal*. 2. ed. Salvador: A.J.N. Bandeira.

Caldre Fião, J.A.V. (1873). *Revista do Parthenon*, Porto Alegre, n. 12, ano 2, dez., p. 552-554.

Calkins, N.A. (1886). *Primeiras lições de coisas: manual de ensino elementar para uso dos paes e professores*, por N.A. Calkins, vertido da quadragesima edição e adaptado as condiçoes de nosso idioma e paizes que o fallam pelo conselheiro Ruy Barbosa. Rio de Janeiro: Imprensa Nacional.

Calmon, P. (1972). Prefácio. In: Caneca, J.A.D. *Gramática portuguesa; Tratado de eloquência*. Edição comemorativa do Sesquicentenário do Brasil. Rio de Janeiro: Colégio Pedro II, p. 1.

Camara Junior, J.M. (1970 [1941]). *Princípios de lingüística geral*. 4. ed. Rio de Janeiro: Acadêmica.

Camara Junior, J.M. (1970). *Estrutura da língua portuguesa*. Petrópolis: Vozes.

Camara Junior, J.M. (1972). As idéias gramaticais de João Ribeiro. In: *Dispersos*. Rio de Janeiro: FGV.

Camara Junior, J.M. (1975). *História da lingüística*. Trad. Maria do Amparo B. de Azevedo. Petrópolis: Vozes.

Camara Junior, J.M. (1977 [1953]). *Para o estudo da fonêmica portugueza*. Rio de Janeiro: Padrão.

Camara Junior, J.M. (1977). *Introdução às línguas indígenas brasileiras*. 3. ed. Rio de Janeiro: Ao Livro Técnico; Brasília: INL.

Camara Junior, J.M. (1979). *Introdução às línguas indígenas brasileiras*. 3. ed. Rio de Janeiro: Ao Livro Técnico.

Camargo, A.M.A. & Moraes, R.B. (1993). *Bibliografia da Impressão Régia do Rio de Janeiro*. São Paulo: Edusp/Livraria Kosmos.

Camargo, P.F.S. (1948). Fontes primárias para o estudo da história religiosa de São Paulo. *Publicações do Instituto de Administração*, São Paulo, USP, n. 23.

Campos, M.C. (1823). *Vocabulario marujo*. Rio de Janeiro: Officina de Silva Porto e Companhia.

Caneca, J.A.D. (1875-1876). *Obras politicas e literarias collecionadas pelo Commendador Antonio Joaquim de Mello*, vol. I-II. Recife: Typographia Mercantil.

Caneca, J.A.D. (1972 [1875]). *Gramática portuguesa: tratado de eloquência*. Edição comemorativa do Sesquicentenário do Brasil. Rio de Janeiro: Colégio Pedro II.

Capanema, G.S.; Nogueira, B.C.A. & Rodrigues, J.B. (1876-1879). *Ensaios de sciencia por diversos amadores*, vol. I, II e III. Rio de Janeiro: Brown & Evaristo Editores.

Cardim, F. (1847). *Narrativa epistolar de uma viagem e missão jesuítica pela Bahia, Ilheos, Porto Seguro, Pernambuco, Espirito Santo, Rio de Janeiro, S. Vicente (S. Paulo), etc. desde o anno de 1583 ao de 1590, indo por visitador o P. Christovam de Gouvea*, escripta em duas Cartas ao P. Provincial em Portugal. Lisboa: Imprensa Nacional.

Cardim, F. (1925). Narrativa epistolar de uma viagem e missão jesuítica. In: Cardim, F. *Tratados da terra e da gente do Brasil*. Rio de Janeiro: J. Leite, p. 279-415.

Cardim, F. (1925). *Tratados da terra e gente do Brasil*. Introduções e notas de Baptista Caetano, Capistrano de Abreu e Rodolpho Garcia. Rio de Janeiro: Editores J. Leite & Cia.

Cardoso, A. (1990). História da arte de gramática narrada pelos contemporâneos. In: Anchieta, J. *Arte de gramática da língua mais usada na costa do Brasil*. Edição fac-similar com versão atualizada *in fine* por Pe. Armando Cardoso. São Paulo: Edições Loyola.

Cardoso, A. (1997). *Um carismático que fez história: vida do Pe. José de Anchieta*. São Paulo: Paulus.

Cardoso, B. (1873). Apostilas de grammatica: aos meus discípulos. *Jornal do Aracaju*, Sergipe, anno V, n. 426, 5 nov., p. 3.

Cardoso, B. (1944 [1932]). *Tratado da língua vernácula* (grammatica). Rio de Janeiro: Zélio Valverde.

Cardoso, S. (1994). *Historiografia gramatical (1500-1920)* – Língua portuguesa, autores portugueses. Porto: Faculdade de Letras.

Carneiro, M.B. (1820). *Grammatica, orthographia e arithimetica portugueza, ou arte de falar, escrever e contar*. Lisboa: Impressão Régia.

Carochi, H. (1645). *Arte de la lengua mexicana com la declaración de los advérbios dela*. México: Juan Ruyz.

Carolino, L.M. (2012). Manoel Ferreira de Araújo Guimarães, a Academia Real Militar do Rio de Janeiro e a definição de um gênero científico no Brasil em inícios do século XIX. *Revista Brasileira de História*, São Paulo, vol. 32, n. 64, dez., p. 251-278.

Carrara, A.A. (2014). A população do Brasil, 1570-1700: uma revisão historiográfica. *Revista Tempo*, Juiz de Fora, vol. 20, p. 1-21.

Carula, K. (2007). *As Conferências Populares da Glória e as discussões do darwinismo na imprensa carioca (1873-1880)*. Dissertação de mestrado. Unicamp, Campinas.

Carula, K. (2013). Conferências Populares da Glória (1873-1889): preleções para a discussão do cotidiano na Corte Imperial. *Revista do IHGB*, Rio de Janeiro, vol. 174, n. 458, p. 291-318.

Carvalho e Silva, M. (2000). José de Anchieta: uno e múltiplo. O missionário e os vários desdobramentos das suas atividades evangelizadoras em terras do Brasil (1553 a 1597). *Actas do Congresso Internacional Anchieta em Coimbra – Colégio das Artes da Universidade (1548-1998)*, vol. 3. Coimbra: Fundação Eng. António de Almeida, p. 999-1.016.

Carvalho, F.F. (1834). *Lições elementares de eloquencia nacional*. Rio de Janeiro: Eduardo & Henrique Laemmert Editores.

Carvalho, F.R.P. (1886). *Diccionario grammatical destinado a auxiliar aos estudantes nos exercicios de analyse etymologica e logica da lingua portugueza*. Rio de Janeiro: B.L. Garnier.

Carvalho, F.R.P. (1887). *Trechos escolhidos para os exercicios graduados de analyse logica.* Rio de Janeiro: Liv. Classica de Alves & C.

Carvalho, F.R.P. (1899). *Exercicios da lingua portugueza correpondentes á grammatica elementar.* 5. ed. Rio de Janeiro: Francisco Alves.

Carvalho, F.R.P. (s.d.). *Elementos de grammatica portugueza para uso dos alumnos de instrucção primaria.* 15. ed. Rio de Janeiro: Francisco Alves.

Carvalho, J.M. (2007). As conferências radicais do Rio de Janeiro: novo espaço de debate. In: Carvalho, J.M. (org.). *Nação e cidadania no Império: Novos Horizontes.* Rio de Janeiro: Civilização Brasileira, p. 17-41.

Carvalho, M.D. (1863). *Elementos de grammatica portugueza para uso dos alumnos do mesmo estabelecimento.* Bahia: Tipografia Poggetti.

Carvalho, T.G. (1863). Postillas de grammatica geral por Francisco Sotero dos Reis. *Publicador Maranhense,* São Luís, anno XXII, n. 12, 16 jan., p. 2.

Casal, M.A. (1817). *Corografia brasílica ou relação historico-geografica do Reino do Brazil composta e dedicada a Sua Magestade Fidelissima por hum presbitero secular do Gram Priorado do Crato.* Rio de Janeiro: Impressão Régia.

Casassanta, M. (1946). *Júlio Ribeiro e Maximino Maciel.* Rio de Janeiro: Ministério da Educação e da Saúde, Coleção Brasileira de Divulgação, série III, Filologia, n. 1.

Castanha, A.P. (2013). *Edição crítica da legislação educacional primária do Brasil imperial: a legislação geral e complementar referente à Corte entre 1827 e 1889.* Francisco Beltrão, PR: Ed. da Unioeste; Campinas: Navegando Publicações.

Castilho, F.A.S. (1864). *Escola brasileira, preliminares de grammatica, tendo por appendice um mappa pittoresco representando o systema grammatical figurado por meio da arvore da sciencia.* Rio de Janeiro: Typographia Universal de Laemmert.

Castro, E. (1940 [1927]). *Diario da navegação de Pero Lopes de Sousa: 1530-1532.* 2. ed. Rio de Janeiro: Comissão Brasileira dos Centenários Portugueses.

Castro, I.; Duarte, I. & Leiria, I. (1987). *A demanda da ortografia portuguesa.* Lisboa: João Sá da Costa.

Castro, Y.P. (1980). *Os falares africanos na interação social do Brasil Colônia.* Salvador: Centro de Estudos Baianos/UFBA.

Castro, Y.P. (2001). *Falares africanos na Bahia: um vocabulário afro-brasileiro.* Rio de Janeiro: Academia Brasileira de Letras, Topbooks.

Castro, Y.P. (2002). *A língua mina-jeje no Brasil*: *um falar africano em Ouro Preto do século XVIII.* Belo Horizonte: Fundação João Pinheiro, Secretaria de Estado da Cultura de Minas Gerais.

Castro, Y.P. (2011). Marcas de africania no português brasileiro. *Africanias.com,* n. 1. Disponível em: http://www.africaniasc.uneb.br/pdfs/n_1_2011/ac_01_castro.pdf

Castro, Y.P. (2014). A língua mina-jeje no Brasil, uma língua negro-africana documentada em Vila Rica no século XVIII. In: Lima, I.S. & Carmo, L. (orgs.). *História Social da Língua Nacional 2: Diáspora Africana*. Rio de Janeiro: Nau Editora/Faperj.

Casulo, J.C.O. (2009). Um projecto novecentista para alfabetização do exército português. *Revista ACOALFAplp*: Acolhendo a alfabetização nos países de língua portuguesa, São Paulo, ano 4, n. 7.

Cavaliere, R. (2000). A língua descrita por Anchieta na *Arte de gramática da Língua mais usada na costa do Brasil. Actas do Congresso Internacional Anchieta em Coimbra – Colégio das Artes da Universidade (1548-1998)*, vol. 3. Coimbra: Fundação Eng. António de Almeida, p. 1.161-1.168.

Cavaliere, R. (2000). *Fonologia e morfologia na gramática científica brasileira*. Niterói: EdUFF.

Cavaliere, R. (2002). Uma proposta de periodização dos estudos linguísticos no Brasil. *Confluência*, Rio de Janeiro, Liceu Literário Português, n. 23, p. 102-120.

Cavaliere, R. (2003). A respeito da Grammatica descriptiva de Maximino Maciel. *Revista da Academia Brasileira de Filologia*, Rio de Janeiro, Abrafil, ano II, n. II, nova fase, p. 139-148.

Cavaliere, R. (2007). Contato linguístico no primeiro século da Colônia. *Revista Portuguesa de Humanidades*, vol. 11, Braga, Universidade Católica.

Cavaliere, R. (2014). *A gramática no Brasil: ideias, percursos e parâmetros*. Rio de Janeiro: Lexikon Digital.

Cavaliere, R. (2015). Political crisis and linguistic thought discontinuity. The case of the Brazilian 19th-century grammars. In: Hassler, G. (org.). *Metasprachliche Reflexion und Diskontinuität*, vol. 1. Münster: Nodus Publikationen, p. 146-153.

Cavaliere, R. (2015). Um passo da descrição do verbo em Júlio Ribeiro. *Idioma*, Rio de Janeiro, n. 28, 1º sem., p. 70-81.

Cavaliere, R. (2016). O passo inaugural da linguística teórica no Brasil. *Todas as Letras*, São Paulo, edição especial, p. 95-110.

Cavaliere, R. (2016). On the concept of grammatical tradition and its application to linguistic studies in Brazil. In: Assunção, C.; Fernandes, G. & Kemmler, R. *Selected papers from the 13th International Conference on the History of the Language Sciences (ICHoLS XIII)*, Vila Real, Portugal, 25-29 August 2014. Amsterdã: John Benjamins Publishing Company, p. 17-30.

Cavaliere, R. (2019). O nome da língua no Brasil oitocentista. *Linha d'Água*, vol. 32, n. 1, p. 81-106.

Cavaliere, R. (2020). O tema da influência em historiografia da linguística. In: Bastos, N.B. & Batista, R.O. *Questões em historiografia da linguística: homenagem a Cristina Altman*. São Paulo: Pé de Palavra, p. 137-156.

Caxa, Q. (1957). *Breve relação da vida e morte do Pe. José de Anchieta.* Introdução de Joaquim Ribeiro. Rio de Janeiro: Secretaria Geral de Educação e Cultura.

Cerqueira e Silva, I.A. (1835). *Memorias historicas, e politicas da Provincia da Bahia.* Bahia: Typographia do Correio Mercantil, de Précourt e C., t. I.

César, C.F. (1832). *Manual prático ou método resumido do ensino.* Bahia.

César, C.F. (1834). *Grammatica portugueza.* Bahia.

Chatelain, H. (2018 [1888]). *Kimbundo grammar, gramática elementar do kimbundo ou língua de Angola.* Londres: Forgotten Books.

Chavée, H. (1863). A reforma das humanidades. *Diario do Rio de Janeiro, folha politica, litteraria e comercial,* Rio de Janeiro, anno XLIII, n. 346, 16 dez., p. 2.

Cintra, L.L. (1971). Nova proposta de classificação dos dialectos galego-portugueses. *Boletim de Filologia,* Lisboa, Centro de Estudos Filológicos, vol. 22, p. 81-116.

Claudio, A. (1912). *Historia da literatura espirito-santense.* Porto: Officinas do "Commercio do Porto", introdução e parte 1.

Coelho, F.A. (1868). *A lingua portugueza.* Coimbra: Imprensa da Universidade.

Coelho, F.A. (1870). *Theoria da conjugação em latim e portuguez: estudo de grammatica comparativa.* Lisboa: Typographia Universal.

Coelho, F.A. (1874). *Questões da língua portuguesa.* Porto/Braga: Livraria Internacional de Ernesto Chardron e Eugenio Chardron.

Coelho, F.A. (1991). *Noções elementares de grammatica portugueza.* Porto: Lemos & C.ª Editores.

Coelho, J.M. (1843). *Diccionario dos verbos neutros.* Lisboa: Typographia de Salles.

Coelho, O. (2003). Léxico, ideologia e a historiografia linguística do século das identidades. *Revista Letras,* Curitiba, Editora UFPR, n. 61, especial, p. 153-166.

Coelho, O. (2008). Os nomes da língua: configuração e desdobramentos do debate sobre a língua brasileira no século XIX. *Revista IEB,* n. 47, set., p. 139-181.

Coelho, O. (2012). O português do Brasil em Macedo Soares (1838-1905). *Limite,* n. 6, p. 199-215.

Coelho, O.F.; Danna, S.M.D.G. & Polachini, B.S. (2014). O português do Brasil em gramáticas brasileiras do século XIX. *Confluência,* Rio de Janeiro, Liceu Literário Português, n. 46, p. 115-141.

Coelho, S.C.G. (2013). *A Grammatica Philosophica da Lingua Portugueza de Jerónimo Soares Barbosa: Edição crítica, estudo e notas.* Vila Real: Universidade de Trás-os-Montes e Alto Douro, Centro de Estudos em Letras (Coleção Linguística, 10).

Coelho, S.C.G. (2014). A Grammatica Philosophica da Lingua Portugueza de Jerónimo Soares Barbosa: contributos para o estudo da grafia no século XIX. *Domínios de Lingu@gem,* vol. 8, n. 1, 30 jun., p. 664-684.

Coelho, S. & Kemmler, R. (2017). A Grammatica Philosophica da Lingua Portugueza de Jerónimo Soares Barbosa e as suas edições. *Confluência*, Rio de Janeiro, Liceu Literário Português, n. 53, p. 9-34.

Colombat, B. (2007). L'horizon de restrospection du Mithridate de Conrad Gessner (1555). In: Kibbee, D.A. (ed.). *History of linguistics 2005*, selected papers from the 17th International Conference on Historical Linguistics. Amsterdã: Filadélfia: John Benjamins.

Colombat, B.; Fournier, J.-M.; & Puech, C. (2017). *Uma história das ideias linguísticas*. Tradução de Jacqueline Léon e Marli Quadros Leite. São Paulo: Contexto.

Comenius, J.A. (2006 [1649]). *Didática magna*. Tradução de Ivone Castilho Benedetti. 3. ed. São Paulo: Martins Fontes.

Condilac, É.B. (1780). *Cours d'étude pour l'intruction du prince de Parme, aujourd'hui S.A.R. l'infant D. Ferdinand*. Genebra: Chez Du Villard Fils & Nouffer.

Conduru, F.B.O. (1888 [1840]). *Grammatica elementar da lingua portugueza*. São Luiz: s.n.

Conduru, F.B.O. (s.d.). *Grammatica elementar da lingua portuguesa*. 13. ed. São Luiz: Typographia do Paiz.

Conduru, F.P. (2004). *Pai e mestre*. São Luís: Secma.

Conrad, R.E.T. (1985). *O tráfico de escravos para o Brasil*. São Paulo: Brasiliense.

Conselho-Director da Instrucção Primaria e Secundaria do Districto Federal (1891). *Revista Pedagogica*, n. 4, jan., p. 99.

Constancio, F.S. (1831). *Grammatica analytica da lingua portugueza, oferecida á mocidade estudiosa de Portugal e do Brasil*. Paris: J.P. Aillaud; Rio de Janeiro: Souza, Laemmert e C.ª.

Constancio, F.S. (1884 [1773]). *Novo diccionário critico e etymologico da língua portuguesa*. 12. ed. Paris: Editado pelo livreiro de Sua Majestade El Rey de Portugal, L. Belhatte.

Corbière, E. (1823). *Élégies brésiliennes*, suivis de poésies diverses, et d'une notice sur la traite des noirs. Paris: Brissot-Thivars/Plancher.

Cordeiro, J.I. (1844). *Nova grammatica da lingua portuguesa ou arte de falar*. Rio de Janeiro: J. Cremiere.

Corrêa, I.E.J. (2009). Uma coleção de gramáticas. *Revista Interfaces*, Rio de Janeiro, UFRJ, n. 12, p. 110-140.

Corrêa, J.A. (1883). *Estudinhos da língua portuguesa.* Maranhão: Typographia de B. de Almeida & C., 2v.

Correa, R.J. (1897). *Vocabulário sul-riograndense*. S.L: Fchenique & Irmão.

Correio da Tarde, jornal politico, litterario e comercial (1849). Rio de Janeiro: Typographia Americana de I.P. da Costa, n. 402.

Correio da Tarde (1861). Rio de Janeiro, anno 7, n. 74, 8 abr.

Correio do Rio de Janeiro[1] (1823). Rio de Janeiro: Typographia de Torres, n. 41, 19 set., p. 163.

Correio do Rio de Janeiro[2] (1823). Rio de Janeiro: Typographia de Torres, n. 52, 2 out., p. 208.

Cortes, J.F.L. (1888). *Resumo da grammatica portugueza*. Rio de Janeiro: J.J. de Azevedo Editor.

Coruja, A.A.P. (1835). *Compendio de grammatica da lingua nacional dedicado á mocidade rio-grandense*. Porto Alegre: Typographia de V.F. de Andrade.

Coruja, A.A.P. (1838). *Manual dos estudantes de latim, dedicado á mocidade brasileira*.

Coruja, A.A.P. (1848). *Compendio da orthographia da lingua nacional dedicado a S.M.I. o Sr. D. Pedro II*. Rio de Janeiro: Typographia Franceza.

Coruja, A.A.P. (1852). Collecção de vocabulos e frases usados na provincia de São Pedro do Rio Grande do Sul. *Revista do Instituto Histórico-Geográfico Brasileiro*, Rio de Janeiro, IHGB, t. 15, p. 210-240.

Coruja, A.A.P. (1852). *Compendio da grammatica latina do P. Antonio Pereira de Figueiredo*, com additamentos e notas. Rio de Janeiro.

Coruja, A.A.P. (1852). *Manual de orthographia da lingua nacional*. Rio de Janeiro.

Coruja, A.A.P. (1983). *Antigualhas: reminiscências de Porto Alegre*. Introdução e notas de Sérgio da Costa Franco. Porto Alegre: Companhia União de Seguros Gerais/Erus.

Coseriu, E. (1980). *Tradição e novidade na ciência da linguagem*. Tradução de Carlos Alberto da Fonseca e Mário Ferreira. Rio de Janeiro: Presença/Editora da USP.

Costa, E.C. & Rocha, A.P.A. (2015). Estudo sincrônico, diacrônico e etnolinguístico da terminologia de ourivesaria presente no "Diccionario da Lingua Brasileira" (1832), de Luiz Maria da Silva Pinto. *Veredas atemática,* Juiz de Fora, UFJF, vol. 19, n. 2, p. 14-33.

Costa, F.A.P. (1952-1953). *Anais pernambucanos*. Recife: Arquivo Público Estadual, vol. IV e V.

Costa, F.M. (1877). *Almach das familias*. Bahia: Lytho-Tipographia de J.G. Tourinho.

Costa, H.J. (1811). *Nova grammatica portugueza e ingleza*. Londres: J. Collingwod.

Costa, H.J. (1816). Miscellania. *Correio Braziliense ou armazém literário*. Londres: Impresso por W. Lewis na Officina do Correio Braziliense, vol. XVI, p. 348.

Costa, J.C. (1967). *Contribuição à história das idéias no Brasil*. 2. ed. Rio de Janeiro: Civilização brasileira.

Costa, M.O.R. (1876). *Grammatica portugueza destinada ao curso do 1º anno do Imperial Collegio Pedro Segundo*. Rio de Janeiro: Typographia Cinco de Março.

Costa, S.R. (2011). O protagonismo dos franciscanos na evangelização no Brasil antes dos jesuítas: a experiência de Laguna. *Revista de Investigación en Ciencias Sociales y*

Humanidades, Instituto de Ciencias Sociales y Humanidades Pachuca de Soto, n. 13, p. 1-14.

Costa e Cunha, A.E. (1874). *Novo methodo theorico-pratico de analyse syntatica*. Rio de Janeiro: Livraria Clássica. Disponível em: http://babel.hathitrust.org/cgi/pt?id=loc.ark:/13960/t7vm5j97m;view=1up;seq=1

Costa e Cunha, A.E. (1880). *Grammatica elementar portugueza adaptada ao ensino das escolas de instrucção primaria, quer dos menores, quer dos adultos, e bem assim dos Collegios, Liceos e Escolas Normaes e aulas preparatorias*. Rio de Janeiro: Livraria Academica de J.G. de Azevedo Editor.

Costa e Cunha, A.E. (1883). *Manual do examinando de portuguez, repertorio philologico grammatical e litterario da lingua materna*. Paris: Pillet & Demoulin.

Costa e Cunha, A.E. (1883). *Themas e raizes*: these ao concurso á cadeira de portuguez do 2º ao 5º ano do internato do Imperial Collegio Pedro II. Rio de Janeiro.

Costa e Cunha, A.E. & Sabino, J.S. (1883). *Primeiro livro ou expositor da lingua materna*. 2. ed. Rio de Janeiro, s.n.

Costa e Cunha, B.R. (2008). Experiências de professores primários na corte imperial: a trajetória de Antonio Estevão da Costa e Cunha. *Anais do V Congresso Brasileiro de História da Educação*, SBHE. Disponível em: http://www.sbhe.org.br/novo/congressos/cbhe5/pdf/195.pdf

Costa e Silva, J. (1900). Grammatica portugueza por José Ventura Bôscoli. *O Fluminense*, Niterói, 25 jan.

Couto, H.H. (1996). *Introdução ao estudo das línguas crioulas e pidgins*. Brasília: Editora da UnB.

Couto, H.H. (2003). Portugueses e tupinambás em Porto Seguro, 1500: interação, comunhão e comunicação. In: Roncarati, C. & Abraçado, J. (eds.). *Português brasileiro: contato linguístico, heterogeneidade e história*. Rio de Janeiro: Faperj, 7Letras, p. 253.

Cruz, P.J.D. (1863). *Compendio de grammatica portuguesa*. 3. ed. Rio de Janeiro: Typographia de Paula Brito.

Cunha, C. (1987). *Que é um brasileirismo?* Rio de Janeiro: Tempo Brasileiro, Coleção Diagrama 18.

Cunha, P.O.C. (1962). A fundação de um império liberal: discussão de princípios. In: Holanda, S.B. (org.). *História da civilização brasileira: o Brasil monárquico*, São Paulo, Difel, t. 2.

D'Abeville, C. (1614). *Histoire de la mission des peres capucins en l'isle de Maragnan et terres circonuoisines ov est traicte des singularitez admirables & des meurs merueilleuses des indiens habitans de ce pais auec les missiues et aduis qui ont este enuoyez de nouueau*. Paris: De l'Imprimerie de François Hvby.

Darmesteter, A. (1887). *La vie des mots étudiée dans leurs signification*. Paris: Librairie CH. Delagrave.

Darmesteter, A. (1894 [1873]). *Traité de la formation des mots composés dans la langue française*. 12. ed. Paris: Émile Bouillon.

De Aragona, A. (2009). Breve introducción para aprender la lengua guarani: *Amerindia*. Presentación, edición y notas de B. Meliá, 1979. Disponível em: https://www.vjf.cnrs.fr/sedyl/amerindia/articles/pdf/A_04_02.pdf – Acesso em: 23 maio.

Destutt de Tracy, A. (1803). *Éléments d'idéologie, grammaire*. Paris: Courcier, Imprimeur-Libraire.

Di Iório, P.S.L. & Nogueira, S.M. (2015). Ensino mútuo (séc. XIX) x multisseriado (séc. XXI): perspectivas da disciplina Língua Portuguesa no Nordeste. *Confluência*, Rio de Janeiro, Liceu Literário Português, n. 49, p. 255, 2º semestre.

Diario do Rio de Janeiro (1834). Rio de Janeiro: Typographia do Diario, n. 19, 22 abr.

Diario do Rio de Janeiro (1843). Rio de Janeiro: Typographia do Diario, ano XXII, n. 245, 2 nov.

Diario Mercantil (1825). Rio de Janeiro: Typographia Mercantil, n. 197, 11 jul.

Dias, D. (s.d.). José Alexandre Passos. *Notas biográficas*, Maceió: Ufal. Disponível em: https://cedu.ufal.br/grupopesquisa/gephecl/wp-content/uploads/2020/03/Biografia-Jos%C3%A9-Alexandre-Passos.pdf – Acesso em: 21 maio 2020.

Dias, G. (1858). *Diccionario da lingua tupy: chamada lingua geral dos indígenas do Brazil*. Lipsia: F.A. Brockhaus.

Dias, J.P. (2019). O ensino da língua nacional no século XIX e a constituição da gramatização brasileira: a produção de Antonio Alvares Pereira Coruja. *Gragoatá*, Niterói, Universidade Federal Fluminense, vol. 24, n. 48, jan./abr., p. 75-94.

Dias, J.S.S. (1986). *Os primórdios da Maçonaria em Portugal*, vol. 1., t. 1. Lisboa: Instituto Nacional de Investigação Cientifica.

Dias, P. (1697). *Arte da lingva de Angola*, offerecida a Virgem Senhora N. do Rosario, mãy, & Senhora dos mefmos Pretos, pelo P. Pedro Dias da Companhia de Jesu. Lisboa: Officinia de Miguel Deslandes, Impreffor de sua Mageftade.

Dicionário histórico-biográfico das ciências da saúde no Brasil (1832-1930). Disponível em: http://www.dichistoriasaude.coc.fiocruz.br – Acesso em: 24 mar. 2017.

Dietrich, W. (2014). O conceito de "Língua Geral" à luz dos dicionários de língua geral existentes. *D.E.L.T.A.*, 30 especial, p. 591-622.

Diez, F. (1874). *Grammaires des langues romanes*. Tradução de Auguste Brachet e Gaston Paris. 3. ed. Paris: Librairie A. Frank.

Donzé, R. (1967). *La grammaire générale et raisonné de Port-Royal*: Contribution à l'histoire des idées grammaticales en France. Berne: A. Francke S.A.

Dória, L.G.E. (1997). *Memória histórica do Colégio de Pedro II: 1837-1937*. Brasília: Instituto Nacional de Estudos e Pesquisas Educacionais.

Dornas Filho, J. (1945). *Júlio Ribeiro*. Belo Horizonte: Cultura Brasileira.

Drumond, C. (1990). Apresentação. In: Anchieta, J. *Arte de gramática da língua mais usada na costa do Brasil*. Ed. fac-similar. São Paulo: Loyola, p. 8-16.

Duarte, A.C. (1829). *Compendio da grammatica portuguesa, para uso das escolas de primeiras lettras, ordenado segundo a doutrina dos melhores grammaticos*. Maranhão: Typographia Nacional.

Duarte, A.C. (1859 [1829]). *Compendio da grammatica philosophica da lingua portuguesa*, escolhida pela Congregação do Lycêo do Maranhão para o uso do mesmo Lycêo, e das aulas de primeiras lettras da província. 4. ed. Maranhão: Typographia do Frias.

Duarte, A.C. (1877 [1829]). *Grammatica philosophica da lingua portuguesa*. 6. ed. Maranhão: Edictor Antonio Pereira Ramos d'Almeida.

Dübner, F. (1855). *Grammaire élémentaire et pratique de la langue grecque*. Paris: C. Reinwald Libraire.

Ducos, J. (2014). Présentation. In: Ducos, J. (ed.). *Encyclopédie médiévale et langues européennes*: réception et diffusion du De proprietatibus rerum de Barthélemy l'Anglais dans les langues vernaculaires. Paris: Editions Honoré Champion.

Duran, M.R.C. (2015). Ecletismo e retórica na filosofia brasileira: de Silvestre Pinheiro Ferreira (1769-1846) ao Frei Francisco do Monte Alverne (1784-1858). *Almanack*, Guarulhos, n. 9, p. 115-135.

Dutra, E.F. (2005). *Rebeldes literários da república: história e identidade nacional no Almanaque Garnier (1903-1914)*. Belo Horizonte: Editora UFMG.

Edelweiss, F. (1969). *Estudos tupis e tupi-guaranis: confrontos e revisões*. Rio de Janeiro: Livraria Brasiliana Editora.

Edelweiss, F. (1971). Gûaçú e usú na diacronia das línguas e dialetos Tupi-Guaranis. *Revista do Instituto de Estudos Brasileiros*, São Paulo, USP, n. 10, p. 28-62.

Edelweiss, F. (1987). Introdução. In: Sampaio, T. *O tupi na geografia nacional*. 5. ed. comemorativa do cinquentenário de falecimento do autor. São Paulo: Editora Nacional/INL.

Edmundo, L. (2006). *O Rio de Janeiro de meu tempo*, v. 1. Brasília: Edições do Senado Federal.

Elia, S. (1957). *O ensino do latim* (doutrina e métodos). Rio de Janeiro: Livraria Agir Editora.

Elia, S. (1975). Os estudos filológicos no Brasil. In: *Ensaios de filologia e linguística*. Rio de Janeiro: Grifo.

Esparza Torres, M.Á. (1995). *Las ideas linguísticas de Antonio de Nebrija*. Münster: Nodus Publikationem.

Esparza Torres, M.Á. & Niedereher, H.-J. (2015). *Bibliografía cronológica de la linguística, la gramática y la lexicografía del español* (Bicres V); desde el año 1861 hasta el año 1899. Amsterdã: John Benjamins.

Faraco, C.A. (2016). *História sociopolítica da língua portuguesa*. São Paulo: Parábola Editorial.

Faria, S.C. (1996). *A colônia em movimento: fortuna e família no cotidiano colonial*. Rio de Janeiro: Nova Fronteira.

Fávero, L.L. (1996). *As concepções lingüísticas no século XVIII: a gramática portuguesa*. Campinas: Editora da Unicamp.

Fávero, L.L. (1999). Breve compêndio de gramática portugueza, Frei Joaquim do Amor Divino Caneca. *Filologia e Lingüística Portuguesa*, São Paulo, n. 3, p. 89-103.

Fávero, L.L. (2014). Língua portuguesa no Brasil: ensino e construção da identidade nacional. In: Bastos, N. (org.). *Língua Portuguesa e Lusofonia*. São Paulo: Educ.

Fávero, L.L. & Molina, M.A.G. (2002). *As concepções linguísticas no séc. XIX: a gramática no Brasil*. Rio de Janeiro: Lucerna.

Fávero, L.L. & Molina, M.A.G. (2009-2010). A gramática brasileira no início do século XX: *Grammatica expositiva* (Eduardo Carlos Pereira) e *Grammatica portuguesa* (Hemetério José dos Santos). *Confluência*, Rio de Janeiro, Liceu Literário Português, n. 37-38, p. 59-82.

Fávero, L.L. & Molina, M.A.G. (2010). Construção do saber escolar: gramáticas da primeira infância. *Filologia e Linguística Portuguesa*, São Paulo, USP, vol. 12, n. 1, p. 69-90.

Fávero, L.L. & Molina, M.A.G. (2010-2011). Gramática Analítica da Língua Portuguesa (Padre Massa). *Confluência*, Rio de Janeiro, Liceu Literário Português, n. 39/40, 2º sem. 2010/1º sem. 2011, p. 29-47.

Fávero, L.L. & Molina, M.A.G. (2019). *As concepções linguísticas no Brasil no século XIX e início do XX: gramáticas da infância*. São Paulo: Terracota.

Fávero, L.L. & Rodrigues, I.J. (2018). A modernidade na syntaxologia da *Gramática analytica* de Maximino Maciel: um estudo comparativo entre a primeira e a oitava edições. *Verbum,* Cadernos de Pós-graduação, São Paulo, PUC-SP, vol. 7, n. 1, p. 7-22.

Feijó, J.M.M. (1786). *Orthographia, ou arte de escrever, e pronunciar com acerto a lingua portugueza para uso do excellentissimo Duque de Lafoens*. Lisboa Ocidental: Imprensa Régia.

Feitosa, M.A.F. (1883). *Grammatica das escolas, dedicada á provincia de S. Paulo, sobre o plano de P. Larrousse*. 2. ed. Campinas: Typographia á Vapor da Gazeta de Campinas.

Fernandes, F. (1948). Aspectos do povoamento de São Paulo no século XVI, vol. 24. *Publicações do Instituto de Administração*, São Paulo, USP.

Fernandes, G. (2002). *Amaro de Roboredo, um pioneiro nos estudos linguísticos e na didáctica das línguas*. Dissertação de doutoramento. Vila Real: Edição do Autor, Universidade de Trás-os-Montes e Alto Douro.

Fernandes, G. (2006). As *Introductiones latinae* (1481) de Élio António de Nebrija. *Humanitas*, n. 58, p. 253-271. Disponível em: http://hdl.handle.net/10316.2/28012 – Acesso em: 24 dez. 2019.

Fernandes, G. (2012). A *Língua Geral de Mina* (1731/1741), de António da Costa Peixoto. *Confluência*, Rio de Janeiro, Liceu Literário Português, n. 43, p. 28-46.

Fernandes, G. (2015). Primeiras descrições das línguas africanas em língua portuguesa. *Confluência*, Rio de Janeiro, Liceu Literário Português, n. 43, p. 43-67.

Fernandes, G. (2015). The first known grammar of the (Kahenda-Mbaka) Kimbundu (Lisbon 1697) and Álvares Ars Minor (Lisbon 1573). *Africana Linguistica*, vol. 21, p. 213-232.

Fernandes, J.R. (1886). *Morfologia e colocação dos pronomes, these de portuguez*. Rio de Janeiro: Typographia Hildebrandt.

Ferreira, C. (1969). Remanescentes de um falar crioulo brasileiro: Helvécia, Bahia. In: Ferreira, C. et alii. *Diversidade do Português do Brasil*, Salvador, Proed/UFBA, p. 21-32.

Ferreira, J.P. (1893). *Linguistica: notas sobre a lingua portugueza*. Recife: Typographia de F.P. Boulitreau.

Ferreira, S.P. (1813). Carta ao redator de *O Patriota*. *O Patriota, Jornal Litterario, Politico, Mercantil, etc. do Rio de Janeiro*, Rio de Janeiro, Impressão Régia, n. 4, jan., p. 21.

Ferreira, S.P. (1813). Grammatica philosophica. *O Patriota, Jornal Litterario, Politico, Mercantil, etc. do Rio De Janeiro*, Rio de Janeiro, Impressão Régia, n. 1, abr., p. 94.

Ferreira, S.P. (1813). *Prelecções philosophicas sobre a theorica do discurso e da linguagem, a esthetica, a diceosyna, e a cosmologia*. Rio de Janeiro: Impressão Régia.

Figueira, L. (s.d.). *Arte da lingua brasílica composta pelo Padre Luis Figueira da Companhia de IESV, theologo*. Lisboa: Manuel da Silva.

Figueiredo, A.C. (1904). *Lições práticas da lingua portugueza*, vol. 1. Lisboa: Livraria Ferreira.

Figueiredo, A.C. (1925). *A grammatica das crianças*. 2. ed. Lisboa: Livraria Classica Editora de A.M. Teixeira & C.ª (Filhos).

Figueiredo, P.J. (1799). *Arte da grammatica portugueza*. Lisboa: Regia Officina Typografica.

Figueiroa, M.P. (1834). *Epitome da Grammatica da lingua nacional*. Porto Alegre.

Fleiuss, M. (1924). Sessão especial, comemorativa do centenário natalício do Barão de Macaúbas. *Revista Trimestral*, Rio de Janeiro, Instituto Histórico e Geográfico Brasileiro, vol. 96, n. 150, p. 420-434.

Fortes, I.F. (1816). *Arte de grammatica portugueza, que para uso de seus discipulos compoz o padre Ignacio Felizardo Fortes, professor de lingua latina*. Rio de Janeiro: Impressão Régia.

Fortes, I.F. (1818). *Breve exame de prégadores, pelo que pertence a arte de rhetorica, extrahido da obra intitulada "O pregador instruido nas qualidades necessarias para bem exercer o seu ministerio"*. Rio de Janeiro: Typographia Real. Com licença da meza do desembargo do Paço.

Fortes, I.F. (1818). *Historia do Brasil, desde a sua descoberta até 1810*. Rio de Janeiro: Impressão Régia.

Foucault, M. (2002). *As palavras e as coisas*. Tradução de Salma Tannus Muchail. São Paulo: Martins Fontes.

França, E.F. (1859). *Chrestomathia da lingua brazilica*. Leipzig: Brockhaus.

Francis, K.A. (2007). *Charles Darwin and the origin of species*. Westport: Greenwood Press.

Franco, S.C. (1983). Introdução. In: Coruja, A.Á.P. *Antigualhas: reminiscências de Porto Alegre*. Introdução e notas de Sérgio da Costa Franco. Porto Alegre: Companhia União de Seguros Gerais/Erus.

Franzen, B.V. (2000). Anchieta e a ação missionária dos colégios jesuíticos no Brasil – século XVI. *Actas do Congresso Internacional Anchieta em Coimbra – Colégio das Artes da Universidade (1548-1998)*. Vol. 1. Coimbra: Fundação Eng. António de Almeida, p. 221-232.

Frazão, M.J.P. (1864). *Cartas do professor da roça, artigos relativos á instrucção da côrte, publicados no Constitucional de março a abril de 1863*. Rio de Janeiro: Typographia Paula Brito.

Frazão, M.J.P. (1874). *Postillas de grammatica portugueza*. Rio de Janeiro: Typographia de Quirino.

Freire, J.B. (1996). *Os índios em arquivos do Rio de Janeiro*, vols. I e II. Rio de Janeiro: EdUERJ.

Freire, J.R.B. (2003). Língua geral amazônica: a história de um esquecimento. In: Freire, J.R.B. & Rosa, M.C. (orgs.). *Línguas Gerais: Políticas Lingüísticas e Catequese na América do Sul no Período Colonial*. Rio de Janeiro: EdUERJ.

Freire, J.R.B. (2003). *Rio Babel: a história das línguas na Amazônia*. Rio de Janeiro: EdUERJ/Atlântica.

Freire, J.R.B. & Rosa, M.C. (2003) (orgs). *Línguas Gerais: Política Linguística e Catequese na América do Sul no Período Colonial*. Rio de Janeiro: EdUERJ.

Freire, L. (1921). *Gallicismos*. Rio de Janeiro: H.A. Litho-Typographia Fluminense.

Freitas, M.J. (1920). *Compendio da grammatica inglesa e portuguesa*. Rio de Janeiro: Impressão Régia.

Freire da Silva, A. (1871). *Noções de prosodia e orthographia para uso da infancia que frequenta as aulas do primeiro grau do Instituto Santista, intercaladas de um resumo da etymologia e syntaxe, extrahido da Grammatica portugueza de Francisco Sotero dos Reis pelo doutor Pedro Nunes Leal*. São Luiz do Maranhão.

Freire da Silva, A. (1874). *Novo methodo de ensinar a ler e a escrever*. 2. ed. São Paulo.

Freire da Silva, A. (1875). *Compendio da grammatica portugueza, constando na parte mechanica ou material das noções de prosodia e orthografia compiladas pelo bacharel em Direito Augusto Freire da Silva, professor da lingua nacional do curso de prepara-*

torios anexo á Faculdade de S. Paulo e na parte logica ou descritiva de um resumo de etymologia e syntaxe extraido com algumas alterações e accrescimos da Grammatica portugueza de Francisco Sotero dos Reis. 2. ed. mais correcta e augmentada. Maranhão: Typographia do Frias.

Freire da Silva, A. (1884). Questão *fez-fiz – O Paiz, Orgão Especial do Commercio*, Maranhão, anno XXII, n. 73, 28 mar., p. 1.

Freire da Silva, A. (1892). *Grammatica portuguesa*. 6. ed. São Paulo: Augusto Siqueira & Comp.

Freire da Silva, A. (1906). *Grammatica portugueza*. São Paulo: Augusto Siqueira & Comp.

Frias, J.M.C. (2001). *Memória sobre a tipographia maranhense*. São Paulo: Siciliano.

Frýba-Reber, A.-M. & Swiggers, P. (2013). *Oœuvre scientifique de Cyprien Ayer (1825-1884): grammaire, pédagogie et dialectologie*. Lovaina: Peeters.

Gally, C.M. (2004). *Brício Cardoso no cenário das humanidades do Atheneo Sergipense (1870-1874)*. Dissertação de mestrado. Aracaju: Universidade Federal de Sergipe.

Gally, C.M. (2013). *Construção e circulação das gramáticas de língua portuguesa no Brasil do século XIX: o Tratado de língua vernácula de Brício Cardoso*. Tese de doutoramento. São Paulo: PUC.

Gally, C.M. (2020). *Brício Cardoso no cenário das humanidades do Atheneu Sergipense (1870-1874)*. Campinas: Mercado de Letras.

Galvão, A.M.O. (s.d.). *A circulação do livro escolar no Brasil oitocentista*. 28ª Reunião Anual da Anped. Disponível em: http://www.anped.org.br/biblioteca/item/circulacao-do-livro-escolar-no-brasil-oitocentista – Acesso em: 18 abr. 2020.

Galvão, B.F.R. (1877). Ao leitor. In: Mamiani, L.V. *Arte de grammatica da língua brazilica da Nação Kiriri, composta pelo p. Luiz Vicencio Mamiani, da Companhia de Jesus, e missionário que foi nas aldêas da dicta nação*. 2. ed. Publicada a expensas da Bibliotheca Nacional do Rio de Janeiro. Rio de Janeiro: Typographia Central de Brown & Evaristo, p. v-viii.

Galvão, O.E.A. & Araujo, T.V. (1874). *Appendice á compilação das leis provinciaes das Alagoas de 1832 a 1872*. Maceió: Typographia Commercial de Antonio José da Costa.

Gandavo, P.M. (1576). *Historia da prouincia sa[n]cta Cruz a qui vulgarme[n]te chamamos Brasil*. Lisboa: Antônio Gonçalves.

Gandavo, P.M. (2008). *Tratado da terra do Brasil e História da Província Santa Cruz, a que vulgarmente chamamos Brasil*. Nota bibliográfica de Rodolfo Garcia. Brasília: Conselho Editorial do Senado Federal.

Garcia, R. (19--). *Biografia de Domingos Borges de Barros, Visconde de Pedra Branca* [Manuscrito]. Rio de Janeiro: Biblioteca Nacional. Disponível em: http://acervo.bndigital.bn.br/sophia/index.asp?codigo_sophia=83100

Garrett, A. (1829). *Da educação: Livro primeiro, educação domestica ou paternal*. Londres: Sustenance & Stretch.

Gazeta do Rio de Janeiro (1813). Rio de Janeiro, n. 30, 14 de abr. Disponível em: http://objdigital.bn.br/acervo_digital/div_periodicos/gazeta_rj/gazeta_rj_1813/gazeta_rj_1813_030.pdf

Girault-Duvivier, C.P. (1840). *Grammaire des grammaires sur la langue française*. 9. ed. Paris: A. Cotelle.

Goelb, H.; Nelde, P.H.; Zdeněk, S. & Wölck, W. (1996). *Kontaktlinguistik, Contact Linguistics, Linguistic de Contact*. Berlim/Nova York: Walter de Gruyter.

Gomes, A. (1886). *Morphologia dos pronomes pessoaes*, these para concurso. Rio de Janeiro: Typographia de F. Leonardo Gomes.

Gomes, A. (1889). *Lições de portuguez*. Rio de Janeiro: Typographia Perseverança.

Gomes, A. (1920 [1887]). *Grammatica Portugueza*. 18. ed. Rio de Janeiro: Francisco Alves.

Gomes, L. (2015). *1822: como um homem sábio, uma princesa triste e um escocês louco por dinheiro ajudaram Dom Pedro a criar o Brasil – Um país que tinha tudo para dar errado*. 2. ed. São Paulo: Globo.

Gonçalves, M.F. (2001). Projectos oitocentistas de ortografia brasileira. *Atas do 6° Congresso da Associação Internacional de Lusitanistas*, Rio de Janeiro, 8-13 ago. Disponível em: https://dspace.uevora.pt/rdpc/bitstream/10174/8807/1/projetosoitocentistasdeortografia.htm

Gonçalves, M.F. (2002). A terminologia linguística nos finais do século XIX: os primeiros dicionários terminológicos em língua portuguesa. *Revista Portuguesa de Humanidades*, Braga, Faculdade de Filosofia da UCP, vol. 6, n. 1-2, p. 91-110.

Gonçalves, M.F. (2003). *As ideias ortográficas em Portugal de Madureira Feijó a Gonçalves Viana (1734-1911)*. Lisboa: Fundação Calouste Gulbenkian.

Gonçalves, M.F. (2003). La terminología linguística a finales del siglo XIX; los primeiros diccionarios terminológicos em lengua portuguesa. In: Veiga, A. (ed.). *Gramática e léxico em sincronia e diacronia: um contributo da linguística portuguesa*. Santiago de Compostela: Universidade de Santiago de Compostela, Servicio de Publicaciones e Intercambio Científico, p. 105-114.

Gonçalves, M.F. (2010). "Desagravo" da gramática portuguesa (1820-1824) – Contribuições para uma historiografia das polémicas gramaticais em Portugal. In: Brito, A.M. (ed.). *Gramática: História, Teoria, Aplicações*. Porto: Fundação da Universidade do Porto, p. 169-190.

Gonçalves, M.F. (2011). Gramáticas do português na transição do século XIX para o século XX: a "gramática científica". In: Cestero Mancera, A.M.; Molina Martos, I. & Paredes García, F. *La Lengua Lugar de Encuentro. Actas del XVI Congreso Internacional de la Alfal*. Alcalá de Henares: Universidad de Alcalá, p. 2.571-2.579.

Gonçalves, M.F. & Murakawa, C. (2009). Lexicografía implícita en textos del Padre Jesuita Fernão Cardim. In: Zwartjes, O.; Arzápalo Marín, R. & Smith-Stark, T.C. *Missionary linguistics IV/Lingüística missioneira IV*, lexicography, selected papers from the Fifth International Conference on Missionary Linguistics, Mérida, Yucatán 14-17 March 2007. Amsterdã/Filadélfia: John Benjamins.

Gondim, E.R. (1965). *Vida e obra de Paula Brito*. Rio de Janeiro: Brasiliana.

Goulart, M. (1949). *Escravidão africana no Brasil: das origens à extinção do tráfico*. São Paulo: Martins.

Graça, H. (2012). *Fatos da linguagem*. 4. ed. Rio de Janeiro: Academia Brasileira de Letras, Coleção Antônio de Morais Silva, vol. 2.

Grande Enciclopédia Portuguesa e Brasileira, ilustrada com cerca de 15.000 gravuras e 400 estampas a cores (1960). Coimbra/Rio de Janeiro: Editorial Enciclopédia Limitada, vol. 15.

Grivet, A. (1865). *Grammatica analytica da lingua portugueza*. Rio de Janeiro: Typographia de Thevenet e C.

Grivet, A. (1881). *Nova grammatica analytica da lingua portugueza*. Rio de Janeiro: Typographia de G. Leuzinger & Filhos.

Guaraná, A. (1925). *Dicionario bio-bibliografico sergipano*. Aracaju: Edição do Estado de Sergipe.

Hallewell, L. (2012). *O livro no Brasil: sua história*. 3. ed. Tradução de Maria da Penha Villalobos, Lólio Lourenço de Oliveira e Geraldo Gerson de Souza. São Paulo: Editora da USP.

Hamers, J. (1987). The relevance of social network analysis in the psycholinguistic investigation of multilingual behavior. In: Blanc, M. & Hamers, J. (eds.). *Theoretical and Methodological Issues in the Study of Languages/Dialects in Contact at the Macro and Micro-Logical Levels of Analysis*. Quebec: International Center for Research and Bilingualism.

Hampejs, Z. (1961). Filologos brasileiros. *Boletín de Filología*, Publicación del Instituto de Filología de la Universidad de Chile, Santiago, Editorial Universitaria, S.A., t. III, p. 165-234.

Hatzfeld, A. & Darmesteter, A. (1890-1893). *Dictionnaire général de la langue française. du commencement du XVIIe siècle jusqu'a nos jours*. Paris: Librairie C.H. Delagrave.

H.E.L. (2011). *Histoire Épistémologie Langage*, Histoire des idées linguistiques et horizons de rétrospection – II, t. 33, fasc. 2.

Hoefer, C. (1869). *Por que alterações e transformações passarão as letras da lingua latina quando dellas se formou a lingua portuguesa?* Ensaio etymologico offerecido aos cultores da lingua. Rio de Janeiro: Typographia de Pinheiro.

Hoefer, F.A.C. (1858). *Syllabario brasileiro para aprender facilmente a ler: confeccionado por Francisco de Paula Soares e Carlos Hoefer.* Porto Alegre: Tipografia Brasileira-Alemã.

Hoefer, F.A.C. (1861). *Grammatica elementar da lingua latina para uso dos lycêos e collegios, elaborada e dedicada á provincia do Rio Grande do Sul.* Rio de Janeiro: Typographia Universal de Laemmert.

Hoefer, F.A.C. (1863). *Resumo da grammatica da lingua nacional, adequado ao ensino methodico dos principiantes.* Porto Alegre: Tipografia do Jornal Deutsche Zeitung.

Holanda, S.B. (1963). *Raízes do Brasil.* 4. ed. São Paulo: Edusp.

Houaiss, A. (1979). João Ribeiro redivivo. In: Ribeiro, J. *A língua nacional e outros estudos lingüísticos.* Petrópolis/Aracaju: Vozes/Governo do Estado de Sergipe.

Hovelacque, A. (s.d.). *La linguistique.* 4. ed. Paris: Librairie Schleicher Frères.

Humboldt, W. (1907). *Wilhelm von Humboldts Gesammelte Schriften*, vol. VI. Berlim: B. Behr's Velag. Disponível em: https://archive.org/details/gesammelteschrif06humbuoft

Ibirapitanga, A.G. (1863). *Compendio grammatical, reduzido a dialogo, para uso dos principiantes do ensino das primeiras lettras.* 9. ed. Bahia: s.n.

Igreja e Apostolado Pozitivista do Brazil (1902). *Contra o ensino obrigatório.* 2. ed. Rio de Janeiro: Séde Central da Igreja Pozitivista do Brasil.

Iordan, I. (1982). *Introdução à lingüística românica.* 2. ed. Tradução de Júlia Dias Ferreira. Lisboa: Fundação Caloustre Gulbenkian.

Iorge, M. (1566). *Doctrina Christam ordenada a maneira de Dialogo, para ensinar os meninos.* Lisboa: Francisco Correa.

Ipanema, C. & Ipanema, M. (2007). *Silva Porto: livreiro na corte de D. João, editor na Independência.* Rio de Janeiro: Capivara.

Irmão, J.A. (1978). *Júlio Ribeiro.* Sorocaba.

Isaú, M. (2006). A instrução pública e instituições escolares segundo os relatórios dos presidentes da Província de São Paulo (1835-1889): considerações pontuais. *Revista HISTEDBR on-line,* Campinas, n. 22, jun., p. 71-92.

Ivo, L. (1963). Os atalhos da floresta. In: Ribeiro, J. *Páginas de Estética.* Rio de Janeiro: São José.

Jankowsky, K. (1972). *The neogrammarians: a re-evaluation of their place in the development of linguistic science.* Haia/Paris: Mouton & Co. Publishers.

Jespersen, O. (1964 [1911]). *Language: its nature, development and origin.* 12. ed. Londres: George Allen & Unwin Ltd.

Jornal do Commercio, folha commercial e politica (1829). Rio de Janeiro: Typographia d'Emile Segnot-Plancher e Comp., vol. XII, n. 651.

Jornal do Commercio (1837). Rio de Janeiro: Typographia Imperial e Constitucional de J. Villenuve & Cia., ano XI, n. 101, 9 maio.

Jornal do Commercio (1857). Rio de Janeiro: Typographia Imperial e Constitucional de J. Villenuve & Cia., n. 332, ano XXXIX, 3 dez.

Jucá [Filho], C. (1966). *A gramática de José de Alencar*. Rio de Janeiro: Colégio Pedro II.

Juizo critico (1863). *A Actualidade: jornal politico, litterario e noticioso*, Rio de Janeiro, anno V, n. 345, 23 fev., p. 3.

Jung, R.R. (2004). *A gaúcha Maria Josefa: primeira jornalista brasileira*. Porto Alegre: Martins Livreiro.

Kaltner, L. (2016). O latim na colonização do Brasil quinhentista. *Cadernos de Letras da UFF*, dossiê: línguas e culturas em contato, Niterói, UFF, n. 53, p. 39-60.

Kaltner, L. & Santos, M.C.S. (2021). Anchieta's grammar and humanistic renaissance history of grammar. *Cadernos de Linguística*, vol. 2, n. 3, 23 ago., p. 356.

Kemmler, R. (2013[1]). A primeira gramática da língua portuguesa impressa no Brasil: a Arte de grammatica portugueza (1816) de Inácio Felizardo Fortes. *Confluência*, Rio de Janeiro, Liceu Literário Português, n. 44-45, p. 61-81.

Kemmler, R. (2013[2]). Para uma melhor compreensão da história da gramática em Portugal: a gramaticografia portuguesa à luz da gramaticografia latino-portuguesa nos séculos XV a XIX. *Veredas – Revista da Associação Internacional de Lusitanistas*, Santiago de Compostela, n. 19.

Koerner, E.F.K. (1989a). Meillet, Saussure et la linguistique générale: une question d'influence. In: Koerner, E.F.K. *Practicing linguistic historiography: selected essays*. Amsterdã/Filadélfia: John Benjamins, p. 401.

Koerner, E.F.K. (1989b). On the problem of "influence" in linguistic historiography. In: *Practicing linguistic historiography: selected essays*. Amsterdã/Filadélfia: John Benjamins Publishing Company, p. 31-46.

Koerner, E.F.K. (1995). On the problem of the "influence" in linguistic historiography. In: Koerner, K.F.K. *Professing linguistics historiography*. Amsterdã/Filadélfia: John Benjamins Publishing Company.

Koerner, E.F.K. (1995). Persistent issues in linguistic historiography. In: *Professing linguistics historiography*. Amsterdã/Filadélfia: John Benjamins Publishing Company.

Koerner, E.F.K. (1997). Remarks on the sources of R. Jakobson's linguistic inspiration. In: Gadet, F. & Sériot, P. *Jakobson entre l'Est et l'Ouest – 1915-1939: un épisode de l'histoire de la culture européenne*. Lausane: Université de Lausanne. Cahiers de l'ILSL. n. 9, p. 151-176. Disponível em: www.unil.ch/webdav/site/clsl/shared/cahier_9.pdf

Koerner, E.F.K. (2014). Questões que persistem na historiografia linguística. In: Koerner, E.F.K. *Quatro Décadas de historiografia linguística: estudos selecionados*. Prefácio de Carlos Assunção. Seleção e edição de textos Rolg Kemmler e Cristina Altman. Vila Real: Utad, Coleção Linguística 11, p. 45-63.

Krieger, M.G.; Müller, A.F.; Garcia, A.R.R. & Batista, R.P. (2006). O século XX, cenário dos dicionários fundadores da lexicografia brasileira: relações com a identidade do português do Brasil. *Alfa Revista de Linguística*, São Paulo, vol. 2, n. 50, p. 173-187.

Kristeva, J. (1988). *El lenguaje, ese desconocido: introduccción a la lingüística*. Trad. María Antoranz. Madri: Editorial Fundamentos.

Kuhn, T.S. (1977). *The essential tension: selected studies in scientific tradition and change*. Chicago: University of Chicago Press.

Lacerda, J.M. (s.d.). *Pequena grammatica da infancia composta para uso das escolas primarias*. Rio de Janeiro: Garnier.

Lancelot, C. (1814). *Novo epitome da grammatica grega composto na língua portugueza, para uso das novas escolas de Portugal*. Tradução de João Jacinto de Magalhaens. Coimbra: Real Imprensa da Universidade.

Larousse, P. (1880 [1868]). *Grammaire supérieure formant le resumé et le complément de toutes les études grammaticales*. 27. ed. Paris: Larousse.

Latham, R.G. (1862). *Elements of comparative philology*. Londres: Walton and Maberly.

Law, V. (2003). *The history of linguistics in Europe: from Plato to 1600*. Cambridge: Cambridge University Press.

Lazlo, P. (1993). *La vulgarisation scientifique*. Paris: Presses Universitaires de France.

Le Goff, J. (1996). *História e memória*. Tradução de Bernardo Leitão. 4. ed. Campinas: Editora da Unicamp.

Leal, A.H. (1873). *Pantheon maranhense: ensaios biographicos dos maranhenses ilustres já falecidos*, t. 1. Lisboa: Imprensa Nacional.

Leão, Â.V. (2008). Estruturas de negação reforçada nas Cantigas de Santa Maria. In: Cavaliere, R. (org.). *Entrelaços entre textos: miscelânea em homenagem a Evanildo Bechara*. Rio de Janeiro: Nova Fronteira (Lucerna), p. 75-88.

Leão, M. (1962). *João Ribeiro*. Rio de Janeiro: Livraria São José.

Leite, F.R. (2013). *A língua geral paulista e o vocabulário elementar da língua geral brasílica*. Dissertação de mestrado em linguística. Universidade de Campinas, São Paulo, 187 p.

Leite, M.Q. (2006). *Metalinguagem e discurso: a configuração do purismo brasileiro*. 2. ed. São Paulo: Associação Editorial Humanitas.

Leite, M.Q. (2015). A *Grammatica brasileira* do século XIX. *Confluência*, Rio de Janeiro, Liceu Literário Português, n. 48, p. 71-93, 1º sem. 2015.

Leite, M.Q. & Pelfrêne, A. (orgs.). (2018 [1877]). *Compendio da Grammatica Philosophica da Lingua Portugueza* [recurso eletrônico]: Padre Antonio da Costa Duarte (6ª edição –1877). São Paulo: FFLCH/USP.

Leite, S. (1935). Pero de Castilho, nota inédita. *Revista do Instituto Historico e Geographico do Espirito Santo*, Vitória, Oficinas da "Vida Capichaba", n. 8, abr., p. 27.

Leite, S. (1937). *Páginas de história do Brasil*. São Paulo/Rio de Janeiro/Recife: Companhia Editora Nacional.

Leite, S. (1940). *Luiz Figueira: a sua vida heróica e a sua obra literária*. Lisboa: Divisão de Publicações e Biblioteca, Agência Geral das Colónias.

Leite, S. (1943). *História da Companhia de Jesus no Brasil*, t. III. Rio de Janeiro: Instituto Nacional do Livro/Livraria Portugália.

Leite, S. (1945). *História da Companhia de Jesus no Brasil*, t. V. Rio de Janeiro: Imprensa Nacional.

Leite, S. (1947). *Padre Pedro Dias, autor da "Arte da língua de Angola", Apóstolo dos negros no Brasil*. Portugal em Africa IV (Segunda série), p. 9-11.

Leite, S. (1948). Leonardo do Vale, autor do primeiro vocabulario da lingua brasilica (1591). *Autores & Livros*, Ano VIII, vol. 9, n. 11, 24 out., p. 125-128.

Leite, S. (1949). *História da Companhia de Jesus no Brasil*, t. VIII. Lisboa: Livraria Portugália; Rio de Janeiro: Instituto Nacional do Livro.

Leite, S. (1949). *História da Companhia de Jesus no Brasil*, vol. VI. Rio de Janeiro: Instituto Nacional do Livro.

Leite, S. (1956). Monumenta brasiliae. *Monumenta historica societatis Iesu*, vol. III. Roma.

Leite, S. (1957). *Monumentae brasiliae II (1553-1558)*. Roma: Monumenta Historica Societatis Iesu.

Leite, S. (1958). *Monumentae brasiliae III (1558-1563)*. Roma: Monumenta Historica Societatis Iesu.

Leite, S. (1965). *Novas Páginas de História do Brasil*. São Paulo: Companhia Editora Nacional.

Leite, Y. (2000). A gramática de Anchieta: 500 anos de língua tupi. *Ciência Hoje*, vol. 28, n. 163, p. 42-47.

Leite, Y. (2003). *Arte de Gramática da Língua Mais Usada na Costa do Brasil e as línguas indígenas brasileiras*. In Freire, J.R.B. & Rosa, M.C. (orgs.). *Línguas Gerais: Política Linguística e Catequese na América do Sul no Período Colonial*. Rio de Janeiro: EdUERJ, p. 11-24.

Leite, Y. (2005). *Arte de Gramatica da Lingua Mais Usada na Costa do Brasil: A criterion for evaluation*. In: Altman, C. & Zwartjes, O. (eds.). *Missionary Linguistics II*. Lingüística Misionera II. Ortography and Phonology. Amsterdã/Filadélfia: John Benjamins, p. 191-204.

Leite Filho, S. (1938). *Os judeus no Brasil*. 2. ed. Rio de Janeiro: Editores J. Leite.

Lemos, M. (1888). *Ortografia pozitiva: nota avulsa a tradussão pozitivista de Augusto Comte*. Rio de Janeiro: Apostolado Positivista do Brasil.

Léry, J. (1967). *Viagem à terra do Brasil*. Trad. Sergio Milliet, notas tupinológicas de Plinio Ayrosa. 4. ed. São Paulo: Livraria Martins Editora.

Levi, J.A. (2009). Portuguese and other European missionaries in Africa: A look at their linguistic production and attitudes (1415-1885). *Historiographia Linguistica*, vol. 36, n. 2/3, p. 363-392.

Lima, A.X. (2014). *Descrição da ortografia portuguesa: a inserção do princípio etimológico na prescrição e na prática gráficas oitocentistas*. Tese de doutorado. UFRJ, Rio de Janeiro, 524 p.

Lima, I.S. (2006). Luís Maria da Silva Pinto e o Dicionário da Língua Brasileira. *Humanas*, Porto Alegre, vol. 28, n. 1, p. 33-67.

Lima, I.S. (2018). A voz e a cruz de Rita: africanas e comunicação na ordem escravista. *Revista Brasileira de História*, São Paulo, vol. 38, n. 79. Disponível em: http://dx.doi.org/10.1590/1806-93472018v38n79-03

Lima, J.J.L. (1821). *Diccionario carcundatico ou explicação das phrazes dos carcundas*. Rio de Janeiro: Imprensa Nacional.

Lima, K.C.A. (2008). Frei Caneca: entre a liberdade dos antigos e a igualdade dos modernos. *Caos – Revista Eletrônica de Ciências Sociais*, n. 12, p. 126-196. Disponível em: http://www.cchla.ufpb.br/caos/numero12/REVISTA_12_2007_Kelly%20Cristina%20Azevedo.pdf

Lima, M.C. (2004). *Breve história da Igreja no Brasil*. Rio de Janeiro: Edições Loyola.

Lima, M.O. (1908). *Dom João VI no Brasil*. Rio de Janeiro: Typographia do Jornal do Commercio, de Rodrigues & C., 2 v.

Lins, I. (1967). *História do positivismo no Brasil*. 2. ed. São Paulo: Companhia Editora Nacional.

Lins, I. (1977). Fragmentos das memórias inacabadas: uma vida... um ideal. *Revista Brasileira*, Rio de Janeiro, ano II, n. 3, p. 25-38.

Littré, É. (1874). *Dictionnaire de la langue française*, vol. 3. Paris: Librairie Hachette et Cie.

Littré, É. (1986 [1880]). *Pathologie verbale, ou lésions de certains mots dans le cours de l'usage*. Paris: Bibliothèque Nationale.

Lobato, A.J.R. (1770). *Arte da grammatica da lingua portugueza*. Lisboa: Regia Officina Typografica.

Lobato, A.R. (2000 [1770]). *Arte da Grammatica da Lingua Portugueza*, de António José dos Reis Lobato: Estudo, edição crítica, manuscritos e textos subsidiários por Carlos Assunção. Lisboa: Academia das Ciências de Lisboa.

Lopes, A. (1959). *História da imprensa* no *Maranhão* (1821-1925). Rio de Janeiro: Departamento de Imprensa Nacional.

Lopes, A.C. (1889). *Neologismos indispensaveis e barbarismos dispensaveis, com um vocabulario neologico portuguez*. Rio de Janeiro: Typographia de G. Leusinger & Filhos.

Lopes, E. (2001). Um protótipo de gramática gerativa portuguesa: a gramática de Soares Barbosa. *ALFA, Revista de Linguística*, São Paulo, vol. 30, p. 37-56.

Lopes, I.J. (1834). *Compendio de grammatica da lingua portugueza ordenado segundo a doutrina dos melhores gramáticos*. Rio Grande: Typographia de Isidoro José Lopes.

Lopes, K.G.C. (2012). *A presença de negros em espaços de instrução elementar da cidade-corte: o caso da Escola da Imperial Quinta da Boa Vista*. Dissertação de mestrado. Universidade do Estado do Rio de Janeiro, Rio de Janeiro, 138 fls.

Loureiro, L.T. (1828). *Grammatica razoavel da lingua portugueza, composta segundo a doutrina dos melhores gramáticos, antigos e modernos de differentes idiomas*. Rio de Janeiro.

Loureiro, L.T. (1851). *Instituições de Direito Civil Brasileiro, extraídas das Instituições de Direito Civil Lusitano do Exímio Jurisconsulto Português Pascoal José de Melo Freire, na Parte Compatível com as Instituições da Nossa Cidade, e Aumentadas nos Lugares Competentes com a Substancia das Leis Brasileiras*, t. I. Pernambuco: Typographia da Viuva Roma & Filhos.

Lowth, R. (1799). *A short introduction to English grammar with critical notes*. Filadélfia: R. Aitken.

Lucchesi, D. (2003). O conceito de transmissão linguística irregular e o processo de formação do português do Brasil. In: Roncarati, C. & Abraçado, J. (orgs.). *Português brasileiro: contato linguístico, heterogeneidade e história*. Rio de Janeiro: 7Letras.

Luiz, F.S. (1816). Glossario das palavras e frases da língua franceza. In: *História e Memorias da Academia das Sciencias de Lisboa*, t. IV, parte II.

Lustosa, I. (2004). *As trapaças da sorte: ensaios de história política e de história cultural*. Belo Horizonte: Editora UFMG.

Lyra, M.L.V. (1998). Pátria do cidadão: a concepção de pátria/nação em Frei Caneca. *Revista Brasileira de História*, São Paulo, vol. 18, n. 36. Disponível em: http://www.scielo.br/scielo.php?pid=S0102-01881998000200016&script=sci_arttext

Macedo, J.M. (2005). *Memórias da Rua do Ouvidor* (publicadas em folhetins semanais no *Jornal do Comércio*). Brasília: Senado Federal.

Machado, H.F. (2014). *Palavras e brados: José do Patrocínio e a imprensa abolicionista do Rio de Janeiro*. Niterói: EdUFF.

Maciel, M. (1887). *Grammatica analytica, baseada nas doutrinas modernas*. Rio de Janeiro/São Paulo: Evaristo Rodrigues da Costa.

Maciel, M. (1889). *Philologia portugueza, ensaios descriptivos e historicos sobre a lingua vernacula*. Rio de Janeiro: Typographia José Dias de Oliveira.

Maciel, M. (1920). Ensaios de polysemia na lingua vernacula. *Revista de Lingua Portuguesa*, archivos de estudos relativos ao idioma e literatura nacional, Rio de Janeiro, Typographia Lit. Rome, anno 1, n. 3, p. 55-85.

Maciel, M. (1920). Microcosmo. *Revista de Lingua Portuguesa*, Rio de Janeiro, anno 1, n. 6, p. 213-217.

Maciel, M. (1922 [1894]). *Grammatica descriptiva baseada nas doutrinas modernas*. 8. ed. Rio de Janeiro: Francisco Alves.

Maciel, M. (1933 [1910]). *Lições elementares de lingua portuguesa*. 17. ed. Rio de Janeiro/São Paulo/Belo Horizonte: Francisco Alves.

Mackintosh, S.P.M. (2014). Crisis and paradigma shift. *The Political Quarterly*, Wilwy Online Library, vol. 85, n. 4, p. 403-518.

Magalhães, J.V.C. (1935). *O Selvagem*. 3. ed. São Paulo: Cia. Ed. Nacional.

Magalhães, P.A.I. (2013). A palavra e o Império: Manuel de Freitas Brazileiro e a Nova grammatica inglesa e portuguesa. *Clio – Revista de Pesquisa Histórica*, Programa de Pós-Graduação em História da Universidade de Pernambuco, 31 jan. Disponível em: https://periodicos.ufpe.br/revistas/revistaclio/article/view/24393/19748

Magalhães, P.A.I. & Paraíso, M.H.B. (2009). Cartas do Padre Fernão Cardim (1608-1618). *Clio – Revista de Pesquisa Histórica*, Recife, Programa de Pós-Graduação em História da Universidade Federal do Pernambuco, vol. 27, n. 2, p. 206-246.

Magalhães Jr., R. (1974). *Como você se chama?* Estudo sócio-psicológico dos prenomes e cognomes brasileiro. Rio de Janeiro: Documentário.

Magalhães Pinto, A.F. (2019). Vicente de Souza: intersecções e confluências na trajetória de um abolicionista, republicano e socialista negro brasileiro. *Estudos históricos*, Rio de Janeiro, vol. 32, n. 66, p. 267-286.

Maia, C.A. (1986). *História do galego-português: estado linguístico da Galiza e do noroeste de Portugal desde o século XIII ao século XVI, com referência à situação do galego moderno*. Coimbra: Instituto Nacional de Investigação Científica.

Maia, Z.P.M. (1899). *Grammatica da lingua portugueza*. Rio de Janeiro: Imprensa Nacional.

Malkiel, I. (1983). *From particular to general linguistics: selected essays 1965-1978*. Amsterdã: John Benjamins.

Malveira, A.N. (2014). Fausto Carlos Barreto: o reformador dos estudos da língua portuguesa. *Revista da Academia Brasileira de Filologia* [Nova Fase], Rio de Janeiro, Abrafil, n. 14, p. 196-205.

Mamiani, L.V. (1698). *Catecismo da doutrina christãa na língua brasílica da nação kiriri composto pelo P. Luiz Vicencio Mamiani, da Companhia de Jesus, missionario da Provincia do Brasil*. Lisboa: Na officina de Miguel Deslandes, Impressor de Sua Magestade, com todas as licenças necessarias.

Mamiani, L.V. (1699). *Arte de Grammatica da Lingua Brasilica da Nação kiriri composta pelo P. Luis Vincencio Mamiani, da Companhia de IEJU. Missionario nas Aldeas da dita Nação*. Lisboa: Na Officina de Miguel Deslandes, Impressor de Sua Mag.

Mamiani, L.V. (1852). *Grammatik der Kiriri-Sprache* aus dem Portugiesischen des P. Mamiani überseßt von H. C.von der Gabelenß. Leipzig: Brockhaus.

Mamiani, L.V. (1877). *Arte de grammatica da língua brazilica da nação kiriri, composta pelo P. Luiz Vicencio Mamiani, da Companhia de Jesus, e missionário que foi nas aldêas da dicta nação*. 2. ed. Publicada a expensas da Bibliotheca Nacional do Rio de Janeiro. Rio de Janeiro: Typographia Central de Brown & Evaristo.

Mariani, B.S.C. & Sousa, T.C.C. (1994). 1822: pátria independente: outras palavras? *Organon*, Porto Alegre, vol. 8, n. 21, p. 43-52.

Marques, F.P. (1875). *Grammatica elementar da lingua portuguesa*. Pará: C. Seidl.

Marques, N.N. (1996). *João Ribeiro sempre*. Aracaju: Editora da UFS.

Martins, W. (1977). *História da inteligência brasileira*, vol. II. São Paulo: Cultrix/Editora da USP.

Martins, W. (1992). *História da inteligência brasileira (1550-1794)*. 4. ed., vol. 1. São Paulo: T.A. Queiroz Editor.

Martins Junior, I. (1914 [1883]). *A poesia scientifica (escorço de um livro futuro)*. 2. ed. Recife: Imprensa Industrial.

Mason, C.P. (1876 [1858]). *English grammar, including the principles of gramatical analysis*. 21. ed. Londres: Bell & Sons.

Massa, J.N.N. (1888). *Grammatica analytica da lingua portugueza, composta e offerecida aos brazileiros*. Rio de Janeiro: Imprensa H. Lombaerts.

Mattos e Silva, R.V. (1989). *Tradição gramatical e gramática tradicional*. 5. ed. São Paulo: Contexto.

Medeiros, J.B. (2017). *Um estudo descritivo-analítico do Compendio da Grammatica da Lingua Nacional de Antônio Álvares Pereira Coruja*. Tese de doutorado. PUC-SP, São Paulo, 138 fl.

Medrado, M.S. (2018). *O circuito de produção e circulação dos manuais escolares para a instrução primária impressos na província do Paraná (1854-1871)*. Dissertação de mestrado. Universidade Federal do Paraná, Curitiba, 239 p.

Meier, H. (1948). O dicionário de Morais. *Boletim de Filologia*, Lisboa, t. IX, fasc. IV.

Meillet, A. (1921). *Linguistique historique et linguistique générale*. Paris: Librairie Ancienne Honoré Champion Éditeur, Édouard Champion.

Melatti, J.C. (1993). *Índios do Brasil*. 7. ed. São Paulo/Brasília: Hucitec/Edunb.

Meldola, A. (1785). *Nova grammatica portuguesa – Neue Portugiesische Grammatik*. Hamburgo: Officina de M.C. Bock.

Mello, A.J. (1875-1876). *Obras politicas e literárias de Frei Joaquim do Amor Divino Caneca*, vol. 1 e 2. Recife: Typographia Mercantil.

Mello, E.C. (2001). Frei Caneca e a outra Independência. In: Mello, E.C. (org.). *Frei Joaquim do Amor Divino Caneca*. São Paulo: Editora 34, p. 11-47.

Mello, E.C. (2004). *A outra Independência: o federalismo pernambucano de 1917 a 1824*. São Paulo: Editora 34.

Mello, M. (1880). Notas lexicologicas V: ambos de dois. *Revista Brazileira*, Rio de Janeiro, t. 6, ano 2, p. 317-337.

Melo, C.A. (2009). *A formação das histórias literárias no Brasil: as contribuições de Cônego Fernandes Pinheiro (1825-1876), Ferdinand Wolf (1796-1866) e Sotero dos Reis (1800-1871)*. Tese de doutoramento. Unicamp, Campinas, 337 fl.

Melo, G.C. (1970). *Gramática fundamental da língua portuguesa*. Rio de Janeiro: Livraria Acadêmica.

Melo, G.C. (1972). *Alencar e a "língua brasileira"*. Rio de Janeiro: Conselho Federal de Cultura.

Mendonça, H.J.C.F. (1808). Introducção. *Correio Braziliense ou Armazem Literario*. Londres, W. Lewis, vol. 1, p. 3-4.

Michael, I. (1970). *English grammatical categories and the tradition to 1800*. Nova York: Cambridge University Press.

Mignolo, W.D. (1992). Nebrija in the New World. The question of the letter, the colonization of American languages, and the discontinuity of the classical tradition. *L'Homme*, Revue Française d'Anthropologie, Paris, Persée, t. 32, La Redécouverte de l'Amerique, n. 122-124, p. 185-207.

Miranda, V.C. (1968). *Glossário paraense ou coleção de vocábulos peculiares a Amazônia e especialmente a Ilha de Marajó*. Belém: UFPA.

Moacyr, P. (1936). *A Instrução e o Imperio* (subsídios para a historia da Educação no Brasil, 1823-1853), vol. 1. São Paulo: Companhia Editora Nacional.

Moacyr, P. (1939). *A instrução e as províncias: subsídios para a história da educação no Brasil: 1834-1889*, vol. 1. Rio de Janeiro: Cia. Ed. Nacional.

Moares, J.V. (2015). Arte de Grammatica Portugueza (1816), de Ignacio Felizardo Fortes: a construção teórica sobre as figuras da syntaxe e as figuras da dicção. *Cadernos de Pós--Graduação em Letras*, Mackenzie, vol. 15, n. 1, p. 188-208.

Moisés, L.P. (1992). *Vinte luas: viagem de Paulmier de Gonneville ao Brasil, 1503-1505*. São Paulo: Companhia das Letras.

Molina, M.A.G. (2004). *Um estudo descritivo analítico da gramática expositiva (curso superior) de Eduardo Carlos Pereira*. Tese de doutoramento. Universidade de São Paulo, São Paulo.

Molina, M.A.G. (2013). A constituição do saber gramatical: Brasil, séc. XIX e as gramáticas de Alfredo Gomes e Augusto Freire da Silva. *Cadernos do CNLF*, Rio de Janeiro, CiFEFiL, vol. XVII, n. 9, p. 9-18.

Molina, M.A.G. (2015). Solano Constâncio e Soares Barbosa: embates gramaticais. *Confluência*, Rio de Janeiro, Liceu Literário Português, n. 48, p. 181-197.

Molina, M.A.G.; Silva, A.V.S. & Santos, M.R. (2017). Uso da frequência de palavras na análise da gramática da infância de João Ribeiro. *Verbum*, vol. 6, n. 3, p. 4-414.

Monarcha, C. (2016). *A instrução pública nas vozes dos portadores de futuros (Brasil – séculos XIX e XX)*. Uberlândia: Edufu, p. 45-57.

Monarcha, C. (2019). Ao sol da ciência. In: *A instrução pública nas vozes dos portadores de futuros (Brasil – séculos XIX e XX)*. Uberlândia: Edufu, p. 83-98.

Moniz, F.F.S. (2010). *Obras completas de Laurindo Rabello*: edição crítica. Tese de doutorado. UFRJ – Faculdade de Letras, Rio de Janeiro.

Monserrat, R.M.F. (s.d.). Marcas da escrita de falante alemão no Dicionário de Trier. In: Barros, C. et alii. *Extrato de um Dicionário Jesuítico de 1756 em Língua Geral*. Rio de Janeiro: Biblioteca Nacional, Dossiês. Disponível em: https://bndigital.bn.gov.br/dossies/extrato-de-um-dicionario-jesuitico-de-1756-em-lingua-geral/apendice/marcas-de-escrita-de-falante-alemao-no-dicionario-de-trier/

Monteiro, T.R. (1939). *História do Império: o Primeiro Reinado*. Rio de Janeiro: F. Briguiet e Cia.

Monteiro, T.R. (1972). *História do Imperio: a elaboração da Independência*. 2. ed., t. 2. Brasília: MEC/INL.

Monteverde, E.A. (1866). *Nova arte da lingua grammatica da lingua portugueza para uso das escolas de instrucção primaria e daquelles que desejão fallar e escrever correctamente*. Rio de Janeiro: Eduardo & Henrique Laemmert.

Moraes, A.J.M. (1869). *Grammatica da lingua portugueza, ensinada por quadros analyticos; methodo facilimo para se aprender a lingua*. Rio de Janeiro: Typographia Nacional.

Moraes, J. (1999). *Ana Jansen, rainha do Maranhão*. 2. ed. São Luís: Edições AML, Série Documentos Maranhenses, vol. 18.

Moraes, L.C.D. (1997). A *Grammatica Descriptiva* de Maximino Maciel. *Filologia e Linguística Portuguesa*, n. 1, p. 165-173.

Moraes, R.B. (1969). *Bibliografia brasileira do período colonial*. São Paulo: Instituto de Estudos Brasileiros.

Moraes, R.B. (2006). *Livros e bibliotecas no Brasil colonial*. Brasília: Briquet de Lemos.

Moraes, R.B. (2010). *A narrative of the persecution of Hippolyto Joseph da Costa Pereira Furtado*, vol. 2. Bibliografia brasiliana. São Paulo: Edusp.

Morais, A.J.M. (1869). *Grammatica analytica da lingua portugueza, ensinada por meio de quadros analíticos*. Rio de Janeiro.

Morel, M. (2000). *Frei Caneca: entre Marília e a pátria*. Rio de Janeiro: Editora da Fundação Getúlio Vargas.

Mortatti, M.R.L. (2004). *Educação e letramento*. São Paulo: Unesp.

Mourão, G.B.C.M. (2009). *A Revolução de 1817 e a História do Brasil um estudo de história diplomática*. Brasília: Fundação Alexandre de Gusmão.

Moutinho, M. (1999). *Bibliografia para o IV centenário da morte do Beato José de Anchieta (1597-1997)*. São Paulo: Edições Loyola.

Mühlhäusler, P. (1986). *Pidgin and creole linguistics*. Oxford: Basil Blackwel.

Müller, M. (1868). *Nouvelles leçons sur la science du langage*. Tradução de Georges Harris e Georges Perrot. Paris: A. Durant et Pedone Lauriel, Libraires-Éditeurs.

Müller, M.L.R. (2006). Pretidão de amor. In: Oliveira, I. (org.). *Cor e Magistério*. Rio de Janeiro, Niterói: Quartet/Eduff, p. 144-156.

Murakawa, C.A.A. (2006). *António de Morais Silva: lexicógrafo da língua portuguesa*. Araraquara: Cultura Acadêmica.

Murici, J.V. (1864). *Grammatica geral*. Bahia: Typographia Constitucional de França Guerra.

Muzart, Z.L. (2003). Uma espiada na imprensa das mulheres no século XIX. *Revista de Estudos Feministas*, Florianópolis, vol. 11, n. 1, p. 225-233.

Nagle, J. (1976). *Educação e sociedade na Primeira República*. São Paulo: EPU/MEC.

Nascentes, A. (1919). *Um ensaio de phonetica differencial luso-castelhana*. Rio de Janeiro: Typographia do Jornal do Commercio, de Rodrigues & C.

Nascentes, A. (1940). Gramaticografia. *Revista de Cultura*, Rio de Janeiro, n. 157-158, jan.

Nascentes, A. (2003 [1939]). A filologia portuguesa no Brasil. In: *Estudos filológicos*. Rio de Janeiro: Academia Brasileira de Letras.

Nascimento, A.A. (2000). Laudes studiorum: o humanismo jesuítico dos primórdios (no cenário de Anchieta e da *Ratio Studiorum*). In: Pinho, S.T. & Ferreira, L.N. *Actas do Congresso Internacional Anchieta em Coimbra, Colégio das Artes da Universidade (1548-1998)*, t. 1. Porto: Fundação Engenheiro António de Almeida.

Nascimento, J.L. (2007). Julio Ribeiro: ciência, política e arte. In: Ribeiro, J. *Cartas sertanejas, Procelárias*. Edição fac-símile. São Paulo: Imprensa Oficial do Estado de São Paulo, p. 5-39.

Nebrija, A. (1909 [1492]). *Gramatica castellana*. Reprodution phototypique de l'édition princeps (1492). Prefácio por E. Walberg. Halle: Max Niemeyer.

Nebrija, E.A. (1999 [1481]). *Introductiones latinae*, fac-símile. Salamanca: Edições da Universidade de Salamanca.

Neres, J. (2013). Estudo de literatura no Maranhão do século XIX pelos livros didáticos de Sotero dos Reis. *III Simpósio de História do Maranhão Oitocentista*, Impressos no Brasil do Século XIX, São Luís, Uema, 4-7 jun. Disponível em: https://www.outrostempos.uema.br/oitocentista/cd/ARQ/27.pdf – Acesso em: 30 jan. 2020.

Neves, G.M.P. (2012). Bras da Costa Rubim e a historiografia do Espírito Santo. *Revista do IHGB*, Rio de Janeiro, ano 173, n. 457, p. 99-106.

Neves, L.M.B.P. (2014). Ler, contar e escrever: educação e livros no Rio de Janeiro joanino (1808-1821). *História: Questões & Debates*. Curitiba: Editora UFPR, n. 60, jan./jun., p. 163-188.

Neves, M.H.M. (2005). *A vertente grega da gramática tradicional: uma visão do pensamento grego sobre a linguagem*. 2. ed. revista e atualizada. São Paulo: Unesp.

Niskier, A. (2011). *História da educação brasileira: de José de Anchieta aos nossos dias.* 3. ed. São Paulo: Europa.

Nobre, F.S. (1996). *1001 cearenses notáveis.* Rio de Janeiro: Casa do Ceará.

Noël, F. & Chapsal, C.-P. (1829). *Leçons d'analyse grammaticale.* 3. ed. Paris: Maire-Nyon.

Noël, F. & Chapsal, C.-P. (1845 [1823]). *Nouvelle grammaire française.* 38. ed. Paris: Maire-Nyon.

Noël, M. & Chapsal, M. (1854 [1823]). *Nouvelle grammaire française sur um plan très--méthodique avec des nombreux exercicies d'orthographe, de syntaxe et de ponctuation, tirés de nos meilleus auteurs, et distribués dans l'ordredes règles. 38. ed. avec soin et augmentee.* Paris: Maire Nyon, Roret, Hachette, Delalain.

Nogueira, B.C.A. (1856). *Ecos da alma, poesias coligidas pelo poeta macambuzio.* Rio de Janeiro: Typographia Americana de José Soares de Pinho.

Nogueira, B.C.A. (1876). Apontamentos sobre o abañeênga, tambem chamado guarani, ou tupi, ou lingua geral dos Brasis. In: Nogueira, B.C.A.; Capanema, G.S. & Rodrigues, J.B. *Ensaios de Sciencia.* Rio de Janeiro: Brown & Evaristo, Editores.

Nogueira, B.C.A. (1877). Estudo introdutório. In: Mamiani, L.V. *Arte de grammatica da língua brazilica da Nação Kiriri, composta pelo padre Luiz Vicencio Mamiani, da Companhia de Jesus, e missionário que foi nas aldêas da dicta nação.* 2. ed. Publicada a expensas da Bibliotheca Nacional do Rio de Janeiro. Rio de Janeiro: Typographia Central de Brown & Evaristo, p. IX-DXXII.

Nogueira, B.C.A. (1881). *Rascunhos sobre a grammatica da lingua portugueza.* Rio de Janeiro: Typographia de A. dos Santos.

Nogueira, S. (2009). Estudos historiográficos e o ensino de língua portuguesa. *Cadernos do CNLF*, Rio de Janeiro, vol. XIII, n. 4.

Noll, V. (2009). O mito da origem portuguesa do chiamento carioca. In: Ribeiro, S.S.C.; Costa, S.B.B. & Cardoso, S.A.M. (orgs.). *Dos sons às palavras: nas trilhas da língua portuguesa.* Salvador: Edufba, p. 305-320.

Nunes, J.H. (2006). *Dicionários no Brasil: Análise e história do século XVI ao XIX.* Campinas: Pontes Editores.

Nunes, J.H. (2008). Dicionário, sociedade e língua nacional: o surgimento dos dicionários monolíngues no Brasil. In: Lima, I.S. & Carmo, L. (orgs.). *História social da língua nacional.* Rio de Janeiro: Edições Casa de Rui Barbosa, p. 353-374.

Nunes, J.H. & Seligman, K. (2003). Discurso lexicográfico: as reedições do Dicionário da Língua Portuguesa de Morais. *Alfa,* São Paulo, vol. 1, n. 47, p. 37-51.

O Brasil. (1844). Typographia Imparcial de F. de P. Brito, vol. V, p. 4.

O Imparcial, folha política e comercial. (1845). Rio Grande: Typographia de Moreira, n. 39, 8 mar.

O Sete d'Abril (1838). Rio de Janeiro: n. 651, 24 dez.

Olivato, L. (2017). "Castigos lancasterianos" na Província de Minas Gerais (1829). *Cadernos de História da Educação*, vol. 16, n. 3, set./dez., p. 846-858.

Oliveira, A.A. (1874). *O ensino público*. Obra destinada a mostrar o estado em que se acha e as reformas que exige a instrução pública no Brasil. Maranhão.

Oliveira, A.P.C. & Matta, A.B.S. (2011). A constituição da "Philologia" em "O vulgarisador": uma análise discursiva. *Cadernos do CiFEFiL,* Rio de Janeiro, vol. XV, n. 5, t. 2, p. 1.105.

Oliveira, D.F. (2015). *O pensamento linguístico de Jerônimo Soares Barbosa e sua influência nas principais gramáticas brasileiras do século XIX*. Tese de doutoramento. Universidade Federal Fluminense – Instituto de Letras, Niterói.

Oliveira, V.V. (2015). *Machado de Assis e os neologismos de Castro Lopes*. Trabalho de conclusão de curso. UFPB, João Pessoa.

Olmos, A. (1875). Rémi Siméon (ed.). *Grammaire de la langue Nahuatl ou Mexicaine, composée, em 1547, par le franciscain Andrés de Olmos*. Paris: Imprimerie Nationale.

Ortiz, J. (1862). *Novo systema de estudar a grammatica portugueza por meio da memoria, intelligencia e analyse, ajudando-se mutuamente*. Vitoria: Typographia de Pedro Antonio de Azeredo.

Ortiz, J. & Pardal, C.M.F. (1871). *Grammatica analytica e explicativa da lingua portugueza*. Rio de Janeiro: Livraria Clássica do Editor.

Pacheco, F. (1935). Um diccionario inédito da língua indígena. *Revista do Instituto Historico e Geographico do Espirito Santo*, Victoria, Oficinas da "Vida Capichaba", n. 8, abr., p. 22-32.

Pacheco, J.P.P. (1861). *O ensino Praxedes para bem facilitar a instrucção*. Rio de Janeiro.

Pacheco, J.P.P. (1862). *O ensino Praxedes, elementos de fallar para correctamente se ler com a melhor pronunciação*. Rio de Janeiro.

Paim, A. (1970 [1813]). Introdução. In: Ferreira, S.P. *Preleções filosóficas*. 2. ed. São Paulo: Edusp/Grijalbo.

Paim, A. (1997 [1967]). Silvestre Pinheiro Ferreira. In: *História das ideias filosóficas no Brasil*. 5. ed. São Paulo, Londrina: Editora da UEL, p. 339-372.

Papavero, N. & Barros, C. (2013). O "Vocabulario da língua Brazil" (Códice 3143 da Biblioteca Nacional de Portugal) e os *Zusätze* do Pe. Anselm Eckart, S.J. (1785): Obras do mesmo autor. Apêndice V. In: Papavero, N. & Porro, A. (orgs.). *Anselm Eckart, S.J. e o Estado do Grão-Pará e Maranhão Setecentista (1785)*. Belém: Museu Paraense Emílio Goeldi, p. 335-351.

Paranhos da Silva, J.J. (1879). *O idioma do hodierno Portugal comparado com o Brasil por um brazileiro*. Rio de Janeiro: Typographia de Lourenço Winter.

Paranhos da Silva, J.J. (1880). *Sistema de ortografia brazileira*, pelo autor do *Idioma do hodierno Portugal comparado com o do Brazil*. Rio de Janeiro: Typographia de Lourenço Winter.

Paranhos da Silva, J.J. (1881). Questões de linguistica. *Revista Brazileira*, Rio de Janeiro, t. 7, anno 2, jan./mar., p. 276-284.

Paris, G. (1862). *Étude sur lê rôle de l'accent latin dans la langue française*. Paris: Librairie A. Frank.

Paris, G. (1868). *Grammaire historique de la langue française, cours professé a la Sorbonne, leçon d'ouverture*. Paris: Librairie A. Franck.

Passos, J.A. (1848). *Compendio da grammatica portugueza pelo methodo analytico, recopilado especialmente das grammaticas de Moraes e Constancio, e accommodado á intelligencia dos meninos; dedicado á mocidade brazileira*. Rio de Janeiro: Typographia de M.A. Silva Lima.

Passos, J.A. (1855). *Resumo da grammatica portugueza para uso das escolas de primeiras lettras*. 2. ed. Rio de Janeiro: Typographia do Commercio de Brito & Braga.

Passos, J.A. (1865). *Diccionario grammatical portuguez*. Rio de Janeiro: Livraria de Antonio Gonçalves Guimarães & C.ª

Passos, J.A. (1871). *Considerações sobre a grammatica philosophica*. Maceió: Typographia Social de Amintas e Soares.

Passos, J.A. (1886 [1867]). *Resumo de grammatica portuguesa para uso das escolas de primeiras lettras da provincia das Alagoas, admittido no Rio de Janeiro, Bahia, Sergipe e em Pernambuco*. 12. ed. Jaraguá: Typographia Commercial Antonio Luiz & C.

Paul, H. (1966). *Princípios fundamentais da história da língua*. Tradução portuguesa de Maria Luisa Schemann. Lisboa: Fundação Caloustre Gulbenkian.

Paula, S.G. (ed.). (2001). *Hipólito José da Costa*. São Paulo: Editora 34.

Pavão, E.N.A. (2013). O Asylo de Meninos Desvalidos (1875-1894): uma instituição disciplinar de assistência à infância desamparada na Corte Imperial. *Anais do XXVII Simpósio Nacional de História*, Natal, 22 a 26 jul. Disponível em: http://www.snh2013.anpuh.org/resources/anais/27/1364660408_ARQUIVO_Infanciadesvalida.pdf

Paz, J.A.S. (1833?). *Grammatica elementar e methodica da lingua. portugueza, composta e offerecida á mocidade fluminense*. Rio de Janeiro.

Pecegueiro, L.M. (1868). Os gallecismos. *Revista Fluminense*, Rio de Janeiro, anno 1, n. 4, p. 25-27.

Pedrosa, M. (1998). Da missão francesa: seus obstáculos políticos. In: Arantes, O. (org.). *Mario Pedrosa: Acadêmicos e modernos. Textos Escolhidos III*. São Paulo: Edusp.

Peixoto, A. (1933). Introdução. In: Academia Brasileira de Letras. *Cartas, orações, fragmentos históricos e sermões do Padre Joseph de Anchieta, S.J. (1554-1594)*. Rio de Janeiro: Civilização Brasileira S.A., Cartas Jesuíticas, vol. III, p. 11-15.

Peixoto, A.C. (1731). *Alguns Apontamentos da Lingoa minna com as Palavras Portuguezas correspondentes*. [Manuscrito] Biblioteca Nacional de Lisboa (F. 2355 Códice 3052).

Peixoto, A.C. (1944). *Obra nova de língua geral de Mina de António da Costa Peixoto.* Manuscrito da Biblioteca Pública de Évora publicado e apresentado por Luís Silveira. Lisboa: Agência Geral das Colónias.

Penha, J.A.P. (2002). *Filólogos brasileiros.* Franca: Ribeirão Gráfica.

Pereira, E.C. (1907). *Grammatica expositiva* (curso elementar). São Paulo: Companhia Editora Nacional.

Pereira, E.C. (1909 [1907]). *Grammatica expositiva, curso superior.* 2. ed. São Paulo: Dubrat & Cia.

Pereira, E.C. (1929 [1915]). *Grammatica historica.* São Paulo: Companhia Editora Nacional.

Pereira, J.E. (1974). *Silvestre Pinheiro Ferreira: o seu pensamento político.* Coimbra: Universidade de Coimbra.

Pereira, J.E. (s.d.). *1808 e a modernização da filosofia no Brasil: Silvestre Pinheiro Ferreira.* Centro de Documentação do Pensamento Brasileiro. Disponível em: http://www.cdpb.org.br/texto_jose_esteves_pereira.pdf

Pereira, K. (2008). A emergência de escritores nacionais: o caso do Professor Francisco Alves Castilho. *Anais do V CBHE*, n.p. Disponível em: http://www.sbhe.org.br/novo/congressos/cbhe5/pdf/401.pdf

Pereira, M.M. (1884). *Lições de grammatica luso-latina, ou estudo comparativo das linguas portugueza e latina com outras; obra composta á luz dos escriptos de Bopp, Diez, Leupol, Burnouf, Oppert e outros.* Maranhão: Typographia do Frias.

Petter, M.M.T. (2005). Línguas africanas no Brasil. *Gragoatá*, Niterói, Eduff, vol. 17, 2º semestre, p. 193-218.

Pezzi, D. (1872). *Grammatica storico-comparativa della lingua latina: giusta i risultati degli studi più recenti: brevemente esposta agl'Italiani e specialmente ai professori di lingue classiche.* Roma: Ermanno Loescher.

Pfeiffer, C.C. (2011). A "Obra didática" de Frei Caneca na História das Ideias Linguísticas: configurações de um poder dizer. *Letras*, Santa Maria, Universidade Federal de Santa Maria, vol. 21, n. 42, jan./jun., p. 251-283.

Pimentel, J.S.R. (1827). *Compendio da grammatica da lingua portugueza ordenado segundo a doutrina dos melhores grammaticos e offerecido á mocidade brasileira.* Bahia: Typographia Imperial e Nacional.

Pinheiro, J.C.F. (1864). *Grammatica da infancia dedicada aos Srs. Professores d'Instrucção primaria.* Rio de Janeiro: B.L. Garnier, Livreiro Editor.

Pinto, L.M.S. (1832). *Diccionario da lingua brasileira.* Ouro Preto: Casa Impressora Typographia de Silva.

Pinto, R.M. (1976). Cem anos de língua portuguesa no Brasil, cem anos de gramática portuguesa no Brasil. *O Estado de S. Paulo*, São Paulo, Suplemento Centenário, 7 fev., p. 1-3.

Pitanga, I.L. (2019). Ernesto Carneiro Ribeiro: a trajetória intelectual do professor negro baiano (1839-1920). *Anais eletrônicos do 30º Simpósio de História da Anpuh*. Recife. Disponível em: https://www.snh2019.anpuh.org/resources/anais/8/1564830106_ARQUIVO_CarneiroRibeiroAnpuh.pdf

Polachini, B.S. (2015). Em busca de uma rede conceitual na gramaticografia brasileira oitocentista do português: a *cópula* em Sotero dos Reis (1866, 1871, 1877) e em Carneiro Ribeiro (1877). *Cadernos de Pós-Graduação em Letras*, São Paulo, UPM, vol. 15, n. 1. Disponível em: http://editorarevistas.mackenzie.br/index.php/cpgl/article/view/9426 – Acesso em: 30 abr. 2020.

Polachini, B.S. (2016). Análise de texto e metatextos gramaticais: Costa Duarte (1829, 1853, 1859, 1877) e Bithencourt (1862) sobre o "verbo substantivo". *Cadernos de Pós-Graduação em Letras,* São Paulo, Editora Mackenzie, vol. 16, n. 1, p. 17-30.

Polachini, B.S. (2018). *Uma história serial e conceitual da gramática brasileira oitocentista de língua portuguesa.* Tese de doutoramento. Universidade de São Paulo, São Paulo.

Ponce de León, R. (2019). Considerações sobre a teoria linguística nas gramáticas latinas de António Pereira de Figueiredo (1752-1753) e Luís António Verney (1758). In: Duarte, S. & Ponce de León, R. *Estudos de historiografia linguística portuguesa*. Porto: Flup, p. 63-79.

Pontes, A.M.S. (1860). *Nova rethorica brasileira*. Rio de Janeiro: E. & H. Laemmert.

Pontes, A.M.S. (1881). *Compendio de pedagogia para uzo dos alunos da Escola Normal*. Niterói: Typographia Fluminense.

Portela, M.R. (1738). *Cartapacio de syllaba, e figuras, conforme a ordem dos mais Cartapacios de grammatica, ordenado para melhor commodo dos Estudantes desta faculdade nos Pateos da Companhia de JESU, e dado à luz por Mathias Rodrigrues Portella, estudante dos mesmos pateos na Cidade da Paraîba do Norte no Brasil*. Lisboa Ocidental: Officina de Antonio Pedrozo Garam.

Porto-Alegre, A. (1917). *Homens illustres do Rio Grande do Sul*. Porto Alegre: Livraria Selbach.

Prado, J.F.A. (1935). *Primeiros povoadores do Brasil*. 2. ed. São Paulo/Rio de Janeiro/Recife/Porto Alegre: Companhia Editora Nacional.

Prado, J.F.A. (1948). Fontes primarias para o estudo das explorações e reconhecimento geográfico no século XVI. *Publicações do Instituto de Administração*, São Paulo, USP, n. 21.

Prado Jr., C. (1945). *História econômica do Brasil*. São Paulo: Brasiliense.

Prazeres, F.N.S. (1891). Poranduba Maranhense. *Revista Trimensal do Instituto Historico e Geographico Brazileiro*, Rio de Janeiro, Tipographia, Lithographia e Encadernação a vapor de Laemmert & C., t. LIV, parte I, 1º e 2º semestres de 1891.

Prete, M. (2020). *O perfil teórico-metodológico da Grammatica Portugueza, de Júlio Ribeiro*. Tese de doutorado. USP, São Paulo, 242 f.

Priestley, J. (1761). *The rudiments of English grammar: adapted to the use of schools, with observations on style*. Londres: R. Griffiths.

Processo de Domingos Borges de Barros (2009). Lisboa: Arquivo Nacional, Torre do Tombo. Disponível em: http://digitarq.dgarq.gov.pt/details?id=2310702

Proença, M.C. (1956). Explicação de Hemetério dos Santos, vol. 2. *Jornal de Letras*, Rio de Janeiro, Ano VII, nov.

Quirino, T.R. (1966). *Os habitantes do Brasil no século XVI*. Recife: Universidade Federal de Pernambuco, Instituto de Ciência do Homem, Imprensa Universitária.

Rabello, L.J.S. (1869). *Compendio de grammatica da lingua portugueza, obra adoptada pelo Governo Imperial para uso das escolas regimentaes do exercito e para o ensino dos aprendizes artilheiros*. Rio de Janeiro: Typographia e Lith. Esperança de Santos & Vellozo.

Rabello, L.J.S. (1872 [1869]). *Compendio de grammatica da lingua portuguesa*. 2. ed. Rio de Janeiro: Typographia Esperança de Gaspar João José Velloso.

Rabello, L.J.S. (1879). *Elementos de grammatica portugueza adoptados nas escolas regimentaes do exercito*. Rio de Janeiro: Felix Ferreira & C.

Rabello, S.M. (1862). *Peculio analytico grammatical da lingoa portugueza, recompilação de todos os principios que constituem os elementos da analyse e composição portugueza*. Bahia: Typographia de Antonio Olavo da França Guerra.

Raichvarg, D. & Jacques, J. (1991). *Savants et ignorants: une histoire de la vulgarisation des sciences*. Paris: Éditions du Seuil.

Ramírez, L. (2007). Carta de Luis Ramírez a su padre desde el Brasil (1528): orígenes de lo "real maravilloso" en el Cono Sur. Edição, introdução e notas de Juan Francisco Maura. *Lemir*. Disponível em: http://parnaseo.uv.es/Lemir/Textos/Ramirez.pdf – Acesso em: 28 maio 2015.

Ranauro, H. (1997). *Contribuição à historiografia dos estudos científicos da linguagem no Brasil*. Rio de Janeiro: Tempo Brasileiro/Feuc.

Ranauro, H. (2005). Jerônimo Soares Barbosa: sua contribuição ao estudo e ao ensino do português no Brasil. In: Gonçalves, M.; Soares da Silva, A.; Coutinho, J.; Martins, J.C. & Ferreira, M.J. (orgs.). *Gramática e Humanismo: Actas do Colóquio de Homenagem a Amadeu Torres*. Braga: Universidade Católica Portuguesa, vol. 1, p. 579-589.

Ranauro, H. (2015). *Para compreender uma gramática filosófica: uma análise crítica e comparativa da Grammatica philosophica da lingua portugueza de Jerônimo Soares Barbosa*. Niterói: Alternativa.

Razzini, M.P.G. (2000). *O espelho da nação: a Antologia Nacional e o ensino de português e de literatura (1838-1971)*. Tese de doutorado. Unicamp, Campinas.

Rebello, E.G. (1900). O futuro do ensino publico primmario. *A Eschola*, Rio de Janeiro, anno 1, n. 2, p. 2-8.

Reinach, S. (1904 [1879]). *Manuel de philologie classique*. Livre premier. 2. ed. Paris: Librairie Hachette et Cie.

Reis, F.S. (1866-1873). *Curso de literatura portugueza e brazileira*. Maranhão: Typographia de B. de Mattos.

Reis, F.S. (1870 [1863]). *Postillas de grammatica geral, applicada á língua portugueza pela analyse dos classicos ou guia para a construcção portuguesa*. 3. ed. revista e accrescentada pelo auctor. São Luís do Maranhão: Belarmino de Matos.

Reis, F.S. (1871 [1866]). *Grammatica portugueza, accomodada aos principios geraes da palavra seguidos de imediata applicação pratica*. 2. ed. revista, corrigida e annotada por Francisco Sotero dos Reis Jr. e Americo Vespucio dos Reis. Maranhão: Typographia de R. d'Almeida & C. Editores.

Renan, E. (1848). *De l'origine du langage*. Paris: Au Bureau de la Revue.

Renan, E. (1863 [1855]). *Histoire générale et système comparé des langues sémitiques*. 3. ed. revista e aumentada. Paris: A L'Imprimerie Impériale.

Rennó, A.C. (2005). *Caldas Barbosa e o pecado das orelhas: a poesia árcada, a modinha e o lundu* (textos recolhidos e antologia poética). São Paulo: Arte e Ciência.

Rezende Filho, J.D. (2011). Subsídios genealógicos sobre os Pecegueiros. *Revista da Asbrap*, São Paulo, n. 17, p. 207-251.

Ribeiro, A.B. (2015). *Fábio Luz entre a militância e a escrita: anarquismo, militância política e literatura*. Dissertação (Mestrado em História). Instituto de Ciências Humanas e Sociais, Universidade Federal Rural do Rio de Janeiro, Seropédica, 135 p.

Ribeiro, B.G. (1983). *O índio na história do Brasil*. 6. ed. São Paulo: Global.

Ribeiro, E.B. (2006). *Bento Teixeira e a "Escola de satanás": o poeta que teve a prisão por "recreação, a solidão por companhia e a tristeza por prazer"*. Dissertação de mestrado. Universidade de São Paulo, São Paulo, 301 p.

Ribeiro, E.C. (1890). *Serões grammaticaes ou nova grammatica portugueza*. Bahia: Livraria Catilina de Romualdo dos Santos.

Ribeiro, E.C. (1955 [1890]). *Serões grammaticaes ou nova grammatica portuguesa*. 6. ed. Bahia: Livraria Progresso.

Ribeiro, E.C. (1957 [1871]). Origem e filiação da lingua portugueza. In: Ribeiro, E.C. *Obra completa*. Estudos gramaticais e filológicos, vol. 3. Edição cuidadosamente revista, prefaciada e anotada por Deraldo Inácio de Sousa. Salvador: Progresso.

Ribeiro, E.C. (1957 [1877]). Grammatica portugueza philosophica. In: Ribeiro, E.C. *Obra completa*. Estudos gramaticais e filológicos, vol. 3. Edição cuidadosamente revista, prefaciada e anotada por Deraldo Inácio de Sousa. Salvador: Progresso.

Ribeiro, E.C. (1957 [1902]). Ligeiras observações sobre as emendas do Dr. Ruy Barbosa feitas á redacção do projecto do Código Civil. In: Ribeiro, E.C. *Obra completa*. Estudos gramaticais e filológicos, vol. 3. Edição cuidadosamente revista, prefaciada e anotada por Deraldo Inácio de Sousa. Salvador: Progresso.

Ribeiro, E.C. (1958 [1885]). Elementos de grammatica portugueza. In: Ribeiro, E.C. *Estudos Gramaticais e Filológicos*. 2. ed. cuidadosamente revista por Deraldo I. de Sousa. Salvador: Progresso.

Ribeiro, H. (1884). *Cartilha nacional para o ensino simultâneo de leitura e caligrafia*. Rio de Janeiro: [s.n.].

Ribeiro, J. (1889). *Diccionario grammatical*. Rio de Janeiro: Livraria Classica de Alves & Comp. Editores.

Ribeiro, J. (1889 [1887]). *Grammatica portuguesa*. 3. ed. Rio de Janeiro: Livraria Classica de Alves & C.

Ribeiro, J. (1906 [1889]). *Diccionario gramatical*. 3. ed. Rio de Janeiro: Francisco Alves.

Ribeiro, J. (1908). *Frazes feitas*. Rio de Janeiro: Francisco Alves.

Ribeiro, J. (1908 [1887]). *Grammatica portugueza* (curso superior). 14. ed. Rio de Janeiro: Francisco Alves.

Ribeiro, J. (1913 [1886]). *Grammatica portuguesa* (curso primário). 64. ed. Rio de Janeiro: Francisco Alves.

Ribeiro, J. (1920 [1887]). *Grammatica portugueza* (curso superior), adoptada nos gymnasios e escolas normaes do paiz e no "Pedagogium". 19. ed. com supplemento de annotações ao texto. Rio de Janeiro: Francisco Alves.

Ribeiro, J. (1926). Acêrca da questão ortográfica e acêrca do dicionário da Academia. *Cartas devolvidas*. Porto: Livraria Chardron, de Lello & Irmão.

Ribeiro, J. (1930 [1887]). *Grammatica portuguesa*, curso superior. 21. ed. refundida. Rio de Janeiro: Francisco Alves.

Ribeiro, J. (1933 [1887]). *Grammatica portuguesa*, curso superior. 10. ed. Rio de Janeiro: Francisco Alves.

Ribeiro, J. (1961). *Crítica*, vol. 5. Rio de Janeiro: Academia Brasileira de Letras. Publicações da ABL.

Ribeiro, J. (1961). Morais redivivo. In: Leão, M. (org.). *Obras de João Ribeiro*: crítica, vol. 5. Rio de Janeiro: ABL.

Ribeiro, J. (1964). Ortografia da Academia. *O fabordão*. 2. ed. Rio de Janeiro: Livraria São José.

Ribeiro, J. (1979). *A língua nacional e outros estudos lingüísticos*. Petrópolis: Vozes; Aracaju: Governo do Estado de Sergipe.

Ribeiro, J. (1979). Antiguidade dos brasileirismos. In: *A língua nacional e outros estudos lingüísticos*. Seleção e coordenação de Hildon Rocha. Petrópolis: Vozes.

Ribeiro, J. (1880). *Traços geraes de linguística*. São Paulo: Livraria Popular de Abilio A.S. Marques Editor, Bibliotheca Util III.

Ribeiro, J. (1881). *Grammatica portugueza*. São Paulo: Typographia de Jorge Seckler.

Ribeiro, J. (1885 [1881]). *Grammatica portuguesa*. 2. ed. refundida e muito augmentada. São Paulo: Teixeira & Irmão Editores.

Ribeiro, J. (s.d. [1887]). *Procellarias*. 2. ed. São Paulo: Edições Cultura Brasileira.

Ribeiro, J. (1903 [1886]). *Holmes brasileiro, ou gramática da puerícia*. Traducção da Introduction to English grammar de G.F. Holmes, LL.D. e adaptação della á lingua portuguesa. 4. ed. cuidadosamente revista e melhorada. São Paulo: Grande Livraria Paulista Miguel Melillo & Cia Livreiros-Editores.

Ribeiro, J. (1908 [1885]). *Cartas sertanejas*. 2. ed. São Paulo: Imprensa Oficial do Estado de São Paulo.

Ribeiro, J. (1911 [1881]). *Grammatica portuguesa*. 10. ed. Rio de Janeiro, São Paulo, Belo Horizonte: Francisco Alves & Cia.

Ribeiro, J. (2010 [1905]). *Selecta clássica*. 5. ed. fac-similada. Rio de Janeiro: Academia Brasileira de Letras.

Ribeiro, J.A.P. (1976). *O romance histórico na literatura brasileira*. São Paulo: Secretaria da Cultura, Ciência e Tecnologia, Conselho Estadual da Cultura.

Ricken, U. (1978). *Grammaire et philosophie au siècle des Lumières*. Lille: Publications de l'Université de Lille III.

Rico, F. (1983). Lección y herencia de Elio Antonio de Nebrija. In: García de la Concha, V. (ed.). *Nebrija y la introducción del Renacimineto en España*. Actas de la III Academia Literaria Renacentista, Universidad de Salamanca, 9-11 de diciembre de 1981. Salamanca: Ediciones Universidad de Salamanca, p. 9-14.

Robins, R.H. (1967). *A short history of linguistics*. Londres: Longman Group Limited.

Roboredo, A. (2007). *Methodo grammatical para todas as linguas* (Assunção, C. e Fernandes, G. Eds.). Edição fac-similada. Vila Real: Utad, Coleção Linguística 1.

Rocha, M.B.C. (2007). *O pensamento gramatical de Manuel Pacheco da Silva Júnior*. Tese de doutorado. Universidade Federal Fluminense, Niterói, 298 p.

Rodrigues, A.D.I. (1942). O artigo definido e os numerais na lingua Kiriri: os vocabulários português-kiriri e kiriri-português. *Arquivos do Museu Paranaense*, Curitiba, p. 179-212.

Rodrigues, A.D.I. (1948). Notas sobre o sistema de parentesco dos Indios Kiriri. *Revista do Museu Paulista*, São Paulo, vol. 2, p. 193-205.

Rodrigues, A.D.I. (1994). *Línguas brasileiras: para o conhecimento das línguas indígenas*. São Paulo: Loyola.

Rodrigues, A.D.I. (1996). As línguas gerais sul-americanas. *Papiá*, vol. 4, n. 2, p. 6-18.

Rodrigues, A.D.I. (1997). Descripción del tupinambá en el período colonial: el *Arte* de José de Anchieta. In: Zimmermann, K. (ed.). *La decripción de las lenguas amerindias en la época colonial*. Frankfurt/Madri: Vervuert/Iberoamericana, p. 371-400.

Rodrigues, A.D.I. (2002). *Línguas brasileiras: para o conhecimento das línguas indígenas*. São Paulo: Edições Loyola.

Rodrigues, J.B. (1888). A língua geral do Amazonas e o Guarani; observações sobre o alfabeto indígena. *Revista do IHGB*, Rio de Janeiro, vol. 4, suplemento, p. 73-107.

Rodrigues, J.C. (1875). O darwinismo da linguagem. *O Novo Mundo: Periodico Illustrado do Progresso da Edade*, Nova York, 23 jun., p. 218.

Rodrigues, N. (1945). *Os africanos no Brasil*. 3. ed. Rio de Janeiro: Nacional.

Rodrigues, P. (1897). Vida e obra do Padre José de Anchieta. In: *Annaes da Bibliotheca Nacional do Rio de Janeiro publicados sob a administração do director Dr. José Alexandre Teixeira de Mello*, vol. XIX. Rio de Janeiro: Typographia Leuzinger.

Rodrigues, P. (1978). *Vida do Padre José de Anchieta da Companhia de Jesus*. 2. ed. São Paulo: Loyola.

Rodrigues, T.L.M. (2013) Hemetério José dos Santos: educador, homem das letras e sua obra. *VII Congresso Brasileiro da História da Educação*, Cuiabá, Universidade Federal do Mato Grosso.

Romaine, S. (1988). *Pidgin and creole languages*. Londres/Nova York: Longman.

Romero, S. (1880). A poesia popular no Brazil. *Revista Brazileira*, Rio de Janeiro, n. 6.

Romero, S. (1881). Introdução á historia da litteratura brazileira, capítulo V. *Revista Brazileira*, Rio de Janeiro, t. 9, p. 464-482.

Romero, S. (1894). *Doutrina contra doutrina*. O evolucionismo e o positivismo na Republica do Brasil. Rio de Janeiro: J.B. Neves Editor.

Romero, S. (1980). *História da literatura brasileira, contribuições e estudos gerais para o exato conhecimento da literatura brasileira*. 7. ed., vol. 5. Brasília: Livraria José Olympio, Instituto Nacional do Livro.

Rosa, M.C. (1995). Acerca das duas primeiras descrições missionárias de língua geral. *Amerindia*: La "découverte" des langues et des écritures d'Amérique: actes du colloque international, Paris, 7-11 september 1993. Paris: Association d'ethnolinguistique Amérindienne, vol. 19-20, p. 273-285.

Rosa, M.C. (1997). Línguas bárbaras e peregrinas do Novo Mundo segundo os gramáticos jesuítas: uma concepção de universalidade no estudo de línguas estrangeiras. *Revista de Estudos Linguísticos*, Belo Horizonte, vol. 6, n. 5, p. 97-149.

Rosa, M.C. (2003). A língua mais geral do Brasil nos séculos XVI e XVII. In: Freire, J.R.B. & Rosa, M.C. (orgs.). *Línguas gerais: políticas linguísticas e catequese na América do Sul no período colonial*. Rio de Janeiro: Eduerj.

Rosa, M.C. (2010). A arte da língua de Angola (1697) e a gramática latina de Manuel Álvares (1572). *Eutomia: Revista Online de Literatura e Linguística*, vol. 2, p. 1-7. Disponível em: http://www.revistaeutomia.com.br/volumes/Ano3- -Volume2/especial-destaques/destaques-linguistica/destaque_a_arte_da_lingua_de_angola.pdf

Rosa, M.C. (2011). Uma gramática jesuíta seiscentista: a arte da língua de Angola. *Rede – A Revista de Estudos Afro-americanos*, vol. 1, n. 1, p. 141-200. Disponível em: http://revista.universo.edu.br/index.php/4revistaafroamericanas4/article/ view/460/pdf_7

Rosa, M.C. (2013). *Uma língua africana no Brasil Colônia de Seiscentos: o quimbundo ou língua de Angola na* Arte *de Pedro Dias, S.J*. Rio de Janeiro: 7Letras.

Royal Asiatic Society (1881). *Catalogue of the library of the North-China branch of the Royal Asiatic Society* (including the library of Alex. Wylie, Esq) systematically classed. Xangai: Mercury Office.

Rubert, A. (1998). *História da Igreja no Rio Grande do Sul: época imperial (1822-1889)*, vol. 2, Coleção Teologia – 13. Porto Alegre: Edipucrs.

Rubim, B.C. (1853). *Vocabulario brasileiro para servir de complemento aos diccionarios da lingua portuguesa*. Rio de Janeiro: Emp. Typ. Dous de Dezembro de Paula Brito, Impressor da Casa Imperial.

Rubim, J.F.K.C. (1880 [1862]). *Novo methodo de grammatica portugueza, approvado e adoptado para as aulas da Provincia do Ceará pelo Conselho Director da Instrucção Publica da mesma Provincia*. Nova ed. Porto: Livraria de Ignacio M. Corrêa.

Ruckstadter, F.M.M. & Toledo, C.A.A. (2008). Análise da construção histórica da figura "heroica" do Padre José de Anchieta. *Cadernos de História da Educação*, vol. 5, mar., p. 13-26.

Ruiz de Montoya, A. (1640). *Arte y Vocabulario de la lengua guarani*. Madri: Imp. Juan Sánchez.

Sá, F.F. (1915). *A lingua portugueza (dificuldades e duvidas)*. Maranhão: Imprensa Oficial.

Saco Arce, J.A. (1868). *Gramatica gallega*. Lugo: Imprensa de Soto Freire.

Said Ali, M. (1895). Estudos de linguistica III: verbos sem sujeito, segundo publicações recentes. *Revista Brasileira*, Rio de Janeiro, t. 1, p. 108-115.

Said Ali, M. (1919 [1908]). *Dificuldades da lingua portuguesa*. 2. ed. Rio de Janeiro: Livraria Acadêmica.

Said Ali, M. (1966 [1908]). *Dificuldades da língua portuguesa*. 6. ed. Rio de Janeiro: Livraria Acadêmica.

Said Ali, M. (1966 [s.d.]). *Gramática secundária da língua portuguesa*. 7. ed. revista e comentada por Evanildo Bechara. São Paulo: Edições Melhoramentos.

Said Ali, M. (1966 [s.d.]). *Grammatica elementar da língua portuguesa*. 9. ed. São Paulo: Edições Melhoramentos.

Saint-Hilaire, A.F.C.P. (1974). *Segunda viagem do Rio de Janeiro a Minas Gerais e a São Paulo*. Belo Horizonte: Livraria Itatiaia/Ed. USP.

Sales, A. (1885). *Cartas a Júlio Ribeiro*. São Paulo: Typographia da "Província".

Sampaio, T. (1928). *O tupi na geografia nacional*. 3. ed. Bahia: Secção Graphica da Escola de Aprendizes Artifices.

Sant'Ana, E. (2004). *Minha amada Maria* – Cartas dos Mucker. Tradução de Ernani Haag e Ingobert Karl Niewöhner. Canoas: Ulbra.

Santos, A.C.M.S. (1873). *Grammatica elementar e philosophica da lingua portugueza*. Recife: Typographia Mercantil.

Santos, A.L.S.M. (2011). *"Conquistas da fé na gentilidade brasílica": a catequese jesuítica na aldeia do Geru (1683-1758)*. Dissertação de mestrado. Universidade Federal da Paraíba, João Pessoa, 167p.

Santos, A.L.S.M. (2017). O impressor e as alegorias dos impressos: a Oficina de Miguel Deslandes e os escritos jesuíticos em Portugal na segunda metade do século XVII. *Revista de História e Estudos Culturais*, vol. 14, jul./dez., p. 1-18.

Santos, A.M.B. (2010). *Sob a lente do discurso: aspectos do ensino de retórica e poética no Atheneu Sergipense (1874-1891)*. Dissertação de mestrado em educação. Universidade Federal de Sergipe, São Cristóvão, 117p.

Santos, A.P. (2019). *Arma da educação: cultura política, cidadania e antirracismo nas experiências do Professor Hemetério dos Santos (1870-1930)*. Tese de doutoramento. UFRJ, Rio de Janeiro, 429p.

Santos, H.J. (1877). *Grammatica elementar, extrahida dos melhores autores, accrescentada e organisada segundo o programma do Collegio de Pedro II*. Rio de Janeiro: Serafim José Alves Editor.

Santos, H.J. (1881). *O livro dos meninos: contos brasileiros de accordo com os processos modernos*. Rio de Janeiro: Liv. Acadêmica de J.G. de Azevedo.

Santos, H.J. (1885). *Grammatica portugueza, segundo gráo primmario*. Rio de Janeiro: Typographia Montenegro.

Santos, H.J. (1887). *Grammatica portugueza adoptada na Escola Normal do Districto Federal*. Rio de Janeiro: Livraria Clássica de Alves & C.

Santos, H.J. (1907). *Etymologias – Preto*. Almanaque Garnier, Rio de Janeiro.

Santos, H.J. (1908). Machado de Assis: carta ao Sr. Fabio Luz. *Gazeta de Notícias*, Rio de Janeiro, 29 nov.

Santos, H.J. (1913 [1887]). *Grammatica portuguesa*. 3. ed. augmentada. Rio de Janeiro: Francisco Alves. Disponível em: https://www.labeurb.unicamp.br/bvclb/pages/obras/navegar.bv?idObr=16&pagina=0

Santos, H.J. (s.d.). *Da construção vernacular*. Rio de Janeiro: E. Bevilacqua.

Santos, I.F. (1875). *Compendio de grammatica portugueza*. Recife: s.n.

Santos, I.G. (2018). *A instrução secundária nas Alagoas: as aulas avulsas e o Liceu Provincial (1784-1892)*. Tese de doutoramento. Universidade Federal da Paraíba, João Pessoa.

Santos, J.M.P. (2016). Illustrations of Doutrina: artwork in the early editions of Marcos Jorge's Doutrina Cristã. *Bulletin of Portuguese-Japanese Studies*, Lisboa, Cham, Universidade Nova de Lisboa, vol. II, n. 2, p. 149-167.

Santos, L.G. (1838). *Antidoto catholico contra o veneno methodista ou refutação do segundo relatorio do intitulado missionário do Rio de Janeiro composto pelo R.P.G. Tilbury com huma analyse do Annuncio do Vendedor de Biblias, & c*. Rio de Janeiro: Imprensa Americana.

Santos, R.L.M. (2015). Uma história das ideias linguísticas no Brasil: o debate sociolinguístico em torno do conceito de transmissão linguística irregular. *Línguas e Instrumentos Linguísticos*, n. 36, jul./dez., p. 89-118.

Santos, S.D. (2018). *O jornal Imprensa Evangélica e as origens do protestantismo brasileiro no século XIX*. Tese de doutoramento em letras. UPM, São Paulo, 244 f.

Santos, W. (1978). *Perfil de Ana Jansen*. São Luís: Sioge.

Santos Silva, F.R. (2019). Investigação da trajetória de vida e profissional da professora primária e autora de gramática Adelia Ennes Bandeira. *Revista Caminhos da Educação: diálogos, culturas e diversidades*, Caedu/UFPI Teresina, Brasil, vol. 1, n. 1, jan./abr., p. 113-132.

Santos Silva, L. (2015). *Etymologias preto: Hemetério José dos Santos e as questões raciais de seu tempo (1888-1920)*. Dissertação de mestrado. Cefet, Rio de Janeiro, 150p.

São Luiz, F. (1928). *Ensaio sobre alguns synonymos da lingua portuguesa*, 2 t. Lisboa: Typografia da Academia R. das Sciencias.

Saraiva, F.M.J. (1840). *Ensaio sobre alguns sinónimos da lingua portuguesa*. Ed. Brasileira. Rio de Janeiro: Tipografia Nacional.

Saraiva, F.S.L. (1878). Glossario das palavras e frases da lingua franceza que por descuido, ignorancia, ou necessidade se tem introduzido na locução portugueza moderna, com o juizo critico das que são adoptaveis nella. *Obras Completas do Cardeal Saraiva* (D. Francisco de São Luiz) Pathriarca de Lisboa precedidas de uma introducção pelo Marquez de Rezende, t. VIII. Lisboa: Imprensa Nacional.

Saviani, D. (2007). *História das ideias pedagógicas no Brasil*. Campinas: Editores Associados.

Saviani, D. (2012). Um barão brasileiro no congresso internacional de Buenos Aires: as ideias pedagógicas de Abílio César Borges, Barão de Macahubas. *História da Educação*, vol. 4, n.7, p. 41-58.

Say, H. (1839). *Histoire des relations commerciales entre la France et le Brésil et considérations générales sur les monnaies, les changes, les banques et le commerce extérieur*. Paris: Chez Guillauimin, Libraire.

Schäfer-Priess, B. (2019). *A gramaticografia portuguesa até 1822: condições da sua génese e critérios de categorização, no âmbito da tradição latina, espanhola e francesa*. Vila Real: Universidade de Trás-os-Montes e Alto Douro, Coleção Linguística 14.

Scherer, L.C. & Gabriel, R. (2007). Processamento da linguagem: contribuições da neurolinguística. *Signo*, vol. 32, n. 53, dez., p. 66-81.

Schleicher, A. (1860). *Die Deutsche Sprache*. Stuttgart: J.G. Cotta.

Schmidt-Riese, R. (2003). Condições da mudança em Nheengatu: pragmática e contatos linguísticos. In: Freire, J.R.B. & Rosa, M.C. (orgs.). *Línguas gerais: política linguística e catequese na América do Sul no período colonial*. Rio de Janeiro: Editora da Uerj.

Schueler, A.F. (2005). Combates pelo ofício em uma escola moralizada e cívica: a experiência do professor Manoel José Pereira Frazão na Corte imperial (1870-1880). *Revista Brasileira de História da Educação*, n. 9, jan./jun., p. 109-138.

Schueler, A.F. (2005). Representações da docência na imprensa pedagógica na Corte imperial (1870-1889): o exemplo da Instrução Pública. *Educação e Pesquisa*, São Paulo, vol. 31, n. 3, set./dez., p. 379-390.

Segismundo, F. (1993). *Excelências do Colégio Pedro II*. Rio de Janeiro: Setor Gráfico do Colégio Pedro II.

Senna, J.B. (1862). *Lições de grammatica portugueza, destinadas ao uso dos alumnos de ambos os sexos que frequentam as aulas de primeiras lettras.* Pernambuco.

Shapiro, M.J. (1989). A political approach to language purism. In: Jernudd, B.H. & Shapiro, M.J. *The politics of language purism*. Berlim/Nova York: Mouton de Gruyter, p. 21-30.

Silva, A.D. & Vasconcellos, J.M.C. (1825). *Colleção da legislação portugueza desde a ultima compilação das Ordenações*, vol. 2. Lisboa: s.n.

Silva, A.M. (1789). *Diccionario da lingua portugueza*, recompilado dos vocabularios impressos até agora, e nesta segunda edição novamente emendado e muito acrescentado. Lisboa: Typographia Lacerdina.

Silva, A.M. (1806). *Epitome de grammatica da lingua portugueza*. Lisboa: Off. De Simao Thaddeo Ferreira.

Silva, A.M. (1824). *Grammatica portugueza*. Rio de Janeiro: Typographia de Silva Porto & Comp.

Silva, A.M. (1831 [1789]). *Diccionario da lingua portugueza*. 4. ed. reformada por Theotonio José de Oliveira Velho. Lisboa: Impressão Régia.

Silva, A.M. (1832-1836). *Epitome da grammatica portugueza, e agora mais resumido e em forma de dialogos para uso de meninos.* Porto Alegre: Typographia C. Dubreuil & Comp.

Silva, A.N. (1888). *Grammatica portugueza elementar*. Rio de Janeiro: Typographia de Laemmert.

Silva, I.F. (1858). *Diccionario biobibliographico portuguez: estudos de Innocencio Francisco da Silva applicaveis a Portugal e ao Brasil*, t. 1. Lisboa: Imprensa Nacional.

Silva, I.F. (1859). *Diccionario bibliographico portuguez*, t. 3. Lisboa: Imprensa Nacional.

Silva, I.F. (1860). *Diccionario bibliográfico portuguez*, t. 5. Lisboa: Imprensa Nacional.

Silva, I.F. (1862). *Diccionario biobibliographico portuguez: estudos de Innocencio Francisco da Silva applicaveis a Portugal e ao Brasil*, t. 7. Lisboa: Imprensa Nacional.

Silva, I.F. (1883). *Diccionario bibliographico portuguez: estudos de Innocencio Francisco da Silva applicaveis a Portugal e ao Brasil continuados e ampliados por Brito Ara-

nha em virtude de contrato celebrado com o governo portuguez, t. 10. Lisboa: Imprensa Nacional.

Silva, I.F. (1884). *Diccionario biobibliographico portuguez: estudos de Innocencio Francisco da Silva applicaveis a Portugal e ao Brasil*, t. 11. Lisboa: Imprensa Nacional.

Silva, J.P. (2016). *La "santa ciudadanía" del império: confesionalidad como fuente restrictiva de derechos en Brasil (1823-1831)*. Salamanca: Ediciones Universidad de Salamanca, Colección Vítor 380.

Silva, M. (2010). Júlio Ribeiro polemista: um capítulo da história das querelas linguísticas no Brasil. *Polifonia*, Cuiabá, vol. 22, n. 1, jan./jun., p. 64-74.

Silva, M. (2012). Júlio Ribeiro, leitor de Schleicher: linguística e positivismo no Brasil do final do século XIX. *Revista Diacrítica,* Braga, vol. 26, n. 1, p. 248-268.

Silva, M.B.N. (2011). *A primeira Gazeta da Bahia: idade d'Ouro do Brazil*. 3. ed. Salvador: Edufba.

Silva, V.B. (2003). Leituras para professores: apropriação e construção de saberes nos manuais pedagógicos brasileiros escritos pelos "católicos" (1870-1971). *Cadernos de História da Educação,* n. 2, jan./dez.

Silva Junior, M.P. (1876). O nosso indígena. *Museu Recreativo ou Collecção da Imprensa Industrial*. Rio de Janeiro: Dias da Silva Jr. Typographo-Editor, vol. 1, p. 132-138.

Silva Junior, M.P. (1877). *Estudos de lingua vernacula: phonologia*. Rio de Janeiro: Imprensa Industrial.

Silva Junior, M.P. (1878). *Grammatica historica da lingua portugueza compendiada para uso dos alumnos do 7º anno do Imperial Collegio de Pedro II, das escolas normaes e de todos os que estudam o idioma nacional*. Rio de Janeiro: Typographia A Vapor de D.M. Hazlett.

Silva Junior, M.P. (1878). *Novo methodo facil e pratico para aprender a lingua ingleza por Graesser*, segundo os principios de F. Ahn, modificado e adaptado á lingua portugueza por Pacheco da Silva Junior. 2. ed. Rio de Janeiro: Livraria de Serafim José Alves.

Silva Junior, M.P. (1879). A proposito de algumas theses aventuradas pelo Sr. Th. Braga nas suas producções litterarias. *Revista Brazileira*, Rio de Janeiro, anno 1, t. 1, p. 116-134.

Silva Junior, M.P. (1880). A poesia popular no Brazil. *Revista Brazileira*, Rio de Janeiro, N. Midosi editor, n. 6, p. 444.

Silva Junior, M.P. (1880). O dialecto brasileiro. *Revista Brazileira*, Rio de Janeiro, anno 2, t. 5, p. 487-495.

Silva Junior, M.P. (1903). *Noções de semantica*. Rio de Janeiro: Francisco Alves.

Silva Junior, M.P. (1977). *Estudos de lingua portugueza*: phonologia. Rio de Janeiro: Imprensa Industrial.

Silva Junior, M.P. & Andrade, B.P.L. *Grammatica da lingua portugueza para uso nos gymnasios, lyceus e escolas normaes*. 3. ed. Rio de Janeiro: Livr. Classica de Alves.

Silva Neto, S. (1949). *Introdução ao estudo da língua portuguesa no Brasil.* Rio de Janeiro: INL.

Silva Ramos, J.J. (1887). Grammatica portugueza, por Hemetério José dos Santos. *Revista Scientifica [Revista Brazileira]*, Rio de Janeiro, t. X, abr./jun.

Silveira, C.D. (1855). *Compendio de grammatica da lingua portuguesa da primeira idade.* Rio de Janeiro: Typographia Nacional.

Silveira, C.D. (1870). *Exercicios de analyse lexicografa ou grammatical e de analyse sintactica e logica.* Rio de Janeiro: Typographia Quirino & Irmão.

Silveira, C.R. (2005). *Erudição e ciência: as procelas de Júlio Ribeiro no Brasil oitocentista.* Tese de doutorado. Unesp, São Paulo, 80f.

Silveira, C.R. (2008). *Erudição e ciência: as procelas de Júlio Ribeiro (1845-1890).* São Paulo: Editora Unesp.

Silvestre, J.P. (2011). Testemunhos manuscritos da dicionarística bilíngue. In: Verdelho, T. & Silvestre, J.P. *Dicionarística Bilíngue, a Tradição Dicionarística Português-Línguas Modernas*, Lisboa, Aveiro, Centro de Linguística da Universidade de Lisboa, Universidade de Aveiro.

Soares, A.J.M. (1879). Sobre a etymologia da palavra boava ou emboaba. *Revista Brazileira*, t. 1, anno 1, jun.-set., p. 587-594.

Soares, A.J.M. (1880[1]). Estudos lexicographicos do dialecto brasileiro III. *Revista Brazileira*, Rio de Janeiro, anno I, n. 3, p. 224-233.

Soares, A.J.M. (1880[2]). Estudos lexicographicos. *Revista Brazileira*, Rio de Janeiro, ano I, n. 4, p. 243-271.

Soares, A.J.M. (1889). *Diccionario brazileiro da lingua portugueza*, elucidário etymologico-critico das palavras e phrases que, originarias do Brazil, ou aqui populares, se não encontrão nos diccionarios da lingua portugueza, ou nelles vêm com forma ou significação differente 1875-1888. Rio de Janeiro: Typographia de G. Leuzinger & Filhos, Publicação da Bibliotheca Nacional.

Soares, A.J.M. (1942 [1874/1891]). *Estudos lexicográficos do dialeto brasileiro sobre algumas palavras africanas, introduzidas no portuguez que se fala no Brasil.* [org. Julião Rangel de Macedo Soares]. *Revista IHGB*, Rio de Janeiro, n. 177, p. 7-269.

Soares, F.J.C. (1835). *Arte da grammatica portugueza composta e offerecida á sociedade promotora da instrucção na Corte do Brasil.* Rio de Janeiro: Typographia Fluminense de Brito & Cia.

Soares, J.L. (1882). *Observações vagas sobre a grammatica da lingua portugueza.* Niterói: Typographia do Fluminense.

Soares, M.P. (1998). *O positivismo no Brasil: 200 anos de Augusto Comte.* Porto Alegre: AGE/Editora da Universidade.

Soares, N.N.C. (2010). *Mostras de sentido no fluir do tempo, estudos de Humanismo e Renascimento.* Coimbra: Imprensa da Universidade de Coimbra.

Sodré, N.W. (1999). *História da imprensa no Brasil*. 4. ed. Rio de Janeiro: Mauad.

Souza, Á.C.P. (2019). *O processo de escolarização e normatização do português em Sergipe Del Rey, século XIX: a obra de José Ortiz (1862)*. Tese de doutorado. UFBA, Salvador, 430p.

Souza, A.S. & Lucchesi, D. (2004). Estrutura de negação em uma comunidade rural afro-brasileira. *Hyperion Letras*, n. 7.

Souza, E.H. (2012). A língua e a escola na Bahia no século XIX: um olhar sobre materiais didáticos. In: Lobo, T.; Carneiro, Z.; Soledade, J.; Almeida, A. & Ribeiro, S. (orgs.). *Rosae: linguística histórica, história das línguas e outras histórias* [online]. Salvador: Edufba, p. 647-666.

Souza, J.C.R. (1872). *Grammatica portugueza para as escolas primarias, adoptada e premiada pelo Conselho da Instrucção Publica da provincia do Pará*. Pará.

Souza, P. (1870). *Grammaire portugaise raisonnée et simplifiée*. Paris: Garnier Frères, Libraires-Éditeurs.

Stein, C.C. (2001). O verbo haver e a evolução do conceito de impessoalidade. *Anais do V Congresso Brasileiro de Linguística e Filologia*. Rio de Janeiro: Cifefil. Disponível em: http://www.filologia.org.br/vcnlf/anais%20v/civ6_14.htm

Steuckardt, A. (2007). Beauzée et la rationalisation de la terminologie grammaticale. *HAL, Archives-Ouvertes*. Disponível em: https://hal.archives-ouvertes.fr/hal-00353728

Straaijer, R. (2011). *Joseph Priestley, grammarian: late modern English normativism and usage in a sociohistorical context*. Utreque: Lot Publications.

Susano, L.S.A.A. (1826). *Compendio de orthographia extrahido de varios auctores, para facilitar á mocidade o estudo d'esta parte da grammatica*. Rio de Janeiro: Tipografia de Torres.

Susano, L.S.A.A. (1851). *Compendio de grammatica portugueza para uso das escolas primarias*. Rio de Janeiro: Laememert.

Sweet, H. (1877). *A handbook of phonetics, including a popular exposition of the principles of spelling reform*. Oxford: Clarendon Press.

Sweet, H. (1898). *A new English grammar logical and historical*. Oxford: At the Clarendon Press.

Swiggers, P. (2013). A historiografia da linguística: objeto, objetivos, organização. *Confluência*, Rio de Janeiro, Liceu Literário Português, n. 44-45, p. 39-59.

Tambara, E. (2002). Trajetórias e natureza do livro didático nas escolas de ensino primário no século XIX no Brasil. *História da Educação*, Pelotas, Faculdade de Educação da UFPel., n. 11, p. 25-52.

Taunay, A.E. (1956 [1912]). *A missão artística de 1816*. Rio de Janeiro: Patrimônio Histórico e Artístico Nacional.

Taunay, A.E. (s.d.). Fernão Cardim e Gabriel Soares de Souza, os Tratados da Terra e Gente do Brasil e o Roteiro do Brasil. In: Taunay, A.E. *Zoologia Fantástica do Brasil (séculos XVI e XVII)*. São Paulo, Caieiras, Rio de Janeiro: Companhia Melhoramentos de São Paulo, p. 112.

Tavares, F.M. (1884 [1840]). *História da Revolução de Pernambuco em 1917*. 2. ed. Recife: Typographia Industrial.

Tavares, F.M. (2017 [1840]). *História da Revolução de Pernambuco em 1817*. 5. ed. Notas de Manuel de Oliveira Lima. Recife: Cepe.

Tavares, L.H.D. (1959). *Introdução ao estudo das idéias do movimento revolucionário de 1798*. São Paulo: Progresso.

Tavares, L.H.D. (2005). *Independência do Brasil na Bahia*. Salvador: Edufba, Coleção Bahia de Todos.

Taylor, H.C. (1871). *Gramática da língua nacional*. Rio de Janeiro: s.n.

Teixeira, A. (1952). Um educador: Abílio Cesar Borges. *Revista Brasileira de Estudos Pedagógicos*, Rio de Janeiro, vol. 18, n. 47, jul./dez., p. 150-155.

Teixeira, J. & Schueler, A. (2006). Experiências profissionais e produção intelectual de professores primários na Corte Imperial (1860-1889). *Anais do VI Congresso Luso-Brasileiro da História da Educação*. Uberlândia: Universidade Federal de Uberlândia. Disponível em: http://www2.faced.ufu.br/colubhe06/anais/arquivos/Alessandra%20Frota%20 de%20Schueler.htm

Terra, E. (2001). *As ruas de Porto Alegre*. Porto Alegre: Age.

Thomas, A. (1892). *La loi de Darmesteter en provençal*. Paris: Impr. de Protat Frères.

Thomason, S. & Kaufmann, T. (1988). *Language contact, creolization and genetic linguistics*. Berkeley: University of California Press.

Tilbury, G.P. (1823?). *Breve explicação sobre a gramática contendo quanto basta e o que é de absoluta necessidade saber da grammatica portuguesa para aprender qualquer outra lingua*. Rio de Janeiro.

Todd, L. *Pidgins and creoles*. Londres/Nova York: Routledge, 1990.

Toipa, H.C. (2009). O contributo de Pedro Perpinhão para a elaboração da *Ratio Studiorum* da Companhia de Jesus. *Máthesis*, Viseu, n. 18, p. 47-79.

Toipa, H.C. (2011). O percurso de Pedro João Perpinhão em Portugal. *Humanitas*, n. 63, p. 405-425.

Torre, M.G. (1985). *Gramáticas Inglesas Antigas: Alguns dados para a história dos estudos ingleses em Portugal até 1820*. Porto: Universidade do Porto.

Torres, J.C.O. (1957). *O positivismo no Brasil*. 2. ed. Petrópolis: Vozes.

Totvard, C.K. (1957). *Institutiones grammaticae latinae* ex classicorum, celeberrimorumque grammaticorum operibus excerptae et methodo synthetico analyptico, duplicique textu latino nempe et lusitano conscript. Rio de Janeiro: s.n.

Tuffani, E. (2006). *Repertório brasileiro de língua latina (1830-1996)*. Cotia: Íbis.

Uchôa, C.E.F. (1961). Joaquim Mattoso Câmara Jr. *Revista Vozes*, Petrópolis, n. 55, vol. 11, p. 823-829.

United States Army (1972). *Index-Catalogue of the library of the surgeon general's office*. Nova York, Londres: Johnson Reprint Corporation.

Vale, L. (1938). *Vocabulario na lingua brasilica: manuscrito português-tupi do século XVII*. São Paulo: Departamento de Cultura.

Vale, L. (Airosa, P., coord.). (1952/1953). *Vocabulário na língua brasílica, manuscrito português-tupi do século XVII*. Edição revista e confrontada com o manuscrito 3144 da Biblioteca Nacional de Lisboa por Carlos Drumond. São Paulo: Coleção Departamento de Cultura, vol. 1, 1952, vol. 2, 1953 [s.d.].

Van Den Bosch, L.P. (2002). *Friedrich Max Müller, a life devotes to humanities*, vol. 94. Leida, Boston, Colônia: Brill, Studies in the History of Religions.

Van Ostade, I.T.-B. (2011). *The bishop's grammar: Robert Lowth and the rise of prescriptivism*. Oxford: Oxford University Press.

Varnhagen, F.A. (1850). *Florilégio da poesia brasileira*, t. II. Lisboa: Imprensa Nacional.

Varnhagen, F.A. (1946). *Florilegio da poesia brazileira* ou collecção das mais notaveis composições dos poetas brazileiros falecidos, contendo as biographias de muitos delles, tudo precedido de um ensaio historico sôbre as lettras no Brazil, t. 2. Rio de Janeiro: Publicações da Academia Brasileira, Colecção Afrânio Peixoto.

Varnhagen, F.A. (1959). *História geral do Brasil*. 6. ed., t. V. São Paulo: Melhoramentos.

Vasconcelos, J.L. (1929). A filologia portuguesa e a reforma do Curso Superior de Letras de Lisboa. In: Vasconcelos, J.L. *Opúsculos*, vol. IV, Filologia (parte II). Coimbra: Imprensa da Universidade, p. 841-919.

Vasconcelos, S. (1672). Vida do veneravel padre Ioseph de Anchieta da Companhia de Iesu, Taumaturgo do Novo Mundo, na Provincia do Brasil. Lisboa: Officina de Ioam da Costa.

Vasconcelos, S. (1943 [1672]). *Vida do venerável Padre José de Anchieta*. 2. ed. Rio de Janeiro: Imprensa Nacional.

Vechia, A. & Lorenz, K.M. (orgs.). (1998). *Programa de ensino da escola secundária brasileira: 1850-1951*. Curitiba: Ed. do Autor.

Verdelho, T. (2002). *Dicionários portugueses, breve história*. In: Nunes, J.H. & Petter, M. História do saber lexical e constituição de um léxico brasileiro. São Paulo: Humanitas/Pontes, p. 15-64.

Verdelho, T. (2003). O dicionário de Morais Silva e o início da lexicografia moderna. *História da Língua, História da Gramática: Actas do Encontro*. Braga: Universidade do Minho, ILCH, p. 473-490.

Verdelho, T. (2011). Lexicografia portuguesa bilíngue; breve conspecto diacrónico. In: Verdelho, T. & Silvestre, J.P. (eds.). *Lexicografia bilíngue: a tradição dicionarística por-*

tuguês-línguas modernas. Lisboa, Aveiro: Centro de Linguística da Universidade de Lisboa, Universidade de Aveiro.

Verdelho, T. & Silvestre, J.P. (orgs.) (2007). *Dicionarística portuguesa: inventariação e estudo do património lexicográfico*. Aveiro: Universidade de Aveiro.

Verissimo, J. (1907). Briga de grammaticos, Carneiro versus Ruy Barbosa. In: Verissimo, J. *Estudos de Literatura Brazileira, 6ª série*. Rio de Janeiro: H. Garnier Livreiro-Editor, p. 99-133.

Verissimo, J. (s.d. [1916]). *História da literatura brasileira*. Rio de Janeiro: Ministério da Cultura/Fundação Biblioteca Nacional/INL.

Verney, L.A. (1746). *O verdadeiro metodo de estudar* para ser util à Republica, e à Igreja: proporcionado ao estilo, e necessidade de Portugal, vol. 1 e 2. Valença: Oficina de Antonio Balle.

Véronique, D. (1996). Anthropologie et linguistique de contact. In: Goelb, H.; Nelde, P.H.; Zdeněk, S. & Wölck, W. *Kontaktlinguistik, Contact Linguistics, Linguistic de Contact*. Berlim/Nova York: Walter de Gruyter, p. 49.

Verri, G.M.W. (2006). *Tinta sobre papel: livros e leituras em Pernambuco no século XVIII, 1759-1807*. Recife: Editora Universitária da UFPE, Secretaria da Educação de Pernambuco.

Vianna, A.R.G. & Abreu, G.V. (1885). *Bases da ortografia portuguesa*. Lisboa: Imprensa Nacional.

Vidotti, J.J.V. (2012). *Políticas linguísticas para o ensino de língua estrangeira no Brasil do século XIX*. Tese de doutoramento em letras. Universidade de São Paulo, São Paulo.

Vieira, A. (1925). *Cartas do Padre António Vieira*, t. 1. [coord. e notas de Lúcio d'Azevedo]. Coimbra: Imprensa da Universidade.

Vieira, C. (1945). *El Padre Anchieta: la vida de un apostol en el Brasil primitivo*. Versión castellana y notas por Benjamín de Garay. Buenos Aires: Editorial Claridad.

Vieira, F.E. (2018). *A gramática tradicional: história crítica*. Campinas: Parábola.

Vieira, J.J.M. (1877). *Primeiras noções de gramática portuguesa*. Rio de Janeiro.

Vieira, V.R. (1889). *Grammatica elementar da lingua portugueza, dedicada á instrucção primaria, organizada de accordo com o programma vigente da instrucção publica*. Rio de Janeiro: Laemmert & C. Editores.

Villela, H.O.S. (1992). A primeira Escola Normal do Brasil. In: Nunes, C. (org.). *O Passado sempre presente*. São Paulo: Cortez, p. 17-42.

Villeroy, F.E.E. (1870). *Compendio da grammatica portugueza adoptado para uso das escolas da provincia do Rio Grande do Sul pelo respectivo Conselho Director da Instrucção Publica*. Porto Alegre: Typographia Rio-Grandense.

Viveiros, J. (1953). Apontamentos para a história da instrução pública e particular do Maranhão. *Revista de Geografia e História*, São Luís, vol. 4, dez., p. 3-43.

Viveiros, J. (1965). *A rainha do Maranhão*. São Luís: Departamento de Cultura do Estado.

Vogt, C. & Fry, P. (1994). *Cafundó, a África no Brasil: linguagem e sociedade*. São Paulo: Companhia das Letras.

Von Martius, C.F.P. (1867). Dicionário de verbos, Zeitwörter, português – tupi austral – Deutsch. In: *Beiträge zur Ethnographie und Sprachenkunde Amerika's zumal Brasiliens*, II: Zur Sprachenkunde. Leipzig: Fleischer, p. 99-122.

Von Reinhardsttoettner, K. (2018 [1878]). *Grammatik der Portugiesischen Sprache.* Berlim: Wentworth Press.

Vossler, K. (1904). *Positivism und Idealismus in der Sprachwissenschaft: eine sprachphilosophische Untersuchung*. Heidelberg: Carl Winter's Universitätsbuchhandlung.

Wailly, M. (1780). *Principes généraux et particuliers de la langue française*. 9. ed. Revue et confidérablement augmentée. Paris: J. Barbou, Imprimeur-Librairie.

Walter, L.K. (1879[1]). *Segundo livro de grammatica, composto segundo o methodo de Marcet*. 2. ed. Pelotas: s.n.

Walter, L.K. (1879[2]). *Terceiro livro de grammatica, composto segundo o methodo de Marcet*. Pelotas: s.n.

Walter, L.K. (1881). *Primeiro livro de grammatica, composto segundo o methodo Marcet*. 4. ed. Pelotas: s.n.

Weber, B.T. (1999). *As artes de curar: medicina, religião, magia e positivismo na República Rio-grandense – 1889-1928*. Santa Maria/Bauru: Ed. da UFMS/Edusc.

Wehling, A. (2010). Um ator político e dois momentos da reestruturação institucional do Império Português (1814-1822). In: Centro de Documentação do Pensamento Brasileiro CDPB. *Silvestre Pinheiro Ferreira (1769/1846): Bibliografia e Estudos Críticos*, São Paulo, CDPB, p. 103-127.

Wehling, A. & Wehling, M.J.C.M. (2012). *A formação do Brasil Colonial*. 5. ed. Rio de Janeiro: Nova Fronteira.

Weinreich, U. (1953). *Languages in contact: Findings and problems*. 2. ed. Haia: Mouton.

Whitney, W.D. (1879). *Essentials of English language, for the use of schools*. Boston: Ginn and Hith.

Whitney, W.D. (1887). *The life and growth of language, an outline of linguistic science*. Nova York: D. Appleton and Company.

Whitney, W.D. (1892). *Max Müller and the science of language*. Nova York: D. Appleton and Company.

Wolf, F. (1863). *Le Brésil littéraire: histoire de la littérature brésilienne suivi d'um choix de morceaux des meilleurs auteurs bésiliens* (sic). Berlim: A. Ascher & Co.

Zilberman, R. (2012). Raul Pompeia, Abílio César Borges e a escola brasileira no século XIX. *Revista Criação & Crítica*, n. 9, p. 38-51.

Zwartjes, O. (2002). The description of the indigenous languages of Portuguese America by the Jesuits during the colonial period: the impact of the Latin grammar of Manuel Álvares. *Historiographia Linguistica*, vol. XXIX, n. 1/2, p. 19-70.

Zwartjes, O. (2011). *Portuguese missionary grammars in Asia, Africa and Brazil, 1550-1800*. Amsterdã/Filadélfia: John Benjamins Publishing Company.

Índice onomástico

Abel Hovelacque 425, 427, 429, 531, 532

Abel-François Villemain 340

Abílio Aurélio da Silva Marques 358-359, 437

Abílio César Borges 218, 334, 412, 436

Abraham Meldola 231

Adam Smith 182, 420

Adelaide Luísa Cordeiro da Silva Rabelo 216

Adelaide Luiza de Molina 150

Adélia Ennes Bandeira 410

Adolfo Coelho 32, 155, 445, 452, 463, 467, 476, 508, 576

Adolfo de Varnhagem 122

Adolfo Krauss 150

Adolphe Hatzfeld 500

Adrien Delpech 569

Adrien-Marie Legendre 132

Afonso Pena 158

Afrânio Peixoto 84

Alberto de Oliveira 542, 576

Alexander Allen 484, 534

Alexander Bain 233, 448, 481, 484, 533

Alexander Pope 132

Alexandre Barreto 554

Alexandre de Gusmão 101, 107

Alexandre José de Melo Morais 214

Alexandre Rodrigues Ferreira 130, 193

Alfonso Braz 73

Alfredo Alexander 510

Alfredo do Nascimento e Silva 224, 510

Alfredo Gomes 146, 348, 381, 425, 450, 462, 465, 477, 479, 513, 539-543

Almeida Garret 321, 382, 402

Aluísio de Azevedo 291, 447, 529

Alvar Nunes Cabeza de Vaca 23

Álvares de Azevedo 132

Amaro de Roboredo 160-161, 231

Américo Brasiliense 360

Ana Rosa de Araújo Galvão 139

André Martinet 505

André Thevet 18

Andrés de Olmos 43, 74

Aníbal Bruno 157

Aniceto dos Reis 426

Anselm Eckart 57, 112, 113

Antenor Nascentes 204, 223, 282

Antero José Ferreira de Brito 222

Antoine Arnauld 161, 163, 170

Antoine Court de Gébelin 202

Antoine Meillet 161, 420, 422

Anton Meisterburg 57, 112

Antônio Álvares Pereira Coruja 208, 221, 223, 278-284, 299, 356, 436

Antônio Augusto Cortesão 476

Antônio Blasques 73

Antônio Caetano de Campos 360

Antônio Cardoso 106

Antônio Carlos Ribeiro de Andrada Machado e Silva 127, 143

Antônio Clímaco dos Reis 379

Antônio da Costa Duarte 168, 184, 205, 216, 220, 254, 266-269, 277, 435, 463

Antônio da Costa Peixoto 108, 109-110, 188, 189

Antônio da Silva Jardim 359

Antônio de Araújo 89

Antônio de Araújo e Azevedo 169

Antônio de Castro Lopes 396, 404, 468, 513

Antônio de Morais Silva 11, 13, 124-125, 126, 130, 170, 182, 190, 193, 202, 225, 229, 258, 269, 286, 444

Antônio de Nebrija 45, 49

Antonio do Couto 105

Antônio Estêvão da Costa e Cunha 187, 296, 301, 304, 436, 553

Antônio Ferreira 171

Antônio Gentil Ibirapitanga 219, 463

Antônio Gonçalves Teixeira e Souza 357

Antonio Henriques Leal 292, 540

Antônio Joaquim de Macedo Soares 370-371

Antônio José dos Reis Lobato 128, 184, 187, 190, 231, 241

Antônio Limoeiro 545

Antônio Marciano da Silva Pontes 215

Antônio Marques da Costa Soares 127

Antônio Pereira de Figueiredo 183, 239

Antônio Pereira de Sousa Caldas 130, 193, 228

Antonio Pigafeta 23

Antônio Raposo Tavares 33

Antônio Rodrigues Dantas 280, 351

Antônio Vieira 33, 34, 96, 154, 296, 331, 520, 524

Aristóteles 163, 178-179, 396

Armando Cardoso 81

Arsène Darmesteter 462, 463, 473, 495, 496, 499, 551, 571, 576

Artur Napoleão 151

Aryon Rodrigues 27, 61, 74, 98

August Brachet 350, 463, 482

August Schleicher 211, 299, 337, 338, 344, 376, 429-430, 433, 434, 448-449, 452, 457, 468, 480, 483, 488, 503

August Wilhelm Schlegel 420

Auguste Comte 453, 502

Auguste Grandjean de Montigny 141

Auguste-Henri-Victor Grandjean de Montigny 121

Auguste-Marie Taunay 121

Augusto Carneiro Monteiro da Silva Santos 223

Augusto da Rocha Peixoto 446

Augusto Emílio Zaluar 357, 360

Augusto Freire da Silva 155, 214, 295, 301, 314, 316-318, 330, 348, 388, 404, 463, 529

Augusto Leopoldo 544

Augusto Teixeira de Freitas 157

Aureliano Pimentel 511, 539, 540-541

Baptiste-Louis Garnier 447

Basílio da Gama 131, 132, 193, 357

Batista Caetano 99, 358-359, 373, 380, 390, 392, 393, 405

Benjamin Constant 541, 567

Bento José de Oliveira 226, 322, 462

Bento Teixeira 50

Bernard Shaw 558

Bernardo da Silveira Pinto 355

Bernardo Pereira de Vasconcelos 140, 141, 144

Bernardo Teixeira de Carvalho 553

Bertold Delbrück 474

Bibiano Francisco Almeida 436

Binot Paulmier de Gonneville 23

Braz Lourenço 73

Caio Prado Júnior 125, 159

Calixto da Mota 50

Camilo Castelo Branco 394

Cândido de Figueiredo 387, 409, 465-466, 513

Cândido José d'Araújo Viana 148

Cândido Mateus de Faria Pardal 214

Capistrano de Abreu 24, 71, 363

Carlos de Laet 143, 539, 540-541, 553, 561, 569, 571

Carlos Drumond 79

Carlos Frederico Perdigão 545

Carlos Gomes 357

Carlos Hoefer 223

Carneiro Ribeiro. *Consulte* Ernesto Carneiro Ribeiro

Casimiro de Abreu 357

Casimiro Ferreira César 219

Catarina de Áustria 29, 50

Cecil Thiré 569

Celso Ferreira da Cunha 11

César Chesneau Dumarsais 202

Charles Adrian Grivet 13, 208, 301, 327

Charles Bally 505

Charles Batteux 201-202

Charles Darwin 339, 457, 483

Charles Grivet 185

Charles Mason 233, 448, 481, 484, 533

Charles Peter Mason. *Consulte* Charles Mason

Charles-Pierre Chapsal 185, 300

Charles Pinot Duclos 183, 189, 214, 313, 317, 329, 332, 436, 463

Charles Simon Pradier 121

Cipriano Soares 38

Cirilo Dilermando da Silveira 207, 208, 447

Claude Fleury 276

Claude Henri Gorceix 158

Claude Lancelot 161

Cláudio Manuel da Costa 131, 132, 193, 228, 559

Clóvis Bevilaqua 157

Condillac. *Consulte* Étienne de Condillac

Conduru. *Consulte* Filipe Conduru

Cordélia Gonzaga de Bôscoli 567

Costa Duarte. *Consulte* Antônio da Costa Duarte

Couto de Magalhães 89, 554

Cristóvão de Barros 97

Cristóvão de Gouveia 60

Cyprien Ayer 447, 463, 477, 481, 534

Delfim Moreira 158

Denis Diderot 182

Destutt de Tracy 176, 344, 347

Diego Jacome 73

Diogo Álvares 49

Diogo Antônio Feijó 140

Diogo de Gouveia 36

Domigos Caldas Barbosa 122

Domingo de Santo Tomás 74

Domingos Borges de Barros 195, 196, 197, 198, 200, 228, 362, 410

Domingos José Gonçalves de Magalhães 142

Domingos Moniz Barreto 357

Eduardo Carlos Pereira 409, 462, 473, 474, 504, 533, 579

Edward Tylor 453

Elias Alves Lobo 357

Emídio Adolfo Vitório da Costa 540

Émile Alglave 360

Émile Benveniste 179, 505

Émile Durkheim 454, 495

Émile Egger 369

Emile Littré 309, 340, 347, 350, 427, 440, 463, 481, 482, 495, 502-504

Émile-Louis Burnouf 495

Emílio Aquiles Monteverde 313, 410

Emílio Joaquim da Silva Maia 142

Epifânio da Silva Dias 476

Epitácio Pessoa 157

Ernest Renan 339, 340, 495

Ernesto Carneiro Ribeiro 214, 295, 301, 317, 330, 333, 336, 338, 339, 348, 389, 426, 444, 460, 462, 470, 481, 488, 492, 501, 503, 504, 505

Ernesto Ferreira França 87, 372

Ernst Hæckel 456

Étienne de Condillac 170, 178, 181, 182, 341, 446

Eugène Burnouf 495, 508, 538

Eugenio Coseriu 420

Eugenio de Castro 23

Eugênio Guimarães Rebelo 417, 553

Fausto Barreto 143, 155, 348, 413, 464, 465, 542, 548, 552, 553, 554, 555, 571, 574

Felisberto Rodrigues Pereira de Carvalho 413, 436, 511

Félix Pacheco 86, 87, 92

Ferdinand Brunot 463

Ferdinand de Saussure 421, 424, 443, 454, 496

Ferdinand Wolf 122

Fernandes Pinheiro 408, 409, 411, 436, 447

Fernando Henrique Cardoso 158

Fernão Cardim 19, 48, 59, 79, 82, 90

Fernão de Loronha 21

Filinto Elísio 402, 495

Filipe Benício de Oliveira Conduru 184, 205, 221, 258, 266, 267, 268, 269, 270, 271, 272, 273, 274, 275, 278, 299, 388

Filipe José Alberto Júnior 219, 553

Filipe Pinto Marques 215

Firmino Costa 566

Florestan Fernandes 35

Francisca Edwiges Neves Gonzaga 567

Francisco Adorno 37

Francisco Alves da Silva Castilho 210, 211-212

Francisco Antônio de Souza Queiroz 139

Francisco Correia 296, 436

Francisco da Costa Pinto 95

Francisco de Lima 106

Francisco de Melo Franco 228

Francisco de Nossa Senhora dos Prazeres 56

Francisco de Paula Brito 357

Francisco de S. Luiz 226

Francisco de Santa Maria 107

Francisco de São Luís Saraiva 210, 396

Francisco de Sousa Martins 137

Francisco de Souza 131

Francisco Evaristo Leoni 313

Francisco José das Chagas Soares 204

Francisco Muniz Tavares 126

Francisco Nossa Senhora dos Prazeres Maranhão 92

Francisco Pacconio 105

Francisco Pereira de Santa Apolônia 147

Francisco Pontes de Miranda 157

Francisco Ribeiro de Mendonça 442

Francisco Rodrigues Alves 158

Francisco Solano Constâncio 13, 153, 184, 187, 196, 256, 278, 286, 287, 293, 313, 330, 435, 444, 462, 494

Francisco Sotero dos Reis 153, 188, 189, 216, 221, 232, 252, 258, 266-268, 285, 287, 290-292, 295, 299, 313, 317, 333, 401, 402, 436, 453, 460, 462, 475

Francisco Suárez 19

Francisco Vilela Barbosa 130, 193, 228

François Noël 185, 187, 300

Franz Bopp 340, 344, 376, 420, 434, 452, 463, 481, 511, 537, 553

Franz Milošič 376

Fréderich Diez 482

Frederico Carlos da Costa Brito 511

Frederico Edelweiss 27, 79, 80, 92

Frederico Ernesto Estrela Villeroy 222

Frederico Kling 150

Frederico Magno de Abranches 320

Frei Caneca 116, 126, 128, 170, 177, 183, 184, 191, 210, 229, 243-245, 248, 249, 250, 252, 253, 363, 401, 404

Frei José Mariano da Conceição Velozo 57

Friedrich Diez 223, 317, 344, 452, 463, 481, 491, 492, 504, 511, 534, 537, 566

Friedrich Dübner 538

Friedrich Froebel 214

Friedrich Schlegel 344, 420

Gaspar Lourenço 73, 89, 97

Gaston Paris 350, 463, 482, 495, 503-505

George Nash Morton 532

George Washington Vaughan 528

George Whitehill Chamberlain 150

Gonçalves de Magalhães 357, 383, 399, 447

Gonçalves Dias 57, 357, 370, 372, 471, 518, 576

Gonçalves Vianna 249, 252, 265, 426

Gregório Serrão 73

Guilherme de Vasconcelos Abreu 249

Guilherme Pereira Rebelo 343

Guilherme Schüch de Capanema 358, 392

Hans Conon von der Gabelentz 100

Hans Staden 18, 23

Harri Meier 227

Hemetério José dos Santos 146, 450, 512-524, 541, 570, 571, 574, 576

Henrique Pedro de Beaurepaire Rohan 373-374

Henry Sweet 484, 485, 486, 487, 566, 571

Heráclito Graça 465, 466, 560

Herbert Spencer 454, 516

Hermann Paul 423, 424, 428, 429, 443, 490, 496

Hermann Steinthal 424, 491

Hilário Ribeiro de Andrade e Silva 221, 412, 447

Hildo Couto 34

Hipólito José da Costa 134

Honorata Maria da Conceição 150, 240

Honoré Chavée 433

Horácio Carochi 43, 46

Horácio de Carvalho 529

Inácio Felizardo Fortes 128, 175, 177, 183-184, 190, 236, 254, 354

Inácio José de Alvarenga Peixoto 131, 193

Inácio Santos 224

Isaac Newton 54

Isidoro José Lopes 221

Jacinto Pinto de Araújo Correia 221-222

Jacques de Vitry 564

James Cornwell 484, 534

James Harris 170, 183

Jânio Quadros 158

Januário da Silva Arvelos 142

Jean Bastin 534, 535

Jean de Léry 18, 22, 23, 26

Jean le Rond d'Alembert 182

Jean Psichari 531

Jean-Baptiste Debret 121

Jean-Claude Muller 112

Jean-Jacques Rousseau 182, 310

Jerônimo Emiliano de Andrade 221

Jerônimo Soares Barbosa 153, 183, 184, 187, 191, 209, 215, 226, 245, 252, 265, 287, 301, 310, 313, 314, 324, 394, 435, 444

Joachim Lebreton 121

Joana Alexandrina de Carvalho 150

João Alexandre da Silva Paz 206

João Amós Comênio 51

João Augusto Brandão Pinheiro 545

João Barbosa Rodrigues 68, 358, 374, 392

João Calvino 23

João da Costa 100

João da Silva Feijó 130, 193

João da Silva Machado 372

João da Veiga Murici 224

João de Arronches 55, 92

João de Azpilcueta Navarro 56, 83, 89

João de Barros 99, 265, 286, 287, 331, 332, 365

João de Mello 84

João de Morais Madureira Feijó 209

João Fernandes de Lima Cortes 509

João Fernando de Almeida Prado 17

João Idálio Cordeiro 207

João José Pereira de Azurara 553

João Marques de Carvalho 529

João Nepomuceno Xavier de Brito 267

João Paulo dos Santos 573

João Pereira 40

João Ribeiro 146, 155, 226, 230, 310, 350, 409, 425-426, 430, 431, 436, 447, 450, 461, 465, 472, 476, 477, 482, 485, 488, 489, 490, 491, 500, 507, 510, 524, 555, 556, 557, 558, 559, 560, 561, 562, 564, 565, 566, 571

João Salônio 97

Joaquim Antônio de Castro Nunes 224

Joaquim Caetano da Silva 142, 209, 283

Joaquim de Sousa Ribeiro Pimentel 201, 202
Joaquim Francisco de Assis Brasil 359
Joaquim Frederico Kiappe da Costa Rubim 223
Joaquim J. Marques Guimarães 352
Joaquim José de Palma 343
Joaquim José Menezes Vieira 151, 214
Joaquim José Rodrigues Torres 141
Joaquim Lebreton 155
Joaquim Luiz Soares 510
Joaquim Manuel de Macedo 129, 133, 357, 399, 447, 518
Joaquim Maria de Lacerda 409, 447
Joaquim Mattoso Câmara Júnior 11, 27, 483
Joaquim Nabuco 157, 518, 530
Joaquim Ribeiro 559
Joaquim Ribeiro de Mendonça 359
Joaquim Sabino Pinto Ribeiro 213, 280
Johann Zeuss 376
John Locke 161
Jorge Leitão 98
José Alexandre Passos 217, 323-324, 436
José Alexandre Teixeira de Melo 394
José Augusto Coelho 568
José Augusto Corrêa 413
José Basileu Neves Gonzaga Filho 567
José Bernardino de Sena 219, 224
José Coelho 101
José Correia Picanço 120
José da Silva Lisboa 228
José de Alencar 357, 368, 370, 372, 379, 381, 399, 447, 471
José de Anchieta 19, 24, 27, 39, 46, 48, 55, 57, 64, 67, 68, 69-73, 74-85, 87, 88, 89, 90-91, 98

José de Noronha Napoles Massa 207, 311, 312, 463
José Feliciano de Castilho 385
José Ferreira Santos Cajá 220, 409
José Gonçalves Lage 462
José Isidoro Martins Júnior 442
José João Martins de Pinho 150
José Joaquim Alencastro 204
José Joaquim da Cunha Azeredo Coutinho 130, 193
José Joaquim de Sena Freitas 529
José Joaquim Machado de Oliveira 56
José Joaquim Nunes 426-427
José Jorge Paranhos da Silva 362
José Júlio da Silva Ramos 521, 553
José Leão 360
José Leite de Vasconcelos 155, 426, 446, 460
José Linhares 158
José Maria da Cunha Seixas 448
José Maria da Silva Paranhos Júnior 157
José Maria Velho da Silva 437, 540
José Mariano da Conceição Veloso 57, 130, 193
José Ortiz 214, 408
José Pedro Dias de Carvalho 209
José Praxedes Pereira Pacheco 215
José Tomás Nabuco de Araújo 136
José Ventura Bôscoli 409, 436, 465, 513, 541, 546, 566
José Veríssimo 125, 151, 227, 336, 337, 514, 560
José Vieira Couto de Magalhães 374
Juan Gonçalves 73
Juan Saco Arce 386
Júlio César Ribeiro de Souza 409

Júlio de Matos 442

Júlio Pires Ferreira 425

Júlio Prestes 158

Júlio Ribeiro 11, 146, 154, 189, 212, 233, 261-262, 272, 274, 295, 298-300, 302, 317, 329, 333, 339, 345, 348, 360, 364, 399, 410, 413, 414, 426, 433, 436, 444, 445, 449, 450, 452-456, 459, 460, 464, 465, 474, 476, 477-479, 485, 488, 490, 493, 498, 503, 506-508, 510, 524-526, 528, 529-536, 538-539, 543, 546, 547, 558, 571, 576, 578, 579

Justiniano José da Rocha 142

Karl Brugmann 474, 490

Karl Friedrich Philipp von Martius 56

Karl Vossler 491, 563

Konrad Koerner 12, 443, 449, 472, 496

Lameira de Andrade 155, 461, 465, 510, 546, 553

Laudelino Freire 310, 399, 468, 513, 575

Laurindo José da Silva Rabelo 133, 216, 409

Leo Spitzer 421

León Cledat 495

Leonardo do Vale 57, 73, 87, 88, 89, 90, 91

Leonardo Nunes 72, 87

Lindley Murray 532

Lorenz Kaulen 57, 112

Louis Ferdinand Alfred Maury 340, 495, 508

Louis Mongie 356

Lourenço Maximiano Pecegueiro 403

Lourenço Trigo de Loureiro 204, 278

Luís Antônio Verney 54

Luís Augusto de Saxe-Coburgo-Gota 544

Luís da Silva Alves de Azambuja Susano 200-201

Luís de Molina 37

Luís do Rego Barreto 354

Luís Figueira 27, 64, 94, 95-97

Luís Gonçalves dos Santos 194

Luis Kraemer Walter 222

Luís Leopoldo Fernandes Pinheiro Júnior 378-379, 511

Luís Lindley Cintra 11, 20

Luís Maria da Silva Pinto 203

Luís Vicêncio Mamiani 64, 80, 97, 98, 99, 100, 101, 102, 392

Luiz Álvares dos Santos 343

Luiz Alves Monteiro 569

Luiz da Grã 75, 83, 90

Luiz Felipe de Alencastro 33

Luiz Ramirez 23

Machado de Assis 122, 180, 290, 357, 397, 447, 538, 517, 519, 560

Maciel Monteiro Calmon 141

Maggs Bros 92

Manoel Ciridião Buarque 553

Manoel Domingos Carvalho 220

Manoel dos Passos Figueiroa 221

Manoela Pereira 150

Manuel Aires de Casal 125

Manuel Álvares 37, 49, 107

Manuel Bandeira 399, 557

Manuel Borges Carneiro 202, 203

Manuel da Nóbrega 40, 47, 48, 49-50, 51, 71, 78, 80, 87, 89

Manuel de Araújo Porto-Alegre 357, 447

Manuel de Campos Sales 158

Manuel de Chaves 73, 89

Manuel de Freitas Brasileiro 128
Manuel de Melo 386
Manuel de Oliveira Lima 124, 126
Manuel de Paiva 73
Manuel do Couto 50
Manuel Fernandes Tomás 355
Manuel Ferraz de Campos Sales 360
Manuel Ferreira de Araújo Guimarães 171
Manuel Inácio da Silva Alvarenga 132
Manuel Jacinto Nogueira da Gama 130, 193
Manuel Joaquim da Silva Porto 194, 353
Manuel José de Freitas Mascarenhas 128, 132
Manuel José Pereira Frazão 208
Manuel Olímpio Rodrigues da Costa 206, 214
Manuel Pinheiro Chagas 394
Manuel Said Ali 376, 377, 409, 466, 474, 482, 486, 489, 494, 496, 498, 513, 548, 560
Manuel Viegas 64
Marçal Beliarte 87, 88, 90, 91
Marco Fábio Quintiliano 184
Marcos Jorge 90
Maria Clara dos Santos de Araújo Maciel 573
Maria do Carmo Abranches 150
Maria Francisca da Anunciação Ribeiro 528
Maria Hersília de Andrade Pinto 539
Maria I 120, 158, 181, 351, 352
Maria Josefa da Fontoura Pereira Pinto 278
Mário Barreto 338, 466, 513, 541, 551

Mário de Andrade 399, 557
Marquês de Pombal 53
Martín de Hojacastro 43
Martinho Prado Júnior 360
Martiniano Mendes Pereira 511
Martins Penna 357
Mathias Rodrigues Portela 113
Mathias-Marie Duval 495, 508
Mattoso Câmara. *Consulte* Joaquim Mattoso Câmara Jr.
Maturino Gilberti 74
Max Müller 340, 344, 350, 371, 394, 425, 449, 452, 454, 457, 463, 469, 481, 482, 488, 489, 506, 553, 554, 576
Maximino Maciel 226, 321, 423, 448, 450, 459, 460, 462, 464, 465, 468, 469, 476, 478, 479, 480, 482, 484, 487, 488, 491, 492, 494, 497, 500, 508, 512, 513, 520, 524, 525, 542, 543, 547, 554, 571, 575, 578, 580
Medeiros e Albuquerque 560
Melo Morais 224
Mem de Sá 50
Michel Bréal 321, 349, 452, 463, 495, 498, 499, 544, 546, 551
Michel Foucault 506
Miguel Alves Feitosa 436
Miguel Cardoso 104
Miguel Deslandes 100, 106
Miguel do Sacramento Lopes Gama 137
Miguel Joaquim de Almeida Castro 244
Miguel Lemos 439, 441
Morais Silva. *Consulte* Antônio de Morais Silva

Nereu Ramos 158
Nicolas-Antoine Taunay 121

Nicolas Beauzée 202, 344, 535
Nicolas Durand de Villegagnon 22, 47
Nicolau Carmeau 23
Nicolau Pereira de Campos Vergueiro 143
Nilo Peçanha 157, 411
Noël François de Wailly 235
Norman Calkins 442

Otto Jespersen 489

Pacheco da Silva Júnior 58, 155, 218, 223, 299, 321, 323, 348, 374, 375, 376, 379, 405, 497, 503, 526, 545, 548, 550-552
Padre Massa. *Consulte* José Noronha Massa
Pascal 163
Paul Meyer 504
Paulino de Brito 387
Paulino de Sousa 378
Paulino José Soares de Souza 447
Paulo Carneiro 98
Paulo Serrão 50
Pedro Augusto 544
Pedro Calmon 116
Pedro Claver 104
Pedro Correia 73, 83, 89
Pedro de Araújo Lima 141
Pedro Dias 64, 103-108, 110
Pedro João Perpinhão 37
Pedro Lessa 359
Pedro Sardinha 40-41
Peor Capico 19
Pero de Castilho 56, 85, 86, 87
Pero de Magalhães Gandavo 18, 19
Pero Rodrigues 33, 70, 88, 90

Pero Vaz de Caminha 23
Peter Simon Pallas 420
Petronila de Moraes 573
Philippe José Alberto 545
Pierre Burggraff 477, 533, 534
Pierre Gassenti 54
Pierre Larousse 484
Pierre Nicole 163
Pierre Plancher 353
Pinheiro Ferreira. *Consulte*, Silvestre Pinheiro Ferreira
Plínio Airosa 56, 86, 90, 91, 92
Policarpo José Dias da Cruz 223
Prisciano 164
Protásio Antônio Alves 159
Prudente de Morais 158

Quintino Bocaiúva 362
Quirício Caxa 70, 75, 90, 91

Raimunda Reis 574
Raimundo Antônio da Câmara Bitencourt 215
Raimundo Nina Rodrigues 29
Raimundo Teixeira Mendes 440
Ramiz Galvão 99, 100, 559
Rangel Pestana 359
Rapozo d'Almeida 215
Raul Pompeia 413, 529
René Descartes 54, 161, 163, 288
Robert Lowth 235
Rodolfo Garcia 196
Rodrigues Alves 121
Rubem Júlio Tavares 511, 553
Rui Barbosa 335, 336, 338, 442, 494, 495

Salomon Reinach 431, 576

Salvador de Mendonça 381

Salvador Henrique de Albuquerque 220, 275

Salvador Rodrigues 71

Samuel Gili Gaya 264

Samuel Purchas 60

Santa Rita Durão 131, 132, 154, 193

Santo Ofício 50, 59, 102, 107, 225, 226, 229, 240

São Jerônimo 101

Sebastião José de Carvalho e Melo 59
 Consulte Marquês de Pombal

Sebastião Pinto Neto dos Reis 553

Secundino Mendes Rabelo 224

Serafim da Silva Neto 20, 21

Serafim José Alves 450

Serafim Leite 18, 40, 43, 47, 71, 78, 80, 85, 87, 89, 91, 94, 99, 103, 115, 116

Sigismund von Neukomm 121

Silvestre Pinheiro Ferreira 169, 170, 171, 174, 181

Sílvio Romero 70, 157, 360, 363, 365, 367, 368, 374, 387, 392, 393, 485, 529, 531, 556, 559

Simão de Vasconcelos 70, 73, 83, 89

Soares Barbosa. *Consulte* Jerônimo Soares Barbosa

Solidônio Leite Filho 21

Teodoro de Almeida 154, 169

Teófilo Braga 374, 436, 442, 445, 446, 452, 508

Tirso Gonzales 104

Tito da Silva Machado 408

Tobias Barreto 157, 307

Tomás Antônio Gonzaga 132, 228

Tomé de Sousa 34, 40

Tomé Luís de Sousa 278

Trajano Galvão de Carvalho 292-293, 401-402, 518

Uriel Weinreich 21

Valentin de Acosta Deslandes 100

Vandick Londres da Nóbrega 245

Venceslau Brás 158

Veríssimo R. Vieira 509

Vicente de Sousa 545, 553, 554

Vicente Rijo Rodrigues 71, 73, 78, 85

Vilela Barbosa 122

Virgínia de Paula Mello Garcia Bôscoli 566

Washington Luís 158

Wilhelm Freund 431

Wilhelm Scherer 423, 468

Wilhelm von Humboldt 65, 340, 344, 491

Wilhelm Wundt 424, 492

William Dwight Whitney 349, 449, 452, 463, 482, 489, 506, 507, 531, 533, 534, 562

William Jones 419, 420, 432, 474

William Paul Tilbury 194

Yeda Pessoa de Castro 30, 52, 106, 108

Zillah do Paço Matoso Maia 411

Zófimo José Consiglieri Pedroso 446

Conecte-se conosco:

 facebook.com/editoravozes

 @editoravozes

 @editora_vozes

 youtube.com/editoravozes

 +55 24 2233-9033

www.vozes.com.br

Conheça nossas lojas:
www.livrariavozes.com.br

Belo Horizonte – Brasília – Campinas – Cuiabá – Curitiba
Fortaleza – Juiz de Fora – Petrópolis – Recife – São Paulo

  Vozes de Bolso

EDITORA VOZES LTDA.
Rua Frei Luís, 100 – Centro – Cep 25689-900 – Petrópolis, RJ
Tel.: (24) 2233-9000 – E-mail: vendas@vozes.com.br